# FRANCIS PARKER YOCKEY

# IMPERIUM

**Die Philosophie der Geschichte und der Politik**

# Francis Parker Yockey (1917-1960)

Francis Yockey war ein amerikanischer Philosoph, der an ein vereintes und mächtiges Europa glaubte. Sein wichtigstes Werk, „Imperium", erklärt, wie Europa eine dominierende Kraft in der Welt sein sollte. Yockey war ein Befürworter des Faschismus und rechtsgerichteter Ideen. Sein Leben war voller Kontroversen und er starb 1960 unter mysteriösen Umständen.

# IMPERIUM
## Die Philosophie der Geschichte un der Politik

Originaltitel:
IMPERIUM - *The Philosophy of History and Politics*
Erste Veröffentlichung 1948

Übersetzt und veröffentlicht von

**OMNIA VERITAS LTD**

www.omnia-veritas.com

Alle Rechte vorbehalten. Kein Teil dieser Veröffentlichung darf ohne vorherige Genehmigung des Herausgebers in irgendeiner Form vervielfältigt werden. Das Gesetz zum Schutz des geistigen Eigentums verbietet Kopien oder Vervielfältigungen zur gemeinsamen Nutzung. Jede vollständige oder teilweise Wiedergabe oder Vervielfältigung ohne die Zustimmung des Herausgebers, des Autors oder ihrer Rechtsnachfolger ist rechtswidrig und stellt einen Verstoß dar, der nach den Artikeln des Gesetzbuchs für geistiges Eigentum geahndet wird.

| | |
|---|---|
| **EINFÜHRUNG** | **13** |
| **PROLOG** | **47** |
| **I - DER HISTORISCHE WACHTURM DES 20. JAHRHUNDERTS** | **50** |
|    BLICKWINKEL | 50 |
|       *I* | *50* |
|       *II* | *54* |
|       *III* | *57* |
|    2. DIE ZWEI SEITEN DER GESCHICHTE | 61 |
|    3. DIE RELATIVITÄT DER GESCHICHTE | 64 |
|    4. DIE BEDEUTUNG DES SACHVERHALTS | 67 |
|    5. DER TOD DER LINEAREN GESCHICHTSBETRACHTUNG | 70 |
|       *I* | *70* |
|       *II* | *74* |
|    6. DIE STRUKTUR DER GESCHICHTE | 78 |
|       *I* | *78* |
|       *II* | *81* |
|    7. PESSIMISMUS | 84 |
|       *I* | *84* |
|       *II* | *87* |
|       *III* | *90* |
|    8. DIE KRISE DER ZIVILISATION | 94 |
|       *I* | *94* |
|       *II* | *97* |
|    9. DARWINISMUS | 101 |
|       *I* | *101* |
|       *II* | *104* |
|       *III* | *107* |
|    10. MARXISMUS | 110 |
|       *I* | *110* |
|       *II* | *114* |
|       *III* | *117* |
|    11. FREUDIANISMUS | 120 |
|       *I* | *120* |
|       *II* | *123* |
|    12. DIE GLOBALE TECHNO-WISSENSCHAFTLICHE PERSPEKTIVE | 127 |

| | |
|---|---|
| *I* | *127* |
| *II* | *130* |
| *III* | *133* |
| 13. Der Imperativ unserer Zeit | 136 |
| *I* | *136* |
| *II* | *140* |
| *III* | *144* |
| **II - DER POLITISCHE WACHTURM DES 20. JAHRHUNDERTS** | **146** |
| 1. Einleitung | 146 |
| 2. Das Wesen der Politik | 149 |
| *I* | *149* |
| *II* | *152* |
| *III* | *154* |
| 3. Die Symbiose von Krieg und Politik | 156 |
| *I* | *156* |
| *II* | *160* |
| *III* | *162* |
| *IV* | *165* |
| 4. Die Gesetze der Totalität und der Souveränität | 169 |
| 5. Der pluralistische Staat | 172 |
| 6. Ein Gesetz der inter-organischen Leistungskonstanz | 174 |
| 7. Das Gesetz der Beständigkeit der innerorganischen Kraft | 176 |
| 8. Das politische Pluriversum | 178 |
| 9. Der Völkerbund | 181 |
| 10. Der interne Aspekt des Rechts der Souveränität | 185 |
| *I* | *185* |
| *II* | *188* |
| 11. Politische Organe und Krieg | 191 |
| 12. Das Recht des politischen Plenums | 196 |
| 13. Das Gesetz des Schutzes und des Gehorsams | 199 |
| 14. Die Internationale | 202 |
| 15. Die beiden politischen Anthropologien | 207 |
| 16. Liberalismus | 210 |
| *I* | *210* |
| *II* | *215* |
| *III* | *219* |

- 17. Demokratie .................................................................................................................. 224
  - I ................................................................................................................................ 224
  - II ............................................................................................................................... 227
- 18. der Kommunismus ..................................................................................................... 229
- 19. Assoziation und Dissoziation von Denk- und Handlungsformen ..................... 231
  - I ................................................................................................................................ 231
  - II ............................................................................................................................... 236

## III - KULTURELLER VITALISMUS - KULTURELLE GESUNDHEIT ........................... 240
- 1. einleitung ..................................................................................................................... 240
- 2. Die Artikulierung einer Kultur ................................................................................. 243
- Tradition und Genie ........................................................................................................ 252
- 4. Ein Genie und das Zeitalter der absoluten Politik ................................................. 255
- 5. Ethnie, Volk, Nation, Staat ......................................................................................... 257
  - I ................................................................................................................................ 257
  - II ............................................................................................................................... 258
  - III .............................................................................................................................. 261
  - IV .............................................................................................................................. 264
  - V ............................................................................................................................... 267
  - VI .............................................................................................................................. 271
- 6. Subjektive Bedeutung der Ethnie ............................................................................. 273
  - I ................................................................................................................................ 273
  - II ............................................................................................................................... 276

## IV - KULTURELLER VITALISMUS - KULTURPATHOLOGIE .................................... 280
- 1. Die Pathologie der Kultur .......................................................................................... 280
  - I ................................................................................................................................ 280
  - II ............................................................................................................................... 282
- 2. Kultureller Parasitismus ............................................................................................ 285
  - I ................................................................................................................................ 285
  - II ............................................................................................................................... 290
  - III .............................................................................................................................. 294
  - IV .............................................................................................................................. 298
  - V ............................................................................................................................... 301
  - VI .............................................................................................................................. 304
- 3. Kulturelle Verzerrung ................................................................................................ 308
  - I ................................................................................................................................ 308
  - II ............................................................................................................................... 312

4. Kulturelle Retardierung als eine Form der kulturellen Verzerrung .................... 315
5. Kulturelle Verzerrungen aufgrund parasitärer Aktivitäten ..................... 319
    *I* .................... 319
    *II* .................... 325
    *III* .................... 330
    *IV* .................... 334
    *V* .................... 337

## V - AMERIKA .................... 341

1. Einleitung .................... 341
2. Die Ursprünge Amerikas .................... 342
3. Amerikanische Ideologie .................... 346
4. Der Bürgerkrieg, 1861-1865 .................... 352
5. Amerikanische Governance-Praxis .................... 356
    *I* .................... 356
    *II* .................... 361
6. Geschichte des amerikanischen Imperialismus .................... 363
    *I* .................... 363
    *II* .................... 368
7. Der amerikanische Imperialismus im Zeitalter der Vernichtungskriege .................... 371
    *I* .................... 371
    *II* .................... 374
    *III* .................... 378
8. Die amerikanische Revolution von 1933 .................... 380
    *I* .................... 380
    *II* .................... 385
    *III* .................... 387
9. Globale Perspektive .................... 388
    *I* .................... 388
    *II* .................... 392
10. Der schwarze Mann in Amerika .................... 396
11. Kulturelle Rückständigkeit in Amerika .................... 400
    *I* .................... 400
    *II* .................... 403
12. Propaganda .................... 405
    *I* .................... 405
    *II* .................... 409

13. Die Ausrichtung der amerikanischen Außenpolitik seit 1933 ..................414
    *I ..................414*
    *II ..................418*
    *III ..................421*
    *IV ..................424*
14. Die Zukunft Amerikas ..................426
    *I ..................426*
    *II ..................431*

**VI - DIE LAGE IN DER WELT ..................435**
  1. Die politische Welt ..................435
  2. Der Erste Weltkrieg ..................438
  3. Der Zweite Weltkrieg ..................443
  4. Russland ..................449
    *I ..................449*
    *II ..................452*
  5. Japan ..................456
  6. Amerika ..................459
  7. Terror ..................463
  8. Der Abgrund ..................473
    *I ..................473*
    *II ..................474*
  9. Imperium ..................476
    *I ..................476*
    *II ..................479*
    *III ..................481*

**ANDERE BÜCHER ..................485**

# EINFÜHRUNG

### DER HELD DES ZWEITEN WELTKRIEGS

Was mich nicht umbringt, macht mich stärker NIETZSCHE

In der Dunkelheit konnte ich die Silhouette dieses Mannes - dieses seltsamen, einsamen Mannes - durch den dicken Draht erkennen. Innerlich verfluchte ich den schweren Zaun, der unsere Begegnung von Angesicht zu Angesicht verhinderte. Denn obwohl unser gemeinsamer Gastgeber das Bezirksgefängnis von San Francisco war und der Mann, den ich besuchte, gleichberechtigt mit kleinen Dieben und Kriminellen eingesperrt war, wurde mir bewusst, dass ich mich in der Gegenwart einer großen Gestalt befand, und ich spürte, dass die Geschichte vor mir stand.

Gestern sorgte seine sensationelle Entdeckung für Schlagzeilen in den Zeitungen. "Mysteriöser Mann mit drei Pässen hier inhaftiert", verkündeten sie. Ein geheimnisvoller - böser - Mann war gefasst worden. Ein Mann, der an undurchsichtige Taten und - viel schlimmer - auch an verbotene Gedanken gewöhnt war, wie die Journalisten wetterten. Ein Mann, der in geheimnisvoller Mission die Welt bereist hatte und der als so gefährlich galt, dass seine Kaution auf 50.000 Dollar festgesetzt wurde, das Zehn- bis Zwanzigfache der üblichen Summe für Passbetrug. Die Aufregung in den Zeitungen und die Rätselhaftigkeit des Falles schienen darauf hinzudeuten, dass es sich bei diesem Desperado entweder um einen internationalen Gangster oder einen kommunistischen Topagenten handelte.

Zumindest haben das die Zeitungen angedeutet. Aber jetzt weiß ich, dass wir mit dieser "freien Presse" eine Menge falsch gemacht haben.

Ich weiß jetzt, dass Francis Parker Yockeys einziges wirkliches Verbrechen darin bestand, ein Buch zu schreiben, und dass er dafür sterben muss.

Es ist fast immer unmöglich, das Wesen der Größe zu erfassen. Es gibt die bekannten Fakten eines großen Lebens, aber die Fakten sind leblos und praktisch stumm, wenn wir die wesentliche Realität einer schöpferischen Persönlichkeit suchen. Doch lassen Sie uns einige der uns bekannten Fakten eines bedeutenden, faszinierenden und zugleich tragischen Lebens Revue passieren.

Francis Parker Yockey wurde 1917 in Chicago geboren. Er besuchte amerikanische Universitäten und erwarb 1938 einen Bachelor of Arts und drei Jahre später ein Jurastudium in Notre Dame, das er cum laude abschloss.

Von Kindheit an war Yockey für sein außerordentliches Talent bekannt, was den Unmut vieler Menschen erregte. Die Geschichte zeigt, dass die Kombination von Originalität und hoher Intelligenz bei einigen wenigen Personen für den menschlichen Fortschritt unerlässlich ist, aber wir Sterblichen bewundern diese Eigenschaften eher in Biografien als bei Klassenkameraden, Freunden oder Untergebenen.

Yockey war ein Konzertpianist, aber auch ein begabter Schriftsteller. Er studierte Sprachen und wurde Linguist. Als Anwalt hat er nie einen Fall verloren. Er besaß ein außerordentliches Verständnis für die Welt der Finanzen... was erstaunlich ist, denn wir wissen, dass die Wirtschaft in seiner Philosophie eine relativ unwichtige Rolle spielt. Und gerade als Philosoph hat sich Yockey an die Spitze gesetzt und wird als solcher in Erinnerung bleiben; er war ein Mann mit einem unglaublichen Weitblick. Darüber hinaus wurde seine Persönlichkeit durch die wertvolle Gabe des Humors ergänzt.

Wie die große Mehrheit der Amerikaner lehnte Yockey die Intervention der USA im Zweiten Weltkrieg ab. Dennoch meldete er sich zur Armee und diente bis 1942, wo er ehrenvoll aus dem Militärdienst entlassen wurde. In den folgenden Jahren widmete er sich der Ausübung seines Berufes, zunächst in Illinois, dann in Detroit, wo er zum stellvertretenden Bezirksstaatsanwalt von Wayne County, Michigan, ernannt wurde.

1946 wurde Yockey eine Stelle beim Kriegsverbrechertribunal angeboten und nach Europa versetzt, genauer gesagt nach Wiesbaden, wo Nazis aus der "zweiten Reihe" vor Gericht gestellt und bestraft werden sollten. Europa war 1946 ein vom Krieg zerrissener Kontinent, nicht das wohlhabende Land, das wir heute kennen. Als er das Gemetzel betrachtete und mit eigenen Augen die Auswirkungen des üblen Morgenthau-Plans sah, dessen Ziel die Aushungerung von dreißig Millionen Deutschen war und der zu dieser Zeit umgesetzt wurde, muss er sich in seiner Überzeugung bestärkt gefühlt haben, dass der Eintritt Amerikas in den Krieg ein schrecklicher Fehler gewesen war. Und da er die Stärke der finsteren Macht des

Ostens spürte, muss er sich wahrscheinlich gefragt haben, welche Interessen durch einen solchen "Sieg" geschützt werden sollten.

Wie Senator Robert A. Taft und viele andere Männer jener Zeit, die den Mut hatten, ihre Überzeugungen zu äußern, kam Yockey zu dem Schluss, dass das gesamte Verfahren der "Kriegsverbrecherprozesse" den Interessen des internationalen Kommunismus diente - und zu dessen Gunsten geschaffen worden war. Die Anwendung von Folter, die Fälschung von Beweisen und die Anwendung von Ex-post-facto-Gesetzen vor einem Gericht, das gleichzeitig Richter, Geschworene, Ankläger und Verteidiger war, machten nur einen Teil der juristischen Absurditäten aus. Von noch größerer Bedeutung war der Rückfall in die Barbarei, der diesem Spektakel innewohnte: ein Rückfall, der später von dem Briten F.J.P. Véale in "Advance to Barbarism" so subtil erforscht wurde.

Elf Monate lang bestand Yockeys Arbeit in Wiesbaden darin, Berichte über verschiedene Fälle zu verfassen. Da er über gründliche Kenntnisse der Geschichte verfügt, versucht er, objektiv zu arbeiten. Als sich schließlich in Washington jemand beschwerte, wurde er von seinem unmittelbaren Vorgesetzten vorgeladen: "Wir wollen diese Art von Berichten nicht", wurde ihm gesagt. "Ihre Berichte haben die falsche Tendenz. Sie müssen sie im Einklang mit der offiziellen Sichtweise umschreiben.

Yockey fühlte, dass es an der Zeit war, eine Entscheidung zu treffen, auch wenn dies bedeutete, mit der Konformität zu brechen und sich in die einsamen Gewässer der gesellschaftlichen Ächtung zu stürzen. "Ich bin Anwalt, kein Journalist", sagte er, "Sie werden Ihre eigene Propaganda schreiben müssen", und er trat auf der Stelle zurück.

Nach dem Wiesbadener Vorfall kehrte er nach Amerika zurück, wo er fünf Monate lang blieb. Aber ganz nach dem Geschmack der Weißpolitik konnte er sich nicht dauerhaft niederlassen. Er wird das hartnäckige Gefühl nicht los, dass er sich den Flammen der Kontroverse ausliefern muss. Und diese Überzeugung beunruhigte ihn so sehr, dass er erkannte, dass er keine andere Wahl hatte.

Ende des Jahres 1947 kehrte Yockey nach Europa zurück. Er ließ sich in einem ruhigen Gasthaus in Brittas Bay, Irland, nieder. Isoliert und auf sich selbst konzentriert, begann er zu schreiben, und in sechs Monaten - er arbeitete ohne Notizen - vollendete Francis Parker Yockey Imperium.

Die schwierige Aufgabe, das Buch zu veröffentlichen, war der nächste Schritt. Auch hier sah sich Yockey mit ernsten Problemen konfrontiert, denn kein Verleger wollte etwas mit dem Buch zu tun haben, da er es für zu "umstritten" hielt. Die hungrigen Verleger unserer fortschrittlichen Zeit wissen, dass sich jeder Haufen Schund, Schmutz, Sex, Sadismus, Perversion und Wahnsinn verkaufen lässt, wenn man ihn in zwei knallige Einbände einwickelt und ihm den Namen eines Buches gibt, aber sie wissen auch, dass sie unter keinen Umständen zulassen dürfen, dass die Leser mit einem ernsthaften Werk in Berührung kommen, wenn es nicht die Standardausrüstungen für die Forderungen nach Gleichheit, Demokratie und universeller Brüderlichkeit enthält.

Schließlich gelang es Yockey jedoch, die erforderlichen Mittel zu beschaffen, und das Buch wurde produziert. Die erste Ausgabe von "IMPERIUM" wurde in zwei Bänden herausgegeben. Band I besteht aus 405 Seiten und drei Kapiteln. Band II bestand aus 280 Seiten und drei Kapiteln. Beide wurden 1948 unter dem Namen Westropa Press veröffentlicht. Band I wurde von C. A. Brooks & Co. Ltd. und Band II von Jones & Dale, beide in London, herausgegeben. Die beiden Bände messen 5 mal 7 und einen halben Zoll und haben einen roten Schutzumschlag, mit dem Titel in schwarzer Schrift auf weißem Hintergrund.

Es ist bekannt, dass nur 1.000 Exemplare von Band I und 200 Exemplare von Band II fertiggestellt wurden. Die Diskrepanz in der Menge und der Wechsel des Verlegers scheinen darauf hinzuweisen, dass es Schwierigkeiten bei der Finanzierung der Ausgabe gab. Exemplare der ersten Auflage sind heute natürlich nicht mehr zu bekommen.

Die seltenste Kombination, die in einem Menschen vorkommen kann, ist die des Philosophen und des Mannes der Tat. Als Yockey eine politische Organisation gründen wollte, bewies er, dass er keine Ausnahme von der Regel war.... Oder war es vielleicht noch nicht an der Zeit, eine konstruktive Bewegung zu gründen? Als er 1949 die Europäische Befreiungsfront organisierte, veröffentlichten er und seine Freunde ein Manifest mit dem Titel "The London Proclamation". Doch abgesehen davon, dass sie im Hyde Park zusammengeschlagen wurden, erreichten sie nichts weiter. Und hier stößt er wieder auf das alte Problem. Selbst unter den scharfsinnigen Intellektuellen und Individualisten, die seine Mitstreiter waren, leuchtete seine Brillanz zu hell. Er wurde beneidet und die Mühe war umsonst.

Nachdem sein Geld und seine unmittelbaren Hoffnungen aufgebraucht waren, nahm Yockey eine Stelle beim Roten Kreuz an. Er kündigte 1951 und reiste durch Europa.

1952 weigerte sich das Außenministerium, seinen Reisepass zu verlängern. Er beantragte ihn wiederholt, aber jedes Mal wurde er abgelehnt. Dann begann ein Spiel zwischen dem FBI und Yockey, denn das FBI hatte den Befehl erhalten, ihn ständig zu überwachen. Dies ist eine Regel, die seither überall in den Vereinigten Staaten, insbesondere im Süden, auf überzeugte Antikommunisten angewandt wird. Als Yockeys Aufenthaltsort bekannt war, wurde er vom FBI Tag und Nacht überwacht. Wenn es ihm gelang, vorübergehend zu verschwinden, was häufig der Fall war, wurden seine Freunde, Verwandten und Bekannten ständig von Agenten verhört, die angeblich "nur mit ihm reden wollten".

Und das war zweifelsohne die Wahrheit. Das war alles, was sie wollten. Sie wollten wissen, wo er war, was er tat, mit wem er sich traf, was er sagte und wo er als Nächstes hinwollte.

Warum dieses Interesse an Francis Parker Yockey, dem Schriftsteller? Er selbst gab einem Freund die Antwort. "Meine Feinde haben mich besser eingeschätzt als meine Freunde", sagte er, und es stimmte.

Als ich an jenem zehnten Tag im Juni 1960 durch die dicken Gitterstäbe des Gefängnisses von San Francisco blickte und die undefinierte Gestalt auf der anderen Seite erblickte, wurde mir klar, dass ich dem Gefangenen helfen musste, so gut ich konnte. Es gab nichts mehr, was ich tun konnte.

Ich habe dein Buch gelesen, sagte ich zu dem Schatten, und ich möchte dir helfen. Was kann ich tun?

Wartet, sagte er. Warten Sie, und handeln Sie nach Ihrem Gewissen. In der darauffolgenden Woche gab es viele Nachrichtenberichte über Yockeys Auftritt vor Rabbi Joseph Karesh, dem Kommissar der Vereinigten Staaten.

Ich war zweimal bei der Anhörung, und beide Male war ich von diesem Mann, Yockey, fasziniert. Er war ungefähr fünf Fuß und zehn Zoll groß, schlank, wog wohl um die 145 Pfund und war sehr beweglich. Sein Haar war schwarz und begann, grau zu werden. Unvergesslich war jedoch sein Gesichtsausdruck: nachdenklich, sensibel, anziehend. Ich glaube, es waren seine Augen. Sie waren dunkel und zeugten von einer schnellen, tiefen Intelligenz. Ihre Augen - sie schienen große

Geheimnisse, Wissen und eine schreckliche Traurigkeit zu enthüllen. Einmal, als er sich erhob, um in seine Zelle zurückzukehren, suchten seine Augen schnell den Raum ab, starrten, verzweifelt, obwohl dieser Ausdruck entschlossener Resignation nie sein Gesicht verließ. Wonach suchte er? Was konnte es in dieser Höhle des Löwen anderes sein als ein freundlicher Ausdruck? Ich erinnere mich, dass sein Blick auf mir verharrte und in einem Sekundenbruchteil mit seinen Augen zu mir sprach. In diesem Augenblick verstand ich, dass ich ihn nie verlassen würde.

An einem Freitagmorgen, dem 17. Juni, wachte ich wie immer auf. Ich hörte den Sprecher im Radio Worte sagen, die mich verblüfften.

Yockey war tot.

"Ich werde bis morgen durchschlafen", lautete die kryptische Nachricht, die er seinem Zellengenossen in seiner letzten Nacht hinterließ. War es der Morgen, den er als Anbruch eines neuen Zeitalters ankündigte?

Es wurde ein zerknitterter Zettel gefunden. Der Gerichtsmediziner erklärte, dass es sich um einen Selbstmord handelte und dass das verwendete Gift Kaliumcyanid war. Niemand wusste, woher er es erhalten haben könnte. Der Fall wurde abgewiesen.

Als Amerikaner wurde uns von Kindheit an beigebracht zu glauben, dass wir in einem freien Land leben. Aber die Zeiten ändern sich, und Amerika hat sich in vielerlei Hinsicht gewandelt. Oft werden die alten Formalitäten eingehalten, aber die Bedeutung und die innere Realität Amerikas haben sich verändert, und niemand hat dies deutlicher gesehen als Francis Parker Yockey. Nehmen wir zum Beispiel die Art und Weise, wie die Presse es liebt, vor ihren Opfern - ihren Lesern - mit ihrer Freiheit zu prahlen. Ja, die Presse mag frei sein, zu lügen, zu verdrehen, wegzulassen, irrezuführen und zu verleumden, aber ist sie auch frei, die Wahrheit zu sagen?

Das Schauspiel eines Mannes, der verfolgt, verleumdet und in den Tod getrieben wird, nur weil er ein Buch geschrieben hat, ist nicht das, was man Mitte des 20. Jahrhunderts im Land der Freien und der Tapferen erwarten würde.

Aber können wir uns als frei bezeichnen, wenn einem amerikanischen Bürger, dessen einziges Verbrechen darin bestand, ein Buch zu schreiben, vom Außenministerium der Pass verweigert wird, ein Privileg, das nur den berüchtigtsten Degenerierten und Kriminellen verwehrt wird? Erst am 24. April 1962 beschloss das

Außenministerium, Untersuchungen über die Verweigerung von Pässen für die wichtigsten kommunistischen Agenten einzuleiten... aber die "freie Presse" vergaß merkwürdigerweise zu erwähnen, dass Berichte vertraulicher Natur, die vom FBI oder einer anderen Behörde stammen, nicht gegen einen Kommunisten verwendet werden können, es sei denn, ihm wird das "Recht" gewährt, seinen Ankläger zu konfrontieren. Und natürlich würde auch in einem solchen Fall das Recht auf Berufung peinlich genau beachtet werden.

Sind wir frei, wenn ein Bürger ohne Haftbefehl verhaftet und im Gefängnis festgehalten werden kann, ohne dass gegen ihn Anklage erhoben wird, und mit der fantastischen Kaution von 50.000 Dollar?

Sind wir frei, wenn die Aasgeier der "freien Presse" sich auf das Opfer stürzen und ihm haufenweise Verleumdungen und Unrat an den Kopf werfen können, indem sie ihn beschuldigen, Dinge getan zu haben, die er nie getan hat, oder Dinge gesagt zu haben, die er nie gesagt hat, um eine "öffentliche Meinung" gegen ihn zu erzeugen? Kann man Amerika ein freies Land nennen, wenn ein sensibles Genie in das schmutzigste aller Gefängnisse in Gesellschaft von schwarzen und weißen Kriminellen geworfen werden kann und ihm sogar saubere Kleidung und eine Toilette verweigert werden? Sind wir frei, wenn ein solcher "Verbrecher" nicht einmal mit seinen Schwestern unter vier Augen sprechen darf und wenn eine Gruppe, die angeblich gegründet wurde, um die verfassungsmäßigen Rechte der Bürger zu verteidigen - die American Civil Liberties Union - lieber für die "Rechte" von Homosexuellen, Verrätern, Mördern und Pornographen eintritt als für die eines aufrichtigen Patrioten wie Francis Parker Yockey, dessen Gedanken und Bemühungen seinen Landsleuten gewidmet waren? Sind wir frei, frage ich, wenn ein Richter entscheiden kann, dass ein Gefangener kein "schnelles und öffentliches Verfahren vor unparteiischen Geschworenen" erhält, wie es in der Bill of Rights garantiert ist, sondern einer psychischen Untersuchung unterzogen wird, mit dem offensichtlichen Ziel, ein Verfahren vor Geschworenen zu verhindern? Und schließlich, sind wir frei, wenn eine andere Gruppe, die weitaus mächtiger ist als die American Civil Liberties Union oder die Regierung selbst, so mächtig, dass man sich nicht traut, ihren Namen laut auszusprechen, es sei denn in Form von sklavischem Lob, sind wir frei, wenn diese Fraktion der Regierung das Verfahren diktieren kann, das bei der Beseitigung unbequemer Elemente wie Francis Parker Yockey zu befolgen ist? Wenn solche Dinge, wie ich sie aufgezählt habe, geschehen können - und sie sind geschehen -, dann ist unsere gepriesene "Freiheit" ein Geschwätz; ein leeres Wort, das uns von unseren schlauen Wächtern gegeben wird, um uns bei Laune und ruhig zu halten, so wie ein Vater seinem kleinen Jungen eine glänzende Kugel schenkt.

Es ist lehrreich, die Methoden zu analysieren, die unsere Herren zur Bekämpfung positiver Ideen und Bewegungen anwenden. Es gibt eine Norm in solchen Taktiken, die die konstruktiven Kräfte gut studieren sollten. Die erste Taktik ist die Unterdrückung und entschiedene Nichtanerkennung des Rebellen und seiner Werke. Die Presse wird einhellig die bekannte "Schweigebehandlung" anwenden. Bereits in diesem frühen Stadium, wenn sich die Bewegung zu konsolidieren verspricht, wird die Möglichkeit eines Attentats in Betracht gezogen und notfalls umgesetzt. Das Attentat auf den jungen Newton Armstrong Jr. in San Diego in der Nacht des 31. März 1962 ist ein typisches Beispiel dafür. Wir stützen uns auf das Buch von Che Guevara über die Taktik der Guerilla und die Frage, wann es notwendig ist, auf ein Attentat zurückzugreifen:

"Es widerspricht im Allgemeinen der Politik der Kommunistischen Partei, auf Attentate zurückzugreifen.... Es sind jedoch zwei Kriterien und eine politische Entscheidung erforderlich.... Die Kriterien für die betreffende Person sind, dass sie hocheffektiv sein muss und dass ihre Hinrichtung ein Exempel statuieren muss".

Die nächste Taktik ist die Diskreditierung Verleumdung, falsche Darstellung, Täuschung und das Säen von Verwirrung, wo immer dies möglich ist. Eine negative Diskreditierungskampagne kann, um die Wirksamkeit eines Feindes zu zerstören, oder eine positive Kampagne, die darauf abzielt, die Wahrheit zu verschleiern, damit sich eine subversive Bewegung entwickeln kann. Die Verfälschung der Wahrheit über Castro, der von der gesamten Presse und natürlich vom Außenministerium regelrecht gehätschelt wurde, ist ein klassisches Beispiel dafür. Sie beginnt in der Regel in Form Flüsterkampagne im Untergrund, die nach und nach in eine offene Kampagne übergeht, wenn die "freie Presse" eingreift. Ziel ist es, die Feinde des gegenwärtigen Regimes zu isolieren und sie zu diskreditieren. Die dritte Taktik ist die Einschleusung von Agenten in die Bewegung, bis diese eine falsche Richtung einschlägt, um sie im richtigen Moment zu sabotieren, während die Energien der

Patrioten auf kontrollierte oder sichere Aktivitäten gelenkt werden. Die vierte und letzte Stufe wird nur als letztes Mittel eingesetzt, wenn die Bewegung oder die Philosophie institutionalisiert und immun gegen gröbere Taktiken geworden ist. (Interessanterweise litten die gegensätzlichen Philosophien von Jesus Christus und Friedrich Nietzsche unter dieser tödlichen Interpretation). Häufig werden zwei oder mehr der oben genannten Manöver gleichzeitig angewandt. So war Yockey neben der Unterdrückung seines "*Imperiums*" auch Opfer einer Verleumdungskampagne; außerdem drohte ihm ein Attentat, und sein rätselhaftes Ende löste das Problem. Nun muss man kein Prophet sein, um vorauszusagen, dass die jetzige Wiederveröffentlichung seines Werkes die gleichen Folgen haben wird.

Wie kann man den zynischen oder ignoranten Unsinn der Liberalen ertragen, wenn sie nach "Meinungsfreiheit" und dem "Recht auf Widerspruch" jammern und mit den Fäusten gegen "Konformität" und all ihre Taschenspielertricks wackeln, wenn man weiß, dass diese moralisch Gelähmten mit ihrer perversen Ethik ihre eigentümlichen Freiheiten nur für diejenigen in Anspruch nehmen, die für die Zerstörung des Westens arbeiten? Wir haben bereits gesehen, welche Haltung sie einnehmen, wenn diejenigen, die sich der Verteidigung des Westens verschrieben haben, ihre Hilfe benötigen.

Ein gewisser sensibler alter Reporter flüsterte einer der Schwestern Yockeys zu, die still und weinend in ihrer Einsamkeit versank. "Dein Bruder ist ein Märtyrer; der erste einer langen Liste... wenn wir unser Land von denen zurückgewinnen wollen, die es uns geraubt haben".

Einige Wochen nach Yockeys Tod kam es zu einem überraschenden Nachspiel. Plötzlich und auf unerklärliche Weise trat der Staatsanwalt Staaten, der den Auftrag hatte, Yockey in die Irrenanstalt einzuweisen, zurück, verließ seine Frau und seine Kinder und ging in ein Kloster.

Wir sollten zugeben, dass zumindest ein treuer Diener der Demokratie ein Gewissen hat, auch wenn er es etwas spät zum Ausdruck gebracht hat.

Lassen Sie mich meine Gedanken so formulieren, dass es keine Missverständnisse gibt. Ich bin für das Überleben unseres westlichen kulturellen Organismus. Ich liebe diejenigen, die für die Integrität des Westens kämpfen, wer auch immer sie sein mögen. Und so sehr ich die äußeren Feinde des Westens fürchte und ihnen misstraue, so sehr verachte ich die inneren Feinde und die

Feiglinge, die sie unterstützen... und ich hasse ihre faulige Doktrin, die unsere fortgesetzte Degradierung als unvermeidlich hinstellt.

Außerdem glaube ich, dass der Westen überleben kann. Alles hängt vom Glauben ab: dem Glauben an unsere Zukunft, den Glauben an unsere Überlegenheit und unser Überleben. Skepsis, Kultiviertheit, Kosmopolitismus und Zynismus haben den alten Glauben zerstört, der nicht durch einen neuen ersetzt worden ist. Aber Glaube ist und bleibt der wesentliche Bestandteil jeder historischen Kraft. Nur ein vereinigender Glaube kann das gemeinsame Motiv für das Überleben liefern - die gerechte und tiefe Überzeugung von unserem Recht auf Leben - und die intolerante Kraft erhellen, die unsere verfallende und verrottende Umwelt reinigen und erlösen kann. Ganz einfach: Der Imperativ, den Glauben zu inspirieren, ist die entscheidende Frage unserer Zeit.

Und wenn ich "überleben" sage, dann meine ich genau das. Denn wir sind so weit gegangen; unsere Philosophien, Freiheiten und kulturellen Module sind so pervertiert oder ausgehöhlt, dass ein bloßes Überleben alles ist, was möglich ist. Ich meine, dass diejenigen, die den Westen retten müssen, sich von Anfang an darüber im Klaren sein müssen, was gerettet werden kann, dass viel geopfert werden muss und dass die daraus resultierende Struktur anders sein wird als die der Vergangenheit. Diejenigen, die vor uns gegangen sind, haben zugelassen, dass die dichten "Winde des Wandels" das alte Leben zerfressen haben, und es ist viel Unkraut entstanden, das nicht vollständig entfernt werden kann. Es ist eine Sache, für ein erreichbares Ideal zu kämpfen,, und eine andere, sich für eine verlorene Sache zu opfern. Es bedarf einer Geschichtsphilosophie, um festzustellen, was erreichbar ist und was für immer verloren ist.

Und während unsere Aufgabe darin besteht, wieder aufzubauen, dürfen wir die Realität nicht aus den Augen verlieren, denn wir können nicht aufbauen, bevor wir nicht erobert haben. Politische Macht ist das entscheidende Kriterium, nicht Wunschdenken oder Scharlatane, und dem Ziel der politischen Macht muss vorübergehend alles andere geopfert werden. Alles andere ist ein Garant für die Niederlage. Wer sich an Bord eines Schiffes befindet, das im Sturm zu sinken droht, kann gezwungen sein, alles, was er besitzt, über Bord zu werfen, wenn dies für das gemeinsame Überleben notwendig ist. Oder, um ein anderes Bild zu gebrauchen: Wer den Westen zum Styx und weg von der Finsternis führen will, muss zuerst durch die Pforten der Hölle gehen.

Das praktische Problem der Rückeroberung der politischen Macht ist ein zweifaches. Ist es einerseits möglich, eine Ethik und einen Glauben zu formulieren, die an sich mindestens so viel Anziehungskraft auf das Volk haben wie die von Marx gemalte Lüge? Andererseits: Wie können diejenigen, die eine solche Bewegung auf natürliche Weise anführen würden, mit dem überentwickelten leninistischen operativen Satanismus im wilden Dschungel des politischen Kampfes konkurrieren? Ist das notwendig? Schließlich ist die Verschwörung, mit der wir es zu tun haben, ein abscheuliches Monster, das sich nach vier Jahrtausenden Erfahrung mit Betrug und Täuschung entwickelt hat, und zwar so sehr, dass sein wichtigster Verbündeter immer die stumpfe Blindheit derer war, die es ausnutzt. Für einen Westler bedeutet "kämpfen" Kugeln, Armeen und Kriegsschiffe. Aber für unseren Feind haben internationale Kriege wenig Bedeutung; "Kampf" bedeutet für ihn nicht Krieg, sondern Politik, und in Übereinstimmung mit einer solchen Auffassung hat er seine Waffen in diesem Bereich der letzten Entscheidung geschärft. Soldaten waren noch nie gute Politiker, und es liegt in der Natur ihrer jeweiligen Ämter, dass der Soldat immer gegen den Politiker verlieren muss.

Schließlich müssen wir uns bei der Formulierung dieser Lehre fragen: Wird sie in der Lage sein, die sozio-politischen Übel und Leiden unserer Zeit zu beseitigen und die Menschheit in eine bessere Welt zu führen?

Nach diesem und keinem anderen Maßstab müssen wir das Werk von Francis Parker Yockey beurteilen.

Die Suche nach einem solchen Ethikkonzept aufzugeben, bedeutet, die Geschichte aufzugeben, wie es die intellektuellen und geistigen Nihilisten tun: die Liberalen und die Beatniks. Die Suche aufzugeben bedeutet, dem Feind einen Freibrief zu erteilen, unser Leben, unsere Seele, unser Schicksal zu kontrollieren.

Das Versäumnis, sich mit dieser Philosophie auseinanderzusetzen, kann nicht allein den Parasiten angelastet werden, die unter uns leben. Es ist auch nicht allein die Schuld des chamäleonartigen Feindes im Westen (der Culture Faker, um Yockeys treffenden Ausdruck zu verwenden), der rücksichtslos alle verfolgt, die es wagen, sich gegen unseren raschen Verfall und unsere Degeneration auszusprechen; es ist vielmehr in erster Linie die Schuld der vielen Tausend, die wissen, was auf dem Spiel steht, denen aber der moralische Mut fehlt, den Culture

Faker zu erkennen und ihn zu bekämpfen; Oder, was noch schlimmer ist, denen es durch fleißige Selbstüberredung gelungen ist, sich selbst davon zu überzeugen, dass der Kampf ums Überleben gegen einen Feind, der nichts Geringeres als die totale Kapitulation verlangt, durch steuerbefreite Unternehmen, maßvolle und "gemäßigte" Worte und die Niederschlagung von "Extremisten" geführt und gewonnen werden kann. Diese exquisiten Kämpfer schwärmen von den antikommunistischen Gruppen wie Ameisen auf Zucker. Mit schrillen antikommunistischen Proklamationen bestechen sie ihr Gewissen, um in Ruhe zu vegetieren, und gehen manchmal sogar so weit, die Kreuzigung der wenigen, die Zivilcourage haben, moralisch zu begleiten. Amerika hat zu viele solcher Antikommunisten und zu wenige wahre Patrioten.

Es gibt vieles in "Imperium", das leicht falsch interpretiert werden kann. Es gibt etwas, dem jeder zustimmen wird. Und es gibt etwas, mit dem jeder nicht einverstanden sein wird. Das ist ein charakteristisches Merkmal jedes wirklich vitalen und revolutionären Anfangs.

Yockeys kritisches Urteil über den Darwinismus ist ein Beispiel für die erste Möglichkeit, wobei zu bedenken ist, dass er sich auf den journalistischen Darwinismus und nicht auf die Evolutionstheorie bezieht. Ähnlich verhält es sich mit seinem Gebrauch des Wortes "Ethnie". Es hätte zur Klärung der Begriffe beigetragen, wenn ein anderes Wort, vielleicht "Adel", für diejenigen verwendet worden wäre, die den Zeitimperativ fühlen, denn die genetische Interpretation der Ethnie ist notwendig, nützlich und gültig, wenn wir unsere Probleme klar und genau betrachten wollen. Außerdem führt Yockey einige Tests von zweifelhaftem Wert an, wenn er behauptet, dass die Kinder amerikanischer Einwanderer völlig andere anthropologische Maße haben als ihre Eltern. Zweifellos ist daran etwas Wahres dran; es gibt somatische Unterschiede, die durch die Ernährung und das Klima verursacht werden, aber solche Schlussfolgerungen können uns in den Bereich des Lysenkoismus führen, wenn wir nicht sehr vorsichtig sind. Trofim Lysenko ist der russische kommunistische Hohepriester und Scharlatan, der mit einem Taschenspielertrick "bewiesen" hat, dass die Umwelt und nicht die genetische Vererbung den Menschen hervorbringt. Eine solche Theorie ist der grundlegende Irrtum, auf dem die gesamte kommunistische Theorie des Menschen beruht, auch wenn das nur wenige erkennen. Aber Vererbung ist eine Sache der Gene, und Gene verändern sich nur durch Mutation, es sei denn, Gene eines Typs (Ethnie) vermischen sich mit Genen eines anderen Typs (Ethnie). Eines der besten Bücher zu diesem Thema ist "Evolution, Marxist Biology and the Social Scene" von Dr. Conway Zirkle. Evolution, Biologie und genetische Vererbung müssen als Tatsachen behandelt werden, und jede Theorie, die in die Zukunft weist, muss mit ihnen rechnen.

Die Verwendung des Wortes "Autorität" durch Yockey kann zu Missverständnissen führen. Es sollte bedacht werden, dass der Einzelne unter europäischen Monarchen viel mehr Freiheit genoss als im heutigen Amerika. Zweifler sollten sich mit Edmund Burke, Thomas Carlyle, Herbert Spencer und Otto von Habsburgs jüngstem Werk "The Social Order of Tomorrow" vertraut machen. Es ist klar, dass Yockey mit "Autorität" nicht eine Art marxistischen Kollektivismus meint.

Einige Leser haben die Frage nach Yockeys offensichtlicher Antirusslandliebe aufgeworfen, und das muss geklärt werden. In späteren Werken hat Yockey seine Ansichten über Russland klargestellt; tatsächlich nannten ihn einige seiner Gefängniswärter während seines Prozesses in San Francisco "antiamerikanisch und pro-russisch". Auch wenn diese Verunglimpfung für leichtgläubige Zeitungsleser gedacht war, zeigt sie doch, dass einige seiner späteren Schriften als pro-russisch fehlinterpretiert werden könnten, so wie "Imperium" eine antirussische Haltung erkennen lässt. Natürlich war Yockey weder pro- noch antirussisch; was ihn interessierte, war das Wohlergehen und der Fortbestand des Westens, und sein Blick auf den Rest der Welt war immer subjektiv in Bezug auf das, was er als im Einklang mit den höheren Interessen des Westens zu jener Zeit stehend betrachtete.

Der Vorwurf des "Antisemitismus" - es sei denn, man betrachtet die einfache Tatsache, der jüdischen Frage gegenüber aufgeschlossen zu sein, als solchen - verdient die gleiche Interpretation. Die Tatsache, dass er in der Wohnung eines jüdischen Freundes verhaftet wurde - obwohl dieser Freund ihn später verleugnete - ist aufschlussreich genug.

Dutzende von brillanten Gedanken und Konzepten, die im "Imperium" dargelegt werden, könnten kommentiert werden, wie z.B. seine Rückführung der Ökonomie auf die ihr gebührende organische Ebene, d.h. auf das Verdauungssystem. Ein bezeichnendes Beispiel ist sein Eintreten für die europäische Einigung, lange bevor diese Idee überhaupt Fortschritte gemacht hatte. Es ist vielleicht ein Beweis für seine Behauptung, dass das, was heute als "Extremismus" angesehen wird, die Dogmen von morgen sind; Das Genie lebt in der Zukunft, wie er sagt, und während er früher von seinen Zeitgenossen lediglich als ein wenig "seltsam" angesehen und gemieden oder toleriert wurde (es sei denn, er zog sich den gerechten Zorn der Kirche zu, in diesem Fall konnte es für ihn sehr unangenehm werden), erklärt ihn der moderne Freudianismus heute für geisteskrank und unwürdig des alten Schutzes des Gesetzes; und das ist sicherlich ein Hinweis auf den "Fortschritt", den wir in tausend Jahren gemacht haben.

Die Bedeutung des Pseudonyms, das Yockey für den Autor von "Imperium" wählte, Ulick Varange, sollte beachtet werden. Ulick ist ein irischer Name, der aus dem Dänischen abgeleitet ist und "Lohn des Geistes" bedeutet. Varange bezieht sich natürlich auf die Varangianer, jene Bande nordischer Helden, die unter Rurik und auf Einladung der Slawen im neunten Jahrhundert Russland zivilisierten, den russischen Kaiserstaat aufbauten und die elegante und begabte russische Aristokratie bildeten, bis sie von den Bolschewiken zusammen mit zwanzig Millionen anderen Christen und Muslimen abgeschlachtet wurden. Der Name, der sich aus den westlichen und östlichen Enden Europas zusammensetzt, steht also für ein vereintes Europa "von den felsigen Vorgebirgen Georgiens bis zum Ural", wie er selbst betonte. Der Nachname Varange schließlich weist auf den westlichen Ursprung des historischen Russlands hin.

"Imperium" ist - um den Autor noch einmal zu zitieren - kein Buch in dem Sinne, dass es ein Argument vorlegt. Es ist prophetisch; es ist das Werk eines intuitiven Sehers. Aus diesem Grund werden Sie in "Imperium" keine Bibliographie oder Fußnoten finden, obwohl der Autor offensichtlich ein eingefleischter Leser war. Und es ist prophetisch, nicht nur im weiten historischen Sinne, denn hat Yockey an sich selbst gedacht und sein eigenes Ende vorausgesagt, als er sagte, dass Propheten einer neuen Zeit oft eines unnatürlichen Todes sterben? Zweimal enthüllt er diesen Gedanken: zuerst im Kapitel über "Die Artikulation einer Kultur" und dann in "Genie".

Eine weitere interessante und geheimnisvolle Tatsache über das Manuskript, das er auf Brittas Bay fertiggestellt hat und das Sie jetzt in Ihren Händen halten, ist, dass es einen Schlüssel hat, so dass der Name des Autors entschlüsselt werden kann, wenn der Geheimcode entdeckt wird. Auf diese Weise kann die Frage nach der Echtheit, die sich bei einem großen Werk nach dem Tod des Autors immer stellt, bei "Imperium" nie gestellt werden.

Es ist wichtig, nach den Ursprüngen von Yockeys Philosophie zu suchen, denn wir alle sind verpflichtet, auf dem aufzubauen, was andere vor uns getan haben, und klar zu sehen, dass die Vergangenheit ein besseres Verständnis der Gegenwart bedeutet. Mit mehr Übertreibung als Genauigkeit behauptet Yockey: "Der Inhalt dieses Buches ist nicht originell".

Die Kenntnis von Oswald Spengler ist für das Verständnis von Yockey von grundlegender Bedeutung; in der Tat kann man sagen, dass Imperium tatsächlich eine Fortsetzung von Spenglers monumentalem Untergang des Abendlandes ist. Spengler ist für die modischen "Intellektuellen" aus Gründen, die für die Leser von Decadence offensichtlich sind, eine Persona non grata, so dass diese Wiederauferstehung seines Einflusses - eine unvermeidliche Wiederauferstehung, möchte ich hinzufügen - die zarten Gemüter der Beatniks, Liberalen und Kommunisten, die so lange an der trockenen Zitze der historischen Konformität gesäugt haben, schockieren musste. Diese intellektuellen Kinder sind immer bereit, uns zu versichern, dass Spengler "veraltet" ist, eine ihrer bevorzugten semantischen Waffen, die sie gewöhnlich einsetzen, wenn sie Diskussionen über Alternativen und Fakten vermeiden wollen.

Aber Oswald Spengler, "der Philosoph des 20. Jahrhunderts", wie Yockey ihn in Gesellschaft von Gregor Mendel, Thomas Malthus und Charles Darwin nennt, hat uns das Muster der Welt von gestern und ihre Form in der Zukunft gezeigt, zum Guten oder zum Schlechten. Jeder dieser Giganten ist auf seinem Gebiet von grundlegender Bedeutung, und Geschichte zu studieren und Spengler abzulehnen ist genauso dumm, wie Krankheiten zu studieren und die Keimtheorie abzulehnen oder Mathematik zu studieren und Zahlen abzulehnen. Die erbärmlichen intellektuellen Nihilisten, Materialisten, Gleichmacher und "Wohlmeinenden" können Spengler bellen, bellen, bis sie heiser sind, aber die Geschichte kann sie nicht hören.

"So beginnt Spengler "Dekadenz" und fährt fort mit zwei dichten Bänden voller vergnüglicher und tiefgründiger Ausflüge in die Weltgeschichte, den Krieg, die Philosophie, die Poesie, die Musik, die Kunst, die Politik, die Religion und sogar die Mathematik.

Die vielleicht beste Zusammenfassung von Spengler - wenn man sich so etwas überhaupt vorstellen kann - hat Egon Friedell in seiner "Kulturgeschichte der Neuzeit" gegeben, einem dreibändigen Werk, das Yockey übrigens zutiefst bewundert hat.

Friedell sagt bei der Erwähnung prominenter Denker:

Schließlich, und mit tiefer Bewunderung, kommen wir zu dem Namen Oswald Spengler, dem vielleicht kraftvollsten und intensivsten, der seit Nietzsche auf deutschem Boden erschienen ist. Wir müssen bis zu den höchsten Gipfeln der Weltliteratur zurückgehen, um Werke von solch brillantem und überschwänglichem Talent, solch triumphaler psychologischer Einsicht und solch persönlicher, suggestiver und rhythmischer Kadenz zu finden wie seinen "Untergang des Abendlandes". Was Spengler uns in seinen beiden Bänden gibt, ist der "Umriss einer Morphologie der Geschichte". Er sieht statt des "monotonen Bildes der Weltgeschichte in einem linearen Konzept" das "Phänomen einer Pluralität von großen Kulturen". "Jede Kultur hat ihre eigenen neuen Möglichkeiten des Selbstausdrucks, die wachsen, reifen, vergehen und nie wiederkehren. Es gibt nicht die eine Skulptur, die eine Malerei, die eine Mathematik, die eine Physik, sondern viele, von denen sich jede in ihrem tiefsten Wesen von den anderen unterscheidet, jede in ihrer Dauer begrenzt und in sich geschlossen ist, so wie jede Pflanzenart ihre besondere Knospe oder Frucht hat, ihre besondere Art von Wachstum und Tod. Diese Kulturen, sublimierte vitale Essenzen, wachsen mit der gleichen Abwesenheit von Endgültigkeit wie Blumen auf dem Feld". Kulturen sind Organismen, und die Kulturgeschichte ist ihre Biographie. Spengler stellt neun solcher Kulturen vor, die babylonische, die ägyptische, die indische, die chinesische, die klassische, die arabische, die mexikanische, die westliche und die russische, und beleuchtet jede von ihnen der Reihe nach; natürlich ist das Licht nicht in jedem Fall gleich hell, und natürlich sind unsere Berichte über sie sehr ungleich. Aber im Entwicklungsgang dieser Kulturen herrschen gewisse Parallelen, was Spengler dazu veranlasst, den Begriff der "zeitgenössischen" Phänomene vorzustellen, womit er historische Tatsachen meint, die "jede in ihrer eigenen Kultur in denselben relativen Positionen aufeinander folgen und daher eine genau entsprechende Bedeutung haben". "Zeitgenossen" sind zum Beispiel die Entstehung des Ionischen und des Barock; Polignot und Rembrandt, Polyclitus und Bach, Sokrates und Voltaire sind "Zeitgenossen". Aber auch innerhalb der einzelnen Kultur selbst gibt es eine natürliche vollständige Übereinstimmung aller ihrer vitalen Ausdrucksformen und in jeder ihrer Entwicklungsstufen. So besteht zum Beispiel eine tiefe Verwandtschaft zwischen der klassischen Polis und der euklidischen Geometrie, zwischen der räumlichen Perspektive der westlichen Ölmalerei und der Eroberung des Raums durch Züge, Telefone und Langstreckenwaffen. Mit Hilfe solcher und ähnlicher Prinzipien kommt Spengler nun zu seinen interessantesten und überraschendsten Entdeckungen. Das "protestantische Braun" der holländischen Maler und die atheistische "schlichte Luft" der Schule Manets, die "Straße" als primitives Symbol der ägyptischen Seele und die "Ebene" als Leitmotiv des russischen Weltbildes, die "magische" Kultur der Araber und die "faustische" Kultur des Westens, die "zweite Religiosität", in der die alten Kulturen die Bilder ihrer Jugend wiederbeleben, und das "Burschentum", in dem der Mensch aus der Geschichte wieder auftaucht, sind unvergessliche Geniestreiche, die für einen Augenblick weite nächtliche Strecken, unvergleichliche Entdeckungen und Anspielungen eines Intellekts erhellen, der einen wahrhaft schöpferischen Blick für Analogien besitzt. Dass die Kimmerier der Gelehrsamkeit einem solchen Werk nichts als Stumpfsinn und dumpfes Unverständnis entgegengesetzt haben, kann niemanden überraschen, der die Sitten und die Mentalität der Republik der Gelehrsamkeit kennt".

Spengler veröffentlichte "Dekadenz" im Juli 1918, und wir schwimmen immer noch in den ersten Wellen dieses titanischen Ereignisses. Denn "Der Untergang des Abendlandes" war für die Geschichtswissenschaft im Jahr 1918 so revolutionär wie Kopernikus' Hubschraubertheorie für die Astronomie im Jahr 1543.

Man kann sich fragen: Was ist der Hauptgrund für die Abneigung, Spengler zu akzeptieren, abgesehen davon, dass er ein Hindernis für den totalen Sieg des liberal-marxistischen Intellektuellen darstellt? Die Hauptschwierigkeiten sind meines Erachtens zwei: die Notwendigkeit, die im Wesentlichen fremde Natur jeder kulturellen Seele anzuerkennen, und die offensichtliche Notwendigkeit, uns mit der traurigen Tatsache zu versöhnen, dass auch unser eigener westlicher Organismus sterben muss wie alle anderen vor ihm.

Paradoxerweise liegt das Grundproblem des zweiten Einwandes gerade in der Faust-Seele des Westens, die von Spengler selbst definiert wurde: "Die Faust-Seele, deren erstes Symbol der reine und unbegrenzte Raum ist", sagte er; und es stimmt, denn wir brauchen im Innersten unseres Wesens die immerwährende Tendenz zur Unendlichkeit. Die Idee des unbegrenzten Fortschritts entspringt dieser spirituellen Realität; es ist ein Konzept, das jedem westlichen Menschen tief und untrennbar eingeimpft ist. So ruft der Gedanke an den unvermeidlichen Tod eine grundlegende

Ablehnung hervor und wird als Pessimismus bezeichnet.

Was den ersten Einwand betrifft, so kann man sagen, dass aus der Anerkennung des im Wesentlichen fremden Charakters jeder kulturellen Seele folgt, dass, wenn jede Kultur ihre eigene innere Vitalität hat, sie nicht vom Geist einer anderen beeinflusst werden kann. Dies steht auch im Widerspruch zu den innersten Überzeugungen des westlichen Menschen, der seit mehr als fünfhundert Jahren andere Menschen aus allen Teilen der Welt katechisiert, in der vergeblichen Hoffnung, sie seinem eigenen verehrten Bild ähnlich zu machen.

Diese psychologische Blockade ist im Westen sehr tief verwurzelt, so tief, dass ein solcher Irrtum in allen philosophischen Schichten vorkommt, und sicherlich nicht nur bei den Anhängern der linken Sorte. Nennen Sie irgendeinen Philosophen, Ökonomen oder Geistlichen in der westlichen Geschichte mit Ausnahme von Hegel[1] (ja, einschließlich Spengler selbst), und Sie können sicher sein, einen Mann zu finden, der versucht hat, universelle Gesetze für das menschliche Verhalten aufzustellen; jemanden, der, mit anderen Worten, die wesentlichen Unterschiede zwischen den Ethnien nicht unterschieden hat. (Was würde zum Beispiel Lord Keynes mit seiner "universellen" Theorie der zusätzlichen Einsparungen machen, wenn er sie in Ghana oder Haiti anwenden wollte?) Die römisch-katholische Kirche ist ein typisches Beispiel. Traditionalistisch gesinnte Westler sprechen von der Kirche als Bollwerk des Westens. Leider wird dieses Kompliment nicht erwidert. Die heilige römisch-katholische Kirche ist keine Universalkirche - eine Kirche für alle Menschen

---

[1] Auszüge aus Georg Wilhelm Friedrich Hegels interessanter "Einführung in die Philosophie der Geschichte": "Der eigentümliche afrikanische Charakter ist schwer zu verstehen, und zwar aus dem einfachen Grund, dass wir, wenn wir uns mit ihm befassen, das Prinzip aufgeben müssen, das alle unsere Ideen begleitet: die Kategorie der Universalität.... Eine weitere charakteristische Tatsache in Bezug auf den Neger ist die Sklaverei..... So schlimm sie uns auch erscheinen mag, in seinem Land ist sie noch schlimmer, denn dort gibt es eine ebenso große oder noch absolutere Sklaverei; denn das ist das wesentliche Prinzip der Sklaverei, dass der Mensch noch nicht dem Konzept seiner eigenen Freiheit beigetreten ist und folglich zu einem bloßen Ding herabsteigt: einem wertlosen Objekt. Bei den Negern ist das moralische Empfinden sehr schwach oder gar nicht vorhanden. Eltern verkaufen ihre Kinder, und Kinder verkaufen ihre Eltern, wenn sich die Gelegenheit bietet.... Die Polygamie unter den Negern dient oft dem Zweck, viele Kinder zu besitzen, um sie später zu verkaufen. Daraus folgt, dass der Mangel an Selbstbeherrschung den Charakter des Negers kennzeichnet. Ihr Zustand ist unfähig zur Entwicklung oder Kultur, und so wie wir sie heute sehen, waren sie schon immer.... An diesem Punkt verlassen wir Afrika, um es nie wieder zu erwähnen. Denn Afrika ist kein historischer Teil der Welt; es hat keine Bewegungen oder Entwicklungen aufzuweisen.

-, die alle Menschen, wo immer sie sind und wer immer sie sind, als gleichwertige menschliche Seelen betrachtet, deren Körper in die heilige Umarmung der Vatikanstadt gebracht werden sollten. Sie ist die erste, die die gottlose Behauptung zurückweist, sie schulde dem Westen radikale Gefolgschaft. Wissenschaftliche und philosophische Beweise dafür, dass Menschen und Kulturen dennoch in vielen grundlegenden Aspekten verschieden sind und dass es ungesund - antithetisch - ist, sie zu vermischen, können sicher sein, auf denselben ungastlichen Empfang zu stoßen, den die Kirche Kopernikus und Galilei bereitet hat. Im April 1962 wurden drei Katholiken aus New Orleans exkommuniziert, weil sie es gewagt hatten, diese häretische Wahrheit zu verteidigen.[2]

Was müssen Millionen von Menschen - Katholiken wie Nichtkatholiken - denken, die gewohnt sind, auf Rom als Bollwerk gegen diese schmutzige, entartete Verschwörung zu blicken? (Anständige Katholiken sollten nicht überrascht oder zu sehr gekränkt sein; auch die protestantischen Sekten wurden vor vielen Jahren vom Kulturfälscher infiltriert oder gekapert). Aber wenn sich die egalitären Religionen annähern sollen, wird auch die Kommunistische Partei Kompromisse eingehen müssen; da sie intellektuell bankrott ist, wird der Preis dafür nicht allzu hoch sein. Ein anonymer Brief, angeblich von einem Mitglied der Kommunistischen Partei geschrieben, wurde im Mai 1963 im "*Truth Seeker*" veröffentlicht (dies ist eine freidenkerische und wirklich antikommunistische Zeitung). Hier ist ein Auszug daraus:

"Die Partei hat ihren Atheismus seit einigen Jahren verfälscht, und jetzt geben wir ihn ganz auf. Der Atheismus spaltet die Massen und beleidigt die guten religiösen Menschen, die eng mit uns in der Partei zusammenarbeiten. Fanatische Atheisten, die darauf bestehen, ihre Ansichten zu predigen, werden ausgeschlossen... es ist dumm, die politischen Probleme, die wir haben, mit religiösen Fragen zu verwechseln. Auf der anderen Seite ist der größte

---

[2] In seinem letzten Werk, der "Geschichte des Volkes Israel", schrieb Ernst Renan, dass "der Sozialismus uns mit der Komplizenschaft des Katholizismus in ein neues dunkles Zeitalter führen wird". Und in der Tat sind einige schreckliche Gerüchte über die traditionelle Feindschaft der Kirche gegenüber dem Kommunismus im Umlauf. Am 7. März 1963 wurde der Papst beim Händeschütteln mit Alexei Adzheubi gesehen, einem offiziellen Vertreter des Bolschewismus, der bis heute mindestens fünfzig Millionen Patrioten in Russland, China und vielen anderen Ländern ermordet hat.

Fortschritt, den die Partei derzeit macht, durch die Kirchen.... Ich erwarte eine vollständige Annäherung der katholischen Kirche und der kommunistischen Partei im Laufe der nächsten fünfzig Jahre.... Einen Vorgeschmack auf diesen Zustand gibt Polen. Haben Sie schon von "Pax" gehört? Das ist eine polnische Laienorganisation, die von kommunistischen Priestern geleitet wird... geduldet von beiden Seiten, der Partei und der Kirche.... Wahrscheinlich können Sie den Tag noch erleben, an dem die Diktatur des Proletariats vom Papst ausgerufen werden wird!

Ein entscheidender Punkt bei der Behandlung dieses Themas ist das Wachstum und die nunmehr vollständige Vorherrschaft der westlichen Idee der Technik. Die gesamte Welt der Wissenschaft ist ein Spiegelbild des westlichen Menschen, und wir haben gesehen, wie die westliche Technik die Welt erobert hat. Wir sehen, wie unsere Technik in unterschiedlichem Ausmaß und auf unterschiedliche Weise von jeder affenähnlichen Kultur auf dem Planeten übernommen wird, die es geschafft hat, aus ihrem Baumstamm-Stadium herauszuwachsen.

Die schwarzen Steinzeitmenschen im heutigen Afrika, auf Haiti, Neuguinea und den südlichen Philippinen sind fasziniert von Uhren, Radios und sogar Kerzen. Wenn eine amerikanische Gemeinde ihre alten Straßenbahnen loswerden will, verkauft sie diese an das indianische Mexiko. Die semitischen Araber fahren ihre Cadillacs und benutzen Gewehre aus Belgien, und Cadillacs und Gewehre wurden mit dem Gold aus den Öllizenzen der Wall Street, Dallas oder London gekauft. Die chinesischen Orientalen haben gut gelernt und sollen in der Lage sein, im Handumdrehen eine Atombombe zu zünden. Und selbst die halbwestlichen Russen haben seit den Tagen Peters des Großen und sogar Ruriks ihre Schiffe, Kanonen und Raketen von europäischen Ingenieuren bauen lassen. Aber hat die massive Aneignung westlicher Techniken irgendwelche Auswirkungen auf die innere und unverwechselbare Seele der aneignenden Kultur? Die Antwort lautet nein, und wir sollten nicht zulassen, dass unser verrückter Stolz uns vom Gegenteil überzeugt.

Der andere Grund für Spenglers Ablehnung liegt in der Schwierigkeit, uns mit der offensichtlichen Notwendigkeit des Todes des Westens als kulturellem Organismus zu versöhnen.

Meiner Meinung nach besteht jedoch keine Notwendigkeit für eine solche

Versöhnung. Denn eine Kultur ist zwar ein Organismus, aber ein sehr eigentümlicher Organismus; und selbst wenn wir die Analogie akzeptieren, können wir auf intelligente Weise nach der Möglichkeit suchen, ihr Leben zu verlängern oder zu erneuern.

Yockey lehnt diese Hypothese ab und sieht als überzeugter Spenglerianer das Ende des Westens voraus. Man kann jedoch argumentieren, dass die Einführung des organischen Konzepts in die Geschichtsphilosophie und -theorie zusammen mit der beispiellosen Beherrschung der Natur, die der Westen erreicht hat, und den unendlichen Möglichkeiten, die sich daraus für die Zukunft ergeben, die Vermutung zulassen, dass der westliche Organismus nicht notwendigerweise das gleiche Schicksal erleiden muss wie andere Kulturen, die ihm vorausgegangen sind und die nicht über dieses Wissen verfügten. Mit anderen Worten: Dank Spengler haben wir jetzt das richtige Konzept, dank Yockey haben wir zum ersten Mal in der Geschichte die Pathologie der Kultur erkannt. Und darüber hinaus hat die westliche Technik einzigartige physikalische Mittel geschaffen, die zur Lösung des Problems eingesetzt werden können.

Wenn wir diese Untersuchung etwas vertiefen, können wir sagen, dass die westliche Kultur alle anderen Kulturen, die in der Geschichte aufgetaucht sind, in folgenden Aspekten übertrifft:

(1) Die Besessenheit von den Fakten der Geschichte.

(2) Die Entwicklung des organischen Konzepts der Kultur und die Anerkennung ihrer Pathologie.

(3) Die Entwicklung von Wissenschaft und Hochtechnologie. Die Beherrschung von Mikrokosmos und Zeit, von Makrokosmos und Raum. Wenden wir uns nun der - bisher - letzten und nach Spengler "unvermeidlichen" Phase einer Kultur zu: der imperialistischen. Zunächst scheint die Spenglersche Theorie, angewandt auf das "Abenteuer der Vorhersage der Geschichte", in diesem Bereich ins Stocken zu geraten, denn der Westen ist mit seiner Reiseroute im Rückstand. Yockey führt dies auf den verzögernden Einfluss des Geldes zurück. Das ist wahrscheinlich richtig. Die Frage ist: Wenn Geld den Zyklus stören kann, können dann nicht auch andere Dinge ihn stören? Ein weiterer, für die westliche Situation einzigartiger Faktor sollte hier hervorgehoben werden. Der Fall der

Überproduktion ist eine alltägliche Tatsache, die fast alle Teile der politischen Meinung nicht wahrhaben wollen. Dennoch handelt es sich um eine grundlegende Entscheidung für die Menschheit, weitreichende Folgen hat. Bislang war die Sklaverei notwendig, um einen hohen Lebensstandard aufrechtzuerhalten (und natürlich wurde die Sklaverei immer dann religiös und rechtlich gerechtfertigt, wenn sie sich als wirtschaftlich wünschenswert erwies). ) Dann kamen fremde Eroberungen, deren Zweck Ausbeutung. Das ist heute nicht mehr der Fall. Das wirtschaftliche Hauptproblem des Westens besteht darin, seine Überschussproduktion zu verwerten, und nicht darin, seine Massen zu ernähren und zu beherbergen (diese elementare Wahrheit ist jedem selbsternannten "Arbeiter" bekannt, aber sie ist den Theoretikern und Ökonomen von rechts und links entgangen). Überproduktion und Technologie scheinen also den wirtschaftlichen Imperativ des Imperialismus unterdrückt zu haben. Und schließlich haben die Atombombe und ihre noch schrecklicheren Nachfolger den Einsatz des Krieges als Instrument der nationalen Politik unendlich vermindert. Unter diesen Gesichtspunkten ist der Imperialismus als Politik des Profits so tot wie der Sklavenhandel und das Kriegsschiff. Und wenn der Imperialismus nicht als bewusste Profitpolitik betrieben werden soll, unter welchem Gesichtspunkt soll er dann betrieben werden? Religiöser Eifer? Volksbegeisterung für den Kapitalismus? Nein, die Zeit der Kreuzzüge ist auch für den Westen vorbei. Wir werden nicht mehr erleben, dass der Westen auf eine andere Art und Weise als über die Wall Street und das Friedenskorps zur Eroberung der Welt marschiert... es sei denn, die Notwendigkeit, unsere Produkte zu platzieren, kann nur im "Krieg, der feigen Lösung der Friedensprobleme", erfüllt werden.

Wenn nun eingewendet werden sollte, dass die obigen Überlegungen einen Beigeschmack des kausalen Aspekts der Geschichte haben - gegen den Yockey eine Invektive ist - und behaupten, dass die letzte Phase unserer Kultur rein spirituellen Phänomenen unterworfen ist, würde ich es wagen, die Möglichkeit eines Rechenfehlers Spenglers anzudeuten, der aus einer falschen Interpretation seiner eigenen Daten und Theorien resultiert, die, von einem etwas anderen Standpunkt aus betrachtet, die Bedeutung der Theorie im Lichte der gegenwärtigen Tatsachen nicht nur klären, sondern sie vollständig bestätigen. Aus Platzgründen kann hier nur ein kurzer Abriss gegeben werden, auch auf die Gefahr hin, dass er nur von denjenigen verstanden wird, die in die Geheimnisse des Spenglerismus eingeweiht sind.

Spenglers Methode bestand darin, die Wechselbeziehung zwischen allen Aspekten der Geschichte eines kulturellen Organismus aufzuzeigen. Wie der oben erwähnte Text von Friedell bereits andeutet, zog Spengler Analogien aus scheinbar unterschiedlichen Elementen einer Kultur, von denen jedes durch den "Zeitgeist", der die Schöpfung der kulturellen Seele in ihrem besonderen Schicksal ist, Form und Bedeutung erhält. In seiner Suche nach der Vergangenheit sah er daher als Höhepunkt das, was sich geistig als Universalismus ausdrückt. Im Bereich der Religion entwickelt sich eine "zweite Religiosität", die als ein Sammelsurium von Sekten und Kulten beginnt, die niemand ernst nimmt, mit denen sich aber alle identifizieren (das ist das, was wir heute haben ). Es wird "soziales Evangelium" genannt. Es wird "soziales Evangelium" genannt und manifestiert sich auf tausend Arten, sowohl profan als auch sakral. Es ist keine wahre Religion, sondern Kultismus). Irgendwann stabilisiert sich diese Anarchie in Form einer allgemein akzeptierten und echten Religion... und davon sind wir noch etwa 200 Jahre entfernt. Im Bereich der Wirtschaft gibt es das Großkapital und die wachsende Macht des Geldes, die schließlich durch die Politik gebändigt wird. In der Kunst drückt sich der "Zeitgeist" Import exotischer Kunstformen und in absurden Versuchen aus, die keinen anderen Sinn haben als den einer natürlichen Degeneration der einheimischen Formen. In der Außenperspektive schließlich gibt es den Imperialismus, die militärische Expansion. Es ist klar zu erkennen, dass all diese Ziele erreicht werden, mit Ausnahme der letzten Etappe. Warum? Ganz einfach, weil die Unterwerfung der Technik unter den Dienst des Westens und die Beherrschung der Wirtschaft im Westen diese Stufe des geistigen Universalismus des militaristischen Imperialismus in andere Formen der Expansion sublimiert hat. In der Tat hat es noch nie eine so aggressive Armee von unbewaffneten Expansionisten und pazifistischen Imperialisten gegeben. Überall im Westen wimmelt es von Weltregierungsfanatikern. Diese und andere setzen sich vehement für die Vereinten Nationen ein - ein Anachronismus, der in Bezug auf die Ziele, die er vorgibt zu verfolgen, nicht effektiv sein kann - und dennoch ist die Unterstützung dieses gefährlichen Fossils für Millionen eine Frage der persönlichen Moral. Der Zeitgeist spiegelt sich immer in Definitionen wider, und so ist es die ultimative Beleidigung für einen weißen Mann von heute, als "Isolationist" oder "Nationalist" bezeichnet zu werden. Die Weißen müssen alle "Freihändler", "Internationalisten" und "Kosmopoliten" sein, und wie bewundern wir den Weltbürger, was immer er auch sein mag. Unser Blick ist stark von unseren Grenzen weg gerichtet; wir haben festgestellt, dass es viel einfacher ist, die Probleme von Fremden zu lösen als unsere eigenen. Die nicht-westlichen Völker sind nicht so aufgeklärt wie wir, und wir entschuldigen das vehement mit einem neu entdeckten christlichen Doppelmuster, das ein Zeichen moderner moralischer Überlegenheit darstellt, wie die Zugehörigkeit zum Classical Book Club oder die Spende für die Pro-College Negro Collection. Was hat mehr Leid verursacht, fragt Nietzsche, als die Torheiten der Mitleidigen? Es ist gut, wenn farbige Menschen nationalistisch sind; wir ermutigen sie sogar dazu, und wir nehmen Israel Bonds mit dem warmen Gefühl auf, eine gute Tat zu tun. Wir freuen uns, wenn Farbige und Juden ihren "Rassenstolz" zur Schau stellen, die Todsünde und das Tabu unserer puritanischen Umgebung. (Wie kommt es übrigens, dass in unserem glanzvollen Zeitalter alle Themen bis auf eines diskutiert werden können? Atheismus ist heute ein langweiliges Thema. Der Marxismus ist noch langweiliger, nachdem er hundert Jahre lang populär war. Ein neuer Schritt hat uns vom bloßen Sex zum Sadismus und zur Perversion geführt; selbst der Marquis de Sade verliert an Farbe. Welches prickelnde Gesprächsthema ist uns geblieben, seit die Gleichmacher die Segnungen der Demokratie gebracht haben? Nur ein Thema kann in einer gebildeten Versammlung nicht diskutiert werden: die Ethnie).

Die Helden der Wall Street ernten die beste Ernte aus dieser Art von "Imperialismus", und heute sind sowohl kleine als auch große Investoren an ausländischen Investitionen interessiert, die gegenüber inländischen Investitionen steuerlich begünstigt werden (Tax Favouritism: das ultimative Kriterium unserer Demokratie) - oder sie befürworten "Auslandshilfen", wobei sie natürlich nicht vergessen zu verlangen, dass ein Teil dieses Tricks, unsere Überschussproduktion zu entsorgen, für ihre eigenen Produkte verwendet wird. Der ultimative Ausdruck dieses militanten Spielzeugpistolen-Imperialismus ist das urkomische, aber symbolträchtige "Peace Corps"[3], der wahre Ausdruck des Zeitgeistes. Hier ist das

---

[3] Hier macht das Vorwort ein unübersetzbares Wortspiel. "Peace Corps" - Peace Corps, eine philanthropisch-

wahre Symbol von heute: eine typisch amerikanische Schöpfung aus abgrundtiefer Dummheit mit guten Absichten und der Unfähigkeit, die Gefühle anderer zu schätzen, gepaart mit aufgeklärter Gier.

Nein, wir brauchen keinen Imperialismus, solange wir Führungspersönlichkeiten wie Mennen Williams und Adlai Stevenson, weise Männer wie Eleanor Roosevelt und Arnold Toynbee und Altruisten wie Herbert Lehman James Warburg und Douglas Dillon haben, um unsere Probleme zu lösen.

Um diesen Überblick über die Lebensfähigkeit Spenglers heute fortzusetzen, ist es wichtig, ein Thema anzusprechen, das dank der Verfechter der Freiheit und der Demokratie nicht oft zur Sprache kommt. Die Neo-Spenglerianer, die sich des rassischen Aspekts der Geschichte bewusst sind (nennen wir sie "Rassisten", um ihnen einen Namen zu geben), behaupten, dass die "letzte" Phase einer Kultur - die imperialistische Phase - nur deshalb die letzte ist, weil der kulturelle Organismus seinen Körper zerstört und seine Seele tötet, indem er diesen Prozess.

Natürlich müssen wir, wenn wir Analogien zwischen Kulturen und Organismen ziehen wollen, zugeben, dass die Seele des Organismus nur stirbt, weil der Körper stirbt. Die Seele kann krank werden - die westliche Seele ist jetzt krank, vielleicht sogar tödlich krank -, aber sie kann nicht sterben, wenn der Organismus selbst nicht stirbt. Und genau das, so betonen die Rassisten, ist mit allen früheren Kulturen geschehen; der Tod des Organismus ist das natürliche Ergebnis des selbstmörderischen Prozesses des Imperialismus.

Bevor ich fortfahre, noch ein Wort zum rassischen Aspekt der Geschichte. Natürlich wird die Geschichte unter dem marxistischen Gesichtspunkt der Ökonomie, des linearen Fortschritts und des Klassenkampfes geschrieben, und Yockey widerlegt diesen dreifachen Irrtum gut. Vor dem Ersten Weltkrieg wurde die Geschichte im Allgemeinen unter dem Gesichtspunkt der Rasse geschrieben. Geschichte wurde als dramatische Erzählung der Bewegungen, Kämpfe und Entwicklungen von Ethnien gesehen, was sie auch ist. Die Unterdrückung der rassischen Sichtweise erreichte um 1960 ihren Höhepunkt (es ist kein Zufall, dass die Macht des Kulturfälschers in allen anderen Bereichen, einschließlich der Politik,

---

merkantilistische Einrichtung, die von Präsident Kennedy erfunden wurde, verwandelt es in "Peace Corpse", was "Friedensleiche" bedeutet. (N. des T.)

zu diesem Zeitpunkt ebenfalls Anzeichen - wenn auch schwache - des Schwankens zeigte).

Der vielleicht wichtigste Grund für die wachsende Neigung der Weißen, sich objektiv mit Ethnien auseinanderzusetzen, liegt paradoxerweise darin, dass sie gezwungen wurden, sich subjektiv mit ihnen auseinanderzusetzen. Es ist kein Problem, einen Mythos in Unkenntnis aufrechtzuerhalten. Die Gleichheit der Schwarzen oder sogar ihre Überlegenheit ist zum Beispiel leichter zu akzeptieren, wenn es keine Schwarzen gibt, die das Konzept zerstören könnten. Mit einem Wort, der Internationalismus verwandelt sich in der Praxis schnell in Rassismus.

Um von der Erfahrung zu akademischen Themen überzugehen: Wie viele Amerikaner oder Engländer sind mit der verblüffend elementaren Tatsache vertraut, dass sie - im historischen Sinne - Germanen sind; dass sie, ob sie es wollen oder nicht, ein Teil jener großen germanisch-keltischen Familie sind, die - Jahrtausende vor dem Anbruch Roms und sogar Griechenlands - ein einziger Stamm mit einer einzigen Sprache war? Wie viele ansonsten intelligente und wohlmeinende Menschen, die ihren Patriotismus bisher nach dem Grad ihres Hasses auf ihre kontinentalen Brüder beurteilt haben, wissen, dass die Vorfahren der großen germanisch-keltischen Familie dieselben Arier waren, die Indien unterwarfen und zivilisierten, die die Sprache Sanskrit sprachen und das Kastensystem einführten, das übrigens ursprünglich nichts anderes war als ein System der Rassentrennung, das mit einer religiösen Bedeutung ausgestattet war, die es aufrechterhalten sollte? Oder dass es davor die Sumerer und die Perser gab, und dass der moderne Name Persien - Iran - einfach eine Verballhornung von Aryan ist?

Auch Griechenland und Rom wurden von dieser großen Ethnie von kulturtragenden Eroberern geschaffen. Überall auf der Welt entstand eine andere Zivilisation, die jeweils ihren eigenen Charakter hatte, weil sie sich entsprechend den Bedingungen der Umwelt entwickelte, aber immer unbestreitbare Spuren ihres arischen Ursprungs behielt.

Es gibt einige Zivilisationen, über die wir nur wenig wissen, was die rassischen Elemente betrifft. Von den Ägyptern wissen wir nur, dass sie Kaukasier waren und dass sie, wie alle Sklavenhalter, ihr Blut mit dem ihrer schwarzen Sklaven vermischten. Was die angeblichen indianischen Zivilisationen betrifft, so wissen wir heute zweifelsfrei, dass die Zivilisation den indianischen Wilden von einer weißen

Rasse übergestülpt wurde. In seinen populären Werken "Kon-Tiki" und "Aku-Aku" enthüllt Thor Heyerdahl ganz klar die verbotene rassistische Perspektive, obwohl eine Million Menschen, die das in diesen Büchern beschriebene Abenteuer kennen, die tiefgreifende rassistische Botschaft, die er darin verfasst hat, überhaupt nicht kennen. (Es ist wirklich traurig, dass ein bemerkenswerter Mann der Wissenschaft, um eine einfache Wahrheit zu enthüllen, sein Leben riskieren und dann eine Abenteuergeschichte in einem Code schreiben muss, der, einmal entschlüsselt, eine verbotene Tatsache zeigt).

In "Kon-Tiki" schreibt Heyerdahl: "...Es gibt keine einzige Spur einer allmählichen Entwicklung in den Hochkulturen, die sich einst von Mexiko bis Peru erstreckten. Je tiefer der Archäologe gräbt, desto höher wird die Kultur, bis ein bestimmter Punkt erreicht ist, an dem die alten Zivilisationen ohne jedes Fundament inmitten primitiver Kulturen deutlich hervortreten." Alle Wunder Mittel- und Südamerikas vor der Ankunft der Spanier wurden plötzlich von einer Ethnie weißer Konquistadoren gebracht, und als sie ihr Blut langsam mit dem der einheimischen Bevölkerung vermischten, begann die Zivilisation zu degenerieren. Der wahre Grund, warum Cortés die Azteken so leicht besiegte, war, dass Montezuma glaubte, die Spanier seien die "bärtigen, hellhäutigen, die aus dem Osten kommen", die gemäß der Prophezeiung von Quetzalcoatl "zurückkehren würden"; und die Inkas von Peru hatten die gleiche Legende. Der Name "Inka" hingegen ist nur die Bezeichnung für die Aristokratie der Peruaner. Die Inkas waren weiß und ihre Prinzessinnen sehr schön; so schön, dass viele spanische Offiziere sie heirateten und mit nach Spanien nahmen. Ein einfacher Blick auf die heutigen "Inkas" von Peru genügt, um zu zeigen, dass sie nicht die Schöpfer der großen peruanischen Kultur waren.

Eines der besten Bücher zu diesem Thema ist Paul Hermanns "Conquest by Man", ein äußerst wertvolles Werk, das bei Harper erschienen ist.

Ein noch nebulöserer Ursprung kann der chinesischen Zivilisation zugeschrieben werden. Es genügt zu sagen, dass es zahlreiche Hinweise auf primitive weiße Bewegungen nach Nordchina gibt und dass es eine starke Ähnlichkeit zwischen der frühen chinesischen Zivilisation und der von Babylon gibt. Dschingis Khan, ein Mongole, stammte laut seinem Biographen Harold Lamb aus einem Stamm, der "die grauäugigen Männer" genannt wurde, und hatte rotes Haar und graue Augen. Die Chinesen haben gezeigt, dass sie die Fähigkeit besitzen, eine Zivilisation aufrechtzuerhalten, aber wir können nicht beweisen, dass sie jemals in der Lage waren, eine solche zu schaffen.

Die intensive Unterdrückung, falsche Darstellung, Verurteilung und Ablehnung des rassischen Aspekts der Geschichte hat ihren Tribut gefordert. Wir haben nicht nur noch viel zu lernen (die Oberfläche der Vorgeschichte ist kaum angekratzt und wird nie mehr als nur angekratzt werden, wenn die Wissenschaftler weiterhin ihre Zeit mit gut finanzierten Projekten in der so genannten "Wiege der Zivilisation" im Nahen Osten verschwenden), sondern die Ergebnisse der Geschichtsfälschung sind im sozialen Bereich erfreulich reichhaltig. Sie hat es dem Fälscher ermöglicht, Europa davon zu überzeugen, dass es alles, was es hat, den Griechen, den Römern und einem obskuren Stamm von Vagabunden zu verdanken hat, die gewisse verrückte Kleriker als "Gottes auserwähltes Volk" bezeichnen.[4] In "The Testimony of the Sword" (Das Zeugnis des Schwertes) berichtet Geoffrey Bibby jedoch über die Ergebnisse seiner archäologischen Forschungen zu den Ursprüngen Europas in Europa selbst und nicht im fremden Osten; Ergebnisse, die Menschen überraschen werden, die in dem Glauben aufgewachsen sind, dass ihre Vorfahren in Tierhäute gekleidete Wilde waren, die erst zivilisiert wurden, als sie gezwungen wurden, die Überlegenheit Roms anzuerkennen. In Wahrheit verdankt der Westen praktisch alles, was er hat, sich selbst, einschließlich Weihnachten und Ostern (ursprünglich germanische Feste zur Feier der Wintersonnenwende und des Frühlingsanfangs, wobei letzteres Fest der Göttin Eostre gewidmet war)[5] sowie Recht, Ethik und Jacken. Die Welt trägt Hosen und Lederschuhe, keine Sandalen und Togas. Kleider, die denen, die heute bei Sears & Roebuck verkauft werden, sehr ähnlich sind, wurden in Europa im Laufe der Zeit vor dreitausend Jahren entdeckt.

Die westliche Kultur wurde vor vielen Jahrtausenden geboren. Sie begann autochthon und entwickelte sich bis zu dem Punkt, an dem sie heute am Rande der physischen und spirituellen Vernichtung steht, nur weil sie aufgehört hat, an sich selbst zu glauben. Dies ist die Lektion, die wir aufgreifen.

Darüber hinaus gibt es eine Korrelation, die zu perfekt ist, um ein Zufall zu sein: In jedem bekannten Fall des Todes oder der Verkrüppelung einer Kultur gab es

---

[4] Oder, wie es Samuel Hoffenstein in diesem abschweifenden Couplet ausdrückt: Wie seltsam, dass Gott die Juden erwählt hat.

[5] Ostern ist "Ostern", eine Anspielung auf die Göttin Eostre.

gleichzeitig einen fehlgeschlagenen Versuch, eine beträchtliche Anzahl von kulturellen und rassischen Fremden in den Organismus zu integrieren. Im Falle Roms und Griechenlands war der Tod eine Folge des Imperialismus und der unvermeidlichen Unordnung, die durch die Unterwerfung von Völkern und Ethnien unter die Metropole als Sklaven, mit exotischen Religionen, anderen Philosophien, mit einem Wort: erst kulturelle Raffinesse, dann kulturelle Anarchie, hervorgerufen wurde. Im Falle Persiens, Indiens und der indianischen Zivilisationen zwang eine Ethnie von Eroberern einer Masse von Eingeborenen ihre Zivilisation auf; die Region blühte eine Zeit lang auf, dann verblasste die Kultur oder stand im Falle Amerikas kurz vor dem Aussterben, da die Nachkommen der Eroberer weich, fettleibig und liberal wurden und mehr und mehr das Blut und die Sitten der unterworfenen Bevölkerung übernahmen. Im Falle Ägyptens wurde im Laufe vieler Jahrhunderte mit der Gefangennahme der schwarzen Sklaven fremdes Blut eingeführt. Dies führte unweigerlich zu einer Rassenvermischung, aus der das heutige Ägypten hervorging.

Dies ist der wahre Grund für den "unvermeidlichen" Verfall und die Zerstörung eines kulturellen Organismus. Denn an einem bestimmten Punkt entwickelt eine Kultur einen "schlimmen Fall" von Universalismus. Pathologisch gesprochen, wird er, wenn er nicht durch eine angemessene Behandlung sicher in Kanäle sublimiert wird, unweigerlich den Tod des Organismus durch die Absorption fremder Mikroben verursachen.

Es ist also das natürliche Nebenprodukt des Universalismus, das den Organismus tötet; der Tod des Organismus an sich ist weder natürlich noch notwendig!

Diese Schlussfolgerung wird durch eine Synthese von Spenglerschen und rassistischen Ansätzen erreicht. Der eine mildert den anderen; zusammen können sie eine umfassende und hoffnungsvolle Geschichtstheorie entwickeln, die für die Menschen im Westen heute von großer Bedeutung ist. Die imperialistische Phase unserer Entwicklung muss um jeden Preis vermieden werden, und wir müssen unsere Maßnahmen gegen die Verdauung von Fremdkörpern ergreifen, die wir bereits teilweise absorbiert haben. Der Westen muss nicht notwendigerweise sterben, wenn er lernt, das gegenwärtige "universelle" Stadium des Westens in etwas Konstruktiveres zu sublimieren, das nicht nur die "unvermeidliche" Sehnsucht des Westens nach Expansion und Universalismus befriedigt, sondern ihm gleichzeitig eine Grundlage für die weitere Entwicklung bietet.

Was könnte das sein?

Auf dem Trümmerfeld von sieben Kulturen können wir nun einen schwachen Hoffnungsschimmer erkennen, der uns, den Menschen des Westens, Grund zu der Annahme gibt, dass das Schicksal unserer Kultur auf einem völlig neuen Weg verwirklicht werden kann. Dieser Hoffnungsschimmer geht von den Erkenntnissen aus, die den Westen in eine Position der unbestrittenen Überlegenheit gegenüber allen anderen Kulturen gebracht haben. Denn der Westen hat sich auf das größte Abenteuer der Geschichte eingelassen: den Versuch, den Weltraum zu erobern, den Versuch, das Universum unter die Kontrolle der Ethnie zu bringen. Dieser Imperativ bedarf keiner weiteren Rechtfertigung als der von Edmund Hillary, als er gefragt wurde, warum er den Mount Everest besteigen wollte: "Weil er da ist". Dies ist die ursprüngliche Realität der faustischen Seele des Westens, die jenseits der Logik der Rationalisten liegt.

Kann ein Ziel gleichzeitig so herausfordernd, unverschämt und unmöglich sein wie dieses, und doch so metaphysisch notwendig für die geistigen Bedürfnisse unserer Kultur? Und kann ein Ziel so perfekt an die physische Situation angepasst sein, in der wir uns befinden?

Das Schicksal hat den Westen mit allen Mitteln des Überlebens ausgestattet. An diesem Punkt der Geschichte haben unsere Technologie, die industrielle Überproduktion und die "Bevölkerungsexplosion" ihren Höhepunkt erreicht, da wir erkennen, dass der Westen endlich über die Mittel verfügt, den poetischen Imperativ des faustischen Impulses für die Unendlichkeit in die Realität umzusetzen; ja, die unentschuldbare Notwendigkeit, dies zu tun.

Denn es steht fest, dass der westliche Mensch, ohne auf alle gegenteiligen Argumente einzugehen, den Weltraum erobern oder bei dem Versuch sterben muss. Das Streben nach der Unendlichkeit und dem großen Raum ist nicht mehr durch irdische Grenzen begrenzt. Jetzt haben wir die Unendlichkeit in der Tat zum Greifen nah.

Was ich damit sagen will, ist, dass der weiße Mann sich endlich von der Erde gelöst hat. Ich stelle die einfache Tatsache fest, dass wir - abgesehen von den Katastrophen, die durch die universelle Zerstörung, physisch oder biologisch, verursacht werden - jetzt zu den Sternen aufbrechen und keine Macht im Himmel oder auf der Erde uns aufhalten kann. In den kommenden Tagen wird sich dieser Wettlauf in den Weltraum tausendfach verstärken... millionenfach. Alle Grenzen der Expansionsmöglichkeiten sind verschwunden. Geografische Expansion auf der Erde ist sinnlos und - schlimmer noch - selbstmörderisch. Die Grenze ist zurück[6]... eine Grenze, die niemals verschwinden kann. Und mit dieser Grenze kommen buchstäblich unbegrenzte Möglichkeiten, nicht nur für die physische Expansion, sondern auch für die wirtschaftliche Ausbeutung... und für die Seele des faustischen Menschen, ihren wahren Ausdruck zu finden.

Natürlich kann der Mensch den Himmel nicht erobern. Er kann das Sonnensystem nicht modifizieren, die Umlaufbahn der Planeten nicht verändern, der Erdoberfläche nicht Billionen Quadratkilometer Erde hinzufügen, andere Planeten nicht näher an die lebenswichtige Sonne heranbringen, um sie für die Kolonisierung vorzubereiten, die Sonne nicht wiederbeleben, wenn sie zu verblassen beginnt, und er kann auch nicht die edelste Unmöglichkeit erreichen: die menschliche Gattung durch bewusste biologische Mechanik zu erhöhen[7]; denn bei dem Versuch, die Natur zu erobern, müssen wir scheitern; das ist die ewige Tragödie der faustischen Seele, sagt Spengler in "*Mensch und Technik*". Aber - und das ist das Wichtigste - wir können es versuchen. Und wir werden es tun. Der Endzweck ist nicht wichtig, die Zeit hat kein Ende, nur das Ziel zählt.

Gleichzeitig besteht die große Gefahr, dass wir, während wir unsere Aufmerksamkeit auf richten, dem subtilen Drängen des Kulturfälschers erliegen und unsere heimischen Probleme ignorieren. Die Herausforderung der Unendlichkeit ist unsagbar aufregend, aber das alltägliche Problem der Lebensqualität der Menschen und ihrer Umwelt ist von größerer Bedeutung. Our adventure to Infinity will be very short if we return to an Earth populated with a human species in accelerated degenerative process; to nights crawling with the marauding of depraved and raceless savages, with only a few locked doors between the jungle and the laboratory until dawn; zu einer Tyrannei unserer Regierung, die von räuberischen und

---

[6] Das Wort "Frontier" hat für die Amerikaner eine andere Bedeutung als für die Europäer. Die "Frontier" war das Niemandsland zwischen den frühen Yankee-Siedlern und den Indianern.
[7] In "Nature and the Faerie of Man" hat der Biologe Garrett Hardin von der University of California das getan, was nur wenige Akademiker können: ein ebenso schönes wie weitreichendes Buch geschrieben. Aber leider sind Worte nur Worte, und Politik, das sollten wir immer bedenken, ist die Kunst des Möglichen.

organisierten Minderheiten ausgeübt wird; zu absurden Steuersystemen, die entwickelt wurden, um "Wohlfahrtssysteme" aufrechtzuerhalten, deren absichtliches Ziel es ist, die Minderwertigen auf Kosten der produktiven und kreativen Menschen zu vermehren; zu einem organisierten Dreck, der sich Literatur nennt; zu der ethischen Syphilis von Hollywood; zu systematischen Lügen, die sich als Wissenschaft ausgeben; zu offizieller und journalistischer Propaganda, deren einziger Zweck die Aufrechterhaltung kultureller Dekadenz ist; zu einer Knechtschaft gegenüber einem Wirtschaftssystem, das darauf ausgerichtet ist, individuelle Verdienste und persönliche Verantwortung auszulöschen zu einer liberalen Philosophie und einer kranken Religion - perfekt für Sklaven -, die alle schöpferischen Bemühungen edler Seelen erbittert bekämpft und offenbart, dass ihr höchstes Bestreben die Einpflanzung eines unbewussten Todeswunsches in unser Volk ist; zu einer feigen Heuchelei, die es unmöglich macht, über echte Probleme zu sprechen.... und das alles zur Festigung der totalen Vorherrschaft des Kulturfälschers, der sich unter diesen Bedingungen ernährt und fett wird.

Oswald Spengler ist also nicht als Prophet des unausweichlichen Untergangs zu betrachten, sondern als Herausforderer, als Seher, der - wie alle Schöpfer - die endgültigen Folgen seiner Schöpfung nicht sehen konnte. Damit wird Spenglers Bedeutung zum Maßstab der Zukunft - und alle Menschen, die nicht in der Gewalt des Zerstörers sind, müssen diese historische Lehre als kategorischen Imperativ akzeptieren. Was wir aus diesem Imperativ machen - ob wir den Mut haben, auf der von ihm entworfenen Struktur aufzubauen oder nicht -, liegt allein an uns. Wir müssen hoffen, dass andere Männer wie Yockey das von ihm geschaffene Konzept ergänzen, denn die Entwicklung des westlichen Kulturorganismus ist nicht am Ende, sondern erst am Anfang ihres Lebens.

Was ist die Bedeutung von "Imperium"? Einfach dies. Dass die Soldaten, die in den Dienst des Westens treten, nun zum ersten Mal über eine tiefgründige Theorie verfügen, die sie inspiriert und leitet. Das "Imperium" erweist sich, nachdem es alle Versuche seiner Feinde, es zu unterdrücken und zu zerstören, überwunden hat - wie es bei allen konstruktiven Fortschritten in der Geschichte der Menschheit immer der Fall war -, als die einzige Grundlage, die für die Vertreibung der inneren Feinde, die Rückeroberung der Seele des Westens und die Vorbereitung des Weges in die Zukunft genutzt werden kann.

Trotz der widersprüchlichen Meinungen, die "Imperium" hervorrufen wird, ist eines sicher: Hier liegt ein Buch vor, das sich grundlegend von allen anderen unterscheidet, genau wie der Autor auf der ersten Seite feststellt. Ob es nun einen Wendepunkt in der Geschichte markiert, wie der Autor behauptet, oder nicht, es enthält eine große Menge an fruchtbaren Gedanken und neuen Konzepten, für die jeder intellektuell freie Mensch dankbar sein wird. Es sprengt die Zwangsjacke des gegenwärtigen sterilen Intellektualismus, der uns von tausend vergeblichen Türmen des "hohen Akademismus" aus konfrontiert, und versorgt den Leser mit Ideen, die nicht nur ihn, sondern auch unsere Kultur bereichern werden. Ob sich die apokalyptischen Prophezeiungen bewahrheiten oder nicht, ob sich eine konstruktivere Alternative in der Geschichte durchsetzt oder nicht, ob das Ende des Westens nicht krachend, sondern langsam kommt, wird uns nur der Lauf der Zeit zeigen; aber kein intelligenter Mensch wird "Imperium" ignorieren.

In einer Hinsicht ähnelt "Imperium" "Das Kapital", denn Karl Marx gab dem konspirativen Kulturfälscher die notwendige ideologische Maske, um seine Mission der rücksichtslosen und totalen Zerstörung zu verschleiern. Er schuf eine ungläubige und ungültige Theorie des Menschen, gehüllt in faulige Gleichheit, weinerliche Heuchelei, Schmerzen und Leiden des wahllosen Altruismus und der wirtschaftlichen "Wissenschaft". Auf diese Weise brachte er die Rationalisten mit einer völlig fadenscheinigen, plausiblen Wahrheit zum Erschaudern, etwas, das ihre schuldbeladenen, grauhaarigen Seelen dringend benötigten, nachdem sie Gott getötet hatten.

Francis Parker Yockey hat eine ähnliche Arbeit für diejenigen geleistet, die mit einem konstruktiven Geist begabt sind und den intellektuellen und moralischen Mut haben, sich der Realität zu stellen, die Wahrheit zu suchen und sie auszudrücken.

Das ist der Grund, warum Yockeys Pläne für den Westen, obwohl sie vielleicht nicht so perfekt sind, eine atomare Kraft enthalten. Wenn nur ein einziger Leser dieses Buches dazu gebracht wird, die Führung zu übernehmen, und andere die Welt ein wenig klarer sehen können als sie es jetzt tun - und wenn sie infolgedessen zwischen ihren wirklichen Freunden und ihren wirklichen Feinden unterscheiden und die Notwendigkeit einer Führung und eines koordinierten Handelns erkennen können - dann werden Yockeys Leben des Leidens und der Verfolgung und seine monumentale Leistung alles in allem nicht umsonst gewesen sein.

Und wie auch immer das Schicksal von diesem Tag an weitergeht, zwei Fragen werden mich immer beschäftigen.

Erstens: Ist die Wiederveröffentlichung dieses Buches an sich ein konkreter Beweis dafür, dass seine Prophezeiung in Erfüllung geht?

Und schliesslich - und jetzt müssen Sie mir glauben und keine Fragen mehr stellen - erscheint es mir höchst seltsam, dass zwei Männer, von denen man nicht annehmen kann, dass sie an das "Schicksal" oder die "Ewige Gerechtigkeit" glauben, dass diese beiden heidnischen und bitteren Realisten, diese beiden Rationalisten, wenn Sie so wollen, die einzigen waren, die den Glauben hatten, dafür zu sorgen, dass das "Imperium" nicht in Vergessenheit gerät und seinen Weg in Ihre Hände findet, liebe Leser.

W. A. CARTO

# PROLOG

Dieses Buch ist anders als alle anderen. Zunächst einmal kann es nur formal als Buch betrachtet werden. In Wirklichkeit ist es ein Stück Leben in Aktion. Es ist ein Wendepunkt in der europäischen Geschichte; einer der letzten Wendepunkte, aber ein authentischer. Der Inhalt dieses Buches ist nicht originell, nur das Buch selbst ist originell. Der Wahn nach Originalität ist eine Manifestation der Dekadenz, und die Dekadenz Europas ist die Vorherrschaft des Barbaren.

Dies ist der erste Teil einer Reihe von Werken: Die politische Literatur Europas. Früher waren alle politischen Abhandlungen dieser Art nur an eine Nation in Europa gerichtet. Dieses Buch markiert u.a. das Ende der Renaissance. Es führt es nicht herbei - nur der Lauf der Geschichte und nicht Bücher können ein Ereignis von solchem Ausmaß herbeiführen -, es läutet nur die Glocken zu seinem Begräbnis. So kehrt der imperative Aspekt des Lebens zu seiner ursprünglichen Quelle zurück, dem Willen zur Macht. Von nun an wird es keine Polemik mehr über das Handeln in Begriffen des abstrakten Denkens geben.

Dieses Werk richtet sich an ganz Europa und insbesondere an seine kulturtragende Schicht. Es ruft Europa zu einem historischen Kampf auf, der zwei Jahrhunderte andauert. Europa wird an diesem Kampf teilnehmen, als Teilnehmer oder als Beute der äußeren Mächte. Wenn es handeln und nicht nur in dieser Serie gigantischer Kriege dulden soll, muss es integriert werden, und es gibt nur einen Weg, wie dies geschehen kann. Die westliche Kultur ist krank, und die Verlängerung dieser Krankheit bedeutet die Verlängerung der "chinesischen" Verhältnisse in Europa.

Das Wort Europa ändert seine Bedeutung: Von nun an bedeutet es die westliche Zivilisation, die organische Einheit, die in ihren Lebensphasen die nationalen Ideen Spaniens, Italiens, Frankreichs, Englands und Deutschlands hervorgebracht hat. Diese vorangegangenen Nationen sind alle tot; das Zeitalter des politischen Nationalismus ist vorbei. Dies ist nicht aufgrund einer logischen Notwendigkeit geschehen, sondern aufgrund des organischen Prozesses der westlichen Geschichte. Diese organische Notwendigkeit ist die Quelle unseres Imperativs und der Integration Europas. Der Ausdruck des Organischen ist, dass seine Alternativen darin bestehen, das Notwendige zu tun oder krank zu werden und zu sterben.

Das heutige Chaos - 1948 - ist auf den Versuch zurückzuführen, die Integration Europas zu verhindern. Infolgedessen befindet sich Europa in einem Sumpf, und außereuropäische Kräfte verfügen über die alten europäischen Nationen, als ob sie ihre Kolonien wären. Dieses Buch enthält die präzisen und organischen Grundlagen der westlichen Seele und insbesondere ihren Imperativ in der gegenwärtigen Phase. Entweder wird Europa vollständig integriert, oder es wird von der historischen Bühne verschwinden, seine Völker werden zerstreut, seine Anstrengungen und sein Verstand werden für immer außereuropäischen Kräften zur Verfügung stehen. Dies wird nicht in abstrakten Formeln und intellektualisierten Theorien gesagt, sondern organisch und historisch. Die Schlussfolgerungen sind daher nicht willkürlich, nicht eine Frage der Wahl oder der Ablehnung, sondern absolut verbindlich für alle, die sich an den Problemen beteiligen wollen. Der wahre Autor ist der Geist der Zeit, und seine Gebote lassen keine Argumente zu, und seine Sanktion ist die erdrückende Kraft der Geschichte, die Niederlage, Demütigung, Tod und Chaos mit sich bringt.

Ich möchte hier zunächst die erbärmlichen Pläne zurückgebliebener Geister verurteilen, die Europa zu einer Wirtschaftszone "vereinigen" wollen, um den Imperialismus vor außereuropäischen Kräften zu schützen und sie auszubeuten. Die Integration Europas ist keine Frage von Plänen, sondern eine Frage des Ausdrucks. Sie muss nur anerkannt werden, und das Fortbestehen des wirtschaftlichen Denkens des 19. Jahrhunderts erweist sich hier als völlig untauglich. Weder Handel noch Bankwesen, weder Import noch Export, sondern allein der Heroismus kann die integrierte Seele Europas befreien, die unter den finanziellen Fesseln der Verzögerungstaktiker, dem kleinlichen Statismus der Parteipolitiker und den Besatzungsmächten der außereuropäischen Mächte liegt.

Die zwingende Integration Europas nimmt die Form der Einheit von Volk, Ethnie, Nation, Staat, Gesellschaft, Wille - und natürlich auch der Wirtschaft - an. Die geistige Einheit Europas ist da; ihre Befreiung wird automatisch die volle Entfaltung der anderen Phasen der organischen Einheit ermöglichen, die alle aus dem Geist fließen.

Und so ist dieses Buch die Neuauflage einer Kriegserklärung. Es fragt die Verräter an Europa, die erbärmlichen Parteipolitiker, deren Amt von ihrem fortwährenden Gehorsam gegenüber außereuropäischen Mächten abhängt: Dachtet ihr, es sei alles vorbei?

Glaubt ihr, dass euer Elend und eure Schande auf der Weltbühne, auf der die Helden gegangen sind, in Sicherheit bleiben werden? In dem Krieg, den ihr entfesselt habt, habt ihr die Menschen das Sterben gelehrt, und dann habt ihr einen Geist entfesselt, der euch überwältigen wird, den Geist des Heldentums und der Disziplin. Es gibt kein Geld, das diesen Geist kaufen kann, der das Geld überwinden kann".

Dieses Buch ist, kurz gesagt, der erste Schuss im gigantischen Krieg um die Befreiung Europas. Der erste Feind ist der Verräter im Innern Europas, der seine Ausbeutung und Unterwerfung unter äußere Mächte möglich macht. Er ist das Symbol des Chaos und des Todes. Zwischen ihm und dem Geist des 20. Jahrhunderts herrscht ein erbarmungsloser Krieg.

ULICK VARANGE

Brittas Bay, 30. Januar 1948

## I - DER HISTORISCHE WACHTURM DES 20. JAHRHUNDERTS

*"So, wie wir nichts anderes tun, als die Geschichte zu wiederholen, so tun wir auch nichts anderes, als sie zu rezitieren; ja, im weitesten Sinne ist unser ganzes geistiges Leben auf ihr aufgebaut. Denn was ist das Wissen, wenn man die Dinge genau betrachtet, anderes als eine aufgezeichnete Erfahrung und ein Produkt der Geschichte, dessen wesentliche Bestandteile das Denken und der Glaube sind, nicht weniger als das Handeln und die Leidenschaft?"*

CARLYLE

*"Das Leben des Einzelnen ist nur für ihn selbst von Bedeutung; die Frage ist, ob er der Geschichte entkommen oder sein Leben für sie geben will. Die Geschichte kümmert sich nicht um die menschliche Logik".*

SPENGLER

### Blickwinkel

I

Weit weg, in der äußeren Dunkelheit, wo kein Wind weht, kein Licht scheint und kein Ton zu hören ist, kann man einen Blick auf diese runde Erde werfen. In den Astralregionen gehört das Licht der Seele; daher ist die Finsternis mit Ausnahme dieses besonderen Sterns vollkommen, und nur ein Teil davon leuchtet. Aus einer solchen Entfernung kann man das Geschehen auf der Erde ganz klar sehen. Wenn man näher herankommt, werden die Kontingente sichtbar; wenn man noch näher herankommt, sieht man bereits die Wanderungsströme. Aber es gibt einen Brennpunkt, von dem das Licht in alle Richtungen ausstrahlt. Es ist die korkenförmige Halbinsel Europas. In diesem kleinen Anhängsel der großen Landmasse des Planeten wird die größte Intensität der Bewegung beobachtet. Man sieht - hier, weit draußen in den siderischen Räumen, sind die Seele und ihre

Emanationen sichtbar - eine Konzentration von Ideen, Energie, Ehrgeiz, Projekten, Expansionsfähigkeit, schöpferischem Willen. Beim Überfliegen Europas können wir sehen, was noch nie deutlich sichtbar war: die Präsenz eines rein geistigen Organismus. Bei näherer Betrachtung zeigt sich, dass der Lichtstrom nicht von der Oberfläche Europas in den Nachthimmel fließt, sondern nach unten und von dem unsichtbaren Organismus ausgeht. Dies ist eine Entdeckung von tiefgreifender und revolutionärer Bedeutung, die uns nur aufgrund unserer völligen Loslösung vom irdischen Geschehen in der äußeren Leere zuteil wurde, wo der Geist unsichtbar ist und die Materie nur durch das Licht, das vom Geist ausgeht, sichtbar wird.

Weitere Entdeckungen folgen: Auf der anderen Seite befinden sich zwei Inseln, die im Vergleich zur Landmasse klein sind. Das fahle Licht, das über einzelne Teile dieser beiden Inseln gestreut wird, ist - wie unten zu sehen - eine Reflexion der anderen Seite.

Worum handelt es sich bei diesem überirdischen Phänomen, warum tritt es gerade über Europa auf, und in welcher Beziehung steht es zu dem menschlichen Material, unter dem es entsteht? Letzteres wird zu kompliziert geformten pyramidalen Strukturen geformt. Es werden Ränge gebildet. Durch Kanäle von labyrinthischer Komplexität fließen die Bewegungen. Die Menschen verhalten sich zueinander in einem bestimmten Verhältnis von Befehl und Gehorsam, verworren, wirbelnd wie Wasser in Bächen, Strömungen im Ozean, Herden in den weiten Ebenen. Es ist also der Geist-Organismus, der die Bevölkerung der Halbinsel in ihren verschlungenen organischen Formen formt und prägt. Womit können wir dieses Wesen vergleichen, das wir nicht sehen konnten, als wir auf der Erde waren? Jetzt ist es allein.

Aber hier im Weltraum haben wir sowohl die Freiheit der Zeit als auch die Freiheit des Raums. Es ist uns erlaubt, hundert Generationen zu betrachten, so wie der Erdbewohner ein Insekt betrachtet. Auf der Suche nach etwas Ähnlichem wie dem Geistorganismus, den wir gesehen haben, gehen wir zweihundert Generationen zurück. Der irdische Ball ist derselbe, aber er befindet sich in fast völliger Dunkelheit. Die Dinge sind fast ununterscheidbar; die Materie ist nicht durch die Stille des Geistes hindurchgegangen und ist nicht zu verstehen. Ein Blick nach hinten offenbart die Fortsetzung der Leere. Wir lassen einen Moment lang ein paar Generationen verstreichen, und der Geist beginnt sich bemerkbar zu machen. Ein schwaches, aber vielversprechendes Licht erscheint in Nordostafrika. Dann ein weiteres, tausend

Meilen weiter nordöstlich, in Mesopotamien. Sie erhalten Namen: Ägypten, Babylon. Wir befinden uns im Jahr dreitausend vor Christus. Sie nehmen an Intensität zu, und das erste, was in jedem Fall deutlich wird, sind die Heere, die gegen die äußeren Völker marschieren, die als Barbaren betrachtet werden. Diese geistigen Organismen vermischen sich nicht: ihre hohen Grenzen sind steil und klar; jedes Wesen hat seine eigene Nuance, die ihm anhaftet. Jeder Organismus fängt das vorhandene Menschenmaterial innerhalb seiner Grenzen ein und nimmt es in seinen Dienst. Es prägt ihnen zunächst eine gemeinsame Idee von der Welt ein; dann läutert es dieses Konzept der Nationen, wobei jede Nation eine eigene Idee des höheren Organismus umfasst. Ein Adel und ein Klerus entstehen, um die verschiedenen Aspekte der Idee zu konkretisieren. Die Bevölkerungen sind geschichtet und spezialisiert, und die Menschen leben ihr Leben und ihr Schicksal in einer Weise, die dem höheren Organismus völlig untergeordnet ist. Er bindet die Menschen mit Ideen. Nur eine kleine geistige Schicht jeder menschlichen Bevölkerung ist an diese Art von Zwang angepasst, aber diejenigen, die dazu gehören, bleiben im Dienst der Idee, wenn sie sie einmal gespürt haben. Sie werden damit leben und sterben und im Laufe der Zeit das Schicksal des Volkes bestimmen, aus dem sie stammen. Diese Ideen - nicht bloße Abstraktionen, Reihen von Begriffen, sondern unaussprechliche Bedürfnisse des Seins und des Denkens - sind die Technik, mit der diese höheren Wesen die Menschen für ihre Zwecke benutzen. Religionen von hoher Komplexität des Gefühls und der begründeten Darstellung, architektonische Formen, die im Geiste dieser Religion erdacht und in ihren Dienst gestellt wurden, lyrische Poesie, Bildkunst, Bildhauerei, Musik, Adelsorden, klerikale Orden, stilisierte Wohnstätten, raffinierte Sitten und Kleidung, philosophische, mathematische Systeme, des Wissens, der Natur, erstaunliche technische Methoden, gigantische Schlachten, riesige Armeen, langwierige Kriege, energische Wirtschaften, um all diese vielschichtigen Strukturen aufrechtzuerhalten, komplex organisierte Regierungen, um den Völkern Ordnung zu verschaffen, die von dem höchsten Wesen geschaffen wurden, das auf die verschiedenen Arten von Menschengruppen einwirkt....dies sind einige der Formen, die in diesen beiden Gebieten auftreten. Jede Form in Ägypten unterscheidet sich von der entsprechenden Form in Babylon. Wenn eine Idee übernommen wird, ist das nur scheinbar; in Wirklichkeit wird sie missverstanden, umgestaltet und dem eigenen Geist angepasst.

Aber das höhere Selbst nähert sich einer Krise. Es hat sich in diesem Prozess der Transformation der Erde verausgabt. Es zittert, es scheint zu schwächeln, es pocht - Chaos und Anarchie bedrohen seine irdischen Verwirklichungen - die Kräfte von außen verbünden sich, um seine großen Schöpfungen anzugreifen und auszulöschen. Aber sie erwacht und führt die größten ihrer Anstrengungen aus; nicht mehr in der Schaffung von inneren Dingen, Künsten, Philosophie, Lebenslehren, sondern in der Bildung des rein äußeren Machtapparates: strenge Regierungen, gigantische Armeen, Industrien zu deren Unterhalt, Kriegsflotten, Rechtssysteme zur Organisation und Ordnung von Eroberungen. Sie dehnt sich in nie zuvor erforschte oder bekannte Gebiete aus, vereinigt ihre verschiedenen Nationen zu einer einzigen, die den anderen ihren Namen gibt und sie in die letzte große Expansionsanstrengung führt.

In jedem von ihnen ist der gleiche große Rhythmus zu beobachten. Während wir sie betrachten, verlieren die beiden Lichter die Intensität ihrer prächtigen Farben. Sie verblassen langsam und hinterlassen einen Heiligenschein der Erinnerung und der Legende in den Köpfen der Menschen, wobei ihre letzten großen Schöpfungen im Vordergrund des weiten Panoramas stehen: das Imperium.

Außerhalb dieser beiden Gebiete ist der Rest der Erde unverändert. Die menschlichen Stämme unterscheiden sich von den tierischen Horden nur durch eine primitive Kultur und eine kompliziertere Wirtschaft. Davon abgesehen sind ihre Existenzformen völlig sinnentleert. Primitive Kulturen sind das Einzige, was oberhalb der wirtschaftlichen Ebene existiert, die den Naturereignissen und dem menschlichen Verhalten eine symbolische Bedeutung beimisst. Aber nichts in diesen Bewegungen ähnelt den Hochkulturen, die das Erscheinungsbild der ägyptischen und babylonischen Landschaften fast vierzig Generationen lang, von den Anfängen bis zum endgültigen Zusammenbruch, völlig verändert haben.

Die physische Zeit vergeht, und die Jahrhunderte vergehen in Dunkelheit. Dann, genau wie in Ägypten und Babylon, aber wieder mit einem anderen Farbton und begleitet von einer anderen Musik, erscheint ein Licht über dem Punjab. Es wird hell und beständig. Dieselbe Gesundheit von bedeutenden Formen und Ereignissen wirkt wie in den beiden vorhergehenden Organismen. Seine Schöpfungen sind alle in höchstem Maße individuell, so verschieden von ihren beiden Vorgängern, wie diese voneinander waren, aber sie folgen denselben grandiosen Rhythmen. Derselbe bunte Pomp von Adligen und Mönchen, Tempeln und Schulen, Nationen und Städten, Künsten und Philosophien, Armeen und Wissenschaften, Literaturen und Kriegen zieht vor unseren Augen vorüber.

## II

Noch bevor sich diese Hochkultur voll etabliert hatte, begann sich eine andere im Hwang-Ho-Tal in China zu verwirklichen. Und dann, einige Jahrhunderte später, etwa 1100 v. Chr., taucht die Klassische Kultur an den Küsten der Ägäis auf. Beide Kulturen besitzen den Stempel der Individualität, ihre eigene Art, ihre materiellen Schöpfungen zu färben und zu beeinflussen, aber beide unterliegen der gleichen Morphologie wie die anderen, die wir beobachtet haben.

Als diese klassische Kultur zu Ende geht, um die Zeit Christi, erscheint eine andere in einer Landschaft, die von der klassischen in ihrer letzten expansiven Phase unterworfen wurde: Arabien. Die Tatsache, dass sie genau an diesem Ort auftritt, macht ihren Verlauf ungewöhnlich. Ihre Formen sind im Innern so rein wie die aller anderen Kulturen; im Innern leiht sie sich nicht mehr als die anderen, aber es war unvermeidlich, dass die materielle Nähe des Schauplatzes, die zeitliche Abfolge und der Kontakt mit den zivilisierten Völkern des früheren Organismus den neuen in dem Sinne beeinflussen, dass er den Reichtum der klassischen Schöpfungen aufnimmt. Aber er hat sich ihnen nur oberflächlich unterworfen, denn in diese alten Flaschen hat er seinen neuen Wein gegossen. Durch Selektion, Umdeutung oder Vergessen brachte er das Eigene trotz der fremden Formen zum Ausdruck. In ihrer letzten expansiven Phase umfasste diese Kultur die europäische Kultur in Spanien als westliches Kalifat. Ihr Lebensraum, die Form ihres Endes, ihre letzte große Krise: alles folgte der gleichen organischen Regelmäßigkeit wie die anderen.

Etwa fünf Jahrhunderte später tauchen in den entlegenen Gebieten Mexikos und Perus die bekannten Erscheinungsformen einer anderen Hochkultur auf. Sie sollten das tragischste Schicksal von allen erleiden, die wir gesehen haben. Um das Jahr 1000 herum wurde die europäische Kultur geboren, und von ihrer Geburt an unterscheidet sie sich von allen anderen durch die außerordentliche Intensität ihres Selbstausdrucks, durch ihren gewaltigen Impuls, sowohl im geistigen als auch im physischen Bereich. Seine ursprüngliche Bühne war um ein Vielfaches größer als die seiner Vorgänger, und von dieser Basis aus beginnt er gegen Mitte seines Lebens ein Zeitalter der Entdeckungen, das bis an die Grenzen der Erde reicht und die Welt zum Ziel seiner Politik macht. Seine spanischen Vertreter, die beiden bewaffneten Gruppen von Cortés und Pizarro, entdeckten die Zivilisationen von Mexiko und Peru, die sich damals auf der letzten Stufe der Verfeinerung ihres materiellen Lebens befanden. Die beiden großen Reiche Mexikos und Perus mit ihren sozialen Formen, ihrer politisch-wirtschaftlichen Organisation, ihrem Verkehrswesen, ihren Kommunikationsmitteln und ihrem bürgerlichen Leben, die von ihren besonderen Seelen bis an ihre Grenzen entwickelt wurden, ließen die spanischen Invasoren wie einfache und naive Barbaren aussehen. Der letzte Akt dieses kulturellen Dramas ist seine Zerstörung innerhalb weniger Jahre durch die Invasoren aus einer anderen Welt. Diese Auflösung ist aufschlussreich dafür, wie wenig der Geist der Welt den menschlichen Werten und Gefühlen Beachtung schenkt.

Welcher Wahrsager hätte es gewagt, dem letzten Aztekenkaiser, umgeben vom Pomp eines weltgeschichtlichen Inhalts, gekleidet in all seine Macht, vorherzusagen, dass in kurzer Zeit der Dschungel seine Städte und Paläste zurückerobern würde, dass die Armeen und Kontrollsysteme seines großen Reiches vor dem Angriff einiger hundert Barbaren verschwinden würden?

Die Seele jeder Kultur trägt den Stempel der Individualität; sie nimmt nichts von anderen und gibt ihnen nichts. Wer sich an ihre Grenzen stellt, ist der Feind, ob es nun primitive oder kultivierte Völker sind. Sie alle sind Barbaren, Heiden im Verhältnis zu ihrer eigenen Kultur, und es kann keine Verständigung zwischen ihnen geben. Wir haben gesehen, wie die abendländischen Völker den Wert der europäischen Kultur mit ihren Kreuzzügen gegen die hochzivilisierten Sarazenen, Mauren und Türken bewiesen haben. Wir haben gesehen, wie die Germanen im Osten und ihre westgotischen Brüder im Süden die barbarischen Slawen und die zivilisierten Mauren jahrhundertelang aus ihren Ländern vertrieben haben. Wir sahen, wie westliche Flotten und Armeen die ganze Welt zu einem Beuteobjekt für den Westen machten. So sahen die Beziehungen des Westens zur Außenwelt aus.

In dieser Kultur entstand das gotische Christentum, die transzendentalen Symbole des Reiches und des Papsttums, die gotischen Kathedralen, die Entdeckung der Geheimnisse der Seelenwelt und der Natur in den Zellen der Klöster.

Die Seele der Kultur formte die Nationen des Westens zu ihrem eigenen Ausdruck. Jedem gab sie seine Individualität, und am Ende war jedes Konzept eine Kultur für sich, anstatt nur ein Organ einer Kultur zu sein. Die Städte wuchsen aus den Dörfern der Gotik, und aus den Städten wuchs der Intellekt. Das alte Problem des Verhältnisses zwischen Vernunft und Glaube, das zentrale Dilemma der frühen Scholastik, wird in diesen Städten langsam zugunsten der Suprematie der Vernunft entschieden. Der Adel der Gotik, die Herren der Welt, die keinen anderen Vorgesetzten hatten als den, den sie freiwillig anerkannten, wird einer Idee unterworfen: dem Staat. Das Leben wird allmählich externalisiert: Die politischen Probleme werden zu den wesentlichen. Neue wirtschaftliche Ressourcen werden entwickelt, um die politischen Konflikte aufrechtzuerhalten; die alte Agrarwirtschaft wird in eine industrielle Wirtschaft umgewandelt. Am Ende dieses Weges erscheint eine gespenstische und erschreckende Idee: das Geld.

Auch in anderen Kulturen ist dieses Phänomen auf der gleichen Bühne aufgetreten und hat ähnliche Ausmaße angenommen. Sein langsamer Bedeutungszuwachs setzt sich pari passu mit der allmählichen Selbstbehauptung der Vernunft gegenüber dem Glauben fort. Seinen Höhepunkt erreicht es im Zeitalter des Nationalismus, wenn sich die Bestandteile der Kultur gegenseitig zerfleischen, auch wenn äußere Gefahren bedrohlich auftauchen. Auf dem Höhepunkt kämpft das Geld, verbündet mit dem Rationalismus, mit den Kräften des Staates und der Tradition, der Gesellschaft und der Religion um die Vorherrschaft im Leben der Kultur. Bei unserem kurzen Besuch im interstellaren Raum befanden wir uns in der Position absoluter Objektivität, von der aus wir dieses große Drama, das sich sieben Mal in sieben großen Kulturen abgespielt hat, betrachten konnten, und wir sahen, wie jede der sieben die letzte große Krise von zwei Jahrhunderten Dauer überwunden hat. Die mexikanisch-peruanische Zivilisation überwand ihre innere Krise, um dann von Banditen aus dem blauen Meer überfallen zu werden.

Die große Krise des Westens wurde notwendigerweise mit der Französischen Revolution und ihren Folgeerscheinungen begründet. Napoleon war das Symbol des Übergangs von der Kultur zur Zivilisation: Die Zivilisation, das Leben des Materiellen, des Äußeren, der Macht, der gigantischen Ökonomien, der Armeen und Flotten, der großen Zahlen und kolossalen Techniken, über die Kultur, das innere Leben der Politik und der Wirtschaft durch strenge Formen und Symbolik, strenge Kontrolle des im Menschen existierenden Raubtieres, Gefühl der kulturellen Einheit. Es ist der Sieg des Rationalismus, des Geldes und der großen Stadt über die Traditionen von Religion und Autorität, des Intellekts über den Instinkt.

Wir haben all dies bei den vorangegangenen Hochkulturen gesehen, als sie sich der letzten Phase ihres Lebens näherten. In jedem Fall wurde die Krise durch die Wiederbelebung der alten Kräfte der Religion und der Autorität, ihren Sieg über Rationalismus und Geld und die endgültige Vereinigung der Nationen in einem Imperium gelöst. Die bisekulare Krise im Leben des großen Organismus manifestiert sich in gigantischen Kriegen und Revolutionen. Die gesamte kulturelle Energie, die zuvor in die inneren Schöpfungen des Denkens, der Religion, der Philosophie, der Wissenschaft, der Kunstformen und der großen Literatur geflossen war, wird nun für das äußere Leben der Wirtschaft, des Krieges, der Technik und der Politik verwendet. Die Symbolik der Macht erreicht in dieser letzten Phase ihren höchsten Punkt.

Aber in diesem Moment befinden wir uns plötzlich wieder auf der Oberfläche der Erde. Die frühere Objektivität steht uns nicht mehr zur Verfügung, und wir müssen an dem großen kulturellen Drama teilnehmen, ob wir wollen oder nicht. Wir haben nur die Wahl, als Subjekt oder Objekt teilzunehmen. Die Weisheit, die uns aus dem Wissen um die organische Natur einer großen Kultur erwächst, gibt uns den Schlüssel zu den Ereignissen, die sich vor unseren Augen entfalten. Sie kann von uns angewandt werden, und unser Handeln wird dann sinnvoll sein und sich von der opportunistischen und überholten Politik der Dummheit abgrenzen, die versucht, die westliche Zivilisation zurückzudrängen, weil bestimmte leere Köpfe nicht in der Lage sind, sich an neue Ideen anzupassen.

## III

Mit dem Wissen um die organische Natur einer großen Kultur ist es uns gelungen, uns von der Schlacke des Materialismus zu befreien, die uns bisher daran gehindert hat, einen klaren Blick auf das Rätsel der Geschichte zu werfen. Dieses Wissen ist einfach, aber tiefgründig und daher nur für wenige zugänglich. In seinem Gefolge laufen alle Konsequenzen der notwendigen historischen Vision der kommenden Zeiten. Da eine Kultur organisch ist, hat sie eine Individualität und eine

Seele, so dass sie nicht durch äußere Kräfte jeglicher Art tiefgreifend beeinflusst werden kann. Sie hat eine Bestimmung, wie alle Organismen. Sie hat eine Zeit der Reifung und eine Zeit der Geburt. Sie hat ein Wachstum, eine Reife, eine Erfüllung, einen Verfall und einen Tod. Weil es eine Seele hat, werden alle seine Erscheinungsformen vom gleichen geistigen Stempel geprägt sein, so wie das Leben eines jeden Menschen die Schöpfung seiner eigenen Individualität ist. Gerade weil sie eine Seele hat, kann diese besondere Kultur nicht wieder auferstehen, wenn sie einmal tot ist. Wie die Nationen, die sie schafft, um Phasen ihres eigenen Lebens auszudrücken, existiert sie nur einmal. Es wird niemals eine weitere indianische Kultur, eine weitere Azteken-Maya-Kultur, eine weitere klassische Kultur oder eine weitere westliche Kultur geben, genauso wenig wie es jemals eine zweite spartanische, römische, französische oder englische Nation geben wird. Weil eine Kultur organisch ist, hat sie ihre eigene Lebenssphäre. Wir haben bereits über diese Lebensspanne nachgedacht: Sie dauert etwa fünfunddreißig Generationen auf ihrem Höhepunkt oder etwa fünfundvierzig von ihrem ersten Erscheinen auf ihrer natürlichen Bühne bis zu ihrem Untergang. Wie die Lebensspanne der Organismen ist sie nicht starr. Die Lebensspanne eines Menschen beträgt etwa siebzig Jahre, aber auch dieser Begriff ist nicht starr.

Die Hochkulturen gehören zur höchsten Stufe der organischen Hierarchie: Pflanze, Tier, Mensch. Sie unterscheiden sich von den anderen Organismen dadurch, dass sie unsichtbar sind, das heißt, sie reflektieren kein Licht. Darin ähneln sie der menschlichen Seele. Der Körper einer Großen Kultur wird durch die Bevölkerungsströme in ihrer eigenen Landschaft gebildet. Sie liefern ihr das Material, mit dem sie ihre Möglichkeiten verwirklichen wird. Der Geist, der diese Bevölkerungen beseelt, zeigt die Lebensphase der Kultur, sei es in ihrer Jugend, in ihrer Reife oder in ihrer letzten Verwirklichung. Wie im Leben Menschen gibt es auch in einer Kultur Zeitalter, die mit rhythmischer Fatalität aufeinander folgen. Sie werden durch ihr eigenes organisches Gesetz bestimmt, so wie das Alter eines Menschen durch seine Empfängnis bestimmt wird. Es ist diese Qualität der Richtung, die wir Schicksal nennen. Das Schicksal ist das Siegel aller lebenden Dinge. Der Schicksalsgedanke ist die Art des Denkens, die das Lebendige begreift, und er ist die einzige Art, die dies tun kann. Die andere Methode des menschlichen Denkens ist die der Kausalität. Diese Methode ist innerlich verbindlich, wenn sie sich mit anorganischen Problemen der Technik, der Mechanik, des Ingenieurwesens, der systematischen Naturphilosophie beschäftigt. Aber dort stößt sie an die Grenzen ihrer Wirksamkeit und ist grotesk, wenn sie auf das Leben angewendet wird. Sie würde uns sagen, dass die Jugend die Ursache für die Reife ist, die Reife die Ursache für das Alter, die Knospe die Ursache für die Blüte und die Raupe die Ursache für den Schmetterling.

Die Idee des Schicksals ist das zentrale Motiv des organischen Denkens. Wer meint, es handele sich lediglich um eine unsichtbare Kausalität, der hat nicht verstanden, worum es sich handelt. Die Idee der Kausalität ist das zentrale Motiv des systematischen, oder anorganischen, Denkens. Es ist das wissenschaftliche Denken. Es will die Dinge unterwerfen, um sie zu verstehen; es will alles etikettieren, alles klassifizieren und dann die Phänomene durch Klassifizierung und kausale Beziehung vereinen. Kant ist der Gipfel dieser Art des Denkens, und zu diesem Teil der westlichen Philosophie gehören auch Hume, Bacon, Schopenhauer, Hamilton, Spencer, Mill, Bentham, Locke, Holbach, Descartes. Zum organischen Teil gehören Machiavelli, Vico, Montaigne, Leibnitz, Lichtenberg, Pascal, Hobbes, Goethe, Hegel, Carlyle, Nietzsche und Spengler, die Philosophen des zwanzigsten und einundzwanzigsten Jahrhunderts. Das wissenschaftliche Denken erreicht den Gipfel seiner Macht im Bereich der Materie, die zwar eine Ausdehnung, aber keine Richtung besitzt. Materielle Ereignisse sind kontrollierbar, umkehrbar, führen unter identischen Bedingungen zu identischen Ergebnissen, sind wiederholbar, klassifizierbar und nachvollziehbar trotz ihrer Abhängigkeit von einer apriorischen, mechanischen Notwendigkeit, mit anderen Worten: Kausalität.

Das wissenschaftliche Denken hat im Bereich des Lebens keine Macht, denn seine Ereignisse sind unkontrollierbar, irreversibel, unwiederholbar, einzigartig, nicht klassifizierbar, können nicht rational behandelt werden und sind keiner äußeren, mechanischen Notwendigkeit unterworfen. Jeder Organismus ist etwas noch nie Dagewesenes, das einer inneren Notwendigkeit folgt, das verschwindet, um nie wieder aufzutauchen. Jeder Organismus ist eine Reihe von Möglichkeiten innerhalb eines bestimmten Rahmens, und sein Leben ist der Prozess der Verwirklichung dieser Möglichkeiten. Die Technik, über das Schicksal nachzudenken, besteht einfach darin, in anderen Organismen zu leben, um ihre Lebensbedingungen und ihre Bedürfnisse zu verstehen. Dann kann man wahrnehmen, was geschehen muss.

Das Wort Sino ist ein anorganisches Wort. Es ist ein Versuch, das Leben einer äußeren Notwendigkeit zu unterwerfen; es hat einen religiösen Ursprung, und Religion kommt von der kausalen Denkweise. Es gibt keine Wissenschaft ohne eine ihr vorangehende Religion. Die Wissenschaft wandelt einfach die heilige Kausalität der Religion in eine profane, mechanische Notwendigkeit um.

Schicksal ist nicht gleichbedeutend mit Bestimmung; es ist das Gegenteil davon. Sino schreibt den Ereignissen eines Lebens eine Notwendigkeit zu, aber das Schicksal ist die innere Notwendigkeit des Organismus. Ein Ereignis kann ein Leben unterdrücken und damit sein Schicksal beenden, aber dieses Ereignis kam von außerhalb des Organismus, so dass es nichts mit seinem Schicksal zu tun hatte.

Jedes Ereignis ist ein Vorfall, unvorhersehbar und unberechenbar, aber der intime Verlauf eines Lebens wird vom Schicksal bestimmt, und es verwirklicht sich durch Ereignisse, wird von ihnen unterstützt oder behindert, überwindet sie oder erliegt ihnen. Das Schicksal eines jeden Kindes, das geboren wird, ist es, ein hohes Alter zu erreichen; ein Ereignis kann in Form einer Krankheit oder eines Unfalls dazwischenkommen und dieses Schicksal vereiteln. Diese äußeren Ereignisse - die einen Menschen trotz seiner Fehler an die Spitze bringen oder ihn trotz seiner Tüchtigkeit und der Beherrschung der Idee seiner Zeit in eine Niederlage stürzen können - haben für den Gedanken des Schicksals keine Bedeutung.

Das Schicksal ist dem Organismus inhärent, es zwingt ihn dazu, seine Möglichkeiten zum Ausdruck zu bringen. Der Zufall liegt außerhalb des Organismus, er ist blind, unwissend und kann dennoch eine große Rolle bei der Verwirklichung eines Organismus spielen, indem er seine Aufgabe erleichtert oder ihm große Hindernisse auferlegt. Was als Glück, guter Stern, Fee, Vorsehung bezeichnet wird, drückt die Enttäuschung und die Angst des Menschen vor dem Mysterium, dem ewig Unbekannten aus.

Der Begriff des Schicksals und der Begriff der Kausalität sind jedoch durch ihren gemeinsamen Ursprung miteinander verbunden: beide sind Produkte des Lebens. Selbst der anorganischste Denker oder Wissenschaftler, der gröbste Materialist ist seinem eigenen Schicksal, seiner eigenen Seele, seinem eigenen Charakter, seiner eigenen Lebenssphäre unterworfen, und außerhalb dieses Netzes des Schicksals kann ihn der freie und lockere Flug seiner kausalen Phantasie nicht befreien. Das Schicksal ist das Leben, aber die Kausalität ist nur eine Denkmethode, mit der eine bestimmte Lebensform, nämlich die Menschenkultur, alles um sich herum ihrem Verständnis zu unterwerfen versucht. So entsteht zwischen ihnen eine Rangordnung: Der Schicksalsbegriff steht bedingungslos an erster Stelle, da ihm alles Leben unterworfen ist, während der Kausalitätsbegriff nur ein Ausdruck eines Teils der Möglichkeiten des Lebens ist.

Ihre Unterschiede lassen sich auch auf diese Weise ausdrücken: Das kausale Denken ist in der Lage zu verstehen, warum die unbelebte Materie, mit der es operiert, ihm keinen Widerstand entgegensetzt, sondern sich den Bedingungen unterwirft, die ihm auferlegt werden, ohne dass es selbst einen inneren Zwang ausübt. Wenn jedoch die Kausalität versucht, das Leben zu unterwerfen, ist die Materie selbst aktiv, handelt unabhängig, bleibt nicht stehen, um klassifiziert oder systematisiert zu werden. Das Konzept des Schicksals kann verstehen, warum jeder von uns vom Schicksal gelenkt wird, einen inneren Drang verspürt, er selbst zu sein, und durch die Übertragung von innerlich erlebten Gefühlen andere Lebensformen, andere Individuationen leben kann. Das Konzept des Schicksals begleitet sein Subjekt; die Kausalität steht still und kann nur mit ebenso unbeweglichen Subjekten zu befriedigenden Schlussfolgerungen kommen. Selbst die eifrigsten Systematiker sind dem Schicksal unterworfen und wenden, ohne sich dessen bewusst zu sein, das Konzept des Schicksals in ihrem täglichen Leben und in ihren Beziehungen zu anderen Menschen an. Der wütendste Rationalist wendet unbewusst einen Teil der psychologischen Weisheit des Abbé Galiani oder de Rochefoucauld an, auch wenn er noch nie von diesen Sehern der Seele gehört hat.

## 2. Die zwei Seiten der Geschichte

Der radikale Unterschied zwischen den Methoden des menschlichen Denkens, die durch die Standardvorstellungen des Schicksals einerseits und der Kausalität andererseits repräsentiert werden, wurde durch den Umstand deutlich hervorgehoben, dass nur eine von ihnen für das Verständnis der Geschichte geeignet ist. Geschichte ist die Aufzeichnung erfüllter Schicksale: von Kulturen, Nationen, Religionen, Philosophien, Wissenschaften, Mathematik, Kunstformen, großen Männern. Nur das Gefühl der *Empathie*[8] kann aus den bloßen Überresten, die übrig geblieben sind, das Wissen und das Verständnis der Seelen, die einst existierten, herausholen. Die Kausalität nützt uns in diesem Fall nichts, denn mit jeder Sekunde, die verstreicht, wird eine neue Tatsache in den Teich des Lebens geworfen, und von dem Punkt, an dem sie auftrifft, ziehen sich immer weitere, sich verändernde Kreise. Das wahre Verständnis eines jeden Organismus, sei es eine Hochkultur, eine Nation oder ein Mensch, besteht darin, hinter und unter den Tatsachen dieser Existenz die Seele zu betrachten, die sich durch äußere und oft gegensätzliche Ereignisse ausdrückt. Nur so kann das Bedeutende vom Unwichtigen getrennt werden.

So ist das, was eine Schicksalsqualität hat, als bedeutsam zu betrachten, während das Zufällige das ist, was keinen Bezug zum Schicksal hat. Es war Schicksal für Napoleon, dass Carnot Kriegsminister war, denn ein anderer hätte den Plan Napoleons, über die ligurischen Hügel in Italien einzumarschieren, wahrscheinlich nicht bemerkt, da der Plan in den Archiven des Ministeriums vergraben war. Es war das Schicksal Frankreichs, dass der Autor des Plans sowohl ein Mann der Tat als auch ein Theoretiker war. Es liegt also auf der Hand, dass das Gespür dafür, was Schicksal und was Zufall ist, einen sehr subjektiven Inhalt hat, und dass ein tieferer Sinn Spuren des Schicksals erkennen kann, wo ein oberflächlicher nur den Zufall sieht.

So unterscheiden sich die Menschen auch in ihrer Fähigkeit, Geschichte zu verstehen. Es gibt einen Geschichtssinn, der hinter die Oberfläche der Geschichte sehen kann, bis hin zu der Seele, die sie bestimmt. Die Geschichte, gesehen durch den historischen Sinn eines Menschen, hat an sich einen subjektiven Aspekt. Dies ist der erste Aspekt der Geschichte.

Der andere Aspekt der Geschichte, der objektive Aspekt, kann ebenfalls nicht starr festgelegt werden, auch wenn es auf den ersten Blick anders erscheinen mag. Die rein objektive Geschichtsschreibung ist der Zweck der referentiellen oder

---

[8] *Empathie*, ein Begriff, der als unübersetzbares Äquivalent zum deutschen Wort Einfühlung verwendet wird. Er ist an das Wort Apathie angelehnt, wird aber auch mit besonderem Bezug auf die ästhetische Erfahrung verwendet. Ein offensichtliches Beispiel für Einfühlung ist das des Schauspielers oder Sängers, wenn er das fühlt, was er aufführt. Empathie kann auch das Gefühl des Beobachters sein, der sich durch Introspektion mit dem, was er beobachtet, identifiziert (Encyclopedia Britannica, Band VIII, S. 342).

narrativen Methode der Geschichtsdarstellung. Sie wählt jedoch zwangsläufig die Fakten aus und ordnet sie an, und dabei kommen die poetische Intuition, der historische Sinn und das Handwerk des Autors ins Spiel. Fehlen diese Qualitäten, ist das Produkt keine Geschichtsschreibung, sondern ein Buch mit Daten, das sich der Selektion ebenfalls nicht entziehen kann.

Auch das ist keine Geschichte. Die genetische Methode der Geschichtsschreibung sorgt für eine völlig unvoreingenommene Darstellung der Ereignisse. Es handelt sich um eine erzählerische Methode, der eine Art kausale, evolutionäre oder organische Philosophie überlagert wird, um das Nachfolgende aus dem Vorangegangenen abzuleiten. Objektivität kann auf diese Weise nicht erreicht werden, denn die überlieferten Fakten können zu wenige oder zu zahlreich sein, und in beiden Fällen müssen Kunstgriffe eingesetzt werden, um Lücken zu füllen oder Fakten auszuwählen. Auch Unparteilichkeit ist nicht möglich. Es ist der historische Sinn, der über die Bedeutung von Ereignissen, Ideen und großen Männern der Vergangenheit entscheidet. Jahrhundertelang galten Brutus und Pompejus als größer als Caesar. Um 1800 galt Vulpio als ein größerer Dichter als Goethe. Mengs, den wir vergessen haben, wurde einst als einer der größten Maler der Welt anerkannt. Shakespeare wurde mehr als hundert Jahre nach seinem Tod als minderwertig gegenüber mehr als einem seiner Zeitgenossen angesehen. El Greco war vor 75 Jahren ein vollkommen Unbekannter. Cicero und Cato galten bis in die Zeit nach dem Ersten Weltkrieg als große Männer und nicht als erbitterte Kulturverhinderer. Jeanne d'Arc war nicht in der von Chastellain anlässlich des Todes von Karl VII. erstellten Liste der Heerführer, die gegen England gekämpft haben, enthalten. Schließlich muss ich den Lesern des Jahres 2050 sagen, dass der Held und der Philosoph der Zeit zwischen 1900 und 1950 für ihre Zeitgenossen in den historischen Dimensionen, in denen sie sie sehen werden, unsichtbar waren.

Die klassische Kultur betrachtete die Zeit von Winckelmann auf eine Weise, die Zeit von Nietzsche auf eine andere, und das zwanzigste und einundzwanzigste Jahrhundert auf eine andere. Das elisabethanische England begnügte sich mit der Shakespeare'schen Dramatisierung von Plutarchs Cäsar, während das England des Fin-de-Siecle Shaw brauchte, um Mommsens Cäsar zu dramatisieren. Wilhelm Tell, Maria Stuard, Götz von Berlichengen, Florian Geyer und all ihre Leben sollten heute anders geschrieben werden, weil wir diese historischen Epochen aus einem anderen

Blickwinkel betrachten.

Was also ist Geschichte? Geschichte ist die Beziehung zwischen der Vergangenheit und der Gegenwart. So wie sich die Gegenwart ständig verändert, muss sich auch die Geschichte verändern. Jede Epoche hat ihre eigene Geschichte, die der Geist der Epoche für seine eigene Seele erschafft. Mit dem Vergehen dieser Epoche, die nie wiederkehren wird, verschwindet das Bild dieser besonderen Geschichte. So gesehen fehlt es jedem Versuch, Geschichte so zu schreiben, wie sie sich wirklich zugetragen hat, an historischer Reife, und der Glaube an objektive Module der Geschichtsdarstellung ist Selbstbetrug, denn was dann kommt, ist der Zeitgeist. Die allgemeine Zustimmung der Zeitgenossen zu einer bestimmten Geschichtsauffassung macht diese nicht objektiv, sondern verleiht ihr nur den Rang - den höchsten, den sie haben kann - als zutreffender Ausdruck des Zeitgeistes, der dieser Zeit und Seele entspricht. Ein höherer Grad an Wahrheit kann nicht erreicht werden. Wer sich rühmt, "modern" zu sein, muss bedenken, dass er sich im Europa Karls V. genau so modern gefühlt hätte und dass er für die Menschen des Jahres 2050 genauso "altmodisch" sein wird wie die Menschen von 1850 für ihn. Eine journalistische Geschichtsauffassung verleiht ihrem Träger den Stempel eines fehlenden historischen Sinns. Er sollte es daher unterlassen, über historische Probleme zu sprechen, unabhängig davon, ob sie der Vergangenheit angehören oder sich in der Entwicklung befinden.

## 3. Die Relativität der Geschichte

Geschichte muss immer einen subjektiven und einen objektiven Aspekt haben. Aber der entscheidende Faktor ist nie das eine oder das andere, sondern einfach das Verhältnis zwischen beiden. Jeder der beiden Aspekte mag willkürlich sein, aber die Beziehung ist nicht willkürlich, sondern Ausdruck des Zeitgeistes und daher historisch gesehen wahr. Jede der acht Kulturen, die uns auf brillante Weise vorausgegangen sind, hatte in allgemeiner Hinsicht ihre eigene Beziehung zur Geschichte, und diese Beziehung entwickelte sich im Laufe des Lebenslaufs der Kultur in eine bestimmte Richtung. Es reicht aus, die klassische Kultur zu erwähnen. Tacitus, Plutarch, Titus Livius, Suetonius wurden von den Römern historische Denker betrachtet. Für uns sind sie einfach Geschichtenerzähler, völlig ohne jeden historischen Sinn. Das ist kein Vorwurf an sie, aber es sagt uns etwas über uns selbst. Unser Geschichtsbild ist so intensiv, vehement, erfahren und umfassend wie die Form unserer westlichen Seele. Hätte es zehn statt fünf Jahrtausende Geschichte gegeben, müssten wir uns an den zehn statt an den fünf orientieren.

Die Kulturen unterscheiden sich nicht nur in ihrem historischen Sinn voneinander, sondern die verschiedenen Zeitalter innerhalb der Entwicklung der Kultur sind gleichermaßen unterscheidbar. Obwohl alle Tendenzen in allen Epochen vorhanden sind, ist es richtig zu sagen, dass eine bestimmte vitale Tendenz jede Epoche dominiert. So ist in allen Kulturen das religiöse Gefühl in der ersten großen vitalen Phase vorherrschend, die etwa fünf Jahrhunderte andauert, und wird dann von einer kritischen Spiritualität abgelöst, die etwas kürzer dauert, um von der historischen Vision abgelöst zu werden, die sich allmählich wieder in der endgültigen Auferstehung der Religion vermischt. Die drei vitalen Tendenzen sind nacheinander die heilige, die profane und die skeptische.

Sie verlaufen parallel zu den politischen Phasen des Feudalismus, der der Religion entspricht; des absoluten Staates und der Demokratie, die der frühen und späten kritischen Philosophie entsprechen; und des Wiederauflebens der Autorität und des Cäsarismus, die die Duplikate des Skeptizismus und der Wiederbelebung der Religion sind.

Die innerkulturelle Entwicklung der Idee der Wissenschaft bzw. der Naturphilosophie reicht von der Theologie über die Naturwissenschaften und die Biologie bis hin zur einfachen und pragmatischen Manipulation der Natur, der wissenschaftlichen Entsprechung des Skeptizismus und der wiederauflebenden Autorität.

Die Epoche, die auf das Zeitalter der Demokratie folgt, kann ihre Vorgänger nur in ihrem rein historischen Aspekt sehen. Nur auf diese Weise kann sie sich mit ihnen verbunden fühlen. Auch dies hat, wie man sieht, seinen zwingenden Aspekt. Der Mensch einer Kultur ist immer eine Einheit, und die bloße Tatsache, dass eine vitale Tendenz vorherrscht, kann diese organische Einheit nicht zerstören.

In allen Epochen unterscheiden sich die Individuen in ihrer unterschiedlichen Entwicklung des historischen Sinns voneinander. Man bedenke, wie unterschiedlich der historische Horizont von Friedrich II. und einem seiner sizilianischen Höflinge, von Cesare Borgia und einem seiner Höflinge, von Napoleon und Nelson, von

Mussolini und seinem Attentäter ist. Eine politische Einheit, die von einem Mann ohne historischen Horizont, einem Opportunisten, bewacht wird, muss für diesen Fehler mit ihrem Blut bezahlen.

So wie die westliche Kultur intensivste historische Seele besitzt, entwickelt sie auch die Menschen mit dem größten historischen Sinn. Sie ist eine Kultur, die sich ihrer eigenen Geschichte immer bewusst war. An jedem historischen Scheideweg gab es immer viele, die die Bedeutung des Augenblicks kannten. In jeder westlichen Opposition haben sich immer beide Seiten für die Entscheidung über die Zukunft verantwortlich gefühlt. Aus diesem Grund hatten die Menschen im Westen das Bedürfnis, ein historisches Bild zu haben, in dem sie denken und handeln konnten. Die Tatsache, dass sich die Kultur ständig veränderte, bedeutete, dass sich auch die Geschichte ständig veränderte. Geschichte ist die ständige Neuinterpretation der Vergangenheit. Geschichte ist also immer "wahr", denn in jeder Epoche sind die vorherrschende historische Perspektive und die Werte der Ausdruck der eigenen Seele. Die Alternativen sind für die Geschichte nicht wahr oder falsch, sondern wirksam oder unwirksam. Die Wahrheit im religiös-philosophisch-mathematischen Sinne, d.h. ein Wert jenseits der Zeit, ewig gültig, losgelöst von den Bedingungen des Lebens, gehört nicht zur Geschichte. Die Geschichte, die wahr ist, ist die Geschichte, die in den Köpfen der wichtigen Menschen wirksam ist.

Der ausgeprägte historische Sinn ist charakteristisch für zwei Gruppen: die Geschichtsschreiber und die Autoren der Geschichte. Zwischen diesen beiden Gruppen gibt es auch eine Rangordnung. Diejenigen, die Geschichte schreiben, haben die Aufgabe, für die Epoche ihre notwendige Vision der Vergangenheit zu beschreiben. Diese Vision, dieses Bild, klar und deutlich formuliert, wird dann im Denken und Handeln der wichtigsten Autoren der Geschichte der Epoche wirksam. Diese Epoche hat, wie alle anderen Epochen auch, ihr eigenes Geschichtsbild und kann sich nicht aus einer Reihe von Möglichkeiten eines aussuchen. Entscheidend für unsere Sicht der Geschichte ist der Geist der Epoche. Unsere Epoche ist äußerlich, pragmatisch, skeptisch, historisch. Sie wird nicht von großen religiösen oder kritischen Gefühlen bewegt. Was für unsere kulturellen Vorfahren ein Gegenstand der Freude, der Traurigkeit, der Leidenschaft, der Notwendigkeit war, ist für uns ein Gegenstand des Respekts und der Erkenntnis. Der Schwerpunkt unserer Zeit liegt in der Politik. Reines historisches Empfinden ist ein enger

Verwandter des politischen Denkens. Historisches Denken will immer wissen, was war, und nicht etwas beweisen. Politisches Denken hat in erster Linie die Aufgabe, Tatsachen und Möglichkeiten zu entdecken, um sie dann durch Handeln zu verändern. Beides ist untrennbarer Realismus. Beide beginnen nicht mit einem Programm, das sie beweisen wollen.

Unsere Epoche ist die erste in der westlichen Geschichte, in der die absolute Unterwerfung unter die Fakten über alle anderen geistigen Haltungen triumphiert hat. Sie ist die natürliche Konsequenz eines historischen Zeitalters, in dem die kritischen Methoden ihre Möglichkeiten ausgeschöpft haben. Im Bereich des Denkens triumphiert das historische Denken, im Bereich des Handelns steht die Politik im Mittelpunkt. Wir folgen den Tatsachen, soweit sie uns führen, auch wenn wir dafür Schemata, Ideologien, geistige Phantasien und liebgewonnene Vorurteile aufgeben müssen. Die vorangegangenen Epochen der abendländischen Geschichte haben ihre Geschichte so gestaltet, dass sie ihrem Geist entsprach; wir tun dasselbe, aber unser Blick hat keine ethischen oder kritischen Züge. Im Gegenteil: Unser ethischer Imperativ leitet sich aus unserer historischen Perspektive ab und nicht umgekehrt.

Unsere historische Vision ist nicht willkürlicher als die jeder anderen westlichen Epoche. Sie ist für uns zwingend; jeder Mensch wird diese Perspektive haben, und ihr Bedeutungsgrad wird von dem Interesse abhängen, das er darauf richten und aufrechterhalten kann. Wenn ein Mensch ein wirksamer Repräsentant seiner Zeit ist, hat er dieses bestimmte Bild der Geschichte und kein anderes. Es ist nicht so, dass er es haben müsste; das zu glauben, hieße, den Punkt zu verfehlen. Er wird es in seinen Gefühlen und in seiner unbewussten Bewertung der Ereignisse haben, wenn auch nicht in seinen artikulierten und verbalen Vorstellungen.

## 4. Die Bedeutung des Sachverhalts

Dass die historische Vision eines Menschen sowohl intellektuell als auch effektiv in seinem Unterbewusstsein formuliert ist, in seiner unbewussten Art zu handeln, zu denken und zu bewerten, ist einfach eine Funktion seiner allgemeinen Persönlichkeit. Manche Menschen verspüren ein größeres inneres Bedürfnis als andere, abstrakt zu denken.

Es sollte nicht angenommen werden, dass der Sinn für Tatsachen, der historische Sinn, von kreativem Denken ausgenommen ist. Die Entwicklung des besteht in erster Linie darin, zu sehen, was ist, ohne ethische oder kritische Vorurteile darüber, was sein sollte oder nicht sein sollte, was sein könnte oder nicht sein könnte.

Lebenswichtige Fakten sind die Daten der Geschichte. Eine wichtige Tatsache ist etwas, das geschehen ist. Es hat keinen Einfluss auf seine Qualität als Tatsache, dass niemand davon weiß oder dass es spurlos verschwunden ist. Es ist offensichtlich, dass in den Prozess der Interpretation der Daten der Geschichte ein schöpferischer Gedanke einfließt, und ein Moment des Nachdenkens macht uns auch klar, dass der Prozess des Aufzeigens der Daten der Geschichte ein schöpferischer Prozess ist.

Physikalische Tatsachen wie Widerstandsfähigkeit und Säuregehalt sind für jedermann zugänglich. Die lebenswichtigen Tatsachen sind nicht zugänglich für einen Menschen, der eine starre Sicht der Geschichte hat, der weiß, dass der Zweck von allem, was vorher war, darin bestand, diese Epoche zu ermöglichen, der weiß, dass der einzige Sinn der Geschichte "Fortschritt" ist. Die Überbleibsel der Sozialethik, der vorgefassten Geschichtsvorstellungen, der utilitaristischen Dogmen, schließen ihren Opfern jede intime Teilnahme am Leben des 20. und 21.

Für dieses Jahrhundert eröffnet sich nun die neue Aussicht, die verlorenen Fakten früherer Zeitalter und Kulturen zusammenzutragen. Es handelt sich dabei nicht um winzige zufällige Daten, sondern um die groben Umrisse der notwendigen organischen Entwicklung, die stattgefunden haben muss. Aus unserer Kenntnis vergangener Kulturen und ihrer Strukturen können wir die Bedeutung ausgelassener Ereignisse aus dem ableiten, was in analogen Kulturen erhalten geblieben ist. Und was für uns, die wir jetzt leben, am wichtigsten ist: Wir können vervollständigen, was für die Verwirklichung unserer eigenen Kultur noch zu tun ist. Dies kann auf die gleiche Weise geschehen, wie ein Paläontologe aus einem einzigen Skelettknochen grob einen vollständigen Organismus rekonstruieren kann. Der Prozess ist in beiden Fällen legitim und vertrauenswürdig, denn das Leben hat Modelle, in denen es seine einzigartigen Individuen verwirklicht. Aus einem anonymen literarischen Werk kann ein kreativer Denker eine allgemeine Rekonstruktion des unbekannten Autors erstellen. Kann man das Seelenbild des unbekannten Autors von "Das Büchlein vom vollkommenen Leben" nicht sehr gut beschreiben? In gleicher Weise kann man die

"Kreuzzugs"-Phase einer Kultur rekonstruieren, wenn man ihre "Reformations"- oder "Aufklärungs"-Phase kennt.

Der Bereich des Denkens interessiert sich für die unbekannten Stadien vergangener Kulturen und die Zukunft unserer eigenen, aber das Handeln ist nur an der Vergangenheit als Schlüssel zu effektiven Ergebnissen interessiert. Daher besteht die größte Bedeutung des Schreibens über Geschichte und des Denkens über Geschichte darin, dass beide dem effektiven Handeln dienen.

Der Tatsachensinn ist nur dann wirksam, wenn Dogmen, sozialethische Vorstellungen und kritische Beigaben beiseite gelassen werden. Für den Tatsachensinn ist es wichtig, dass Hunderte von Millionen Menschen in einem bestimmten Gebiet an die Wahrheit der konfuzianischen Lehren glauben, aber es macht keinen Sinn, ob diese Lehren wahr sind oder nicht... auch wenn für Religion, progressive Ideologien und Journalismus die Wahrheit oder Falschheit des Konfuzianismus wichtig ist.

Für denjenigen, der die Geschichte des 21. Jahrhunderts schreibt, wird das Wichtigste an den Zellen, Ätherwellen, Bazillen, Elektronen und kosmischen Strahlen unserer Zeit sein, dass wir an sie geglaubt haben. All diese Vorstellungen, die wir für Tatsachen halten, werden im 21. Jahrhundert zu der Tatsache verblassen, dass sie das Bild einer bestimmten Art von Menschen-Kultur darstellen. So betrachten wir die Naturtheorien des Aristarchos und Demokrits in der klassischen Kultur.

Und so haben auch Tatsachen ihren subjektiven und objektiven Inhalt. Und wieder ist es die Beziehung zwischen Mensch und Phänomen, die die Form der Tatsache bestimmt. Jede Kultur hat auf ihre Weise ihre eigenen Tatsachen, die sich aus ihren eigenen Problemen ergeben. Was die Tatsache ist, hängt von dem Menschen ab, der das Phänomen erlebt: ob er einer Hochkultur angehört, welcher Kultur, welcher Epoche, welcher Nation, welcher geistigen Schicht, welcher sozialen Schicht.

Die Tatsachen des Zweiten Weltkriegs sind in diesem Jahr 1948 in den Köpfen der kulturtragenden Schicht Europas eine Sache, in den Köpfen der Scharen von Zeitungslesern aber etwas ganz anderes. Bis zum Jahr 2000 wird die Ansicht der jetzigen kulturtragenden Schicht die der meisten sein, und bis dahin werden viele Fakten über den Krieg selbst, die heute nur einer Minderheit bekannt sind, vielen unabhängigen Denkern bekannt sein. Denn es gehört zu den Eigenschaften lebenswichtiger Tatsachen, dass die Distanz - vor allem die zeitliche Distanz - ihre Züge deutlicher erkennen lässt. Wir wissen mehr über die römische Kaisergeschichte, als Tacitus wusste, mehr über die napoleonische Geschichte, als Napoleon selbst, weit mehr über den Ersten Weltkrieg, als über seine Urheber und Teilnehmer wusste, und die Menschen des Westens im Jahr 2050 werden unsere Zeit in einer Weise kennen, wie wir sie nie kennen lernen können. Für Brutus war seine mythologische Abstammung eine Tatsache, aber für uns ist es noch wichtiger, dass er daran glaubte.

Der Sinn für Tatsachen, die Voraussetzung für die historische Vision des zwanzigsten Jahrhunderts, erweist sich so als eine Form der Poesie des Lebens. Er ist das genaue Gegenteil der prosaischen, obskuren Intelligenz der materialistischen Perspektive, nach der sich die Fakten einer Ideologie des "Fortschritts" unterwerfen müssen, um als interessant anerkannt zu werden. Diese Perspektive schloss ihre Opfer absolut davon aus, die Schönheit und Kraft der Tatsachen der Geschichte wahrzunehmen und ihre Bedeutung zu verstehen. Jahrhundert - dessen Menschen in einer Zeit geboren wurden, in der diese Geschichtsauffassung selbstverständlich ist - wird es phantastisch finden, wenn sie überhaupt zur Kenntnis nimmt, dass in einem früheren Zeitalter die Menschen glaubten, die gesamte vorangegangene Geschichte sei nur dazu da, um zu ihnen zu "tendieren". Jahrhunderts: ganze Kulturen, die der unsrigen in jeder Hinsicht an Geburt und Geistigkeit ebenbürtig waren, lebten und starben, nur damit das Spießbürgertum der Ideologen des "Fortschritts" ihre Errungenschaften an die Wand schreiben konnte, ein paar technische Erfindungen oder Erfindungen.

## 5. Der Tod der linearen Geschichtsbetrachtung

I

Das Leben ist ein ständiger Kampf zwischen dem Jungen und dem Alten, dem Alten und dem Neuen, der Innovation und der Tradition. Denken Sie an Galilei, Giordano Bruno, Servetus, Kopernikus, Gauß. Sie alle stehen für die Zukunft, und doch wurden sie alle auf die eine oder andere Weise zu ihren Lebzeiten von der thronenden Vergangenheit besiegt. Kopernikus wollte seine Entdeckungen zu

Lebzeiten nicht veröffentlichen, aus Angst, als Ketzer verbrannt zu werden. Gauß ließ seine befreiende Entdeckung der nichteuklidischen Geometrie erst nach seinem Tod veröffentlichen, weil er zu Lebzeiten durch das Geschrei der Böotianer in Angst versetzt wurde. Es sollte daher niemanden überraschen, dass Materialisten diejenigen, die in den Begriffen des zwanzigsten Jahrhunderts denken und die Methoden und Schlussfolgerungen des Materialismus des neunzehnten Jahrhunderts ausdrücklich ablehnen, durch Verleumdung, durch Verschwörung zum Schweigen, durch, die den Zugang zur Öffentlichkeit unterdrückt, oder durch Anstiftung zum Selbstmord, wie im Fall von Haushofer, verfolgen.

Die historische Vision des zwanzigsten Jahrhunderts muss über die Ruinen des linearen Schemas hinweggehen, das die Geschichte als ein Fortschreiten von der "Antike" über das "Mittelalter" zur "Moderne" sehen wollte. Und ich sage Ruinen, weil dieses Schema schon vor vielen Jahrzehnten zusammengebrochen ist, auch wenn diese Ruinen mit Nachdruck verteidigt werden. Unter ihnen verbergen sich die Materialisten, die Nachgeborenen des 19. Jahrhunderts, die Philister des "Fortschritts", die Sozialethiker, die pensionierten Anhänger der kritischen Philosophie, die Ideologen jeder Couleur.

Ihnen allen gemeinsam ist der Rationalismus. Sie halten es für ein Glaubensdogma, dass die Geschichte vernünftig ist, dass sie selbst vernünftig sind und dass daher die Geschichte das getan hat und weiterhin tun wird, was ihrer Meinung nach getan werden sollte. Der Ursprung dieser dreistufigen Sichtweise der Geschichte geht auf den heiligen Joachim von Floris zurück, einen gotischen religiösen Fanatiker, der diese drei Stufen als eine mystische Entwicklung vorschlug. Es blieb der zunehmenden Verrohung des seelenlosen Intellekts überlassen, diese Progression in eine materialistisch-utilitaristische zu verwandeln. Seit zwei Jahrhunderten betrachtet sich jede Generation als die Krönung der vorangegangenen Bemühungen der Welt. Dies zeigt, dass der Materialismus auch ein Glaube ist, eine grobe Karikatur der früheren Religion. Er wird jetzt verdrängt, ist bereits verdrängt worden, nicht weil er falsch ist - denn ein Glaube kann niemals durch eine Widerlegung beschädigt werden -, sondern weil der Geist der Zeit keinen Materialismus kennt.

Das lineare Schema war für den westlichen Menschen mehr oder weniger zufriedenstellend, solange er außer der Bibel, den klassischen Autoren und den

Chroniken des Westens nichts über die Geschichte wusste. Selbst dann wäre er mit einem solchen Schema nicht zufrieden gewesen, wenn die Geschichtsphilosophie nicht ein vernachlässigtes Fach gewesen wäre. Dennoch hat die archäologische Forschung mit Ausgrabungen und Entzifferungen von Originalinschriften in Ägypten, Babylon, Griechenland, Kreta, China und Indien vor etwa einem Jahrhundert einen wahren Ansturm ausgelöst. Sie setzt sich bis heute fort und umfasst nun auch Mexiko und Peru. Das Ergebnis dieser Untersuchungen war, der geschichtsbewussten westlichen Zivilisation zu zeigen, dass sie in ihrer historischen Größe nicht einzigartig war, sondern zu einer Gruppe von Hochkulturen mit ähnlicher Struktur und gleicher Ausarbeitung und Pracht gehörte. Die westliche Kultur ist die erste, die sowohl den intensiven historischen Impuls als auch die ideale geographische Lage besaß, um eine perfekte Archäologie zu entwickeln, die nun die gesamte historische Welt zu ihren Zielen zählt, so wie die westliche Politik einst die gesamte Oberfläche des Globus umfasste.

Die Ergebnisse dieser profunden archäologischen Wissenschaft brachten das altmodische lineare Schema der Geschichtsbetrachtung zum Einsturz, das sich den neuen Tatsachen überhaupt nicht anpassen konnte. Da es eine gewisse geografische, wenn auch nicht historische Gemeinsamkeit zwischen der ägyptischen, der babylonischen, der klassischen und der westlichen Kultur gab, konnte man die Dinge fälschen, indem man sie so darstellte, dass sie diejenigen überzeugten, die bereits glaubten. Doch mit der Öffnung der Geschichte der Kulturen, die in Indien, China, Arabien, Mexiko und Peru verwirklicht wurden, konnte eine solche Sichtweise nicht einmal mehr die Gläubigen überzeugen.

Außerdem verschwand der materialistische Geist, der den "Einfluss" der vorangegangenen Kulturen auf die nachfolgenden übertragen hatte, und die neue, psychologische Sicht des Lebens erkannte den Vorrang der Seele und die Oberflächlichkeit vieler äußerer Faktoren an.

Das neue Geschichtskonzept war wiederum zeitgleich mit der gewaltigen Explosion der archäologischen Aktivitäten, die das alte lineare Schema zerstörten. Die neue Sichtweise wurde zu einer Notwendigkeit der Seele der westlichen Zivilisation zur gleichen Zeit wie die Forschungstätigkeit der Geschichtswissenschaft, auch wenn sie bis zum Ersten Weltkrieg nur halb artikuliert wurde. Dieser intensive Wunsch, die Vergangenheit zu erforschen, war Ausdruck eines überpersönlichen

Gefühls, dass das Rätsel der Geschichte nichts mit dem alten linearen Ansatz zu tun hatte, dass es entschlüsselt werden musste und dass die Gesamtheit der Fakten berücksichtigt musste. In dem Maße, in dem sich neue Fakten ansammelten, erweiterten die höheren Historiker ihre Ansichten, aber bis zum Ende des 19. Jahrhunderts behandelte kein Historiker oder Philosoph die Kulturen als separate Organismen mit paralleler Existenz, Unabhängigkeit und geistiger Gleichheit. Die Idee der "Kulturgeschichte" selbst war ein Vorläufer dieser Sichtweise und eine Voraussetzung für die Entwicklung der historischen Vision des 20. Jahrhunderts. Jahrhunderts. Die Abkehr von der Vorstellung, dass Geschichte lediglich eine Aufzeichnung von Königreichen und Schlachten, Verträgen und Daten ist, markiert eine neue Ära. Das Gefühl verbreitete sich, dass eine "Universalgeschichte" unerlässlich sei, die die Geschichte der Politik, des Rechts, der Religion, der Sitten, der Gesellschaft, des Handels, der Kunst, der Philosophie, des Krieges, der Erotik und der Literatur in einer großen Synthese zusammenfasst. Schiller war einer der ersten, der dieses allgemeine Bedürfnis artikulierte, obwohl sowohl Voltaire als auch Winckelmann spezifische Geschichten in diesem Sinne geschrieben hatten.

Hegel, auf geistiger Basis, und Comte und Buckle, materialistisch, entwickelten die Idee der Gesamtgeschichte, dh. der Kulturgeschichte. Burckhardt hat mit seinem Buch über die italienische Renaissance nicht nur ein perfektes Beispiel für Kulturgeschichte vorgelegt, sondern auch eine Philosophie der geschriebenen Geschichte entwickelt, die auf die Vision des 20. Jahrhunderts anspielt. Taine, Lamprecht, Breysig, Nietzsche, Meray sind die Eckpfeiler im Bruch mit der linearen Geschichtsauffassung. Zu ihrer Zeit verstanden nur Nietzsche und in geringerem Maße Burckhardt und Bachofen die Idee des 20. Jahrhunderts von der Einheit einer Kultur. Doch zwei Generationen später ist die Idee der Einheit einer großen Kultur in den höchsten geistigen Schichten Europas allgemein verbreitet und zu einer Voraussetzung für historisches und politisches Wissen geworden.

Handelte es sich bei dieser linearen Geschichtsauffassung lediglich um eine willkürliche Einteilung des historischen Materials zum Zwecke der Manipulation und des Verweises, ohne jeden Anspruch auf philosophische Bedeutung, oder handelte es sich vielmehr um den Versuch einer Geschichtsphilosophie? Die letztere Hypothese ist nicht haltbar angesichts der Tatsache, dass der Ausgangspunkt der "Moderne" über Generationen hinweg von Jahrhundert zu Jahrhundert in völliger

Freiheit verändert wurde. Jeder Autor hat die Bedeutung und die Daten der drei Etappen anders formuliert, und die verschiedenen Ansätze schließen sich gegenseitig aus. Aber wenn sie nicht dasselbe meinten, warum dann die gleiche Terminologie?

Es handelte sich also nicht um eine Geschichtsphilosophie, sondern lediglich um eine Reihe von drei Namen, die aufgrund einer Art von Magie, die ihnen angeblich innewohnte, beibehalten wurden. Sie war auch keine zufriedenstellende Methode, um historische Fakten zu klassifizieren, da sie sich nicht mit China und Indien befasste und die Babylonier und Ägypter, die in jeder Hinsicht den Klassikern und uns gleichgestellt waren, so behandelte, als wären sie bloße Episoden, die zusammen ein bloßes Vorspiel zur klassischen Kultur bildeten. Aufgrund dieser grotesken historischen Perspektive war ein Jahrtausend in Ägypten nicht mehr als eine Fußnote, während zehn Jahre unseres eigenen Jahrhunderts einen ganzen Band wert waren.

## II

Grundlage der linearen Sichtweise war ein kultureller Egozentrismus, d. h. die unbewusste Annahme, dass die westliche Kultur der Brennpunkt aller Bedeutung in der Menschheitsgeschichte war und dass die vorangegangenen Kulturen nur insofern wichtig waren, als sie etwas zu unserer Kultur "beitrugen", aber keine eigene Bedeutung besaßen. Aus diesem Grund werden Kulturen, die in weit von Europa entfernten Gebieten lebten, kaum erwähnt. Mit diesen berühmten "Beiträgen" waren einige technische Ressourcen gemeint, die der ägyptischen und babylonischen Kultur vorausgingen. Die Beiträge der klassischen Kultur wurden ebenfalls berücksichtigt, während die arabische Kultur aus geografischen Gründen fast völlig ignoriert wurde. Und doch sind die westliche Architektur, Religion, Philosophie, Wissenschaft, Musik, Lyrik, Bräuche, Erotik, Politik, Finanzen und Wirtschaft völlig unabhängig von ihren entsprechenden Formen in der klassischen Kultur. Es ist der archäologische Charakter der westlichen Seele, ihr intensiver historischer Charakter, der sie dazu veranlasst, das zu verehren, was ihr die einfache Geographie als geistige Vorfahren vorgibt.

Doch wer glaubt - wer könnte jemals wirklich glauben - dass das Rom von

Hildebrand, Alexander VI., Karl V. oder Mussolini irgendeine Kontinuität mit dem Rom von Flaminius, Sulla oder Caesar hatte? Die ganze abendländische Sympathie für die Klassiker, mit ihren beiden Höhepunkten in der italienischen Renaissance und vor allem in der Winckelmann-Bewegung, war nichts weiter als eine romantisch-literarische Pose. Hätten wir weniger von Rom und mehr von Mekka gewusst, wäre Napoleons Titel Kalif statt Erster Konsul gewesen, aber in der Tiefe hätte sich nichts geändert. Den Wörtern und Namen magische Bedeutungen zuzuschreiben, ist in der Religion, der Philosophie, der Wissenschaft und der Kritik völlig notwendig und legitim, aber in einer historischen Perspektive ist es fehl am Platz.

Schon in der italienischen Renaissance schrieb Francesco Pico gegen die Klassik-Manie an: "Wer wird sich scheuen, Platon mit Augustinus, Aristoteles mit Thomas, Albert und Scotus zu konfrontieren? Savonarolas Bewegung hatte sowohl eine kulturelle als auch eine religiöse Bedeutung: Die klassischen Werke kamen auf den Scheiterhaufen. Die gesamte klassizistische Tendenz der italienischen Renaissance ist maßlos übertrieben worden: Sie war literarisch, akademisch und wurde in einigen wenigen geschlossenen Kreisen gepflegt, die im Übrigen weder im Denken noch im Handeln führend waren.

Und doch ist diese Bewegung als "Bindeglied" zwischen zwei Kulturen beschrieben worden, die nichts gemeinsam haben, um eine historische Skizze zu erstellen, die im Wesentlichen aus einer geraden Linie besteht, anstatt aus einer reinen, geistig parallelen, unabhängigen Entwicklung von Hochkulturen.

Für die religiöse Perspektive mit ihren Verzweigungen, der Philosophie und der Kritik, dem "Fortschrittsphilistertum" und der Sozialethik, zählen Fakten nur als Beweismittel und haben keine andere Bedeutung. Für die historische Perspektive sind Tatsachen das gesuchte Material, und selbst Doktrinen, Dogmen und Wahrheiten werden als bloße Fakten behandelt. Frühere westliche Epochen begnügten sich daher mit dem linearen Schema, trotz seiner völligen Unabhängigkeit von historischen Fakten. Für das 20. Jahrhundert jedoch, dessen Schwerpunkt in der Politik liegt, ist die Geschichte kein bloßes Instrument, um irgendein Dogma oder eine "fortschrittliche" sozialethische Theorie zu beweisen oder zu illustrieren, sondern die Quelle unserer effektiven historischen Perspektive.

Und so lehnen die führenden Köpfe des zwanzigsten Jahrhunderts in bedingungslosem Gehorsam gegenüber dem Geist des Zeitalters die antiquierte, antifaktische, lineare Theorie der Geschichte ab. Stattdessen zeigt der Zeitgeist die wahre Struktur der menschlichen Geschichte, die Geschichte von acht Hochkulturen, jede ein Organismus mit seiner eigenen Individualität und seinem eigenen Schicksal. Die alte Form der Geschichtsphilosophie zwang die Fakten, bestimmte religiöse, ethische oder kritische Theorien zu beweisen; die Perspektive des zwanzigsten Jahrhunderts nimmt ihre Philosophie aus der Geschichte der Fakten.

Jahrhunderts ist nicht subjektiv, weil sie von Tatsachen ausgeht; sie gehorcht einfach dem inneren Imperativ ihrer eigenen historischen Seele, indem sie ihre Definition in der Geschichte sucht. Unsere Sichtweise ist die unsere, weil sie den Tatsachen den Vorrang einräumt; eine andere Klasse von Menschen, die sich außerhalb der westlichen Kultur befindet oder ihr unterlegen ist, wird sie niemals verstehen können, ebenso wenig wie sie die westliche Hochmathematik, die westliche Technik, unsere hohe Physik, unsere Chemie, die gotische Architektur oder die Kunst der musikalischen Fuge verstehen kann. Dieses Geschichtsbild, das für die Führer des aktiven Denkens der westlichen Zivilisation absolut obligatorisch ist, ist nicht obligatorisch für die Massen, die sich auf den Straßen der Hauptstädte des Westens drängen. Die historische Relativität ist wie die physikalische Relativität der Besitz einiger weniger herrschender Köpfe. Geschichte wird nicht auf der Straße erlebt, nicht gemacht, sondern in der Höhe. Die Zahl der Männer in der westlichen Zivilisation, die die wahre Bedeutung des Zweiten Weltkriegs verstanden haben, ist auf ein paar Tausend reduziert. Die westliche Philosophie war seit den Tagen Anselms immer esoterisch. Aber die Zahl der Menschen, für die die Entscheidungen dieser wenigen entscheidend sein werden, geht nicht in die Hunderte, sondern in die Hunderte von Millionen.

Jahrhundert alle vorangegangenen menschlichen Ereignisse als lediglich einleitend und vorbereitend für unsere eigene westliche Geschichte zu betrachten, ist, einfach ausgedrückt, eine ungeheure Blauäugigkeit. Entwicklungen, die so viel Zeit in Anspruch genommen haben wie unser Jahrtausend westlicher Geschichte, werden zu bloß beiläufigen Ereignissen verkürzt; die Menschen jener anderen Kulturen werden wie Kinder behandelt, die vage versuchen, sich dieser oder jener unserer spezifisch westlichen Ideen anzuschließen. Aber in jeder dieser vorangegangenen Kulturen wurde das Stadium des 19. und 20. Jahrhunderts erreicht und übertroffen: freie Wissenschaft, Sozialethik, Demokratie, Materialismus,

Atheismus, Rationalismus, Klassenkampf, Geld, Nationalismus, Vernichtungskriege. Hochgradig künstliche Lebensbedingungen, megalopolitische Raffinesse, sozialer Zerfall, Scheidung, Degeneration der alten Künste zu bloßen Deformationen - all diese bekannten Symptome sind zu beobachten.

Jahrhundert berücksichtigen muss - Wissen, das vom historischen Zeitalter ausgegraben wurde, das auf das Zeitalter der Kritik folgte -, kann die willkürliche Einordnung von Fakten in die Geschichte nach einem vorgefassten Schema mit drei magischen Etappen nicht dulden, die drei bleiben müssen, obwohl niemand herausfinden kann, wo die eine beginnt und die andere endet, und von denen die dritte Etappe auf unbestimmte Zeit verlängert wurde, seit Professor Horn von Leyden 1667 seine Entdeckung des "Mittelalters" bekannt gab.

Die erste Formulierung der Geschichtsperspektive des zwanzigsten Jahrhunderts erfolgte erst mit dem Ersten Weltkrieg. Davor hatte nur Breysig endgültig mit dem linearen Schema gebrochen, aber seine frühen Werke deckten nur einen Teil der menschlichen Geschichte ab. Es blieb Spengler, dem Philosophen jener Zeit, vorbehalten, den vollständigen Entwurf der Geschichtsstruktur vorzulegen. Er selbst war der erste, der den außerpersönlichen Charakter seines Werkes erkannte, als er sagte, dass eine historisch wesentliche Idee nur in einem begrenzten Sinne Eigentum desjenigen ist, der das Glück hatte, sie zu konzipieren. Er musste artikulieren, wonach alle anderen tasteten. Der Blick der anderen war durch diesen oder jenen Fachhorizont begrenzt, und seine Projekte waren folglich unvollständig, einseitig, unangemessen. Wie alle Geniestreiche erscheint auch Spenglers Werk den Nachfolgenden als selbstverständlich, und tatsächlich war es für die Nachfolgenden konzipiert, nicht für seine Zeitgenossen. Das Genie wird immer in die Zukunft projiziert; das liegt in seiner Natur und erklärt das übliche Schicksal aller Werke des Genies, sowohl der politischen und wirtschaftlichen als auch der künstlerischen und philosophischen, dass sie in ihrer Größe und Einfachheit erst von den Nachfolgern ihrer Schöpfer verstanden werden.

## 6. Die Struktur der Geschichte

### I

Eine der unbewussten Annahmen des linearen Schemas war die Vorstellung von der Einzigartigkeit der Zivilisation. Der Begriff "Zivilisation" wurde so verwendet, als ob jede Art von hochsymbolischem Leben, wann und wo auch immer es auftrat, in Wirklichkeit eine Manifestation ein und derselben Sache sei: "Zivilisation". Die "Zivilisation" außerhalb des Westens war unvollkommen, sie versuchte unbeholfen, die des Westens zu imitieren. Diese "Zivilisation" war etwas, das die vergangenen Zeitalter törichterweise hatten verloren gehen lassen, aber irgendwie wurde sie wiedergefunden und an die Zukunft "weitergegeben".

Das war der Rationalismus: Er ging davon aus, dass die Menschen ihre eigene Geschichte machten und dass alles, was geschah, auf menschliche Leistung oder menschliches Versagen zurückzuführen sei.

Aber für den Höhepunkt der historischen Erkenntnis und der selbstbewussten historischen Kreativität, der das zwanzigste Jahrhundert ist, ist die Geschichte die Aufzeichnung des Lebens von acht Hochkulturen, jede ein Organismus, gekennzeichnet durch das Prinzip der Individualität, d.h. Mitglieder einer Lebensform. Der Typus der Hochkultur ist eine Lebensform an der Spitze der organischen Hierarchie, in der Pflanzen, Tiere und der Mensch die untersten Glieder sind. Jede der Kulturen, die wir gesehen haben, ist ein Mitglied dieser höheren Gattung, ein Individuum. Da sie einer Gattung angehören, haben sie gemeinsame Merkmale in ihren allgemeinen Gewohnheiten, ihren Lebensbedürfnissen, ihren Ausdruckstechniken, ihrer Beziehung zu Territorium und Bevölkerungsströmen und ihrem Lebensbereich.

Die Unterschiede zwischen den Kulturen liegen in ihren Seelen, ihren Individualitäten, und so sind ihre Schöpfungen trotz ähnlicher Struktur in höchstem Maße verschieden. In der organischen Hierarchie manifestiert sich das Prinzip der Individualität in einer zunehmenden Konzentrationsstufe von Pflanzen und Tieren bis zum Menschen. Die Kulturen sind noch individueller als die Menschen, und ihre Schöpfungen sind daher weniger anfällig für die interne Assimilation durch andere

Kulturen.

Seit das Zeitalter des Materialismus vorbei ist, weiß der Westen wieder, dass die Entwicklung eines Organismus die Manifestation einer Seele ist. Die Materie ist die bloße Hülle, das Vehikel für den Ausdruck des Geistes. Diese alte und universelle Weisheit ist die Hauptquelle für die Befreiung unserer geschichtlichen Perspektive von der Dunkelheit und Unterdrückung des Mechanismus. Die Ereignisse eines menschlichen Lebens sind der Ausdruck der Seele dieses Menschen in seinen aufeinanderfolgenden Entwicklungsstadien. Ein identisches äußeres Ereignis ist für jeden Menschen eine andere Erfahrung: Eine Erfahrung ist eine Beziehung zwischen einer Seele und einem äußeren Ereignis. Daher können keine zwei Menschen die gleiche Erfahrung machen, denn das gleiche Ereignis ist für jede Seele völlig unterschiedlich.

Ebenso sind die Reaktionen jeder kulturellen Seele auf das Territorium, die Bevölkerungsströme, die Ereignisse und Bewegungen außerhalb des Kulturkreises für jede Kultur individuell. Die religiösen Erfahrungen jeder Kultur sind einzigartig: Jede Kultur hat ihr eigenes, nicht übertragbares System der Erfahrung und Beschreibung des Göttlichen, und dieser religiöse Stil zieht sich durch die gesamte Lebenssphäre der Kultur und bestimmt vollständig die Philosophie, die Wissenschaft und auch die antireligiösen Phänomene dieser Kultur. Jede Kultur hat ihre eigene Art von Atheismus, so einzigartig wie ihre Religion. Die Philosophie und die Wissenschaft einer jeden Kultur werden niemals unabhängig vom religiösen Stil der Kultur; selbst der Materialismus ist nur eine unheilige Karikatur des religiösen Grundgefühls der Kultur.

Die Wahl der künstlerischen Formen und deren Inhalt sind für jede Kultur individuell. So ist die westliche Kultur die erste, die die Ölmalerei erfindet, und auch die erste, die der Musik den Vorrang gibt. Das Zahlengefühl der Kultur entwickelt in jeder von ihnen eine eigene Mathematik, die ihre eigene Zahlenwelt beschreibt, die innerlich nicht übertragbar ist, auch wenn bestimmte äußere Entwicklungen teilweise assimiliert und dann von anderen Kulturen innerlich transformiert werden können. Die Idee des Staates ist ebenso individuell, wie die Idee der Nation und der Stil des endgültigen Imperiums, der letzten politischen Schöpfung der Kultur.

Jede Kultur hat ihren eigenen Stil in der Technik - schwach und grob in der klassischen und mexikanisch-peruanischen, kolossal und fortschrittlich in unserer -

ihr eigenes Verhältnis zur Ökonomie, ihren eigenen historischen Stil oder organischen Rhythmus.

Jede Kultur hat eine andere Grundmoral, die ihre soziale Struktur, ihre Gefühle und Umgangsformen, die Intensität ihrer inneren Imperative und damit den ethischen Stil ihrer großen Männer beeinflusst. Diese Grundmoral bestimmt den Stil des öffentlichen Lebens in der letzten großen Phase des Lebens der Kultur: der Zivilisation.

Die Kulturen unterscheiden sich nicht nur in ihrer hochentwickelten Darstellung des Individualitätsprinzips voneinander, sondern jede Epoche einer Kultur hat ihre eigene Prägung, die von der vorangegangenen beeinflusst wird und die nächste beeinflussen wird. Diese Unterschiede erscheinen den Menschen, die der gleichen Kultur angehören, größer als die Unterschiede zwischen den einzelnen Kulturen. Es handelt sich um die optische Täuschung einer größeren Größe, die durch die Nachbarschaft hervorgerufen wird. Für uns ist der Unterschied zwischen 1850 und 1950 gewaltig; für die Historiker des Jahres 2150 wird er viel geringer sein. Bevor wir uns in das historische Studium vertiefen, haben wir das Gefühl, dass 1300 und 1400 geistig sehr ähnlich waren, aber in der Tat haben sich in diesem Jahrhundert geistige Ereignisse ereignet, die ebenso entscheidend waren wie die zwischen 1850 und 1950 stattfindenden.

Auch hier hat das lineare Schema die Geschichte zutiefst verfälscht: Es sagte "Antike" und dachte, es beschreibe eine Sache, eine allgemeine Spiritualität. Aber sowohl Ägypten als auch Babylon hatten ihre eigenen Phänomene, die unseren Kreuzzügen, unserer gotischen Religion, dem Heiligen Römischen Reich, dem Papsttum, dem Feudalismus, der Scholastik, der Reformation, dem absolutistischen Staat, der Aufklärung, der Demokratie, dem Materialismus, den Klassenkämpfen, dem Nationalismus und den Vernichtungskriegen entsprechen. Dasselbe geschah mit den anderen Kulturen: der chinesischen, der hinduistischen, der arabischen, der der klassischen und der mexikanischen[9]. Die Menge der verfügbaren Informationen über diese Kulturen ist sehr unterschiedlich, aber was wir haben, reicht aus, um die

---

[9] Der Autor bezeichnet die Kultur, die bis zur Ankunft der Spanier vom Rio Grande bis Feuerland lebte, alternativ als mexikanisch oder mexikanisch-peruanisch. Es ist wichtig zu erwähnen, dass die innere Einheit dieser Kultur erst zwanzig Jahre nach der Veröffentlichung von Imperium wissenschaftlich nachgewiesen wurde.

Struktur der Geschichte zu beschreiben. Zwischen einer Epoche der ägyptischen Geschichte und der nächsten gab es so viele Unterschiede wie zwischen 1700, der Zeit der Spanischen Erbfolgekriege, und 1800, der Zeit der Napoleonischen Kriege. Diese optische Täuschung über Entfernungen findet eine Analogie in der räumlichen Welt: Ein entferntes Gebirge erscheint gleichmäßig, in der Nähe ist es steil.

Die Idee, dass "Zivilisation" etwas Bestimmtes sei, und nicht eine organische, vitale Phase einer Kultur, war Teil der Ideologie des "Fortschritts". Diese profane Religion mit ihrer eigentümlichen Mischung aus Vernunft und Glaube befriedigte eine bestimmte innere Forderung des 19. Spätere Forschungen würden wahrscheinlich das gleiche Phänomen in anderen Kulturen entdecken. Es scheint ein organisches Bedürfnis des Rationalismus zu sein, das Gefühl zu haben, dass "die Dinge immer besser werden". So war der "Fortschritt" eine kontinuierliche moralische Weiterentwicklung der "Menschheit", eine Bewegung hin zu einer größeren und besseren "Zivilisation". Die Ideologie wurde von jedem Materialisten mit leichten Unterschieden formuliert, aber es durfte nicht bestritten werden, dass der "Fortschritt" eine Tatsache war. Wer daran zweifelte, wurde als "Pessimist" gebrandmarkt. Das Ideal eines kontinuierlichen "Fortschritts" war notwendigerweise unerreichbar, denn wenn es erreicht werden könnte, würde der "Fortschritt" aufhören, und das war undenkbar.

Ein solches Bild passte in das Zeitalter der Kritik, aber in einem historischen Zeitalter ist es nicht mehr als ein weiterer Gegenstand des Interesses, als Ausdruck einer bestimmten Phase im Leben einer bestimmten Kultur. Jahrhunderts, der Hexenwahn des sechzehnten Jahrhunderts oder der Vernunftkult des achtzehnten Jahrhunderts. Alle diese Perspektiven haben heute nur noch historische Bedeutung. Alles, was uns interessiert, ist, dass man einst an sie glaubte. Der Versuch, die altmodische "fortschrittliche" Ideologie in das zwanzigste Jahrhundert zu übertragen, ist ein lächerlicher Versuch; jeder, der nur daran dachte, würde sich als anachronistische Mittelmäßigkeit entpuppen.

## II

Das Wort Geschichte wurde verwendet, um alle menschlichen Ereignisse zu erfassen, sowohl diejenigen, die die Entwicklung einer Kultur manifestieren, als auch diejenigen, die außerhalb jeder Kultur liegen. Aber die beiden Arten von Ereignissen haben nichts miteinander zu tun. Der Mensch als Gattung ist eine Lebensform, der Mensch der Kultur eine andere. Folglich bezeichnet das Wort Geschichte in beiden Fällen unterschiedliche Dinge.

Wodurch unterscheidet sich der Mensch als Spezies von anderen Lebensformen, wie Pflanzen und Tieren? Einfach dadurch, dass er eine menschliche Seele besitzt. Diese Seele formt für den Menschen eine Welt, die sich von der anderer Lebensformen unterscheidet. Die Welt des Menschen ist eine Welt der Symbole. Dinge, die für Tiere ohne Bedeutung und Geheimnis sind, haben für den Menschen eine symbolische Bedeutung. Außerhalb einer großen Kultur manifestiert sich dieses Bedürfnis nach Symbolen in der Herausbildung einer primitiven Kultur. Solche Kulturen haben eine animistische Religion, eine Tabu- und Totemethik und sozialpolitische Formen auf gleicher Ebene. Solche Kulturen bilden keine Einheit, d.h. es gibt kein einziges primäres Symbol, das in allen Kulturformen verwirklicht ist. Solche Kulturen sind bloße Summen, Sammlungen von Motiven und Tendenzen.

Nirgendwo gibt es einen primitiven Menschen ohne eine primitive Kultur dieser Art. Den Menschen als reines Tier gibt es nicht. Alle Tiere haben eine rein ökonomisch-reproduktive Existenz: Die Gesamtheit ihres individuellen Lebens besteht im Prozess der Ernährung und Fortpflanzung, ihr Leben hat keinen darüber hinausgehenden geistigen Überbau.

Dennoch sind das Leben des primitiven Menschen und das des Bewohners eines Gebietes, in dem sich eine große Kultur entwickelt, zwei unermessliche Dinge. Der Unterschied ist so groß, dass er eine Frage der Qualität und nicht nur des Grades ist. Vor der Geschichte der Mensch-Kultur erscheint der primitive Mensch lediglich zoologisch. Die Geschichte, auf die Stanley bei seinen Erkundungen in Afrika stieß, war von der einen Art, und Stanley selbst repräsentierte die andere Art. Ähnlich zoologisch ist die Geschichte der Pfahlbauer in der alten Schweiz, der heutigen Chinesen, der Araber, der Buschmänner, der heutigen Hindus, der Amerindianer, der Lappen, der Mongolen und der unzähligen anderen Stämme, Ethnien und Völker außerhalb unserer westlichen Zivilisation.

Das Tier beschäftigt sich nur mit der Ökonomie, der primitive Mensch sieht verborgene Bedeutungen in der Welt, aber die Menschheitskultur betrachtet ihre hohen Symbole als den Inhalt des Lebens. Eine Hochkultur formt die wirtschaftlichen

Praktiken der Bevölkerungen, in die sie eindringt, völlig um; sie reduziert die Wirtschaft auf den untersten Teil der Lebenspyramide. Für eine Große Kultur hat die Wirtschaft die gleiche Bedeutung wie die Funktion des Essens für den Einzelnen. Über der Wirtschaft stehen alle Lebensäußerungen der großen Kultur: Architektur, Religion, Philosophie, Kunst, Wissenschaft, Technik, Bildung, Politik, Erotik, Städtebau, Imperialismus, Gesellschaft. Die Bedeutung, die ein Individuum hat, ist ein Spiegelbild seiner persönlichen Verbindung zu den Symbolen der Kultur. Genau diese Bewertung wird von der Kultur hervorgebracht. Für eine kulturfeindliche Perspektive wie die merkwürdige "materialistische Geschichtsauffassung" hat jedes Proletariat mehr Wert als Calderon, denn er war kein Arbeiter und hat daher nichts Praktisches in einer Welt getan, deren gesamte Bedeutung ökonomisch ist.

Der Unterschied zwischen der Geschichte des Menschen als Gattung und der Geschichte des Menschen im Dienste einer großen Kultur besteht darin, dass der ersteren die große Bedeutung fehlt und nur die letztere das Vehikel der großen Bedeutung ist. In der hohen Geschichte riskieren die Menschen alles und sterben für eine Idee; für die primitiven Menschen gibt es keine überpersönlichen Vorstellungen von dieser Kraft, sondern nur persönliche Streitigkeiten, groben Ehrgeiz nach Beute oder formloser Macht. Es wäre daher ein Fehler, den Unterschied als rein quantitativ zu betrachten. Das Beispiel von Dschingis Khan zeigt uns, dass die Ereignisse, die er entfesselte, zwar beträchtliche Ausmaße hatten, aber im kulturellen Sinne bedeutungslos waren. Es gab keine Idee in dieser gewaltigen Lawine von Anhängern eines Abenteurers. Seine Eroberungen waren für Hunderttausende tödlich; das von ihm errichtete Reich überdauerte einige Generationen, aber es stand einfach da, es stand für nichts, es repräsentierte nichts über sich selbst hinaus. Andererseits war Napoleons Reich, so kurz es auch war, mit einer symbolischen Bedeutung aufgeladen, die noch immer in den Köpfen der Menschen des Westens nachhallt und, wie wir sehen werden, mit der Zukunft des Westens verbunden ist. Die Hochkulturen führen die größten Kriege, aber ihre Bedeutung besteht nicht einfach darin, dass sie ein großes Blutvergießen verursachen, sondern dass diese Männer in einem Kampf der Ideen untergehen. Nachdem eine große Kultur sich selbst verwirklicht hat, kehren die Bevölkerungen des von ihr besetzten Gebietes in ihren primitiven Zustand zurück, wie uns die Beispiele Indien, China, Islam und Ägypten zeigen. Die großen Metropolen leeren sich, die Barbaren von außen plündern sie aus, und die Überlebenden kehren zu ihrem primitiven Status als Sippen- oder Stammesangehörige oder einfach als Nomaden zurück. Wenn äußere Ereignisse die Überreste nicht völlig zerstören, bleibt das Kastensystem der letzten Stufe auf unbestimmte Zeit bestehen, wie in Indien oder China, aber dies ist nicht mehr als der Rest des Skeletts der früheren Kultur, die wie alles Lebendige vergeht und nie wiederkehrt. Die Erinnerung an die Kultur bleibt bestehen, aber die Haltung der überlebenden Bevölkerungen gegenüber ihren Errungenschaften ist völlig primitiv, statisch, rein persönlich.

Verlassene Weltstädte kehren wieder in die Landschaften zurück, die sie einst beherrschten. Einst stolze Metropolen wie Berlin, London und New York sind verschwunden, verschluckt von der Vegetation des Dschungels oder dem Sand der Ebene. Das war das Schicksal von Luxor, Theben, Babylon, Pataliputra, Samarra, Uximal, Texcoco, Tenochtitlan. In neueren Fällen sind sogar die Namen der großen Städte verloren gegangen, und wir bezeichnen sie mit den Namen der umliegenden Dörfer. Aber es ist ein unwichtiges Detail, dass die Stadt tot ist oder von einigen Clans bewohnt wird, die auf freiem Feld kampieren, auf den Straßen kämpfen und in den verlassenen Gebäuden Schutz suchen, oder dass Sand auf den zerfallenen Überresten aufgeschüttet ist.

## 7. Pessimismus

### I

Es war ein bemerkenswertes Phänomen, als zu Beginn des zwanzigsten Jahrhunderts die organisch notwendige historische Perspektive auftauchte und die religiösen und kritisch-philosophischen Perspektiven früherer westlicher Epochen ablöste. Sie wurde von den Denkern von vorgestern mit dem Ausruf "Pessimismus" begrüßt. Mit diesem Wort glaubte man offenbar, den Geist des kommenden Zeitalters heraufbeschwören und dem toten Geist eines bereits vergangenen Zeitalters neues Leben einhauchen zu können. Dem abstrakten anorganischen Denken erschien dieser Kunstgriff nicht wert, da es die Geschichte als Handlungsfeld betrachtete, in dem man nach Belieben die Vergangenheit zwingen konnte, nach der eigenen Musik zu tanzen.

Das Wort Pessimismus war ein polemisches Wort: Es bezeichnete eine Haltung der allgemeinen Verzweiflung, die Meinungen und Tatsachenbehauptungen färben sollte. Wer das Wort ernsthaft verwendete, demonstrierte eine weltgeschichtliche Philosophie der Wahlmode. Es liegt auf der Hand, dass eine behauptete Tatsache unabhängig von der Haltung desjenigen zu prüfen ist, der die Behauptung aufgestellt hat. Das ganze Geschrei über Pessimismus ist also ein ad hominem-Argument und daher wertlos. Fakten sind weder pessimistisch noch optimistisch, weder wertend noch absurd. Ein Optimist kann eine Tatsache erwähnen, ein Verrückter kann eine Tatsache erwähnen, und ein Pessimist kann das auch. Die Beschreibung des Mannes, der die Tatsache behauptet hat, lässt die Frage offen, ob die Tatsache richtig oder falsch ist. Der reine Ad-hominem-Charakter war die erste Schwäche der "Pessimismus"-Perspektive in der historischen Betrachtung des 20. Jahrhunderts.

Pessimismus beschreibt nur eine Einstellung, keine Tatsachen, und ist daher völlig subjektiv. Die Lebenseinstellung, die Nietzsche immer wieder als "Pessimismus" herausarbeitete, beschrieb Nietzsche wiederum als Pessimisten, und beides war zweifellos richtig. Wenn jemand meint, dass meine Pläne zum Scheitern verurteilt sind, halte ich ihn für einen Pessimisten. Umgekehrt hält er mich für einen Pessimisten, wenn ich glaube, dass seine Bestrebungen scheitern werden. Wir haben beide Recht.

Die Ideologen des "Fortschritts", selbstgefällig und in der Sicherheit ihres geistigen Panzers von jeglichem Kontakt mit der Wirklichkeit abgeschirmt, waren äußerst beleidigt, als man ihnen unterstellte, dass auch ihr besonderer Glaube einen vitalen Bereich habe, der, wie alle vorher existierenden Weltanschauungen, nur die bloße Beschreibung einer bestimmten Seele eines bestimmten Zeitalters sei und daher zum Sterben bestimmt sei. Zu sagen, dass die Religion des "Fortschritts" mit dem Zeitalter, dessen innere Bedürfnisse sie befriedigte, zu Ende gehen würde, käme einer Leugnung der Wahrhaftigkeit dieser Religion gleich, die den Anspruch erhob, eine universelle Beschreibung der gesamten menschlichen Geschichte zu sein. "Das Schlimmste war, dass die Geschichtsauffassung des zwanzigsten Jahrhunderts so streng faktisch formuliert war, dass sie für die Mentalität des zwanzigsten Jahrhunderts verbindlich war. Jahrhunderts verbindlich formuliert wurde. Das hatte zur Folge, dass man sich dagegen wehren musste, denn eine andere Art der Diskussion war nicht möglich. Das einfache Wort "Pessimismus" sollte die Geschichtsauffassung des 20. Jahrhunderts abwürgen.

Es wäre ein Fehler, dies der Bosheit der "Fortschrittsreligionäre" zuzuschreiben. Keine Epoche unterwirft sich stillschweigend dem Geist des kommenden Zeitalters.

Die Anhänger der Hexenverfolgung waren sicherlich nicht mit den frühen Materialisten, die es wagten, die Existenz von Hexen zu leugnen. Der Konflikt zwischen dem Bewährten und dem Kommenden ist ständig im Gange, und das Kommende setzt sich immer durch. Und zwar nicht, weil es wahr und das Bewährte falsch ist, sondern weil beide das Lebensstadium eines Organismus, einer Kultur sind. Wahrheit und Falschheit haben in diesem Prozess so wenig zu tun wie bei der Verwandlung des Kindes in einen Jugendlichen, des Jugendlichen in einen Mann, des Mannes in einen Greis. Der Enkel ist nicht wahrer als der Großvater, aber er wird sich durchsetzen, weil er einen organischen Vorteil hat. In ähnlicher Weise verdrängt die historische Haltung des zwanzigsten Jahrhunderts die materialistische Religion des neunzehnten Jahrhunderts. Der Materialismus, der Rationalismus, der "Fortschritt" sind erschöpft, aber die geschichtliche Haltung des zwanzigsten Jahrhunderts ist voller Kraft und Verheißung, voller Sehnsucht, sich seinen großen Sachaufgaben zu stellen, um seine großen Tatsachen zu schaffen. Es ist diese organische Notwendigkeit, die ihr ihre zwingende, verpflichtende Qualität verleiht. In diesem gigantischen Zeitalter, in dem es Nationen gibt, die in einem Jahrzehnt Weltmächte und im nächsten Kolonien sind, kann niemand mehr bewusst die oberflächliche und kindische Behauptung aufrechterhalten, dass es unter all diesen Katastrophen einen Sinn für den ständigen "moralischen Fortschritt" der "Menschheit" gibt.

Einige Menschen waren für kurze Zeit rational: Das ist die Summe der Erscheinungen der Vernunft in der Geschichte. Aber solche Menschen haben nie Geschichte gemacht, denn Geschichte ist irrational. Die Behauptung, die Vernunft sei der Sinn der Geschichte, ist eine irrationale Behauptung, denn die Vernunft ist ein Produkt der Geschichte.

Als der Kult der Vernunft im revolutionären Frankreich als Religion - als neuer Glaube - eingeführt wurde, krönte man die Göttin der Vernunft zu einer fille de jole. Auch der Rationalismus trägt den Schoß des Lebens in sich: Er ist irrational.

Die Bedeutung des Wortes Pessimismus muss weiter analysiert werden. Wie wir gesehen haben, ist das Wort subjektiv und kann daher auf jeden angewandt werden, wenn er die Überzeugung hat, dass etwas dem Untergang geweiht ist. Nehmen wir an, ich sage: Das Römische Reich ging innerlich unter und innerhalb weniger Jahrhunderte war die römische Idee völlig tot.

Ist das Pessimismus? Mein Großvater ist gestorben. Bin ich ein Pessimist, weil ich das sage? Ich werde eines Tages sterben. Pessimismus? Alles, was lebt, muss sterben. Pessimismus? Zum Leben gehört der Tod. Pessimismus Ist ein Beispiel für ein Individuum bekannt, das sich völlig losgelöst von der organischen Abfolge der Lebensform, zu der es gehört, entwickelt hat und über so lange Zeiträume konstant in einem Lebensstadium geblieben ist, dass die Schlussfolgerung gerechtfertigt ist, es handele sich um einen Fall von Leben ohne Tod? Ein Beispiel wäre ein Mensch, der nicht hundert Jahre lebte, denn wir alle würden glauben, dass ein solcher Mensch irgendwann stirbt, sondern zwei- oder dreihundert Jahre, und zwar immer in einem vitalen Stadium, sagen wir im biologischen Alter von fünfundsechzig Jahren.

Wir kennen keinen solchen Menschen, keine solche Lebensform. Die Verleumder des "Pessimismus" werden sagen, dass dies zweifellos "Pessimismus" ist. Wir sollten die Behauptung aufrechterhalten, dass wir niemals sterben werden, denn den Tod zuzugeben ist Pessimismus.

Die Geschichte zeigt sieben große Kulturen, die uns vorausgegangen sind.

Ihre Trächtigkeitsperioden waren morphologisch identisch, ebenso wie ihre Geburtswehen, ihre ersten vitalen Aktivitäten, ihr Wachstum, ihre Reifeperioden, ihre großen Zivilisationskrisen, ihre letzten vitalen Formen, die allmähliche Entspannung und das Erreichen eines Zeitpunkts, an dem man mit Blick auf die Landschaft, in der sich das große Wesen verwirklicht hatte, sagen konnte, dass es nicht mehr existierte, dass es gestorben war. Diese Erkenntnis schmerzt die Verleumder des "Pessimismus" sehr, und ich kenne kein Mittel gegen ihren Schmerz. Diese sieben Kulturen sind tot; es wäre viel merkwürdiger gewesen, wenn sie ewig gelebt hätten.

## II

Aber unsere Zivilisation ist eine Stufe einer großen Kultur, der Kultur des Westens. Ihr historisches Jahrtausend zeigt uns, dass sie ein individueller Organismus ist, der zur Lebensform einer großen Kultur gehört. Können diejenigen, die über die Tatsachen nachdenken, behaupten, dass sie zu einer Lebensform gehört, aber keine Lebenssphäre hat?

Es stellt sich nun die Frage: Wie kann es Pessimismus sein, zu sagen, dass, wenn sieben große Kulturen sich selbst verwirklicht haben, dies auch für die achte möglich ist? Wenn dies Pessimismus ist, dann ist jeder, der seine eigene Sterblichkeit eingesteht, zwangsläufig ein "Pessimist" - die Alternative zum Pessimismus ist also Idiotie.

Dennoch ist Pessimismus eine Haltung, und wenn jemand sagt, die Tatsache zuzugeben, dass sich das Leben im Tod verwirklicht, sei Pessimismus, dann zeigt er uns etwas über sich selbst. Es zeigt uns seine eigene feige Angst vor dem Tod, seinen völligen Mangel an Heldentum, an Respekt für die Geheimnisse des Seins und des Werdens, seinen eitlen Materialismus. Wir dürfen nie vergessen, dass es dieselben Leute sind, die in ihren Büchern und Zeitschriften eine Literatur über die unendliche Verlängerung der Lebensspanne der menschlichen Gattung schreiben und lesen. Dies zeigt uns noch etwas anderes über sie. Wie sehr sie es genießen, mit den Statistiken der Versicherungsgesellschaften zu jonglieren, so dass sie glauben, sie würden länger leben! Das ist ihre Einschätzung des Lebens: Das beste Leben ist das längste Leben. Für diese Mentalität ist ein kurzes, heldenhaftes Leben traurig und uninspirierend. Heldentum im Allgemeinen ist also einfach nur Wahnsinn, denn ein unendlich verlängertes Leben ist das Ziel des "Fortschritts".

Die Idee der Unsterblichkeit der Seele in ihrer abendländischen Form entstand in der Zeit der Gotik und wurde weiterentwickelt. Mit dem Zeitalter des Materialismus wurde diese Idee mit der Unsterblichkeit des Körpers karikiert. Der Arzt wurde Priester der neuen Religion, und eine bestimmte Art von Literatur verherrlichte ihn als das ultimative menschliche Exemplar, da er Leben rettete. Doch so sehr es diese Menschen auch schockiert, der Tod begleitet weiterhin das Leben. Die Kriege des 20. Jahrhunderts haben mehr Menschenleben gekostet als die Kriege des 19. Jahrhunderts. Jahrhunderts. Die Generationen setzen ihre Prozession zum Grab fort, und selbst der feigste Materialist, der niemals zugeben kann, dass alles Lebendige sterben wird, folgt dem Weg, den die Materialisten in den acht Kulturen gegangen sind.

Für Menschen, die in einer unsagbaren Angst vor dem persönlichen Tod leben, ist die Vorstellung vom Verschwinden einer außerpersönlichen Seele natürlich schrecklich und beängstigend. Materialisten haben Fakten nie respektiert; was nicht mit ihren Gewichten und Maßen messbar war, existierte nicht. Historische Fakten sind für einen rationalistischen Standpunkt, der von einem kritischen Prinzip und nicht von Fakten ausgeht, per se uninteressant, und es war kaum zu erwarten, dass eine historische Sichtweise, die sich auf fünf Jahrtausende Geschichte und nicht auf bloße philosophische Trivialitäten stützt, sie überzeugen würde.

Interessanterweise leugneten die Pessimisten, die das Sterben der Kultur leugneten, auch die organische Natur einer Kultur. Mit anderen Worten, sie leugneten auch, dass sie lebt. Ihr Materialismus veranlasste sie zu Letzterem, ihre Feigheit zu Ersterem. Das Wichtigste an ihrer Haltung war, dass sie die entscheidende Idee der Perspektive des zwanzigsten Jahrhunderts nicht begriffen haben. Die Hunderte von Bänden, die sie dagegen geschrieben haben - und in denen das Zauberwort "Pessimismus" immer wieder auftaucht - zeigen dies ganz deutlich. Auf jeder Seite findet sich ein grundlegendes Missverständnis der großen These. Durch ihr mangelndes Verständnis haben sie einen weiteren Beweis für die Übereinstimmung der Perspektive geliefert, denn die Vision einer Epoche spiegelt nur die Seele dieser Epoche wider, und die Perspektive des zwanzigsten Jahrhunderts konnte nicht an ihre Vision des neunzehnten Jahrhunderts angepasst werden, das bereits überholt war.

Eine große historische Tatsache hätte sie trösten müssen: Der Tod dieser Kultur, die nicht lebte und die ihrer Meinung nach niemals sterben würde, hätte ihnen nichts Besonderes bedeuten müssen. Erstens wird eine Kultur weder in wenigen Jahren geboren noch stirbt sie in wenigen Jahren; solche Prozesse werden in Generationen und Jahrhunderten gemessen. Kein Mensch könnte also erleben, wie eine Kultur geboren wird oder stirbt, und kein Materialist wäre jemals gezwungen, die schmerzliche Erfahrung zu machen, ihren Tod zu betrachten. Außerdem wird das Leben der gewöhnlichen Menschen auf der Ebene des täglichen Lebens durch die Anwesenheit der Kultur oder der Zivilisation nur wenig beeinflusst, weder während noch nach ihrem Tod; das Leben der gewöhnlichen Menschen ist in seinen festen Grundlagen einfach das Leben. Die großen Massen verschwinden, denn sie existierten nur, um die letzten großen Aufgaben der Zivilisation zu erfüllen; die künstlichen Bedingungen des Lebens verschwinden ebenfalls, die großen Kriege hören auf, die großen Forderungen hören auf. Der organische Pazifismus - nicht der ideologische Pazifismus, der Kriege provoziert - ist die letzte Bedingung einer Kultur.

Nun: Materialisten gehören ausschließlich zu den einfachen Leuten, was können sie sich für große Dinge wie Heldentum, große Kriege und Imperialismus interessieren? Dann müsste ihnen das Ende einer Kultur gefallen. Tatsächlich aber beruhte ihr ganzer Schrecken auf einer Illusion. Es wäre genauso verrückt, sich jetzt um die Ereignisse des Jahres 2300 zu sorgen, wie es für Friedrich den Großen gewesen wäre, sich um die Ereignisse des Jahres 1900 zu sorgen. Er konnte sich diese Ereignisse nicht genau vorstellen, da er sie nicht hätte planen können, also wäre es für ihn absurd gewesen, sie zu fürchten. Es waren Angelegenheiten, die andere Leute. Die Forderungen von heute - Goethe duo - sind unsere unmittelbare Pflicht. Wir, die wir heute in Europa leben, haben eine bestimmte Aufgabe, die uns durch die Situation, die Zeit und unseren eigenen inneren Imperativ auferlegt wird.

Das meiste, was wir tun können, um die ferne Zukunft zu gestalten, ist dazu beizutragen, diesem Zeitalter die starke und kraftvolle Form zu geben, die es braucht. Die Generation, die auf die nächste folgen wird, wird auch ihre eigene Aufgabe haben, und die einzige Möglichkeit für uns, in ihrer Zeit wirksam zu sein, besteht darin, uns jetzt so zu verhalten, dass unsere Handlungen und unser Beispiel uns überdauern werden.

Für einen Materialisten ist das Pessimismus.

### III

Es gibt viele Intellektuelle, die sich an den Titeln grundlegender Werke einer historischen Epoche aufhalten: Sie leiten ihren Vorwurf des Pessimismus gegenüber der Weltanschauung des 20. Jahrhunderts aus dem Titel des ersten Buches ab, das sie vollständig beschreibt: Der Untergang des Abendlandes. Dekadenz klang für diese Herren eindeutig pessimistisch und mehr brauchten sie nicht. In seinem Essay "Pessimismus?" (1921) erwähnte Spengler, dass einige Leute den Untergang einer Kultur mit dem Untergang eines Schiffes verwechselt hätten, obwohl, auf die Kultur angewandt, der Gedanke einer Katastrophe nicht in dem Wort enthalten sei. Er erklärt auch, dass der Titel 1911 beschlossen wurde, als er sagte, dass "der seichte Optimismus des darwinistischen Zeitalters über der westlichen euro-amerikanischen Welt schwebt". Er bereitete das Buch, in dem er die These eines Zeitalters der Vernichtungskriege für die unmittelbare Zukunft voraussagte, für das kommende

Zeitalter vor und wählte den Titel, um dem vorherrschenden Optimismus zu widersprechen. Im Jahr 1921, so schrieb er, hätte er einen Titel gewählt, der dem damals herrschenden, ebenso eitlen Pessimismus widersprochen hätte.

Wenn Pessimismus so definiert wird, dass man "nichts mehr zu tun sieht", so betrifft dies nicht eine Philosophie, die eine Aufgabe nach der anderen aufzeigt, die in der westlichen Zivilisation noch zu erledigen ist. Abgesehen von Politik und Wirtschaft, denen dieses Werk gewidmet ist, haben Physik, Chemie und westliche Technologie ihre Gipfel hinter sich, ebenso wie Archäologie und historische Philosophie. Auch die Formulierung eines von Philologie und Konzeptualismus befreiten Rechtssystems ist eine Notwendigkeit. Die Volkswirtschaft muss tiefgreifend durchdacht und im Geiste des zwanzigsten Jahrhunderts organisiert werden, und vor allem muss Bildung geschaffen werden, in dem grandiosen Sinne, dass die kommenden Generationen im Lichte der historischen Notwendigkeit unserer Zukunft bewusst für die großen Lebensaufgaben der Zivilisation ausgebildet werden.

Der Schrei des "Pessimismus" verstummt: Die historische Vision des 20. Jahrhunderts blickt von ihrem Gipfel aus auf ihre einzigartigen, weiten historischen Horizonte, auf die Lebensläufe von acht verwirklichten großen Kulturen und blickt sogar arrogant und selbstbewusst in die Zukunft ihrer eigenen, noch zu verwirklichenden Kultur.

Die Leser von 1950 haben vergessen, und die von 2050 werden unmöglich wissen können, dass vor dem Auftauchen der Geschichtsauffassung des zwanzigsten Jahrhunderts die zu schreibende Geschichte als Tabula rasa betrachtet wurde, auf die der Mensch schreiben konnte, was er wollte. Das war natürlich die instinktive Haltung eines Menschen, der mehr als nur ein Mann der Tat war, der alles wissen musste, um die nutzloseste Kleinigkeit zu vollbringen, aber selbst er musste den Schein wahren, dass die Zukunft ein Freibrief sei.

In der zweiten Hälfte des zwanzigsten Jahrhunderts denkt niemand mehr so; das Gejammer der Rationalisten und das Gejammer der Materialisten verlieren an Intensität. Selbst sie sprechen jetzt von Geschichte statt von ihren alten Vulgaritäten. Sogar ihre Presse füttert ihre Horden mit einer historischen Vision. Die Geschichte beginnt 1870 und endet nach dem nächsten Krieg; jeder Kampf wird als der letzte beschrieben. Dieses Geschichtsbild hat mehr als eine Generation überdauert, und die Tatsache, dass es im materialistischen Journalismus existiert, ist ein Zeichen für die zunehmend historische Haltung unserer Zeit. Nach Ersten Weltkrieg wurde ein "Völkerbund" gegründet, um den "Weltfrieden" herbeizuführen, und es gab eine beträchtliche Anzahl von Menschen in der westlichen Zivilisation, die dies ernst nahmen. Und nur eine Generation später, nach dem Zweiten Weltkrieg, wurde ein zweiter "Bund" gegründet, aber diesmal sah kaum jemand den "Bund" - die UNO - als etwas anderes an als einen Ort für diplomatische Kriegsvorbereitungen zwischen den beiden verbliebenen Mächten, weil die Weltanschauung des zwanzigsten Jahrhunderts sich im Westen durchgesetzt hatte. Von den alten "Progress"-Tagen war man weit entfernt.

Das Blatt hat sich gegen die Leugner des "Pessimismus" gewendet. In Wirklichkeit sind sie nur die Vertreter des Geistes einer längst vergangenen Epoche. Sie sind also anachronistisch in dieser Epoche, und in dem Maße, in dem sie versuchen, in ihr Leben einzugreifen, müssen sie gegen alle seine Ausdruckstendenzen kämpfen. Sie können die Zukunft nur verleugnen, indem sie vergeblich versuchen, die Vergangenheit wiederzuerleben. Macht sie das nicht zu Pessimisten?

Das letzte Wort kann nun über Pessimismus und Optimismus gesagt werden, denn beide sind als Begriffe untrennbar miteinander verbunden. Wenn Pessimismus Verzweiflung ist, dann ist Optimismus Feigheit und Dummheit. Muss man zwischen beiden wählen? Beide sind Zwillingskrankheiten der Seele. Dazwischen liegt der Realismus, der wissen will, was ist, was getan werden muss, wie es getan werden kann. Der Realismus ist historisches Denken, und er ist auch politisches Denken. Der Realismus betrachtet die Welt nicht mit einem vorgefassten Prinzip, dem sich die Dinge zu unterwerfen haben; gerade diese Dummheit ist es, die sowohl Pessimismus als auch Optimismus hervorbringt. Wenn es so aussieht, als ob sich die Dinge nicht zum Guten wenden werden, ist es Pessimismus zu erklären. Der Optimismus fährt fort, so zu tun, als ob alles gut werden würde, auch wenn der gesamte Verlauf der Geschichte das Gegenteil beweist. Von den beiden Krankheiten ist der Optimismus gefährlicher für die Seele, weil er blinder ist. Der Pessimismus, der sich nicht durch die Behauptung des Unangenehmen erschrecken lässt, ist zumindest in der Lage zu sehen und kann gesunde Instinkte auslösen.

Jeder Kapitän muss sich sowohl auf den Sieg als auch auf die Niederlage vorbereiten, und taktisch gesehen ist der zweite Teil seines Plans der wichtigste, und kein Kapitän würde es versäumen, die im Falle einer Niederlage zu ergreifenden Maßnahmen vorherzusehen, nur weil ihm jemand einmal gesagt hat, dies sei Pessimismus. Gehen wir weiter. Als 1836 etwa hundert Amerikaner bei Alamo von über zwanzigtausend mexikanischen Truppen eingekesselt wurden, war es da pessimistisch, wenn sie erkannten, dass ihre Lage hoffnungslos war? Doch dann geschah etwas, was Materialisten - wahre Pessimisten - niemals verstehen können. Die Mitglieder der kleinen Garnison ließen sich von der offenkundig aussichtslosen Lage nicht in ihrem persönlichen Verhalten beeinflussen: Jeder zog es vor, zu kämpfen und nicht zu kapitulieren. Sie dachten mehr an das, was noch zu tun war, als an ihre endgültige Vernichtung.

Das war auch die Haltung der Kamikaze-Piloten, die im Zweiten Weltkrieg ihre mit Sprengstoff beladenen Flugzeuge in feindliche Kriegsschiffe stürzten. Eine solche Haltung entzieht sich nicht nur jedem stupiden Optimismus-Pessimismus-Schema, sondern ist selbst die Essenz des Heldentums. Die Angst vor dem Tod hindert den Helden nicht daran, das zu tun, was getan werden muss. Das zwanzigste Jahrhundert nimmt diese heroische Haltung wieder auf und denkt an sein Werk und nicht an das endgültige Ende des Lebens im Tod. Es hat noch weniger Angst vor dem Tod, sowohl vor dem individuellen Tod als auch vor der Verwirklichung der Zivilisation, in der wir unsere Möglichkeiten verwirklichen müssen, die versuchen, den Tod in irgendeiner Weise zu leugnen. Sie will das Leben leben und nicht vor dem Tod kriechen. Optimismus und Pessimismus sind etwas für Feiglinge, törichte und dumme Schwächlinge, die nicht in der Lage sind, das Geheimnis, die Kraft und die Schönheit des Lebens zu schätzen. Sie schrecken vor Energie und Verzicht zurück und fliehen vor der Brutalität der Tatsachen in Träume von der Unsterblichkeit des Körpers und der unbegrenzten Fortdauer der Weltanschauung des neunzehnten Jahrhunderts.

Während ich schreibe - 1948 - herrschen diese feigen Pessimisten über die untergegangene westliche Zivilisation, die von außereuropäischen Kräften herbeigeführt wurde. Sie tun so, als sei alles in Ordnung, da Europa nun die Beute fremder Mächte ist und auf das gleiche Niveau wie Indien und China herabgestuft wurde. Doch der Geist des 20. Jahrhunderts, den sie hassen, weil er jung und lebendig ist, wird sie eines Tages auf den Müllhaufen der Geschichte befördern, auf den sie schon längst gehört haben. Ihre Haltung ist: nichts tun. Und sie haben noch die Dreistigkeit, die Vertreter des Geistes des 20. Jahrhunderts als "Pessimisten" zu denunzieren. Materialisten und Liberale sprechen von "zurückgehen" zu besseren Bedingungen - immer zurückgehen. Der neue Geist befiehlt: Vorwärts zur größten aller unserer Epochen.

Diese Epoche und ihr Geist werden nicht vor der Aufgabe zurückschrecken, das Imperium des Westens aufzubauen, auch wenn man ihnen sagt, dass die äußeren Kräfte zu stark sind und dass sie niemals Erfolg haben werden. Sie würde lieber auf ihren Füßen sterben, als auf den Knien zu leben, wie die Materialisten und andere Feiglinge, die jetzt den Außenseitern bei ihrer großen Aufgabe dienen, die westliche Zivilisation zu plündern und zu zerstören.

Der große ethische Imperativ dieser Epoche ist die individuelle Treue zu sich selbst, sowohl für die Zivilisation als auch für ihre Führer. Diesem Imperativ gegenüber könnte eine ungünstige Situation niemals dazu führen, dass man sich den Forderungen des Fremden anpasst, nur um in einem Sklavenfrieden zu leben. Man setzt sich durch, entschlossen zum persönlichen Sieg, wie gering auch immer die Siegchancen erscheinen mögen. Die Aussicht auf Erfolg liegt bei dem, der stolz sterben will, wenn es nicht mehr möglich ist, stolz zu leben.

## 8. Die Krise der Zivilisation

I

Alle Kulturen erreichten einen Punkt in ihrer Entwicklung, an dem ihre kulturellen Möglichkeiten - im engsten Sinne - erfüllt waren. Die lebenswichtigen Richtungen der Religion, der Philosophie und der Künste der Formen kamen voll zum Ausdruck und wurden definitiv geformt. Die Gegenreformation war die Zeit der endgültigen Ausformung der abendländischen religiösen Gestaltungskraft, und von da an befand sich die Religion in der Defensive gegen die profanen Tendenzen, die allmählich zunahmen und sich schließlich mit dem Beginn des 19. Jahrhunderts durchsetzten. Kant ist der Höhepunkt der abendländischen Möglichkeiten in der anorganischen Philosophie, wie es sein Zeitgenosse Goethe in der organischen Philosophie war. Mozart ist der höchste Gipfel in der Musik, der Kunst, die die westliche Kultur als die vollkommenste für ihre eigene Seele gewählt hat.

Natürlich hat die Kultur immer ein inneres und ein äußeres Leben gehabt; Politik und Krieg hat es immer gegeben, denn sie sind untrennbar mit dem Leben der Mensch-Kultur verbunden. Aber in den ersten Jahrhunderten der Kultur - etwa um das Jahr 1400 - beherrschte die Religion das gesamte kulturelle Leben. Die gotische Architektur, die gotische Bildhauerei, die Glas- und Freskenmalerei waren Künste, die dem religiösen Ausdruck dienten, und diese Jahrhunderte können als das Zeitalter der Religion bezeichnet werden. Diese Zeit führte zu neuen, weniger esoterischen Tendenzen, die sich auch in einer stärkeren Entwicklung des Handels und der wirtschaftlichen Produktion widerspiegeln. Die neuen Tendenzen sind städtischer; sie beinhalten eine stärkere Anpassung an die Außenwelt, sind aber immer noch in erster Linie intern. Die Künste gehen in die Obhut der "Großen Meister" über und emanzipieren sich von der Religion. Die Reife der Kultur spiegelt sich in der Entwicklung ihrer größten und raffiniertesten Kunst zu dieser Zeit wider. Im Westen war es die Musik, in der klassischen Kultur war es die Bildhauerei.

Die Reformation und die Gegenreformation sind beide weg vom Zeitalter der Religion. Philosophie verselbständigte sich von der Theologie, und die Naturwissenschaften stellten die Glaubensdogmen in Frage. Die Grundhaltung gegenüber der Welt bleibt heilig, aber der aufgeklärte Vordergrund wird immer breiter. Diese Periode ist in unserer Kultur das Barock und dauert von 1500 bis 1800; das Ionische der Klassischen Kultur. In diesen Jahrhunderten spiegelt die Politik die streng formative Phase der Kultur wider. Der Kampf um die politische Macht fand streng innerhalb der von der Seele der Kultur gesetzten Grenzen statt. Die Armeen waren klein und professionell; der Krieg war eine noble Angelegenheit; Friedensverträge wurden durch Verhandlungen und Kompromisse geschlossen; die Ehre war in jeder politischen oder kriegerischen Entscheidung präsent.

Der Spätbarock brachte das Zeitalter der "Aufklärung" hervor. Die Vernunft wurde allmächtig, und sich ihrer Größe zu widersetzen, wurde so undenkbar wie die Auflehnung gegen Gott in der Gotik. Die englischen Philosophen ab Locke und die französischen Enzyklopädisten, die ihre Ideen übernahmen, waren die Bewahrer des Zeitgeistes.

Um 1800 hat sich die externalisierende Tendenz gegenüber der alten, esoterischen Innerlichkeit der strengen Kultur vollständig durchgesetzt. Natur" und "Vernunft" sind die neuen Götter, die Außenwelt wird als wesentlich angesehen.

Nachdem der Mensch seine eigene Seele erforscht und seine Gestaltungsmöglichkeiten in der inneren Welt der Religion, der Philosophie und der Kunst bis zum Äußersten ausgedrückt hat, findet die Kultur des Menschen nun ihren Imperativ in der Unterwerfung der äußeren Welt.

Das große Symbol für diesen Übergang ist in unserer Kultur Napoleon, in der klassischen Kultur war es Alexander. Beide standen für den Sieg der Zivilisation über die Kultur.

Die Zivilisation ist in gewisser Weise die Negation der Kultur, in anderer Weise ihre Fortsetzung. Sie ist organisch notwendig, und alle Kulturen haben dieses Stadium durchlaufen. Das vorliegende Werk befasst sich von Anfang bis Ende mit den Problemen der Zivilisation im Allgemeinen und mit unserem unmittelbaren Problem für den Zeitraum 1950-2000 im Besonderen. Es ist daher nicht nötig, mehr als eine bloße Darstellung der Bedeutung der Zivilisationsphase im Organismus zu geben.

Mit dem Triumph der Vernunft geht eine ungeheure befreiende Wirkung auf die Bevölkerung der Kultur einher. Die Gefühle, die sich zunächst nur in strengen Formen ausdrückten, sei es in der Kunst, im Krieg, in der Kabinettspolitik oder in der Philosophie, erhalten nun freien Lauf, mehr und mehr unabhängig von den Fesseln der Kultur.... Rousseau zum Beispiel befürwortete die Abschaffung aller Kultur und den Abstieg der menschlichen Kultur auf die rein tierische Ebene der Ökonomie und Reproduktion. Die Kunst trennt sich immer mehr von der Welt der strengen Formen, von Beethoven bis zum heutigen Tag. Das Ideal des Schönen verwandelt sich schließlich in das Ideal des Hässlichen. Die Philosophie wird zur reinen Sozialethik, wenn nicht gar zu einer kruden und groben Metaphysik des Materialismus. Die Wirtschaft, einst nur das Fundament der großen Struktur, wird nun zum Brennpunkt immenser Energie. Auch sie unterwirft sich der Vernunft, und auf diesem Terrain formuliert die Vernunft das quantitative Maß des Wertes, das Geld.

Die auf die Politik angewandte Vernunft brachte die Demokratie hervor; auf den Krieg angewandt, brachte sie das Massenheer hervor, das an die Stelle des Berufsheeres trat, und das Diktat anstelle des Vertrages. Die Autorität und Würde des absoluten Staates wird von den neuen vitalen Tendenzen als Tyrannei empfunden, und in den großen Schlachten überwinden die Kräfte des Geldes, der Wirtschaft und der Demokratie den Staat. Seine verantwortungsvolle, öffentliche

Führung wird durch die zügellose, private Herrschaft anonymer Gruppen, Klassen und Individuen ersetzt, deren Interessen von Parlamenten bedient werden.

Die Psychologie der Monarchen wird durch die Psychologie der Massen und Menschenmassen ersetzt, die neue Grundlage für die Macht des ehrgeizigen Menschen.

Die Produktion, die Technologie, der Handel, die öffentliche Macht und vor allem die Bevölkerungsdichte nehmen phantastisch zu. Diese Zahlen sind das Ergebnis der enormen letzten Lebensaufgabe der Kultur, nämlich der Unterwerfung der ihr bekannten Welt unter ihre eigene Domäne. Wo einst 80 Millionen Menschen lebten, sind es heute 260 Millionen.

Der große gemeinsame Nenner der Ideen der Zivilisation ist die Mobilisierung. Die Massen der Kultur und die erobernden Massen, das Land selbst und die Macht der intellektuellen Ideale: alle werden mobilisiert.

## II

Vom Standpunkt des gesamten Lebens des Organismus ist diese Epoche eine Krise, denn die ganze Idee der Kultur selbst wird angegriffen, und die Hüter dieser Kultur müssen einen mehr als zwei Jahrhunderte dauernden Kampf gegen innere Angriffe in einem Klassenkrieg führen. Im unteren Teil der Kultur, in den Köpfen der Intellektuellen, wird die Idee geweckt, dass diese Kultur eine Sache ist, die geopfert werden muss, dass der Mensch ein Tier, das durch die Entwicklung seiner Seele verdorben wurde. Es entstehen Philosophien, die die Existenz von allem außer der Materie leugnen; das Leben wird als ein physisch-chemischer Prozess definiert; seine beiden Bedürfnisse sind ökonomisch und reproduktiv; alles, was darüber hinausgeht, ist Sünde. Von den Führern der Wirtschaft und des Klassenkampfes kommt die Doktrin, dass das Leben nichts anderes als Wirtschaft ist. Von parteiischen "Psychologen" stammt die Doktrin, dass das Leben nichts anderes als Reproduktion ist.

Aber die Stärke eines Organismus ist, selbst wenn er sich in einer Krise befindet, zu groß, als dass einige wenige Intellektuelle und ihre Massen ihn zerstören könnten, und er setzt seinen Weg fort. Die westliche Zivilisation, die expansive Tendenz, erreichte um das Jahr 1900 einen Punkt, an dem 18/20 Teile der Erdoberfläche von den westlichen Hauptstädten aus politisch kontrolliert wurden. Und dies verschärfte die Krise weiter, denn dieser westliche Machtwille weckte allmählich die schlummernden Massen der Außenwelt, die sich nie aktiv an der Politik beteiligt hatten.

Noch bevor der interne Klassenkrieg beendet war, hatte der externe Krieg der Ethnien begonnen. Vernichtungskriege und Weltkriege, andauernde innere Spannungen in Form von unerbittlichen Klassenkriegen, äußere Kriege nur als Mittel zur Überhöhung der eigenen Ansprüche, die Revolte der farbigen Massen gegen die westliche Zivilisation: das sind die Formen dieser furchtbaren Krise des zwanzigsten Jahrhunderts.

Wir befinden uns auf dem Höhepunkt dieser langen Krise, im Zeitraum 1950-2000, und in diesen Jahren wird sich möglicherweise die Frage, ob der Westen seine letzte vitale Phase verwirklichen soll, für immer entscheiden. Die stolze Zivilisation, die im Jahr 1900 18/20 Teile der Erdoberfläche besaß, erreichte 1945, nach dem selbstmörderischen Zweiten Weltkrieg, einen Punkt, an dem sie kein einziges Territorium auf der ganzen Welt mehr kontrollierte. Die Weltmachtstellung in allen wichtigen Fragen wurde in zwei ausländischen Hauptstädten, Washington und Moskau, entschieden. Sekundäre Fragen der Provinzverwaltung wurden den ehemaligen Nationen - jetzt Kolonien - des Westens überlassen, aber in Fragen der Macht entschieden die Regime in Russland und Amerika alles. Wo die formale Kontrolle Europa überlassen wurde, wie in Palästina, blieb die reale Kontrolle in Washington. Über die Lebensmittelrationen, die Gewerkschaftspolitik, die Führer und die Aufgaben der ehemaligen westlichen Nationen wurde außerhalb Europas entschieden.

Im Jahr 1900 reagierte das europäische Staatensystem unisono, als der negative Wille Asiens durch den Boxeraufstand den westlichen Imperialismus aus China vertreiben wollte. Die Armeen der großen westlichen Staaten rückten aus und schlugen die Revolte nieder. Weniger als ein Jahrhundert später bewegten sich außereuropäische Armeen frei in Europa, Armeen, die sich aus Schwarzen, Mongolen, Turkestanen, Kirgisen, Amerikanern, Armeniern, Kolonialisten und Asiaten aller Zonen zusammensetzten. Wie konnte das geschehen?

Offensichtlich wegen der inneren Spaltung des Westens. Diese Spaltung war nicht materiell - das Materielle kann die Menschen nicht trennen, wenn ihre

Gedanken übereinstimmen -, nein, es war eine geistige Spaltung, die Europa in den Staub stürzte. Die eine Hälfte Europas hatte eine völlig andere Einstellung zum Leben, eine völlig andere Bewertung des Lebens als die andere Hälfte. Die beiden Haltungen repräsentierten jeweils die Perspektive des neunzehnten und des zwanzigsten Jahrhunderts. Die Spaltung besteht fort, und wie Nahrung ein Mensch der westlichen Zivilisation zu sich nimmt, hängt von der Entscheidung eines Menschen in Moskau oder Washington ab. Wenn die geistige Spaltung Europas beendet ist, werden die außereuropäischen Mächte nicht mehr in der Lage sein, die willensstarken Menschen in Europa zu kontrollieren.

Der erste Schritt, der auf dem Gebiet des Handelns getan werden muss, ist also die Aufhebung der geistigen Spaltung Europas. Es gibt nur eine Grundlage, auf der dies geschehen kann; es gibt nur eine Zukunft, die organische Zukunft. Die einzigen Veränderungen, die in einer Kultur herbeigeführt werden können, sind die, die durch ihre Lebensepoche notwendig sind. Die Perspektive des zwanzigsten Jahrhunderts ist gleichbedeutend mit der Zukunft des Westens; die Beibehaltung der Perspektive des neunzehnten Jahrhunderts bedeutet die Fortsetzung der Beherrschung des Westens durch die Verfälscher der Kultur und die Barbaren. Der Zweck der vorliegenden Arbeit besteht darin, die Grundlagen der Perspektive des 20. Jahrhunderts darzulegen, die als Rahmen für ein erkennendes und tiefgreifendes Handeln notwendig sind. Da ist zunächst die Idee; kein Ideal, das sich in einem Schlagwort zusammenfassen oder einem Fremden erklären lässt, sondern ein lebendiges, pulsierendes Gefühl, das sich nicht in Worten ausdrücken lässt und das in allen Menschen des Westens bereits vorhanden ist, bei den wenigsten artikuliert, bei den meisten intuitiv. Diese Idee in ihrer wortlosen Größe, ihrem unwiderstehlichen Imperativ, muss gefühlt werden, und nur der Westler kann sie sich zu eigen machen. Der Fremde wird sie nie verstehen können, so wie er schon immer nicht in der Lage war, die westlichen Schöpfungen und Codes zu verstehen. Bei seiner Siegesparade in Moskau 1945 führte der Barbar seine versklavten westlichen Gefangenen vor der johlenden Menge vor und zwang sie, ihre Nationalflaggen im Staub hinter sich herzuschleifen. Wenn jemand im Westen glaubt, dass der Barbar freundliche und subtile Unterschiede zwischen den alten Nationen des Westens macht, zeigt er, dass er unfähig ist, die Gefühle von Völkern außerhalb einer großen Kultur gegenüber dieser Kultur zu verstehen. Morgen können die gefangenen

Sklaven, die den Vernichtungsinstinkten der Moskauer Bevölkerung angeboten werden, aus Paris, London oder Madrid geholt werden, wie sie einst aus Berlin geholt wurden. Die Fortsetzung der geistigen Spaltung des Westens macht dies nicht nur möglich, sondern absolut unvermeidlich. Aber äußere Kräfte arbeiten für die Fortsetzung der Spaltung des Westens; außerdem werden sie von den unwürdigsten Elementen in Europa unterstützt, und deshalb wende ich mich an die Einzigen, die zählen: die Westler, die spüren können, dass der Zukunftsimperativ in ihnen am Werk ist. Es ist notwendig, dass ihre Weltanschauung grundlegend dieselbe ist, und wir wissen in dieser historischen Epoche, dass die vorherrschende Spiritualität eines Zeitalters eine Funktion seiner Seele ist, die vergleichsweise wenig Spielraum in ihrer notwendigen Formulierung zulässt. Deshalb enthält das vorliegende Werk keine Argumente, sondern Gebote des Zeitgeistes. Diese Gedanken und Werte sind für uns notwendig. Sie sind nicht persönlich, sondern überpersönlich und zwingend für Menschen, die etwas aus ihrem Leben machen wollen.

Unser Auftrag ergibt sich aus der Tatsache, dass der Boden unserer Zivilisation vom Fremden besetzt ist. Unser innerer Imperativ und unsere Lebensperspektive sind für uns durch die Epoche bestimmt. Ein Teil der Perspektive einer jeden Epoche besteht einfach in der Negation der Perspektive der vorangegangenen Epoche. Jede Epoche muss ihren neuen Geist gegen ihren Vorgänger durchsetzen, der selbst im Stadium der Totenstarre noch die geistige Szene der Kultur beherrschen würde. Um sich zu etablieren, muss der neue Geist den feindlichen alten Geist verneinen. Unsere Perspektive des zwanzigsten Jahrhunderts ist also im Wesentlichen die Negation des Materialismus des neunzehnten Jahrhunderts.

Nachdem er die alte Routine zerstört hat, baut er auf ihr seine eigene Vision der Welt und des Lebens auf.

Da wir für diejenigen schreiben, deren Weltanschauung bis in die Fundamente vordringt, müssen der vorbereitende und der negative Aspekt gleichermaßen tiefgreifend sein. Das Weltbild von Millionen ist die Aufgabe des Journalismus, aber wer selbständig denkt, hat ein inneres Bedürfnis nach einem umfassenden, vollständigen Bild. Die Grundlagen der alten Sichtweise waren Rationalismus und Materialismus. Beide werden in diesem Werk ausführlich behandelt, doch wollen wir uns jetzt nur mit drei Denksystemen befassen, dem Darwinismus, dem Marxismus und dem Freudianismus, Produkte des materialistischen Denkens, die alle im neunzehnten Jahrhundert Brennpunkte großer geistiger Energien waren und die, da sie zu Beginn des zwanzigsten Jahrhunderts weiterhin in Mode waren, wesentlich dazu beitrugen, Europa in das heutige Chaos zu stürzen.

## 9. Darwinismus

### I

Eine der fruchtbarsten Entdeckungen des 20. Jahrhunderts war die Metaphysik der Nationen. Als das Rätsel der Geschichte entschlüsselt war, wurde klar, dass die Nationen verschiedene Erscheinungsformen der Seele der großen Kulturen sind. Sie existieren nur in den Kulturen, haben ihren vitalen Bereich für politische Zwecke und besitzen - im Verhältnis zu den anderen Nationen der Kultur - ihre Individualität. Jede große Nation wird mit einer Idee geboren, einer Lebensaufgabe, und die Geschichte der Nation ist die Verwirklichung dieser Idee. Eine solche Idee, wir wiederholen es, muss gefühlt werden und kann nicht direkt werden. Jede Idee, für deren Verwirklichung eine bestimmte Nation von der Kultur auserwählt wurde, ist auch eine Etappe in der Entwicklung der Kultur. So gibt es in der westlichen Geschichte in den letzten Jahrhunderten eine spanische, eine französische und eine englische Periode. Sie entsprechen dem Barock, dem Rokoko und dem Beginn der Zivilisation. Diese Nationen verdankten ihre geistige und politische Vorherrschaft in jenen Jahren einzig und allein der Tatsache, dass sie die Hüter des Zeitgeistes waren. Mit dem Ende der Epoche verloren diese Hüter des Zeitgeistes ihre geistige Vormachtstellung in der Kultur.

Der Beginn der Zivilisation war die englische Periode des Westens, und das gesamte Denken und Handeln der gesamten Zivilisation orientierte sich am englischen Modell. Alle Nationen betrieben einen Wirtschaftsimperialismus nach englischem Vorbild. Alle Denker wurden intellektuell englisch. Englische Denksysteme beherrschten den Westen; Systeme, die die englische Seele, die englischen Lebensbedingungen und die englischen materiellen Verhältnisse widerspiegelten. An vorderster Stelle dieser Systeme stand der Darwinismus, der populär und damit politisch wirksam wurde. Darwin selbst war ein Anhänger von Malthus, und sein System beruht auf dem Malthusianismus als Grundlage. Malthus lehrte, dass die Bevölkerungszunahme tendenziell die Zunahme des Nahrungsangebots übersteigt, dass dies eine wirtschaftliche Gefahr darstellt und dass die Kontrolle dieser Bevölkerungszunahme das Einzige ist, was die Zerstörung einer Nation verhindern kann, und dass selbst Kriege, ungesunde Lebensbedingungen und Armut diesem Ziel dienlich sind. Der Malthusianismus hält die Fürsorge für Arme, Alte und Waisen ausdrücklich für falsch.

Ein Wort zu dieser merkwürdigen Philosophie: Zunächst einmal entspricht sie in keiner Weise den Tatsachen und ist daher für das zwanzigste Jahrhundert nicht gültig. Statistisch gesehen hat sie keinerlei Grundlage; geistig gesehen zeigt sie ein völliges Missverständnis des primären Faktors des Schicksals, des Menschen und der Geschichte: nämlich, dass die Seele ursprünglich ist und die Materie von den Bedingungen der Seele beherrscht wird. Jeder Mensch ist der Dichter seiner eigenen Geschichte, und so ist auch jede Nation diejenige ihrer eigenen. Eine wachsende Bevölkerung ist der Indikator für das Vorhandensein einer lebenswichtigen Aufgabe; eine abnehmende Bevölkerung führt zu Bedeutungslosigkeit. Diese Philosophie würde die Existenz eines Menschen davon abhängig machen, ob er in einer geeigneten Nahrungsregion (!) geboren wurde oder nicht. Seine Gaben, seine Lebensaufgabe, seine Bestimmung, seine Seele werden nicht berücksichtigt. Sie ist ein Beispiel für die große philosophische Tendenz des Materialismus: die Animalisierung der Mensch-Kultur.

Der Malthusianismus lehrte, dass die Beschaffung von Nahrungsmitteln für die Massen einen ständigen Kampf um die Existenz der Menschen erforderte. Dieser "Kampf ums Dasein" wurde im Darwinismus zu einer obsessiven Idee. Andere wichtige Ideen des Darwinismus finden sich bei Schopenhauer, Erasmus Darwin, Henry Bates und Herbert Spencer. Schopenhauer entwarf 1835 ein Bild der Natur, das den Kampf um die Selbsterhaltung, den menschlichen Intellekt als Waffe in diesem Kampf und die sexuelle Liebe als unbewusste Selektion im Interesse der Art beinhaltete. Im 18. Jahrhundert hatte Erasmus Darwin Anpassung, Vererbung, Kampf und Selbsterhaltung als Prinzipien der Evolution postuliert. Bates formulierte vor Darwin die Theorie der Mimikry, Spencer die Theorie der Vererbung und die kraftvolle tautologische Behauptung "survival of the fittest", um die Ergebnisse des "Kampfes" zu beschreiben.

Dies ist nur der Vordergrund, denn in Wirklichkeit ist der Rückweg von Darwin zu Calvin offensichtlich: Der Calvinismus ist eine religiöse Interpretation der Idee des "Überlebens des Stärkeren" und nennt die Fitten die "Auserwählten". Der Darwinismus verwandelt diesen Auserwählungsprozess in einen profanen mechanischen Prozess,, statt in einen religiös-theologischen: Auswahl durch die Natur, statt Auswahl durch Gott. Dabei handelt es sich um einen rein englischen Prozess, denn Englands Nationalreligion war eine Adaption des Calvinismus.

Die Grundidee der Darwinisten - die Evolution - ist ebenso wenig originell wie die anderen Einzeltheorien des Systems. Die Evolution ist die große zentrale Idee der Philosophie des 19. Jahrhunderts. Sie beherrscht jeden führenden Denker und jedes System: Schopenhauer, Proudhon, Marx, Wagner, Nietzsche, Mill, Ibsen, Shaw. Diese Denker unterscheiden sich in ihren Erklärungen über den Zweck und die Technik der Evolution; keiner von ihnen stellt die zentrale Idee selbst in Frage. Für einige von ihnen ist sie organisch, für die anderen rein mechanisch.

Darwins System hat zwei Aspekte, von denen hier nur einer behandelt wird, denn nur einer war politisch wirksam. Das ist der Darwinismus als populäre Philosophie. Als wissenschaftliche Disposition hatte er beträchtliche Qualifikationen, und niemand schenkte ihm Beachtung, als er zu einer journalistischen Weltsicht wurde. Unter diesem Gesichtspunkt erlangte er große Popularität und prägte das damalige Weltbild.

Das System zeigt seine Herkunft als ein Produkt des Zeitalters der Kritik in seinen teleologischen Annahmen. Die Evolution hat einen Zweck; der Zweck ist, den Menschen hervorzubringen, den zivilisierten Menschen, den englischen Menschen und schließlich den darwinistischen Menschen. Sie ist anthropomorph; das "Ziel der Evolution" besteht nicht darin, Bazillen hervorzubringen, sondern die Menschheit. Es ist Freihandelskapitalismus in dem Sinne, dass der Kampf wirtschaftlich ist, jeder für sich und der Wettbewerb entscheidet, welche Lebensformen die besten sind. Sie ist schrittweise und parlamentarisch, denn kontinuierlicher "Fortschritt" und Anpassung schließen Revolutionen und Katastrophen aus. Er ist utilitaristisch, denn jede Veränderung einer bestimmten Art hat ihren materiellen Nutzen. Die menschliche Seele selbst - im 19. Jahrhundert als "Gehirn" bezeichnet - ist nichts anderes als ein Werkzeug, mit dem sich eine bestimmte Affenart zum Menschen weiterentwickelte und die anderen Affen übertraf. Wieder Teleologie: Der Mensch wurde zum Menschen, um zum Menschen zu werden. Die natürliche Selektion verläuft nach den

Regeln der künstlichen Züchtung, wie sie auf englischen Farmen praktiziert wird.

## II

Als Weltbild ist der Darwinismus natürlich nicht zu widerlegen, denn der Glaube ist, war und wird immer stärker sein als die Fakten. Es ist auch nicht von Bedeutung, ihn als Weltbild zu widerlegen, denn als solches hat er keinen Einfluss mehr, außer auf die Denker von vorgestern. Als Tatsachenbild aber ist es grotesk, von den ersten Annahmen bis zu den letzten Schlussfolgerungen.

Erstens gibt es in der Natur keinen solchen "Kampf ums Dasein"; diese alte malthusianische Idee projiziert lediglich den Kapitalismus auf die Tierwelt. Derartige Existenzkämpfe, wenn sie denn vorkommen, sind die Ausnahme; die Regel in der Natur ist Überfluss. Es gibt reichlich Pflanzen für Pflanzenfresser, und es gibt reichlich Pflanzenfresser für Fleischfresser, die sie fressen können. Unter letzteren kommt es nur sehr selten zu solchen "Kämpfen", denn nur die Fleischfresser sind geistig für den Krieg gerüstet. Ein Löwe, der ein Zebra zum Frühstück verspeist, erinnert nicht an einen "Kampf" zwischen zwei Arten, es sei denn, man will es so sehen. Und selbst dann muss man zugeben, dass es für Fleischfresser nicht physisch, mechanisch notwendig ist, andere Tiere zu töten. Sie könnten sich auch von Pflanzen ernähren, aber es ist ein Erfordernis ihrer Tierseele, so zu leben, wie sie leben, und selbst wenn wir ihr Leben als Kampf bezeichnen würden, wäre dieser nicht von der "Natur" auferlegt, sondern von ihrer Seele. Es ist also kein "Kampf ums Dasein", sondern ein seelisches Bedürfnis, aber ein Bedürfnis, man selbst zu sein, die eigene Identität zu bewahren.

Die kapitalistische Mentalität, die sich im Wettbewerb um die eigene Bereicherung befindet, hat natürlich auch die Tierwelt als in einem intensiven wirtschaftlichen Wettbewerb stehend dargestellt. Sowohl der Malthusianismus als auch der Darwinismus sind kapitalistische Ansichten, denn sie stellen die Wirtschaft in den Mittelpunkt des Lebens und betrachten sie als den Sinn des Lebens.

Die natürliche Auslese bezeichnete den Prozess, bei dem die "Untauglichen" ausstarben, um Platz für die "Tauglichen" zu schaffen. Anpassung war die Bezeichnung für den Prozess, durch den sich eine Art allmählich veränderte, um für den Kampf besser gerüstet zu sein. Die Vererbung war das Mittel, mit dem diese

Anpassungen an die Art vorgenommen wurden.

Als faktisches Bild ist es leichter zu widerlegen, und faktische biologische Denker, sowohl mechanistisch als auch vitalistisch, wie Louis Agassiz, Du Bois-Reymond, Reinke und Driesch, haben es von Anfang an abgelehnt. Die einfachste Widerlegung ist die paläontologische. Fossile Ablagerungen - die an verschiedenen Orten der Erde gefunden werden - sollten im Allgemeinen die Möglichkeiten darstellen. Und doch zeigen sie uns nur stabile Artenformen; sie zeigen uns keine Übergangstypen, die zeigen, dass sich eine Art zu einer anderen "entwickelt". In einem neuen Fossilienhaufen taucht dann eine neue Art auf, in ihrer endgültigen Form, die stabil bleibt. Die Arten, die wir heute kennen, waren alle in den letzten Jahrhunderten stabil, und wir haben noch nicht den Fall einer Art beobachtet, die sich "anpasst", um ihre Anatomie oder Physiologie zu verändern, deren "Anpassung" dann zu einer größeren "Eignung" für den "Kampf ums Dasein" führt, die dann durch Vererbung weitergegeben wird, mit dem Ergebnis einer neuen Art.

Die Darwinisten können diese Tatsachen nicht mit dem Argument entkräften, dass sie sich über lange Zeiträume hinweg vollzogen haben, denn die Paläontologie hat nie Zwischenformen, sondern nur einzelne Arten entdeckt. Auch sind die primitiven Tiere, deren Arten ausgestorben sind, nicht einfacher als die heutigen, obwohl die Evolution von einfachen zu komplexeren Lebensformen verlaufen sollte. Das war grober Anthropomorphismus: Der Mensch ist komplex, die anderen Tiere sind einfach, also müssen sie sich ihm annähern, da er biologisch "höher" ist.

Den Kulturmenschen als "hohes" oder entwickeltes Tier zu bezeichnen, bedeutet immer noch, ihn ein Tier zu nennen. Die menschliche Kultur ist geistig gesehen eine andere Welt als die der anderen Tiere und kann nicht verstanden werden, indem man auf sie in einem künstlichen materialistischen Schema anspielt.

Wenn dieses Bild der Tatsachen richtig wäre, müssten die Arten heute fließend sein. Sie müssten von einer zur anderen mutieren. Aber das ist natürlich nicht der Fall. In der Tat sollte es keine Spezies geben, sondern eine Masse von Individuen, die sich in einem Wettlauf befinden, um... den Menschen zu erreichen. Aber der "Kampf", wir wiederholen es, ist nicht überzeugend. Die "niedrigeren", einfacheren - weniger geeigneten - Formen sind nicht untergegangen, sind nicht dem Prinzip der darwinistischen Evolution erlegen, sie bestehen in derselben Form fort, die sie, wie die Darwinisten sagen würden, seit Millionen von Jahren haben. Warum haben sie sich nicht zu etwas "Höherem" "entwickelt"?

Auch die darwinistische Analogie zwischen künstlicher und natürlicher Auslese steht im Widerspruch zu den Tatsachen. Die Produkte der künstlichen Auslese wie Hähne, Rennhunde, Zierkatzen, Rennpferde und singende Kanarienvögel wären gegenüber den natürlichen Varianten sicherlich im Nachteil. Die künstliche Auslese hat also nur weniger fitte Lebensformen hervorbringen können.

Auch die darwinistische sexuelle Selektion stimmt nicht mit den Tatsachen überein. Das Weibchen wählt keineswegs immer das beste und stärkste Individuum als Partner, weder bei der menschlichen Spezies noch bei irgendeiner anderen.

Der utilitaristische Aspekt des Bildes ist ebenfalls völlig subjektiv - d. h. englisch, kapitalistisch, parlamentarisch -, denn die Nützlichkeit eines Organs hängt von seinem Verwendungszweck ab. Eine Spezies, die keine Hände hat, braucht auch keine Hände. Eine sich langsam entwickelnde Hand wäre ein echtes Handicap während der "Millionen von Jahren", die nötig sind, um eine solche Hand zu perfektionieren. Außerdem: Wie hat dieser Prozess begonnen? Damit ein Organ nützlich ist, muss es bereit sein; während es vorbereitet wird, ist es nutzlos, aber wenn es nutzlos ist, ist es nicht darwinistisch, denn der Darwinismus sagt, dass die Evolution utilitaristisch ist.

In der Tat sind alle Techniken der darwinistischen Evolution einfach tautologisch. So passen sich innerhalb einer Art nur die Individuen an, die eine Veranlagung zur Anpassung haben. Anpassung setzt Anpassung voraus.

Der Auswahlprozess bezieht sich auf die Exemplare, die über bestimmte Eigenschaften verfügen, die sie für die Auswahl würdig machen, d. h. sie wurden bereits ausgewählt. Die Selektion setzt die Auswahl voraus.

Das Problem der Vererbung wird in der Darwinschen Sichtweise als die Entdeckung der Wechselbeziehungen zwischen den Arten behandelt. Nachdem er ihre Wechselbeziehung angenommen hat, stellt er fest, dass sie miteinander verbunden sind, und beweist so die Wechselbeziehung. Die Vererbung setzt die Vererbung voraus.

Die Nützlichkeit eines Organs ist eine Art zu sagen, dass es für diese Arten funktioniert. Die Nützlichkeit setzt also voraus, dass es eine Art gibt, die das Organ besitzt, aber kein solches Organ hat. In der Praxis ist es jedoch noch nie vorgekommen, dass eine Spezies ein neues Organ erworben hat, das ihr notwendig erschien. Eine Lebensform braucht ein bestimmtes Organ, weil sie es braucht. Das Organ ist nützlich, weil es nützlich ist.

Die naive, tautologische Nützlichkeitslehre hat nie die Frage gestellt: "Nützlichkeit wofür?" Was für die Dauer gut ist, ist vielleicht nicht gut für die Kraft. Nützlichkeit ist keine einfache Sache, sondern relativ zu dem, was existiert. Es sind also die inneren Ansprüche einer Lebensform, die bestimmen, was sie haben möchte, was für sie nützlich wäre. Die Seele des Löwen und seine Kraft gehören zusammen. Auch die Hand des Menschen und sein Gehirn gehören zusammen. Niemand kann sagen, dass die Kraft des Löwen die Ursache dafür ist, dass er so lebt, wie er es tut, oder dass die Hand des Menschen für seine technischen Leistungen verantwortlich ist. In beiden Fällen ist es die Seele, die die Hauptsache ist.

Der Vorrang des Geistigen kehrt den darwinistischen Materialismus in der Lehre vom Nutzen um. Ein Mangel kann nützlich sein: Das Fehlen eines Sinnes entwickelt die anderen; körperliche Schwäche entwickelt Intelligenz. Beim Menschen wie bei den Tieren regt das Fehlen eines Organs die anderen dazu an, eine kompensatorische Aktivität zu entwickeln; dies ist vor allem in der Endokrinologie häufig zu beobachten.

## III

Die völlige Komik des Darwinismus und ganz allgemein des Materialismus des gesamten neunzehnten Jahrhunderts ist das Ergebnis einer grundlegenden Idee; einer Idee, die in diesem Jahrhundert keine Tatsache ist, auch wenn sie vor einem Jahrhundert eine ursprüngliche Tatsache war. Diese Idee war, dass das Leben von der Außenwelt geformt wird. Daraus entstand die Soziologie der "Umwelt" als Bestimmungsfaktor der menschlichen Seele. Später entstand daraus die Lehre von der "Vererbung" als gleichwertiger Determinante. Doch was ist das Leben in einem rein faktischen Sinn? Das Leben ist die Verwirklichung des Möglichen. Das Mögliche verwirklicht sich inmitten äußerer Tatsachen, die nur den Weg beeinflussen, auf dem das Mögliche verwirklicht wird, nicht aber die innere Kraft, die sich durch die äußeren Tatsachen und, wenn nötig, gegen sie ausdrückt.

Weder "Vererbung" noch "Umwelt" bestimmen diese inneren Möglichkeiten. Sie beeinflussen nur den Rahmen, innerhalb dessen sich etwas völlig Neues, ein

Individuum, eine einzigartige Seele, ausdrücken wird.

Das Wort Evolution beschreibt im 20. Jahrhundert den Prozess der Reifung und Verwirklichung eines Organismus oder einer Art. Dieser Prozess ist keineswegs das Wirken mechanisch nützlicher "Ursachen" auf formlose, plastische, protoplasmatische Materialien, mit rein zufälligen Ergebnissen. Seine Arbeit mit Pflanzen veranlasste De Vries, seine Mutationstheorie über den Ursprung der Arten zu entwickeln, und die Fakten der Paläontologie untermauern diese Theorie bis hin zum plötzlichen Auftreten neuer Arten. Das 20. Jahrhundert hält es für völlig unnötig, eine Mythologie zu formulieren, sei es in der Kosmogonie oder in der Biologie. Die Ursprünge werden immer vor unseren Augen verborgen bleiben, und eine historische Sichtweise interessiert sich für die Entwicklung des Prozesses, nicht für den mysteriösen Anfang des Prozesses. Dieser Anfang, wie er von der wissenschaftlichen Mythologie und von der religiösen Mythologie dargestellt wird, ist nur für unsere Zeit von historischem Interesse. Wir stellen fest, dass diese Bilder von der Welt in früheren Zeiten real und lebendig waren.

Was ist die wirkliche Geschichte des Lebens, wie wir es in diesem Zeitalter sehen? Es gibt verschiedene Lebensarten, die nach zunehmendem geistigen Gehalt geordnet sind, von den Pflanzen über die Tiere und den Menschen bis hin zur Mensch-Kultur und den großen Kulturen. Einige Arten, so zeigen uns die Fossilien, existierten bereits in den frühesten Perioden der Erde in ihrer heutigen Form, während andere Arten erschienen und wieder verschwanden.

Eine Art taucht plötzlich auf, sowohl bei archäologischen Funden als auch im Versuchslabor. Die Mutation ist eine legitime Beschreibung des Prozesses, wenn man diese Idee von jeglichem mechanischen Nutzen befreit, denn solche Ideen sind nur Einbildungen, während Mutationen eine Tatsache sind. Jede Art hat auch ein Schicksal und sozusagen eine bestimmte Lebenskraft. Die einen sind stabil und fest, die anderen sind schwach und neigen dazu, sich in sehr unterschiedliche Arten aufzuspalten, und haben ihre Einheit verloren. Sie haben auch einen Lebensbereich, denn viele sind verschwunden. Dieser ganze Prozess ist weder von geologischen Zeitaltern noch von astralen Phänomenen völlig unabhängig. Einige Arten überleben jedoch von einer irdischen Epoche zur nächsten, so wie bestimmte Denker des neunzehnten Jahrhunderts, oder besser gesagt, ihre Ideen, bis ins zwanzigste Jahrhundert überlebt haben.

Die Darwinisten boten auch eine Erklärung für die Metaphysik ihrer Evolution an. Roux beispielsweise behauptet, dass "diejenigen, die für das Objekt geeignet sind", überleben, während "diejenigen, die für das Objekt ungeeignet sind", sterben. Der Prozess ist jedoch rein mechanisch, so dass es sich um die Eignung für ein Objekt ohne Objekt handelt. Nägeli lehrte, dass ein Organismus sich selbst vervollkommne, weil er das "Prinzip der Vervollkommnung" in sich trage, so wie der Arzt von Moliere erklärte, dass der schlaffördernde Trank aufgrund einer ihm innewohnenden schlaffördernden Eigenschaft so sei, Weismann leugnete die Vererbung erworbener Eigenschaften, aber stattdessen diese Leugnung zu benutzen, um den Darwinismus zu widerlegen, was er offensichtlich tut - wenn jedes Individuum neu beginnen muss, wie kann sich die Art "entwickeln"?- gibt er vor, das darwinistische Bild zu stützen, indem er sagt, dass das Plasma von Embryonen latente Tendenzen zu nützlichen Eigenschaften enthält. Aber das ist kein Darwinismus mehr, denn die Art entwickelt sich nicht weiter, wenn sie nur das tut, was sie tun muss.

Diese tautologischen Erklärungen überzeugten nur Menschen, die bereits glaubten. Das Zeitalter war evolutionär und materialistisch. Der Darwinismus verband diese beiden Eigenschaften zu einer biologisch-religiösen Doktrin, die dem kapitalistischen Imperativ der Zeit entsprach. Jedes Experiment, jede neue Tatsache, bewies die Wahrheit des Darwinismus; etwas anderes wäre nicht erlaubt gewesen.

Das zwanzigste Jahrhundert betrachtet das Leben nicht als Zufall, als Spielwiese für äußere Ursachen. Es beobachtet die Tatsache, dass die Lebensformen plötzlich beginnen und dass die nachfolgende Entwicklung oder Evolution nur die Verwirklichung dessen ist, was bereits möglich ist. Das Leben ist die Entfaltung einer Seele, einer Individualität. Jede Erklärung, die man für den Beginn des Lebens gibt, dient nur dazu, die Struktur der eigenen Seele zu offenbaren. Eine materialistische Erklärung offenbart einen Materialisten. In ähnlicher Weise geht die Zuschreibung eines "Zwecks" für das Leben als Ganzes über das Wissen hinaus und betritt den Bereich des Glaubens. Das Leben als Ganzes, jede große Lebensform, jede Art, jede Vielfalt, jedes Individuum, hat trotz allem eine Bestimmung, eine innere Richtung, einen Imperativ "ohne Worte". Dieses Schicksal ist die Haupttatsache der Geschichte. Die Geschichte ist das Verhältnis der verwirklichten oder vereitelten Schicksale.

Jeder Versuch, den Menschen in ein Tier und Tiere in Automaten zu verwandeln, ist lediglich Materialismus und als solcher ein Produkt einer bestimmten Art von Seele, einer bestimmten Epoche. Das zwanzigste Jahrhundert ist keine solche Epoche und betrachtet die innere Realität der menschlichen Seele als das Bestimmende der menschlichen Geschichte und die innere Realität der Seele der großen Kultur als das Bestimmende der Geschichte dieser Kultur. Die Seele macht sich die äußeren Umstände zunutze; sie formen diese Seele nicht.

Das zwanzigste Jahrhundert ist nicht kapitalistisch und sieht auch keinen Kampf um die Existenz in der Welt vor, weder unter den Menschen noch unter den Tieren. Es sieht einen Kampf um die Macht, einen Kampf, der nichts mit billigen wirtschaftlichen Gründen zu tun hat. Es ist ein Kampf um die Weltherrschaft, den das 20. und 21. Jahrhundert sieht. Es geht nicht darum, dass es nicht genug Nahrung für die Menschen in der Welt von gibt; es gibt genug Nahrung. Es geht um Macht, und bei der Entscheidung dieser Frage werden Nahrung, Menschenleben, Material und alles andere, was den Teilnehmern zur Verfügung steht, als Waffen ins Spiel kommen, nicht als Preise. Es wird nie in dem Sinne entschieden werden, dass ein Rechtsstreit entschieden werden kann. Die Leser im Jahr 2050 werden schmunzeln, wenn sie lesen, dass eine Zeit lang in der westlichen Zivilisation der Glaube weit verbreitet war, der Erste Weltkrieg sei der "letzte Krieg" gewesen. In ähnlicher Weise wurde der Zweite Weltkrieg als "letzter" angesehen, während sich alle aktiv auf den Dritten vorbereiteten. Es war ein Fall von pazifistischem Idealismus, der mehr auf Wunschdenken als auf Fakten beruhte.

Der Darwinismus war die Animalisierung des Menschen durch die Biologie; die menschliche Seele wurde lediglich als eine überlegene Technik des Kampfes mit anderen Tieren betrachtet. Jetzt kommen wir zum Marxismus, der Animalisierung des Menschen durch die Ökonomie, die menschliche Seele als bloßes Spiegelbild von Nahrung, Kleidung und Unterkunft.

## 10. Marxismus

I

Obwohl England die Nation war, die die Ideen der frühen Phase der westlichen Zivilisation - der Periode von 1750 bis 1950 - verwirklichte, d.h. Rationalismus,

Materialismus, Kapitalismus, wären diese Ideen auch anders verwirklicht worden, selbst wenn England durch irgendeine äußere Katastrophe zerstört worden wäre. Für England waren diese Ideen jedoch instinktiv. Es waren Ideen ohne Worte, jenseits von Definitionen, selbstredend. Für die anderen europäischen Nationen waren sie Dinge, an die man sich anpassen musste.

Der Kapitalismus ist kein Wirtschaftssystem, sondern eine Weltanschauung, oder vielmehr ein Teil einer vollständigen Weltanschauung. Er ist eine Art zu denken, zu fühlen und zu leben, und nicht nur eine wirtschaftliche Planungstechnik, die jeder verstehen kann. Sie ist in erster Linie ethisch und sozial und erst in zweiter Linie wirtschaftlich. Die Wirtschaft einer Nation ist ein Spiegelbild der nationalen Seele, so wie die Art und Weise, wie ein Mensch seinen Lebensunterhalt verdient, ein untergeordneter Ausdruck seiner Persönlichkeit ist. Der Kapitalismus ist Ausdruck des Individualismus als Lebensprinzip, der Idee, dass jeder Mensch für sich selbst sorgt. Man muss sich darüber im Klaren sein, dass dieses Gefühl nicht universellmenschlich ist, sondern nur ein bestimmtes Stadium einer bestimmten Kultur; ein Stadium, das im Wesentlichen mit dem Ersten Weltkrieg (1914-1919) unterging.

Der Sozialismus ist auch ein sozialethisches Prinzip und kein Wirtschaftsprogramm. Er ist die Antithese des Individualismus, der den Kapitalismus hervorgebracht hat. Sein selbstverständlicher, instinktiver Gedanke ist: Jeder Mensch für alle.

Für den Individualismus als lebenswichtiges Prinzip war es offensichtlich, dass jeder Mensch, der sich um seine eigenen Interessen kümmert, für das Wohl der Allgemeinheit arbeitet. Für den Sozialismus als Lebensprinzip ist es ebenso offensichtlich, dass ein Mensch, der nur auf seine eigenen Interessen achtet, ipso facto gegen das Wohl aller arbeitet.

Das 19. Jahrhundert war das Zeitalter des Individualismus, das 20. und 21. Jahrhundert sind das Zeitalter des Sozialismus. Wer glaubt, dass dies ein ideologischer Konflikt ist, hat nichts verstanden. Ideologie selbst bedeutet: Rationalisierung der Welt im Handeln. Das war das Anliegen der Frühphase der westlichen Zivilisation, 1750-1900, aber es ist für ehrgeizige Menschen nicht mehr ernsthaft ansprechend. Die Programme sind reine Ideale, sie sind anorganisch, rationalisiert, jeder kann sie verstehen. Aber dies ist ein Zeitalter der Machtkämpfe. Jeder Teilnehmer will Macht, um sich selbst, seine innere Idee, seine Seele zu verwirklichen. 1900 konnte nicht verstehen, was Goethe meinte, als er schrieb: "Im Leben ist es das Leben selbst, auf das es ankommt, und nicht ein Ergebnis des Lebens". Die Zeit, in der Menschen für ein abstraktes Programm zur "Verbesserung" der Welt starben, ist vorbei. Aber die Menschen werden immer sterben wollen, um sie selbst zu sein. Das ist der Unterschied zwischen einem Ideal und einer Idee.

Der Marxismus ist ein Ideal. Er berücksichtigt keine lebendigen Ideen, sondern sieht die Welt als etwas, das auf dem Papier geplant und dann in die Realität umgesetzt werden kann. Marx hat weder den Sozialismus noch den Kapitalismus als ethische Weltanschauungen verstanden. Sein Verständnis von beiden war rein ökonomisch, und deshalb hat er sie missverstanden.

Die marxistische Erklärung der Bedeutung der Geschichte war lächerlich einfach, und in dieser Einfachheit liegt ihr Reiz und ihre Stärke. Die gesamte Weltgeschichte ist nichts anderes als die Aufzeichnung des Klassenkampfes. Religion, Philosophie, Wissenschaft, Technik, Musik, Malerei, Poesie, Adel, Klerus, Kaiser, Kirchenstaat, Krieg und Politik sind allesamt nichts anderes als Spiegelungen der Wirtschaft. Nicht die Wirtschaft im Allgemeinen, sondern der "Kampf" der "Klassen". Das Bemerkenswerteste an diesem ideologischen Bild ist, dass es ernsthaft dargestellt wurde, und es ist auch merkwürdig, dass es ernst genommen wurde.

Das zwanzigste Jahrhundert hält es nicht für nötig, diesem Geschichtsbild als Weltanschauung zu widersprechen. Es ist verdrängt und mit Rousseau verbunden worden. Die Grundlagen des Marxismus müssen jedoch freigelegt werden, denn die gesamte Tendenz, die ihn hervorgebracht hat, ist von der Art, die diese Epoche als Voraussetzung ihrer eigenen Existenz ablehnen muss.

Als innerer Fremder in der westlichen Philosophie konnte Marx den ersten Philosophen seiner Zeit, Hegel, nicht assimilieren und entlehnte Hegels Methode, um sein eigenes Bild zu formulieren. Er wendet diese Methode auf den Kapitalismus als Wirtschaftsform an, um ein Bild der Zukunft zu beschreiben, das seinen eigenen Gefühlen und Instinkten entsprach. Diese Instinkte waren negativ gegenüber der gesamten westlichen Zivilisation. Er gehörte zu den Klassenkämpfern, die in der entsprechenden Phase jeder Kultur als Protest gegen sie auftreten. Die treibende Kraft des Klassenkampfes ist der Wunsch nach der Vernichtung einer Kultur.

Die ethischen und sozialen Grundlagen des Marxismus sind kapitalistisch. Es ist wieder der alte malthusianische "Kampf".

Während für Hegel der Staat eine Idee war, ein Organismus mit Harmonie in seinen Teilen, gab es für Malthus und Marx keinen Staat, sondern nur eine Masse von Individuen, Gruppen und Klassen, die mit ihren eigenen Interessen beschäftigt waren. In kapitalistischen Begriffen ist alles Wirtschaft. Eigeninteresse bedeutet Ökonomie. In diesem Punkt widersprach Marx nicht den klassenfeindlichen Theoretikern des Kapitalismus, Mill, Ricardo, Paley, Spencer und Smith. Für sie alle war das Leben Wirtschaft, nicht Kultur. Auch für sie alle war es der Krieg der Gruppe gegen die Gruppe, der Klasse gegen die Klasse, des Einzelnen gegen den Einzelnen, ob sie es nun ausdrücklich zugaben oder nicht. Sie alle glaubten an den freien Handel und wollten keine "staatliche Einmischung" in wirtschaftliche Angelegenheiten. Keiner von ihnen betrachtete die Gesellschaft oder den Staat als einen Organismus. Kapitalistische Denker sahen kein Verbrechen in der Zerstörung von Gruppen und Individuen durch andere Gruppen und Individuen, solange dies nicht gegen das Strafgesetzbuch verstieß. Kurz gesagt, man glaubte, dem Gemeinwohl zu dienen, indem man so handelte. Der Marxismus ist auch in dieser Hinsicht kapitalistisch. Seine Ethik hatte das mosaische Gesetz der Rache überlagert und die Vorstellung, dass der Konkurrent sowohl moralisch böse als auch wirtschaftlich schädlich ist.

Der Konkurrent der "Arbeiterklasse" war die "Bourgeoisie", und da der "Sieg der Arbeiterklasse" das einzige Ziel der gesamten Weltgeschichte war, stellte sich der Marxismus als Philosophie des "Fortschritts" natürlich auf die Seite des "guten" Arbeiters gegen den "bösen" Bourgeois. Das Bedürfnis, die Dinge als sich ständig verbessernd zu betrachten - ein geistiges Phänomen, das jeden Materialismus begleitet - war für den Marxismus ebenso unverzichtbar wie für den Darwinismus und ganz allgemein für das gesamte Philistertum des 19.

Fourier, Cabet, Saint-Simon, Comte, Proudhon, Owen, sie alle haben Utopien wie den Marxismus entworfen, aber sie haben vergessen, sie unvermeidlich zu machen, und sie haben es auch versäumt, den Hass zum Zentrum des Systems zu machen. Sie benutzten die Vernunft, aber der Marxismus ist ein weiterer Beweis dafür, dass der Hass effektiver ist. Selbst dann hätte eine der älteren Utopien (die von Marx war die letzte in Europa, gefolgt nur von der von Edward Bellamy in Amerika) die Rolle des Marxismus spielen können, aber sie stammten aus Ländern mit geringerem industriellem Potenzial, und so hatte Marx eine "kapitalistische" Überlegenheit gegenüber ihnen.

## II

Nach marxistischem Verständnis verlief die Geschichte praktisch im Sande, bis die westliche Kultur auftauchte, und ihr Tempo beschleunigte sich unendlich, und zwar genau mit dem Erscheinen des Marxismus. Der Klassenkrieg von fünftausend Jahren stand kurz vor dem Ende, und die Geschichte würde damit zu einem Ende kommen. Der "Sieg" des "Proletariats" bestand in der Abschaffung der Klassen, aber auch in der Errichtung einer Diktatur. Eine Diktatur des Proletariats impliziert, dass jemand diese Diktatur erleiden muss, aber das ist eines der Geheimnisse des Marxismus, das verhindert, dass die Gespräche der Jünger verkommen.

Als der Marxismus aufkam, so die Theorie, gab es nur noch zwei "Klassen": das Proletariat und die Bourgeoisie. Natürlich mussten sie sich bis aufs Blut bekämpfen, denn die Bourgeoisie eignete sich fast alle Produkte des Wirtschaftssystems an, obwohl sie auf nichts ein Recht hatte. Auf der anderen Seite war es gerade der Proletarier, der nichts bekam und das Recht auf alles hatte. Diese Reduktion der Klassen auf nur zwei war unvermeidlich: Die ganze Geschichte hatte nur dazu gedient, diese Dichotomie herbeizuführen, die schließlich durch die Diktatur des Proletariats aufgelöst werden würde. Der Kapitalismus war die Bezeichnung für das Wirtschaftssystem, in dem die schlechten Menschen alles für sich selbst einnahmen und den guten Menschen nichts übrig ließen. Der Kapitalismus schuf das Proletariat aus mechanischer Notwendigkeit, und ebenso mechanisch war das Proletariat dazu prädestiniert, seinen Schöpfer zu vernichten. Das, was die Zukunft ausmachen sollte, war im System nicht vorgesehen. Die beiden Slogans "Enteignung der Enteigner" und "Diktatur des Proletariats" sollen sie definieren.

In der Tat war es nicht einmal theoretisch ein Plan für die Zukunft, sondern lediglich eine theoretische Grundlage für den Klassenkampf, indem es diesen vom historischen, ethischen und politisch-ökonomischen Standpunkt aus begründete. Dies zeigt sich daran, dass Marx und Engels im Vorwort zur zweiten russischen Ausgabe des Kommunistischen Manifests die These aufstellten, dass der Kommunismus direkt verwirklicht werden könne, indem man in Russland von der

Bauernschaft zur Diktatur des Proletariats übergehe und auf die lange Periode der bürgerlichen Herrschaft verzichte, die in Europa absolut notwendig gewesen sei.

Der wichtige Teil des Marxismus war seine Forderung nach einem aktiven, ständigen und praktischen Klassenkampf. Die Fabrikarbeiter wurden aus offensichtlichen Gründen als Instrumente für diesen Kampf gewählt: Sie waren konzentriert, sie wurden schlecht behandelt; so konnten sie aufgewühlt und in einer revolutionären Bewegung organisiert werden, um die völlig negativen Ziele der Marx'schen Redekunst in die Praxis umzusetzen.

Aus diesem praktischen Grund infiltriert der Hass ein Bild der Geschichte und des Lebens, und aus diesem Grund werden die "Bourgeois" - laut Marx nur mechanische Teile einer mechanischen Evolution - mit allen Übeln in Verbindung gebracht. Der Hass ist nützlich, um einen Krieg zu schüren, der von selbst nicht stattfinden würde, und um den Hass zu steigern, gefielen Marx die verlorenen Streiks, die mehr Hass erzeugten als die gewonnenen.

Die absurden Sätze über Arbeit und Mehrwert existieren nur, um diesem Zweck des Handelns zu dienen. Marx verstand den Journalismus, und so hatte er keine Skrupel zu sagen, dass der Arbeiter der einzige Mensch ist, der arbeitet, der wirtschaftliche Werte schafft. Für diese Theorie sind der Erfinder, Entdecker, der Unternehmer wirtschaftliche Parasiten. Tatsache ist natürlich, dass die Art der manuellen Arbeit lediglich eine Funktion der Wertschöpfung ist, die der des Organisators, des Managers, des Erfinders folgt. Der Tatsache, dass ein Streik ein Unternehmen lahm legen kann, wurde große theoretische Bedeutung beigemessen. Aber, wie der Philosoph sagte, könnte auch ein Schaf dasselbe tun, wenn es in die Maschinerie fällt. Der Marxismus leugnete in seinem Vereinfachungseifer der Arbeit der Schöpfer sogar einen Nebenwert. Sie hatte überhaupt keinen Wert; nur die manuelle Arbeit hatte Wert. Marx verstand die Nützlichkeit der Propaganda, lange bevor Lord Northcliffe von[10] gehört wurde. Massenpropaganda muss, um wirksam zu sein, einfach sein, und in der Anwendung dieser Regel verdiente Marx einen Preis: Alle Geschichte ist Klassenkampf; alles Leben ist Klassenkampf; sie haben den Reichtum; nehmen wir ihn uns. Der Marxismus schrieb den oberen Klassen

---

[10] Alfred Harmsworth, Viscount Northcliffe, Begründer des modernen populären Journalismus und Herausgeber der Times, London.

kapitalistische Instinkte und den unteren Klassen sozialistische Instinkte zu. Das war völlig grundlos, denn der Marxismus appellierte genau an die kapitalistischen Instinkte, die den ganzen Reichtum gehortet hatten, und die unteren Klassen wurden aufgefordert, ihn ihnen wegzunehmen. Das ist der Kapitalismus. Die Gewerkschaften sind rein kapitalistisch und unterscheiden sich von den Bossen dadurch, dass sie eine andere Art von Ware verkaufen. Anstelle einer Ware verkaufen sie menschliche Arbeit. Die Gewerkschaftsbewegung ist einfach eine Verwirklichung der kapitalistischen Wirtschaft, aber sie hat nichts mit dem Sozialismus zu tun, denn sie ist nur auf ihr eigenes Interesse bedacht. Sie erhebt das wirtschaftliche Interesse der Arbeiter gegen das wirtschaftliche Interesse des Arbeitgebers und des Unternehmensleiters. Es ist einfach Malthus mit einer neuen Gesellschaft. Es ist immer noch der alte "Kampf ums Dasein", Mann gegen Mann, Gruppe gegen Gruppe, Klasse gegen Klasse, alle gegen den Staat.

Und doch schließt der Instinkt des Sozialismus jede Art von Streit zwischen den Bestandteilen des Organismus absolut aus. Er ist gegen die Misshandlung von Arbeitern durch ihre Arbeitgeber ebenso feindselig wie gegen die Sabotage der Gesellschaft durch "Klassenkämpfer". Der Kapitalismus ist davon überzeugt, dass der "Kampf ums Dasein" organisch notwendig ist. Der Sozialismus weiß, dass ein solcher "Kampf" unnötig und krankhaft ist.

Zwischen Kapitalismus und Sozialismus gibt es kein Verhältnis von wahr und falsch. Beide sind Instinkte und haben den gleichen historischen Rang, aber der eine gehört zur Vergangenheit, und der andere zur Zukunft. Der Kapitalismus ist ein Produkt des Rationalismus und Materialismus und war die führende Kraft des neunzehnten Jahrhunderts. Der Sozialismus ist die Form einer Epoche des politischen Imperialismus, der Autorität, der Geschichtsphilosophie, des überpersönlichen politischen Imperativs.

Es handelt sich keineswegs um eine Frage der Terminologie oder der Ideale, sondern um ein Gefühl und einen Instinkt. In dem Moment, in dem wir anfangen zu denken, dass eine "Klasse" Verantwortung gegenüber einer anderen Klasse hat, fangen wir an, sozialistisch zu denken, ganz gleich, welchen Namen wir unserer Denkweise geben. Wir können es Buddhismus nennen, es spielt für die Geschichte keine Rolle, aber wir werden so denken. Wenn wir die Terminologie des Kapitalismus und die Praxis des Sozialismus verwenden, schadet das nicht, denn es sind die

Praxis und die Taten, die im Leben zählen, nicht Worte und Namen. Der einzige Unterschied zwischen den Arten des Sozialismus ist der zwischen effizient und mangelhaft, schwach und stark, zaghaft und kühn. Ein starker, kühner und effizienter Sozialismus wird sich jedoch kaum einer Terminologie bedienen, die von einer gegensätzlichen Art des Denkens abgeleitet ist, denn ein starkes, hohes und vollständiges Leben stimmt Worte mit Taten ab.

## III

Der Marxismus verriet seine kapitalistischen Ursprünge mit seiner Idee von "Klassen", seinem Konzept von Arbeit und seiner Besessenheit von Ökonomie. Marx ist Jude und als solcher in seiner Jugend von der alttestamentarischen Vorstellung durchdrungen, dass die Arbeit ein Fluch sei, der als Folge der Sünde auf den Menschen gelegt wurde. Der Freihandel oder der reine Kapitalismus schrieb der Arbeit denselben Wert zu und betrachtete sie als etwas, von dem wir uns als Voraussetzung für den Genuss des Lebens befreien müssen. In England, dem klassischen Land des Kapitalismus, waren die Ideen von Arbeit und Reichtum die zentralen Pole der sozialen Bewertung. Die Reichen mussten nicht arbeiten, die "Mittelschicht" musste arbeiten, war aber nicht arm; die Armen mussten arbeiten, um von einer Woche zur nächsten über die Runden zu kommen. Thorstein Veblen beschrieb in seiner "Theorie der müßigen Klasse" die Einstellung zur Arbeit im Leben der Nationen des 19. Jahrhunderts und ihre Auswirkungen.

Die Atmosphäre der marxistischen Utopie wird dadurch konkretisiert, dass die Notwendigkeit für die Proletarier, zu arbeiten, mit ihrem "Sieg" verschwinden wird. Nach der "Enteignung" kann sich das Proletariat nun zur Ruhe setzen und hat seine ehemaligen Arbeitgeber als Diener.

Die Einstellung zur Arbeit ist nicht menschlich universell, sondern hängt mit der Existenz des englischen Kapitalismus zusammen. In der westlichen Kultur herrschte nie das Gefühl vor, dass Arbeit verachtet werden sollte; nach der Reformation nahmen die wichtigsten Theologen eine positive Haltung zur Arbeit ein und bezeichneten sie als einen der höchsten Werte, wenn nicht sogar als den höchsten. Aus dieser Zeit stammt der Gedanke, dass Arbeiten gleichbedeutend mit Beten ist. Dieser Geist ist wieder vorherrschend, und der sozialistische Instinkt betrachtet die

Arbeit des Menschen nicht als einen Fluch, der ihm auferlegt wurde, als etwas Verabscheuungswürdiges, von dem ihn das Geld befreien kann, sondern als den Inhalt seines Lebens, als den irdischen Aspekt seiner Mission in der Welt. Die marxistische Bewertung der Arbeit ist der sozialistischen völlig entgegengesetzt.

Parallel dazu hat das marxistische Konzept der "Klasse" nichts mit dem Sozialismus zu tun. Die Artikulation der Gesellschaft in der westlichen Kultur erfolgte zuerst in Staaten[11]. Solche Staaten waren ursprünglich geistig. Wie Freidank in der Gotik sagte: *"Gott Halla formt drei Leben, Boor und Ritter und Priester sind sie."*[12]

Es ging nicht um Klassen, sondern um organische Ränge. Nach der Französischen Revolution kam die Idee auf, dass die Gliederung der Gesellschaft ein Spiegelbild der Situation der Geldhortung sei. Der Begriff Klasse wurde verwendet, um eine wirtschaftliche Schicht der Gesellschaft zu beschreiben. Dieser Begriff war für Marx maßgebend, da das Leben für ihn einfach nur Ökonomie war, gerade weil er so sehr von der kapitalistischen Perspektive oder Weltanschauung durchdrungen war wie er selbst.

Aber für den Sozialismus ist der Besitz von Geld nicht das bestimmende Kriterium für den Rang in der Gesellschaft, genauso wenig wie in einer Armee. Der gesellschaftliche Rang hängt im Sozialismus nicht vom Geld ab, sondern von der Autorität. Der Sozialismus kennt also keine "Klassen" im marxistisch-kapitalistischen Sinne. Er sieht das Zentrum des Lebens in der Politik und hat daher einen ausgeprägten militärischen Geist. Anstelle von "Klassen", dem Ausdruck des Reichtums, hat er den Rang, der mit der Autorität einhergeht.

Der Marxismus ist ebenso besessen von der Ökonomie wie sein zeitgenössisches englisches Milieu. Er beginnt und endet mit der Ökonomie und konzentriert seine Aufmerksamkeit auf die winzige europäische Halbinsel, während er die Vergangenheit und Gegenwart der übrigen Welt ignoriert. Er wollte einfach den Lauf der westlichen Geschichte durchkreuzen, und er wählte den Klassenkampf als Mittel, um dies zu erreichen.

Klassenkriege gab es schon vor dem Marxismus, aber diese "Philosophie" erfand

---

[11] Das Wort Staaten wurde in allen westlichen Nationen zur Bezeichnung des gemeinsamen Staates, des Adels und des Klerus verwendet.

[12] Gott hat drei Leben geformt, das des Bauern, das des Edelmannes und das des Priesters (N.).

die Theorie, dass es nichts anderes auf der Welt gäbe. Neid gab es in den unteren Schichten schon vor dem Marxismus, aber jetzt wurde dieser Neid auf eine ethische Grundlage gestellt, die ihn allein zu einer guten Sache machte und alles andere zu einer schlechten Sache. Reichtum wurde als unmoralisch und kriminell bezeichnet, seine Besitzer als Erzverbrecher. Der Klassenkampf war ein Wettbewerb, mehr noch: Er war ein Kampf des Guten gegen das Böse, und deshalb brutaler und unbegrenzter als jeder andere Krieg. Bestimmte westliche Denker, wie Sorel, konnten die Idee nicht akzeptieren, dass der Klassenkampf alle Grenzen der Ehre und des Gewissens überschreiten sollte; Sorels Konzeption des Klassenkampfes ähnelte der des Krieges zwischen Nationen, mit Schutz für Nichtkombattanten, Kriegsregeln, ehrenvoller Behandlung von Gefangenen. Der Marxismus betrachtete den Gegner als Klassenkriegsverbrecher; da er nicht in das neue System assimiliert werden konnte, sollte er ausgerottet, versklavt, verfolgt, zerschlagen werden.

Das marxistische Konzept des Klassenkampfes ist somit weit über die Politik hinausgegangen. Politik ist einfach die Ausübung von Macht, nicht die Ausübung von Rache, Neid, Hass oder "Gerechtigkeit". Auch hier zeigt sich, dass sie nichts mit dem Sozialismus zu tun hat, der zutiefst politisch ist und einen besiegten Gegner als Mitglied des neuen und größeren Organismus betrachtet, mit den gleichen Rechten und Möglichkeiten wie diejenigen, die bereits Teil des Organismus waren.

Eine weitere Verbindung des Marxismus mit dem Kapitalismus besteht in der Tendenz, in der Politik zu moralisieren und den Gegner zum Bösen zu machen.

Schließlich unterscheidet sich der Marxismus vom Sozialismus dadurch, dass er eine Religion ist, während der Sozialismus ein Prinzip der politischen Organisation ist. Der Marxismus hatte seine Bibel, seine Heiligen, seine Apostel, seine Tribunale, um Ketzer zu verurteilen, seine Orthodoxie und seine Heterodoxie, seine Dogmen und seine Exegese, seine heiligen Schriften und seine Schismen. Der Sozialismus setzt sich über all das hinweg; was ihn interessiert, ist die Zusammenarbeit von Menschen mit den gleichen Instinkten zu sichern. Die Ideologie ist für den Sozialismus von geringer Bedeutung, und in den kommenden Jahrzehnten wird sie immer unwichtiger werden.

Während der Sozialismus die Form der Zukunft schafft, rutscht der Marxismus mit den anderen Überresten des Materialismus in die Vergangenheit. Die Aufgabe des Menschen im Westen besteht nicht darin, sich durch Klassenkampf zu bereichern, sondern seinen inneren ethisch-politisch-kulturellen Imperativ zu verwirklichen.

## 11. Freudianismus

### I

Wie der Darwinismus und der Marxismus hat der Freudianismus keine kulturelle, sondern eine antikulturelle Bedeutung. Alle drei sind Produkte des negativen Aspekts der Krise der Zivilisation, des Aspekts, der die alten geistigen, sozialen, ethischen und philosophischen Werte ruiniert und sie durch einen kruden Materialismus ersetzt. Das Prinzip der Kritik war der neue Gott, dem alle alten Werte der westlichen Kultur geopfert wurden. Der Geist des 19. Jahrhunderts ist der des Ikonoklasmus. Fast alle relevanten Denker hatten ihren Schwerpunkt auf der Seite des Nihilismus: Schopenhauer, Hebbel, Proudhon, Engels, Marx, Wagner, Darwin, Dühring, Strauss, Ibsen, Nietzsche, Strindberg, Shaw. Einige von ihnen waren auch, auf der anderen Seite ihres Wesens, Vorboten der Zukunft, des Geistes des 20. Jahrhunderts. Jahrhunderts. Die vorherrschende Tendenz war jedoch materialistisch, biologisch, ökonomisch, wissenschaftlich, gegen die Seele des Menschen - die Kultur - und den - bis dahin - anerkannten Sinn seines Lebens. Auf andere Weise, aber in der gleichen Tradition, ist das System des Freudianismus am Werk. Die Seele der menschlichen Kultur wird von ihm angegriffen, aber nicht schräg, über die Ökonomie oder die Biologie, sondern frontal. Die "Wissenschaft" der Psychologie wird als negatives Vehikel für die höchsten Impulse der Seele gewählt. Von Seiten des Schöpfers der Psychoanalyse war dieser Angriff bewusst. Freud sprach von Kopernikus, Darwin und sich selbst als den drei großen Beleidigern der Menschheit. In seinem Essay über den Widerstand gegen die Psychoanalyse sagte er, dass kein Zufall sei, dass ein Jude dieses System geschaffen habe, und dass Juden leicht zu diesem System "bekehrt" werden könnten, da sie das Schicksal der Isolation in der Opposition kennen. In Bezug auf die westliche Zivilisation war Freud geistig isoliert und hatte keine andere Wahl als den Widerstand.

Der Freudianismus ist ein weiteres Produkt des Rationalismus. Er wendet den Rationalismus auf die Seele an und stellt fest, dass die Seele rein mechanisch ist.

Die Seele kann verstanden werden, und die spirituellen Phänomene sind allesamt Manifestationen des Sexualtriebs. Das war eine weitere jener wunderbaren und grandiosen Vereinfachungen, die jeder Doktrin im Zeitalter des Massenjournalismus Popularität garantieren. Der Darwinismus war die populäre Ansicht, dass der Sinn des Lebens in der Welt darin besteht, dass alles dazu tendiert, Tier-Mensch zu werden, und dass der Tier-Mensch dazu tendiert, Darwinist zu werden. Marxismus: Der Sinn des menschlichen Lebens ist, dass das Niedrigste zum Höchsten werden muss. Freudianismus: Der Sinn des menschlichen Lebens ist die Sexualität. Alle drei sind nihilistisch. Die Menschen-Kultur ist der geistige Feind. Sie muss beseitigt werden, indem man sie animalisiert, indem man sie rein biologisch macht, indem man sie wirtschaftlich macht, indem man sie sexualisiert, indem man sie dämonisiert.

Für den Darwinismus ist eine gotische Kathedrale ein Produkt der mechanischen Evolution; für Marx ist sie eine Falle der Bourgeoisie, um das Proletariat zu täuschen; für Freud ist sie ein Beweis für eisige Sexualität.

Die Widerlegung des Freudianismus ist ein ebenso unnötiges wie unmögliches Unterfangen. Wenn alles Sex ist, sollte eine Widerlegung des Freudianismus auch eine sexuelle Bedeutung haben. Das zwanzigste Jahrhundert betrachtet historische Phänomene nicht mit der Frage, ob sie wahr oder falsch sind. Für sein historisches Denken ist eine gotische Kathedrale ein Ausdruck der intensiv religiösen, jungen, erwachenden westlichen Kultur. In ihrem Bedürfnis nach Selbstdarstellung muss diese neue Perspektive die materialistische Tyrannei der alten Perspektive, die ihr vorausging, zurückweisen. Sie muss sich auch vom Freudianismus befreien.

Der letzte große Versuch, den Menschen zu animalisieren, bedient sich ebenfalls kritisch-rationalistischer Methoden. Die Seele ist mechanisch: Sie besteht aus einem einfachen Trieb: dem Sexualtrieb. Das ganze Seelenleben ist der Prozess dieses fehlgeleiteten, verzerrten, selbstgesteuerten Instinkts. Denn es ist elementar für diese "Wissenschaft", dass der Instinkt nicht richtig funktionieren kann. Die mechanischen Funktionen der Seele zu beschreiben, bedeutet, Krankheiten zu beschreiben. Die verschiedenen Prozesse sind Neurose, Inversion, Komplexe, Verdrängung, Sublimation, Übertragung, Perversion. Alle sind abnormal, ungesund, fehlgeleitet, unnatürlich. Eine der wirklichen Dogmen des Systems besagt, dass jeder Mensch ein Neurotiker und jeder Neurotiker ein Perverser oder Invertierter ist. Das gilt nicht nur für die Mensch-Kultur, sondern auch für den primitiven Menschen.

Hier geht Freud weiter als Rousseau, der zu Beginn der ersten Phase der westlichen Zivilisation die Reinheit, Einfachheit und Güte des Wilden im Gegensatz zum Bösen und zur Perversion der menschlichen Kultur behauptete. Freud weitete den Angriff aus: Der Feind ist die gesamte menschliche Gattung. Selbst wenn man nicht aus allen anderen Phänomenen ableiten würde, dass die erste Phase der Zivilisation des Materialismus und Rationalismus bereits vorbei ist, könnte man es allein aus diesem System ableiten, denn ein solch vollständiger Nihilismus kann offensichtlich nicht durch den Ausdruck eines antikulturellen Gefühls bis zu seinen äußersten Grenzen übertroffen werden.

Der Freudianismus ist keine Psychologie, sondern muss als Pathopsychologie bezeichnet werden, da sein gesamtes terminologisches Arsenal nur Entgleisungen des Sexualtriebes beschreibt. Der Begriff der Gesundheit ist völlig losgelöst vom Leben der Seele. Der Freudianismus ist die Schwarze Messe der westlichen Wissenschaft.

Ein Teil der Struktur des Systems ist die Traumdeutung. Die rein mechanischen Abläufe des "Geistes" (da die Seele nicht existiert) werden durch Träume beschrieben. Aber nicht klar beschrieben, denn es bedarf eines ausgeklügelten Rituals, um die wahre Bedeutung zu erfahren. "Zensur des Bewusstseins" - der neue Name für Kants moralische Vernunft - "Symbolismus", "Wiederholungszwang"... das sind die kabbalistischen Worte, auf die man sich beruft. Die ursprüngliche Form der Lehre besagte, dass alle Träume Wünsche sind.

Die Psychoanalyse erklärte, dass der Traum vom Tod eines geliebten Menschen durch einen latenten Hass auf die Eltern motiviert war, ein Symptom des fast universellen Ödipuskomplexes. Das Dogma war starr: Wenn der Traum vom Tod eines Haushundes oder einer Hauskatze handelte, wurde dieses Tier zum Mittelpunkt des Ödipuskomplexes. Wenn der Schauspieler träumt, dass er vergisst, was er in der Öffentlichkeit vortragen soll, dann deshalb, weil er sich zutiefst wünscht, sich in einer kompromittierenden Situation zu befinden. Um mehr Konvertiten zu gewinnen, auch solche mit schwächerem Glauben, wurde die Lehre leicht verändert und andere Traumdeutungen zugelassen, wie die des "Wiederholungszwangs", wenn solche Angstträume regelmäßig wiederholt werden.

Die Traumwelt spiegelt natürlich die universelle Sexualität der Seele wider. Jedes Objekt, das im Traum erscheint, kann ein sexuelles Symbol sein. Der "verdrängte"

Sexualtrieb erschien im Traum und symbolisierte, übertrug, sublimierte, verkehrte und lenkte die gesamte Skala der mechanischen Terminologie.

Jeder Mensch ist in seinem reifen Leben ein Neurotiker, und das ist kein Zufall, alle einmal die Neurose in seiner Kindheit aufgetreten. Die Kindheitserfahrungen bestimmen - auf mechanische Weise, denn der ganze Prozess ist anti-spirituell - welche besonderen Neurosen die betreffende Person im Laufe ihres Lebens begleiten werden. Dagegen kann man nichts tun, außer sich in die Hände eines Freudianers zu begeben. Einer von ihnen forderte, dass 98 Prozent aller Menschen in die Hände von Psychiatern gelegt werden sollten. Das war in der zweiten Phase der Entwicklung des Systems, denn anfangs wären es hundert Prozent gewesen, aber wie bei der Mormonen-Sekte musste die ursprüngliche Reinheit der Lehre aus taktischen Gründen gewisse Ausnahmen zulassen.

Der gewöhnliche Mann, der seiner Arbeit nachgeht, stellt für den neugierigen Beobachter eine Komödie dar; er scheint zu tun, was er tatsächlich tut. Aber der Freudianismus sagt uns, dass er es nur scheinbar tut, denn er denkt im Stillen über sexuelle Dinge nach, und alles, was wir sehen können, sind die Ergebnisse seiner sexuellen Phantasie, die sich durch die mechanischen Filter der Zensur des Bewusstseins, der Sublimierung, der Übertragung und so weiter manifestieren. Wenn man sich sehnt, fürchtet, begehrt, träumt, abstrakt denkt, untersucht, sich inspiriert fühlt, ehrgeizig ist, abstößt, verehrt, drückt man lediglich seine sexuellen Instinkte aus. Kunst ist offensichtlich Sex, ebenso wie Religion, Wirtschaft, abstraktes Denken, Technik, Krieg, Staat und Politik.

## II

Zusammen mit seinem Cousin Marx erhielt Freud den Orden der Einfachheit. Er war die begehrte Auszeichnung im Zeitalter der Massen. Mit dem Untergang des Zeitalters der Kritik geriet sie in Verruf, denn die neue Perspektive ist nicht daran interessiert, alle Daten des Wissens, der Erfahrung und der Intuition in eine vorgefertigte Form zu pressen, sondern zu sehen, was war, was ist, was sein soll. Über dem Portal der neuen Perspektive steht der Aphorismus von Leibnitz: "Die Gegenwart ist mit der Vergangenheit belastet und mit der Zukunft schwanger". Das Kind ist der Vater des Menschen; das ist eine alte Weisheit und beschreibt die

Entwicklung des menschlichen Organismus vom Säuglingsalter bis zur Reife, wobei sich jede Stufe auf die Vergangenheit und die Zukunft bezieht, weil die Seele selbst in jedem Augenblick spricht. Der Freudianismus karikiert diese tiefe organische Vision mit einer mechanischen Konstruktion, durch die das Säuglingsalter die Form der Reife bestimmt, und macht die gesamte organische Entwicklung zu einem kausalen Prozess, und was noch schlimmer ist, zu einem teuflischen, kranken Prozess.

Soweit man ihn als westlich bezeichnen kann, unterliegt der Freudianismus der vorherrschenden Spiritualität des Westens. Sein Mechanismus und Materialismus spiegeln eine Perspektive des 19. Jahrhunderts wider. Seine Bezüge auf das Unbewusste, den Instinkt, den Trieb usw. spiegeln die Tatsache wider, dass der Freudianismus an einem Übergangspunkt der westlichen Zivilisation erschien, als der Rationalismus seine Möglichkeiten bereits ausgeschöpft hatte und das Irrationale als solches wieder auftauchte. Nicht in der Terminologie oder in der Behandlung der neuen und irrationalen Elemente in der Lehre nahm der Freudianismus den neuen Geist vorweg, sondern einfach in der Tatsache, dass die irrationalen Elemente auftauchten. Nur darin kann die neue Struktur etwas vorwegnehmen, sich in die Zukunft projizieren; in jeder anderen Hinsicht gehört sie der malthusianisch-darwinistisch-marxistischen Vergangenheit an. Der Freudianismus war nur eine Ideologie, ein Teil des allgemeinen rationalistisch-materialistischen Angriffs auf die Mensch-Kultur.

Die irrationalen Elemente, die das System anerkennt, sind dem höheren Rationalismus des Adepten strikt untergeordnet, der sie loswerden kann, so dass der neurotische Kranke wieder ans Tageslicht kommt. Sie sind sogar noch kränker als der Rest des psychischen Komplexes. Sie mögen irrational sein, aber sie haben eine Erklärung, eine Behandlung und eine rationale Heilung.

Der Freudianismus erscheint somit als die letzte materialistischen Religionen. Die Psychoanalyse ist, wie der Marxismus, eine Sekte: Sie hat ihr aurikuläres Bekenntnis, ihre Dogmen und Symbole, ihre esoterischen und exoterischen Lehrversionen, ihre Bekehrten und ihre Abtrünnigen, ihre Priester und Scholastiker, ein vollständiges Ritual des Exorzismus und eine Liturgie. Es kommt zu Schismen, die zur Bildung neuer Sekten führen, von denen jede für sich in Anspruch nimmt, Träger der wahren Lehre zu sein. Sie ist okkult und bezahlt, mit ihrer Traumdeutung, dämonisch mit ihrer Anbetung des Geschlechts. Sein Bild von der Welt ist das einer neurotischen Menschheit, verdreht und pervertiert in der Zwangsjacke der westlichen Zivilisation, der der neue Priester der Psychoanalyse die befreiende Hand des antiwestlichen Evangeliums Freuds entgegenstreckt.

Der Hass, der die Essenz des Marxismus war, ist in dieser neuen Religion präsent. In beiden Fällen ist es der Hass des Eindringlings auf alles, was ihn umgibt, was ihm völlig fremd ist und was er, da er es nicht ändern kann, zerstören muss.

Die Haltung des zwanzigsten Jahrhunderts gegenüber dem Thema Freudianismus ist dem Geist dieser Epoche eigen. Sein Zentrum liegt in der Aktion: Äußere Aufgaben appellieren an die westliche Seele. Die Besten folgen diesem Ruf und überlassen es den Seelenlosen, sich mit dem Zeichnen von Seelenbildern im Stile Freuds zu beschäftigen.

Mit der wissenschaftlichen Psychologie war es immer dasselbe: Sie hat nie die besten Köpfe in irgendeiner Kultur angezogen. Alles beruht auf der Annahme, dass es möglich ist, durch das Denken die Form des Denkens zu bestimmen... eine äußerst zweifelhafte Behauptung. Wenn es möglich wäre, die Seele mit rationalen Begriffen zu beschreiben - eine Voraussetzung für eine Wissenschaft der Psychologie -, gäbe es keinen Bedarf für eine solche Wissenschaft. Die Vernunft ist ein Teil, oder besser gesagt, eine Teilfunktion der Seele. Jedes Bild der Seele beschreibt nur die Seele des Verfechters und seinesgleichen. Ein Satanist sieht die Dinge im Stil von Freud, aber er kann denjenigen nicht verstehen, der die Dinge anders sieht. Das erklärt die Abscheulichkeit der Freudschen Versuche, alle großen Männer des Westens zu dämonisieren, zu sexualisieren, zu mechanisieren und zu vernichten. Sie konnten Größe nicht verstehen, weil sie keine innere Erfahrung damit hatten.

Die Seele kann nicht definiert werden; sie ist das Element der Elemente. Jedes Bild von ihr, jedes psychologische System, ist ein bloßes Produkt von ihr und geht nicht weiter als ein Selbstporträt. Wie gut erkennen wir jetzt, dass das Leben wichtiger ist als die Ergebnisse des Lebens!

In allen Zivilisationen verwenden psychologische Systeme die Terminologie der materiellen Wissenschaften der Physik und Mechanik. Sie spiegeln somit den Geist der Naturwissenschaften wider und nehmen unter ihnen einen Platz als Produkt der Zeit ein. Aber den höchsten Rang, den sie anstrebten, nämlich Systematisierung der

Seele, können sie nicht erreichen. Kaum hatte sich der Freudianismus als die neue psychoanalytische Kirche etabliert, hatte die fortschreitende Entwicklung der westlichen Zivilisation sie bereits überholt.

Die Psychologie des zwanzigsten Jahrhunderts ist an ein Leben in Aktion angepasst: Für dieses Zeitalter ist die Psychologie entweder praktisch oder wertlos. Die Psychologie der Menschenmengen, der Armeen, des Kommandos, des Gehorsams, der Loyalität: das ist die Psychologie, die in diesem Zeitalter Wert hat. Sie kann nicht durch "psychometrische" Methoden und abstruse Terminologie erlangt werden, sondern durch menschliche Erfahrung, die eigene und die der anderen. Das 20. Jahrhundert sieht in Montaigne einen Psychologen, in Freud aber nur den Vertreter der Hexenbesessenheit des 19. Jahrhunderts, in den jüngeren Jahren der abendländischen Kultur eine verkappte Form des Sexualkults.

Die menschliche Psychologie lernt man, indem man lebt und handelt, nicht indem man Reaktionen kontrolliert oder Hunde und Mäuse beobachtet. Die Memoiren eines Mannes der Tat, eines Abenteurers, Entdeckers, Soldaten, Staatsmannes, enthalten die Psychologie der Art, die das Zeitalter interessiert, sowohl wörtlich als auch zwischen den Zeilen. Jede Epoche ist ein Kompendium der Psychologie der Massenpropaganda, das jede Abhandlung über dieses Thema übertrifft. Es gibt eine Psychologie der Nationen, der Berufe, der Kulturen, der aufeinanderfolgenden Epochen einer Kultur, von der Jugend bis zum Greisenalter. Die Psychologie ist einer der Aspekte der Kunst des Möglichen, und als solcher ist sie ein beliebtes Studienobjekt unserer Zeit.

Das große Lagerhaus der Psychologie ist die Geschichte. Sie enthält keine Modelle für uns, denn das Leben wiederholt sich nicht, es geschieht nur einmal, aber sie zeigt uns anhand von Beispielen, wie wir unsere Möglichkeiten entwickeln können, indem wir uns selbst treu bleiben und keinen Kompromiss mit dem eingehen, was unserer Art zu sein offensichtlich fremd ist.

Für dieses Konzept der Psychologie kann kein Materialismus als psychologisch angesehen werden. Hier stimmen Rousseau, Darwin, Marx und Freud überein. Sie haben vielleicht andere Dinge verstanden, aber sie haben die menschliche Seele nicht verstanden, insbesondere nicht die Seele der menschlichen Kultur. Ihre Systeme sind nicht mehr als historische Kuriositäten für das zwanzigste Jahrhundert, es sei denn, sie erheben den Anspruch, eine angemessene Beschreibung der

Wirklichkeit zu sein. Wer an solche antiquierten Phantasien "glaubt", definiert sich selbst als lächerlich, posthum, unwirksam und überflüssig. Kein Führer der nächsten Jahrzehnte wird ein Darwinist, ein Marxist oder ein Freudianist sein.

## 12. Die globale techno-wissenschaftliche Perspektive

I

Wissenschaft ist die Suche nach genauer Kenntnis der Phänomene. Indem er die Zusammenhänge zwischen den Phänomenen entdeckt, d.h. die Bedingungen ihrer Erscheinung beobachtet, glaubt er, sie erklärt zu haben. Diese Art des Denkens erscheint in einer großen Kultur nach der Vollendung des religiösen schöpferischen Denkens und dem Beginn seiner Externalisierung. Jahrhunderts, in der klassischen Kultur im fünften vorchristlichen Jahrhundert. Das Hauptmerkmal des primitiven wissenschaftlichen Denkens besteht historisch gesehen darin, dass es auf theologische und philosophische Begleiterscheinungen verzichtet; es verwendet Philosophie und Theologie allenfalls zur Ausschmückung des Hintergrunds, der es nicht interessiert. Sie ist also ihrem Wesen nach materialistisch, in dem Sinne, dass ihre Aufmerksamkeit nur von den Phänomenen, nicht aber von den letzten Wirklichkeiten angezogen wird. In einem religiösen Zeitalter sind die Phänomene unwichtig im Vergleich zu den großen geistigen Wahrheiten; in einem wissenschaftlichen Zeitalter ist das Gegenteil der Fall.

Die Technik ist die Nutzung des Makrokosmos. Sie begleitet immer eine Wissenschaft in ihrer vollen Entfaltung, aber das bedeutet nicht, dass jede Wissenschaft von einer technischen Tätigkeit begleitet wird, denn die Wissenschaften der klassischen Kultur und der mexikanischen Kultur waren keineswegs das, was wir als technische Vollkommenheit bezeichnen würden. In der ersten Phase des Beginns der Zivilisation ist die Wissenschaft vorherrschend und geht der Technik in all ihren Erscheinungsformen voraus, aber mit der Ankunft des 20. Jahrhunderts begann sich das technische Denken von dieser Abhängigkeit zu emanzipieren, und in unseren Tagen dient die Wissenschaft der Technik, und nicht umgekehrt, wie in der Vergangenheit.

In einem Zeitalter des Materialismus, d.h. in einem anti-metaphysischen Zeitalter, war es nur natürlich, dass eine anti-metaphysische Denkweise wie die Wissenschaft zur Volksreligion wurde. Religion ist eine Notwendigkeit für die menschliche Kultur, die ihre Religion auf Ökonomie, Biologie oder Natur aufbauen wird, wenn der Geist des Zeitalters die wahre Religion ausschließt. Im 18. und 19. Jahrhundert war die Wissenschaft die vorherrschende Religion. Während es erlaubt war, die Wahrheiten der christlichen Sekten anzuzweifeln, war es niemandem erlaubt, Newton, Leibnitz und Descartes anzuzweifeln. Als der große Goethe die Newtonsche Lichttheorie in Frage stellte, wurde er als Verrückter und Ketzer beschuldigt. Die Wissenschaft war die oberste Religion des 19. Jahrhunderts, und alle anderen Religionen, wie der Darwinismus und der Marxismusberiefen sich auf wissenschaftliche Dogmen als Grundlage ihrer eigenen Wahrheiten. "Antiwissenschaftlich" wurde zu einem Schimpfwort. Von ihren zaghaften Anfängen ging die Wissenschaft schließlich einen Schritt weiter und präsentierte ihre Ergebnisse nicht als bloße Anordnung und Klassifizierung, sondern als die wahren Erklärungen der Natur und des Lebens. Mit diesem Schritt wurde zu einer Weltanschauung, d. h. zu einer umfassenden Philosophie mit Metaphysik, Logik und Ethik für ihre Gläubigen.

Jede Wissenschaft ist eine profane Neuformulierung der vorangegangenen Dogmen einer religiösen Periode. Dieselbe Kulturseele, die die großen Religionen geformt hat, formt ihre Welt in der nächsten Phase neu, und diese Kontinuität ist daher absolut unvermeidlich. Die westliche Wissenschaft als Weltanschauung ist lediglich die westliche Religion, die als profan, nicht heilig, natürlich, nicht übernatürlich, entdeckbar, nicht offenbart dargestellt wird.

Wie die westliche Religion war auch die Wissenschaft eindeutig priesterlich. Der Weise ist der Priester, der Erzieher der Laienbruder, und ein großer Systematiker wird heiliggesprochen, wie es bei Newton und Planck der Fall war. Jede Form des abendländischen Denkens ist esoterisch, und die wissenschaftlichen Lehren waren keine Ausnahme. Die Bevölkerung wurde über die "Fortschritte der Wissenschaft" durch eine populäre Literatur auf dem Laufenden gehalten, die den wissenschaftlichen Hohepriestern ein Lächeln ins Gesicht zauberte.

Im 19. Jahrhundert bereicherte die Wissenschaft die Idee des "Fortschritts" und drückte ihr ihren eigenen Stempel auf. Der Inhalt des "Fortschritts" musste technisch sein. Der "Fortschritt" sollte in einem schnelleren Antrieb und einer breiteren Ausbeutung der materiellen Welt ad infinitum bestehen. Darin zeigte sich bereits die künftige Vorherrschaft der Technik über die Wissenschaft. Fortschritt" würde nicht mehr vor allem aus mehr Wissen, sondern aus mehr Technik bestehen. Jede westliche Weltanschauung strebt nach Universalität, und sie glaubte, dass die Lösung gesellschaftlicher Probleme nicht in der Politik oder Wirtschaft, sondern in der Wissenschaft zu suchen sei. Es wurden Erfindungen versprochen, die den Krieg für die Menschen zu schrecklich machen würden, so dass sie aufhören würden zu kämpfen. Diese Offenheit war ein natürliches Produkt eines Zeitalters, das stark in den Naturwissenschaften, aber schwach in der Psychologie war. Die Lösung für das Problem der Armut waren Maschinen und noch mehr Maschinen. Die schrecklichen Bedingungen, die in einer mechanisierten Zivilisation entstanden waren, sollten durch mehr Maschinen gelindert werden. Das Problem der Alterung sollte durch "Verjüngung" gelöst werden. Der Tod war nur ein Produkt der Pathologie und nicht der Senilität. Wenn alle Krankheiten besiegt wären, gäbe es keinen Grund mehr zu sterben.

Die Rassenprobleme sollten durch "Eugenik" gelöst werden. Die Geburt von Menschen sollte nicht länger dem Schicksal überlassen werden. Wissenschaftliche Priester sollten über Fragen wie Abstammung und Geburt entscheiden. In der neuen Technokratie sollte es keine äußeren oder unkontrollierten Ereignisse mehr geben. Die Zeit wird "gebändigt", alle Naturkräfte werden unter absolute Kontrolle gestellt. Es gäbe keinen Anlass für Kriege, jeder würde dazu neigen, ein Wissenschaftler zu sein, niemand würde nach Macht streben. Internationale Probleme würden verschwinden, da die Welt zu einer massiven wissenschaftlichen Einheit würde.

Das Bild war vollständig und für den Materialisten des neunzehnten Jahrhunderts inspirierend: alles Leben, alles Sterben, die ganze Natur, reduziert auf eine absolute Ordnung, bewacht von wissenschaftlichen Theokraten. Auf diesem Planeten würde alles auf dieselbe Weise funktionieren wie in dem Bild des Himmels, das die wissenschaftlichen Astronomen für sich entworfen hatten; es würde eine heitere Regelmäßigkeit herrschen, aber diese Ordnung wäre rein mechanisch und ohne Zweck oder Endgültigkeit. Der Mensch wäre ein Wissenschaftler, nur um Wissenschaftler zu sein.

## II

Doch es geschah etwas, das das Bild veränderte und zeigte, dass auch es den Stempel des Lebens trug. Schon vor dem Ersten Weltkrieg hatte der Zerfall der physischen Grundlagen der großen Struktur begonnen. Der Weltkrieg markiert eine Zäsur im Bereich der Wissenschaft und in allen anderen Bereichen des westlichen Lebens. Aus diesem Krieg ging eine neue Welt hervor; der Geist des zwanzigsten Jahrhunderts stand in der Nachfolge der gesamten mechanischen Sicht des Universums und der Vorstellung vom Sinn des Lebens als bloßem Erwerb von Reichtum.

Mit überraschender Schnelligkeit, wenn man die Jahrzehnte ihrer Macht und Vorherrschaft bedenkt, verlor die mechanische Sichtweise ihre Kraft, und die herrschenden Köpfe gaben die alten, selbstverständlichen Artikel des materialistischen Glaubens auf.

Wie so oft bei historischen Bewegungen, die Ausdruck einer überpersönlichen Seele sind, ist der Höhepunkt der Macht, der größten Siege, auch der Beginn des schnellen Niedergangs. Oberflächliche Menschen verwechseln immer das Ende einer Bewegung mit dem Beginn ihrer absoluten Herrschaft. So wurde Wagner von vielen als der Herold einer neuen Musik angesehen, während die nächste Generation wusste, dass er der letzte abendländische Musiker gewesen war. Der Tod jeder kulturellen Ausdrucksform ist ein allmählicher Prozess; es gibt jedoch Wendepunkte, und der schnelle Niedergang der Wissenschaft als Weltanschauung beginnt mit dem Ersten Weltkrieg.

Der Niedergang der Wissenschaft als geistige Disziplin war dem Weltkrieg lange vorausgegangen. Mit der Entropietheorie (1850) und der Einführung der Idee der Irreversibilität in ihr Bild wurde die Wissenschaft auf den Weg gebracht, der in der physikalischen Relativität und dem offenen Eingeständnis der Subjektivität physikalischer Konzepte gipfeln sollte. Mit der Entropie begann die Einführung statistischer Methoden in die systematische Wissenschaft, der Beginn des geistigen Verzichts. Die Statistik beschrieb das Leben und das Lebendige; die strenge Tradition der westlichen Wissenschaft hatte in der Genauigkeit der mathematischen Beschreibung der Realität bestanden und verachtete alles, was sich nicht exakt beschreiben ließ, wie etwa die Biologie. Der Einzug der Wahrscheinlichkeiten in eine

Wissenschaft, die zuvor eine exakte Wissenschaft war, ist ein Zeichen dafür, dass der Beobachter beginnt, sich selbst zu studieren, seine eigene Form als Bedingung für die Ordnung und Beschreibung der Phänomene.

Der nächste Schritt war die Theorie der Radioaktivität, die ebenfalls stark subjektive Elemente enthält und zur Beschreibung ihrer Ergebnisse die Wahrscheinlichkeitsrechnung benötigt. Das wissenschaftliche Bild von der Welt wurde immer feiner und subjektiver. Ursprünglich getrennte Disziplinen fanden langsam zueinander: Mathematik, Physik, Chemie, Erkenntnistheorie, Logik. Organische Ideen wurden eingeführt, was einmal mehr zeigte, dass der Beobachter den Punkt erreicht hatte, an dem er die Form seiner eigenen Vernunft studierte. Ein chemisches Element hat nun einen Lebensbereich, und die genauen Ereignisse seines Lebens sind unvorhersehbar, unbestimmt.

Die Einheit des physikalischen Geschehens, das "Atom", das im 19. Jahrhundert noch als Realität galt, wurde im 20. Jahrhundert zu einem bloßen Konzept, dessen Eigenschaften ständig verändert wurden, um die technische Entwicklung zu unterstützen und zu festigen. Zu Beginn bewies jedes neue Experiment einfach die "Wahrheit" der bestehenden Theorien. Das war in den Tagen der Vorherrschaft der Wissenschaft als Disziplin über die Technik, ihre adoptierte Tochter. Aber vor der Mitte des 20. Jahrhunderts führte jedes neue Experiment zu einer neuen Hypothese über die so genannte "atomare Struktur". Wichtig war dabei nicht das hypothetische Kartenhaus, das danach errichtet wurde, sondern das Experiment, das vorausgegangen war.

Niemand kam in die Verlegenheit, zwei miteinander unvereinbare Theorien zu haben, um die "Struktur" des "Atoms" oder die Natur des Lichts zu beschreiben. Der Gegenstand aller getrennten Wissenschaften konnte nicht mehr mathematisch klar gehalten werden. Alte Begriffe wie Masse, Energie, Elektrizität, Wärme, Strahlung wurden miteinander vermischt, und so wurde immer deutlicher, dass es in Wirklichkeit um die menschliche Vernunft in ihrem erkenntnistheoretischen Aspekt und die westliche Seele in ihrem wissenschaftlichen Aspekt ging.

Die wissenschaftlichen Theorien erreichten einen Punkt, an dem sie nichts weniger bedeuteten als den absoluten Zusammenbruch der Wissenschaft als geistige Disziplin. Das Bild der Milchstraße wurde populär als eine Ansammlung von mehr als einer Million Fixsternen, unter denen sich viele mit einem Durchmesser von mehr als 93.000.000 Meilen befinden[13]; all dies nicht als stationäres kosmisches Zentrum, sondern in ständiger Bewegung in Richtung Nirgendwo mit einer Geschwindigkeit von 600 Kilometern pro Sekunde. Der Kosmos ist endlich, aber unbegrenzt; grenzenlos, aber begrenzt. Dies wiederum fordert den wahren Gläubigen des alten gotischen Glaubens: Credo quia absurdum [14], aber die zweckfreie Mechanik kann diese Art von Glauben nicht hervorrufen, und die Hohepriester werden abtrünnig.

In der anderen Richtung hat das "Atom" ebenso phantastische Dimensionen: Sein Durchmesser beträgt ein Zehnmillionstel Millimeter, und die Masse eines Wasserstoffatoms ist im Verhältnis zur Masse eines Gramms Wasser das, was eine Postkarte im Verhältnis zur Masse der Erde ist. Aber dieses Atom besteht aus "Elektronen", deren Aggregat eine Art Sonnensystem bildet, in dem der Abstand zwischen den Planeten im Verhältnis zu ihrer Masse genauso groß ist wie in unserem Sonnensystem. Der Durchmesser eines Elektrons beträgt ein Drei-Milliardstel Millimeter. Doch je genauer man es untersucht, desto geistiger erscheint es, denn der Atomkern ist eine bloße elektrische Ladung, die weder Gewicht, noch Volumen, noch Trägheit, noch irgendeine andere der klassischen Eigenschaften der Materie hat.

In ihrer letzten großen Saga[15] löste die Wissenschaft ihre eigenen physikalischen Grundlagen auf und ging von der Welt der Sinne zur Welt der Seele über. Der Begriff der absoluten Zeit verschwand und wurde zu einer Funktion der Position. Die Masse wurde in Energie vergeistigt. Die Idee der Gleichzeitigkeit wurde verworfen, Bewegung wurde relativ, Parallelen schnitten ineinander, zwei Entfernungen konnten nicht mehr für absolut gleich erklärt werden. Alles, was einst mit dem Wort Realität beschrieben worden war oder sich selbst damit beschrieben hatte, löste sich im letzten Akt des Dramas der Wissenschaft als geistiger Disziplin auf.

Die Bewahrer der Wissenschaft als geistige Disziplin gaben nach und nach die alten materialistischen Positionen auf. Im letzten Akt entdeckten sie, dass die Wissenschaft einer bestimmten Kultur als ihr eigentliches Ziel die wissenschaftliche

---

[13] Eine Meile entspricht 1,6093 Kilometern.

[14] Ich glaube, weil es absurd ist, eine These der Scholastiker.

[15] Saga, ein Begriff, der in der isländischen Literatur auftaucht und sich auf die Geschichte einer Familie oder einer Gruppe von Personen oder Institutionen bezieht.

Beschreibung der Welt dieser Kultur hat, einer Welt, die die Projektion der Seele dieser Kultur ist. Tiefes Wissen wurde durch das Studium der Materie, als Hülle der Seele, erreicht. Die Materie zu beschreiben, bedeutet, sich selbst zu beschreiben, auch wenn mathematische Gleichungen den Prozess in scheinbare Objektivität hüllen. Die Mathematik selbst ist als Beschreibung der Wirklichkeit gescheitert: Ihre stolzen Gleichungen sind nichts als Tautologie. Eine Gleichung ist eine Identität, eine Wiederholung, und ihre "Wahrheit" ist ein Spiegelbild der Papierlogik des Identitätsprinzips. Aber dies ist nur eine Form unseres Denkens.

Der Übergang vom Materialismus des 19. Jahrhunderts zur neuen Spiritualität des 20. Jahrhunderts war also kein Kampf, sondern eine unvermeidliche Entwicklung. Diese subtile und eisige geistige Disziplin wendete das Messer gegen sich selbst, weil ein innerer Imperativ bestand, auf eine neue, antimaterialistische Weise zu denken. Die Materie kann nicht materialistisch erklärt werden. Ihr ganzer Sinn leitet sich von der Seele ab.

## III

Unter diesem Gesichtspunkt erscheint der Materialismus als eine große Negation. Es war eine große geistige Anstrengung, den Geist zu leugnen, und diese Leugnung des Geistes war selbst ein Ausdruck einer Krise des Geistes. Es war die Krise der Zivilisation, die Verneinung der Kultur durch die Kultur.

Für die Tiere ist das, was erscheint - die Materie - die Wirklichkeit. Aber für den primitiven Menschen, und erst recht für die menschliche Kultur, ist die Welt in Erscheinung und Wirklichkeit unterteilt. Alles Sichtbare und Greifbare wird als Symbol für etwas Höheres und Unsichtbares empfunden. Diese symbolisierende Tätigkeit ist es, die die menschliche Seele von weniger komplizierten Lebensformen unterscheidet. Der Mensch besitzt einen metaphysischen Sinn als Kennzeichen seines Menschseins. Aber gerade die höhere Wirklichkeit, die Welt der Symbole, des Sinns und des Zwecks, leugnete der Materialismus in Gänze. Was war er dann, wenn nicht der große Versuch, den Menschen zu animalisieren, indem er die Welt der Materie mit der Wirklichkeit gleichsetzte? Der Materialismus wurde nicht überwunden, weil er falsch war; er starb einfach an Altersschwäche. Auch heute ist er nicht falsch, er stößt nur auf taube Ohren. Er ist altmodisch und ist zur

Weltanschauung der Hinterwäldler geworden.

Mit dem Zusammenbruch ihrer Realität hat die westliche Wissenschaft als geistige Disziplin ihre Aufgabe erfüllt. Ihr Nebenprodukt, die Wissenschaft als Weltanschauung, gehört der Vergangenheit an. Aber als eine der Folgen des Zweiten Weltkriegs ist eine neue Dummheit entstanden: der Kult der Technik als Lebens- und Weltanschauung.

Die Technik hat in ihrem Wesen nichts mit der Wissenschaft als geistiger Disziplin zu tun. Sie hat nur einen Zweck: die Gewinnung von physischer Kraft aus der äußeren Welt. Sie ist sozusagen die Politik der Natur, die sich von der menschlichen Politik unterscheidet. Die Tatsache, dass die Technik heute auf einer Hypothese beruht und morgen auf einer anderen, zeigt, dass ihr Ziel nicht die Bildung eines Wissenssystems ist, sondern die Unterwerfung der äußeren Welt unter den Willen des westlichen Menschen. Die Hypothesen der Herkunft haben keine wirkliche Verwandtschaft mit ihren Ergebnissen, aber sie dienen als Ausgangspunkt für die Phantasie der Techniker, sich neue Möglichkeiten für weitere Experimente auszudenken, um immer mehr Macht zu gewinnen. Einige Hypothesen sind natürlich notwendig; welche das genau sind, ist zweitrangig.

Die Technik ist noch weniger als die Wissenschaft in der Lage, das Bedürfnis nach einer globalen Perspektive für dieses Zeitalter zu befriedigen. Physische Kraft für was?

Die gleiche Epoche gibt uns die Antwort: physische Macht für politische Formalitäten. Die Wissenschaft spielt nun die Rolle des Lieferanten von Terminologie und Ideen für die Technik. Die Technik wiederum ist eine Dienerin der Politik. Die Idee der "Atomenergie" liegt schon seit 1911 in der Luft, aber erst der Kriegsgeist hat dieser Theorie eine konkrete Form gegeben, als 1945 ein unbekannter Westler einen neuen Sprengstoff erfand, dessen Wirkung von der Instabilität der "Atome" abhängt.

Die Technik ist praktisch, die Politik ist in höchstem Maße praktisch. Sie interessiert sich nicht im Geringsten dafür, ob sich ein neuer Sprengstoff auf "Atome", "Elektronen", "kosmische Strahlen" oder Heilige und Teufel bezieht. Die historische Denkweise, die den wahren Staatsmann prägt, kann die heutige Terminologie nicht allzu ernst nehmen, wenn er sich daran erinnert, wie schnell die Terminologie von gestern aufgegeben wurde. Ein Projektil, das eine Stadt mit 200.000 Einwohnern in einer Sekunde zerstören kann, ist eine Realität, die den Bereich der politischen Möglichkeiten betrifft.

Es ist der Geist der Politik, der die Form des Krieges bestimmt, und die Form des Krieges beeinflusst wiederum die Führung der Politik. Waffen, Taktik, Strategie, Ausbeutung des Sieges, all diese Faktoren werden durch den politischen Imperativ der jeweiligen Zeit bestimmt. Jede Epoche formt die Integrität ihres Ausdrucks für sich selbst. So war der Krieg im 18. Jahrhundert, das so reich an Formen war, auch eine strenge Form, eine Abfolge von Positionen und Entwicklungen, wie die zeitgenössische musikalische Form der Variationen über ein Thema.

Nach dem erstmaligen Einsatz eines neuen Sprengstoffs im Jahr 1945 kam es in der westlichen Welt zu einem Irrweg. Im Wesentlichen handelte es sich dabei um ein Überbleibsel materialistischen Denkens, aber in einer solchen Verirrung steckten auch alte, immerwährende mythologische Vorstellungen. In der Mitte des 19. Jahrhunderts, als die Idee der Eisenbahn entwickelt wurde, sagten die Ärzte, dass eine so schnelle Bewegung Gehirnstörungen hervorrufen würde, und dass sogar der Anblick eines fahrenden Zuges das Gehirn der Sehenden schädigen würde; außerdem könnte der plötzliche Wechsel des Luftdrucks bei der Durchfahrt durch die Tunnel eine Ohnmacht verursachen.

Die Vorstellung von der Zerstörung des Planeten war nur eine andere Form der alten, in vielen westlichen und nicht-westlichen Mythologien anzutreffenden Vorstellung vom Ende der Welt, Ragnarök, Götterdämmerung, Kataklysmus. Auch die Wissenschaft hat diese Idee übernommen und stellt sie als zweiten Hauptsatz der Thermodynamik dar. Die Verehrer der Technik phantasierten viel über den neuen Sprengstoff. Sie erkannten nicht, dass sie nicht am Ende eines Prozesses standen, sondern am Anfang.

Wir befinden uns am Beginn des Zeitalters der absoluten Politik, und eine der Voraussetzungen dafür sind natürlich mächtige Waffen. Die Technik ist daher gehalten, nach absoluten Waffen zu streben. Aber sie wird sie nie erlangen, und wer das glaubt, ist nichts anderes als ein einfacher Materialist, was im zwanzigsten Jahrhundert gleichbedeutend ist mit einem Provinzler.

Der Kult der Technik ist der Seele Europas völlig unangemessen. Der gestalterische Impuls des menschlichen Lebens ist nie von der Materie ausgegangen, jetzt nicht und auch nicht in Zukunft. Im Gegenteil: Die Art und Weise, wie die Materie erlebt und genutzt wird, ist Ausdruck der Seele. Der offene Glaube der Technologen, dass ein Sprengstoff die westliche Zivilisation von Grund auf neu erschaffen wird, ist das ultimative Streben des Materialismus. Diese Zivilisation hat diesen Sprengstoff hergestellt und wird weitere herstellen; aber Sprengstoffe haben die westliche Zivilisation nicht erschaffen und werden sie nicht zerstören. Die Materie hat die westliche Zivilisation weder erschaffen, noch kann sie sie zerstören.

Es ist auch Materialismus, eine Zivilisation mit Fabriken, Gebäuden und der Kollektivität von Einrichtungen zu verwechseln. Die Zivilisation ist eine höhere Realität, die sich manifestiert durch

der menschlichen Populationen und innerhalb dieser durch eine bestimmte geistige Schicht, die in ihrer höchsten Potenz] die lebendige Idee der Kultur verkörpert. Diese Kultur schafft Religionen, Architekturen, Künste, Staaten, Nationen, Ethnien, Völker, Armeen, Kriege, Gedichte, Philosophien, Wissenschaften, Waffen und innere Imperative, die alle nur Ausdruck der höchsten Wirklichkeit sind und diese nicht zerstören können.

Die Haltung des zwanzigsten Jahrhunderts gegenüber Wissenschaft und Technik ist klar. Es verlangt nicht von ihnen, eine Perspektive auf die Welt zu liefern - diese wird aus anderen Quellen abgeleitet - und es lehnt jeden Versuch, aus dem Materialismus oder der Atomistik eine Religion oder eine Philosophie zu gewinnen, entschieden ab. Dennoch sind sie für ihn nützlich, im Dienste seines begrenzten Willens zur Macht. Die Idee ist radikal, und um sie zu verwirklichen, ist eine rüstungsmäßige Überlegenheit unerlässlich, um die immense zahlenmäßige Überlegenheit der Feinde des Westens auszugleichen.

## 13. Der Imperativ unserer Zeit

I

Im Rückblick auf das Weltgeschehen versteht sich der westliche Mensch in seiner Phase des zwanzigsten Jahrhunderts. Er sieht, wo er ist; er sieht auch, weil er sich gezwungen sah, sich historisch zu orientieren. Sein innerer Instinkt hinderte ihn daran, die Geschichte auf materialistische Weise zu verfälschen, indem er sie einer wie auch immer gearteten Ideologie unterwarf. Er sieht die Epochen der vorangegangenen Kulturen, mit denen seine gegenwärtige Phase verwandt ist: die "Periode der streitenden Staaten" in der chinesischen Kultur; den Übergang zum Cäsarismus in der römischen; die Ära des "Hijksos" in der ägyptischen. Keine dieser Epochen war eine Zeit der blühenden Kunst oder Philosophie; alle hatten ihren Schwerpunkt in der Politik und im Handeln. Es sind Epochen, in denen große Räume in den größten Taten, in äußerer Kreativität von höchstem Ausmaß gedacht werden. Weltverbessernde Philosophen undund Kunsthändler steigen in diesen Epochen auf das Niveau der Straße herab, wenn der Imperativ auf die Tat und nicht auf das abstrakte Denken gerichtet ist.

Aufgrund ihrer historischen Position in einer Zivilisation, die in ihre zweite Phase eintritt, hat ihre Seele eine gewisse organische Veranlagung, und die Hüter der Idee dieses Zeitalters werden notwendigerweise so und nicht anders denken und fühlen. Es lässt sich gewiss feststellen, in welchem Verhältnis dies zu den verschiedenen Formen des menschlichen und kulturellen Denkens und Handelns steht.

In Bezug auf die Religion ist diese Epoche wiederum affirmativ, das genaue Gegenteil des negativen Atheismus des Materialismus. Jeder handelnde Mensch steht in ständigem Kontakt mit dem Unvorhersehbaren, dem Unwägbaren, dem Mysterium des Lebens, und dies schließt seinerseits die Laborhaltung aus. Ein Zeitalter des Handelns lebt Seite an Seite mit dem Tod und schätzt das Leben durch seine Haltung gegenüber dem Tod. Die alte gotische religiöse Idee lebt noch immer in uns; es ist der letzte Moment, in dem der Mensch zeigt, was in ihm steckt, in seiner ganzen Reinheit. Auch wenn er als Unglücklicher gelebt hat, kann er als Held sterben, und es ist dieser letzte Akt seines Lebens, der sein Bild schafft, das ihn in den Köpfen seiner Nachkommen überleben wird. Es ist uns nicht möglich, ein Leben nach seiner Länge zu bewerten, wie es der Materialismus tat, noch an irgendeine Doktrin der Unsterblichkeit des Körpers zu glauben.

Für den westlichen Menschen gibt es keinen Konflikt zwischen seiner irdischen Aufgabe und seiner Beziehung zu Gott. Zu Beginn einer Schlacht haben die Soldaten die Gewohnheit zu beten. Die Schlacht steht im Vordergrund, aber derjenige, an den sich das Gebet richtet, ist das Transzendente; es ist Gott. Unser metaphysischer Imperativ muss innerhalb eines bestimmten Lebensrahmens verwirklicht werden. Wir werden in eine bestimmte Kultur hineingeboren, befinden uns in einem bestimmten Stadium ihrer organischen Entwicklung, besitzen bestimmte Gaben. All dies bedingt die irdische Mission, die wir erfüllen müssen. Die metaphysische Mission steht jenseits aller Bedingungen, denn sie wäre zu jeder Zeit und an jedem Ort dieselbe gewesen. Die irdische Mission ist lediglich die Form der höheren Mission, ihr organisches Vehikel.

Für die Philosophie hat der Zeitgeist eine eigene Haltung, die sich von allen vorangegangenen Jahrhunderten unterscheidet. Sein großes Ordnungsprinzip ist die morphologische Bedeutung von Systemen und Ereignissen. Sie stützt sich nicht auf eine kritische Methode, denn alle kritischen Methoden spiegeln nur den vorherrschenden Geist wider, der die Kritik abgelöst hat. Das Zentrum seines geistigen Lebens liegt in der Geschichte. Durch die Geschichte orientieren wir uns, wir verstehen die Bedeutung der vorangegangenen Jahrhunderte unserer eigenen Kultur; wir erkennen, jenseits jedes Systems oder jeder Ideologie, die Natur dessen, was wir tun müssen, wir sehen die Bedeutung unserer eigenen inneren Gefühle und Imperative.

Weltverbesserungssysteme, die einer überholten Denkweise entspringen, sind in der heutigen Zeit nicht mehr von Nutzen.

Sie interessiert sich nur dafür, was getan werden sollte und was getan werden kann, aber nicht dafür, was getan werden sollte. Die Welt des Handelns hat ihre eigenen organischen Rhythmen, und Ideologien gehören zur Welt des Denkens. Lebendige Ideen interessieren uns, abgebrochene Ideale nicht.

Gegenüber der Kunst kann die Epoche nur eine Haltung einnehmen. Im besten Fall ist unser künstlerisches Schaffen zweitrangig, im schlimmsten Fall ist die Kunst zu Schrecken und Chaos verkommen. Massiver Lärm ist keine Musik, malerische Alpträume sind nicht einmal Zeichnungen und haben auch nichts mit der Kunst der Malerei zu tun. Obszönität und Hässlichkeit sind keine Literatur; materialistische Propaganda ist kein Drama; unzusammenhängende und unzusammenhängende Worte, die aus dem Zusammenhang gerissen und auf dem Papier konzertiert werden, sind keine lyrische Poesie. Welche künstlerischen Aufgaben das Zeitalter auch immer zu erfüllen hat, sie werden von isolierten Individuen ausgeführt, die in aller Stille innerhalb der alten westlichen Traditionen agieren und sich nicht im Geringsten mit kunstjournalistischen Theorien befassen werden.

Im Zeitalter des Handelns und der Organisation hat das juristische Denken eine neue Entwicklung erreicht. Das westliche Recht wird sich nicht von der Politik mit ihren geschichtlichen und psychologischen Denkformen fernhalten. Es wird sich mit diesen Ideen völlig erneuern und seinen alten Materialismus im öffentlichen Recht, im Handelsrecht und vor allem im Strafrecht völlig ablegen.

Die Technik und ihre Dienerin, die Wissenschaft, sind für die westliche Zivilisation in ihrer gegenwärtigen Phase von höchster Bedeutung. Die Technologie muss die westliche Politik mit einer starken Faust für die kommenden Kämpfe ausstatten.

Der sozialen Struktur der westlichen Zivilisation wird das Prinzip der Autorität eingehaucht, das das Prinzip des Reichtums ablöst. Diese Sichtweise ist keineswegs feindlich gegenüber Privateigentum oder individueller Führung; sie gehört zu den negativen Gefühlen von Hass und Neid, die dem Klassenkampf zugrunde liegen. Die Idee des zwanzigsten Jahrhunderts schafft den Klassenkampf ebenso ab wie die Vorstellung, dass die Wirtschaft die bestimmende Kraft in unserem Leben ist.

In dem neuen Gebäude nimmt die Wirtschaft den Platz des Fundaments ein, und daraus leitet sich seine geistige Stärke ab. Das Fundament ist nicht der wichtigste Teil eines Bauwerks, sondern ein rein sekundärer Teil. Aber in einem Zeitalter des Handelns ist die wirtschaftliche Stärke für die politischen Einheiten unerlässlich. Die Wirtschaft kann eine Quelle der politischen Stärke sein und manchmal als Waffe im Kampf um die Macht dienen. Aus diesen Gründen wird das zwanzigste Jahrhundert die Entwicklung des wirtschaftlichen Aspekts des Lebens nicht vernachlässigen, sondern sie vielmehr mit neuem Schwung aus der nun vorherrschenden Idee der Politik vorantreiben. Die Wirtschaft ist nicht mehr das Schlachtfeld, auf dem der Einzelne um seine private Beute kämpft, sondern ein starker und wichtiger Aspekt des politischen Organismus, der das Schicksal aller Menschen verwaltet.

Die Vision des zwanzigsten Jahrhunderts von den verschiedenen Richtungen des Denkens und Handelns ist nicht willkürlich, ebenso wenig wie die der vorangegangenen Epochen. Viele der besten Köpfe des neunzehnten Jahrhunderts hatten nihilistische, sensualistische, rationalistische und materialistische Tendenzen, denn es war eine Zeit der Krise im Leben der Kultur, und diese Ideen waren der Geist der Zeit. Gleichzeitig war die Idee des politischen Nationalismus für die damalige Zeit selbstverständlich, aber auch dies war ein Produkt der großen Krise, d.h. eine ebenso zerstörerische wie notwendige Form der Krankheit.

Jede Konjunktion eines organischen Ereignisses bietet eine Wahl und eine Alternative. Die Wahl besteht darin, das zu tun, was notwendig ist; die Alternative ist das Chaos. Das hat nichts mit der Logik aus dem Lehrbuch zu tun; diese Logik ist nur eines der unzähligen Produkte des Lebens, und das Leben wird immer so viele Logiken erfinden, wie es braucht, aber es - das Leben - wird immer einer Logik gehorchen, der organischen Logik. Diese kann durch kein System beschrieben werden, aber sie kann durch den Schicksalsgedanken verstanden werden, die einzige Form des Denkens, die für das Handeln nützlich ist. Das Leben geht vorwärts, oder es geht nirgendwohin. Sich dem Zeitgeist zu widersetzen, bedeutet den Willen zum Nichts.

Im Bereich der Theorie hat diese Epoche so viele Alternativen, wie es Ideologen gibt, die sie sich ausdenken. In der Realität hat sie nur eine Wahl, und diese Wahl wurde ihr durch die Lebensphase der Zivilisation und die äußeren Umstände, in denen wir uns derzeit befinden, vorgegeben.

Wir wissen, dass der Übergang von einer Epoche zur nächsten allmählich erfolgt, und wir wissen auch, dass sie, selbst wenn sie sich in einigen Richtungen verwirklicht hat, glaubt, in anderen am Anfang zu stehen. Während also die Wissenschaft als geistige Disziplin ihren Zweck erfüllt hat, besteht die Wissenschaft als Volksanschauung für die geistig Verrückten und geistig Unfruchtbaren weiter. Die besten Köpfe befassen sich nicht mehr mit dem Materialismus, aber sie besetzen zur Zeit auch keine Kontrollpositionen. Der Westen wird von der Außenwelt beherrscht, die ihrerseits von Barbaren und Verfälschern beherrscht wird, in deren Dienst die minderen Geister Europas stehen. Der Materialismus dient der großen Sache der Zerstörung Europas, und deshalb wird er der europäischen Bevölkerung von außereuropäischen Kräften aufgezwungen.

Unsere große Aufgabe, unser ethischer Imperativ, unser Leben zurückzuerobern, wird uns auf zwei Arten bewusst gemacht. Erstens durch unser inneres Gefühl, das uns dazu drängt, die Dinge so und nicht anders zu betrachten. Zweitens durch unser Wissen über die Geschichte der sieben vorangegangenen großen Kulturen, alle dieselbe Krise durchliefen und die lange Krise der Zivilisation genau so auflösten, wie es uns unser Instinkt sagt, dass sie gelöst werden sollte.

## II

Unsere gegenwärtige Situation nimmt die Form einer großen Schlacht an; eine

Schlacht, die mehr als einen Krieg braucht, um gelöst zu werden, die aber auch durch einen plötzlichen, für uns jetzt völlig unvorhersehbaren Kataklysmus gelöst werden kann. Auf der Oberfläche der Geschichte ist das, was geschieht, das Unvorhergesehene. Das Einzige, was der Mensch tun kann, ist, innerlich vorbereitet zu sein. Im völligen Widerspruch zu unseren Instinkten, Gefühlen und Vorstellungen sitzt das 19. Jahrhundert auf dem europäischen Thron und schaut von der Seitenlinie aus zu, gekleidet in das Leichentuch des Grabes und gestützt von außereuropäischen Kräften. Das bedeutet, dass die Epoche, in der wir uns befinden, die Form eines tiefen und grundlegenden Konflikts annimmt. Diese Ideen können nicht mehr leben; ihre Vorherrschaft bedeutet nichts anderes als die Strangulierung der jungen, lebendigen Tendenzen des Neuen Europa. Ihre Vorherrschaft besteht nur in einer erzwungenen Knechtschaft, einem Lippenbekenntnis. Sie beeinflussen nicht das Denken der Aktion, die organischen Rhythmen des Zeitalters; sie sind nur Instrumente, um den Willen Europas zu beugen und ihn in den Händen der schlimmsten europäischen Elemente zu halten, die die Macht besetzen, die von außereuropäischen Bajonetten gehalten wird.

Der Konflikt ist sehr tiefgreifend; er betrifft jeden Bereich des Lebens. Es stehen sich zwei Ideen gegenüber, keine Konzepte oder Abstraktionen, sondern Ideen, die den Menschen im Blut lagen, bevor sie von den Köpfen der Menschen formuliert wurden. Der Macht des Geldes steht das Wiederaufleben der Autorität gegenüber; dem sozialen Chaos die Ordnung; der Hierarchie die Gleichheit; der sozioökonomisch-politischen Stabilität die ständige Instabilität; der fröhlichen Akzeptanz von Pflichten die wimmernde Einforderung von Rechten; dem Kapitalismus den Sozialismus, ethisch, wirtschaftlich, politisch; dem Materialismus die Wiederauferstehung der Religion; der Sterilität die Fruchtbarkeit; dem Geist des Heldentums den Geist des Handels; das Prinzip der Verantwortung zum Parlamentarismus; die Idee der Polarität von Mann und Frau zum Feminismus; die Idee der individuellen Mission zum Ideal des "Glücks"; die Disziplin zum Zwang der Propaganda; die höchsten Einheiten von Familie, Gesellschaft und Staat zum sozialen Atomismus; die Ehe zum kommunistischen Ideal der freien Liebe; die wirtschaftliche Autarkie zum sinnlosen Handel, der als Selbstzweck betrachtet wird; der innere Imperativ zum Rationalismus.

Aber der wichtigste aller Gegensätze ist noch nicht benannt worden; der Konflikt, der alle anderen in sich zusammenfasst. Es ist der Kampf der Idee der westlichen Einheit gegen den Nationalismus des 19. Jahrhunderts. Hier stehen sich die Ideen des Empire und des Kleinstaatertums, des Großraumdenkens und des politischen Provinzialismus gegenüber. Hier stehen sich die erbärmliche Ansammlung von Patrioten von gestern und die Hüter der Zukunft gegenüber. Die Nationalisten von gestern sind nichts als Marionetten der außereuropäischen Kräfte, die Europa beherrschen und spalten. Für die Feinde Europas darf es keine Annäherung, keine Verständigung, keinen Zusammenschluss der alten Einheiten Europas zu einer neuen Einheit geben, die in der Lage ist, die Politik des 20. Jahrhunderts zu verwirklichen.

In den vorangegangenen sieben Hochkulturen wurde die Periode der nationalistischen Krankheit durch die Entwicklung eines Gefühls für die Gesamtheit der Zivilisation überwunden. Kriege blieben dabei nicht aus, denn die Vergangenheit hat immer gegen die Zukunft gekämpft und wird immer gegen die Zukunft kämpfen. Das Leben ist Krieg, und das schöpferische Verlangen provoziert den Widerstand der negativen Geister, deren Existenz an die Vergangenheit gebunden ist, in der sie versinken. Die Spaltung der Zivilisation wurde in jedem Fall durch die Wiedervereinigung der Zivilisation gelöst, durch die Wiederherstellung ihrer alten und ursprünglichen Exklusivität und Einheit. In jedem Fall unterlag der Ministaat und das Imperium entstand. Die Idee des Imperiums war so stark, dass keine innere Kraft sich ihr mit Aussicht auf Erfolg entgegenstellen konnte.

Der Nationalismus selbst wurde in Europa nach dem Ersten Weltkrieg, dem Beginn unserer Zeitrechnung, zur neuen Idee des Empire. In jedem westlichen Land waren die "Nationalisten" diejenigen, die sich gegen einen weiteren europäischen Krieg wehrten und eine allgemeine politische Regelung in Europa wünschten, um zu verhindern, dass es in dem Staub versinkt, in dem es sich jetzt abmüht. Sie waren also gar keine Nationalisten, sondern westliche Imperialisten. Die so genannten "Internationalisten" hingegen waren diejenigen, die Kriege zwischen den europäischen Staaten von gestern provozieren wollten, um die Schaffung des westlichen Imperiums zu sabotieren. Sie hassten es, weil sie ihm auf die eine oder andere Weise fremd waren; einige, weil sie der westlichen Kultur völlig fremd waren, andere, weil sie unheilbar von einer Ideologie besessen waren, die die neue, vitale, männliche Form der Zukunft hasste und die alte Vorstellung vom Leben bevorzugte, die darin bestand, dem Geld nachzujagen, Geld auszugeben, das starke und hohe Leben zu hassen und die Schwäche, Sterilität und Dummheit zu lieben.

Und so gelang es den außereuropäischen Kräften, die sich mit europaverräterischen Elementen verbündeten, einen Zweiten Weltkrieg auszulösen, der die gewaltige Entwicklung des westlichen Reiches zumindest oberflächlich erschütterte. Aber die Niederlage war nur oberflächlich und hätte auch nur oberflächlich sein dürfen, denn der entscheidende Impuls kommt, wie dieses Jahrhundert nur zu gut weiß, von innen, vom inneren Imperativ, von der Seele. Wenn man die Verwirklichung einer Idee, die historisch wesentlich ist, oberflächlich besiegt, stärkt man sie. Ihre Energie, die sich im Selbstausdruck nach außen verlagert hätte, wird nach innen zurückgezogen und auf die wesentliche Aufgabe der geistigen Befreiung konzentriert. Die Materialisten wissen nicht, dass das, was nicht zerstört, stärkt, und sie können diese Idee nicht zerstören. Die Idee benutzt den Menschen, aber die Materialisten können die Idee nicht benutzen, noch können sie ihr schaden.

Dieses ganze Werk ist nichts anderes als ein Entwurf der Idee dieser Epoche, eine Darstellung ihrer Grundlagen und ihrer Universalität, und jede geistige Wurzel davon wird bis zu ihrem Ursprung und ihrer Notwendigkeit zurückverfolgt werden. Aber es sollte hier erwähnt werden, dass die Idee eines universellen Europas, eines westlichen Reiches, nicht neu ist, sondern die erste Form unserer Kultur darstellt, wie sie es bei den vorhergehenden Kulturen tat. In den ersten fünf Jahrhunderten unserer Kultur gab es ein universelles Volk des Westens, in dem lokale Unterschiede nur wenig zählten. Es gab einen universellen Kaiser-König, der oft in Frage gestellt, aber nie verleugnet wurde. Es gab einen universellen Stil, die Gotik, die alle Arten von Kunst, von Möbeln bis hin zu Kathedralen, inspirierte und prägte. Es gab einen universellen Verhaltenskodex, das abendländische Rittertum, mit seinem Gebot der Ehre für jede Situation. Es gab eine universelle Religion und eine universelle Kirche. Es gab eine universelle Sprache, Latein, und ein universelles Recht, das römische Recht.

Der Zerfall dieser Einheit schritt ab 1250 langsam voran, wurde aber erst im Zeitalter des politischen Nationalismus um 1750, als sich das Abendland zum ersten Mal erlaubte, Barbaren gegen andere westliche Nationen einzusetzen, auch für politische Zwecke vollständig erreicht.

Und nun, da wir in die letzte Phase der Zivilisation eintreten, taucht die Idee eines universellen Europas, eines Imperiums des Westens im 20. Jahrhundert erneut als die einfache, große und prägende Idee des Zeitalters auf. Die Art und Weise, in der sich die Aufgabe stellt, ist politisch. Es ist eine Frage der Macht, ob dieses Reich errichtet wird, denn starke außereuropäische Kräfte stehen ihm entgegen, und diese Kräfte haben den Boden unserer Kultur unter sich aufgeteilt.

### III

Das Imperium des Westens ist eine Entwicklung, der keine innereuropäische Kraft mehr als einen schwachen Widerstand entgegensetzen könnte, aber seine Errichtung wird nun durch das entscheidende Eingreifen von Kräften außerhalb des westlichen Lebens verhindert. Es handelt sich also um einen geistig-politischen Kampf, dessen treibende Kraft in der Idee der westlichen Einheit liegt. In diesem Moment ist die Existenz des Westens in Freiheit für seine Selbstentfaltung eine Funktion der Machtverteilung in der Welt.

Diese Epoche ist in einem Maße und in einem Sinne politisch, wie es keine andere Epoche im Westen war. Dies ist die Epoche der absoluten Politik, denn die gesamte Form unseres Lebens ist jetzt eine Funktion der Macht.

Um wirksam zu sein, muss sich das Handeln in einem geistigen Rahmen bewegen. Wie sagte Goethe: "Uneingeschränkte Aktivität, egal in welchem Bereich, führt am Ende zum Bankrott". Unser Handeln darf nicht blind sein. Unser Vorrat an Ideen muss so beschaffen sein, dass wir ihn zu unserem eigenen Vorteil nutzen können. Er muss frei sein von jeder Art von Ideologie, von Ökonomie, von Biologie, von Moral. Es entspringt unmittelbar dem Sinn für die Tatsachen, von denen dieses Zeitalter ausgeht.

An den Universitäten und in den meisten Büchern werden altmodische Methoden zur Betrachtung der politischen Landschaft vorgeschlagen. Es wird immer noch gelehrt, dass es verschiedene "Regierungsformen" gibt, die von einer politischen Einheit in eine andere verpflanzt werden können. Es gibt den Republikanismus, die Demokratie, die Monarchie und so weiter und so fort. Einige dieser "Formen" werden als "gut" dargestellt, andere als "schlecht". Es ist besser, Europa von den Barbaren besetzen zu lassen, als ein westliches Reich unter einer "schlechten" "Regierungsform" zu haben. Es ist besser, die Rationen zu essen, die Moskau und

Washington erlauben, als ein stolzes und freies Europa mit einer "schlechten" Regierung zu haben.

Dies ist ein wahrer Abgrund an Dummheit. Ein solches Maß an Dummheit kann nur von Ideologen ohne Seele und ohne Verstand erreicht werden.

Das Wort "Politik" hat zwei Bedeutungen: Es bedeutet die Ausübung von Macht, und es hat auch die Bedeutung eines Zweiges der Philosophie im Wörterbuch. Wenn wir nun mit Politik einen Zweig der Philosophie meinen, ist das in Ordnung. In diesem Fall kann es werden, was immer man will, denn in der Welt der Philosophie herrscht die Carte Blanche. Aber die eigentliche Bedeutung des Wortes Politik ist die Tätigkeit der Macht, und in diesem Sinne ist das Leben der Taten selbst politisch. In diesem Sinne treiben die Taten die Politik an, und die Verwirklichung der Taten ist die Aufgabe der Politik. Dies ist die einzig mögliche Bedeutung des Wortes für das zwanzigste Jahrhundert, und dieser schwerwiegendste Moment unseres kulturellen Lebens verlangt von den aktiven Menschen die größtmögliche Klarheit des Geistes, damit sie völlig frei sind von jeder Spur von Ideologie, sei sie nun von der Logik, der Philosophie oder der Moral abgeleitet.

Und so stehen wir vor der Vision einer Politik, die den inneren Anforderungen der Epoche der absoluten Politik entspricht.

## II - DER POLITISCHE WACHTURM DES 20. JAHRHUNDERTS

> *"Die Menschen haben die Nase voll von der Geldwirtschaft. Sie hoffen, das Heil anderswo oder auf andere Weise zu finden, in einer wirklichen Sache, in Ehre und Ritterlichkeit, in innerem Adel, in Selbstverleugnung und Pflicht.*
>
> SPENGLER

> *"Die Zeit der kleinen Politik ist vorbei; das nächste Jahrhundert wird uns den Kampf um die Weltherrschaft bringen: den Ansturm auf die große Politik".*
>
> NIETZSCHE, 1885

### 1. Einleitung

Die Verteilung der Macht in den ersten beiden Weltkriegen war grotesk. In beiden hat die Sichtweise des 19. Jahrhunderts scheinbar gesiegt. Oberflächlich betrachtet war es so, aber in Wirklichkeit ist so etwas unmöglich. Aufgrund des organischen Charakters einer Kultur und der von ihr geschaffenen Nationen kann die Vergangenheit nicht über die Zukunft triumphieren; im organischen Leben gibt es immer zwei Alternativen, und nur zwei: entweder die Weiterentwicklung oder Krankheit und Aussterben.

Die westliche Zivilisation ist mit diesen gewaltigen Konflikten nicht untergegangen, obwohl sie politisch gesehen auf dem Tiefpunkt ihrer Existenz war.

Der erste von mehreren Weltkriegen schuf eine neue Welt. Die alten Ideen über Geschichte, Politik, Krieg, Nationen, Wirtschaft, Gesellschaft, Kultur, Kunst, Bildung, Ethik wurden hinweggefegt. Die neuen Ideen über all diese Dinge besaßen jedoch nur die besten Köpfe Europas, die kleine kulturtragende Schicht. Leider gehörten die politischen Führer Europas unmittelbar nach dem Ersten Weltkrieg - mit einer Ausnahme - nicht zu dieser Schicht.

Der zweite Teil der Serie entstand aus der Tatsache, dass ganz Europa noch nicht unter dem Eindruck der neuen Idee, der globalen Perspektive des 20.

Jahrhunderts. Die Hälfte Europas war immer noch dem altmodischen und fatalen Spiel des Ministaatismus verfallen. Die Führer, die für diesen Zustand verantwortlich sind, verkörpern das, was Goethe im Sinn hatte, als er sagte: "Das Schrecklichste auf der Welt ist die Unwissenheit in Aktion". Europa hat noch nicht den vollen Preis für die Bosheit und Dummheit dieser Führer bezahlt. Nietzsche hatte sich gewünscht, dass die Bedrohung durch Russland so stark zunehmen würde, dass sie Europa zwingen würde, sich zu vereinen und das traurige Spiel des politischen Nationalismus und des Kleinstaatertums aufzugeben. Das geschah, nicht nur politisch, sondern auch kulturell; Russland löste sich ganz von Europa und kehrte nach Asien zurück, wohin Peter der Große es gebracht hatte. Aber Europa machte weiter und frönte dem abstoßenden Spiel der Grenzen und Sitten, der kleinen Pläne, der kleinen Projekte, der kleinen Geheimnisse, selbst nachdem man das Spektakel der bolschewistischen Revolution gesehen hatte. Nietzsche hatte in seinem Denken angenommen, dass sich Menschen mit Verstand am Ruder Europas wiederfinden würden? aber er vergaß, es sich zu wünschen. Wer im Jahr 2000 liest, wird kaum glauben, dass 1947 ein französischer Wahlkandidat sein politisches Programm darauf aufbaute, dass Frankreich sich gegen Deutschland sicher fühlen sollte, oder dass ebenfalls 1947 England und Frankreich in Dünkirchen einen Bündnisvertrag gegen Deutschland unterzeichneten. Sowohl Amerika als auch Russland erlaubten diesen beiden politischen Mächten von gestern, diesen harmlosen Vertrag zu unterzeichnen, der die Pläne der Außereuropäer in Moskau und Washington überhaupt nicht beeinflussen konnte, weil er nicht in die Zukunft, nicht einmal in die Gegenwart, sondern nur in die Vergangenheit blickte. Ist es möglich, dass die Menschen, die diesen Vertrag vorbereitet und unterzeichnet haben, unter dem Einfluss einer kollektiven Halluzination standen und sich im Jahr 1750, 1850 oder einem anderen Jahrhundert wähnten? Wenn Politiker in Verwirrung verfallen, müssen ihre Länder darunter leiden.

So etwas hätte nicht passieren können, Europa hätte nicht einen solchen Tiefpunkt erreichen können, wenn das neue Konzept der Politik, das organisch notwendige Konzept, in den Führungsschichten aller europäischen Länder klar vorhanden gewesen wäre. Dieser neue Begriff - der automatisch zum Standpunkt eines jeden wird, der ihn versteht - wird hier nun zum ersten Mal in seiner Gesamtheit formuliert.

Das Wort "Politik" selbst ist in der jüngeren Geschichte einem tiefgreifenden Missverständnis unterworfen. Dafür gibt es zwei Gründe: erstens die wirtschaftliche Besessenheit der Nationen unserer Zivilisation im 19. Jahrhundert und zweitens der verzerrende Einfluss der amerikanischen Kultur in bestimmten europäischen Gebieten. Die wirtschaftliche Besessenheit führte allmählich zu der Auffassung, dass die Politik altmodisch sei, dass sie nur die vorangegangenen wirtschaftlichen Realitäten widerspiegele und dass sie schließlich verschwinden werde. Der Krieg wurde so zu einem Anachronismus.

In Amerika wurde das Wort "Politik" aufgrund der dort herrschenden besonderen Bedingungen, die in der westlichen Geschichte einmalig sind, zur Bezeichnung für das Festhalten an einer Gruppe oder einer Idee aus zwielichtigen oder heimtückischen Motiven. Amerikanische Politiker beschuldigten sich ständig gegenseitig, in "Politik" verwickelt zu sein. In Wirklichkeit bedeutete dies, dass Politik als etwas Unnötiges, Unredliches angesehen wurde, etwas, das unterdrückt werden konnte und sollte. Das war in Wahrheit ihr Verständnis des Wortes.

Diese tiefe Ignoranz gegenüber der Politik in Europa resultierte aus der außergewöhnlich langen Friedensperiode zwischen den europäischen Nationen, die zwischen 1871 und 1914 herrschte. Dies schien zu zeigen, dass Krieg und Politik vorbei waren. Dieser Gedanke hatte sich so tief verankert, dass 1914 nur die Ausnahme zu sein schien, die die Regel bestätigte. In den schwachen Köpfen Europas und Amerikas gab es auch das mentale Bedürfnis, den Krieg von 1914 als den letzten Krieg zu betrachten. 1939 änderte sich auch diese Sichtweise. Es war wieder der letzte Krieg. Menschen mit einer solchen Sichtweise fühlen sich nicht von dem Bedürfnis getragen, jeden Krieg als den letzten zu betrachten. Für einen Ideologen ist seine Theorie normativ, es sind die Fakten, die falsch sind.

Die Zeit ist gekommen, in der das Beharren auf dieser Art von mentalen Taschenspielertricks aufhören muss. Politik ist kein Thema für logische Übungen, sondern ein Handlungsfeld für den Geist der Zeit.

## 2. Das Wesen der Politik

I

Zunächst einmal: Was ist Politik? Das heißt, Politik als Tatsache. Politik ist Aktivität im Verhältnis zur Macht. Politik ist ein Thema für sich, das Thema der Macht. Es geht also nicht um Moral, es geht nicht um Ästhetik, es geht nicht um Wirtschaft. Politik ist eine Denkweise, wie auch diese anderen Denkweisen. Jede dieser Denkweisen isoliert einen Teil der Gesamtheit der Welt und beansprucht ihn für sich. Die Moral unterscheidet zwischen gut und schlecht, die Ästhetik zwischen schön und hässlich, die Ökonomie zwischen nützlich und unnütz (in ihrer späteren rein kommerziellen Phase zwischen profitabel und unprofitabel). Die Politik teilt die ganze Welt in Freund und Feind ein. Sie drücken den höchstmöglichen Grad der Verbindung, aber auch den höchstmöglichen Grad der Trennung aus.

Das politische Denken ist von diesen anderen Denkformen so verschieden, wie sie voneinander sind. Es kann ohne sie existieren; und sie ohne es. Der Feind mag gut sein, er mag schön sein, er mag wirtschaftlich nützlich sein, die Geschäfte mit ihm mögen profitabel sein... aber wenn seine Machtaktivität mit der meinen konvergiert, ist er mein Feind. Er ist derjenige, mit dem existenzielle Konflikte möglich sind. Aber Ästhetik, Ökonomie, Moral haben nichts mit Existenz zu tun, sondern nur mit Handlungs- und Denknormen innerhalb einer gesicherten Existenz.

Auch wenn der Feind als psychologische Tatsache leicht als unangenehm, schädlich und böse dargestellt wird, ist dies in jedem Fall der Politik untergeordnet und zerstört nicht die Unabhängigkeit des politischen Denkens und Handelns. Der politische Disjunktiv, der sich mit der Existenz befasst, ist der tiefste aller Disjunktive und hat daher die Tendenz, alle Arten von Überredungen, Zwängen und Rechtfertigungen zu suchen, um seine Tätigkeit voranzutreiben. Dies steht in direktem Zusammenhang mit der Reinheit des politischen Denkens der Führer. Je mehr ihre Konzepte von moralischen, wirtschaftlichen oder anderen Ideen durchdrungen sind, desto mehr werden sie sich der Propaganda bedienen, um ihre politischen Ziele durchzusetzen. Es kann sogar vorkommen, dass sie sich nicht bewusst sind, dass ihre Tätigkeit politisch ist. Vieles deutet darauf hin, dass Cromwell sich eher als "Religionist" denn als Politiker verstand. Eine Variante findet sich in der französischen Zeitung, die 1870 den Kriegsgeist ihrer Leser mit der Hoffnung beglückte, dass der *poilus*[16] mit Wagenladungen blonder Frauen aus Preußen zurückkehren würde.

Die japanische Propaganda, die sich im Laufe des Zweiten Weltkriegs an die einheimische Bevölkerung richtete, betonte dagegen fast ausschließlich den existenziellen, d. h. rein politischen Charakter des Kampfes. Der andere kann hässlich, böse und schädlich sein und trotzdem kein Feind sein; oder er kann gut, schön und nützlich sein und trotzdem ein Feind sein.

Freund und Feind sind konkrete Realitäten. Sie sind nicht figurativ. Sie sind nicht mit moralischen, ästhetischen oder wirtschaftlichen Elementen vermischt. Sie beschreiben nicht eine private Beziehung der Antipathie. Antipathie ist kein notwendiger Bestandteil der politischen Unterscheidung von Freund und Feind. Hass ist ein privates Phänomen. Wenn Politiker ihrem Volk den Hass gegen den Feind einimpfen, dann nur, um ihm ein persönliches Interesse an dem öffentlichen Kampf zu geben, das es sonst nicht empfinden würde. Zwischen außerpersönlichen Organismen gibt es keinen Hass, auch wenn es existenzielle Kämpfe geben mag. Die Disjunktion Liebe-Hass ist nicht politisch und überschneidet sich an keiner Stelle mit der Disjunktion Freund-Feind. Bündnis ist nicht gleichbedeutend mit Liebe, so wie Krieg nicht gleichbedeutend mit Hass ist. Klares Denken im Bereich der Politik erfordert zu Beginn eine starke Fähigkeit zur Abgrenzung der Ideen.

Der Weltbegriff des Liberalismus, hier wie immer und überall völlig emanzipiert von der Realität, behauptete, der Feindbegriff bezeichne entweder einen wirtschaftlichen Konkurrenten oder einen ideellen Gegner. Aber in der Ökonomie gibt es keine Feinde, sondern nur Konkurrenten; in einer rein moralisierten Welt (d.h. einer Welt, in der es nur moralische Gegensätze gab) konnte es keine Feinde geben, sondern nur ideelle Gegner. Der Liberalismus, gestärkt durch den seltenen und langen Frieden von 1871-1914, verkündete, dass die Politik atavistisch sei, das Freund-Feind-Dilemma rückwärtsgewandt. Das gehört natürlich zur Politik als einem

---

[16] Die "Poilus", die Behaarten, volkstümliche Bezeichnung für französische Soldaten im Ersten Weltkrieg (N. des T.).

Zweig der Philosophie. In diesem Bereich sind keine Irrtümer möglich; keine Anhäufung von Fakten kann eine Theorie als falsch erweisen, denn Theorien haben Vorrang vor Fakten, die Geschichte ist nicht der Schiedsrichter in Fragen der politischen Perspektive, die Vernunft entscheidet alles, und jeder entscheidet selbst, was vernünftig ist. Wir befassen uns nur mit Fakten, und der einzige Einwand, den wir gegen eine solche Sichtweise erheben werden, ist letztlich, dass sie nicht faktisch ist.

Feind ist also nicht gleichbedeutend mit Konkurrenten. Es bedeutet auch nicht Gegner im Allgemeinen. Noch weniger bezeichnet es eine Person, die aufgrund persönlicher Antipathie gehasst wird. Die lateinische Sprache hatte zwei Wörter: hostis" für einen öffentlichen Feind, inimicus" für einen privaten Feind. In unseren westlichen Sprachen gibt es diese wichtige Unterscheidung leider nicht. Das Griechische hingegen kannte diese wichtige Unterscheidung und unterschied sogar zwischen zwei Arten von Kriegen: denjenigen, die gegen andere Griechen geführt wurden, und denjenigen, die gegen Kulturfremde, die Barbaren, geführt wurden. Ersterer, der "agon", war ursprünglich ein Wettkampf um einen Preis bei öffentlichen Spielen, und der Gegner war der "Antagonist". Diese Unterscheidung ist für uns von Bedeutung, denn im Vergleich zu den Kriegen dieser Epoche waren die innereuropäischen Kriege der vorangegangenen achthundert Jahre agonal. Als die nationalistische Politik in der klassischen Kultur mit den Peloponnesischen Kriegen die Oberhand gewann, wurde die griechische Unterscheidung nicht mehr verwendet. Die Kriege des 17. und 18. Jahrhunderts in Westeuropa nahmen den Charakter von Wettkämpfen um einen Preis an: Der Preis war in der Regel ein Stück Land, ein Thron, ein Titel. Die Teilnehmer waren Dynastien, nicht Völker. Der Gedanke, die gegnerische Dynastie zu vernichten, war nicht vorhanden, und nur in seltenen Fällen ergab sich die Möglichkeit eines solchen Ereignisses. Feind im politischen Sinne bedeutet also öffentlicher Feind. Es handelt sich um eine unbegrenzte Feindschaft, die sich von der privaten Feindschaft unterscheidet. Die Unterscheidung zwischen öffentlich und privat kann nur entstehen, wenn eine überpersönliche Einheit vorhanden ist. Wenn diese besteht, bestimmt sie, wer Freund und wer Feind ist, denn keine Privatperson kann eine solche Unterscheidung treffen. Er kann diejenigen hassen, die ihm feindlich gesinnt sind oder mit ihm konkurrieren, aber gleichzeitig kann er sie nicht als Feinde im unbegrenzten Sinne behandeln.

Das Fehlen von zwei Wörtern zur Unterscheidung zwischen öffentlichem und privatem Feind hat auch zur Verwirrung bei der Auslegung der bekannten Bibelstelle (Matthäus, 5-44; Lukas, 6-27) "Liebet eure Feinde" beigetragen. In der griechischen und lateinischen Version beziehen sich diese Worte auf einen privaten Feind. Und darauf bezieht sich der Text in der Tat. Es ist offensichtlich eine Empfehlung, Hass und Bösartigkeit abzulegen, aber es besteht keine Notwendigkeit, den öffentlichen Feind zu hassen. Hass ist nicht Teil des politischen Denkens. Jeder Hass, der sich gegen den Staatsfeind richtet, ist unpolitisch und zeugt immer von einer Schwäche der innenpolitischen Situation. Diese Bibelstelle beschwört nicht die Feindesliebe, und während der Kriege gegen die Sarazenen und die Türken hat sie kein Papst, kein Heiliger und kein Philosoph so interpretiert. Sie rät gewiss nicht zum Verrat auf der Grundlage von Feindesliebe.

## II

Jede unpolitische menschliche Gruppierung, gleich welcher Art, ob rechtlich, sozial, religiös, wirtschaftlich oder anderweitig, wird schließlich politisch, wenn sie eine Opposition schafft, die tief genug ist, um die Menschen einander als Feinde gegenüberzustellen. Der Staat als politische Einheit schließt von Natur aus eine solche Opposition aus. Tritt jedoch innerhalb der Sphäre eines Staates eine hinreichend tiefe Spaltung auf, die so stark ist, dass sie die Bevölkerung in Freunde und Feinde spaltet, so ist dies ein Beweis dafür, dass dieser Staat, zumindest vorübergehend, in Wirklichkeit nicht existiert. Er ist keine politische Einheit mehr, und wenn Kräfte entstehen, die der Staat nicht mehr friedlich kontrollieren kann, hat er aufgehört zu existieren. Wenn der Staat auf Gewalt zurückgreifen muss, beweist dies an sich schon, dass es zwei politische Einheiten gibt, d. h. zwei Staaten anstelle des einen, der ursprünglich existierte.

Dies wirft die Frage nach der Bedeutung der Innenpolitik auf. Innerhalb der Sphäre eines Staates sprechen wir von Sozialpolitik, Justizpolitik, Religionspolitik, Parteipolitik usw. Es liegt auf der Hand, dass dies eine andere Bedeutung des Wortes darstellt, da es die Möglichkeit eines Freund-Feind-Dilemmas nicht in Betracht zieht. Sie findet innerhalb einer befriedeten Einheit statt. Solche Aspekte der Politik können nur als "sekundär" bezeichnet werden. Das Wesen des Staates besteht darin, dass er in seinem Bereich die Möglichkeit von zwei Freund-Feind-Gruppierungen ausschließt. So sind die Konflikte, die innerhalb eines Staates auftreten, von Natur aus begrenzt, während der wahrhaft politische Konflikt unbegrenzt ist. Jeder dieser begrenzten internen Kämpfe kann natürlich zum Mittelpunkt eines echten politischen Dilemmas werden, wenn die Idee, die sich dem Staat entgegenstellt, stark genug ist und die Staatsführer ihr Selbstvertrauen verloren haben. In diesem Fall verschwindet der Staat. Dies ist die organische Logik, die alle Organismen, Pflanzen, Tiere, Menschen und großen Kulturen beherrscht. Entweder sind sie sich selbst treu, oder sie werden krank oder sterben. Die logische und rationale Sichtweise, die glaubt, dass alles, was sich überzeugend programmatisch in ein System schreiben lässt, dann auch in einen Organismus passt, lässt sich nicht auf sie anwenden. Das rationale Denken ist nur eine der vielfältigen Schöpfungen des organischen Lebens und kann, weil es subsidiär ist, nicht das Ganze in den Bereich seiner Betrachtung einbeziehen. Es ist unbegrenzt und kann nur auf eine bestimmte Art und Weise und auf Themen wirken, die für eine solche Behandlung geeignet sind. Der Organismus ist das Ganze und kann seine Geheimnisse nicht einer Methode anvertrauen, die er aus seiner eigenen schöpferischen Fähigkeit entwickelt, um die nicht-organischen Probleme zu lösen, die er bewältigen muss.

Die sekundäre Politik kann oft die wesentliche Politik falsch darstellen. So trug beispielsweise die weibliche Politik der kleinlichen Eifersucht und des persönlichen Hasses, die am Hof Ludwigs XV. herrschte, dazu bei, dass ein Großteil der politischen Energie Frankreichs dem relativ wichtigen Kampf gegen Friedrich gewidmet wurde und nur sehr wenig dem wichtigeren Kampf gegen England in Kanada, Indien und den Weltmeeren. Pompadour mochte Friedrich den Großen nicht, und Frankreich bezahlte ein Reich, um ihn zu bestrafen. Wenn private Feindseligkeit solche Auswirkungen auf öffentliche Entscheidungen hat, dann kann man von politischer Verzerrung sprechen. Wenn ein Organismus durch den Rat oder die Kraft einer Macht, die dem Gesetz seiner eigenen Entwicklung fremd ist, beherrscht oder beeinflusst wird, wird sein Leben verzerrt, falsch dargestellt. Das Verhältnis zwischen einer privaten Feindschaft und einer öffentlichen Politik, die in gewisser Weise entstellend ist, ist das gleiche wie das zwischen dem kleinlichen europäischen Statismus und der westlichen Zivilisation. Das kollektiv selbstmörderische Spiel der nationalistischen Politik hat das Schicksal des Westens nach 1900 zugunsten der außereuropäischen Kräfte verzerrt.

## III

Der konkrete Charakter der Politik wird durch bestimmte sprachliche Tatsachen deutlich, die in allen westlichen Sprachen auftreten. Die Begriffe, Ideen und das Vokabular einer politischen Gruppe sind stets polemisch und propagandistisch. Die Worte "Staat", "Klasse", "König", "Gesellschaft" haben alle ihren polemischen Inhalt und auch eine völlig unterschiedliche Bedeutung für ihre Befürworter und ihre Gegner. Diktatur, Rechtsstaat, Proletariat, Bourgeoisie... diese Worte haben keine andere Bedeutung als eine rein polemische, und man weiß nicht, was sie bedeuten, wenn man nicht weiß, wer sie benutzt und gegen wen. Während des Zweiten Weltkriegs zum Beispiel wurden Freiheit und Demokratie als Begriffe verwendet, um alle Mitglieder der antieuropäischen Koalition zu bezeichnen, ohne jegliche Rücksicht auf die Semantik. Das Wort "Diktatur" wurde von der außereuropäischen Koalition verwendet, um nicht nur Europa, sondern auch jedes andere Land zu beschreiben, das sich weigerte, der Koalition beizutreten. In ähnlicher Weise wurde das Wort "faschistisch" einfach als Schimpfwort verwendet, ohne jede beschreibende Grundlage, so wie das Wort "Demokratie" ein lobendes, aber kein erklärendes Wort war. In der amerikanischen Presse wurde Russland beispielsweise sowohl während des Krieges von 1914 als auch 1939 als "Demokratie" dargestellt. Die Romanow-Dynastie und das bolschewistische Regime waren gleichermaßen demokratisch. Dies war notwendig, um das einheitliche Bild zu wahren, das die Presse ihren Lesern von diesen Kriegen vermittelt hatte: Es war ein Krieg der Demokratie gegen die Diktatur; Europa war die Diktatur, also war alles, was gegen Europa kämpfte, Demokratie. In ähnlicher Weise definierte Machiavelli jeden Staat, der keine Monarchie war, als Republik - eine umstrittene Definition, die sich bis heute gehalten hat.

Für Jack Cade war das Wort "Adel" ein Begriff der Verdammnis; für diejenigen, die seinen Aufstand niederschlugen, stand es für alles, was gut war. Der Klassenkämpfer Karl Renner bezeichnete in einer juristischen Abhandlung die vom Mieter an den Vermieter gezahlte Miete als "Tribut". In diesem Sinne bezeichnet Ortega y Gasset die Wiederbelebung der staatlichen Autorität, der Vorstellungen von

Ordnung, Hierarchie und Disziplin als Revolution der Massen. Und für einen echten Klassenkämpfer ist jeder Tagelöhner gesellschaftlich wertvoll, ein hoher Angestellter aber ein "Parasit".

In der Zeit, als der Liberalismus die westliche Zivilisation beherrschte und der Staat theoretisch auf die Rolle des "Nachtwächters" reduziert wurde, änderte das Wort "Politik" seine grundlegende Bedeutung. Wo es einst die Machtaktivitäten des Staates bezeichnete, bezog es sich nun auf die Bemühungen von Privatpersonen und ihren Organisationen, Positionen in der Regierung als Mittel zum Lebensunterhalt zu besetzen; mit anderen Worten, Politik wurde zu Parteipolitik. Lesern im Jahr 2050 wird es schwer fallen, diese Zusammenhänge zu verstehen, denn dann wird das Parteienzeitalter so vergessen sein wie heute der Opiumkrieg.

Alle staatlichen Stellen waren verzerrt, verzerrt, krank, in der Krise, und diese Introspektion war ein großes Symptom dafür. Die Innenpolitik sollte die Hauptsache sein.

Wenn die Innenpolitik wirklich wesentlich wäre, hätte das bedeuten müssen, dass Freund-Feind-Gruppierungen aus einer Frage der Innenpolitik entstehen könnten. Das Ergebnis wäre im Extremfall ein Bürgerkrieg, denn die Innenpolitik war in der Tat noch sekundär, begrenzt, privat, nicht öffentlich. Schon die Behauptung, Innenpolitik könne wesentlich sein, war polemisch: gemeint war, dass sie ernsthaft sein sollte. Liberale und Klassenkämpfer sprachen damals wie heute von ihren Hoffnungen und Wünschen, als wären sie Fakten, Beinahe-Fakten oder potenzielle Fakten. Das einzige Ergebnis der Konzentration der Energie auf interne Probleme war die Schwächung des Staates im Umgang mit anderen Staaten. Das Gesetz eines jeden Organismus lässt nur zwei Alternativen zu: Entweder der Organismus bleibt sich selbst treu, oder er verfällt in Krankheit oder Tod. Die Natur, das Wesen des Staates ist innerer Friede und äußerer Kampf. Wenn der innere Frieden gestört oder gebrochen wird, wird der äußere Kampf beschädigt.

Organische und anorganische Denkweisen überschneiden sich nicht: Die gewöhnliche Logik der Schule, die Logik der Philosophie-Lehrbücher sagt uns, dass es keinen Grund gibt, warum der Staat, die Politik und der Krieg existiert haben oder existieren sollten. Es gibt keinen logischen Grund, warum die Menschheit nicht als Gesellschaft, als reines Wirtschaftsunternehmen oder als riesiger Buchclub organisiert sein kann. Aber die hohen Organismen der Staaten und die höchsten von allen, die großen Kulturen, erlauben den Philosophen nicht, zu existieren; in der Tat ist die bloße Existenz dieser Art von Rationalisten, des von der Realität emanzipierten Menschen, nur ein Symptom einer Krise einer großen Kultur, und wenn die Krise vorübergeht, gehen die Rationalisten mit ihr vorüber. Dass die Rationalisten mit den unsichtbaren und organischen Kräften der Geschichte nicht in Berührung kommen, wird durch ihre Vorhersagen der Ereignisse bewiesen. Vor 1914 behaupteten sie allgemein, dass ein allgemeiner europäischer Krieg unmöglich sei. Zwei verschiedene Klassen von Rationalisten gaben dafür zwei verschiedene Gründe an. Die Klassenkämpfer der Internationale sagen, dass der internationale Sozialismus es unmöglich machen würde, die "Arbeiter" eines Landes gegen die "Arbeiter" eines anderen Landes zu mobilisieren. Die andere Klasse - deren Schwerpunkt ebenfalls in der Ökonomie liegt, da Rationalismus und Materialismus untrennbar miteinander verbunden sind - sagte, dass ein allgemeiner Krieg nicht mehr möglich sei, da eine Mobilisierung das Wirtschaftsleben der Länder so sehr durcheinander bringen würde, dass es innerhalb weniger Wochen zum Bankrott käme.

## 3. Die Symbiose von Krieg und Politik

I

Damit sind wir beim Verhältnis von Krieg und Politik angelangt. Wir wollen uns nicht mit der Metaphysik des Krieges befassen, sondern eine praktische Perspektive auf die Möglichkeiten und Bedürfnisse des Krieges als Handlungsgrundlage entwickeln.

Zunächst eine Definition: Krieg ist der bewaffnete Kampf zwischen organisierten politischen Einheiten. Es geht nicht um die Methoden des Kampfes, denn Waffen sind lediglich ein Mittel zum Töten. Es ist auch keine Frage der militärischen Organisation; diese Dinge sind nicht entscheidend für die innere Natur des Krieges. Der Krieg ist der höchstmögliche Ausdruck des Freund-Feind-Dilemmas. Er gibt dem Wort Feind seine praktische Bedeutung. Der Feind ist derjenige, gegen den wir Krieg führen oder uns darauf vorbereiten, Krieg zu führen. Wenn es sich nicht um einen Krieg handelt, ist er kein Feind. Er kann ein bloßer Gegner im Wettbewerb um einen

Preis sein, er kann eine prinzipienlose Person sein, ein bloßer ideologischer Gegner, ein Konkurrent, jemand, den wir aus Gründen der Antipathie hassen. In dem Moment, in dem er zum Feind wird, kommt die Möglichkeit oder die Tatsache eines bewaffneten Kampfes, eines Krieges, ins Spiel. Krieg ist kein "Agon", und so waren die bewaffneten Kämpfe zwischen den Staaten der westlichen Kultur bis zur Mitte des 18. Jahrhunderts keine Kriege im Sinne dieses Wortes, sie waren in Ziel und Ausmaß begrenzt und in Bezug auf den Gegner nicht existentiell. Sie waren also nicht politisch im Sinne des Wortes im 20. Jahrhundert; sie wurden nicht gegen Feinde in unserem Sinne des Wortes geführt. Leider fehlt unseren westlichen Sprachen die Präzision, die das Griechische in dieser Hinsicht hatte, um zwischen innerhellenistischen Kämpfen, "agon", mit dem "antagonistischen" Gegner einerseits und Kämpfen gegen kulturfremde Völker andererseits zu unterscheiden, bei denen der Gegner, also der Perser, der Feind war. Die Kreuzzüge waren also Kriege im uneingeschränkten Sinne des Wortes: Das tiefe geistige Ziel war die Behauptung der kulturellen Überlegenheit und des wahren Glaubens gegenüber den Heiden. Der Gegner war ein Feind, dessen Einheit nicht fortbestehen durfte, wenn er besiegt werden konnte. Dies schloss natürlich persönliche Großzügigkeit gegenüber feindlichen Soldaten aufgrund des inneren Gebots der Ehre und Ritterlichkeit nicht aus.

In den Kreuzzügen verhinderte die Ehre persönliche Kleinlichkeiten, aber sie schloss die totale Zerstörung der organisierten Einheit des Gegners nicht aus. Die Ehre in den innereuropäischen Kämpfen verhinderte, dass dem besiegten Gegner allzu harte Friedensbedingungen auferlegt wurden, und es kam niemandem in den Sinn, dem Gegner das Recht abzusprechen, als organisierte Einheit zu existieren.

Im Laufe der Geschichte unserer Kultur, von Papst Gregor VII. bis Napoleon, war der Kampf gegen ein Mitglied der Kultur begrenzt, aber wenn er mit dem Fremden, mit dem Nichtmitglied der Kultur geführt wurde, dann war es ein echter, unbegrenzter Krieg.

Kriege vor, nach und außerhalb einer Kultur sind unbegrenzt. Sie sind ein reinerer Ausdruck des Barbarischen im Menschen, weil sie nicht hoch symbolisch sind. Sie sind geistig, weil alles Menschliche geistig ist. Der Geist ist das Wesentliche, das Radikale im Menschen; das Materielle ist das Vehikel der geistigen Entwicklung. Der Mensch findet in allem, was er um sich herum vorfindet, eine symbolische Bedeutung; seine Erfahrung mit diesen Symbolen und sein Handeln und Organisieren in Übereinstimmung mit ihnen macht ihn zum Menschen, selbst wenn er auch tierische Instinkte in sich trägt. Natürlich verändert seine Seele mit ihrer transformierenden Symbolik den Ausdruck dieser Instinkte völlig, die zum Dienst der Seele und ihrer Symbolik werden. Der Mensch tötet nicht wie ein Tiger, um sich Nahrung zu verschaffen, er tötet aus geistiger Notwendigkeit. Selbst Kriege, die sich völlig außerhalb einer großen Kultur entwickelt haben, sind nicht rein animalisch, völlig frei von symbolischem Inhalt. Beim Menschen wäre dies unmöglich; nur etwas Geistiges kann die Massen auf das Schlachtfeld bringen. Aber die Symbolik einer Hochkultur ist eine große Symbolik; sie vereint Vergangenheit, Gegenwart und Zukunft und die Gesamtheit der Dinge und verschmilzt alles zu einer großartigen Leistung, die sich später auch als Symbol erweisen wird. Im Vergleich zu diesen großen Bedeutungen, dieser großen überpersönlichen Bestimmung, erscheinen die außerkulturellen menschlichen Phänomene lediglich zoologisch. Aufgrund ihres geringen symbolischen Gehalts und ihrer geringen geistigen Potenz können solche Kriege niemals die Intensität, das Ausmaß oder die Dauer von Kriegen erreichen, die mit einer Hochkultur verbunden sind. Die Niederlage wird viel leichter akzeptiert, weil nur die Seelen der Betroffenen betroffen sind. In Kulturkriegen hingegen ist die Seele der Kultur anwesend und verleiht denjenigen, die in ihrem Dienst stehen, ihre unsichtbare, aber unbesiegbare Kraft, und der Kampf kann über Jahre hinweg gegen zahlenmäßig weit überlegene Gegner geführt werden. Ein paar Niederlagen und Dschingis Khan wäre verschwunden. Aber mit Friedrich dem Großen oder George Washington wäre es nicht dasselbe gewesen, denn sie fühlten sich als Träger einer Idee, der Zukunft.

Von Feindschaft kann man nur sprechen, wenn die Möglichkeit eines Krieges besteht. Eine Möglichkeit in der Tat, nicht dass sie nur denkbar wäre. Die Möglichkeit muss auch nicht täglich bestehen und unmittelbar bevorstehen. Auch muss die Tür zu Verhandlungen nicht geschlossen sein, bevor die Möglichkeit eines Krieges besteht, und dennoch kann man sagen, dass eine echte Feindschaft besteht.

Nicht einmal in kriegführenden Staaten ist das Leben ein tägliches Blutbad. Der Krieg ist die höchstmögliche Intensivierung der Politik, aber es muss etwas weniger Intensives geben: die Zeit zum Erholen, zum Verhandeln, zum Regieren, zum Vorbereiten. Ohne die Tatsache des Friedens gäbe es das Wort Krieg nicht, und -

woran Pazifisten nie gedacht haben - ohne Krieg gäbe es keinen Frieden in der seligen, verträumten, zuckersüßen Art, wie sie das Wort benutzen. Die ganze vehemente Energie, die der Krieg für überpersönliche Auseinandersetzungen aufwendet, würde in häusliche Zwistigkeiten der einen oder anderen Art fließen, und die Zahl der Opfer wäre kaum geringer.

Die Beziehung des Krieges zur Politik ist klar. Clausewitz nannte den Krieg in der allgemein falsch zitierten Passage "die Fortsetzung der politischen Verhältnisse mit anderen Mitteln". Und wir sagen allgemein falsch zitiert, weil damit nicht gemeint ist, dass der militärische Kampf die Fortsetzung der Politik ist, denn das ist nicht der Fall. Der Kampf hat seine eigene Grammatik, Taktik und Strategie. Er hat seine eigenen organischen Regeln und Imperative. Aber der Krieg hat keine eigene Motivation; sie wird von der Politik geliefert. Das ist die Intensität des politischen Kampfes, d.h. der Feindschaft, die der Krieg ist.

In diesem Zusammenhang sagte ein englischer Diplomat, dass ein Politiker besser für den Kampf ausgebildet sei als ein Soldat, weil ersterer ständig kämpfe und letzterer nur gelegentlich. Es sei auch darauf hingewiesen, dass Berufssoldaten dazu neigen, einen Krieg in einen "Agon" zu verwandeln, bevor dies bei politischen Soldaten der Fall ist. Wir verwenden den Begriff politischer Soldat nur ad hoc, um jemanden zu bezeichnen, der aus Überzeugung und nicht aus Berufung kämpft.

Clausewitz formulierte im selben Kapitel eine Beschreibung des Verhältnisses von Politik und Krieg, die auch in diesem Jahrhundert noch gültig ist: "Da der Krieg zur Politik gehört, passt er sich ihrem Charakter an. Wenn die Politik groß und mächtig wird, wird es auch der Krieg, der dann zu den Höhen aufsteigen kann, wo seine absolute Form erreicht".

Der Krieg setzt die Politik voraus, so wie die Politik den Krieg voraussetzt. Der Krieg bestimmt den Feind und den Zeitpunkt des Kriegsbeginns. Dies sind keine Probleme für den Soldaten. Die Armeen müssen darauf vorbereitet sein, gegen jede politische Einheit zu kämpfen.

Krieg und Politik können nicht im Sinne einer gegenseitigen Endgültigkeit oder eines Zwecks definiert werden. Es macht keinen organischen Sinn zu sagen, dass der Krieg der Zweck der Politik oder die Politik der Krieg ist. Das wäre auch gar nicht möglich. Das eine ist die Voraussetzung für das andere, das eine kann ohne das andere nicht existieren. Eine bestimmte Politik könnte natürlich einen bestimmten

Krieg anstreben, aber keine Politik könnte einen Krieg im Allgemeinen anstreben. Die Möglichkeit des Krieges ist es, die dem politischen Denken das Merkmal verleiht, das es von anderen Denkweisen wie dem wirtschaftlichen, moralischen, wissenschaftlichen oder ästhetischen Denken unterscheidet.

## II

Wenn das Freund-Feind-Dilemma das Wesen des politischen Denkens und Handelns ist, heißt das dann, dass es zwischen den beiden Begriffen nichts anderes gibt? Nein, Neutralität existiert als Tatsache. Sie hat ihre eigenen Regeln und Existenzbedingungen. Die westliche Kultur hat als Teil ihres Völkerrechts ein Neutralitätsrecht geschaffen. Die Formulierung von Regeln für Neutrale zeigt, dass das Entscheidende der Konflikt ist, das Freund-Feind-Dilemma. Das Problem des Neutralen ist, wie er sich aus dem Krieg heraushalten kann; es ist nicht das Problem der anderen, wie sie den Neutralen auf Distanz halten können. Die gesamte Praxis des Neutralitätsrechts hing davon ab, wer sich im Krieg befand. Wenn sich die Großmächte im Krieg befanden, hatten die Neutralen praktisch gesehen nur sehr wenige Rechte. Wenn es sich bei den Kriegführenden um kleine Mächte handelte und die Großmächte neutral blieben, hatten die Neutralen viele Rechte.

Der wesentliche Punkt ist jedoch, dass die Neutralität als Politik in den Bereich der praktischen Möglichkeiten des Krieges und der aktiven Politik eintritt. Ein Land, das die Neutralität als Existenzform annimmt, würde aufhören, als politische Einheit zu existieren. Es könnte wirtschaftlich, gesellschaftlich und kulturell weiter existieren, aber politisch könnte es nicht existieren, wenn es immer neutral wäre. Der Verzicht auf den Krieg bedeutet den Verzicht auf das Recht, einen Feind zu haben. Wenn eine Macht sich verpflichtet, in einem bestimmten Fall Krieg zu führen, hat sie keine vollständige Neutralität angenommen. So war die Neutralität Belgiens im 19. Jahrhundert nur ein Wort und keine Tatsache, denn es unterhielt eine Armee, eine diplomatische Vertretung im Ausland und schloss militärische Abkommen mit Frankreich und England gegen Deutschland. In dem Moment, in dem ein Land eine Armee unterhält, kann es nicht mehr sagen, dass seine grundlegende nationale Politik die Neutralität ist. Eine Armee ist ein Instrument der Politik, auch wenn es sich nur um eine Politik der Selbstverteidigung handelt. Politik und Neutralität schließen sich gegenseitig aus, so wie sich Neutralität und Fortbestand gegenseitig ausschließen. Hier haben wir ein weiteres Beispiel für den polemischen Charakter jeder politischen Sprache: Die Neutralität wurde von bestimmten kleinen Ländern in Europa als polemisches Wort verwendet. In der Tat dienten sie allein aus dem Grund ihrer Existenz den politischen Zielen der einen Hälfte Europas gegen die andere Hälfte. Diese Position, durch ihre bloße Existenz einer der beiden Seiten verpflichtet zu sein, wurde von diesen Ländern als "Neutralität" bezeichnet. Sie wussten, dass ihre Politik den Krieg verkomplizieren würde; sie wussten, auf welcher Seite sie stehen würden, und als der Krieg kam, verkündeten sie lautstark, dass ihre "Neutralität" verletzt worden sei.

Der Verzicht auf die Politik - was die totale Neutralität bedeutet - ist der Verzicht auf die Existenz als Einheit. In vielen Fällen hängt es von der Weisheit und dem Diktat der Kultur ab, sich mit einer anderen Macht zu vereinen und auf eine leere Existenz als Einheit zu verzichten, eine Existenz ohne Sinn und ohne Zukunft.

Neben der Neutralität als prekäre Tatsache während des Krieges und der Neutralität als polemischer Betrug gibt es die Neutralität, die sich aus der erfolgreichen Durchführung eines Krieges ergibt. Diese ist der wahren Neutralität am ähnlichsten, denn sie bedeutet, dass die Mächte in einem solchen Fall aus den Berechnungen der anderen Mächte verschwunden sind, es sei denn, das betreffende Land ist als Beute oder als Schlachtfeld attraktiv. In diesem Fall muss es selbst entscheiden, an welche der beiden Kriegsparteien es seine Unabhängigkeit abtritt. Tut es dies nicht, wird die Entscheidung von anderen getroffen werden. Eine Macht, die aufgrund ihrer wirtschaftlichen Schwäche, ihrer geringen Größe oder ihres hohen Alters nicht in der Lage ist, einen Krieg zu führen, hat faktisch auf einen Krieg verzichtet und ist neutral geworden. Ob es ihr erlaubt wird, posthum weiter zu existieren, hängt ganz davon ab, wie attraktiv ihre Gebiete sind. Für die hohe Politik ist sie kein politischer Faktor mehr, sondern ein neutraler Faktor. Die Entwicklung kolossaler Kriegstechniken hat dazu geführt, dass nur wenige Mächte einem Krieg standhalten oder ihn durchhalten können. Dies veranlasste Rationalisten und Liberale, die wie immer ihre Wünsche mit der Realität verwechselten, zu verkünden, dass die Welt friedlich werde. Keine Kriege und keine Politik mehr - "Machtpolitik" ist ein Ausdruck von ihnen, so wie man von der Ästhetik des Schönen, der Ökonomie des Nützlichen, der Moral des Guten, der Religion der Frömmigkeit oder des Rechts sprechen könnte -, die Welt ist neutral geworden, die Anlässe für Kriege verschwinden, die politischen Mächte können sich keine Kriege mehr leisten, und so weiter. Es ist nicht der Krieg oder die Politik, die verschwinden, sondern die Zahl der Kontrahenten hat abgenommen.

Eine friedliche Welt wäre eine Welt, in der es keine Politik gäbe. Es wäre eine Welt, in der keine menschlichen Unterschiede entstehen könnten, die die Menschen als Feinde gegeneinander ausspielen würden. In einer rein wirtschaftlichen Welt stünden sich die Menschen zwar gegenüber, aber nur als Konkurrenten. Wenn es eine Moral gäbe, würden sich die Vertreter der verschiedenen Theorien ebenfalls gegenüberstehen, aber nur in mündlichen Diskussionen. Die Anhänger der einen oder anderen Religion würden sich ebenfalls gegenüberstehen, aber nur mit der Propaganda ihrer jeweiligen Überzeugungen. Es sollte eine Welt sein, in der niemand bereit ist zu töten, oder besser noch, eine Welt, die so träge, amorph und stumpf ist, dass niemand etwas ernst genug nehmen kann, um zu töten oder sein Leben zu riskieren.

Die einzige Schlussfolgerung, die man daraus ziehen kann, ist, dass ein Rationalist, Liberaler oder Pazifist, der glaubt, dass es möglich ist, den Krieg abzuschaffen, nicht versteht, was das Wort Krieg bedeutet, seine wechselseitige Koexistenz mit der Politik oder die Natur der Politik als die Disposition von Menschen gegen andere Menschen als Feinde. Mit anderen Worten, um es so nett wie möglich auszudrücken, diese Leute wissen nicht, wovon sie reden. Sie wollen den Krieg durch die Politik abschaffen, oder sogar durch den Krieg. Wenn der Krieg verschwände und die Politik bliebe, dann würden sie die Politik durch den Krieg abschaffen, oder vielleicht durch die Politik. Sie verwechseln verbale Virtuosität mit politischem Denken, Logik mit geistigen Bedürfnissen, Zufall mit Geschichte. Was die überpersönlichen Kräfte betrifft, so existieren sie nicht, weil sie nicht gesehen, gewogen und gemessen werden können.

### III

Da die Symbiose von Krieg und Politik eine eigene, von anderen Denkweisen unabhängige Denkkategorie bildet, folgt daraus, dass ein Krieg nicht mit einer rein unpolitischen Motivation geführt werden kann. Wenn ein religiöser Unterschied, ein wirtschaftlicher Gegensatz, ein ideologischer Bruch den Grad der Gefühlsintensität erreichen sollte, in dem sich die Menschen als Feinde gegenüberstehen, dann würden sie politisch werden, und die gebildeten Einheiten wären politische Einheiten und würden sich von einer politischen Handlungs-, Denk- und Bewertungsweise leiten lassen und nicht von einer religiösen, wirtschaftlichen oder einer anderen Denkweise. Reine Ökonomie könnte keinen Krieg auslösen, denn jeder Krieg ist unökonomisch. Reine Religion kann keinen Krieg auslösen, ebenso wenig wie reine Ideologie, denn Krieg kann keine Religion verbreiten, er kann nicht bekehren, sondern nur Macht vergrößern oder verkleinern. Sicherlich können auch andere als rein politische Motive einen Krieg auslösen, aber der Krieg nimmt sie mit sich, umfasst sie, und solche Motive verschwinden in ihm. Das westliche Christentum hat Kriege motiviert, wie etwa die Kreuzzüge, aber diese Kriege haben nicht die moralischen Kräfte freigesetzt, denen das Christentum einen positiven Wert beimisst. Die Wirtschaft hat Kriege motiviert, aber das unmittelbare Ergebnis des Krieges war nie materieller Gewinn.

Aus diesem Grund haben sich Liberale und Rationalisten vor 1914 bequemerweise eingeredet, dass der Krieg verschwunden sei, weil er keine Aussicht auf Gewinn biete. Sie lebten in ihrer privaten Welt der Abstraktionen, in der die Wirtschaft das einzige Motiv für menschliches Verhalten war und in der unsichtbare, überpersönliche Kräfte nicht existierten. Und 1914 hat sie nicht dazu gebracht, ihre Theorie zu ändern; nein, wenn Fakten und Theorie im Widerspruch zueinander stehen, sind es die Fakten, die revidiert werden müssen. Das Jahr 1914 hat sie dazu gebracht, ihre Theorie zu korrigieren: Der Erste Weltkrieg war ein weiterer Beweis für ihren Standpunkt, denn er hat gezeigt, dass es wirtschaftlich notwendig war, den Krieg zu beseitigen. Diese Leute wussten nicht, dass die wirtschaftliche Notwendigkeit der Menschen niemals von überpersönlichen Kräften berücksichtigt wird. Offensichtlich haben sie den Satz eines der auffälligsten Teilnehmer an den Vorkriegsverhandlungen vom Juli 1914 nicht verstanden, in dem er erklärte, dass alle angesprochenen Staatsmänner einfach in den Krieg stürzten. Ein einfacher Blick auf die Tatsachen zeigt, dass überpersönliche Organismen keine Ökonomie in unserem Sinne betreiben, eben weil sie rein geistig sind. Wenn die Bevölkerungen einer Kultur sich selbst ernähren - das und nichts anderes ist die Ökonomie -, dann ernähren sie den höchsten Organismus, denn die Bevölkerungen sind seine Zellen.

Diese Zellen sind für die überpersönliche Seele das, was die Zellen eines Körpers für die menschliche Seele sind.

Ein Krieg aus rein religiösen, wirtschaftlichen oder anderen Gründen wäre ebenso sinnlos wie unmöglich. Aus religiösen Gegensätzen entstehen die Denkkategorien von Gläubigen und Ungläubigen, aus wirtschaftlichen Gegensätzen die von Partnern und Konkurrenten, aus ideologischen Gegensätzen die von Zustimmung und Ablehnung. Nur aus politischen Gegensätzen entstehen Freund-Feind-Gruppen, und nur aus Feindschaft kann ein Krieg entstehen. Feindschaft kann auch anderswo entstehen - der persönliche Hass auf den Liebling eines Herrschers hat sogar die Feindschaft zwischen westlichen Staaten ausgelöst -, aber wenn es zur Feindschaft kommt, ist sie bereits politisch. Auch wenn die Feindschaft ihren Ursprung in einem religiösen Gegensatz hat, wird man, wenn sie zum Krieg führt, gegen Gläubige kämpfen oder die Hilfe von Ungläubigen annehmen. Der Dreißigjährige Krieg ist ein typisches Beispiel dafür. Selbst wenn die Feindschaft ihren Ursprung in der Wirtschaft hat, kämpft man, sobald sie die Intensität der Feindschaft erreicht hat, ohne sich um die wirtschaftlichen Folgen des Kampfes zu kümmern, sondern nur noch um die politischen Folgen.

Andere Denkkategorien erheben den Anspruch, ein Monopol auf das Denken zu haben; das Politische soll ihnen unterworfen sein. Das Konzept der Politik des 20. Jahrhunderts stellt lediglich fest, dass dies in Wirklichkeit nicht der Fall ist. Aus ästhetischer Sicht mögen Krieg und Politik hässlich sein, aus wirtschaftlicher Sicht teuer, aus moralischer Sicht böse, aus religiöser Sicht sündhaft. Aus politischer Sicht sind diese Ansichten jedoch neutral, da sie zunächst versuchen, die Tatsachen festzulegen und sie dann zu ändern, aber niemals vorgeben, sie nach einem nicht-politischen Wertesystem zu bewerten. Einige Politiker tun das, das ist wahr. Vor allem englische Politiker nach Cromwell fühlten sich innerlich gezwungen, jeden ihrer Kriege als etwas darzustellen, das direkt Christentum zusammenhängt; selbst ein Krieg, der Hammer und Sichel in das Herz Europas pflanzte, war ein Krieg für das Christentum. Aber das hat keinen Einfluss auf das, was ich hier sage, denn solche Dinge betreffen nur das Vokabular, aber nicht die Fakten oder die Handlung. Der Gebrauch von politischer Terminologie oder Propaganda kann die Politik nicht entpolitisieren, genauso wenig wie der Gebrauch von pazifistischer Terminologie den Krieg "entbellen" kann.

Politiker sind im Allgemeinen ebenso wenig rein in ihren Gedanken wie andere Menschen. Selbst ein Heiliger begeht Sünden, selbst ein Wissenschaftler hat seinen privaten Aberglauben, der spirituellste Mensch hat seine mechanistischen Fehler, selbst ein Liberaler kann seine winzigen Züge des tierischen Instinkts haben, die, wenn sie entfesselt werden, einen blutigen Krieg auslösen können, nach dessen Beendigung er versuchen kann, die Menschen auszurotten, die die Bevölkerung des besiegten Feindes bilden.

So wie ein Krieg nicht rein wirtschaftlich, religiös oder moralisch sein kann, so muss ein Krieg auch nicht unter eine andere Kategorie fallen, um politisch gerechtfertigt zu sein. Die scholastischen Philosophen haben die ethisch-religiösen Voraussetzungen für einen gerechten Krieg dargelegt. Der heilige Thomas von Aquin hat sie in einer Weise formuliert, die mit dem ethisch-religiösen Denken vereinbar ist. Aus politischer Sicht ist die Prüfung der Rechtfertigung jedoch eine ganz andere. Es ist natürlich klar, dass das Wort Rechtfertigung unpassend ist, da dieses Wort ursprünglich zum moralischen Denken und nicht zum politischen Denken gehört. Es darf daher nicht als ein Eindringen in den Bereich der Moral interpretiert werden, wenn das Wort Rechtfertigung in diesem Fall verwendet wird, denn was es bedeutet, ist die Angemessenheit, die Zweckmäßigkeit, der Vorteil, und diese sind sicherlich in der sekundären Bedeutung des Wortes Rechtfertigung enthalten. Welche Kriege sind nun in diesem praktischen, politischen Sinne gerechtfertigt? Politik ist eine Tätigkeit in Bezug auf die Macht. Wer Politik betreibt, kann Macht gewinnen oder verlieren. Instinkt und Verstand treiben sie dazu, die Macht zu vergrößern. Der Krieg ist die intensivste Methode, um die Macht zu vergrößern. Daher ist ein Krieg, nach dem die Möglichkeit eines Machtzuwachses nicht absehbar ist, politisch nicht vertretbar. Das ist es, was das Wort Erfolg in diesem Fall bedeutet: dass der Machtzuwachs das Ergebnis des Krieges ist. Wenn ein Machtverlust das Ergebnis des Krieges ist, ist der Krieg nicht erfolgreich gewesen.

## IV

Die Begriffe "Niederlage" und "Sieg" können in zweierlei Hinsicht verwendet werden: militärisch und politisch. Auch wenn Armeen auf dem Schlachtfeld auf der Gewinnerseite stehen, ist es möglich, dass die Einheit, der sie eigentlich angehören sollten, aus dem Krieg mit weniger Macht hervorgeht, als sie bei Kriegseintritt hatte. Ich sage "vermeintlich zugehörig", weil eine politische Einheit, die sich in einer Situation befindet, in der selbst ein militärischer Sieg eine politische Niederlage bedeutet, in der politischen Realität keine unabhängige Einheit ist. Wenn es also nur zwei Mächte auf der Welt gäbe, würde diejenige, die den militärischen Sieg in einem Krieg erringt, zwangsläufig auch den politischen Sieg erringen. Es gibt keine andere Alternative. Wenn aber mehr als zwei Mächte in einen Krieg verwickelt sind und ein militärischer Sieg errungen wurde, muss eine oder mehrere Mächte den politischen Sieg errungen haben, d.h. ihre Macht vergrößert haben. Wenn also eine Macht, obwohl sie militärisch gesehen auf der Gewinnerseite stand, am Ende des Krieges weniger Macht hat, so folgt daraus, dass sie in Wirklichkeit für den politischen Sieg einer anderen Macht gekämpft hat. Mit anderen Worten, sie war keine unabhängige Einheit, sondern stand im Dienst einer anderen Einheit.

Um es konkret und nicht allgemein zu sagen: Nach dem Ersten Weltkrieg war England, obwohl es militärisch auf der Seite der Sieger stand, politisch schwächer, d.h. es hatte nach dem Krieg weniger Macht als vorher. Im Spanischen Erbfolgekrieg ging Frankreich trotz des militärischen Sieges schwächer aus dem Krieg hervor, als es ihn begonnen hatte.

Aber zwischen den beiden Bedeutungen der Worte Sieg und Niederlage gibt es eine Rangordnung: Die politische Bedeutung ist die primäre, denn der Krieg selbst ist der Politik untergeordnet. Jeder Politiker würde eine militärische Niederlage in Verbindung mit einem politischen Sieg dem Gegenteil vorziehen. Trotz der militärischen Niederlage Frankreichs in den napoleonischen Kriegen hat Talleyrand auf dem Wiener Kongress einen politischen Sieg für Frankreich ausgehandelt. Zu sagen, dass eine Einheit einen militärischen Sieg errungen und gleichzeitig eine politische Niederlage erlitten hat, ist eine andere Art zu sagen, dass der militärische Gegner nicht der wahre Feind war. Ein wirklicher Feind ist ein Feind, der besiegt werden kann und dadurch die eigene Macht stärkt.

Es ist Sache des Politikers, zu bestimmen, gegen wen er kämpft, und wenn er als Feind eine Einheit wählt, auf deren Kosten er nicht einmal im Falle eines militärischen Sieges gewinnen könnte, war dieser Politiker unfähig. Er kann einfach nur dumm gewesen sein; er kann eine private parasitäre Politik betrieben haben, indem er das Leben seiner Landsleute für die Verwirklichung seiner persönlichen

Antipathien benutzte, wie Graf Brühl im Siebenjährigen Krieg; er kann ein Kulturverfälscher gewesen sein, der eine äußere Kraft vertrat, die nicht zur Nation, nicht einmal zur Kultur gehörte.

Ein solcher Politiker kann auch ein Verräter sein, der sich aus privatwirtschaftlichen Erwägungen verkauft, wie die Polen, die nach der Kriegserklärung von 1939 verschwanden und von denen man nie wieder etwas gehört hat.

Doch abgesehen von der Frage, warum ein Politiker eine Einheit als Feind wählt, die kein wirklicher Feind war, bleibt die Tatsache, dass er damit die Souveränität seines Staates aufgibt, indem er sie in den Dienst eines anderen Staates stellt.

Ein klassisches Beispiel dafür in der jüngeren Geschichte ist natürlich die Beteiligung Großbritanniens am Zweiten Weltkrieg. England war militärisch auf der Seite der Sieger, erlitt aber politisch eine totale Niederlage. Schon während des Krieges konnte ein britischer Abgeordneter feststellen, dass England offenbar eine Abhängigkeit von Amerika sei. Am Ende des Krieges waren Macht und Prestige Englands so stark gesunken, dass es das Empire aufgeben musste. Die Sieger waren nicht-europäische Mächte. England hatte im Zweiten Weltkrieg gekämpft und sein Leben und seinen Einsatz für den politischen Sieg anderer geopfert. Es war nicht das erste Mal in der Geschichte, und es wird auch nicht das letzte Mal sein, aber aufgrund seines Ausmaßes wird es für immer ein klassisches Beispiel bleiben.

Eine kleine Insel von etwa 242.000 Quadratkilometern mit einer Bevölkerung von nur 40.000.000 Menschen kontrollierte im Jahr 1900 17/20 der Erdoberfläche. Dazu gehörten alle Meere, die England unangefochten beherrschte, da es jeder anderen Macht die Durchfahrt verweigern konnte. In weniger als 25 Jahren, d.h. nach dem Ersten Weltkrieg (1914-1918), verlor England seine Seeherrschaft, seine Handelsmacht und seine Position als Schiedsrichter in Europa in dem Sinne, dass es eine andere Macht daran hindern konnte, die Vorherrschaft zu übernehmen. In weniger als 50 Jahren oder nach dem Zweiten Weltkrieg (1939-1945) war alles verloren, das Empire und auch die Unabhängigkeit des Heimatlandes. Die Lehre daraus ist, dass eine Struktur, die durch Jahrhunderte von Kriegen, Blutbädern und der hohen politischen Tradition, als Feind immer denjenigen zu wählen, dessen Niederlage das britische Empire vergrößern würde, aufgebaut wurde, in einem oder zwei Kriegen gegen eine Macht, die kein wirklicher Feind war, verloren gehen konnte.

1939 konnte es unter politischen Denkern keine Meinungsverschiedenheit darüber geben, dass Großbritannien keinen Feind in Europa haben konnte, da außereuropäische Mächte, Japan, Russland und Amerika, in der Weltpolitik entscheidend geworden waren. Aber 1946 gab es in dieser Hinsicht keine Meinungsverschiedenheit zwischen den Menschen irgendwo auf der Welt, unabhängig davon, ob sie des politischen Denkens fähig waren oder nicht. Außer natürlich bei den Liberalen, die sich in Theorien und nicht in Fakten bewegen. In der Tat haben sich die Liberalen, die Kulturbanausen und die Dummköpfe in England auch nach diesem katastrophalen Krieg weiterhin im "Sieg" Englands gebrüstet. Aus politischer Sicht war die hoffnungsvollste Tatsache für die Zukunft Englands in der Nachkriegszeit, dass die außereuropäischen Besatzungstruppen von der Insel abgezogen wurden. Hier zeigt sich einmal mehr der existenzielle Charakter organischer Alternativen: Eine politische Einheit kann einen realen Feind bekämpfen, sonst wird sie verlieren. Und eine politische Einheit, die nicht gegen einen wirklichen Feind kämpft, steht im Dienst einer anderen Macht... es gibt keinen Mittelweg. Wenn eine Einheit nicht für sich selbst kämpft, kämpft sie gegen sich selbst. Die weiteste Formulierung dieses Grundprinzips lautet: Ein Organismus muss seinem eigenen inneren Gesetz der Existenz treu sein, sonst wird er krank und geht zugrunde. Das innere Gesetz eines politischen Organismus ist, dass er seine eigene Macht vergrößern muss; nur so kann er sich gegenüber der Macht verhalten. Wenn er versucht, die Macht eines anderen Organismus zu vergrößern, schadet er sich selbst; wenn er nur versucht, einen anderen Organismus an der Vergrößerung seiner Macht zu hindern, schadet er sich selbst; wenn er seine ganze Existenz der Blockade eines anderen Organismus widmet, ohne Rücksicht auf seinen eigenen Erfolg bei diesem negativen Ziel, wird er sich selbst zerstören.

Frankreich, ab 1871, ist ein Beispiel für letzteres. Die ganze Idee der Existenz Frankreichs als Staat bestand darin, einen Nachbarstaat zu blockieren und zu vereiteln. Der Slogan, der diese Idee inspirierte, war Révanche. Diese Idee wurde jahrzehntelang verfolgt, und dabei wurde die französische Macht zerstört. Eine solche Politik hätte in einem gesunden Organismus nicht entstehen können.

## 4. Die Gesetze der Totalität und der Souveränität

Die organischen Gesetze der Souveränität und der Totalität beziehen sich ausnahmslos auf alle politischen Einheiten. Sie beschreiben jede Einheit, unabhängig von ihrer Herkunft, die den Grad der Intensität ihrer Ausprägung erreicht, in dem sie an einem Freund-Feind-Dilemma teilnimmt. Die Gesamtheit bezieht sich sowohl auf Entscheidungen innerhalb des Organismus als auch auf Personen innerhalb des Organismus selbst. Jede Entscheidung innerhalb des Organismus unterliegt der politischen Bestimmung, weil jede Entscheidung potenziell politisch ist. Jede Person im Organismus ist existenziell in diesem Organismus enthalten. An jedem wichtigen Punkt diktiert die Souveränität dem Organismus die zu treffende Entscheidung. Beide Gesetze sind existenziell, wie alle organischen Bedingungen: Entweder der Organismus ist ihnen treu, oder er ist von Krankheit und Tod bedroht. Diese Gesetze sollen erläutert werden.

Erstens, das Gesetz der Totalität: Jeder Gegensatz, jede Opposition oder Feindseligkeit zwischen Gruppen innerhalb eines Organismus kann politischer Natur werden, wenn sie den Punkt erreichen, an dem eine Gruppe oder Einheit eine andere Gruppe, Klasse oder Schicht als echten Feind empfindet. Damit eine solche Einheit innerhalb eines Organismus entstehen kann, besteht die Möglichkeit eines Bürgerkriegs oder einer schweren Krise des Organismus, die ihn einer Schädigung oder Auslöschung von außen aussetzt. Daher hat jeder Organismus durch die Tatsache seiner Existenz die Eigenschaft, dass er die Macht über die Bestimmung aller Entscheidungen übernimmt. Das bedeutet nicht, dass er das gesamte Leben der Bevölkerung plant: wirtschaftlich, sozial, religiös, erzieherisch, rechtlich, technisch, in der Freizeit. Es bedeutet lediglich, dass all diese Dinge der politischen Entscheidung unterliegen. Viele dieser Dinge sind für einige Staaten neutral, aber für andere von Interesse. Aber alle Behörden werden eingreifen, wenn eine einheimische Gruppe in den Mittelpunkt eines Freund-Feind-Dilemmas gerät. Dies gilt für alle Arten von politischen Einheiten, unabhängig davon, wie sie ihre schriftlichen Verfassungen formulieren, wenn sie überhaupt welche haben.

Das Gesetz der Totalität wirkt auf den Einzelnen, indem es ihn existenziell in das Leben des Organismus integriert. Die Politik bringt das Leben jedes Einzelnen in die betreffende politische Einheit ein. Sie verlangt allein durch die Tatsache ihrer

Existenz, dass sich alle Individuen im Dienste ihrer Entwicklung fügen, selbst wenn sie dabei ihr Leben aufs Spiel setzen. Andere Gruppen verlangen vielleicht Tribut, regelmäßige Teilnahme an Versammlungen, Investition von Zeit in Gruppenprojekte. Wenn sie aber verlangen - und dieses organische Gesetz der Totalität ist so grundlegend -, dass das Mitglied sein Leben für das Wohl der Gruppe einsetzen muss, dann werden sie politisch. Der französische Professor für öffentliches Recht, Haurion, sagte, dass die Besonderheit einer politischen Einheit darin besteht, dass sie das Individuum vollständig integriert, während nicht-politische Gruppen es nur teilweise integrieren.

Dies ist, mit anderen Worten, das Gesetz der Totalität. Der Prüfstein dafür, ob eine Gruppe politisch ist oder nicht, ist, ob sie einen existenziellen Eid verlangt oder nicht.

Wenn eine Gruppe ihren Mitgliedern einen solchen Eid abverlangt, ist die Gruppe politisch. Dieses Gesetz der Totalität, das muss wohl kaum klargestellt werden, leitet sich keineswegs von der Wehrpflicht ab. Die Wehrpflicht dauert nur einige Jahrhunderte in einer großen Kultur, während das Gesetz der Totalität dieselbe Kultur beschreibt, wenn sie sich als politischer Organismus konstituiert, und während der Periode der Konzentration der Politik in den Kulturstaaten jeden einzelnen Staat definiert. Wie alle organischen Gesetze ist es existentiell: Wenn eine innere Kraft es anfechten kann, ist der Organismus krank; wenn die Anfechtung erfolgreich ist, befindet sich der Organismus in einer schweren Krise und kann vernichtet werden. In jedem Fall wird seine Einheit vorübergehend in der Schwebe sein, mit der Möglichkeit, unter äußeren Mächten aufgeteilt zu werden.

Das Gesetz der Souveränität ist die innere Notwendigkeit der organischen Existenz, die die Entscheidungen zu jedem wichtigen Zeitpunkt für den Organismus festlegt und verhindert, dass eine interne Gruppe die Entscheidungen trifft. Ein wichtiger Zeitpunkt ist derjenige, der den Organismus als Ganzes betrifft, seine Stellung in der Welt, seine Entwicklung, die Wahl seiner Verbündeten und Feinde, die Entscheidung über Krieg und Frieden, seinen inneren Frieden, sein unveräußerliches inneres Recht, seine Streitigkeiten zu regeln. Wenn irgendetwas davon in Frage gestellt werden kann, ist das ein Zeichen dafür, dass der Organismus krank ist. Im gesunden Organismus ist diese Souveränität absolut unumstritten und kann über Jahrhunderte hinweg bestehen bleiben. Aber eine neue Epoche mit neuen

Interessen kann Kontraste hervorbringen, die die Herrschenden nicht verstehen; sie können sich irren und sind gezwungen, in einem Bürgerkrieg defensiv zu handeln. Die Infragestellung der Souveränität der Agentur war das erste Symptom der Krise. Wenn das Organ die Krise überlebt, werden die neuen Machthaber desselben Organs der Brennpunkt derselben Souveränität sein.

Nun wurde soeben eine wichtige Tatsache angedeutet: Es sind nicht die Herrscher, die im Sinne dieses Gesetzes souverän sind. Ihre Macht geht vielmehr von ihrer symbolischen Repräsentationsposition aus. Wenn eine Schicht den Geist des Zeitalters repräsentiert und in ihm handelt, ist eine Revolution gegen sie unmöglich. Ein Organismus, der sich selbst treu ist, kann nicht krank oder in der Krise sein.

Das Gesetz der Souveränität bedeutet nicht, dass jeder Aspekt des inneren Lebens des Organismus ständig vom Politischen beherrscht wird; auch nicht, dass alles organisiert ist, und auch nicht, dass immer ein zentralisiertes Regierungssystem auftaucht und alle Arten von nichtstaatlicher Organisation vernichtet. Die hier entwickelte Perspektive ist rein faktisch, und das Gesetz der Souveränität beschreibt alle Organismen; es ist eine Formulierung in Worten für ein wesentliches Merkmal eines politischen Organismus.

Die Gesamtheit der Organisation - der "totale Staat" - ist eine Phase politischer Organisationen zu bestimmten Zeiten und unter bestimmten Umständen. Einige Staaten sind in religiösen Fragen neutral, andere verkünden eine offizielle Religion. Einige Staaten waren im 19. Jahrhundert wirtschaftlich mehr oder weniger neutral, andere griffen in das Wirtschaftsleben ein. Die Terminologie, die zur Beschreibung solcher Eingriffe verwendet wird, ist in den verschiedenen Staaten unterschiedlich, und der Grad der Intervention hängt von den Bedürfnissen der Behörde ab. So wird eine Behörde, die über relativ reichhaltige wirtschaftliche Ressourcen verfügt, in geringerem Maße eingreifen als eine Behörde, die die kleinsten materiellen und arbeitsbezogenen Details berücksichtigen muss. Dies ändert jedoch nichts an der Tatsache, dass alle Staaten im 20. Jahrhundert in die Wirtschaft eingegriffen haben.

Das Gesetz der Souveränität ist unabhängig von der Tatsache, dass in einem bestimmten Organismus eine innere Kraft, zum Beispiel die Religion oder die Wirtschaft, stärker sein kann als die Regierung. So etwas kann und wird oft vorkommen. Wenn eine solche innere Kraft noch nicht stark genug ist, um die

Regierung zu behindern, ist sie noch nicht politisch; wenn sie nur stark genug ist, um die Regierung zu blockieren, aber nicht stark genug, um einen Krieg auszulösen, dann existiert der politische Organismus nicht. Wenn niemand eine Entscheidung über Feindschaft oder Krieg treffen kann, gibt es keine Politik. Das bedeutet, dass andere Einheiten, die ihren politischen Charakter bewahren, die kranke Einheit bei der Bildung ihrer politischen Kombinationen ignorieren oder sie mit einem guten Anfangsvorteil angreifen können.

Das Gesetz der Souveränität ist also auch existentiell. Es beschreibt einen gesunden Organismus, der sich auf dem Weg zu seiner Verwirklichung befindet. Wo dieses Gesetz nicht vorherrscht, befindet sich der Organismus - in Bezug auf andere Organismen gleichen Charakters - auf Erwartung, und wenn ein solcher Zustand anhält, wird der politische Organismus verschwinden. Das beste Beispiel für einen Fall, in dem das Gesetz der Souveränität seinen existenziellen Aspekt zeigte, ist das anarchische Polen des 18.Jahrhunderts. Die Schwäche und Gebrechlichkeit des Organismus führte zu seinen wiederholten Teilungen.

## 5. Der pluralistische Staat

In der westlichen Zivilisation des 19. Jahrhunderts veranlasste die relative Neutralität der verschiedenen Staaten und damit die offensichtliche Schwäche dieser Staaten in Bezug auf interne Wirtschaftseinheiten und deren Taktiken, z. B. Gewerkschaften und deren Streiks, Liberale und Intellektuelle dazu, - etwas verfrüht, wie sich herausstellen sollte - zu verkünden, dass der Staat tot sei.

"Das kolossale Ding ist tot", verkündeten die französischen und italienischen Syndikalisten. Sie werden von anderen Rationalisten gehört, und Otto von Gierke tritt mit seiner Lehre von der "wesentlichen Gleichheit aller menschlichen Gruppen" auf. Dies war natürlich eine Art, den Vorrang des Staates zu leugnen, und war daher polemisch, nicht sachlich. Die Intellektuellen wollten, dass der Staat tot ist, und verkündeten daher sein Ende als Tatsache. Diese Doktrin wurde als die Doktrin des "pluralistischen Staates" bekannt. Ihre philosophischen Grundlagen und ihre politische Theologie entnahm sie dem Pragmatismus, einer in Amerika entwickelten Philosophie der Materialisierung des Geistigen. Der Pragmatismus brandmarkte die Suche nach einer ultimativen Einheit in jedem Bereich, auch in der

Naturwissenschaft, als Aberglauben, als Überbleibsel der Scholastik. Also kein Kosmos mehr, und natürlich auch kein Staat mehr. Diese Auffassung wird insbesondere von den Mitgliedern der Zweiten Internationale vertreten, die in ihrer Tendenz liberal ist. Ihre beiden Pole des Denkens waren das Individuum auf der einen und die Menschheit auf der anderen Seite. Sie sah das "Individuum", das in der "Gesellschaft" lebt, als Mitglied vieler Organisationen: eines Wirtschaftsunternehmens, eines Haushalts, einer Kirche, eines Turnvereins[17], einer Gewerkschaft, einer Nation, eines Staates, aber keine dieser Organisationen hatte irgendeine Souveränität über die anderen, und alle waren politisch neutral. Das kämpfende Proletariat der Kommunisten wurde in einem solchen pluralistischen Staat zu einer politisch neutralen Gewerkschaft oder Partei. Alle Organisationen hätten ihre Ansprüche an den Einzelnen, der an eine "Vielzahl von Verpflichtungen und Loyalitäten" gebunden sei. Die Organisationen hätten gegenseitige Beziehungen und Interessen, aber sie wären nicht dem Staat unterworfen, der nur eine Organisation unter vielen wäre, nicht einmal ein Primus inter pares.

Ein solcher pluralistischer Staat ist natürlich kein politischer Organismus. Würde ein solcher Staat durch eine äußere Gefahr bedroht, würde er entweder sofort untergehen oder er würde sich wehren, in diesem Fall würde er sofort zu einem politischen Organismus, und der "Pluralismus" würde verschwinden. Ein solches pluralistisches Gebilde ist politisch nicht durchsetzbar. Es besteht immer die Möglichkeit einer äußeren Gefahr, einer inneren Naturkatastrophe wie Dürre, Hungersnot, Erdbeben, die eine Zentralisierung unumgänglich macht, oder aber das Auftauchen einer Gruppe mit politischen Instinkten, die die totale Macht über die anderen Gruppen anstrebt und nicht über genügend Intellekt verfügt, um die raffinierte Theorie des "pluralistischen" Staates zu verstehen. Amerika war vor 1914 mehr oder weniger so etwas, und von 1921 bis 1933 nahm es seinen Pluralismus wieder auf. Dieser "pluralistische Staat" ging 1933 zu Ende, als eine Gruppe auftauchte und die gesamte Macht an sich riss.

Politische Theorien wie der "pluralistische Staat", die "Diktatur des Proletariats", der "Rechstaat"[18], die "Kontrolle und das Gleichgewicht der Gewalten" haben eine

---

[17] Turnverein", deutsch für "turnerische Gesellschaft".

[18] Rechstaat, deutsch für "Herrschaft des Rechts".

politische Bedeutung, sofern sie relative Popularität erreichen. Diese Bedeutung ist zweifach: Erstens sind alle diese Theorien zwingend und polemisch, und indem sie eine Veränderung der inneren Form des Staates fordern, zeigen sie durch die bloße Tatsache ihrer Existenz, dass der Staat, gegen den sie kämpfen, krank ist; zweitens stellen sie eine Möglichkeit dar, den Staat zu schwächen, indem sie reale Gegensätze schaffen, die schließlich die Intensität eines Freund-Feind-Gegensatzes, d.h. eines Bürgerkriegs, erreichen.

Das 19. Jahrhundert war die Blütezeit der Verwendung von Theorien als politische Technik. Für das 21. Jahrhundert wird es ebenso schwierig sein, die Idee der "Diktatur des Proletariats" zu verstehen, wie es für uns schwierig ist, zu begreifen, wie die Theorien von Rousseau im Mittelpunkt einer so großen politischen Leidenschaft stehen konnten. Die gewaltige Krise, die in allen großen Kulturen eintritt, wenn sie in ihre letzte große Phase, die Zivilisation, eintreten, die Externalisierung der Seele der Kultur, ist auch die Zeit der Geburt des Rationalismus. Wie sagte Napoleon, "der Intellekt geht in Frankreich auf den Bürgersteigen". Der Intellekt, das externalisierte, analysierende, sezierende Vermögen der Seele, wendet sich auch der Politik zu. Das Ergebnis ist eine Anhäufung von Theorien, der Verfall der inneren Autorität aller Staaten und die Infragestellung dieser Autorität in allen Staaten.

## 6. Ein Gesetz der inter-organischen Leistungskonstanz

Es hat sich gezeigt, dass Theorien eine Technik zur Schwächung des Staates sind, indem versucht wird, eine Freund-Feind-Diskrepanz an der Basis der Theorie zu schaffen. Diese Technik ist nicht nur auf interne Gruppen anwendbar, die eine reale politische Bedeutung anstreben, sondern auch auf andere Staaten. Der andere Staat braucht nicht einmal zu intervenieren, um von den Aktivitäten der theoretisierenden Gruppen eines anderen Staates zu profitieren. Wir haben gesehen, dass ein Staat, der gegen eine Macht kämpft, die kein wirklicher Feind ist, folglich für eine dritte Macht kämpft. Dies ist nur ein Beispiel für ein umfassenderes Gesetz, das als Gesetz der interorganischen Machtkonstanz bezeichnet wird. Es lässt sich wie folgt formulieren: In einer Epoche ist die Menge an Macht in einem System von Staaten konstant, und wenn eine organische Einheit ihre Macht verringert, erhöht eine andere Einheit oder andere Einheiten ihre Macht im gleichen Verhältnis.

Wenn ein Staatsmann, von dem das Schicksal eines Staates abhängt, mit dem sicheren Bewußtsein der Herrschaft umgeht, die ihm das Gefühl für die organischen Gesetze verleiht, kann er niemals eine Macht zum Feind seines Staates wählen, die sein Staat nicht besiegen kann, denn eine solche Macht wäre kein wirklicher Feind. Er wüsste, wenn auch nur unbewusst, dass die Macht, die sein Staat in einem Krieg, den er nicht gewinnen kann, verlieren würde, einfach auf eine andere Macht übergehen würde; entweder auf diejenige, die er fälschlicherweise als Feind gewählt hat, oder auf eine dritte Macht. Eines der vielen Phänomene, die das Gesetz der interorganischen Machtkonstanz veranschaulichen, ist die innere Zerrissenheit eines Staates durch Gruppen, die Theorien verwenden, um interne Gegensätze zu schaffen. In diesem Prozess wird ein Punkt erreicht - in der Nähe eines Bürgerkriegs, der den Organismus zumindest vorübergehend auflöst -, an dem die äußere Macht des Organismus abnimmt. Die verlorene Macht wird auf einen anderen Staat oder andere Staaten übergehen.

Die Umstände der Gesamtsituation bestimmen, dass eine andere Macht der Nutznießer dieses Machtzuwachses sein wird. Selbst die von der agitierenden Gruppe verwendete Theorie spielt eine gewisse Rolle, da bestimmte Theorien von bestimmten Mächten besessen werden. Frankreich besaß von der Mitte des 19. Jahrhunderts bis zum Ersten Weltkrieg die Theorien der "Demokratie" und der "Gleichheit" in ihren verschiedenen Formen. Russland eignete sich 1917 die Theorie der "Diktatur des Proletariats" an.

In Wirklichkeit gibt es weder eine "politische Vereinigung" noch eine "politische Gesellschaft"; es kann nur eine politische Einheit, einen politischen Organismus geben. Wenn eine Gruppe eine reale politische Bedeutung hat, die sich in ihrer Fähigkeit zeigt, eine reale Feindschaft zu bestimmen, mit der Verwirklichung oder der Möglichkeit eines Krieges, wird eine solche politische Einheit entscheidend, und selbst wenn sie als freie intellektuelle Vereinigung begonnen hat, ist sie zu einer politischen Einheit geworden und hat jeglichen "sozialen" oder "assoziativen" Charakter, den sie gehabt haben könnte, vollständig verloren. Dies ist keine bloße Unterscheidung von Worten, denn das Politische ist eine eigene Kategorie des Denkens. In der Politik zu sein ist nicht dasselbe wie in einer Gesellschaft zu sein, da eine Gesellschaft kein Lebensrisiko mit sich bringt. Auch kann eine Gesellschaft nicht dadurch politisch werden, dass sie sich so nennt. Ein wahrer politischer Gedanke, der durch das Vorhandensein eines politischen Organismus hervorgerufen wird, kann sich in ihm nur entwickeln, wenn er eine wirkliche politische Einheit erlangt, und das kann er nur, wenn er im Mittelpunkt einer feindseligen Opposition mit der Möglichkeit eines Krieges steht. Die Tatsache, dass eine Gruppe bei einer "Wahl" als Einheit abstimmt, verleiht ihr keine politische Bedeutung; im Allgemeinen hat die "Wahl" selbst keinerlei politische Bedeutung.

## 7. Das Gesetz der Beständigkeit der innerorganischen Kraft

In der Frage der "Wahlen", die fast zwei Jahrhunderte lang während des Lebens der westlichen Zivilisation sowohl in Europa als auch in den von ihr geistig beherrschten Gebieten in Mode war, wird ein wichtiges Gesetz der politischen Körperschaften gelehrt.

Unter "demokratischen" Bedingungen - Ursprung und historische Bedeutung der "Demokratie" werden an anderer Stelle behandelt - kommt es zu dem als "Wahlen" bekannten innenpolitischen Phänomen. Es war die um 1750 aufkommende Theorie der "Demokratie", nach der die "absolute" Macht des Monarchen oder der von lokalen Verhältnissen abhängigen Aristokratie gebrochen und diese Macht auf das "Volk" übertragen werden sollte. Die Verwendung des Wortes "Volk" zeigt erneut den notwendigerweise polemischen Charakter aller politisch verwendeten Wörter. Volk" war ganz einfach eine Negation, die lediglich die Zugehörigkeit der Dynastie oder in diesem Fall der Aristokratie zum "Volk" leugnen wollte. Es war also ein Versuch, die politische Existenz des Monarchen oder der Aristokratie zu leugnen; mit anderen Worten, das Wort definierte sie implizit als den Feind im eigentlichen politischen Sinne. Es war das erste Mal in der westlichen Geschichte, dass eine intellektualisierte Theorie in den Mittelpunkt des politischen Geschehens rückte. Wo der Monarch oder die Aristokratie dumm oder unfähig waren, wo sie rückwärtsgewandt waren, anstatt sich dem neuen Jahrhundert anzupassen, wurden sie gestürzt. Wo sie selbst die Theorien übernahmen und sie offiziell interpretierten, behielten sie ihre Macht und ihr Kommando.

Die Technik zur Übertragung dieser "absoluten" Macht auf das "Volk" bestand in Plebisziten oder "Wahlen". Der theoretische Vorschlag bestand darin, die Macht an

Millionen von Menschen zu übertragen, an jeden seinen millionsten Teil der gesamten bestehenden politischen Macht. Da dies so radikal unmöglich war, dass selbst die Intellektuellen es einsehen mussten, wurde die Formel "Wahlen" gewählt, durch die jedes Individuum im politischen Körper seinen eigenen "Vertreter" "wählen" konnte. Wenn der Repräsentant etwas tat, wurde es durch eine befriedigende Fiktion zur Vereinbarung, dass jedes kleine Individuum, das "repräsentiert" wurde, es selbst getan hatte. Schon bald wurde den an der Macht interessierten Männern - sei es für sich selbst oder zur Durchsetzung ihrer Ideen - klar, dass sie "gewählt" wurden, wenn sie vor solchen "Wahlen" darauf hinarbeiteten, die Meinung der Wählerschaft zu beeinflussen. Je mehr er die Masse der Wähler zu überzeugen vermochte, desto sicherer war seine spätere "Wahl". Die Mittel der Überzeugung waren das, was man zur Verfügung hatte: Rhetorik, Geld, Druckerpresse. Da Wahlen eine große Sache waren und viel Macht von ihnen abhing, konnte nur derjenige sie kontrollieren, der über entsprechende Überzeugungsmittel verfügte. Die Rhetorik kam ins Spiel, die Presse trat als Herrin des Landes auf, und die Macht des Geldes setzte allem die Krone auf. Ein Monarch war nicht käuflich; welche Art von Bestechung konnte ihn in Versuchung führen? Er konnte nicht unter den Druck des Wucherers gesetzt werden; er konnte nicht verfolgt werden. Aber Parteipolitiker, die in Zeiten lebten, in denen Werte allmählich zu Geldwerten wurden, konnten gekauft werden. So stellte die Demokratie das Bild des Volkes unter dem Zwang der Wahlen, der Abgeordneten unter dem Zwang des Geldes und des Geldes auf dem Thron des Monarchen dar.

So blieb die absolute Macht, wie sie in jedem Organismus sein muss, denn es ist ein existenzielles Gesetz aller Organismen, dass: Die Macht innerhalb eines Organismus ist konstant, und wenn Individuen, Gruppen oder Ideen innerhalb eines solchen Organismus an Macht abnehmen, nehmen andere Individuen, Gruppen oder Ideen in gleichem Maße an Macht zu. Dieses Gesetz der innerorganismischen Machtkonstanz ist von existenzieller Bedeutung, denn wenn eine Machtabnahme innerhalb eines Organismus nicht mit einer Machtzunahme an anderer Stelle innerhalb desselben Organismus einhergeht, bedeutet dies, dass der Organismus krank ist, geschwächt wurde und möglicherweise sogar seine Existenz als unabhängige Einheit verloren hat. Die Geschichte Südamerikas von 1900 bis 1950 ist reich an Beispielen für triumphale Revolutionen gegen Regime, die ihnen alle Macht nahmen... die dann an die Vereinigten Staaten von Amerika ging, und solange solche Bedingungen andauerten, waren das Land oder die Länder, in denen solche Revolutionen stattfanden, eine Kolonie des Yankee-Imperialismus.[19]

## 8. Das politische Pluriversum

Wir haben gesehen, was der "pluralistische Staat" ist. Es gibt jedoch noch eine andere Art von Pluralismus: einen Pluralismus der Fakten und nicht Theorien. Es gibt einen Pluralismus der Tatsachen, der nicht nur ein Versuch ist, eine Philosophie zu beweisen oder eine andere lächerlich zu machen. Die Welt der Politik ist ein Pluriversum. Obwohl die Politik als eine Tätigkeit in Bezug auf die Macht definiert wurde und die innere Natur, die Voraussetzungen und die unveränderlichen Merkmale der Politik dargestellt wurden, ist es nicht weniger wahr, dass die Natur der Macht selbst noch erklärt werden muss. Macht ist eine Beziehung der Kontrolle zwischen zwei gleichartigen Körpern. Der Grad der Kontrolle wird durch das Wesen der beiden Körper bestimmt, die wechselseitig aufeinander einwirken. Macht erscheint in ihren obskuren Anfängen in der Tierwelt, in der Raubtiere so etwas wie Macht über ihre zukünftigen Opfer ausüben. Aber Macht als etwas mehr als Vergängliches, als etwas Konstituiertes, beginnt mit dem Menschen.

Die Tiere lassen sich geistig - und es gibt keinen Grund für eine andere Einteilung, wie die materialistische von Linnaeus - in zwei große Gruppen einteilen: Pflanzenfresser und Raubtiere. Hätten materialistische Denker so gedacht, hätten sie den Menschen sicherlich als Raubtier eingestuft. Und sie hätten Recht gehabt, was den tierischen Teil des Menschen betrifft. Dieser tierische Teil steht in ständiger Spannung mit dem geistigen Teil, der spezifisch menschlichen Seele, die in den Dingen die Symbolik sieht und dem Symbol den Vorrang vor den bloßen Phänomenen gibt. Denn dies ist in der Tat die tiefste aller Philosophien. Woher kommt überhaupt die Frage nach dem Konflikt zwischen "Schein" und "Wirklichkeit"? Jede große Philosophie in den Hochkulturen - und es gibt keine außerhalb der Hochkulturen - ist von der Idee durchdrungen, das wahre Verhältnis zwischen Erscheinung und Wirklichkeit herzustellen, indem sie einem Instinkt gehorcht, der das Wesen des Menschen umfasst: Seine menschliche Seele sagt ihm, dass alles

---

[19] In Englisch im Original (N. des T.)

Vergängliche nur ein Gleich nis[20] ist.

Der Machtwille der Raubtiere ist begrenzt und praktisch; er ist heftig, aber nicht geistig. Der Mensch trägt denselben Machtwillen in sich, aber seine Seele haucht ihm eine rein geistige Intensität ein, die seine Ansprüche und seine Verwirklichungen auf eine unvergleichlich höhere Ebene hebt als die des Tieres. Bei der Bestie manifestiert sich der Wille zur Macht nur im Töten. Der Mensch hingegen will nicht töten, sondern beherrschen. Um zu beherrschen, wird er töten, aber wie Clausewitz zu Recht sagte, bevorzugen Eroberer Unterwerfung und Frieden; es ist das Opfer, das Krieg führt.

Ein Mann mit starkem Machtwillen will Kontrolle, nicht Krieg als Selbstzweck.

Aber eine Manifestation des Machtwillens eines Menschen provoziert eine Opposition. Dasselbe gilt für die überpersönlichen Organismen; sie können und wollen nicht allein existieren, weil sie in ihrem politischen Aspekt Einheiten der Opposition sind. Jeder existiert als Einheit mit der Fähigkeit, Feinde zu wählen und sie zu bekämpfen. Die Fähigkeit, eine Freund-Feind-Disjunktion zu schaffen, ist die Essenz des Politischen. Aber diese Fähigkeit erfordert Gegner von gleichem Rang. Daher ist es völlige politische Dummheit, von einer Welt mit nur einem Staat, einem Parlament, einer Regierung oder wie auch immer man es nennen will, zu sprechen. Man könnte Tennyson[21] verzeihen, aber man kann nicht umhin zu sagen, dass ein Politiker, der von einer Welt mit einem "Staat", einem "Parlament" oder einer "Regierung" spricht, der perfekte Typus des intellektuellen Esels ist und sich überall dort aufhalten sollte, wo er nicht die Geschicke eines Staates verzerren und Unglück über die Menschen bringen kann, die in ihm leben. Er ist ein Esel, auch wenn er weiß, dass das, was er sagt, nicht wahr ist, denn - und das wird den Lesern ab 1980 glasklar sein - ein Politiker braucht nicht ausschließlich mit Lügen zu handeln, wie die Klassenkämpfer, die liberale Schule und die Verzerrer glauben. Männer, die gegen die Zukunft kämpfen, mögen gute Gründe haben, ständig Betrug zu betreiben, ihre Handlungen mit Theorien zu umhüllen, Frieden zu sagen, wenn sie Krieg meinen, und Krieg, wenn sie Frieden meinen, und ausgeklügelte Klassifizierungen von "geheim", "vertraulich" und dergleichen aufrechtzuerhalten.

---

[20] Alles Vorübergehende ist nur ein Gleichnis, auf Deutsch (N. des T.).

[21] Lord Alfred Tennyson (1809-1892), englischer Dichter der Romantik, der in einem seiner berühmten Gedichte eine vereinte Welt forderte.

Die einzige Geheimhaltung, die es in der Politik geben muss, ist die, die durch die Begrenztheit des Verständnisses des Einzelnen entsteht, und gegen eine solche Geheimhaltung kann absolut nichts unternommen werden. Zum Beispiel werden die Fakten über die Natur der Politik und der Macht, die hier vorgestellt wurden, für Intellektuelle und Rationalisten für immer geheim bleiben, selbst wenn sie dies lesen.

Ähnliches gilt für die Lüge: Es liegt auf der Hand, dass der Staatsmann, der die Verkörperung des Zeitgeistes ist, es nicht nötig hat, grundlegende Lügen zu erzählen. Er kann die Wahrheit nicht fürchten, denn seine Handlungen sind die einer organischen Notwendigkeit, gegen die keine Kraft innerhalb des Organismus bestehen kann. Es ist ebenso offensichtlich, dass derjenige, der versucht, die Zukunft zu erdrosseln, wie Meternich und der Fürstenbund [22], oder die Liberalen, Demokraten, Parteiführer jeglicher Art, Kulturverfälscher und Intellektuellen der Periode 1900-1975 ein dringendes, tägliches Bedürfnis nach Lügen, immer größeren und besseren Lügen haben. Sie nennen das gerne Machiavellismus und werfen ihn anderen vor. Aber Machiavelli war sicher kein "Machiavellist", denn in einem solchen Fall hätte er sein Buch nicht geschrieben, sachlich und wahr. Stattdessen hätte er ein Buch über die Güte der menschlichen Natur im Allgemeinen und die außergewöhnliche Güte der Fürsten im Besonderen geschrieben. Wenn Machiavelli von Täuschung schreibt, denkt er an die Täuschung des Feindes; die Liberalen und die Kulturfälscher betrachten die Täuschung als Norm des Verhaltens gegenüber den Bevölkerungen, deren Schicksal in ihren Händen liegt und über deren Leben sie Verfügungsgewalt haben.

Das klassische Beispiel für das, was ich sage, ist und bleibt die "Präsidentschaftswahl" in Amerika im Herbst 1940. Es gab zwei Kandidaten, die die gleichen Interessen vertraten, und der Bevölkerung wurde eine "Wahl" zwischen den beiden angeboten. Das Volk sollte "entscheiden", ob Amerika in den Zweiten Weltkrieg eingreifen würde oder nicht. Beide Kandidaten erklärten öffentlich und ohne Umschweife, dass sie Amerika nicht in den Krieg verwickeln würden. Doch beide waren den Interessengruppen, die sie zu Kandidaten gemacht hatten, verpflichtet, Amerika so bald wie möglich in den Krieg zu verwickeln. Natürlich waren

---

[22] Mit "Union der Dynastien" meint der Autor die deutschen Fürsten, die am Wiener Kongress 1814-1815 teilnahmen.

beide Kandidaten erfolgreich[23], denn unter modernen demokratischen Bedingungen werden Parteien zu Vertrauten und konkurrieren nicht mehr wirklich miteinander, da der Wettbewerb ihnen allen schaden würde. Nach der "Wahl" erfüllten die beiden siegreichen Kandidaten ihre Verpflichtungen, zogen Amerika in den Krieg hinein und schickten die Männer in den Tod, denen sie geschworen hatten, ihr Leben zu retten, indem sie eine Beteiligung am Zweiten Weltkrieg, die keine amerikanischen Interessen berührte, vermieden. Einer der Kandidaten erklärte nach der "Wahl", ihre Versprechen an die Bevölkerung, sich nicht einzumischen, seien lediglich "Wahlkampfreden" gewesen.

In einem solchen Fall hätte Machiavelli den wirklichen Führern Amerikas zweifelsohne geraten, dass sich beide Kandidaten für eine Intervention aussprechen sollten. Aber Parteipolitiker lügen aus innerer Notwendigkeit, weil ihre Tätigkeit selbst eine organische Lüge ist.

## 9. Der Völkerbund

Dass eine Welt mit "einem Staat" oder "einer Regierung" eine organische Unmöglichkeit war, wurde durch die beiden Versuche, die von dem, was man die Heilige Allianz des zwanzigsten Jahrhunderts nennen könnte, in diese Richtung unternommen wurden, gut demonstriert. Nach jedem der ersten beiden Weltkriege gründete die außereuropäische und antieuropäische Heilige Allianz einen "Völkerbund".

Politische Einheiten blieben jedoch organisch und unterlagen als solche den Gesetzen der Souveränität. Wenn eine politische Einheit existiert, ist sie souverän. Die Mitgliedseinheiten dieser beiden "Völkerbünde" existierten weiterhin politisch und waren daher souverän. Das organische Gesetz der Souveränität ist übrigens nicht das "Prinzip der Souveränität der Nationen" von Grotius und Pufendorff; dies war ein juristisches Konzept und als solches Gegenstand juristischer Spitzfindigkeiten,

---

[23] Franklin Delano Roosevelt, Demokrat, mit rund 27 Millionen Stimmen und Wendell Willkie, Republikaner, mit rund 22 Millionen Stimmen. Willkies Unterstützung für Roosevelt und seine kriegstreiberische Politik war so hemmungslos, dass sie seine Nominierung als Präsidentschaftskandidat im Jahr 1944 verhinderte. Trotz seiner "Niederlage" im Jahr 1940 gewährte Roosevelt Willkie zahlreiche Ernennungen und Vergünstigungen. (N.)

während das organische Gesetz der Souveränität für alle politischen Einheiten in Bezug auf ihre intime Existenz gilt.

Das Dilemma bestand also darin, dass die "Völkerbünde" keine Souveränität hatten - ich wiederhole, ich spreche von faktischer, organischer Souveränität, nicht von rechtlicher Souveränität - und daher keine politischen Einheiten waren. Es gibt keine politische Einheit ohne organische Souveränität; es gibt keine organische Souveränität ohne eine politische Einheit.

Was waren nun diese beiden "Völkerbünde"? Sie hatten zwei Aspekte: einen ethischen und einen praktisch-politischen.

In Bezug auf die praktische Politik waren sie polemische Realitäten. Die Macht, die sie kontrollierte, konnte daher für alle Nationen sprechen, so dass jede Macht, die sich dagegen aussprach, außerhalb der Gemeinschaft der Nationen stand ($^{24}$); sie war nicht einmal menschlich, da die Liga die Menschheit war. Es ist kaum nötig, hinzuzufügen, dass diese Bünde schnell unter die Kontrolle bestimmter Mitgliedsstaaten gerieten, gemäß dem Gesetz der Souveränität: Wo es keine Souveränität gibt, gibt es auch keine unabhängige politische Einheit, und daher muss die Souveränität woanders liegen. Und tatsächlich unterstand der erste Völkerbund, der nach dem Ersten Weltkrieg gegründet wurde, der Kontrolle Englands. Der zweite Völkerbund, der zu einer Zeit - nach dem Zweiten Weltkrieg - gegründet wurde, als die Politik ein absoluteres Stadium erreicht hatte, wurde von Amerika erobert.

Dies war von dem Moment an vorhersehbar, als Russland die Einrichtung des geografischen Hauptquartiers in Amerika zuließ. Die Russen haben dem nicht nur zugestimmt, um die Schwärme von Ideologen, Parasiten und Urlaubern, die jede "Liga der Nationen" zwangsläufig begleiten müssen, sowie die Spione, die unter solchen Bedingungen wimmeln, von ihrem Territorium fernzuhalten, sondern vor allem, weil sie ein begrenztes und zweitrangiges Interesse an der Angelegenheit hatten.

In der Vergangenheit waren bestimmte Theorien in der Hand bestimmter Mächte. Umgekehrt hat es noch nie eine wichtige Theorie gegeben, die nicht in praktischem, politischem Besitz war. Eine Theorie ohne einen politischen Antrieb, sie für praktische Zwecke zu nutzen, ist unbedeutend. Wenn die Protagonisten einer

---

[24] "Hors-la-loi", französisch im Original; außerhalb des Gesetzes. (N. des T.)

Theorie genug Leidenschaft und nicht-theoretisches politisches Geschick besitzen, um starke Gefühle für ihre Theorie zu entwickeln, ist es wahrscheinlich, dass sie mit einer solchen Waffe Macht erlangen. Wenn sie nur in die Nähe der Macht kommen, wird sich eine bestehende politische Einheit die Theorie für praktische Zwecke aneignen. Beispiel: Der Marxismus, der 1918 vom bolschewistischen Russland für den politischen Einsatz gegen Europa gekapert wurde, als sich seine Protagonisten in Deutschland als politische Missgeburten erwiesen.

Die Theorie des "Völkerbundes" war in der Tat Amerikas Eigentum. Wer auch immer diese Idee verbreitete - sogar England, das die erste "Liga" übernahm - vergrößerte Amerikas Macht, ob er es wusste oder nicht.

Es war unvermeidlich, dass Politiker, die sich von der Ideologie emanzipiert hatten, wie die Mongolen im Kreml, dies erkennen würden. Da sie es verstanden, die Theorien zu nutzen, lag es auf der Hand, dass sie es keiner politischen Einheit gestatten würden, sie mit ihren Theorien zu behelligen. So ging der zweite und letzte "Bund der Nationen" unter.

Diese Ligen hatten auch einen ethischen Aspekt. Sie waren ein weiteres Beispiel für die Täuschung, die in der ersten Hälfte des 20. Jahrhunderts als notwendig für das politische Verhalten angesehen wurde. Jahrhunderts als notwendig erachtet wurde. In Wirklichkeit waren sie nichts anderes als politische Versuche, Europa aufzuheben oder zu leugnen. Die Bildung Europas als politische Einheit entsprach dem Geist der Zeit. Wer mit anderen Ideen agitierte, leugnete lediglich diese Idee. Daraus erklärt sich, dass die beiden "Völkerbünde" zwar nichts anderes als eine politische Tatsache verwirklicht haben, dass es ihnen aber zumindest gelungen ist, die Verwirklichung von Europa zu verhindern. Dies ist unabhängig davon, ob sich alle Teilnehmer dieser "Bünde" dessen bewusst waren oder nicht. In jedem Fall ist es die organische Aufgabe des Politikers, sich der politischen Realität bewusst zu sein und die Möglichkeiten des Augenblicks zu verstehen und richtig einzuschätzen. Es ist nun zweifelsfrei bekannt, dass viele Personen, die an diesen globalen Betrügereien beteiligt waren, sich dieser Realitäten voll bewusst waren.

Aus dem, was über die politischen Körperschaften gesagt wurde, ist die Beziehung des Staatsmannes zu seiner politischen Körperschaft offensichtlich: So wie er von seiner Bevölkerung den Tod verlangen kann, so kann er sich nicht weigern, wenn nötig, sein eigenes Leben zu geben. Seiner politischen Einheit verdankt er all seine physischen Energien, sein Talent und seinen Genius. Wenn er sich nicht die Mühe macht, eine Situation zu analysieren, und vor allem nicht das tut, von dem er weiß, dass es dem Fortbestand des Organismus zuwiderläuft, hat er sein Recht auf Leben verwirkt. In einem solchen Fall kann er sich glücklich schätzen, wenn er an einem Herzinfarkt, einer Gehirnerschütterung, einem Blutgerinnsel oder einfach an Altersschwäche sterben kann.

Als die außereuropäischen Mächte allmählich ihre Macht so weit ausdehnten, dass die unabhängige Existenz des Westens problematisch wurde - was sich bereits ab 1920 abzeichnete und ab 1933 deutlich wurde -, war es die kollektive Pflicht aller Staatsmänner in Europa, ihre jeweiligen Staaten und gemeinsam den Westen vor der Vernichtung durch außereuropäische Mächte zu retten. Jeder Staatsmann eines europäischen Staates, der das gegenseitige Verständnis und die endgültige Allianz zwischen den Staaten Westeuropas sabotierte, die von den Hütern des Geistes der westlichen Zivilisation so sehr angestrebt wurde, war ein Unterdrücker und ein Verzerrer des Schicksals seines eigenen Landes und der westlichen Zivilisation.

Eine so formulierte Ethik ist eine De-facto-Ethik, sie ist organisch, politisch, faktisch und nichts weiter.

Ihr einziger Imperativ ist politisch-organischer Natur. Sie unterscheidet sich von der religiösen Ethik dadurch, dass sie keine theologische Sanktion hat. Sie unterscheidet sich von allen ethischen Systemen jeglicher Art dadurch, dass sie nur eine Beziehung in Betracht zieht: die des Individuums zur politischen Einheit. Sie hat auch keine Sanktion in einem strafenden Sinne. Die organische Beziehung zwischen der politischen Einheit und dem Staatsmann selbst legt den ethischen Imperativ fest. Verstößt der Staatsmann dagegen, indem er das Leben des Organismus schädigt, anstatt es fortzusetzen, so ist die Sanktion etwas, das vom Schicksal, der inneren Kraft der Organismen, abhängt. Damit verwirkt er sein Recht auf Leben, auch wenn er oft das Glück hat, es durch Flucht zu retten. Die existenzielle Umklammerung des Lebens von Individuen, die für eine politische Einheit unentbehrlich sind, macht keine Ausnahmen für Politiker. Der organische Imperativ treibt den Staatsmann in seinem Dienst dazu, sein eigenes Leben an die erfolgreiche Verwirklichung der eigenen Idee um des Organismus willen zu binden, und zwar im Punkt maximaler Spannung. Bismarck und Friedrich der Große waren entschlossen, sich das Leben zu nehmen, wenn sie scheiterten.

## 10. Der interne Aspekt des Rechts der Souveränität

I

Das Gesetz der Souveränität beschreibt die Merkmale aller politischen Einheiten ohne Ausnahme. Es entscheidet in allen Angelegenheiten, die innerhalb der Körperschaft politische Bedeutung haben. Je nach den Umständen kann jede interne Entscheidung politische Bedeutung erlangen, d. h. sie kann die Form einer politischen Einheit annehmen und ein Freund-Feind-Dilemma bestimmen. Die Regierung der Körperschaft wird an diesem Punkt immer eingreifen, wenn ihr Verständnis und ihr Wille intakt sind. Karl I. von England ließ diesen kritischen Moment verstreichen, ohne zu reagieren, und erlaubte seinem ersten Parlament, Montague in den Tower of London zu schicken, weil er das göttliche Recht der Könige gepredigt hatte. Von da an verschlechterte sich die Lage immer mehr, und der Einsatz von Gewalt wurde immer notwendiger, um den Lauf der Dinge zu wenden. Die wahre Bedeutung des Kampfes wurde schon früh von dem zeitgenössischen politischen Denker Thomas Hobbes erkannt, der gegen den zerstörerischen parlamentarischen Charakter des Staates schrieb. Er war sogar sensibel genug, um zu erkennen, dass er sich selbst in einer Situation der persönlichen Unsicherheit befand und England 1640 verließ. In diesen Jahren der inneren Feindschaft existierte England nicht als politische Einheit, wurde in den europäischen Machtkonstellationen ignoriert und war nur dank der besonderen europäischen politischen Situation jener Zeit nicht unter seinen Nachbarn aufgeteilt.

Das Parlament betrachtete sich als Regierung; die Royalisten betrachteten sich ebenfalls als Regierung. Eine politische Sichtweise beschäftigt sich natürlich nicht mit der Frage, wer "Recht" hatte. Eine solche Frage hat keine politische Bedeutung. Sie hat nur eine rechtliche Bedeutung, und das Recht ist ein Spiegelbild der Politik. Die Politik befasst sich mit der Bewertung der Tatsachen und dem Handeln danach; das Recht kommt später und hat die Funktion, einen bestimmten Komplex von politischen Tatsachen zu konsolidieren. Das Gesetz formuliert das Dilemma zwischen Recht und Unrecht in Übereinstimmung mit dem politischen Diktat. Wenn es keine politische Einheit gibt, die das Recht vorschreibt, kann es auch kein Recht geben. So gibt es in der Zeit des Bürgerkriegs kein Gesetz.... gibt es zwei Gesetze. Wenn das Ergebnis des Krieges eine Wiederherstellung des ehemaligen Volkes und Territoriums als politische Einheit ist, wird sich immer herausstellen, dass der Sieger die ganze Zeit rechtmäßig im Recht war und der Besiegte im Unrecht. Diese unabänderliche Tatsache zeigt die Natur des Rechts.

Das Parlament und der König waren jedoch zerstritten, da beide behaupteten, England zu sein. Politisch gesehen waren beide im Unrecht, denn ein solches England gab es nicht. Im politischen Sprachgebrauch sind zwei Engländer gleichbedeutend mit keinem England. Jede der beiden Gruppen war eine politische Einheit, die durch die Bestimmung eines Feindes zu einer solchen geworden war. Jede handelte als Regierung und behielt sich das organische politische Recht vor - das später auch zu einem gesetzlichen Recht werden sollte -, den inneren Feind zu bestimmen. Eine organische Eigenschaft aller politischen Einheiten - inneren Feind zu bestimmen, wenn sie es für notwendig halten - ist die innere Konsequenz des Gesetzes der Souveränität. So waren die Ritter[25] auf parlamentarischem Gebiet Feinde der Regierung und ihre Existenz war die von Geächteten. Das Gleiche galt für die Anhänger des Parlaments in den Gebieten der Royalisten. Am Beispiel des Bürgerkriegs sollte man nicht annehmen, dass eine solche Bestimmung des inneren Feindes nur dann erfolgt. Im Gegenteil: Hätte Karl I. seine Gegner von Anfang an zu inneren Feinden erklärt und sie als solche behandelt, hätte es keinen Bürgerkrieg gegeben. Aber dazu fehlte es ihm an Tatkraft und Einsicht. Er hätte Hobbes konsultieren sollen, der solche Dinge verstand. Aber Charles war kein Mann der Lektüre und kannte Hobbes' Abhandlungen über die menschliche Natur und De Corpore Politica nicht.

Jede politische Einheit hat in der Geschichte notwendigerweise und manchmal unnötigerweise ihre organische Macht ausgeübt, um den inneren Feind zu bestimmen. Wenn sie dies rechtzeitig tut und gründlich vorgeht, ist die Gefahr gebannt. Handelt sie sparsam und ergreift sie unzureichende Maßnahmen, hört sie auf, eine politische Einheit zu sein.

Wenn er eine solche Macht ausübt, wenn es keinen Bedarf dafür gibt, verfolgt er nur sein eigenes Volk und sät die Saat des Hasses, die eines Tages

---

[25] Kavaliere, Anhänger von Karl I. und Gegner des Parlaments.

überraschende Früchte tragen wird. Die organische Ethik der Beziehungen zwischen dem Staatsmann und seiner politischen Einheit gilt auch für ein derartiges Verhalten. Der Staatsmann hat kein organisches Recht, hemmungslos über das Leben der Bevölkerung zu verfügen. Untertanen in den Tod zu schicken in einem Krieg gegen eine Macht, die kein wirklicher Feind ist, ein Krieg, der von Natur aus ein Misserfolg sein muss, oder eine Gruppe zum inneren Feind zu erklären, wenn sie keine reale Möglichkeit hat, sich als wirkliche politische Einheit zu konstituieren, ist in beiden Fällen ein falsches und unpolitisches Verhalten.

Dieses organische Recht, den inneren Feind zu bestimmen, wird nicht immer auf dieselbe Weise ausgeübt. Es kann offen ausgeübt werden: Verhaftungen, plötzliche Angriffe, Hinrichtungen von Häusern, Tötungen auf der Straße. Es kann verdeckt erfolgen: durch den Erlass von Strafgesetzen, die in ihrer Terminologie allgemein gehalten sind, aber de facto gegen eine einzelne Gruppe angewendet werden. Sie kann rein informell sein, aber nicht weniger real: Der Herrscher kann die betreffende Person oder Gruppe verbal angreifen. Ein solcher Angriff kann nur der Einschüchterung dienen, er kann aber auch eine Methode sein, um ein Attentat zu provozieren. Es kann wirtschaftlicher Druck sein: Diese Taktik ist natürlich ein Favorit der Liberalen. Eine "schwarze Liste" oder ein Boykott kann die Gruppe oder den Einzelnen zerstören.

Es versteht sich von selbst, dass die Ausübung eines solchen Rechts nichts mit einer schriftlichen "Verfassung" zu tun hat, die mündlich die Verteilung der öffentlichen Macht in einer politischen Einheit vorschlägt. Eine solche "Verfassung" mag eine solche Erklärung der inneren Feindschaft verbieten, aber Einheiten mit solchen Verfassungen haben im Bedarfsfall nie gezögert und sich oft unabhängig von der Notwendigkeit auf ein solches Verfahren berufen. So hat der transatlantische Teil der antieuropäischen Koalition im Zweiten Weltkrieg ohne Not, solange es keinen wirklichen inneren Feind gab, intensive Verfolgungen gegen Gruppen und Schichten seiner Bevölkerung durchgeführt. Der politische Charakter dieser Tätigkeit wird durch die Tatsache, dass sie von kulturverfälschenden Elementen durchgeführt wurde, nicht beeinträchtigt, denn die hier vorgestellten organischen Gesetze beschreiben alle Arten von politischen Einheiten, auch wenn sie in die Hände von politischen und kulturellen Fremden fallen.

## II

Die interne Anwendung des Gesetzes der Souveränität gilt natürlich für die politischen Einheiten in allen großen Kulturen. Unsere Informationen darüber unter reichen aus, um die Entwicklung der klassischen Kultur zu zeigen. Das bekannteste Beispiel ist der Beschluss des Demophantos aus dem Jahr 410 v. Chr., in dem erklärt wird, dass jeder, der versuche, die athenische Demokratie zu zerstören, "ein Feind der Athener" sei. Im gleichen Zeitraum erklärte der Ephoros von Sparta allen Ilothiern, die sich auf spartanischem Gebiet aufhielten, den Krieg. In unserer eigenen Kultur sind die Aktivitäten des Großinquisitors Torquemada lehrreich, und vor allem das berühmte Dokument, mit dem Philipp II. die gesamte Bevölkerung Hollands als Ketzer zum Tode verurteilte, stellt die extremste Entwicklung dar, zu der dieses organische Gesetz fähig ist. Die Theokratie Calvins in Genf wurde von derjenigen Philipps II. nur noch quantitativ übertroffen.

Im alten römischen öffentlichen Recht wurde der Unerwünschte feierlich zum "hostis" erklärt, was das Wort für den Staatsfeind war. Kaiserliche Verordnungen waren, abgesehen von ihren wirtschaftlichen Motiven, eine Anwendung der gleichen organischen Funktion. Im Heiligen Römischen Reich richteten sich die Acht und Bahn[26] gegen gefährliche oder unerwünschte innere Elemente. Sie waren zu Friedlos[27] erklärt und schutzlos gestellt worden. Wer solchen Menschen half, fiel in dieselbe Kategorie. Die Jakobiner und ihr Comité de salut public[28] töteten ihre Tausenden von Opfern, ob sie nun Feindschaft erklärten oder nicht.

Unter primitiven demokratischen Bedingungen hätte die Schwächung des Staates gegenüber internen Gruppen die Berufung auf dieses Recht erschwert, aber da sich alle westlichen Staaten in mehr oder weniger gleichen internen Verhältnissen befanden, war die Notwendigkeit der Berufung auf dieses Recht relativ. Der Siegeszug der Gleichheits- und Freiheitstheorien auf dem Gebiet des politischen Vokabulars machte die Berufung auf dieses Recht in der alten offenen, erklärten und legalistischen Weise auf jeden Fall unangemessen.

Die frühe Demokratie fand in der westlichen Zivilisation zwischen etwa 1800 und

---

[26] "Acht und Bann", auf Deutsch.

[27] "Friedlos", auf Deutsch.

[28] "Comité de Salut Public", auf Französisch, Comité de Salut Public (Komitee für öffentliches Heil).

1850 statt. In dieser Zeit wurde die innere Souveränität, die darin bestand, den inneren Feind zu bestimmen, verfeinert, intellektualisiert und verschleiert. Beispiele: Die amerikanischen Alien- und Seditious-Alien-Gesetze. Die Bismarckschen Gesetze gegen Klassenkämpfer. Im Krieg wurde sie natürlich so gewaltsam wie eh und je ausgeübt, aber in der Regel nicht in legaler Form: die Yankees im amerikanischen Bürgerkrieg 1861-1865; die französischen "Kommunarden" von 1871.

Mit dem plötzlichen Übergang zu undemokratischen Verhältnissen im Ersten Weltkrieg begann die Epoche der Vernichtungskriege. Man könnte sie auch die Epoche der absoluten Politik nennen. Das 19. Jahrhundert war das Zeitalter der Ökonomie; damit will ich nicht sagen, dass die Ökonomie in der Welt des Handelns wirklich überragend war, aber sie hat die Politik teilweise motiviert, wie Phänomene wie der Opiumkrieg, der amerikanische Bürgerkrieg oder der Burenkrieg zeigen. Die Wirtschaft braucht einen schwachen Staat, und im Zeitalter der Ökonomie waren die Staaten in der Defensive, aber der neue Zeitgeist [29] hat die Bedeutung der Geschichte und den Inhalt des Handelns völlig verändert. Da der Zeitgeist des 20. Jahrhunderts in ganz Europa keinen äußeren Siegeszug antrat, gingen viele davon aus, dass die Epoche der Ökonomie nicht nur in vollem Gange sei, sondern auch neue Siegeshöhen erreiche.

Dass dies nicht der Fall war, zeigte der Krieg, der zu Beginn des Jahrhunderts ausbrach. Es handelte sich um einen Krieg zwischen dem Burenstaat, einer Kolonie der westlichen Zivilisation, und England. Der Krieg richtete sich nicht gegen Wilde oder Ureinwohner in der Wildnis und kann daher nicht auf eine Stufe mit dem Krieg der Australier gegen die Eingeborenenstämme Tasmaniens gestellt werden, in dem die Opfer wie Kaninchen bis zur völligen Ausrottung gejagt wurden. Wir haben gesehen, dass die bewaffneten Kämpfe zwischen den westlichen Kulturstaaten keine wirklichen Kriege waren, sondern ihrem Wesen nach agonistisch waren. Der Höhepunkt des Marsches in Richtung Zivilisation wurde von Napoleon markiert, dem Herold des absoluten Krieges und der absoluten Politik, aber diese Tradition blieb so stark, dass im Krieg Frankreichs gegen Preußen 1870-1871 das siegreiche Preußen nicht einmal daran dachte, den völlig besiegten Feind zu vernichten oder ihn einer unbegrenzten militärischen Besatzung zu unterwerfen, sondern sich damit

---

[29] "Zeitgeist", auf Deutsch, der Geist der Zeit (N. des T.).

begnügte, zwei Provinzen wieder einzugliedern und eine Entschädigung aufzuerlegen, die in einigen Jahren bezahlt werden konnte. England hatte sich in innerkulturellen bewaffneten Konflikten auf die gleiche Weise verhalten. Dennoch führte es im Jahr 1900 einen Krieg gegen die Buren bis hin zur totalen Vernichtung. Dies geschah im wahren Stil des 20. Jahrhunderts, und wir sollten beachten, dass es England war, der Organismus, der die Idee des 19. Jahrhunderts entwickelt hatte und nicht dazu bestimmt war, die Idee des 20. Jahrhunderts hervorzubringen, der also ganz im Sinne des neuen Zeitalters handelte. So stark ist der Geist der Epoche... er zwingt zur inneren Unterwerfung, selbst wenn man die Formeln der Vergangenheit verwendet und glaubt, dass man einer toten Idee neues Leben einhaucht.

Der Burenkrieg wurde erwähnt, weil er auch einen Höhepunkt in Bezug auf den internen Aspekt des Souveränitätsgesetzes darstellte. In diesem Krieg setzten die britischen Truppen zum ersten Mal die Methode des 20. Jahrhunderts ein, den inneren Feind zu benennen und mit ihm umzugehen. politische Notwendigkeit für das, was geschah, aber wir sind daran interessiert, was tatsächlich geschah, und nicht daran, die Geschichte zu korrigieren. In diesem Krieg gerieten sehr viele nicht kämpfende Buren, Männer, Frauen und Kinder, in die Obhut der britischen Truppen. Sie wurden mit der Begründung in genommen, dass sie eine Gefahr für die innere Sicherheit des vom Empire kontrollierten Gebiets darstellten und daher innere Feinde waren. Es handelte sich um eine beträchtliche Anzahl von Zivilisten, die für die bestehenden Gefängnisse und Haftanstalten zu groß waren. Die Lösung bestand darin, sie in Internierungslagern unterzubringen, die schnell und ad hoc errichtet wurden. Man nannte sie "Konzentrationslager", und dieser Ausdruck sollte eine ganz eigene Bestimmung erhalten. Nach dem Ersten Weltkrieg manifestierte sich die Epoche der absoluten Politik überall, und eines der Mittel dazu war die Einführung dieses Systems von "Konzentrationslagern" in allen Ländern der westlichen Zivilisation. Je gefährlicher die äußere Lage war, desto größer war die Notwendigkeit einer strengen inneren Kontrolle, eines unerschütterlichen inneren Friedens, und so steckten die politisch bedeutenderen Staaten viele Menschensie zu inneren Feinden erklärten oder zumindest als solche behandelten, in Konzentrationslager. Da der Ausdruck aber mit Politik zu tun hatte, bekam er eine umstrittene Bedeutung und wurde von einigen Staaten als Methode benutzt, um die "Moral" anderer Staaten anzugreifen. Und doch waren diese Konzentrationslager in allen Ländern ähnlich, so wie auch die Gefängnisse ähnlich sind. Es macht keinen Unterschied, ob außereuropäische Mächte Europäer in den von ihnen in England errichteten Lagern gefangen hielten oder ob Europa Slawen, Juden und Bolschewiken in den von ihm in Europa errichteten Lagern gefangen hielt, die Konzentrationslager waren politisch im Wesentlichen gleich.

Beide Fälle veranschaulichen den inneren Aspekt des Gesetzes der Souveränität, wie es sich im zwanzigsten Jahrhundert entwickelt. Die Epoche der absoluten Politik hat noch ein weiteres Jahrhundert vor sich, so dass die Gefangenenlager und die Zahl der Inhaftierten eher zu- als abnehmen werden.

Bleibt noch ein Wort über die künftige Entwicklung der inneren Souveränität. Da der Geist dieser und der kommenden Zeiten nicht mehr der der Wirtschaft, sondern der der absoluten Politik ist, werden heimliche und verschleierte Methoden des Vorgehens gegen Einzelpersonen und interne Gruppen an Bedeutung verlieren. An ihre Stelle werden wieder offene und rechtlich formulierte interne Feindschaftserklärungen treten. Selbst wirtschaftlich motivierte Entscheidungen werden offen mit politischen Mitteln durchgesetzt.

## 11. Politische Organe und Krieg

Eine politische Einheit hat das jus belli, das organische Recht, gegen den Feind, den sie als solchen bestimmt hat, Krieg zu führen. Dies ist kein moralisches Recht; dieses organische Recht ist eine von der Moral unabhängige Sache, auch wenn selbst die strengsten scholastischen Philosophen den politischen Einheiten das rein moralische Recht zugestehen, Krieg zu führen. Aber das Wort wird hier in einer rein politischen Weise verwendet: Das Recht, Krieg zu führen, ist ein Teil des Habitus des Organismus. Die Existenz als politische Einheit, die Bestimmung eines Feindes, das Führen eines Krieges, die Aufrechterhaltung des inneren Friedens, die Erklärung des inneren Feindes, die Macht über Leben und Tod über alle Untertanen... all dies sind einfach verschiedene Facetten der politisch-organischen Existenz. Sie können nicht getrennt werden; sie sind ein unteilbares Ganzes; sie können nicht unabhängig voneinander definiert werden.

Indem ein Staat seine Kriegsgewalt ausübt, setzt er das Leben seiner eigenen

Untertanen und das des Feindes aufs Spiel. Blutvergießen ist keine lebenswichtige Notwendigkeit für einen Staat, aber es geschieht nur als Teil des Prozesses der Machterlangung; der Staat, der direkt nach Macht strebt, ist nicht derjenige, der Blutbäder und Kriege führt. Kein Politiker würde einen Krieg gegen eine andere Einheit führen, wenn er glaubt, dass er die Eingliederung ohne Kampf erreichen kann. Der Krieg ist also immer das Ergebnis des Widerstands und nicht eine politische Dynamik. Der Krieg ist nicht normativ, er ist nur existentiell. Ich bezweifle, dass es im gesamten Panorama der Geschichte der großen Kulturen auch nur einen einzigen Fall gegeben hat, in dem die führende Schicht einer politischen Einheit beschlossen hat, dass sie zuerst den Krieg will, und sich dann jemanden gesucht hat, gegen den sie Krieg führen kann. Das wäre nicht politisch gewesen.

Auch die bloße Verfügungsgewalt über Leben und Tod, jus vitae ac necis, ist nicht das Markenzeichen einer politischen Körperschaft. Viele Staaten haben im Laufe der Geschichte diese Macht den Familieneinheiten zuerkannt. Das alte Rom gab sie dem pater familias. Einige Staaten gewährten dem Herrn die Macht über das Leben des Sklaven. Die meisten Staaten gestatteten dem Opfer einer Schandtat oder Entehrung, das Leben des Täters anzugreifen. Viele Staaten haben das Recht auf Blutrache zwischen den Sippen anerkannt, auch wenn dies bereits die Grenze des Erlaubten erreicht hat, ist es selten anzutreffen, und dann nur in Friedenszeiten.

Es ist also klar, dass die Politik als solche kein Monopol auf das Töten von Menschenleben beansprucht. Die Politik in ihrem höchsten Potential, d.h. im Krieg, nimmt nur deshalb Leben, weil der Widerstand es notwendig macht. Politik ist Aktivität im Verhältnis zur Macht, und es gibt nur eine Art und Weise, wie sich der organische Instinkt im Verhältnis zur Macht verhält: Er will mehr. Metaphysisch gesehen ist dies die Beziehung zwischen der Seele des Menschen und der Seele der großen Kultur einerseits und dem Habitus des Beutetiers andererseits. Obwohl der Staat in bestimmten, von ihm festgelegten Fällen seinen Untertanen erlaubt, anderen das Leben zu nehmen, wird er ihnen gemäß dem Gesetz der Souveränität niemals erlauben, Krieg zu führen. Wenn eine Gruppe von Untertanen eine solche Macht erlangt, ist gerade ein neuer Staat entstanden. Wenn das Recht auf Blutrache in einen Sippenkrieg ausartet, muss der Staat eingreifen, weil seine Existenz auf dem Spiel steht. Deshalb ist in allen Staaten, die ernsthaft Politik betreiben, das Recht auf Blutrache unterdrückt worden.

Das Recht, Krieg zu führen und damit über das Leben ihrer Untertanen zu verfügen, ist rein politisch. Keine Kirche könnte von ihren Mitgliedern verlangen, für sie zu sterben - das ist etwas ganz anderes, als darauf zu bestehen, dass der Märtyrertod dem Glaubensabfall vorzuziehen ist -, wenn sie nicht zu einer politischen Einheit würde. In kritischen Zeiten sind viele Kirchen, wie die islamische Kirche von Abu Bekr, zu Staaten geworden, aber dann hören sie auf, Kirchen zu sein, und werden von der politischen Denkweise und ihrem grundlegenden inneren, organischen Verlangen nach mehr Macht und nicht mehr von dem religiösen Imperativ der Erlösung und Bekehrung geleitet.

Es wäre grausam und wahnsinnig, von Menschen zu verlangen, dass sie sterben, damit die Überlebenden einen höheren wirtschaftlichen Lebensstandard genießen können. Wenn der Krieg durch eine wirtschaftliche Idee motiviert ist, verschwindet die Ökonomie in der kriegspolitischen Situation; das heißt, der Test des Erfolges ist politisch; die Methode, ihn durchzuführen, berücksichtigt nicht seine Kosten; die eingesetzten Mittel sind immer politisch-militärisch, der Befehl ist immer politisch und würde es auch bleiben, wenn Ökonomen ausschließlich als Kriegsherren eingesetzt würden. Ihre Denkweise wäre sicherlich merkwürdig, aber sie wäre sicher nicht wirtschaftlich. Politik und Wirtschaft sind zwei verschiedene Richtungen des menschlichen Denkens und stehen einander feindlich gegenüber. Aus diesem Grund würde kein echter Politiker oder echter Soldat jemals einen Krieg aus rein wirtschaftlichen Motiven erklären oder führen, selbst wenn er große Möglichkeiten zur persönlichen Vergrößerung böte. Wirtschaftlich motivierte Kriege wie der amerikanische Bürgerkrieg (1861-1865), der britische Opiumkrieg und der Burenkrieg wurden den Beteiligten notwendigerweise unter falscher Propaganda präsentiert.

Der Ökonomie - d.h. der "reinen" Ökonomie - fehlt aus sich heraus die Kraft, die Menschen auf eine Handlungsebene zu bringen, auf der sie ihr Leben riskieren. Das liegt daran, dass die Wirtschaft das Leben voraussetzt und nur nach den Mitteln sucht, um das Leben zu sichern, zu ernähren und zu erhalten. Es ist offensichtlich, dass es keinen Sinn macht, das Leben mit dem Tod zu erkaufen; wenn der Tod zu einer Möglichkeit wird, befinden wir uns nicht mehr in der Sphäre der Wirtschaft. Wenn die Wirtschaft einen bestimmten Krieg will, kann sie ihn nur mit politischen Mitteln herbeiführen, und dann befinden wir uns wieder außerhalb der Sphäre der

Wirtschaft.

Die Moral wurde oft als Grund für Kriege angeführt, und viele Kriege wurden im Namen der Moral geführt. Dies macht jedoch keinen Sinn - es entspricht keinem westlichen Moralsystem - weil Staaten nicht in den Bereich der Moral fallen, die nur für Individuen gilt. Außerdem qualifizierte die materialistische Moral des 19. Jahrhunderts den Krieg als Mord. Wenn die Protagonisten dieser Art von Moral - und es gibt sie immer noch - einen Krieg fordern, um den Krieg zu beenden, ist das ein offensichtlicher Betrug. Das Einzige, was ein Mensch tun kann, um Mord zu verhindern, ist, sich selbst des Mordes zu enthalten, aber diese Kämpfer der Moral haben das nicht getan.

Ein Krieg für die Moral ist nicht nur vom moralischen, sondern auch vom kriegspolitischen Standpunkt aus unmöglich. Der Krieg ist keine Norm: Man kann nicht gegen ihn kämpfen. Der Krieg ist ein existenzielles Dilemma, kein System oder eine Institution. Es gibt keinen rationalen Zweck, kein Programm - denn das Ökonomische, Moralische oder Ästhetische ändert sich ständig - es gibt keine Norm, die so absolut richtig ist, dass sie das Töten rechtfertigt. Die Annahme von Krieg und Politik bedeutet in der Tat, dass man das andere aufgibt. Man kann privat unpolitische Ideen haben, aber wenn sie öffentlich werden, gehen sie ins Politische über. Das Ergebnis ist Politik im moralischen Gewand.

Eine weitere Tatsache ist in Bezug auf die Vermischung von Politik und Moral zu beachten. Es gibt zunächst zwei mögliche Mischungen: einerseits den Typus Cromwell-Torquemada, bei dem der Politiker auch glaubt, durch seine besondere Politik die Moral zu verwirklichen, und andererseits den Typus Lincoln-Roosevelt, bei dem die Moral ein reiner Betrug ist. Im ersten Fall sind die Fehler des Politikers proportional zum Ausmaß seines religiösen Denkens. So lehnte Cromwell 1653 ein Bündnis mit Spanien ab, weil er die spanische Religion hasste, obwohl ein solches Bündnis für England äußerst vorteilhaft gewesen wäre. Sein Verhalten war jedoch politisch, denn er schloss mit Frankreich dasselbe Bündnis, das er mit Spanien abgelehnt hatte, und erhielt von diesem viel weniger, als Spanien angeboten hatte. Im zweiten Fall, wenn die Moral nicht ernst genommen wird, wie im Fall von Roosevelt, ist sie überhaupt keine Moral und ist der Ehre abträglich. Moral in der Politik macht also schlechte Politik, wenn sie ernst genommen wird, und entehrt den, der sie einsetzt, wenn sie zynisch eingesetzt wird.

Es stellt sich die Frage, warum im Zeitalter der absoluten Politik das moralische Vokabular in die Politik eingeführt wurde. Die Antwort ist, dass dies absichtlich und politisch geschieht. Es ist elementar, dass die Politik im Feindbild keinen Nebeninhalt von Bosheit oder Hass enthält. Der Hass ist privat; er entsteht zwischen Menschen, die aufgrund ihrer eigenen privaten Feindschaft keine Sympathie füreinander haben. Obwohl diese Terminologie sich von der Hegels unterscheidet, ist die Idee identisch. Er sprach vom Hass des öffentlichen Feindes als undifferenziert und völlig frei von Persönlichkeit. Dies ist kein Hass mehr im radikalen Sinne des Wortes. Der Krieg findet zwischen Staaten statt, und wenn der feindliche Staat besiegt ist - was bedeutet "besiegt" ist ein Spiegelbild der Epoche und bedeutet in einer Epoche der absoluten Politik die totale Einverleibung des anderen Staates - kann es keinen Krieg mehr geben. Die Feindschaft hört auf, und wenn jemals irgendeine Art von Feindseligkeit aufkam, muss sie jetzt aufhören, da sie, wenn sie politisch war, gegen den feindlichen Staat gerichtet war. Dieser Staat existiert nicht mehr.

Wenn aber die Bevölkerung eines Staates ausschließlich mit Propaganda versorgt wurde, die behauptet, der Krieg sei nicht politisch, sondern aus moralischen, humanitären, rechtlichen, wissenschaftlichen oder anderen Gründen geführt worden, wird diese Bevölkerung das Ende des Krieges als den Beginn unbegrenzter Möglichkeiten zur Unterdrückung der Bevölkerung des feindlichen Staates betrachten. Hier zeigt sich die moralische Propaganda in ihrer ganzen Nacktheit; im zwanzigsten Jahrhundert ist sie ein Mittel, um den Krieg nach dem Krieg fortzusetzen; ein Krieg, nicht gegen einen Staat mit Waffen in den Händen, sondern gegen die Überlebenden der Niederlage. Hier liegt die wahre Bedeutung eines Phänomens, das seinerzeit viele Menschen getäuscht hat: Ich spreche von der "KZ"-Propaganda gegen Europa, die nach dem Zweiten Weltkrieg ihren Höhepunkt erreichte. Das einzige Ziel dieser Propaganda war der Krieg nach dem Krieg, d.h. es handelte sich nicht um einen wirklichen Krieg, da es keine gegnerische Einheit gab; es ging darum, außereuropäische Besatzungsvölker und -armeen anzustacheln, ihre Grausamkeit und ihren persönlichen Hass gegen eine wehrlose europäische Bevölkerung zu vermehren.

So verkommt ein moralischer "Krieg zur Beendigung von Kriegen" in Wirklichkeit zu einem endlosen, nicht enden wollenden Krieg. Ein Krieg zu humanitären Zwecken endet in einem Krieg zur Ausrottung der Bevölkerung des besiegten Staates. Ein

Krieg gegen Konzentrationslager führt zu mehr und größeren Konzentrationslagern. So muss es in einer Epoche der absoluten Politik sein, denn es ist offensichtlich, dass moralische Gründe für einen Krieg in einer solchen Epoche nicht notwendig sind. Propaganda kann nicht mehr Männer auf das Schlachtfeld bringen als der Zeitgeist. Wer sich also eines moralischen Vokabulars bedient, führt eine Bosheit in den Kampf ein, die der Geist der Politik allein nicht entwickeln kann. Proudhon bemerkte: "Wer von Menschlichkeit spricht, will täuschen".

Nur die Politik zeigt die wahre Bedeutung des Krieges. Wirtschaft, Ästhetik, Recht und andere Formen des Denkens können ihm keinen Sinn geben, denn der Krieg ist in seiner höchsten Intensität politisch. Der politische Sinn eines Krieges besteht darin, dass er gegen den wirklichen Feind geführt wird. Um politisch gerechtfertigt zu sein, muss der Krieg eine Bejahung des politischen Organismus sein, oder er muss zur Rettung des politischen Organismus geführt werden. Die Verausgabung von Menschenleben in jedem anderen Krieg ist eine Verzerrung des Schicksals des Staates und ein verräterisches und unehrenhaftes Abschlachten von Soldaten und Zivilisten, die in ihm sterben. Die Entscheidung darüber, wer der Feind ist, muss von Staatsmännern getroffen werden, die die nationale Idee verkörpern, und wenn dies nicht der Fall ist, dies zu einer politischen Verzerrung. In der Sprache der Politik ist ein gerechter Krieg nur einer, der gegen einen wirklichen Feind geführt wird.

Es ist nicht ausgereift, vorzuschlagen, dass das Militär über solche Fragen entscheiden sollte. Wenn es für einen Politiker möglich ist, gleichzeitig Soldat zu sein, bedeutet das nicht, dass ein Soldat ipso facto ein Politiker wird. Im Allgemeinen waren in Rom alle Staatsmänner ehemalige Kriegsherren, die jedoch in ihrer politischen Laufbahn auch auf das Schlachtfeld gegangen waren. Caesar begann seine militärische Karriere, als er bereits ein reifer Mann war, aber wie viele Berufssoldaten hätten sich mit ähnlichem Erfolg in der Politik engagieren können? In politischen Angelegenheiten sind Soldaten, wie auch die Bevölkerung im Allgemeinen, unbeständig.

## 12. Das Recht des politischen Plenums

Dass der Krieg für die Existenz eines politischen Organismus unerlässlich ist, wird durch die Tatsache bewiesen, dass ein Staat sein jus belli nicht aufgeben kann, ohne als Folge davon seine politische Existenz aufzugeben. In der Geschichte der großen Kulturen gibt es nur sehr wenige Beispiele dafür, dass eine politische Einheit offen oder bewusst oder einfach durch Unterwerfung unter eine andere Einheit auf das organische Recht, Krieg zu führen, verzichtet hat. Und in keinem Fall hat eine Macht, die wichtig war oder sich als solche betrachtete, auf dieses Recht verzichtet.

Der berühmte Kellogg-Pakt[30] - den die Historiker des 21. Jahrhunderts als den Höhepunkt der ideologischen Politik bezeichnen werden - versuchte nicht einmal, seine Unterzeichner zum Verzicht auf den Krieg zu zwingen. Dieser Pakt "verurteilt" den Krieg lediglich. Die französische Version war "condamner", die deutsche "verurteilen". In einer Zeit, in der viele Politiker vorgaben, sich als Geistliche zu verkleiden, waren natürlich fast alle darauf erpicht, den Krieg zu "verurteilen". Aber die führenden kirchlichen Kräfte hatten Vorbehalte gegen ihre Verurteilung. So sagte England, dass es den Krieg nicht verurteilen könne, wenn seine nationale Ehre, seine eigene Verteidigung, der Fortbestand des Völkerbundes oder die Einhaltung der Neutralitätsverträge, des Locarno-Vertrags, die Sicherheit bestimmter Interessensphären wie Ägypten, Palästina usw. usw. angegriffen würden. Frankreich machte ähnliche Ausnahmen, ebenso wie Polen. Einige politische Denker wiesen bald darauf hin, dass der betreffende Pakt den Krieg nicht verbietet, sondern ihn zulässt, da die Ausnahmen alle möglichen Fälle abdecken. Von nun an sollten die Kriege rechtlich formuliert werden. Andere politische Denker verglichen den Pakt mit einem Neujahrsvorsatz.[31]

Dieser einzigartige Kellogg-Pakt gehorchte also den organischen Realitäten, obwohl er sie eigentlich außer Kraft setzen sollte. Anstatt die Politik durch das Recht abzuschaffen, wurde das Recht wie üblich zur Unterstützung einer bestimmten politischen Situation eingesetzt.

Der Pakt sprach im Übrigen nur vom Krieg als "Instrument der nationalen Politik". Aber als Instrument einer anderen Idee wurde nichts gesagt, nicht einmal von

---

[30] Der Kellogg-Pakt, auch bekannt als Briand-Kellogg-Pakt oder Pariser Pakt, wurde ursprünglich am 24. Juli 1929 zwischen Frankreich und den Vereinigten Staaten unterzeichnet und anschließend von 63 weiteren Ländern ratifiziert. Die Unterzeichner verzichteten auf den Krieg als Mittel zur Beilegung internationaler Streitigkeiten. Dieser Pakt wurde von der Staatsanwaltschaft im Nürnberger Prozess gegen die zivile und militärische Führung Deutschlands ausgiebig genutzt (N. des T.).

[31] Alter angelsächsischer Brauch, der darin besteht, dass die Kinder nach den Desserts des Neujahrsmahls der Familie versprechen, dass sie im kommenden Jahr sehr brav sein werden (N. des T.).

internationaler Politik. Die schlimmsten Kriege wurden also vom Vertrag nicht erfasst. Ein Krieg um der internationalen Politik, um der "Humanität", der "Moral" und ähnlicher Begriffe willen ist der schlimmste aller möglichen Kriege, weil er den Gegner entmenschlicht, ihn zum persönlichen Feind macht, jede Art von Grausamkeit gegen ihn zulässt und die Menschen, die einen solchen Krieg führen, aller durch die Ehre auferlegten Schranken beraubt.

Es ist auch nicht möglich, die politische Existenz ganz aufzugeben. Eine politische Einheit kann verschwinden. Das Organische Gesetz des Politischen Plenums erscheint. Wenn ein bestimmter Staat, ermüdet durch sein fortgeschrittenes Alter, keinen Krieg oder keine Politik mehr führen wollte, könnte er, wenn er es wollte, allen Staaten der Welt seine Idee verkünden. Er könnte sagen, dass er der Feindschaft abgeschworen hat und alle Staaten als seine Freunde betrachtet, dass er keinen Krieg mehr führen wird und nur noch Frieden will. Ein solches Verhalten, so unlogisch es auch sein mag, einen solchen Wunsch zu formulieren, würde nicht das gewünschte Ergebnis bringen. Logik funktioniert in der Politik nicht. Ein Staat würde durch ein solches Verhalten ein politisches Vakuum schaffen, und andere Staaten, die des Krieges und der Politik nicht überdrüssig sind, würden dieses Vakuum sofort beseitigen und das Territorium und die Bevölkerung des abdankenden Staates in ihr eigenes Herrschaftsgebiet eingliedern. Eine solche Vollmacht kann offen und ehrlich oder verdeckt erteilt werden. In jedem Fall wird eine abdankende Macht sofort in eine stärkere Macht eingegliedert. Ein politisches Vakuum ist in einem Staatssystem ein Ding der Unmöglichkeit. Dieses Gesetz des politischen Plenums beschreibt reale politische Situationen und bedarf zu seiner Anwendung keiner förmlichen Ankündigung der Abdankung durch den abtretenden Staat als solchen. Wenn ein solcher Staat allein aufgrund der allgemeinen Entwicklung der Situation einen Punkt erreicht, an dem er keinen Krieg mehr führen, d.h. keine Politik mehr betreiben kann, ist das Gesetz des Politischen Plenums sofort wirksam. Es ist nicht notwendig, dass die Eingliederung des untergehenden Staates, der von einem größeren Staat übernommen wird, mit einer militärischen Besetzung einhergeht. Dies ist natürlich die operative Methode des zwanzigsten Jahrhunderts, denn dies ist das Zeitalter der absoluten Politik, und jede Art von Verkleidung für politische Aktionen ist ebenso unnötig wie unangemessen. Das geschieht automatisch, wenn das politische Potenzial im verschwindenden Staat gesenkt wird.

So war zum Beispiel die amerikanische Eroberung der Hälfte Europas nach dem Zweiten Weltkrieg eine Mischung aus militärischen und kryptopolitischen Mitteln. Russlands Eroberung der anderen Hälfte Europas war unkomplizierter, auch wenn sie immer noch mit dem Geschwafel des neunzehnten Jahrhunderts über "Rechtfertigung", "Nichteinmischung", "Sicherheit", "militärische Notwendigkeit" und so weiter belastet war. In beiden Fällen wurde die Fiktion der Unabhängigkeit der ehemaligen politischen Einheiten Europas aufrechterhalten.

Diese Aufteilung der westlichen Zivilisation auf die beiden außereuropäischen Mächte ist ein Beispiel für das Gesetz des politischen Plenums. Die europäischen Staaten waren einzeln nicht fähig

Die einzige Möglichkeit, nach 1945 Krieg zu führen, war der enorme industrielle und menschliche Bedarf. Dies war nur in Russland und Amerika möglich. So wurde Europa aufgrund der individuellen politischen Unfähigkeit der Staaten der westlichen Zivilisation kollektiv zu einem politischen Vakuum.

Die Unfähigkeit, einen Krieg zu führen, ist de facto ein Verzicht auf die politische Existenz, ob der verzichtende Staat es weiß oder nicht. Die Grenzen, die nach dem Zweiten Weltkrieg in Europa eine Zeit lang aufrechterhalten wurden, waren also, abgesehen von aller Fiktion, keine Mächtegrenzen, sondern administrative Demarkationslinien. So haben weder Amerika noch Russland die Grenzen in ihren jeweiligen Hälften Europas ernst genommen. Die einzige Grenze, die Russland und Amerika ernst nahmen, war die Grenze, die zwischen ihren jeweiligen Einflusszonen verblieb. Die Welt der realen Politik wird zu jedem Zeitpunkt von den Mächten bestimmt, die in der Lage sind, einen Krieg zu führen.

Nur die politische Unabhängigkeit kann aufgegeben werden, nicht die politische Existenz. Die Politik ist allgegenwärtig und umfasst existenziell das Leben der gesamten Bevölkerung. Dies ist das organische Gesetz von Schutz und Gehorsam.

## 13. Das Gesetz des Schutzes und des Gehorsams

Das Ziel, das den großen politischen Denker Hobbes bei der Abfassung seines "Leviathan" leitete, bestand darin, der Welt erneut das "gegenseitige Verhältnis von Schutz und Gehorsam" zu vermitteln, das sowohl von der menschlichen Natur als auch vom göttlichen Gesetz gefordert wird. Die römische Formel lautete "protego ergo obligo". Demjenigen, der Schutz gewährt, wird auch Gehorsam erwiesen. Er wird freiwillig, durch Überredung oder mit Gewalt geleistet. Auch diese Formel hat keinen moralischen Inhalt. Sie mag auch einen moralischen Aspekt haben, aber nichts bezieht sich hier auf diesen Aspekt, noch auf irgendeinen anderen Aspekt als den rein politischen. Eine Perspektive auf die Politik des 20. Jahrhunderts ist notwendigerweise rein faktisch und billigt oder missbilligt die politischen Realitäten nicht. Billigung oder Missbilligung aus moralischen Gründen hat nichts mit Politik zu tun. Die Zustimmung oder Ablehnung aus Gründen der Kultur, des Geschmacks oder des Instinkts ist jedoch die treibende Kraft der Politik. Bei der Prüfung der Realitäten als Voraussetzung für das Handeln in der Realität lassen wir alle Arten von vorgefassten Meinungen beiseite.

Deshalb: Schutz und Gehorsam. Dieses organische Gesetz ist wiederum eine Beschreibung einer existentiellen Realität. Ohne das Verhältnis von Schutz auf der einen Seite und Gehorsam auf der anderen Seite gibt es keine Politik. Jeder politische Organismus weist sie auf, und die Ausdehnung von Schutz und Gehorsam definiert die territorialen Grenzen des Organismus. Wenn eine Macht unter dem Schutz einer anderen Macht steht, bilden die beiden nach außen hin eine politische Einheit. Was auch immer an scheinbaren Anomalien bestanden haben mag, sie verschwinden, sobald die politischen Spannungen in dem betreffenden Gebiet zunehmen. Im Inneren der Behörde bestimmen der Grad des Schutzes und der Grad des Gehorsams sowie die Qualität beider Faktoren die innere Stärke der Einheit. Ein hohes Maß an Schutz und ein hohes Maß an Gehorsam bilden einen integrierten Organismus, der allen politischen Prüfungen standhalten kann. Ein solcher Organismus kann sich oft gegen weit überlegene Kräfte durchsetzen. Ein niedriger Grad an Schutz und Gehorsam beschreibt eine Einheit, die innerlich schwach ist. Sie ist nicht in der Lage, einem wirklich harten Kampf standzuhalten, und kann sogar einem Organismus unterlegen sein, der über geringere materielle und menschliche Mittel verfügt.

Wenn also im 20. Jahrhundert eine Körperschaft es nicht wagt, in ihrem politischen Gebiet die Wehrpflicht einzuführen, dann ist dieses Gebiet innerlich schwach und kann nicht als Teil des Staatswesens betrachtet werden. Eine solche Situation wird nur so lange andauern, wie dieses Gebiet nicht im Mittelpunkt politischer Spannungen steht. Das Gesetz definiert auch die geografische

Ausdehnung einer politischen Einheit. Wo Schutz und Gehorsam aufhören, beginnen die eigentlichen Grenzen.

Wieder einmal wurden die Worte "Schutz" und "Gehorsam" ohne jeglichen moralischen Gehalt verwendet. So kann "Schutz" unbegrenzten Terror mit militärischen Mitteln bedeuten und "Gehorsam" einfach die Widerspiegelung der Alternative Konzentrationslager. Der Zustand des von außereuropäischen Armeen besetzten Europas ist Schutz im Sinne dieses organischen Gesetzes. Auch wenn diese außereuropäischen Armeen die Bevölkerung misshandeln, so ist es doch wahr, dass sie diesen Teil Europas davor schützen, von einer anderen politischen Einheit vereinnahmt zu werden. Amerika schützt seine Hälfte vor Russland und Russland schützt seine Hälfte vor Amerika. Das Wort ist also neutral in Bezug auf die Altruismus-Egoismus-Disjunktion. Gehorsam ist keine Dankbarkeit, sondern politische Unterwerfung, aus welchen Gründen auch immer.

Wenn die schützende Macht innerhalb einer Kultur angesiedelt ist und das geschützte Gebiet und die Bevölkerung ebenfalls zu dieser Kultur gehören, wird der Gehorsam der kulturtragenden Schicht vollständig, natürlich und freiwillig sein, zumindest wenn die Existenz der Kultur auf dem Spiel steht. Dieses Gesetz beschreibt zum Beispiel den westlichen Feudalismus. Der Feudalismus ist das stärkste politische System, das es geben kann. Es ist nach innen und außen integriert. Es ist das System, in dem die politische Aktivität innerhalb eines selbstverständlichen Rahmens von Formen stattfindet. Es ist eine Internationale im einzig wahren Sinne des Wortes; es ist ein Phänomen von gleicher Gültigkeit in der gesamten Kultur. In unserem Fall war sie 300 Jahre lang die Form und der Träger aller Ereignisse im Westen. Die Grundformel der feudalen Idee ist nichts anderes als Schutz und Gehorsam.

Protektorate, wie sie im westlichen Völkerrecht anerkannt sind, sind Beispiele für dieses Recht, das auch alle föderalen Einheiten beschreibt, die entstehen können. Die Zentralregierung ist die einzige politische Regierung, denn sie schützt und erhält daher politischen Gehorsam.

Der existenzielle Charakter des Gesetzes zeigt sich auch darin, dass, wenn ein Staat nicht in der Lage ist, ein Gebiet und seine Bevölkerung innerhalb seines Systems zu schützen, dieses Gebiet und seine Bevölkerung in das System eines anderen Staates überführt werden, der in der Lage und willens ist, sie zu schützen.

Dieser Übergang kann durch eine Revolte oder einen Krieg erfolgen. Oder er kann durch Verhandlungen erfolgen, insbesondere wenn der schützende Staat in dem geschützten Gebiet eine Quasi-Regierung zulässt, die sich mit anderen Mächten darauf verständigen kann, ihnen die Bevölkerung und das Gebiet zu überlassen. Dies zeigt im Übrigen die Gefahr, dass man es in der Politik mit den Fiktionen zu weit treibt. Wenn man zu laut damit prahlt, dass Vasallen keine Vasallen sind, kann dies dazu führen, dass sie einer anderen Souveränität unterstellt werden. Gleichzeitig ist es gefährlich, sich der eigenen Stärke zu rühmen, indem man sie als unbesiegbar bezeichnet; es wird niemals einen entschlossenen Staat von der Gleichberechtigung überzeugen, aber es kann den eigenen überzeugen.

Genauer gesagt: Im Zeitalter der absoluten Politik sollte der politische Schein der politischen Wirklichkeit entsprechen. Im Jahrhundert des ökonomisch-moralischen Jargons bestand die Herrschaft darin, den Schein der Freiheit aufrechtzuerhalten und gleichzeitig einen starren Zustand der Knechtschaft aufrechtzuerhalten. Diese Handlungsweise ist in dem Zeitalter, das dieses und die nächsten zwei Jahrhunderte umfassen wird, ebenso unpraktikabel wie geschmacklos. Unpraktikabel, weil man ständig Gefahr läuft, niemanden zu täuschen, außer sich selbst, und nicht den politischen Gegner. Unangenehm, weil die stärksten Mächte dieser Epoche angesichts der Tatsache der politischen Unterordnung über die schlauen Täuschungen und verschleierten Formeln spotten.

In einem Land, in dem der Jargon der Moral das Monopol über das politische Vokabular ausübt, können die Politiker nicht einmal offen miteinander sprechen. Der propagandistische Terror, der notwendig ist, um eine solch absurde, den Tatsachen widersprechende politische Terminologie aufrechtzuerhalten, schwächt die Regierungen solcher Länder schließlich von innen heraus. Jeder, der eine rein sachliche Beobachtung macht, wird zum Verdächtigen, und einige der besten Köpfe sind deshalb im Gefängnis oder im Konzentrationslager gelandet.

## 14. Die Internationale

Es hat sich gezeigt, dass die Welt der Politik ein Pluriversum ist. Diese organische Tatsache hat fatale Folgen für den Ideologen, der an den Bund der Nationen glaubt und darauf seine Pläne stützt. Keine der beiden "Völkerbünde", die nach den ersten beiden Weltkriegen von außereuropäischen Kräften gegründet wurden, waren internationale Organisationen, sondern lediglich zwischenstaatliche Organisationen. Die englische Sprache erlaubt nicht die klare Unterscheidung mit der Selbstverständlichkeit des Deutschen. Der deutsche Begriff "zwischenstaatlich" bedeutet, dass er zwischen Staaten, als in sich geschlossene, undurchdringliche Einheiten, auftritt; international bedeutet im Deutschen, dass er innerhalb beider Staaten auftritt und Staatsgrenzen in beide Richtungen überschreitet. So war der mazedonische Terrorismus im 19. und 20. Jahrhundert zwar international, aber nicht zwischenstaatlich. Wären die Bevölkerungen der verschiedenen Staaten der Welt unabhängig von ihren eigenen Staaten in einem "Völkerbund" vertreten, und würden sich keine Staaten daran beteiligen, dann könnte man ihn möglicherweise als internationale Organisation bezeichnen. Aber wenn die einzigen Mitglieder Staaten sind, dann ist die Organisation lediglich "zwischenstaatlich".

Die Bedeutung dieser Unterscheidung liegt in der Tatsache, dass eine zwischenstaatliche Organisation Staaten voraussetzt. Wenn es sich um echte Staaten und nicht nur um nominelle Staaten handelt, werden sie durch die Gesetze der Souveränität und der Totalität beschrieben. Und tatsächlich waren in beiden Bünden zumindest einige Mitglieder echte Staaten in diesem Sinne. In der ersten Liga der Nationen gab es zu verschiedenen Zeiten fünf, sechs oder sieben solcher Staaten. Im zweiten waren es nur zwei. Aber wenn es zwei sind, ist ein solcher Bund nur das Schlachtfeld für die Entwicklung der zwischenstaatlichen Politik.

Eine Internationale, sofern sie der Seele der Kultur entspringt, hat die Möglichkeit, alle Staaten in ihren Schoß aufzunehmen, sofern es sich um eine Idee handelt, die das Leben in seiner Gesamtheit umfasst, d. h. um eine kulturelle Idee und nicht nur um ein politisches Schema - und vor allem nicht um eine bloße Abstraktion, ein Ideal -, und der Feudalismus war eine solche Internationale. Die verschiedenen Internationalen der revolutionären Klassenkriege waren dies natürlich nicht, denn ihr Ursprung war rein politisch und sie waren rein negativ. Eine kulturelle Idee kann nicht negativ sein; eine solche Idee ist nicht von Menschen gemacht, sondern entspringt der Entwicklung der Kultur und stellt eine organische Notwendigkeit des höchsten Organismus dar. Der Begriff "Zeitgeist" ist übertragbar auf den Begriff "Idee-Kultur". Beide sind überpersönlich, und der Mensch kann höchstens die Idee formulieren, versuchen, sie zu verwirklichen, oder versuchen, sie zu erwürgen und zu verdrehen. Was er nicht tun kann, ist sie zu verändern oder zu zerstören.

Eine Internationale, die eine Ideenkultur repräsentiert, ist natürlich sowohl supranational als auch international im eigentlichen Sinne, denn Nationen sind Schöpfungen der Großen Kultur. Nur eine solche Internationale könnte die Staaten in ihrer Mitte aufnehmen... und selbst dann nur die Staaten ihrer eigenen Kultur. Die Idee würde natürlich keine interne Wirkung auf die Bevölkerungen und territorialen Zonen außerhalb ihres organischen Körpers ausüben. So könnte keine westliche Internationale China, Indien, Japan, den Islam oder Russland von innen heraus beeinflussen. Ihre Reaktion auf eine solche Internationale, sofern sie von deren Außenwirkung betroffen wären, wäre zwangsläufig rein negativ. Wenn eine solche Internationale den Westen zu politischen Zwecken als Einheit konstituieren würde - und die Außenwelt hat den Westen in jeder Hinsicht immer zu Recht als Einheit betrachtet -, würde sie dazu neigen, eine antiwestliche Einheit unter den äußeren Zonen und Bevölkerungen zu schaffen. Dies wäre nur deshalb der Fall, weil die westliche Zivilisation die ganze Welt in ihren Wirkungskreis einbezogen hat. Sie war die erste, die dies getan hat.

Zum ersten Mal in der Geschichte der großen Kulturen hat ein kulturpolitisches System die ganze Welt erfasst. Denn die Politik der außereuropäischen Kräfte ist im Grunde durch die historisch allmächtige Kraft unserer westlichen Zivilisation motiviert, in dem Sinne, dass die außereuropäischen Kräfte ihre Einheit nur aus der Tatsache beziehen, dass sie eine Negation Europas sind. Gäbe es kein Europa, wäre Russland nichts weiter als der Schauplatz wandernder Horden, die sich in kleinen Stammeskriegen gegenseitig bekämpfen. In ähnlicher Weise war die berühmte "chinesische Revolution" von 1911 einfach ein Ökophänomen westlicher Strömungen, und ihre Bedeutung bestand darin, dass sie sich auf das Gebiet, das der Westen China nennt, antiwestlich auswirkte.

Eine wahre Internationale wirkt unmittelbar auf ihren gesamten Kulturkreis und die von ihr umfassten Bevölkerungen. Der Kapitalismus war in diesem Sinne eine wahre Internationale; er war Ausdruck des Zeitgeistes. England war das von der Kultur gewählte Vehikel, um diese Idee zu verwirklichen, und England wurde zur geistigen Heimat des Kapitalismus. Die anderen Nationen waren gezwungen, ihr Leben an dieser Idee auszurichten, die im Übrigen eher eine Weltanschauung - oder eine Idee - als ein Wirtschaftssystem war. Sie konnten sie bejahen oder verleugnen. Diese Wahlmöglichkeit bestand nur deshalb, weil der Zeitgeist auch den politischen Nationalismus beinhaltete und der Kapitalismus, der einer Nation angehörte, nicht alle westlichen Nationen zu einer Nation verschmolz und dies auch nie hätte tun können. Der politische Nationalismus war schon vor dem Ersten Weltkrieg am Ende, und danach war die Praxis des politischen Nationalismus nur noch eine kulturelle Verzerrung; jede westliche Nation wurde durch diesen politischen Nationalismus individuell und alle zusammen geschädigt. Die Internationale unserer Zeit erscheint zu einer Zeit, in der der Geist des Zeitalters den politischen Nationalismus überwunden hat. Die Epoche der absoluten Politik wird keinen Kleinstaaterei dulden. Die ganze Welt ist die Beute dieses gigantischen politischen Zeitalters, und es liegt auf der Hand, dass winzige Einheiten wie die alten Staaten Europas mit einigen Zehntausend Quadratkilometern nicht in der Lage sind, einen politischen Kampf in einer Welt mit einer Bevölkerung von zwei Milliarden Menschen aufzunehmen. Das Minimum, das erforderlich wäre, um einen solchen globalen Kampf zu beginnen, wäre ein Gebiet von der Größe Europas und eines Teils Russlands. Jede Anfechtung, die dem vorausgeht, ist lokal.

Die beiden "Völkerbünde" waren lediglich zwischenstaatliche Phänomene, d.h. zu polemischen Zwecken vorausgesetzte Staaten, die daher selbst keine politischen Einheiten waren, die daher keine Politik betreiben konnten, die daher nicht als politische Realitäten existierten. Die hier formulierten Gesetze der Souveränität und der Totalität beschrieben die Mitgliedsstaaten der "Ligen", nicht aber die "Ligen" selbst. Liberale und Rationalisten, Moralisten und Dialektiker verloren sich in der Welt der Fakten und waren von der Situation nicht betroffen. Sie meinten, man müsse die Souveränität - die rein rechtliche Souveränität, aber sie wussten nichts und können nichts über das Grundgesetz der Souveränität wissen - von den Mitgliedsstaaten auf die "Liga" übertragen. Sie dachten, "Souveränität" sei ein Wort, das auf einem Stück Papier steht und somit nach den Berechnungen der symbolischen Logik beliebig manipulierbar ist. Souveränität erweist sich jedoch als existenzielles Merkmal eines politischen Organismus, und diese Organismen sind nicht der menschlichen Kontrolle unterworfen, sondern kontrollieren im Gegenteil politisch die Menschen in ihren Zonen. Dies ist eine Tatsache und befindet sich als solche auf einer anderen Ebene als der der Logik, einer Ebene, die sich niemals mit der der Logik überschneiden wird. Die Logik befasst sich mit einer Phase der menschlichen Kultur, ihrem Intellekt, und mit nichts anderem. Sie kann nur sezieren, analysieren, geistige "Postmortems" begleiten. So gesehen gleicht die Politik eher der Kunst als der Logik. Logik ist Licht, Politik ist Helldunkel; Logik ist Kamee, Politik ist Schnitzerei; Logik ist starr, Politik ist fließend. Die Schöpfung ist von der ganzen Seele, und die Logik ist nur ein Produkt eines kleinen Teils der Seele. Eine Absurdität in der Logik kann in der Politik richtig sein; eine Absurdität in der Politik kann logisch richtig sein. Politisch-kulturelle Ideen gehen der Realität voraus; intellektuelle Ideale sind der Realität auf den Fersen.

Der Grundgedanke der Völkerbünde war die Abschaffung von Krieg und Politik. Einen Treffpunkt für kriegspolitische Einheiten zu schaffen, war kaum zu erreichen, und deshalb hatten diese Treffpunkte keinerlei politische Bedeutung und befanden sich weiterhin in den Hauptstädten.

Wir haben gesehen, dass eine Welt mit einem Staat eine organische Absurdität ist, da ein Staat eine Einheit der Opposition ist. Doch einige Intellektuelle wollten eine Welt ohne Staaten, weder im Singular noch im Plural. Sie sprachen von der "Menschheit" und wollten sie vereinen, um die Politik durch die Politik und den Krieg durch den Krieg abzuschaffen. Auf diese Weise bejahten sie selbst den Krieg und die Politik, ohne dass sie sich dessen bewusst waren. Das Wort Menschlichkeit wurde so zu einem polemischen Wort: Es bezeichnete alle, außer den Feind. Das war natürlich nichts Neues, denn das abgedroschene Wort war bereits im 18. Jahrhundert als politisches Wort aufgetaucht, als es von Intellektuellen und Ideologen der Gleichheit verwendet wurde, um alle außer dem Adel und dem Klerus zu beschreiben. Es entmenschlichte also den Adel und den Klerus, und als die Macht in die Hände der Intellektuellen fiel, zeigten sie mit dem französischen Terror von 1793, dass sie ihre Feinde als unmenschlich behandelten, weil sie nicht zur "Menschheit" gehörten. Einmal mehr werden Politik und Logik getrennt: Menschlichkeit in der Logik bedeutet Unmenschlichkeit in der Politik.

Und doch schließt das Wort Menschlichkeit semantisch gesehen niemanden aus. Der Feind ist auch ein Mensch. Daher kann die Menschlichkeit keinen Feind haben, und die "Ein-Staaten-Liberalen" und die "humanitären Intellektuellen" verstrickten sich in das, was sie abschaffen wollten: Politik und Krieg. "Humanität" war kein friedliches Wort, sondern eine Kriegsparole. Der "Weltstaat" blieb in der Welt der

Träume. Die Politik blieb in der Welt und nutzte all diese antipolitischen Entelechien zu ihrem eigenen Vorteil.

Was wäre eine Welt ohne Politik? Nirgendwo gäbe es Schutz und Gehorsam, keine Aristokratie, keine Demokratie, keine Reiche, keine Heimatländer, keinen Patriotismus, keine Grenzen, keine Sitten, keine Herrscher, keine politischen Versammlungen, keine Vorgesetzten, keine Untergebenen.

Damit eine solche Welt entstehen und fortbestehen kann, muss es keine Menschen geben, die nach Abenteuern und Herrschaft streben. Kein Wille zur Macht, keine barbarischen Instinkte, keine kriminellen Instinkte, keine kriminellen Gefühle, keine messianischen Ideen, keine kriegerischen Menschen, keine Aktionsprogramme oder Bekehrungen, kein Ehrgeiz, keine Wirtschaft oberhalb der persönlichen Ebene, keine Ausländer, keine Ethnien, keine Ideen.

Damit sind wir bei dem grundlegenden Dilemma zwischen politischem Denken und bloßem Nachdenken über Politik. Alles intellektuelle Denken über Politik setzt bestimmte Eigenschaften voraus, die in der menschlichen Natur nicht vorhanden sind.

## 15. Die beiden politischen Anthropologien

Der Prüfstein einer jeden politischen Theorie ist ihre Haltung zur grundlegenden ethischen Qualität der menschlichen Natur. Unter diesem Gesichtspunkt gibt es nur zwei Arten: diejenigen, die eine "natürlich gute" menschliche Natur voraussetzen, und diejenigen, die die menschliche Natur so sehen, wie sie ist. Gut" wurde als vernünftig, vervollkommnungsfähig, friedlich, erziehbar, verbesserungswillig und vieles mehr verstanden.

Jede rationalistische politische oder staatliche Theorie geht davon aus, dass der Mensch von Natur aus "gut" ist. Die Enzyklopädisten, die Aufklärer und die Anhänger der Philosophie des Barons D'Holbach waren die Vorläufer des aufkommenden Rationalismus im 18. Sie alle sprachen von der "wesentlichen Güte der menschlichen Natur". Rousseau war in dieser Hinsicht der heftigste und radikalste aller Schriftsteller des 18. Jahrhunderts. Voltaire entfernte sich völlig von ihm, indem er diese wesentliche Güte der menschlichen Natur völlig leugnete.

Es ist merkwürdig, dass sich eine politische Theorie auf eine solche Annahme stützen kann, wo sich doch die Politik in Form der Freund-Feind-Disjunktion und nur in dieser Form verwirklicht. Eine Theorie der Feindseligkeit geht also davon aus, dass die menschliche Natur im Wesentlichen friedlich und nicht feindselig ist.

In der Mitte des 18. Jahrhunderts tauchten das Wort Liberalismus und der Ideenkomplex Liberalismus auf. Da die menschliche Natur im Grunde gut ist, braucht man nicht streng mit ihr zu sein, man kann liberal sein - diese Idee stammt von den englischen sensualistischen Philosophen. Rousseaus Gesellschaftsvertragstheorie hatte ihren Ursprung bei dem Engländer Locke im vorigen Jahrhundert. Der gesamte Liberalismus predigt eine sensualistische, materialistische Philosophie. Solche Philosophien sind tendenziell rationalistisch, und der Liberalismus ist einfach eine auf die Politik angewandte Variante des Rationalismus.

Die führenden politischen Denker des 17. Jahrhunderts wie Hobbes und Pufendorff betrachteten den Zustand der "Natur", in dem Staaten existierten, als einen Zustand ständiger Gefahr und Risiken, in dem die Handelnden von allen Instinkten der Tiere getrieben wurden: Hunger, Angst, Eifersucht, Rivalitäten aller Art, Begierden. Hobbes stellte fest, dass wahre Feindschaft nur unter Menschen möglich ist, dass die Freund-Feind-Diskrepanz unter Menschen so viel tiefer ist als unter Tieren, dass die Welt der Menschen geistig über der Welt der Bestien.

Die beiden politischen Anthropologien werden in der von Carlyle beschriebenen Anekdote des Gesprächs zwischen Friedrich dem Großen und Sulzer veranschaulicht, in dem letzterer dem ersteren die neue Entdeckung des Rationalismus erklärte, wonach die menschliche Natur im Wesentlichen gut sei. "Ach, mein lieber Sulzer, Ihr kennt diese verdammte Rasse nicht", sagte Friedrich, "Ihr kennt diese verdammte Ethnie nicht".

Die Annahme, dass die menschliche Natur gut ist, hat zwei Hauptrichtungen der Theorie hervorgebracht. Der Anarchismus ist das Ergebnis der radikalen Akzeptanz dieser Annahme. Der Liberalismus nutzt diese Annahme nur, um den Staat zu schwächen und ihn der "Gesellschaft" unterzuordnen. Thomas Payne, einer der ersten Liberalen, drückte die Idee in einer Formel aus, die auch für den heutigen Liberalismus gültig ist: Die Gesellschaft ist das Ergebnis unserer vernünftig geregelten Bedürfnisse; der Staat ist das Ergebnis unserer Laster. Am radikalsten ist der Anarchismus, der die These von der menschlichen Güte voll akzeptiert.

Die Idee des "Gleichgewichts der Kräfte", eine Technik zur Schwächung des

Staates, ist absolut liberal. Der Staat muss ein Subjekt der Wirtschaft werden. Man kann sie nicht als Theorie des Staates bezeichnen, denn sie ist eine reine Negation. Sie leugnet den Staat nicht völlig, aber sie will ihn dezentralisieren und schwächen. Sie will nicht, dass der Staat das Gravitationszentrum des politischen Organismus ist. Er zieht es vor, diesen Organismus als "Gesellschaft" zu begreifen, als eine lockere Ansammlung freier und unabhängiger Gruppen und Individuen, deren Freiheit keine anderen Grenzen hat als die, die durch das Gewohnheitsstrafrecht markiert sind. Der Liberalismus hat also nichts dagegen, dass der Einzelne mächtiger als der Staat ist und über dem Gesetz steht. Was der Liberalismus ablehnt, ist Autorität. Der Staat als größtes Symbol der Autorität ist ihm verhasst. Die beiden Adelsorden als Symbole der Autorität sind ebenso verhasst.

Der Anarchismus, die radikale Verneinung des Staates und jeder anderen Art von Organisation, ist eine Idee von echter politischer Kraft. In der Theorie ist er antipolitisch, aber in seiner Intensität ist er authentisch politisch, und zwar auf die einzige Art und Weise, in der sich Politik manifestieren kann, d.h. er kann Menschen in seinen Dienst stellen und sie als Feinde gegeneinander aufbringen. Jahrhunderts war der Anarchismus eine Kraft, mit der man rechnen musste, auch wenn er fast immer mit einer anderen Bewegung verbündet war. Besonders im 19. und frühen 20. Jahrhundert war der Anarchismus in Russland eine starke Realität. Dort war er als Nihilismus bekannt. Die lokale Stärke des Anarchismus in Russland beruhte auf seinem Appell an die enormen antiwestlichen Gefühle, die unter der petrinischen Kruste schlummerten[32]. Gegen den Westen zu sein, bedeutete, gegen alles zu sein, und so nahm der asiatische antiwestliche Negativismus die westliche Theorie des Anarchismus als Ausdrucksmittel.

Der Liberalismus mit seiner vagen und kompromissfreundlichen Haltung, unfähig zu präzisen Formulierungen, unfähig auch, präzise Gefühle zu wecken, affirmativ oder negativ, ist jedoch keine Idee von politischer Kraft. Seine zahlreichen Anhänger im 18., 19. und 20. Jahrhundert nahmen an der praktischen Politik nur als Verbündete anderer Gruppen teil. Der Liberalismus konnte keine Lösung bieten, er konnte die Menschen nicht gegeneinander ausspielen, indem er sie als Freund und Feind aufstellte. Daher war er keine politische Idee, sondern lediglich eine Idee über

---

[32] Der Autor bezieht sich auf den Versuch von Zar Peter dem Großen, Russland zu verwestlichen.

die Politik. Seine Anhänger mussten für oder gegen andere Ideen eintreten, um ihren Liberalismus zum Ausdruck zu bringen.

Der Anarchismus war in der Lage, die Menschen zum Opfer ihres Lebens zu bringen; der Liberalismus nicht. Es ist eine Sache, zu sterben, um alle Ordnung, allen Staat vom Angesicht der Welt zu tilgen; es ist eine ganz andere, zu sterben, um eine Dezentralisierung der staatlichen Macht zu erreichen. Der Liberalismus ist im Wesentlichen unpolitisch; er steht außerhalb der Politik. Er möchte, dass die Politik der Diener der Wirtschaft und der Gesellschaft ist.

## 16. Liberalismus

### I

Der Liberalismus ist eines der wichtigsten Nebenprodukte des Rationalismus, und seine Ursprünge und Ideologie müssen klar herausgestellt werden.

Die nach der Gegenreformation einsetzende Epoche der "Aufklärung" in der abendländischen Geschichte betonte zunehmend den Intellekt, die Vernunft und die sich entwickelnde Logik. In der Mitte des 18. Jahrhunderts führte diese Entwicklung zum Rationalismus. Der Rationalismus betrachtete alle geistigen Werte als seine Themen und ging dazu über, sie vom Standpunkt der Vernunft aus zu bewerten. Die anorganische Logik ist das Vermögen, das die Menschen seit jeher zur Lösung von Problemen in der Mathematik, im Ingenieurwesen, im Verkehrswesen, in der Physik und in anderen nicht wertenden Situationen eingesetzt haben. Ihr Beharren auf Identität und ihre Ablehnung von Widersprüchen ist bei materiellen Tätigkeiten nützlich. Sie verschaffen auch materielle Befriedigung in Bereichen rein abstrakten Denkens, wie Mathematik und Logik, aber wenn sie zu weit getrieben werden, werden sie zu bloßen Techniken, zu bloßen Annahmen, deren einzige Rechtfertigung empirisch ist. Das Ende des Rationalismus ist der Pragmatismus, der Selbstmord der Vernunft.

Diese Anpassung der Vernunft an die materiellen Probleme führt dazu, dass alle Probleme mechanisch werden, wenn sie im "Licht der Vernunft" analysiert werden, ohne irgendwelche mystischen Anhaftungen des Denkens oder Tendenzen jeglicher Art. Descartes untersuchte die Tiere, als wären sie Automaten, und etwa eine

Generation später wurde der Mensch selbst als Automat oder als Tier rationalisiert. Organismen wurden zu Problemen der Chemie und Physik, und überpersönliche Organismen hörten einfach auf zu existieren, denn sie können nicht der Vernunft unterworfen werden, weil sie weder sichtbar noch messbar sind. Newton stattete das Sternenuniversum mit einer nicht-geistigen, sich selbst regulierenden Kraft aus; das nächste Jahrhundert nahm den Geist aus dem Menschen, seiner Geschichte und seinen Angelegenheiten heraus.

Die Vernunft verabscheut das Unerklärliche, das Geheimnisvolle, das Halbdunkel. Bei einem praktischen Problem des Maschinen- oder Schiffbaus muss man das Gefühl haben, dass alle Faktoren unter seiner Kenntnis und Kontrolle stehen. Nichts darf der Voraussicht und Kontrolle entzogen sein. Der Rationalismus, d.h. das Gefühl, dass alles der Vernunft unterworfen und durch sie erklärbar ist, lehnt alles ab, was nicht sichtbar und berechenbar ist. Wenn eine Sache nicht wirklich berechenbar ist, sagt die Vernunft nur, dass die Faktoren so zahlreich und kompliziert sind, dass eine Berechnung vom praktischen Standpunkt aus unmöglich ist, aber sie macht sie nicht vom theoretischen Standpunkt aus unmöglich. So hat auch die Vernunft ihren Willen zur Macht; was sich ihr nicht unterwirft, wird für widerspenstig erklärt, oder seine Existenz wird einfach geleugnet.

Als der Rationalismus seinen Blick auf die Geschichte richtete, glaubte er in ihr eine Tendenz zur Vernunft zu sehen. Der Mensch hat mehrere Jahrtausende lang "Energie", dann "Fortschritte" gemacht, von der Barbarei und dem Fanatismus zur Aufklärung, vom "Aberglauben" zur "Wissenschaft", von der Gewalt zur "Vernunft", vom Dogma zur Kritik, von der Dunkelheit zum Licht. Keine unsichtbaren Dinge mehr, kein Geist, keine Seele, kein Gott, keine Kirche und kein Staat. Die beiden Pole des Denkens sind "das Individuum" und "die Menschheit". Alles, was sie trennt, ist "irrational".

Diese Gewohnheit, Dinge als irrational zu bezeichnen, ist in der Tat richtig. Der Rationalismus muss alles mechanisieren, und was nicht mechanisiert werden kann, ist zwangsläufig irrational. So wird die gesamte Geschichte irrational: ihre Chroniken, ihre Prozesse, ihre geheime Kraft, das Schicksal. Der Rationalismus selbst, als Nebenprodukt einer bestimmten Phase in der Entwicklung einer großen Kultur, ist ebenfalls irrational. Warum folgt der Rationalismus einer spirituellen Phase, warum übt er seine kurze Vorherrschaft aus, warum verschwindet er wieder in der Religion...

diese Fragen sind historisch, also irrational.

Der Liberalismus ist der Rationalismus in der Politik. Er lehnt den Staat als Organismus ab und kann ihn sich nur als Ergebnis eines Vertrags zwischen Individuen vorstellen. Der Gegenstand des Lebens hat nichts mit den Staaten zu tun, da sie keine unabhängige Existenz haben. So wird das "Glück" des Einzelnen zum Gegenstand des Lebens. Bentham formulierte diese Idee, indem er sie so weit wie möglich kollektivierte, mit der Formulierung "das größte Glück für die größte Zahl". Wenn eine Tierherde sprechen könnte, würde sie diesen Slogan gegen die Wölfe verwenden. Für die meisten Menschen, die nur Material für die Geschichte und keine Akteure auf der Bühne der Geschichte sind, bedeutet "Glück" wirtschaftliches Wohlergehen. Die Vernunft ist quantitativ, nicht qualitativ, und macht so den Durchschnittsmenschen zu "dem Menschen". Der "Mensch" ist etwas, das Nahrung, Kleidung, Wohnung, soziales und familiäres Leben und Freizeit braucht. Die Politik verlangt manchmal, das Leben für unsichtbare Dinge zu opfern. Das ist "gegen das Glück" und sollte nicht existieren. Die Wirtschaft hingegen ist nicht "gegen das Glück", sondern stimmt fast mit ihm überein. Die Religion und die Kirche wollen das ganze Leben auf der Grundlage unsichtbarer Dinge interpretieren, was dem "Glück" entgegensteht. Die Sozialethik hingegen sorgt für die wirtschaftliche Ordnung und fördert damit das "Glück".

Hier findet der Liberalismus seine beiden Pole des Denkens: Wirtschaft und Ethik. Sie entsprechen dem Individuum und der Menschheit. Die Ethik ist natürlich rein sozial, materialistisch; wenn die alte Ethik beibehalten wird, werden ihre alten metaphysischen Grundlagen aufgegeben, und sie wird als sozialer, nicht als religiöser Imperativ verkündet. Die Ethik ist notwendig, um die notwendige Ordnung als Rahmen für die wirtschaftliche Tätigkeit aufrechtzuerhalten. Innerhalb dieses Rahmens muss das "Individuum" jedoch "frei" sein. Das ist der große Schrei des Liberalismus: "Freiheit". Der Mensch ist nichts anderes als er selbst, und er ist an nichts gebunden, außer an seine eigene Entscheidung. Die "Gesellschaft" ist also die "freie" Vereinigung von Menschen und Gruppen. Daher ist der Staat das Gegenteil von Freiheit, er ist Zwang, er ist Gewalt. Die Kirche ist geistige Sklaverei.

Alle Dinge im geistigen Bereich wurden durch den Liberalismus umgewandelt. Der Krieg wurde zu einem Wettbewerb vom wirtschaftlichen Pol aus gesehen, zu einem ideologischen Unterschied vom ethischen Pol aus gesehen. Anstelle der mystischen rhythmischen Alternative von Krieg und Frieden sieht er nur noch das ständige Nebeneinander von ideologischem Wettbewerb oder Kontrast, der in keinem Fall feindlich oder blutig werden kann. Vom ethischen Standpunkt aus wird der Staat zur Gesellschaft oder zur Menschheit, vom wirtschaftlichen Standpunkt aus wird er zum Produktions- und Handelssystem. Der Wille, einen politischen Zweck zu erfüllen, wird auf der ethischen Ebene zur Verwirklichung eines Programms "sozialer Ideale" und auf der ökonomischen Ebene zur Berechnung. Ethisch gesehen wird die Macht zur Propaganda, wirtschaftlich gesehen zur Regulierung.

Der reinste Ausdruck der Doktrin des Liberalismus war wahrscheinlich der von Benjamin Constant. Im Jahr 1814 veröffentlichte er seine Ideen über den "Fortschritt" des "Menschen". Er betrachtete die Aufklärung des 18. Jahrhunderts mit ihren intellektuellen und humanitären Tendenzen als bloße Vorstufe zur wahren Befreiung, der des 19. Wirtschaft, Industrie und Technik waren die "Mittel" der Freiheit. Der Rationalismus war der natürliche Verbündete dieser Tendenz. Der Feudalismus, die Reaktion, der Krieg, die Gewalt, der Staat, die Politik, die Autorität... wurden von der neuen Idee verdrängt und durch Vernunft, Wirtschaft, Freiheit, Fortschritt und Parlamentarismus ersetzt. Der Krieg, der gewalttätig und brutal ist, war irrational und wurde durch den Handel ersetzt, der intelligent und zivilisiert ist. Der Krieg ist in jeder Hinsicht zu verurteilen: Wirtschaftlich gesehen ist er eine Niederlage, auch für den Sieger. Die neuen Techniken der Kriegsführung - die Artillerie - machen das persönliche Heldentum bedeutungslos, und so gehen der Reiz und der Ruhm des Krieges Hand in Hand mit seinem wirtschaftlichen Nutzen. Früher haben die kriegerischen Völker die Handelsvölker unterworfen, aber das war nicht mehr der Fall. Jetzt sind die Handelsvölker zu den Herren der Welt aufgestiegen.

Ein kurzer Moment des Nachdenkens zeigt, dass der Liberalismus ausschließlich negativ ist. Er ist keine gestaltende Kraft, sondern immer und ausschließlich eine zersetzende Kraft. Er will die Zwillingsautoritäten Kirche und Staat abschaffen und sie durch wirtschaftliche Freiheit und soziale Ethik ersetzen. Die organischen Realitäten lassen nur zwei Alternativen zu: Der Organismus bleibt sich selbst treu, oder er erkrankt, wird entstellt und zur Beute anderer Organismen. Die natürliche Polarität von Herrschern und Beherrschten kann also nicht aufgehoben werden, ohne den Organismus zu vernichten. Der Liberalismus war in seinem Kampf gegen den Staat nie ganz erfolgreich, obwohl er das ganze 19. Jahrhundert hindurch in

Bündnissen mit allen möglichen staatsintegrierenden Kräften politisch aktiv war. So gab es Nationalliberale, Sozialliberale, Liberal-Konservative, Liberal-Katholische. Sie verbündeten sich sogar mit der Demokratie, die nicht liberal ist, sondern unwiderstehlich autoritär, wenn sie an der Macht ist. Sie sympathisierten mit den Anarchisten, als die Kräfte der Autorität versuchten, sich gegen sie zu wehren.

Im 20. Jahrhundert verbündete sich der Liberalismus mit dem Bolschewismus in Spanien, und die europäischen und amerikanischen Liberalen sympathisierten mit den russischen Bolschewiki.

Der Liberalismus kann nur negativ definiert werden. Er ist eine bloße Kritik, keine lebendige Idee. Sein großes Wort "Freiheit" ist eine Negation: Es bedeutet in der Tat Freiheit gegen die Autorität, d.h. Zersetzung des Organismus. In ihren letzten Konsequenzen führt sie zu einem sozialen Atomismus, in dem nicht nur die Autorität des Staates, sondern sogar die Autorität der Gesellschaft und der Familie bekämpft wird. Die Scheidung hat den gleichen Status wie die Ehe, die Kinder wie die Eltern. Dieses ständige negative Denken brachte politische Aktivisten wie Marx, Lorenz von Stein und Ferdinand Lasalle hervor, die zum Verzweifeln der Liberalen den Liberalismus als politisches Mittel einsetzten. Seine Haltungen waren stets widersprüchlich, immer auf der Suche nach einem Kompromiss. Er versuchte immer, die Demokratie gegen die Monarchie, die Arbeitgeber gegen die Arbeiter, den Staat gegen die Gesellschaft, die Legislative gegen die Judikative aufzustellen. In einer Krise trat der Liberalismus als solcher nie in Erscheinung. Die Liberalen standen immer auf der einen oder anderen Seite eines revolutionären Kampfes, je nach der Konsequenz ihres Liberalismus und dem Grad ihrer Feindseligkeit gegenüber der Autorität.

Der Liberalismus in Aktion war also genau so politisch wie jeder Staat. Er gehorchte der organischen Notwendigkeit durch seine politischen Bündnisse mit nicht-liberalen Gruppen und Ideen. Trotz seiner Individualismustheorie, die logischerweise die Möglichkeit ausschließt, dass ein Mensch oder eine Gruppe von einem anderen Menschen oder einer anderen Gruppe verlangt, sein Leben zu opfern oder zu riskieren, unterstützte er "antiliberale" Ideen wie Demokratie, Sozialismus, Bolschewismus und Anarchismus, die allesamt die Opferung von Leben verlangen.

## II

Aus seiner Anthropologie der Grundwahrheit der menschlichen Natur im Allgemeinen brachte der Rationalismus im 18. Jahrhundert den Enzyklopädismus, die Freimaurerei, die Demokratie und den Anarchismus sowie den Liberalismus hervor, jeweils mit ihren verschiedenen Varianten. Jeder spielte seine Rolle in der Geschichte des 19. Jahrhunderts, und aufgrund der kritischen Verzerrung der gesamten westlichen Zivilisation durch die ersten beiden Weltkriege verwandelte sich der Rationalismus auch im zwanzigsten Jahrhundert, wo er groteskerweise fehl am Platz ist, langsam in den Irrationalismus. Die Leiche des Liberalismus war in der Mitte des 20. Jahrhunderts noch nicht begraben. Jahrhunderts noch nicht begraben. Daher ist es nach wie vor notwendig, die schwere Krankheit der westlichen Zivilisation als Liberalismus zu diagnostizieren, der durch eine ausländische Vergiftung verkompliziert wurde.

Da der Liberalismus die meisten Menschen als vernünftig oder gut ansieht, folgt daraus, dass sie frei sein sollten, zu tun, was sie wollen. Da es keine höhere Einheit gibt, an die sie sich gebunden fühlen und deren überpersönliches Leben das Leben der Individuen dominiert, ist jeder Bereich menschlicher Aktivität nur eigennützig - solange er nicht autoritär werden will - und bleibt im Rahmen der "Gesellschaft". So wird die Kunst zur "Kunst um der Kunst willen, *l'Art pour l'Art*. Alle Bereiche des Denkens und Handelns werden gleichermaßen autonom. Die Religion wird lediglich zu einer sozialen Disziplin, da die Überschreitung dieses Begriffs die Übernahme von Autorität bedeutet. Wissenschaft, Philosophie und Bildung existieren nur für sich selbst, sie sind nichts Höherem unterworfen. Literatur und Technik haben die gleiche Autonomie. Die Rolle des Staates besteht lediglich darin, sie mit Hilfe von Patenten und Urheberrechten zu schützen. Vor allem aber sind Wirtschaft und Recht unabhängig von der organischen Autorität, d.h. von der Politik.

Der Leser des 21. Jahrhunderts wird es kaum glauben können, dass einst die Vorstellung vorherrschte, jeder könne in wirtschaftlichen Angelegenheiten tun und lassen, was er wolle, auch wenn sein persönliches Handeln den Hunger von Hunderttausenden von Menschen, die Verwüstung von Feldern und Bergbaugebieten und die Schwächung des Körpers zur Folge hatte; dass es einem Einzelnen möglich war, sich über die schwache öffentliche Autorität zu erheben und mit privaten Mitteln die innersten Gedanken ganzer Bevölkerungen zu beherrschen, indem er die Presse, den Rundfunk und das mechanisierte Theater kontrollierte.

Noch schwieriger wird es für eine solche Person sein, die Unterstützung des Gesetzes in Anspruch zu nehmen und zu erhalten, um ihren zerstörerischen Willen durchzusetzen. So kann ein Wucherer in der Mitte des 20. Jahrhunderts erfolgreich die Hilfe des Gesetzes in Anspruch nehmen, um Bauern und Landwirte ihres Besitzes zu berauben. Es ist schwer vorstellbar, welchen größeren Schaden ein Einzelner einer politischen Körperschaft zufügen könnte, als die Erde zu Staub zu machen, um es mit den Worten des großen Freiherrn von Stein auszudrücken.

Aber all dies wurde zwangsläufig aus der Idee der Unabhängigkeit der Wirtschaft und des Rechts von der politischen Autorität abgeleitet. Es gibt nichts Höheres, es gibt keinen Staat; es gibt nur Individuen, eines gegen das andere. Es ist ganz natürlich, dass die wirtschaftlich klügsten Individuen den Löwenanteil des Reichtums in ihren Händen anhäufen. Aber wenn sie echte Liberale sind, werden sie nicht wollen, dass dieser Reichtum von Autorität begleitet wird, denn Autorität hat zwei Aspekte: Macht und Verantwortung. Individualismus ist, psychologisch gesehen, Egoismus. "Glück" ist Egoismus. Rousseau, der Großvater des Liberalismus, war ein echter Individualist und schickte seine fünf Kinder in ein Findelhaus.

Das Recht als Bereich des menschlichen Denkens und Handelns ist genauso unabhängig und abhängig wie jeder andere Bereich. Innerhalb seines organischen Rahmens ist es frei, sein Material zu denken, zu entwerfen und zu organisieren. Aber wie andere Formen des Denkens auch, kann es in den Dienst externer Ideen gestellt werden. So wurde das Recht, das ursprünglich ein System zur Kodifizierung und Aufrechterhaltung des inneren Friedens des Organismus war, indem es die Ordnung bewahrte und private Streitigkeiten verhinderte, vom liberalen Denken in ein System zur Aufrechterhaltung der inneren Unordnung und zur Ermöglichung der Liquidierung wirtschaftlich starker Individuen durch schwächere umgewandelt. Dies wurde als "Rechtsstaat", "Rechtsstaat" und "Unabhängigkeit der Justiz" bezeichnet. Die Idee, das Gesetz[33] zu benutzen, um einen bestimmten Zustand sakrosankt zu machen, war keine Erfindung des Liberalismus. Schon zu Hobbes' Zeiten versuchten es andere Gruppen, aber der unbestechliche Geist von Hobbes patentierte mit

---

[33] In der angelsächsischen Rechtsterminologie sind die Begriffe "law" und "law" gleichwertig (N. of T*).

äußerster Klarheit, dass die Regierung des Gesetzes die Regierung derjenigen bedeutet, die das Gesetz bestimmen und verwalten, dass die Regierung einer "höheren Ordnung" eine leere Phrase ist und nur durch die konkrete Regierung bestimmter Männer und Gruppen über eine niedrigere Ordnung einen Inhalt erhält.

Das war politisches Denken, dessen Ziel die Verteilung und Bewegung von Macht ist. Es ist auch politisch, die Heuchelei, die Unmoral und den Zynismus des Wucherers anzuprangern, der unklugerweise die Herrschaft des Rechts fordert, was Reichtum für ihn und Armut für Millionen bedeutet, und das alles im Namen von etwas Höherem, mit übermenschlicher Gültigkeit. Wenn die Autorität gegen die Kräfte des Rationalismus und der Ökonomie wieder auftaucht, beweist sie, dass der Komplex transzendentaler Ideale, mit dem sich der Liberalismus ausstattete, genauso gültig ist wie der Legitimismus der Epoche der absoluten Monarchie, und nicht mehr. Die Monarchen waren die stärksten Protagonisten des Legitimismus, die Finanziers des Liberalismus. Aber der Monarch war sein ganzes Leben lang an den Organismus gebunden; er war organisch verantwortlich, auch wenn er es in Wirklichkeit nicht war. Das war bei Ludwig XVI. und Karl I. der Fall. Unzählige Monarchen und absolute Herrscher haben sich ihrer symbolischen Verantwortung stellen müssen. Aber der Finanzier hat nur Macht, aber keine Verantwortung, nicht einmal eine symbolische, denn in der Regel ist sein Name unbekannt. Die Geschichte, das Schicksal, die organische Kontinuität, der Ruhm üben einen starken Einfluss auf einen absoluten politischen Herrscher aus, und außerdem ist er aufgrund seiner Stellung völlig außerhalb der Sphäre der geringen Korrumpierbarkeit angesiedelt. Der Finanzier hingegen ist privat, anonym, rein wirtschaftlich, unverantwortlich. Er kann in nichts altruistisch sein; seine ganze Existenz ist die Apotheose des Egoismus. Er denkt nicht an die Geschichte, an den Ruhm, an die Kontinuität des Lebens des Organismus im Schicksal, und darüber hinaus ist er in höchstem Maße korrumpierbar, denn sein Hauptbedürfnis ist Geld, Geld und noch mehr Geld.

In seinem Kampf gegen die Autorität vertrat der Finanzliberale die Theorie, dass die Macht die Menschen korrumpiert. Was sie jedoch korrumpiert, ist der riesige anonyme Reichtum, denn in ihm gibt es keine supranationalen Grenzen, die den wahren Staatsmann ganz in den Dienst des Gemeinwesens stellen und ihn über die Korruption stellen.

Gerade auf dem Gebiet der Wirtschaft und des Rechts wirkte sich die liberale Doktrin am zerstörerischsten auf die Gesundheit der westlichen Zivilisation aus. Es machte wenig aus, dass sich die Ästhetik verselbständigte, denn die einzige Kunstform des Westens, die noch eine Zukunft hatte, die abendländische Musik, kümmerte sich nicht um Theorien und setzte ihren großen schöpferischen Weg bis zu ihrem Ende bei Wagner und seinen Epigonen fort. Baudelaire ist das große Symbol des l'art pour l'art: Krankheit als Schönheit. Baudelaire ist also der Liberalismus in der Literatur, die Krankheit als Lebensprinzip, die Krise als Gesundheit, die Morbidität als geistiges Leben, der Zerfall als Zweck. Der Mensch als Individualist, ein Atom ohne Beziehungen, das liberale Ideal der Persönlichkeit. Der Schaden war eher im Bereich des Handelns als im Bereich des Denkens am größten.

Dadurch, dass die Initiative in wirtschaftlichen und technischen Fragen in den Händen von Einzelpersonen lag, die nur einer geringen politischen Kontrolle unterlagen, wurde eine Gruppe geschaffen, deren persönliche Wünsche wichtiger waren als das kollektive Schicksal des Organismus und seiner Millionen von Einwohnern. Das Gesetz, das diesen Zustand unterstützte, war völlig losgelöst von Moral und Ehre. Um den Organismus zu zersetzen, wurde jede anerkannte Moral von der Metaphysik und der Religion abgekoppelt und nur auf die "Gesellschaft" bezogen. Das Strafrecht spiegelte die Eigenheiten des Liberalismus wider, indem es Gewaltverbrechen und Verbrechen aus Leidenschaft bestrafte, aber Fälle wie die Zerstörung der nationalen Ressourcen, die Millionen von Menschen in Not brachte, oder Wucher im nationalen Maßstab nicht einmal erwähnte.

Die Unabhängigkeit der wirtschaftlichen Sphäre war ein Glaubensdogma des Liberalismus. Dies war unumstritten. Sogar eine Abstraktion namens "wirtschaftlicher Mensch" wurde erdacht, dessen Handlungen vorhergesagt werden konnten, als wäre die Wirtschaft ein Vakuum. Der wirtschaftliche Gewinn war sein einziger Antrieb, nur die Gier erregte ihn. Die Technik des Erfolgs bestand darin, sich auf den eigenen Gewinn zu konzentrieren und alles andere zu ignorieren. Aber dieser "Wirtschaftsmensch" war für die Liberalen der Mensch im Allgemeinen. Er war die Einheit ihrer Weltanschauung. Die "Menschheit" war die Summe dieser ökonomischen Sandkörner.

## III

Die Denkweise, die an die wesentliche "Güte" der menschlichen Natur glaubt, kam zum Liberalismus. Es gibt aber auch eine andere politische Anthropologie, die anerkennt, dass der Mensch unharmonisch, problematisch, dual und gefährlich ist. Dies entspricht der allgemeinen Weisheit der Menschheit und spiegelt sich in der Zahl der Wächter, Zäune, Tresore, Schlösser, Gefängnisse und der Polizei wider. Jede Katastrophe, jeder Brand, jedes Erdbeben, jeder Vulkanausbruch, jede Überschwemmung, ruft Plünderungen hervor. Selbst ein Polizeistreik in einer amerikanischen Stadt war das Signal für die Plünderung von Geschäften durch respektable und freundliche Menschen.

Diese Art des Denkens geht also von den Tatsachen aus. Dies ist politisches Denken im Allgemeinen, im Gegensatz zum bloßen Denken über Politik oder zum Rationalisieren. Nicht einmal die große Welle des Rationalismus konnte diese Art des Denkens verdrängen. Politische Denker unterscheiden sich stark in ihrer Kreativität und Tiefe, stimmen aber darin überein, dass Fakten normativ sind.

Das Wort "Theorie" wurde von Intellektuellen und Liberalen in Verruf gebracht, die es zur Beschreibung ihrer bevorzugten Sichtweise, wie sie die Dinge gerne hätten, verwendet haben. Ursprünglich bedeutete "Theorie" die Erklärung von Tatsachen. Für einen politisch ungebildeten Intellektuellen ist eine Theorie ein Ziel, für einen echten Politiker ist seine Theorie eine Grenze.

Eine politische Theorie versucht, in der Geschichte die Grenzen des politisch Möglichen zu finden. Diese Grenzen können nicht auf dem Terrain der Vernunft gefunden werden. Das Zeitalter der Vernunft wurde in einem Blutbad geboren und wird durch weitere Blutbäder aus der Mode kommen. Mit seiner Doktrin gegen den Krieg, die Politik und die Gewalt hat es die größten Kriege und Revolutionen seit fünftausend Jahren geleitet und zur Epoche der absoluten Politik geführt. Mit seinem Evangelium der menschlichen Brüderlichkeit ließ er nach den ersten beiden Weltkriegen die Bevölkerungen der westlichen Zivilisation in großem Stil verhungern, erniedrigen, foltern und ausrotten. Durch die Ächtung des politischen Denkens und die Umwandlung des Krieges in einen moralischen Wettstreit anstelle eines Kampfes um die Macht hat er die Ritterlichkeit und die Ehre eines Jahrtausends in den Staub geworfen. Die Schlussfolgerung aus all dem ist, dass auch die Vernunft politisch wurde, als sie die politische Arena betrat, auch wenn sie ihr eigenes Vokabular benutzte. Wenn die Vernunft nach einem Krieg einem besiegten Feind ein Territorium abnahm, nannte sie dies "Entnazifizierung". Das Dokument, das die neue Position festigte, wurde "Vertrag" genannt, auch wenn es inmitten einer Hungerblockade diktiert worden war. Der besiegte politische Gegner musste im "Vertrag" zugeben, dass er allein am Krieg "schuldig" war, dass er moralisch nicht in der Lage war, Kolonien zu besitzen, dass seine Soldaten die einzigen waren, die "Kriegsverbrechen" begingen. Aber wie kompliziert die moralische Verkleidung, wie einheitlich das ideologische Vokabular auch sein mochte, es war nichts anderes als Politik, und das Zeitalter der absoluten Politik kehrt wieder zu der Art von politischem Denken zurück, das von Tatsachen ausgeht, die Macht und den Machtwillen der Menschen und höherer Organismen als Tatsachen anerkennt und jeden Versuch, die Politik mit moralischen Begriffen zu beschreiben, so betrachtet, als wolle man die Chemie mit theologischen Begriffen beschreiben.

In der westlichen Kultur gibt es eine ganze Tradition des politischen Denkens, zu deren Hauptvertretern Montaigne, Machiavelli, Hobbes, Leibnitz, Bossuet, Fichte, de Maistre, Donoso Cortés, Hippolyte Taine, Hegel und Carlyle gehören. Während Herbert Spencer die Geschichte als "Fortschritt" von der militärisch-feudalen zur kommerziell-industriellen Organisation beschrieb, lehrte Carlyle England den preußischen Geist des ethischen Sozialismus, dessen innere Überlegenheit über die gesamte westliche Zivilisation im kommenden politischen Zeitalter eine ebenso fundamentale Veränderung bewirken sollte wie die des Kapitalismus im wirtschaftlichen Zeitalter. Dies war ein schöpferischer politischer Gedanke, der aber leider nicht verstanden wurde, und die daraus resultierende Unwissenheit ließ es zu, dass verzerrende Einflüsse England in zwei sinnlose Weltkriege stürzten, aus denen es ruiniert und mit fast allem verloren hervorging.

Hegel schlug eine dreistufige Entwicklung der Menschheit von der natürlichen Gemeinschaft über das Bürgertum zum Staat vor. Seine Theorie des Staates ist zutiefst organisch, und seine Definition des Bourgeois ist für das zwanzigste Jahrhundert völlig angemessen. Für ihn ist der Bourgeois der Mensch, der die Sphäre der inneren politischen Sicherheit nicht verlassen will, der sich mit seinem heiligen Privateigentum als Individuum gegen das Ganze stellt, der in den Früchten des Friedens, in seinem Besitz und in der vollkommenen Sicherheit seiner Freude einen Ersatz für seine politische Nichtigkeit findet, und der deshalb auf den Mut verzichten und sich gegen die Möglichkeit eines gewaltsamen Todes absichern will. Mit diesen Worten beschreibt Hegel den wahren Liberalen.

Die genannten politischen Denker erfreuen sich nicht der Beliebtheit der großen Masse der Menschen. Solange die Dinge gut laufen, wollen die meisten Menschen nicht über Machtkämpfe, Gewalt, Kriege oder Theorien darüber sprechen. So kam zum Beispiel im 18. und 19. Jahrhundert die Einstellung in Mode, dass politische Denker - und Machiavelli war das erste Opfer - böse, atavistische, blutrünstige Menschen seien. Die einfache Behauptung, dass es immer Kriege geben würde, genügte, um den Redner als jemanden zu bezeichnen, der die Fortsetzung der Kriege wünschte. Die Aufmerksamkeit auf die riesige und den unpersönlichen Rhythmus von Krieg und Frieden zu lenken, war ein Beweis für einen kranken Geist mit moralischen Defiziten und emotionaler Korruption. Die Tatsachen zu beschreiben, wurde als Wunsch und sogar als Schöpfung angesehen. Im 20. Jahrhundert selbst war jeder, der die politische Nichtigkeit der "Völkerbünde" anprangerte, ein Prophet der Verzweiflung. Rationalismus ist antihistorisch, politisches Denken ist angewandte Geschichte. Im Frieden ist es unpopulär, vom Krieg zu sprechen; im Krieg ist es unpopulär, vom Frieden zu sprechen. Die Theorie, die am schnellsten populär wird, ist diejenige, die das Bestehende und die Tendenz, die es veranschaulichen soll, als das Beste anpreist, das durch die gesamte bisherige Geschichte vorbestimmt ist. So war Hegel den Intellektuellen wegen seiner Staatsorientierung, die ihn zu einem "Reaktionär" machte, ein Gräuel, und auch, weil er sich weigerte, sich der revolutionären Menge anzuschließen.

Da die meisten Menschen nur einschläferndes politisches Gerede hören wollen, das nicht zum Handeln auffordert, und da die politische Technik unter demokratischen Bedingungen daran interessiert ist, was die meisten Menschen gerne hören, setzten demokratische Politiker im 19. Jahrhundert eine regelrechte Dialektik der Parteipolitik an. Es ging darum, das Handlungsfeld von einem "uneigennützigen", moralischen, wissenschaftlichen oder wirtschaftlichen Standpunkt aus zu untersuchen und festzustellen, dass der Gegner unmoralisch, unwissenschaftlich, unwirtschaftlich... eben politisch war. Das war etwas Teuflisches, das es zu bekämpfen galt. Der eigene Standpunkt war völlig "unpolitisch". Das Wort Politik war im Wirtschaftszeitalter ein Schimpfwort. Seltsamerweise konnte aber in bestimmten Situationen, die in der Regel mit auswärtigen Angelegenheiten zu tun hatten, das Wort "unpolitisch" auch ein Schimpfwort sein, was bedeutete, dass es dem so Bezeichneten an Verhandlungsgeschick mangelte. Der Parteipolitiker musste auch so tun, als würde er sein Amt nur ungern annehmen. Schließlich überwand eine sorgfältig vorbereitete Demonstration des "Volkswillens" seinen Widerstand, und er willigte ein, das Amt in einem Akt des "Dienstes" anzunehmen. Man nannte dies Machiavellismus, aber Machiavelli war offensichtlich ein politischer Denker und kein Tarnungsexperte. Ein parteiischer Politiker würde kein Buch wie "Der Fürst" schreiben, sondern das ganze Menschengeschlecht loben, mit Ausnahme einiger böser Menschen: die Gegner des Autors.

Tatsächlich ist Machiavellis Buch in einem defensiven Ton gehalten, der das Verhalten bestimmter Staatsmänner politisch rechtfertigt, indem er Beispiele aus ausländischen Invasionen in Italien anführt. In dem Jahrhundert, in dem Machiavelli lebte, wurde Italien mehrmals von Franzosen, Deutschen, Spaniern und Türken überfallen. Als die französischen Revolutionstruppen Preußen besetzten und die humanitäre Gesinnung der Menschenrechte mit Brutalität und Raub im großen Stil verbanden, zollten Hegel und Fichte Machiavelli erneut den Respekt, der ihm als Denker gebührt. Er vertrat ein Verteidigungsmittel gegen den bewaffneten Mob mit humanitärer Ideologie. Machiavelli hat gezeigt, welche Rolle die verbalen Gefühle in der Politik wirklich spielen. Man kann sagen, dass es drei mögliche Einstellungen zu menschlichem Verhalten gibt, wenn es um die Bewertung seiner Beweggründe geht: die sentimentale, die realistische und die zynische. Der Sentimentale schreibt jedem ein gutes Motiv zu, der Zynische ein schlechtes, und der Realist hält sich einfach an die Fakten. Wenn ein Sentimentalist, d.h. ein Liberaler, sich mit Politik beschäftigt, wird er zwangsläufig zum Heuchler. Die letzte Konsequenz dieser Heuchelei ist Zynismus. Ein Teil der geistigen Krankheit, die auf den Ersten folgte, war eine Welle des Zynismus, die aus der durchsichtigen, ekelhaften und unglaublichen Heuchelei der kleinen Männer in den Führungspositionen jener resultierte. Machiavelli hingegen besaß einen unbestechlichen Intellekt und schrieb sein Buch nicht aus einem zynischen Geist heraus. Er wollte lediglich die Anatomie der Politik mit ihren eigentümlichen Spannungen und Problemen, inneren und äußeren, erfassen. Für die phantastische Geisteskrankheit des Rationalismus sind harte Fakten erbärmlich, und von ihnen zu sprechen, bedeutet, sie zu schaffen. Ein politischer, liberaler Typus hat sogar versucht, nach dem Zweiten Weltkrieg die Rede vom Dritten Weltkrieg zu verbieten. Liberalismus ist, in einem Wort, Schwäche. Er will, dass jeder Tag ein Geburtstag ist und das Leben eine einzige lange Party. Die unaufhaltsame Bewegung der Zeit, des Schicksals, der Geschichte, die Grausamkeit der Leistung, der Energie, des Heldentums, des Opfers, der überpersönlichen Ideen: das ist der Feind. Der Liberalismus ist eine Flucht aus der Härte in die Weichheit, aus der Männlichkeit in die Weiblichkeit, aus der Geschichte in das Hüten von Herden, aus der Realität in pflanzenfressende Träume, aus dem Schicksal in das Glück. Nietzsche bezeichnete in seinem letzten und wichtigsten Werk das 18. Jahrhundert als das Jahrhundert des Feminismus und prangerte Rousseau als den Anführer der Massenflucht vor der Realität an. Der Feminismus selbst, was ist er anderes als ein Mittel zur Verweiblichung der Männer? Wenn er die Frau dem Mann gleichstellt, dann nur, indem er den Mann zunächst in ein Wesen verwandelt, das sich nur um seine persönliche Ökonomie und seine Beziehung zur "Gesellschaft", d.h. zur Frau, kümmert. Die "Gesellschaft" ist das Element der Frau, sie ist statisch und formal, ihre Kämpfe sind rein persönlich und frei von der Möglichkeit des Heldentums und der Gewalt. Konversation, nicht Aktion; Formalismus, nicht Taten.

Wie unterschiedlich ist der Begriff des Ranges, wenn er in einer gesellschaftlichen Angelegenheit verwendet wird oder wenn er auf einem Schlachtfeld angewendet wird! Dort hängt er von einem Märchen ab, während er im Salon eitel und pompös ist. Ein Krieg wird um die Vorherrschaft geführt, während sozialer Streit von weiblicher Eitelkeit und Eifersucht inspiriert ist und dazu dient, zu beweisen, dass einer "besser" ist als der andere.

Und was macht der Liberalismus schließlich mit den Frauen: Er kleidet sie in Uniformen und nennt sie "Soldaten". Dieses lächerliche Kunststück dient nur dazu, die ewige Tatsache zu verdeutlichen, dass die Geschichte männlich ist, dass man sich ihren strengen Forderungen nicht entziehen kann, dass die grundlegenden Realitäten unveräußerlich sind und auch mit Hilfe der raffiniertesten Kunstgriffe nicht beiseite geschoben werden können. Das Herumtasten der Liberalen mit der geschlechtlichen Polarität dient nur dazu, in den Seelen der Menschen Wut zu entfachen, sie zu verwirren und zu verzerren, aber der Mann-Frau und die Frau-Mann, die er schafft, sind beide der höchsten Bestimmung der Geschichte unterworfen.

## 17. Demokratie

### I

Eine weitere wichtige Nebenerscheinung des Rationalismus ist die Demokratie. Das Wort hat viele Bedeutungen, und im Ersten Weltkrieg wurde es zum Eigentum außereuropäischer Kräfte und wurde zum Synonym für Liberalismus erklärt. Dies war natürlich eine umstrittene Bedeutung, und es gibt viele Varianten zu diesem Thema. Doch beginnen wir mit dem historischen Ursprung der Demokratie.

Sie entstand in der Mitte des 18. Jahrhunderts mit dem Aufkommen des Rationalismus. Jahrhunderts mit dem Aufkommen des Rationalismus. Der Rationalismus lehnte die Geschichte als Grundlage für jede Art von Denken oder Erkenntnis ab, und daher hatten weder Kirche noch Staat, Adel oder Klerus irgendwelche Rechte, die auf der Tradition beruhten. Die Vernunft ist quantitativ, und so wurden die Staaten [34] als weniger wichtig angesehen als die unbedeutende Masse der Bevölkerung. In den vorangegangenen Jahrhunderten wurde der Monarch mit dem Namen des Landes bezeichnet. So war der König von Frankreich "Frankreich". Eine Versammlung von Staaten hieß ebenfalls "Frankreich" oder "England" oder "Spanien". Doch für den Rationalismus war nicht die Qualität, sondern die Quantität entscheidend, so dass die Masse zur Nation wurde. "Das Volk" wurde zu einem polemischen Wort, um Staaten zu neutralisieren und ihnen das Recht auf politische Existenz abzusprechen. Zunächst wurde die Masse "Der dritte Staat" genannt, später wurden alle Staaten abgeschafft.

Die Idee der Demokratie war jedoch vom Willen zur Macht durchdrungen; sie ist keine bloße Abstraktion, sie ist eine organische Idee mit überpersönlicher Kraft. Die ganze Entwicklung, die der Rationalismus hervorgebracht hat, die Epoche, in der die Kultur der Zivilisation wich, war offensichtlich eine Krise des westlichen Organismus. Es war also eine Krankheit, und die Demokratie war eine Krankheit, die durch jede große Kultur hindurchgehen mußte und daher durch organische Notwendigkeit gefördert wurde. Die Demokratie sucht weder den Kompromiss, noch das

---

[34] Der Autor verwendet das Wort "Staaten" im Sinne der alten "Arme", die in England "Estates" und in Frankreich "Etats" genannt werden, d.h. Adel, Klerus und Volk (N. des T.).

"Gleichgewicht", noch die Zerstörung der Autorität: Die Demokratie sucht die Macht. Sie verleugnet Staaten, um sie zu verdrängen.

Ein Merkmal der Demokratie war, dass sie das aristokratische Prinzip ablehnte, das soziale Bedeutung mit politischer Bedeutung gleichsetzte. Sie wollte die Verhältnisse ändern und das Soziale vom Politischen abhängig machen. Dies führte offensichtlich zur Gründung einer neuen Aristokratie, und in der Tat war die Demokratie selbstzerstörerisch: Als sie an die Macht kam, wurde sie Aristokratie.

Napoleon erlangt auch in dieser Hinsicht die größte symbolische Bedeutung. Er, der große Demokrat, der große Vulgarisator, verbreitete die Revolution gegen Dynastie und Aristokratie, schuf aber seine eigene Dynastie und machte seine Marschälle zu Herzögen. Das war weder Zynismus noch mangelnde Überzeugung: Napoleon war als Kaiser genauso ein Demokrat, wie wenn er die Straßen von Paris von Gesindel säuberte. Die Demokratie, die die Massen der Bevölkerung mobilisiert, steigert das Machtpotenzial der Nationen und der Kultur erheblich. Demokratie ist die Idee, dass ein Herzog, nur weil er ein Herzog ist, nicht zum Marschall wird, sondern dass ein Marschall, nur weil er ein Marschall ist, ein Herzog wird. Als Regierungstechnik ist sie schlicht und einfach eine neue Methode zur Beförderung politischer Führer. Sie macht den sozialen Rang vom politisch-militärischen Rang abhängig und nicht umgekehrt. Die neue Dynastie der Demokratie und die neue demokratische Aristokratie sind von demselben Willen zum Überleben beseelt wie die Staufer, die Kapuziner, die Normannen, die Habsburger, die Welfen und die Feudalbarone, deren Namen und Traditionen noch immer fortbestehen. Historisch gesehen ist die Demokratie ein Gefühl und hat nichts mit "Gleichheit" oder "repräsentativer Regierung" oder ähnlichem zu tun. Der gesamte Zyklus der Demokratie wurde in der vergleichsweise kurzen Karriere des großen Napoleon symbolträchtig auf den Punkt gebracht. Dessen Formel *La carrière ouverte aux talens*[35] drückt das Gefühl der "Gleichheit" aus, das die Demokratie beinhaltet, d.h. die Chancengleichheit. An die Abschaffung des Ranges oder an die Abstufung der Rechte wird nicht gedacht. Revolution, Konsolidierung, Imperialismus: das ist die Geschichte Demokratie.

Aber der Ausdruck des gesamten Zyklus der Demokratie in der kurzen

---

[35] In Französisch, das Rennen offen für Talente.

Zeitspanne von Napoleons Leben war nur symbolisch, denn die Demokratie hatte den größten Teil ihrer zweihundertjährigen Lebensspanne vor sich. Die Demokratie ist keine Ausflucht vor der Realität, vor Krieg, Geschichte und Politik, wie es der Liberalismus ist. Sie gehört zur Politik, aber sie versucht, die Politik zu einer Sache der Massen zu machen. Sie will, dass jeder ein Subjekt der Politik ist und dass sich jeder politisch fühlt. Napoleons Ausspruch an Goethe, "Politik ist Schicksal", drückt die Verbreiterung der Basis der politischen Macht aus, die die Demokratie ist. Bis zum Ende des 18. Jahrhunderts waren Krieg und Politik die Angelegenheiten der Kabinette, der Könige und kleiner Berufsarmeen. Politik und Krieg betrafen nur selten den einfachen Mann. Die Demokratie änderte all dies: Sie brachte die gesamte menschliche Kraft der Nation auf die Schlachtfelder, sie zwang jeden, eine Meinung zu den Angelegenheiten der Regierung zu haben und diese in Plebisziten und Wahlen zum Ausdruck zu bringen. Wenn man keine unabhängige Meinung hatte - und mehr als 99 Prozent der Menschen haben keine -, zwang die Demokratie einem eine beliebige Meinung auf und sagte, dass es die eigene sei.

Es war fatal für die Idee der Demokratie, dass sie zur gleichen Zeit wie das Wirtschaftszeitalter geboren wurde. Dies hatte zur Folge, dass ihre autoritäre Tendenz im Keim erstickt wurde und sie auf eine politische Epoche warten musste, um sich nach ihrer kurzen Blütezeit zur Zeit Napoleons wieder zu entfalten. Aber das Ende des Wirtschaftszeitalters war auch das Ende der Idee der Demokratie. So war die Demokratie in der Tat während des größten Teils ihrer Geschichte ein Diener der Wirtschaft in ihrem Kampf gegen die Autorität.

Die Demokratie hatte zwei Pole: Fähigkeit und Masse. Sie zwang jeden, sich politisch zu engagieren, und gewährte den Fähigen zehnmal so viel Macht wie ein absoluter Monarch. Doch selbst Napoleon konnte den Kräften, die das Geld im Wirtschaftszeitalter gegen ihn mobilisierte, nicht widerstehen, und auch die anderen demokratischen Diktatoren wurden leichter überwältigt. Im spanischen Südamerika, wo die Macht des Geldes nicht absolut war, demonstrierte eine ganze Tradition demokratischer Diktatoren - Bolivar, Rosas, O'Higgins, um nur die bekanntesten zu nennen - praktisch die starke autoritäre Tendenz von Volksregierungen.

Aber in den meisten Ländern wurde nur das demokratische Vokabular beibehalten, was den Wirtschaftsmächten erlaubte, sich mehr oder weniger absolut zu verhalten, weil sie es waren, die den Staat durch die Demokratie gestürzt und dann die Demokratie gekauft hatten. In späteren demokratischen Verhältnissen - im Falle Amerikas seit 1850 - waren die einzigen Interessen, denen die konstitutionalisierte Anarchie namens Demokratie diente, die der Finanziers. Das Wort Demokratie wurde so zu einem Besitz des Geldes, und seine historische Bedeutung wurde in die des zwanzigsten Jahrhunderts verwandelt. Die Verfälscher der Kultur benutzen sie als Leugnung der qualitativen Unterschiede zwischen den Nationen und Ethnien; deshalb muss der Ausländer in Positionen des Reichtums und der Autorität zugelassen werden. Für den Finanzier bedeutet Demokratie "Herrschaft des Rechts" - sein Recht -, das ihm durch sein Geldmonopol einen beispiellosen Wucher ermöglicht.

Aber die Demokratie geht mit dem Rationalismus unter. Die Idee, die politische Macht auf die Masse der Bevölkerung zu stützen, war bestenfalls eine Technik, ein Werkzeug der Macht. Das Ergebnis war entweder eine autoritäre Regierungsform, wie die von Napoleon oder Mussolini, oder sie war ein bloßer Deckmantel für die wirtschaftliche Ausplünderung durch die Finanziers. Autoritäre Herrschaft ist das Ende der Demokratie,, aber sie ist an sich keine Demokratie. Mit dem Anbruch des Zeitalters der absoluten Politik verschwindet die Notwendigkeit von Vorwänden. Plebiszite und Wahlen kommen aus der Mode und werden schließlich nicht mehr abgehalten. Die Symbiose von Krieg und Politik ist selbstgenügsam und erhebt nicht mehr den Anspruch, irgendeine Klasse zu "vertreten". Im Vernichtungskrieg zwischen Autorität und Geld kann "Demokratie" für beide Seiten ein Schlagwort sein, aber nicht mehr als ein Schlagwort.

## II

Die Geschichte ist kataklysmisch, aber sie ist auch kontinuierlich. Oberflächlich betrachtet sind die Ereignisse oft äußerst gewaltsam und überraschend, aber darunter ist die Anpassung der einen Epoche an die nächste allmählich. So wurde die Demokratie von ihren frühen Protagonisten keineswegs als Herabsetzung der Menschen auf das Niveau minderwertiger menschlicher Wesen verstanden. Ihre ersten Propagatoren stammten zumeist aus den höchsten Kulturschichten, und diejenigen, die das nicht taten, versuchten, es so aussehen zu lassen: "de" Robespierre, "de" Kalb, "de" Voltaire, "de" Beaumarchais. Die ursprüngliche Idee war, dass sie alle Adelige waren. Natürlich verlor diese Idee mit dem blinden Hass und dem leidenschaftlichen Neid des Terrors von 1793 an Kraft, aber die Tradition geht nicht mit einem Schlag unter, und auf der sozialen Seite war der Kampf der Demokratie gegen die Tradition lang und hart.

Die autoritäre Tendenz der Demokratie wurde, wie wir gesehen haben, bei ihrer Entstehung durch die Macht des Geldes im Wirtschaftszeitalter unterdrückt. Aber das Wort wurde dann zu einem Slogan des sozialen und wirtschaftlichen Kampfes. Es bedeutete weiterhin Masse, Quantität, Zahl, im Gegensatz zu Qualität und Tradition. Die erste Version der Idee bestand darin, die Gleichheit durch die Anhebung des allgemeinen Niveaus zu verwirklichen, aber da sich dies als undurchführbar erwies, bestand die nächste Idee darin, Qualität und Überlegenheit zu zerstören, indem man sie zur Masse verschmolz. Je schwächer die Tradition, desto größer der Erfolg des Massengeistes. In Amerika war der Sieg des Massengeistes vollkommen, und das Massenprinzip wurde sogar auf dem Gebiet der Bildung angewandt. Amerika, mit weniger als der Hälfte der Bevölkerung des Heimatlandes der westlichen Kultur, hatte im zwanzigsten Jahrhundert zehnmal so viele höhere Bildungseinrichtungen, oder zumindest angeblich so viele. Denn die Demokratie muss in allem scheitern, auch im Erfolg. Die Praxis, jedem ein Diplom zu verleihen, hatte zur Folge, ganz einfach,, dass das Diplom jede Bedeutung verlor.

Den Höhepunkt in dieser Richtung erreichte ein amerikanischer Schriftsteller, der die höheren Studien in Chemie, Physik, Technik und Mathematik als "undemokratisch" bezeichnete, weil sie ausschließlich einigen wenigen vorbehalten seien und somit dazu führten, dass eine Art Aristokratie entstehe. Diesem Schriftsteller ist nie in den Sinn gekommen, dass die Theorie der Demokratie ebenfalls nur einigen wenigen vorbehalten ist: Die Massen haben sich nicht selbst mobilisiert; der Zeitgeist, der auf bestimmte Individuen der Bevölkerung einwirkte, verbreitete das Gefühl, dass alles nach außen verlagert, entgeistigt, in der Masse untergetaucht, nummeriert und gezählt werden muss.

Mit dem Beginn des 20. Jahrhunderts hat die Demokratie also eine andere Bedeutung als die ursprüngliche. Ihre beiden ursprünglichen Pole, Kapazität und Masse, sind vor der Macht der Wirtschaft verschwunden, der das Wort "Demokratie" in diesem Jahrhundert gehört. Die Finanzwelt hat nur das Konzept der Masse benutzt, um die neue und wiederauflebende Idee der Autorität zu bekämpfen. Die ökonomischen Herren der Welt mobilisieren die Massen gegen die Autorität des Staates und nennen dies fälschlicherweise "Demokratie". Die Epoche der absoluten Politik beginnt mit der Mobilisierung der Massen gegen die Macht des Geldes und der Wirtschaft und wird mit der Wiederherstellung der Autorität in napoleonischer Form enden. Aber es wird keine Plebiszite mehr geben, keine Wahlen, keine Propaganda und keine Zuschauer mehr, die dem politischen Drama beiwohnen. Die zwei Jahrhunderte der Demokratie enden im Empire. Mit dem natürlichen Tod, dass die Idee der Masse etwas zählt, macht die Autorität keine intellektuellen Anstrengungen, um sich zu rechtfertigen. Sie ist einfach da, und das ist kein Problem.

## 18. der Kommunismus

Der allmähliche Übergang vom Geist des 18. zum Geist des 19. Jahrhunderts manifestiert sich in der zunehmenden Radikalität des Konflikts zwischen Tradition und Demokratie. Der Rationalismus wurde mit jedem Jahrzehnt extremer. Sein kompromisslosestes Produkt ist der Kommunismus.

In den hundert Jahren zwischen 1750 und 1850 die Demokratie den Staat ausgehöhlt und den Weg für die Wirtschaftsepoche geebnet. Doch an die Stelle des absoluten Monarchen sind der Finanzier und der Industriebaron getreten. Der Kommunismus ist das Symbol für die Übertragung des demokratischen Kampfes auf die Sphäre der Wirtschaft.

Der Kommunismus war mit einer rationalistischen Philosophie ausgestattet: eine materialistische Metaphysik, eine atomistische Logik, eine Sozialethik, eine Wirtschaftspolitik.

Er bot sogar eine Geschichtsphilosophie an, die behauptete, die Geschichte der Menschheit sei die Geschichte wirtschaftlicher Entwicklungen und Kämpfe! Und diese Leute verspotteten die scholastischen Philosophen wegen der Art der Probleme, die sie selbst stellten! Religion: das war Wirtschaft. Politik natürlich auch. Technik und Kunst waren eindeutig wirtschaftlich. Diese Theorie war in der Tat die Krönung der intellektuellen Dummheit des Zeitalters der Ökonomie. Die Epoche behauptete damit ihre Allmacht und ihre Universalität. "Alles mit der Ökonomie, nichts außerhalb der Ökonomie, nichts gegen die Ökonomie", so könnte der Slogan gelautet haben.

So wie sich der politische Aspekt der Demokratie gegen Qualität und Tradition richtete, so richtete sich der wirtschaftliche Aspekt gegen Qualität und Überlegenheit, die durch wirtschaftliche Unterschiede hervorgerufen wurden. Der politische Klassenkampf wurde zu einem wirtschaftlichen Klassenkampf. So wie sich in der ersten Phase der Aufruf an all jene richtete, die nicht zu den beiden Staaten (Adel und Klerus) gehörten, richtete er sich später an die Nicht-Besitzer. Nicht an alle Nicht-Besitzenden, sondern nur an die in den großen Städten, und innerhalb dieser Gruppe an die Arbeiter, weil nur diese physisch so konzentriert waren, dass sie leicht für den Klassenkampf auf die Straße gebracht werden konnten.

Aber der Kommunismus ist im Gegensatz zum Liberalismus politisch und benennt einen Feind, der vernichtet werden muss: die Bourgeoisie. Um das Aktionsprogramm zu erleichtern, wurde das Bild vereinfacht: Es gibt in der ganzen Welt nur zwei Realitäten, die Bourgeoisie und das Proletariat. Nationen und Staaten sind Erfindungen der Bourgeoisie, um das Proletariat zu spalten, damit sie es leicht beherrschen kann. Dies war der Ursprung der Idee, dass der Kommunismus eine Internationale sei, aber seine Stärke als eine solche Internationale zeigte sich 1914, als sich die Klassenorganisationen aller Länder in den Kampf zwischen den Nationen stürzten. Sie war nie eine Internationale im eigentlichen Sinne. Dennoch war sie eine politische Aussage, und sie war eine Kraft, mit der man im Wirtschaftszeitalter rechnen musste. Sie war in der Lage, in mehreren westlichen Ländern Bürgerkriege zu provozieren, so zum Beispiel in Frankreich 1871. Ihr Höhepunkt war die bolschewistische Revolution in Russland im Jahr 1918, als die Theorie des Kommunismus von einem nicht-theoretischen asiatischen Regime als Waffe der Außenpolitik effektiv übernommen wurde.

Es lag im Wesen des Kommunismus, wie in jedem Nebenprodukt des Rationalismus, dass sein Wunschbild niemals verwirklicht werden konnte. Die Verwendung einer anorganischen Logik, um ein praktisches Programm zu konstruieren, ändert nichts an der Tatsache, dass ein Organismus seine eigene Struktur, Entwicklung und sein eigenes Tempo hat. Der Organismus kann von außen verletzt, entstellt, vernichtet werden, aber er kann nicht von innen heraus verändert werden. So war der Kommunismus in seiner Wirkung rein zerstörerisch, und das war der Grund, warum die asiatische Macht an den Grenzen Europas ihn als Programm zur Zersetzung aller europäischen Staaten übernahm. Der Kommunismus ist, wie alle Utopien, unmöglich zu verwirklichen, eben weil Utopien rational sind und das Leben irrational ist. Das einzig Neue an der Utopie des Kommunismus ist, dass sie sich selbst als unvermeidlich proklamiert. Dies war ein Tribut an seinen Willen zur Macht, aber diese eitle Prahlerei hatte die gleiche vitale Tragweite wie der Rationalismus. Mit dem Aufkommen des Zeitalters der absoluten Politik gibt sogar der Klassenkampf die Theorie auf. Die Geschichte begräbt den Rationalismus und seine Überbleibsel in ihren Särgen. Der Tod, und nicht die Widerlegung, ist das Schicksal der rationalistischen Theorien in Politik und Wirtschaft. Wir, die wir im zwanzigsten Jahrhundert leben, werden Zeuge des endgültigen Untergangs des Rationalismus und seiner Nachkommenschaft.

## 19. Assoziation und Dissoziation von Denk- und Handlungsformen

### I

Bei der Entwicklung einer Perspektive auf die Politik im 20. Jahrhundert war es zunächst notwendig, die Politik von anderen Richtungen menschlicher Energie, insbesondere von Wirtschaft und Moral, zu trennen. Angesichts der großen Zahl von Theorien, die politische Phänomene mit ideellem Ballast zu erklären versuchten, der aus anderen Tätigkeits- oder Denkbereichen stammte - oder ihnen entsprach -, war dies durchaus notwendig. Wir haben gesehen, dass die Politik eine Tätigkeit sui generis ist und dass ihre Ausübung, oft völlig unbewusst durch den Akteur, seinen eigenen Denkstil im Handeln beinhaltet. Es bleibt uns, die Trennbarkeit und die gegenseitige Abhängigkeit der verschiedenen Richtungen menschlicher und kultureller Energie endgültig festzustellen.

Eine Welt ohne abstraktes Denken, die Welt des Hundes zum Beispiel, ist eine Welt, in der völlige Kontinuität herrscht. Alles passt perfekt an seinen Platz oder in seine Sphäre. Verglichen mit der menschlichen Welt ist sie unproblematisch. Realität und Erscheinung sind ein und dasselbe. Die spezifisch menschliche Seele sieht den Makrokosmos als symbolisch an; sie begreift den Unterschied zwischen Erscheinung und Wirklichkeit, zwischen dem Symbol und dem Symbolisierten. Alles menschliche konstruktive Denken enthält im Wesentlichen diese Begriffe. Aber gerade die Trennung der Dinge in Erscheinung und Wirklichkeit, diese Vereinzelung der Dinge durch intensives abstraktes Denken, ist selbst eine Verzerrung ihrer ruhigen, unproblematischen Beziehung zu anderen Dingen. Denken ist also Übertreibung.

Für den Menschen ist die große Kultur, in der das Schicksal ihn geboren werden, leben und sterben lässt, die Welt seines Geistes. Die Große Kultur legt die geistigen Grenzen dieser Welt fest. Die Große Kultur drückt fast jeder Form des Denkens und Handelns der Individuen und Gruppen in ihrem Bereich ihren Stempel auf. In diesem Bereich Gedankenformen und Gedanken, Handlungsformen und Handlungen ihren natürlichen Platz und stehen in problematischen Beziehungen zueinander. Diese Beziehungen bleiben bestehen, auch wenn das Denken auf eine Sphäre angewendet wird, die ihre Rolle im Schicksal des Ganzen übertreibt. Denken ist Übertreibung, aber diese Übertreibung betrifft nur das Denken und stört nicht den Makrokosmos. Dasselbe gilt für jeden Menschen: Die verschiedenen Tendenzen seiner Energie bleiben in einer organisch einheitlichen, harmonischen Beziehung. Es gibt keinen "Wirtschaftsmenschen", sondern nur einen Menschen, der seine Energien vorübergehend auf die Wirtschaft ausrichtet. Es gibt auch nicht den "vernünftigen Menschen", wie es bestimmte westliche Rechtssysteme predigen. Es gibt nur den Menschen, der ausnahmsweise vernünftig ist. Das wesentliche Merkmal der höheren Organismen, des Menschen und der Großen Kultur, ist die Seele. So handelt ein bestimmter Mensch wirtschaftlich ganz anders als ein anderer Mensch, weil seine Seele anders ist, und deshalb sind sein Denken und Handeln ihm eigen. Der eine Mensch hat starke Interessen und Fähigkeiten in einer bestimmten Richtung, der andere in einer anderen. Auch die großen Kulturen unterscheiden sich voneinander durch ihre unterschiedlichen Fähigkeiten in verschiedenen Richtungen. Das "principium individuationis" gilt auch für die Großen Kulturen.

Jeder Organismus, von Pflanzen und Tieren bis hin zu Menschen und Kulturen, verfügt über eine Vielzahl von Funktionen, eine Vielfalt, die mit zunehmender Größe immer feiner und ausgeprägter wird. Diese funktionelle Vielseitigkeit beeinträchtigt jedoch nicht die Einheit des Organismus. Gerade die Einheit des Organismus schafft das Bedürfnis, sich in verschiedenen Richtungen auszudrücken. Wenn eine Richtung oder Tendenz auf Kosten einer anderen verfolgt wird, bedeutet dies eine Verzerrung und führt zu Krankheit und Tod, wenn darauf beharrt wird. Ich befasse mich hier nur mit gesunden Organismen, bei denen die Richtungsänderung ihrer Energie durch den inneren Rhythmus des Organismus bestimmt wird. Dieser Rhythmus ist bei jedem Organismus anders und wird durch Individualität, Alter, Geschlecht, Anpassung und Umwelt beeinflusst. Jeder Mensch hat seine tägliche Abfolge von Richtungsänderungen der Energieströme. Jeder Organismus hat seinen inneren Rhythmus, der bestimmt, welche Funktion zu einem bestimmten Zeitpunkt zum Tragen kommen soll. Auch eine Kultur hat einen solchen Rhythmus, und in den verschiedenen Stadien ihrer Entwicklung akzentuiert dieser Rhythmus erst den einen, dann den anderen Bereich des Denkens und Handelns.

In ähnlicher Weise hat jeder Mensch, und eine Menschenkultur im Besonderen, seine Art des Handelns und Denkens, die jeder Epoche seiner Entwicklung entspricht. Es ist gut gesagt worden, dass ein junger Mensch ein Idealist ist, ein reifer Mensch ein Realist und ein alter Mensch ein Mystiker. Dieser Rhythmus in einer Kultur, der einem bestimmten Aspekt ihres Lebens in einer bestimmten Periode den Vorrang gibt, ist die Quelle des Zeitgeistes. Es ist nur der Akzent, der Puls, der von diesem Richtungswechsel betroffen ist. All die verschiedenen Funktionen wirken weiter, aber eine von ihnen ist die wesentliche. Das gilt sowohl für die Menschen als auch für die Kulturen. So existiert der "Wirtschaftsmensch" als Einheit weiter, auch in seiner wirtschaftlichen Tätigkeit; seine Individualität bleibt bestehen, und alle seine anderen geistigen Aspekte existieren, auch wenn sie vorläufig nicht in den Vordergrund gestellt werden. Genauso verhält es sich mit den Kulturen: alle Arten des Denkens und Handelns existieren in allen Epochen, auch wenn in einer bestimmten Epoche ein bestimmter Aspekt des Lebens im Vordergrund steht. Das ist die Bedeutung des Begriffs "Anachronismus" in seinem historischen Gebrauch. So ist Fausto Sozzini ein Anachronismus im sechzehnten Jahrhundert, und Carlyle ist ein Anachronismus im neunzehnten Jahrhundert.

Das ist es, was man über die Verbindung von Denk- und Handlungsformen hätte sagen sollen. Sie sind auch dissoziiert.

Der Ausdruck "Richtungswechsel" wurde verwendet, um die Verlagerung des Schwerpunkts von einer Funktion zur anderen zu bezeichnen. Diese Richtungswechsel sind Formen der Anpassung an verschiedene Arten von Situationen. Es ist die Art der Situation, das zu lösende Problem, das eine Art des

Denkens oder Handelns auszeichnet. Es liegt auf der Hand, dass niemand auf die Idee käme, das Problem der Einstellung einer Maschine zu lösen, indem er es wie ein Machtproblem angeht; das Ergebnis wäre die Zerstörung der "feindlichen" Maschine: Dennoch haben viele Rationalisten und Liberale die Probleme der Macht so behandelt, als wären sie mechanische Probleme.

Auf diese Weise werden die verschiedenen Bereiche des Denkens und Verhaltens voneinander getrennt. Für sich betrachtet, sind sie völlig autonom. Jeder hat andere bewusste Voraussetzungen und eine andere unbewusste Haltung. Einige der wichtigsten sollen mit ihren Grundstrukturen genannt werden.

Da ist zunächst die Religion. Vom Standpunkt des geistigen Inhalts her ist sie die höchste aller Formen menschlichen Denkens. Die Religion hat das große und alles durchdringende Merkmal, dass sie die Gesamtheit der Dinge unter einem heiligen Aspekt betrachtet. Sie ist göttliche Metaphysik und betrachtet alle anderen Formen des menschlichen Denkens und Verhaltens als zweitrangig. Religion ist keine Methode zur sozialen Verbesserung, keine Kodifizierung von Wissen, keine Ethik: Sie ist die Darstellung einer letzten heiligen Realität, und alle ihre Phasen gehen von ihr aus.

Die Philosophie ist jedoch im Wesentlichen eine andere Denkrichtung. Selbst eine deistische Philosophie nimmt eine andere Haltung ein als die Religionen. In einer deistischen Philosophie legt das Prinzip der Religion die Grenzen des philosophischen Verhaltens fest. Die Philosophie steht auf der Seite der Religion und formuliert eine rein natürliche Erklärung ihrer eigenen Substanz.

Die Wissenschaft geht in eine andere Richtung: Sie sucht nur nach Zusammenhängen zwischen den Phänomenen und versucht nicht, durch Verallgemeinerung der Ergebnisse die letzten Erklärungen zu finden.

Technik hat nichts mit Wissenschaft zu tun, denn sie ist keine reine Form des Denkens, sondern ein handlungsorientiertes Denken. Technik hat ein Ziel: Macht über den Makrokosmos. Sie benutzt die Ergebnisse der Wissenschaft als Werkzeuge und wissenschaftlich-theoretische Verallgemeinerungen als Hebel, wirft sie aber weg, wenn sie nicht mehr wirken. Der Technik geht es nicht darum, was wahr ist, sondern darum, was funktioniert: Wenn eine materialistische Theorie keine Ergebnisse liefert, eine theologische aber schon, übernimmt die Technik die letztere. Es war also Schicksal, dass der Pragmatismus in Amerika auftauchte, dem Land des Technikkults. Diese "Philosophie" lehrt, dass das, was wahr ist, das ist, was funktioniert. Das ist einfach eine andere Art zu sagen, dass man nicht an der Wahrheit interessiert ist, und ist somit die Abkehr von der Philosophie. Man könnte dies die Überhöhung der Technik oder die Degradierung der Philosophie nennen, aber der radikale Richtungsunterschied zwischen Technik und Philosophie wird dadurch nicht verändert; es ist einfach so, dass die Epoche die Technik stark betont hat und die Philosophie wenig. Auch die Allianz, die in der Praxis des 20. Jahrhunderts fast eine Identität darstellt, zwischen Wissenschaftlern und Technikern kann den Richtungsunterschied zwischen diesen beiden Bereichen nicht auslöschen. Ein und derselbe Mensch kann als Wissenschaftler denken, der Informationen sucht, und im nächsten Moment als Techniker, der sie anwendet, um Macht über die Natur zu gewinnen. Wissenschaft und Technik unterscheiden sich von der Philosophie ebenso sehr wie sie sich voneinander unterscheiden: keine von beiden versucht, Erklärungen zu geben, die Gegenstand von Philosophie und Religion sind. Wer glaubt, eine "wissenschaftliche Philosophie" zu begründen, der irrt, und er ist von der ersten Seite an gezwungen, die wissenschaftliche Haltung aufzugeben und die philosophische einzunehmen. Man kann nicht zwei Richtungen gleichzeitig einschlagen. Wenn man der Wissenschaft den Vorrang vor der Philosophie gibt, ist das etwas anderes; es spiegelt einfach den Zeitgeist wider, der äußerlich ist. Aber es ist wichtig, dass alle diese Formen des Denkens und Handelns sich in den Fluss und den Rhythmus der Entwicklung einer großen Kultur einfügen; eine bestimmte Denkrichtung hat ihren Moment der Mode oder der Vorherrschaft für die Dauer des Stadiums der Kultur, die sie für diese Rolle ausgewählt hat.

Wirtschaft ist eine Form des Handelns. Genauer gesagt ist es ein Handeln, das darauf abzielt, das Privatleben zu nähren und zu bereichern. Jeder Versuch, das Leben anderer zu kontrollieren, hat daher nichts mit Wirtschaft zu tun. Als Cecil Rhodes[36] in erster Linie daran dachte, reich zu werden, dachte er wirtschaftlich; als er seinen Reichtum dazu nutzte, die Bevölkerung Afrikas zu kontrollieren, dachte er

---

[36] Cecil J. Rhodes (1853-1902), südafrikanischer Staatsmann, geboren in England. Durch die Ausbeutung der Kimberley-Diamanten gelangte er zu einem riesigen Vermögen. Er verband einen visionären Eifer für die britische Expansion in Afrika mit dem Glauben, dass Geld politische Macht bedeutet. Er war an der Eingliederung von Bechuanaland und Rhodesien beteiligt und widmete sein Leben der Verwirklichung des Satzes: "Britische Herrschaft vom Kap bis Kairo". (N. des T.)

politisch. Es ist ungewöhnlich, dass ein Mann der Tat diese beiden Verhaltensweisen gleichzeitig beherrscht, da ihre jeweiligen Techniken so unterschiedlich sind. Dieselbe Wirtschaft weist zwei Facetten auf, Produktion und Handel, deren spezifische Techniken so unterschiedlich sind, dass ein Mensch normalerweise nicht beide gleichzeitig beherrscht.

Die Verfeinerungen der Denk- und Handlungsweisen sind zahlreich. So sind beispielsweise die Daten der Metaphysik für die Ethik nicht relevant, auch wenn beide ähnliche Prinzipien verwenden. Tatsächlich hat die Ethik ihre eigenen Daten. Auch die Mathematik hat eine eigene Haltung, die mit der Logik verwandt, aber von ihr verschieden ist; die Ästhetik hebt einen Aspekt der Gesamtheit der Beziehungen hervor, und dies bestimmt ihre Grundannahmen.

## II

Es gibt nicht nur eine Assoziation und eine Dissoziation zwischen den Formen des Denkens und des Handelns, sondern auch eine Rangordnung zwischen ihnen, die von dem jeweiligen Problem abhängt. Die Dualität des Menschen, die seiner Natur entspringt, einer Mischung aus menschlicher Seele und tierischen Beutetrieben, führt dazu, dass seine Handlungen nur selten mit seinen abstrakten Gedankensystemen übereinstimmen. Das abstrakte Denken hat seinen Schwerpunkt auf der Seite der Seele, das Handeln auf der Seite des Beutetiers.

Wer in einer theologischen Diskussion zu den Fäusten greift, um seine Ansichten zu demonstrieren, verwechselt die beiden Sphären des Denkens und Handelns. Ebenso verhält es sich mit demjenigen, der über Politik im Sinne von Moral diskutiert. Diese beiden Sphären des Denkens und Handelns haben genau definierte Grenzen. Jeder Mensch hat eine Fähigkeit zum abstrakten Denken und eine Fähigkeit zum Handeln. Wenn er abstrakt denkt, handelt er nicht, und wenn er handelt, denkt er nicht abstrakt. Sein Denken ist also vollständig in die Handlung eingetaucht. Die abstrakte Formulierung der Handlung kann vor der Handlung oder nach der Handlung erfolgen, aber niemals während der Handlung. Wie Goethe sagte: "Der Schauspieler ist immer unbewusst, nur der Zuschauer ist bewusst".

Was ist Leben? Es ist der Prozess der Verwirklichung des Möglichen. Verwirklichung und damit Handlung. Das Leben hat seinen Schwerpunkt auf der

Seite des Handelns und nicht auf der Seite des abstrakten Denkens. Für die Entwürfe des Handelns gibt es also eine Rangordnung, die das praktische Wissen über die Theorien stellt. Das macht Machiavelli politisch wertvoller als Platon, Thomas More, Campanella, Fourier, Marx, Edward Bellamy oder Samuel Butler. Er schrieb über die Politik, wie sie ist, die anderen, wie sie sein sollte oder wie sie sie gerne hätten.

Es ist bekannt, dass nichts mit Gewalt bewiesen werden kann: Der Grund dafür ist, dass sich die beiden Sphären des abstrakten Denkens und des Handelns, Wahrheit und Tatsache, nicht überschneiden. Weniger bekannt ist, dass auch das Gegenteil der Fall ist, d.h. dass Gewalt nicht durch Demonstrationen ausgeübt werden kann; mit anderen Worten, in der Welt des Handelns kann nichts durch Wahrheiten gewonnen werden. Der Versuch, eine abstrakte Theorie zu verwirklichen, bedeutet lediglich, sie aufzugeben. Das einzige Ergebnis des Versuchs, eine Denkweise durchzusetzen, wo sie nicht angebracht ist, ist eine verpfuschte Arbeit. Es gibt keine Wahl zwischen einem Künstler der Chemie und einem Künstler der Physik, sondern nur zwischen einem guten und einem schlechten Künstler. Wenn man an ein mechanisches Problem herangeht, als ob es um Gut und Böse ginge, dann ist man zum Scheitern verurteilt. Jeder Aspekt des Lebens gibt seine Geheimnisse an die Methode ab, die ihm entspricht, und nur ihr. Die Politik hat sich immer geweigert, demjenigen Macht zu geben, der sie nach einer Moral "reformieren" wollte. Man kann sie auch nicht verstehen, wenn man versucht, ihr fremde Denkmethoden aufzuerlegen. Die Politik ist das Gegenteil des Abstrakten; etymologisch bedeutet abstrakt "aus". Aus was entnommen? Aus dem Handeln, der Wirklichkeit, den Tatsachen.

Diese Perspektive ist eine derjenigen, die auf der faktischen Seite des Menschen erscheint. In diesem Werk geht es nur um das Handeln, denn die Epoche der absoluten Politik, in der es erscheint, ist eine Epoche des Handelns. Niemand hat je gesagt, dass Politik unmoralisch sein sollte, aber alle politischen Denker haben gesagt, dass Politik Politik ist. Die Frage nach dem, was sein sollte, liegt auf der anderen Seite der Seele und wird hier nicht behandelt. Dass sich Politik und Moral nicht überschneiden, zeigt das Beispiel des Zweiten Weltkriegs. Der amerikanische Teil der außereuropäischen Koalition gegen Europa erklärte mit Nachdruck, dass er für die christliche Moral kämpfe, aber nach dem Krieg versuchte er, die kulturtragende Schicht in seinem Machtbereich im besetzten Europa physisch zu vernichten. Und er ging sogar noch weiter, indem er viele Millionen Europäer ausraubte und verfolgte, um sie physisch und wirtschaftlich zu vernichten. Das Beispiel ist nicht einzigartig: Die Siegermächte des Ersten Weltkriegs führten nach dem Krieg eine Hungerblockade gegen den besiegten Feind durch, und auch dieser Krieg wurde von den Siegermächten im Namen der christlichen Moral entfesselt.

In der Praxis der Politik kann ein moralischer Ansatz nur zu Ineffizienz oder Katastrophen führen. Und je ernster er genommen wird, desto destruktiver wird er sein.

Wenn die Moral mit völligem Zynismus als Propaganda zur Steigerung der Brutalität eines Krieges eingesetzt wird, verzerrt sie Krieg und Politik in Richtung Bestialität.

Im 20. Jahrhundert eroberte sich die Politik ihren eigenen Bereich zurück. Die Politik war nicht mehr durch die Wirtschaft motiviert. Recht, Technik, Wirtschaft und soziale Organisation spiegeln die großen Realitäten der Politik wider. In diesem letzten prägenden Zeitalter einer großen Kultur, das bis ins 21. Jahrhundert andauern wird, ist die Motivation für den ständigen Kampf um die Macht die Einheit der westlichen Zivilisation selbst. Die wahre Front in den Kriegen dieses Zeitalters ist einfach Europa gegen Anti-Europa. Es gibt Grenzzonen wie die zwischen Russland und Europa oder in den nördlichsten Ländern Südamerikas. Jede Seite hat ihre Verbündeten: Die weißen Bevölkerungen, die über die ganze Welt verstreut sind, gehören zu Europa; die asiatischen Elemente des Zusammenhalts und der Macht, die Verfälscher der Kultur, die in den verschiedenen Ländern des Westens verstreut sind, gehören zu Anti-Europa. Es ist der Kampf des Positiven gegen das Negative, der Schöpfung gegen die Zerstörung, der kulturellen Überlegenheit gegen den Neid des Eindringlings. Es ist der unerbittliche Kampf der freigelassenen Sklaven gegen den Herrn von gestern, die nach Rache für ihre jahrhundertelange Sklaverei dürsten.

Natürlich werden diese Kriege wirklich unbegrenzte Kriege sein, wie die Kreuzzüge, und keine agonistischen Kriege wie die innereuropäischen Kriege des 17. und 18. Sie werden in ihren Mitteln ebenso absolut sein wie in ihrer Dauer. So werden beispielsweise die in der westlichen Zivilisation entwickelten Praktiken für die Behandlung von Kriegsgefangenen aus Gründen der Humanität und der militärischen Ehre verschwinden. Nach dem Zweiten Weltkrieg schaffte Russland die erste dieser Grundlagen ab, indem es ganze Bevölkerungen hinrichtete und versklavte, und Amerika schaffte die zweite ab, indem es Kriegsgefangene massenhaft lynchte und die Haager Konventionen bei seiner Besetzung Europas am Ende des Krieges ignorierte.

Die kommenden Kriege werden also die alten Praktiken der Versklavung und Tötung von Kriegsgefangenen wieder aufleben lassen und den Schutz vergessen, der einst der Zivilbevölkerung gewährt wurde. Anstelle der kodifizierten militärischen Ehre einer großen Kultur wird die Ehre schließlich zu einer Frage des inneren persönlichen Imperativs werden, und der Einzelne wird je nach seiner Position selbst entscheiden, wie wichtig seine Entscheidung ist. Es ist nicht per se unehrenhaft, Gefangene zu töten, aber wenn sie sich ergeben und ihre Waffen unter der Bedingung niederlegen, dass ihr Leben geachtet wird, wie es europäische Soldaten und Befehlshaber im letzten Krieg getan haben, ist es unehrenhaft, sie zu hängen, wie es die Amerikaner nach diesem Krieg getan haben.

Im letzten Akt unseres großen abendländischen Kulturdramas beweist die Idee der Kultur selbst ihre unparteiische Kraft - das Schicksal ist immer jung, sagt der Philosoph dieses Zeitalters -, indem sie sich selbst in den Mittelpunkt des Lebens stellt und alle Menschen als Freunde oder Feinde definiert, je nachdem, ob sie ihr anhängen oder sich ihr widersetzen. Die Politik der Kultur ist die letzte Konsequenz der Religionspolitik, der Familienpolitik und der Parteipolitik, von den Kreuzzügen bis zur Reformation, weiter mit der dynastischen Politik bis zum Wiener Kongress, und schließlich mit der nationalen Politik und der Wirtschaftspolitik bis zum Zweiten Weltkrieg. Die Krise des Rationalismus tritt zurück. Die Begleitphänomene werden farblos, mehr und mehr erzwungen und verblassen eines nach dem anderen: Gleichheit, Demokratie, Glück, Instabilität, Kommerz, Hochfinanz und ihre Finanzmacht, Klassenkampf, Handel als Selbstzweck, Sozialatomismus, Parlamentarismus, Liberalismus, Kommunismus, Materialismus, Massenpropaganda. All diese stolzen Fahnen liegen endlich im Staub. Sie sind nur die Symbole des kühnen und zupackenden, aber vergeblichen Versuchs der Vernunft, das Reich des Geistes zu erobern.

# III - KULTURELLER VITALISMUS - KULTURELLE GESUNDHEIT

> *"Ich erkenne nur zwei Nationen an: Den Westen und den Osten".*
>
> NAPOLEON

> *Es ist die Abwesenheit von Ethnie und nichts anderes, die intellektuelle Philosophen, Doktrinäre, Utopisten unfähig macht, die Tiefe dieses metaphysischen Hasses zu verstehen, der die Uneinigkeit zweier Strömungen hervorbringt, indem er sich als unerträgliche Dissonanz manifestiert, ein Hass, der für beide tödlich sein kann".*
>
> SPENGLER

> *Ich wollte die Verschmelzung der großen Interessen Europas vorbereiten, denn die der Parteien hatte ich bereits erreicht. Ich kümmerte mich wenig um die vorübergehenden Ressentiments der Völker, denn ich war sicher, dass die Ergebnisse sie wieder unwiderstehlich zu mir treiben würden. Auf diese Weise wäre Europa wirklich zu einer geeinten Nation geworden, und jeder, wohin er auch reiste, wäre durch dasselbe Vaterland verbunden. Früher oder später wird diese Verschmelzung unter dem Druck der Ereignisse stattfinden müssen. Es ist der Anstoß gegeben worden, der es nach meinem Sturz und dem Verschwinden meines Systems unmöglich machen wird, in Europa das Gleichgewicht allein durch den Zusammenschluss der großen Nationen wiederherzustellen.*
>
> NAPOLEON

## 1. Einleitung

Zum ersten Mal wird hier die These des Cultural Vitalism, die Physiognomie der Anpassung, Gesundheit oder Krankheit einer großen Kultur, entwickelt. Bisher wurde Kultur in der Regel als ein Ergebnis, eine einfache Summe der kollektiven Aktivität von Menschen und Menschengruppen betrachtet. Insofern wurden ihre Einheit und Kontinuität überhaupt nicht berücksichtigt, sondern sie wurde als rein materiell gebundener "Einfluss" von Individuen, Gruppen oder schriftlichen Ideen auf Zeitgenossen oder die Nachwelt gesehen. Mit dem Fortschreiten des Zeitalters der abendländischen Kultur begann man jedoch, ihre Einheit schwach zu erkennen. Diese Einheit wurde auf viele verschiedene Arten formuliert, mit unterschiedlichen Ausgangspunkten, unterschiedlichen Entwicklungsgesetzen, aber die "Einheit der Kultur" war die primäre Idee. Selbst in der Heimat des Materialismus räumte Benjamin Kidd in seinem Werk "Western Civilisation" die tiefe Einheit des Westens ein. Nietzsche, Lamprecht, Breysig, Méray sind nur einige derjenigen, die diese Idee wahrgenommen haben. In einem Zeitalter, das von Tatsachen und nicht von Programmen ausgeht, das sich mit den Realitäten zufrieden gibt, ohne sie einer rationalistischen Prüfung zu unterziehen, ist es offensichtlich geworden, "geistig gezwungen", innerhalb dieses neuen Systems zu denken. Wenn zwei Individuen, die geographisch weit voneinander entfernt sind und keinen gegenseitigen Kontakt haben, ähnliche Erfindungen, ähnliche Philosophien entwickeln, das gleiche Thema für ein dramatisches oder lyrisches Werk wählen, können wir dies weder als "Einfluss" noch als "Bewusstsein" betrachten, sondern als eine Widerspiegelung der Entwicklung der Kultur, zu der sie beide gehören. Vom höchsten Standpunkt der Kultur aus betrachtet, ist die Diskussion darüber, wer als erster diesen oder jenen Witz erfunden hat, wer diese oder jene Idee hervorgebracht hat, ziemlich steril. Diese Fragen lassen sich bestenfalls auf eine höhere Ebene als die juristische stellen. Wenn es sich um einen Fortschritt von überpersönlicher Kraft und nicht um ein bloßes persönliches Vergnügen handelt, dann ist es der Fortschritt der "Kultur", und die Tatsache, dass er gleichzeitig von mehr als einer Person zum Ausdruck gebracht wurde, zeugt nur von der Kategorie seines Schicksals.

Das Wesen der Einheit der Kultur ist "in ihrem Ursprung rein geistig". Die materielle Einheit, die folgt, ist nur die Entfaltung der tieferen, geistigen Einheit, die ihr vorausgeht. Das Leben ist die Verwirklichung des Möglichen; die Entwicklung einer höheren Kultur ist die Entfaltung der innersten Möglichkeiten, die im Herzen der Kultur enthalten sind, auf der Grundlage der vorgegebenen Dauer des organischen Lebens.

Die Kultur, in der wir leben, ist die achte höhere Kultur, die auf unserem Planeten erscheint. Die Einheit und innige Beziehung der Gesamtheit der Formen und Schöpfungen jeder der anderen ist für uns offensichtlich, denn wir stehen völlig außerhalb von ihr und können die Nuancen ihrer Seele nicht durchdringen, da wir einer anderen angehören. Die Undurchdringlichkeit einer fremden Kultur ist Teil einer umfassenderen organischen Verallgemeinerung: Auch der Geist einer anderen Epoche unserer eigenen Kultur, einer anderen Nation, eines anderen Individuums macht es letztlich schwer, ihn vollständig zu verstehen. Die Technik, andere Lebensformen zu verstehen, besteht darin, in ihnen zu "leben". Die Messung, Zeitmessung und Berechnung des Verhaltens eines anderen Organismus dient nicht der organischen Assimilation. Die materialistische "Psychologie" mit ihren massenhaft zu Papier gebrachten Ergebnissen hat noch nie geholfen, einen anderen Menschen zu verstehen. Wenn eine Identität erreicht wird, dann trotz abstrakter Begabung.

Die Schwierigkeit, sich an fremde organische Formen zu gewöhnen, sie zu verstehen, sie zu "durchdringen", ist ein Problem der Grade. Eine Person, die unserem eigenen Charakter ähnlich ist, verstehen wir sofort. Wenn ihr Charakter nicht ähnlich ist, aber ihre Geschichte, können wir sie verstehen, aber mit größeren Schwierigkeiten. Verschiedene Nationalitäten, verschiedene Ethnien, verschiedene kulturelle Hintergründe errichten nach und nach immer schroffere Barrieren für die Gemeinsamkeit. Hier zeigt sich eines der Probleme des kulturellen Vitalismus.

Die Frage ist: Inwieweit kann eine Kultur neue Bevölkerungsgruppen, die in ihr Gebiet kommen, mit der kulturellen Idee vertraut machen? Sekundäre Probleme ergeben sich aus der Tatsache, dass diese neuen Bevölkerungen eine oder alle der verschiedenen Formen des Zusammenhalts besitzen können: die eines Volkes, die einer Ethnie, die einer Nation, die eines Staates, die einer Kultur.

Die sich daraus ergebenden Probleme ergeben sich aus dem genauen Verhältnis der Kultur zu den Bevölkerungen, die ihr zu Diensten stehen, und zu denen außerhalb ihrer Grenzen. Sie wird so formuliert, weil die Hochkulturen mit der Landschaft verbunden sind und die prägenden Impulse immer in der ursprünglichen Landschaft erscheinen, selbst in ihrer letzten Phase, der der Zivilisation, in der die Kultur vollständig externalisiert ist und sich bis an die äußersten Grenzen ausdehnt. Die Tendenz zur Ausdehnung und Externalisierung beginnt in der Mitte seines Lebens, wird aber erst mit der endgültigen Zensur, die durch die Krise der Zivilisation gekennzeichnet ist, dominant. Für uns ist Napoleon das Symbol dieses Bruchs. Seit seiner Zeit werden die Völker der ganzen Welt im Rahmen des begrenztesten

Imperialismus, den die Geschichte kennt, erzogen. Sie stehen jedoch in unterschiedlichen Beziehungen zu der Ideenmutter dieses Imperialismus, und auch diese Beziehungen müssen untersucht werden.

## 2. Die Artikulierung einer Kultur

Die Nationen, Denkweisen, Kunstformen und Ideen, die Ausdruck der Entwicklung einer Kultur sind, stehen immer unter der Vormundschaft einer relativ kleinen Gruppe. Die Größe dieser Gruppe, die Leichtigkeit, mit der sie sich erneuern kann, hängt von der Natur der Kultur ab. In dieser Hinsicht ist die klassische Kultur lehrreich. Ihre Ideen waren völlig esoterisch: Sokrates betreibt seine Philosophie auf der Agora. In unserem Fall würde uns das Bild von Leibnitz oder Descartes, die eine solche Tätigkeit ausüben, extrem absurd erscheinen, da die westliche Philosophie nur wenigen gehört.

Aber jede Kultur, auch die esoterische klassische, ist aufgrund ihrer Gesamtausprägung in jeder Richtung auf bestimmte Bevölkerungsschichten in ihrem Gebiet beschränkt. Kultur ist ihrem Wesen nach selektiv und exklusiv. Der Gebrauch des Wortes im persönlichen Sinne einer "kultivierten" Person zeigt uns eine Person, die aus dem Rahmen fällt, eine Person, deren Ideen und Haltungen geordnet und artikuliert sind. Kultiviert im persönlichen Sinn bedeutet, sich etwas Höherem als sich selbst und dem eigenen häuslichen Wohlergehen zu widmen. Im Weltbild des 19. Jahrhunderts mit seiner Manie für das Atomistische gab es nur Individuen und nichts Höheres; daher wurde das Wort verwendet, um diejenigen zu bezeichnen, die Kunst oder Literatur ausübten oder schätzten. Aber auch Patriotismus, Pflichtbewusstsein, ethische Gebote, Heldentum und Selbstaufopferung sind Ausdruck von Kultur, die der primitive Mensch nicht kannte. Ein Krieg ist ebenso ein Ausdruck von Kultur wie Poesie, eine Fabrik ebenso wie eine Kathedrale, ein Gewehr ebenso wie eine Statue.

Eine höhere Kultur wirkt im Zuge ihrer Verwirklichung in alle Richtungen des Denkens und Handelns und auf alle Menschen in ihrem Bereich.

Die Intensität einer Aktion in einer bestimmten Richtung hängt von der Seele der jeweiligen Kultur ab: einige Kulturen waren leidenschaftlich historisch, wie China; andere völlig ahistorisch, wie Indien; einige haben beeindruckende Techniken entwickelt, wie die Ägypter oder unsere eigene; andere haben die Technik ignoriert, wie die klassische oder die mexikanische.

Die Intensität, mit der die Kultur den Menschen prägt, ist proportional zu seiner Aufnahmefähigkeit für geistige Eindrücke. Der mit einer kleinen Seele und einem begrenzten Horizont ausgestattete Mensch lebt für sich selbst, weil er nicht in der Lage ist, etwas anderes zu verstehen. Für ihn ist die westliche Musik nur ein Wechselspiel von hohen und tiefen Tönen,; die Philosophie ist nur ein Wort, die Geschichte eine Ansammlung von Märchen, deren Realität er nicht in sich spürt; die Politik ist der Egoismus der Großen, die Wehrpflicht eine Last, die er mangels Zivilcourage akzeptieren muss. So ist auch ihr eigener Individualismus nur eine Verleugnung von etwas Höherem und keine Bejahung der eigenen Seele. Der außergewöhnliche Mensch ist einer, der etwas anderes über sein eigenes Leben und seine Sicherheit stellt. William Walker hätte, selbst als er vor dem Erschießungskommando stand, sein Leben retten können, indem er einfach auf seine Ansprüche auf die Präsidentschaft von Nicaragua verzichtet hätte[37]. Für den einfachen Mann ist das eine Dummheit. Der einfache Mensch ist ungerecht, aber nicht aus Prinzip; er ist egoistisch, aber unfähig zum Imperativ von Ibsens erhabenem Egoismus; er ist ein Sklave seiner Leidenschaften, aber unfähig zu einer höheren sexuellen Liebe, denn auch diese ist ein Ausdruck der Kultur (der primitive Mensch würde die westliche Erotik einfach nicht verstehen, wenn man ihm diese Sublimierung der Leidenschaft in der Metaphysik erklären würde). Ihm fehlt jede Art von Ehre und er wird sich eher jeder Demütigung unterwerfen, als sich aufzulehnen (es sind immer die mit dem Temperament eines Anführers, die sich auflehnen). Er spielt in der Hoffnung zu gewinnen, und wenn er verliert, jammert er. Er würde lieber auf den Knien leben als auf den Füßen sterben. Akzeptiert die am lautesten klingende Stimme als wahr. Folgt dem aktuellen Anführer, aber nur solange er der Anführer ist, und wenn er von einem neuen Anführer in den Schatten gestellt wird, ist er schnell dabei, dem alten Anführer seine Opposition zu melden. Er verhält sich wie ein Tyrann im Sieg und wie ein Lakai in der Niederlage. Wenn er spricht, ist er selbstherrlich, wenn er handelt, ist er unbedeutend. Spielt gerne, aber es fehlt ihm

---

[37] William Walker, ein amerikanischer Abenteurer, der mit seiner privaten Söldnerarmee eine der politischen Fraktionen Nicaraguas unterstützte und Chef der nicaraguanischen Armee wurde. Auf dem Weg zur Präsidentschaft wurde er von britischen Truppen in Belize gefangen genommen und an die Nicaraguaner ausgeliefert, die ihn 1860 erschossen.

an Sportsgeist. Gibt Größenwahn die Schuld für große Gedanken und Pläne. Er hasst jeden, der versucht, ihn auf dem Weg zu höheren Leistungen zu drängen, und wenn sich die Gelegenheit bietet, kreuzigt er ihn wie Christus, verbrennt ihn wie Savonarola, tritt seinen leblosen Körper auf der Piazza di Milano. Er lacht immer über die Verwirrung der anderen, aber er hat keinen Sinn für Humor und ist auch nicht fähig, wirklich ernst zu sein. Er zensiert Verbrechen aus Leidenschaft, liest aber eifrig alle Literatur, die von solchen Verbrechen erzählt. Auf der Straße reiht er sich in die Menge ein, um einen Unfall zu beobachten, und ist glücklich, wenn er sieht, wie andere die Schläge des Schicksals erleiden. Es kümmert ihn nicht, dass seine Landsleute ihr Blut vergießen, während er in Sicherheit ist. Er ist niederträchtig und feige, aber es fehlt ihm an Mentalität, um Lake oder Richard III. zu sein. Er hat keinen Zugang zur Kultur, und wenn er mit ihr konfrontiert wird, verfolgt er alle, die sie besitzen. Nichts macht ihn glücklicher, als einen großen Führer zusammenbrechen zu sehen. Er hasste Metternich und Wellington, die Symbole der Tradition; er weigerte sich als Reichstagsabgeordneter, dem ehemaligen Kanzler Bismarck einen Geburtstagsgruß zu senden. Er konfisziert die Wählerschaft aller Parlamente überall und mischt sich in alle Kriegsräte ein, um zu Besonnenheit und Vorsicht zu raten. Wenn die Überzeugungen, denen er sich verschrieben hat, gefährlich werden, widerruft er (sie waren ohnehin nie seine eigenen). Es ist die größte Schwäche eines jeden Organismus, der Feind aller Größe, der Stoff für Verrat.

Es ist keine solche menschliche Komponente, die eine anspruchsvolle höhere Kultur nutzen kann, um ihre Bestimmung zu verwirklichen. Der einfache Mensch ist die Zutat, mit der die großen politischen Führer der demokratischen Systeme arbeiten. In früheren Zeiten hat der einfache Mann das kulturelle Drama nicht besucht. Er war nicht interessiert, und die Teilnehmer waren noch nicht dem Bann des Rationalismus, dem "Kopfzählerwahn", wie Nietzsche ihn nannte, ausgeliefert. Wenn man die demokratischen Verhältnisse bis zur letzten Konsequenz ausreizt, führt das dazu, dass auch die Führer vulgäre Menschen sind, mit einer neidischen und schuldbeladenen Seele, die das beneidet, wogegen sie sich nicht gleichwertig fühlt, wie Roosevelt und seine amerikanische Clique. Im Kult um den "Mann auf der Straße" vergöttert er sich selbst, wie Caligula. Die Unterdrückung der Qualität erstickt den außergewöhnlichen Menschen in seiner Jugend und macht ihn zu einem

Zyniker.

Nirgendwo in den vergangenen Jahrhunderten gibt es einen Hinweis darauf, dass die Masse des Volkes irgendeine Rolle gespielt hat. In dem Moment, in dem diese Idee triumphiert, beweist sie, dass die einzige Rolle, die diese Massen spielen können, das passive und schwere Baumaterial für den artikulierten Teil der Bevölkerung ist.

Wie sieht die physische Artikulation des Körpers dieser Kultur aus? Je schwerwiegender das Kulturwerk ist, desto höher ist der Typus von Menschen, der für seine Verwirklichung erforderlich ist. In jeder Kultur gibt es eine geistige Ebene der Gesamtbevölkerung, die so genannte kulturtragende Schicht. Nur durch diese Artikulation der kultivierten Bevölkerungen kann eine höhere Kultur zum Ausdruck kommen. Es ist die technische des Lebens, der Habitus, der Kultur.

Die Trägerschicht der Kultur ist die Hüterin der Ausdrucksformen der Kultur. Zu ihr gehören alle Schöpfer auf den Gebieten der Religion, der Philosophie, der Wissenschaft, der Musik, der Literatur, der bildenden Künste, der Mathematik, der Politik, der Technik und des Krieges, sowie alle Nichtschöpfer, die den Fortschritt in dieser höheren Welt voll verstehen und selbst erleben, die ihn schätzen.

Die kulturtragende Schicht setzt sich also aus den Schöpfern und den Wertschätzern zusammen. Letztere sind es in der Regel, die die großen Schöpfungen nach unten weitergeben, soweit sie dazu in der Lage sind. Dieser Prozess dient dazu, die höheren Wesen, wo immer sie auftauchen, in die kulturtragende Schicht zu rekrutieren. Der Prozess der Vermehrung ist immer im Gange, denn die kulturtragende Schicht ist streng genommen nicht vererbbar. Die kulturtragende Schicht ist eine rein geistige Ebene des kulturtragenden Volkes. Sie hat keine wirtschaftliche, politische, soziale oder sonstige Prägung. Einige ihrer leuchtendsten Schöpfer lebten und starben in Knappheit, z.B. Beethoven und Schubert. Andere Geister, ebenso kreativ, aber weniger kraftvoll, ertranken im Elend, wie Chatterton. Viele ihrer kreativen Mitglieder gehen völlig unbemerkt durchs Leben: Mendel, Kierkegaard, Kopernikus. Andere werden für bloße Talente gehalten: Shakespeare, Rembrandt.

Die kulturtragende Schicht wird von ihren Zeitgenossen nicht als Einheit erkannt, noch erkennt sie sich selbst als solche. Wie alle Schichten ist sie unsichtbar, genau wie die Kultur, die sie trägt. Da es sich um eine rein psychische Schicht handelt, kann sie nicht mit einer materiellen Beschreibung versehen werden, die die Intellektuellen zufriedenstellen würde. Aber selbst Intellektuelle müssten zugeben, dass sowohl Europa als auch Amerika in ein materielles Chaos gestürzt werden könnten, aus dem es Jahre dauern würde, bis es sich wieder erholt, wenn man die paar tausend Menschen, die die höchsten technischen Positionen besetzen, verschwinden ließe. Diese Techniker bilden einen Teil der kulturtragenden Schicht, wenn auch nicht nur eine berufliche Schicht. Natürlich spielen die Techniker, ebenso wie die Führer der Wirtschaft oder der Armee, im kulturellen Drama nur eine untergeordnete Rolle. Der wichtigste Teil dieser Schicht ist zu jeder Zeit die Gruppe, die über die höhere Idee wacht. So waren zu Dantes Zeiten, der Kaiser und der Papst die beiden höheren Symbole der Wirklichkeit, und die führenden Mitglieder der kulturtragenden Schicht standen damals im Dienst eines dieser beiden Symbole. Die höhere symbolische Kraft ging dann auf die Dynastien über, und die dynastische Politik forderte in diesen Jahrhunderten ihr Leben. Mit dem Aufkommen der Aufklärung und des Rationalismus geriet das gesamte Abendland in eine lang anhaltende Krise, und mit ihm auch die kulturtragende Schicht. Sie zersplitterte noch mehr als sonst, und erst heute, nach zwei Jahrhunderten, ist es möglich, ihre grundlegende Einheit wiederherzustellen. Ich sage "mehr als üblich", weil man nicht davon ausgehen darf, dass die kulturtragende Schicht jemals eine Art internationale Freimaurerei war. Im Gegenteil, sie stellte auf beiden Seiten eines jeden Krieges und jeder Strömung Führer.

Innerhalb dieser Schicht findet ein ständiger Kampf zwischen Tradition und Innovation statt. Der lebendige und vitale Teil repräsentiert die neue fortschrittliche Entwicklung, die die nächste Ära bejaht. Die Funktion der Tradition ist es, den Fortbestand zu sichern. Die Tradition ist die Tendenz zu einer überpersönlichen Seele. Sie muss akzeptieren, dass derselbe schöpferische Geist der großen Vergangenheit in jeder Innovation vorhanden ist.

Die Krise des Rationalismus betrifft sowohl die Oberschicht als auch den gesamten Organismus als Ganzes. Der nächste Schritt - die Demokratie - ist letztlich positiv, da er eine historische Notwendigkeit im Leben einer Kultur ist, wie die Geschichte zeigt. Aber für die Menschen, die ihr Leben dem Aufbau und der Schöpfung gewidmet haben, ist es ein harter Schritt, denn die Massen zu mobilisieren, bedeutet, sie zu zerstören. Der Übergang von der Kultur zur Zivilisation bedeutet Dekadenz, er ist der Beginn der Senilität. Aus diesem Grund haben sich die Führer, deren Schwerpunkt auf der Seite der Kultur lag, der Revolution der Demokratie mit aller Kraft widersetzt: Burke, Goethe, Hegel, Schopenhauer, Metternich, Wellington, Carlyle, Nietzsche. Die kulturtragende Schicht, die sich aus den Schaffenden und den Wertschätzenden zusammensetzt, ist das Unsichtbare schlechthin. Sie entspricht keiner wirtschaftlichen Klasse, keiner sozialen Schicht, keinem Adel, keiner Aristokratie, keinem Beruf. Ihre Mitglieder sind keineswegs populäre Menschen. Aber allein durch ihre Existenz verwirklicht diese Schicht eine höhere Kultur in dieser Welt. Hätte es ein Verfahren gegeben, mit dem die Mitglieder dieser Schicht ausgewählt werden konnten, hätten die außereuropäischen Kräfte sie bei ihren Versuchen, das Abendland zu vernichten, wahrscheinlich ausgerottet. Der Versuch wäre nicht gelungen, denn es ist die Kultur, die diese Schicht hervorbringt, und nach einer langen Periode des Chaos - je nach den Umständen eine oder zwei Generationen - wäre dieses Kulturorgan wieder aufgetaucht und hätte die Nachkommen der Invasoren, die ebenfalls der Idee erlegen waren, in sich aufgenommen. Die diesbezüglichen Möglichkeiten werden später eingehend untersucht.

In einem politischen Zeitalter ist es logisch, dass die besten Köpfe in der Politik und im Krieg tätig sind. Diejenigen, die die Kraft zum Verzicht und zur Aufopferung haben, sind die Helden in diesem Bereich. Die Politik des Krieges ist in erster Linie das Feld des Heldentums, und die Opfer in diesem Bereich sind aus kultureller Sicht niemals vergeblich, weil der Krieg selbst der Ausdruck der Kultur ist. Vom rationalistischen Standpunkt aus betrachtet, ist es eine Dummheit, sein Leben einer Idee zu widmen, was immer sie auch sein mag. Aber auch hier gehorcht das Leben mit seiner organischen Realität nicht dem Rationalismus mit seinem Instinkt zur Mittelmäßigkeit. So werden die Besten einer jeden Generation ausgewählt und in den Dienst der Kultur gestellt. Die edelsten von allen sind die Helden, die für eine Idee sterben; aber nicht alle können Helden sein, und der Rest lebt für eine Idee.

Das unveränderliche Merkmal dieser Ebene ist ihre geistige Sensibilität, die mehr Eindrücke einbringt, als andere empfangen. Dazu kommen die komplexeren inneren Möglichkeiten, die die Menge der Eindrücke ordnen. Er kann den neuen Geist der Epoche spüren, bevor er sich artikuliert, bevor er triumphiert. Dies beschreibt auch alle großen Männer, und einer der Gründe, warum sie gewaltsam sterben, ist, dass sie Dinge vor ihrer Zeit prophezeit haben. Diese Männer lebten in einer realeren Welt als die der "realistischen" Menschen. Und dieselben "Realisten" sind beleidigt und verbrennen Savonarola, dem sie zweifellos eine oder zwei Generationen später gefolgt wären.

Diese vitale Ebene ist nur eine psychisch-kulturelle Einheit während der langen Jahre der Kultur, aber mit dem Aufkommen der späteren Zivilisation in der Mitte des zwanzigsten Jahrhunderts ist die vorherrschende Idee der gesamten Kultur die Politik. Napoleons Satz "Politik ist Schicksal" ist heute noch wahrer als zu seiner Zeit. Die beiden Ideen der Demokratie und der Autorität sind unvereinbar, und nur eine von beiden gehört der Zukunft. Nur die Autorität stellt einen Schritt nach vorn dar, und deshalb stehen die vitalsten und kreativsten Elemente der Schicht des kulturellen Verhaltens im Dienst des Wiederauflebens der Autorität. Sie ist zu einem Kulturpolitiker geworden.

Da die kulturtragende Schicht in einer Zeit wie der jetzigen, in der die Qualität wieder ihre Rechte gegenüber der Quantität geltend macht, ihre größte Bedeutung erlangt, müssen wir sie jetzt so genau wie möglich definieren. Die Idee der einfachen Eminenz muss von der Idee der Zugehörigkeit zu dieser Schicht völlig getrennt werden. Wagner, Lbsen, Cromwell, die alle erst in der Mitte ihres Lebens eminent wurden, befanden sich schon in früheren Jahren auf dieser vitalen und intellektuellen Ebene. Die Idee der Eminenz ist in diesem Sinne mit der Idee der kulturtragenden Schicht verbunden: Jede Person, die auf irgendeinem Gebiet herausragend ist und auch tiefere Gaben des Sehens, Erkennens oder Schaffens besitzt, gehört natürlich zu dieser Schicht. Die Europäer haben in der jüngsten Vergangenheit zwei Perioden in der Geschichte der Zeit nach den ersten beiden Weltkriegen erlebt, in denen fast alle regierenden Politiker Europas einfach nur vulgäre Männer waren, die durch Glück und ein deformiertes Leben in hohe Ämter gelangt waren.

Die kulturtragende Schicht erlangt heute ihre größte Bedeutung, größer als in früheren Jahrhunderten, weil sie aus einer relativ kleinen Minderheit besteht. Das enorme zahlenmäßige Wachstum in Europa - die Bevölkerung hat sich im 19. Jahrhundert verdreifacht - erhöht weder die Zahl dieser Schicht noch in der Regel die der höheren Naturen. Diese Schicht war zur Zeit der Kreuzzüge genauso zahlreich wie heute. Es ist einfach die Methode der Kultur, Minderheiten zu wählen, um sich auszudrücken. Die Bevölkerungszunahme ist rückläufig. Die Spannung zwischen Quantität und Qualität nimmt mit der Zunahme der Zahl zu, und die Schicht, die die Kultur trägt, erhält eine größere mathematische Bedeutung. Diese Spannung lässt sich in Zahlen ausdrücken: Es gibt in Europa nicht mehr als 250.000 Menschen, die aufgrund ihres Potenzials, ihrer Bedürfnisse, ihres Talents, ihrer Existenz die kulturtragende Schicht des Westens bilden. Ihre geografische Verteilung war nie ganz einheitlich. In der Nation, die von der Kultur für den Ausdruck des Zeitgeistes auserwählt wurde, wie Spanien im 16. und 17. Jahrhundert für den Ausdruck des Ultramontanismus, Frankreich im 18. Jahrhundert für das Rokoko oder England im 19. Jahrhundert für den Kapitalismus, gab es immer einen größeren Anteil an signifikant Kulturellem als in anderen Ländern, die nicht die Rolle der Kulturführer spielten. Diese Tatsache war den außereuropäischen Kräften, die nach dem Zweiten Weltkrieg versuchten, die westliche Zivilisation zu zerstören, bekannt und wurde so weit wie möglich in den von der Zweckmäßigkeit gesetzten Grenzen genutzt. Der eigentliche Zweck hinter den Massenerhängungen, Plünderungen und dem Entzug von Lebensmitteln war die Vernichtung der Wenigen durch die Vernichtung der Vielen. Die Artikulation von Kultur hat drei Aspekte: die Idee selbst, die übermittelnde Schicht und diejenigen, an die sie weitergegeben wird. Letztere umfasst die große Zahl der Menschen, die über eine gewisse Bildung verfügen, die ein gewisses Maß an Ehre und Moral besitzen, die auf ihr Eigentum achten, die sich selbst und die Rechte der anderen respektieren, die danach streben, sich selbst und die Situation zu verbessern, anstatt diejenigen zu zerstören, die ihr Innenleben bereichert und sich in der Welt erhoben haben. Sie bildet den Körper der Kultur in Bezug auf die Schicht des kulturellen Verhaltens, die ihr Gehirn ist, und die Idee, die ihr Geist ist. In jedem Menschen, der zu dieser zahlenmäßig großen Gruppe gehört, steckt ein gewisses Maß an Ehrgeiz und Wertschätzung für die Schöpfungen der Kultur. Sie liefern die Instrumente, mit denen die Schöpfer ihre Arbeit verrichten können. Auf diese Weise geben sie ihrem eigenen Leben einen Sinn, den die Welt unter ihnen nicht begreifen würde.

Die Rolle des Mäzens ist nicht die wichtigste, aber sie hat einen kulturellen Wert.

Wer weiß, ob wir heute die größten Werke Wagners hätten, wenn es Ludwig II. nicht gegeben hätte? Wenn wir den Ausgang einer großen Schlacht lesen, verstehen wir, dass es sich nicht um ein einfaches Schachspiel zwischen den beiden Hauptmännern handelte, sondern dass Hunderte von entschlossenen Offizieren und

Tausende von gehorsamen Männern starben, um diese Zeile der Geschichte zu schreiben, um diesen Tag zu einem Datum zu machen, das für immer in Erinnerung bleibt? Und wenn die Polizei und die Armee einer Bedrohung Herr werden, um die Gesellschaft auszuplündern, dann geben die Verluste, die der Orden erleidet, seinem Tod eine größere Bedeutung als seinem Leben. Nicht jeder kann eine große Rolle spielen, aber niemandem kann das Recht verwehrt werden, seinem Leben einen Sinn zu geben. Aber unter all dem gibt es die Schicht, die zu keiner noch so bescheidenen kulturellen Leistung fähig ist: der Mob, die Pöbelschen Schurken, die Unterwelt. Profanum vulgus", der vulgäre Mann des amerikanischen Kults. Sie stehen an der Spitze der erschreckenden[38]. Sie hören mit Begeisterung jedem bolschewistischen Agitator zu, sie schüren Hass beim Anblick jeder Manifestation von Kultur oder Überlegenheit. Diese Schicht existiert in allen Stadien der Kultur, wie die Bauernkriege, die Jacquerie, Wat Tyler, Jack Cade, John Ball, Thomas Münzer, die Kommunarden, die spanischen Milizionäre, der Pöbel auf dem Platz von Mailand zeigen. Sobald ein kreativer Mensch einen Entschluss fasst und mit seiner Arbeit beginnt, gibt es irgendwo einen dunklen, neidischen Geist, der die böse Entschlossenheit annimmt, ihn aufzuhalten, sein Werk zu zerstören. Der Nihilist Tolstoi hat in seinen späten Jahren diese Grundtatsache mit der Formel, dass kein Stein auf dem anderen bleiben soll, perfekt zum Ausdruck gebracht. Die bolschewistische Parole von 1918 war ebenso bezeichnend: "Alles zerstören". In unserer Zeit befindet sich diese Unterwelt in den Händen der Verfechter Klassenkampfes, der Nachhut des Rationalismus. Sie arbeiten also unter dem weitesten politischen Gesichtspunkt ausschließlich für außereuropäische Kräfte. Die früheren Aufstände dieser Schicht wurden durch die Einheit der Kultur, die ursprüngliche Kraft der schöpferischen Impulse und das Fehlen einer so überwältigenden äußeren Gefahr, wie sie heute besteht, niedergeschlagen. Ihre Geschichte ist noch nicht zu Ende. Asien kann diese Schicht nutzen und plant, dies zu tun.

---

[38] Der Autor bezieht sich offensichtlich auf die so genannte Periode der Französischen Revolution, die von den einflussreichsten Mitgliedern des Konvents unter dem Vorsitz von Robespierre vom 1. Mai 1793 bis zum 27. Mai 1794 eingeleitet wurde.

## Tradition und Genie

Die kulturtragende Schicht kann ihre Funktion auf zwei verschiedene Arten erfüllen. Erstens durch das Vorhandensein einer höheren Leistungstradition entlang einer bestimmten Linie, einer "Schule", und zweitens durch das gelegentliche Genie. Sie können kombiniert werden, ja sie sind nie völlig getrennt, da das individuelle Genie immer zuerst in der Bildung einer Tradition präsent ist und die Präsenz der Tradition dem Genie in dem Moment, in dem es erscheint, nicht feindlich gesinnt ist.

Es handelt sich jedoch um unterschiedliche Methoden des kulturellen Ausdrucks, und beide sind wichtig für die Weltsicht des 20.

Die italienische Malerei von 1250 bis 1550 ist ein Beispiel für traditionelle Werke. Die niederländisch-flämische Schule des 17. Jahrhunderts ist ein anderes. Für einen Maler, der einer dieser Schulen angehörte, war es nicht notwendig, ein großer Meister zu sein, um sich perfekt auszudrücken. Die Form war da, unbestreitbar, es war nur notwendig, sie zu beherrschen und zur persönlichen Entwicklung der eigenen Möglichkeiten beizutragen. Die spanische und deutsche Malerei hingegen zeigte eine Sammlung großer Originale und nicht die sichere Entwicklung einer Tradition. Die erhabenste Tradition war die gotische Architektur um 1400. Diese Tradition war so mächtig, dass die Idee eines Kunstwerks, die eine schöpferische Persönlichkeit voraussetzt, gar nicht existierte.

Die Traditionen dieses Genres beschränken sich jedoch nicht auf die Kunst. Die scholastische Philosophie stellt dieselbe überpersönliche Einheit dar, die durch zahlreiche Persönlichkeiten im Dienste der Entwicklung und der Tradition verwirklicht wird. Von Roscellinius bis Anselm, von Thomas von Aquin bis Gabriel Biel sind die Probleme und ihre volle Entfaltung ununterbrochen. Jeder Denker, egal wie begabt er ist, ob er ein Genie oder einfach nur ein harter Arbeiter ist, wurde von seinen Vorgängern vorbereitet und hat sich in seinen Nachfolgern vervollkommnet. Nicht die Lösungen oder gar die Fragen sind kontinuierlich, sondern die Methode und die Gründlichkeit Forschung und der Formulierung zeigen, dass es eine Tradition gibt. Von Cromwell bis Joseph Chamberlain - dem Anfang und dem Ende jener überlegenen politischen Tradition, die das große britische Empire aufbaute, das auf seinem Höhepunkt die Kontrolle über 17/20 der Erdoberfläche ausübte - hat England die Möglichkeiten der Tradition in der Politik ebenso wie in der Philosophie, der Musik und den schönen Künsten vorgelebt. Wie viele Männer von politischem Genie sind im Laufe dieser Jahrhunderte im Amt des Premierministers aufgetreten? Nur die beiden Pitt-Männer. Aus allen großen Kriegen dieser Jahrhunderte ging England jedoch gestärkt hervor: dem Dreißigjährigen Krieg (1618-1648), dem Spanischen Erbfolgekrieg (1702-1713), den Österreichischen Erbfolgekriegen (1741-1763), den Napoleonischen Kriegen (1800-1815) und den Kriegen um die deutsche Wiedervereinigung (1863-1871). In diesen Jahrhunderten erlitt sie nur einen einzigen schweren Rückschlag: den Verlust Amerikas 1775-1783. Das Wesentliche dieser Tradition war nichts anderes als die Anwendung des politischen Denkens auf die Politik. Cromwell, der Theologe, wich nur gelegentlich von dieser Linie ab, und zwar mehr in Worten und Sympathiebekundungen als in Taten. Seine Nachfolger in der Tradition der Reichsgründung mussten nicht sein schweres theologisches Rüstzeug tragen, das sie in cant[39] umwandelten, ein Wort, das in keine andere europäische Sprache übersetzbar ist. Es war die Technik des cant, die es der englischen Diplomatie ermöglichte, in der realen Welt, d.h. in der Welt der Gewalt, der List der Sünde, immer wieder Erfolge zu erzielen und sie mit einer Haltung der uneigennützigen Moral zu überdecken. Das Land mit neuen Besitztümern zu bereichern, bedeutete also, den "rückständigen" Völkern die "Zivilisation" zu bringen und so weiter, durch die ganze Palette der politischen Taktik.

Traditionen zeigen in diesem Beispiel eine ihrer Haupteigenschaften: Sie sind nur dann wirksam, wenn sie von Einzelpersonen stark beherrscht werden. So haben andere europäische Staatsmänner im 19. Jahrhundert, dem Jahrhundert des europäischen Britentums, versucht, sich dieses Sprichwort zunutze zu machen, und sich dabei nur lächerlich gemacht. Wilson, der amerikanische Retter der Welt, der sich bescheiden als Präsident der moralischen Welt angeboten hat, ist zu weit gegangen.

Die Voraussetzung für den Erfolg im Gebrauch des Kants war eine sichere Diskretion, und seine Beherrschung erforderte ein Aufwachsen in einer kantgesättigten Atmosphäre. Auch das österreichische Offizierskorps - dessen ethische Qualitäten Napoleon bei seinen eigenen Offizieren vermisste - setzte eine

---

[39] Wir können es grob ins Englische übersetzen als die besondere Fähigkeit, das eigene Verhalten an die jeweiligen Umstände anzupassen.

lebenslange Vorbereitung und Ausbildung in einer bestimmten Atmosphäre voraus und nicht eine dreimonatige militärische Ausbildung auf der Grundlage eines "Intelligenztests".

Das Großartige an der Tradition ist, dass der aktuelle Führer nicht allein ist; die Qualitäten, die ihm fehlen und die die Situation erfordern könnte, sind zweifellos irgendwo in seinem Umfeld zu finden. Das Vorhandensein einer politischen Tradition macht es von vornherein äußerst unwahrscheinlich, dass ein Unfähiger in die Position einer höheren politischen Autorität gelangt, und sollte es doch einmal vorkommen, dass eine schwache Persönlichkeit zufällig in den Vordergrund rückt, sorgt die Tradition wiederum für seinen schnellen Abgang. Man könnte meinen, dass der Fall von Lord North dem widerspricht, aber die anfänglichen Fehler seiner Amerika-Politik wurden erst im Nachhinein als solche erkannt. Wäre er in der Lage gewesen, sie durch zusätzliche Strenge zu ergänzen, wäre Amerika nicht verloren gewesen, aber die innenpolitische Situation gegenüber den Liberalen einerseits und dem König andererseits war äußerst schwierig, und seine Politik war gelähmt, durch die gleiche Art von rationalistischen Elementen, die auf dem Kontinent den "Gesellschaftsvertrag" und die "Rechte des Menschen" predigten. Die glückliche Vermeidung von Revolution und Terror, vom Fall Wilkes in der Mitte des 18. Jahrhunderts bis zu den Schrecken von 1793, die weit verbreiteten revolutionären Wellen von 1830 bis 1848, sind dagegen auf das Vorhandensein einer intakten Tradition zurückzuführen.

Tradition ist nicht etwas Starres, eine Garantie für bestimmte Ergebnisse. Ganz und gar nicht, denn in der Geschichte geschieht das Unerwartete. Die Unwägbarkeiten treten in Erscheinung. Der Zwischenfall markiert den Kontrapunkt zum Schicksal. In der Tradition mag er auch als eine kleine Lücke erscheinen, aber die Gesundheit der kulturtragenden Schicht wird diese Lücke schnell schließen. Die Tradition des Staatswesens ist eine Art platonische Idee der Exzellenz, die den Menschen nach besten Kräften formt und seinen persönlichen Ausdruck prägt. Ein hoher Durchschnitt von Ausbildung und Fähigkeit zeigt die Ergebnisse. Wie glücklich ist der politische Körper mit einer solchen Führung! Was in einem Teil fehlt, wird in einem anderen genommen: Individuelle Launen dürfen nicht zu Dogmen werden. Das Endergebnis des Vorhandenseins von Tradition in einer politischen Einheit ist, dass sie das Schicksal auf einer sicheren Bahn hält und Zwischenfälle minimiert werden.

## 4. Ein Genie und das Zeitalter der absoluten Politik

Es besteht kein Zweifel daran, dass die Tradition, die sich des Talents bedient, das immer in den aufeinanderfolgenden Generationen vorhanden ist, dem Genie überlegen ist, wenn es darum geht, eine Idee in ihrer Vollkommenheit zu verwirklichen. Aber die Idee braucht keine von ihnen, um sich zu verwirklichen; ihre Anwesenheit, zusammen oder getrennt, beeinflusst nur die rhythmische Sicherheit und die äußere Reinheit des Lebensprozesses.

Die Seele einer jeden Kultur ist ein Organismus und trägt daher den Stempel der Individualität. Diese prägt mit der Kultur zu tun hat, auch den historischen Stil. So wie sich die Menschen in ihrer Ausdrucksweise unterscheiden - die einen kraftvoll und gebieterisch, die anderen gemächlich, aber mit gleicher Wirksamkeit -, so unterscheiden sich auch die Hochkulturen. Ihr historischer Stil ist, verglichen mit dem unseren, westlich. Ihr Akzent ist nicht hart, ihre Übergänge sind nicht bewusst, und sie ist auch nicht durch die intensiv konzipierten kritischen Momente der westlichen Kultur gekennzeichnet. Obwohl es an genialen Männern nicht mangelte, spielten die Genies bei der Erfüllung ihrer Aufgabe eine kleine Rolle. Das Genie war der Mittelpunkt der geringeren Kräfte.

Die westlichen Nationen haben auch wichtige Entwicklungen erlebt, die nicht mit dem Phänomen der Ein-Mann-Führung der gesamten Idee einhergingen, z. B. die deutschen Befreiungskriege 1813-1815 oder Englands Übergang zur Demokratie 1750-1800.

Aber in der Mitte des zwanzigsten Jahrhunderts sehen wir überall die Katastrophe, die zwei Jahrhunderte Rationalismus angerichtet haben: Die alten, überlegenen Traditionen des Westens sind größtenteils zerstört worden. Der horizontale Krieg des Bankiers und des Klassenkämpfers gegen die westliche Zivilisation hat die alten Qualitäten geschwächt. Aber die Geschichte ist nicht stehen geblieben, und der größte aller Imperative im politischen Bereich ist jetzt wirksam. Eine neue Tradition der Qualität ist im Entstehen begriffen. Wie der Philosoph dieser Zeit sagte, gibt es in der Welt keine heiligen Formen der politischen Existenz mehr, deren wahre Epoche eine unangreifbare Macht voraussetzt.

Ausgehend von der Annahme, dass in der politischen Realität der westlichen Zivilisation eine wirksame Tradition fehlt, können wir erwarten, dass die westliche Forderung nach groben Akzenten in der Geschichte gigantische Kräfte in die Hände der richtigen Leute zurückbringen wird. Der Held, den wir gerade betrachtet haben, ist ein Symbol für die Zukunft.

Die Geschichte steht nicht still, kein Mensch ist wichtiger als die Geschichte. Die Beziehung zwischen dem politischen Genie und der Masse wurde vom Materialismus des 19. Jahrhunderts und auch von Nietzsche missverstanden. Der Materialismus sah den großen Politiker in der Pflicht, sich - natürlich - für die materielle Verbesserung der Masse einzusetzen. Nietzsche sah die Masse nur dazu da, den Übermenschen hervorzubringen. Aber die Idee des Zwecks kann den Prozess, wie er ist, nicht beschreiben. Jenseits aller Ideologie bilden der Übermensch und die Masse eine Einheit, beide stehen im Dienst der Idee, und jeder findet seine historische Bedeutung nur in Bezug auf den Gegenpol. Carlyle verkündete die instinktive Forderung dieser Epoche, sobald die Idee der Autorität und der Monarchie wieder wirklich bewusst wird: Finde den fähigsten Mann und lass ihn König sein.

Demokratische Ideologen, die den Kopf tief in den Sand stecken, sagen, dass ein schlechter Monarch auftauchen könnte. Aber der Imperativ der Geschichte ist nicht, ein perfektes System zu schaffen, sondern eine historische Mission zu erfüllen. Das ist es, was die Demokratie ins Leben gerufen hat und was jetzt nicht auf die Klagen der Vergangenheit achtet, sondern nur auf die Geräusche der Zukunft. Ob gut oder schlecht, die Monarchie wird kommen.

Auf der Fassade des wackeligen Gebäudes ist in grellen Buchstaben eingraviert: Democracy. Dahinter aber steht eine Registrierkasse und der Bankier sitzt da und wühlt mit seinen Händen in dem Geld, das das Blut der westlichen Nationen war. Er blickt mit erschrockener Miene auf, als er sich nähernde Schritte hört.

Die Zukunft des Westens erfordert die Konzentration der großen Kräfte in den Händen großer Männer. Die Herausbildung einer politischen Tradition ist eine Hoffnung: Seit dem Chaos von 1950 gibt es keine Hoffnung mehr. Nur große Männer können es retten.

## 5. Ethnie, Volk, Nation, Staat

I

Im 19. Jahrhundert sind die Konzepte von Ethnie, Volk, Nation und Staat ausschließlich rationalistisch-romantischen Ursprungs. Sie sind das Ergebnis der Auferlegung einer meditativen Methode, die von materiellen Problemen auf Lebewesen übertragen wurde, und sind folglich materialistisch.

Materialistisch bedeutet Oberflächlichkeit, wenn es um Lebewesen geht, denn der Geist ist die Hauptsache in allem Leben, und das Materielle ist lediglich ein Vehikel für den geistigen Ausdruck. Da diese Konzepte des neunzehnten Jahrhunderts rationalistisch waren, basierten sie im Grunde nicht auf Tatsachen, denn das Leben ist irrational und widersetzt sich der Logik und der anorganischen Systematisierung. Die Epoche, in die wir eintreten und die in diesem Buch formuliert wird, ist eine Epoche der Politik und damit eine Epoche der Fakten.

Die wichtigste Frage ist die nach der Anpassung, Gesundheit und Pathologie der Hochkulturen. Ihre Beziehung zu allen Arten von menschlichen Gruppierungen ist eine Voraussetzung für die Untersuchung der letzten Probleme des kulturellen Vitalismus. Daher wird das Wesen dieser Gruppierungen ohne vorgefasste Meinungen betrachtet, mit Blick auf ihre tiefere Bedeutung, ihren Ursprung, ihr Leben und ihre Wechselbeziehungen.

Unbelebte materielle Objekte behalten ihre Identität durch die Jahrhunderte hindurch, und so ging die Art des Denkens, die sich für den Umgang mit materiellen Dingen eignet, davon aus, dass politische und andere menschliche Gruppen, die im Jahr 1800 existierten, etwas a priori darstellten, etwas sehr Wesentliches für die dauerhafte Realität. Alles wurde als eine Schöpfung dieser "Menschen" betrachtet. Dies galt für die bildende Kunst, die Literatur, den Staat und die Kultur im Allgemeinen. Diese Sichtweise entspricht nicht den historischen Tatsachen.

In einer Reihenfolge ist das erste Konzept "Ethnie". Das materialistische Rassendenken des 19. Jahrhunderts hatte besonders schwerwiegende Folgen für Europa, als es sich einer der Bewegungen des Wiederauflebens der Autorität zu Beginn des 20.

Jeder theoretische Auswuchs in einer politischen Bewegung ist ein Luxus, und das Europa von 1933-2000 kann sich so etwas nicht leisten. Europa hat für diese romantische Beschäftigung mit überholten Rassentheorien, die zerstört werden müssen, teuer bezahlt.

## II

Das Wort "Ethnie" hat zwei Bedeutungen, die wir der Reihe nach aufgreifen und deren relative Bedeutung in einem Zeitalter der absoluten Politik aufzeigen werden. Die erste Bedeutung ist objektiv, die zweite subjektiv.

Die Abfolge menschlicher Generationen, die durch Blutsverwandtschaft verbunden sind, neigt eindeutig dazu, an einem Ort zu bleiben. Nomadenstämme ziehen innerhalb größerer, aber ebenso definierter Grenzen umher. In dieser Landschaft weisen Pflanzen und Tiere lokale Merkmale auf, die sich von denen unterscheiden, die von denselben Familien und Linien an andere Orte verpflanzt wurden.

Anthropologische Studien im 19. Jahrhundert brachten eine mathematisch erklärbare Tatsache zutage, die einen guten Ausgangspunkt für die Darstellung des Einflusses des Bodens bietet. Man entdeckte, dass es in jedem bewohnten Gebiet der Welt einen durchschnittlichen Exponenten des Schädels der Bevölkerung gab. Noch wichtiger ist, dass man durch Messungen an Einwanderern aus allen Teilen Europas nach Amerika und an deren bereits in Amerika geborenen Kindern herausfand, dass ihr Schädelindex am Boden haftet und sich sofort in der neuen Generation manifestiert. So brachten die großköpfigen sizilianischen Juden und die kleinwüchsigen Deutschen Nachkommen hervor, die in der Regel den gleichen, nämlich den spezifisch amerikanischen, Kopfstrumpf hatten. Körpergröße und Entwicklungsdauer sind zwei weitere Merkmale, die bei allen Menschentypen mit demselben Durchschnitt zu finden sind, unabhängig davon, ob sie indianischer, schwarzer oder weißer Herkunft waren, und unabhängig von der Größe und Entwicklungsdauer der Nationen oder Rassen, aus denen sie kamen. Im Falle der irischen Einwandererkinder, die aus einem Land mit einem sehr langen Wachstumsschub kamen, war die Reaktion auf den lokalen Einfluss unmittelbar. Aus diesen und anderen, relativ neuen und gleichzeitig uralten Fakten geht hervor, dass die Landschaft einen Einfluss auf den menschlichen Bestand innerhalb ihrer Grenzen sowie auf die Pflanzen- und Tierwelt ausübt. Die Technik dieses Einflusses ist für uns unverständlich. Wir kennen ihren Ursprung. Es ist die kosmische Einheit der Gesamtheit der Dinge, eine Einheit, die sich in der rhythmischen und zyklischen Bewegung der Natur zeigt. Der Mensch steht nicht außerhalb dieser Einheit, sondern ist in sie eingebettet. Auch seine Dualität als menschliche Seele und Raubtier bildet eine Einheit. Wir trennen ihn auf diese Weise, um ihn zu verstehen, aber das kann seine Einheit nicht verändern. Wir können sie auch nicht zerstören, indem wir die Aspekte der Natur in unseren Köpfen trennen. Der Mondzyklus steht in Beziehung zu vielen menschlichen Phänomenen, von denen wir nur das Was, aber niemals das Wie kennen können. Jede Bewegung der Natur ist rhythmisch, die Bewegung der Ströme und Wellen, der Winde und Strömungen, des Erscheinens und Verschwindens von Lebewesen, von Arten, des Lebens selbst.

Der Mensch nimmt an diesen Rhythmen teil. Seine besondere Struktur gibt diesen Rhythmen ihre eigentümliche menschliche Form. Die Ethnie ist der Teil seiner Natur, der diese Beziehung zum Ausdruck bringt. Beim Menschen ist die Ethnie derjenige Bereich seines Seins, der in Beziehung zum pflanzlichen und tierischen Leben und darüber hinaus zu den makrokosmischen Rhythmen steht. Sie ist sozusagen der verallgemeinerte, im Ganzen aufgegangene Teil des Menschen und nicht seine Seele, die seine Gattung definiert und sie in Gegensatz zu allen anderen Formen des Daseins setzt.

Das Leben manifestiert sich in seinen vier Formen: Pflanze, Tier, Mensch und Hochkultur. Obwohl jede von ihnen sich von den anderen unterscheidet, sind sie alle miteinander verwandt. Die Tiere, die dem Boden unterworfen sind, bewahren in ihrem Wesen eine Daseinsebene, die derjenigen der Pflanzen ähnlich ist. Die Ethnie bildet im Menschen den Ausdruck seiner Ähnlichkeit mit den Pflanzen und Tieren. Die Höhere Kultur ist in ihrer Dauer an einen Ort gebunden und unterhält daher auch eine Beziehung zur Pflanzenwelt, ungeachtet des Trotzes und der Bewegungsfreiheit ihrer stolzen Schöpfungen. Ihre hohe Politik und ihre großen Kriege sind in ihrem Wesen der Ausdruck des Tierischen und des Menschlichen.

Unter den menschlichen Merkmalen sind einige durch den Boden und andere durch die Abstammung bestimmt. Die Pigmentierung gehört zu Letzterem und überlebt die Verpflanzung in neue Gebiete. Es ist unmöglich, auch nur alle physischen Merkmale in einem solchen Schema aufzulisten, da die Daten noch nicht gesammelt worden sind. Aber selbst das würde unser Ziel nicht beeinflussen, da das wichtigste Element selbst für die objektive Bedeutung des Wortes Ethnie das geistige ist.

Zweifellos sind manche Menschen in bestimmten geistigen Richtungen weitaus besser begabt als andere. Die geistigen Eigenschaften sind so unterschiedlich wie die körperlichen. Nicht nur die durchschnittliche Körpergröße variiert, sondern auch die durchschnittliche Größe der Seele. Nicht nur die Form des Schädels und die Statur werden durch den Boden bestimmt; dasselbe muss für einige geistige Eigenschaften gelten. Es ist unmöglich zu glauben, dass ein kosmischer Einfluss, der den menschlichen Körper prägt, an seiner Essenz, der Seele, vorbeigehen würde. Aber die menschlichen Abstammungslinien sind von der Geschichte so gründlich vermischt oder so oft oberflächlich untersucht worden, dass wir die Eigenschaften, die jede Landschaft der Seele ursprünglich aufgeprägt hat, nie erfahren werden. Was die rassischen Eigenschaften einer bestimmten Bevölkerung betrifft, so können wir nie wissen, welche auf die Grenzen des Landes zurückzuführen sind, das sie bewohnten, und welche durch die Verschmelzung der Bestände über aufeinanderfolgende Generationen hinweg entstanden sind. Für ein praktisches Jahrhundert wie das gegenwärtige und das nächste sind Ursprünge und Erklärungen von geringerer Bedeutung als Fakten und Möglichkeiten. Daher muss unsere nächste Aufgabe von der Ethnie als praktischer Realität und nicht von ihrer Metaphysik ausgehen.

Zu welcher Ethnie gehört der Mensch? Auf den ersten Blick wissen wir es, aber was sich nicht materiell erklären lässt, ist das, was uns die Zeichen genau sagen. Es ist nur dem Gefühl, dem Instinkt zugänglich und unterliegt nicht der Waage der physikalischen Wissenschaft.

Wir haben gesehen, dass die Ethnie mit der Landschaft und der Abstammung zusammenhängt. Ihre äußere Erscheinung ist ein bestimmter typischer Ausdruck, eine Reihe von Merkmalen, die Form des Gesichts. Es gibt keine starren physischen Anzeichen für diesen Ausdruck, aber das ändert nichts an seiner Existenz, sondern nur an der Methode, ihn zu verstehen. In einem weiten Bereich hat eine primitive Bevölkerung an einem bestimmten Ort ein ähnliches Aussehen. Bei genauerer Betrachtung zeigen sich jedoch lokale Verfeinerungen, die sich wiederum in Stämme,

Clans, Familien und schließlich Individuen verzweigen. Die Ethnie im objektiven Sinne ist die geistig-biologische Gemeinschaft einer Gruppe.

So können Ethnien nur willkürlich klassifiziert werden. Der Materialismus des neunzehnten Jahrhunderts brachte mehrere solcher willkürlichen Klassifizierungen hervor. Die einzigen Merkmale, die verwendet wurden, waren natürlich rein materiell. So bildete die Form des Schädels die Grundlage für die eine, das Haar und die Art der Sprache für die andere, die Form der Nase und die Pigmentierung für eine weitere. Dies war höchstens eine Art von Anatomie, aber noch lange keine Ethnie.

Menschen, die in Kontakt miteinander leben, beeinflussen sich gegenseitig und bringen sich dadurch auch einander näher. Dies bezieht sich auf Einzelpersonen, wie man im Laufe der Jahre an der Tatsache gesehen hat, dass bei einem alten Ehepaar jeder der Ehegatten dem anderen körperlich ähnlicher wird, aber auch auf Gruppen. Was als "Assimilation" einer Gruppe durch eine andere bezeichnet wird, ist keineswegs nur das Ergebnis einer Vermischung von Keimen und Plasma, wie der Materialismus dachte.

Sie ist hauptsächlich das Ergebnis des geistigen Einflusses der assimilierenden Gruppe auf die Neuankömmlinge, der, wenn es keine starken Barrieren zwischen den Gruppen gibt, natürlich und vollständig ist. Das Fehlen von Barrieren führt zum Verschwinden der Rassengrenze, und ab diesem Punkt haben wir eine neue Ethnie, die Verschmelzung der beiden vorherigen. Die stärkere Rasse wird normalerweise beeinflusst, wenn auch in schwacher Form, aber es gibt hier mehrere Möglichkeiten, und eine Untersuchung der letzteren gehört an eine spätere Stelle.

### III

Wir haben gesehen, dass das Wort Ethnie, objektiv verwendet, eine Beziehung zwischen einem Volk und einer Landschaft beschreibt und im Wesentlichen ein Ausdruck des kosmischen Rhythmus ist. Seine wichtigste sichtbare Manifestation ist das Aussehen, aber seine unsichtbare Realität wird auf andere Weise ausgedrückt. Für die Chinesen zum Beispiel ist der Geruch ein Zeichen für den Kontrast zwischen den Ethnien. Hörbare Dinge, Sprache, Gesang, Lachen, haben natürlich auch eine rassische Bedeutung. Die Anfälligkeit für bestimmte Krankheiten ist ein weiteres rassendifferenzierendes Phänomen. Japaner, Amerikaner und Schwarze haben drei

Grade der Resistenz gegen Tuberkulose. Amerikanische Medizinstatistiken zeigen, dass Juden anfälliger für Nervenkrankheiten und Diabetes und weniger anfällig für Tuberkulose sind als Amerikaner, wobei die Häufigkeit jeglicher Krankheit bei Juden anders ausfällt. Die Geste, der Gang und die Kleidung sind nicht ohne rassische Bedeutung.

Aber das Gesicht ist das größte sichtbare Zeichen der Rasse. Wir wissen nicht, was die Ethnie in der Physiognomie zum Ausdruck bringt, und der Versuch, dies durch Statistiken und Messungen herauszufinden, muss scheitern. Diese Tatsache hat die Liberalen und andere Materialisten dazu veranlasst, die Existenz der Ethnie zu leugnen. Diese unglaubliche Doktrin hat ihren Ursprung in Amerika, das ein wahrhaftiges Rassenlabor ist. In Wirklichkeit läuft diese Doktrin nur auf das Eingeständnis der völligen Unfähigkeit des Rationalismus und der wissenschaftlichen Methode hinaus, zu verstehen, was Ethnie ist, oder sie einer physikalischen Ordnung zu unterwerfen, und diese Unfähigkeit wurde zuerst denjenigen bewusst, die den Tatsachen treu geblieben sind und Theorien, die den Tatsachen widersprechen, abgelehnt haben. - Er kann die Maße jeder Rasse, die er kennt, so lange messen, bis er beim Anblick eines neuen Gesichts recht gut sagen kann, welche Maße es haben sollte. Wenn man ihm dann eine Reihe von Maßen gibt, die einfach so aufgeschrieben sind, glaubt jemand, dass selbst eine besonders geschulte Person in der Lage wäre, sich im Geiste ein Bild von der rassischen Ausprägung des Gesichts desjenigen zu machen, dessen Maße genommen wurden? Natürlich nicht, und das gilt für jeden anderen Ausdruck der Ethnie. Ein anderer wichtiger objektiver Aspekt der Ethnie findet eine gewisse Entsprechung in der Mode der weiblichen Physiognomie, die in einer späten städtischen Zivilisation kommt und geht. Wenn ein bestimmter Frauentyp als Ideal dargestellt wird, ist es eine Tatsache, dass die Art von Frau, die dafür empfänglich ist, schnell den Gesichtsausdruck dieses bestimmten Typs entwickelt. Auf dem Gebiet der Ethnie gibt es ein ähnliches Phänomen. Bei einer Ethnie, die mit einem bestimmten, unverwechselbaren kosmischen Rhythmus ausgestattet ist, entwickeln ihre Mitglieder automatisch einen Instinkt für rassische Schönheit, der sich auf die Partnerwahl auswirkt und auch von innen auf die Seele jedes Einzelnen wirkt. Dieser doppelte Impuls formt also den Rassetypus, der auf ein bestimmtes Ideal abzielt. Dieser rassische Schönheitstrieb hat natürlich nichts mit den dekadenten erotischen Kulten vom Typ Hollywood zu tun. Solche Ideale sind rein individuell-intellektuell und haben keinen Bezug zur Ethnie. Die Ethnie als Ausdruck des Kosmischen nimmt voll und ganz an der Dringlichkeit der Kontinuität teil, und die rassisch ideale Frau wird immer, ganz unbewusst, als potentielle Mutter starker Geschöpfe imaginiert. Der rassisch ideale Mann ist der Herr, der das Leben der Frau bereichern wird, die ihn als Vater ihrer Kinder vorschlägt. Die entartete Hollywood-Erotik ist rassenfeindlich: Ihr Grundgedanke ist nicht die Kontinuität des Lebens, sondern das Vergnügen, mit der Frau als Objekt dieses Vergnügens und dem Mann als Sklave dieses Objekts.

Dieser Eifer der Ethnie, ihren eigenen physischen Typus zu erreichen, stellt eine der großen Tatsachen dar, die man nicht verderben kann, indem man versucht, sie durch die Ideale der Verschmelzung mit völlig fremden Typen zu ersetzen, wie es der Liberalismus und der Kommunismus während der Vorherrschaft des Rationalismus zu tun versuchten.

Die Ethnie kann nicht verstanden werden, wenn sie innerlich mit Phänomenen auf anderen Ebenen des Lebens verbunden ist, wie Nationalität, Politik, Staat, Kultur. Auch wenn sich im Laufe der Geschichte für einige Jahrhunderte eine enge Beziehung zwischen Ethnie und Nation herausbilden kann, bedeutet dies nicht, dass eine vorangegangene Rasse immer eine spätere politische Einheit bildet. Wäre dies der Fall, hätte sich keine der früheren Nationen in Europa so entwickelt, wie sie es getan haben. Denken Sie zum Beispiel an den Rassenunterschied zwischen Kalabriern und Langobarden: Was bedeutete er für die Geschichte zur Zeit Garibaldis?

Damit sind wir bei der wichtigsten Phase der objektiven Bedeutung der Ethnie in dieser Epoche angelangt: Die Geschichte verengt oder erweitert die Grenzen der Rassenbestimmung. Dies geschieht durch das geistige Element der Ethnie. So neigt eine Gruppe mit einer geistigen und geschichtlichen Gemeinschaft dazu, selbst einen rassischen Aspekt zu erwerben. Die Gemeinschaft, von der ihre höhere Natur ein Teil ist, überträgt sich nach unten auf den kosmischen, niedrigeren Teil der menschlichen Natur. In der abendländischen Geschichte neigte der primitive Adel also dazu, sich eine Ethnie zu schaffen, die seine Einheit in ihrem geistigen Teil ergänzte. Wie weit dies gelungen ist, zeigt sich überall dort, wo die geschichtliche Kontinuität des Uradels bis in die Gegenwart aufrechterhalten wurde. Ein wichtiges Beispiel dafür ist die Entstehung der jüdischen Ethnie, von deren tausendjährigem

Bestehen wir heute in Europa in Form von Ghettos Nachricht haben. Sieht man einmal von der unterschiedlichen Weltanschauung und Kultur der Juden ab, so macht diese Teilhabe einer Gruppe an einem gemeinsamen Schicksal über die Jahrhunderte hinweg, unabhängig von der Grundlage ihrer ursprünglichen Entstehung, sie notwendigerweise zu einer Ethnie und zu einer historisch-geistigen Einheit.

Das Blut beeinflusst die Geschichte, indem es sie mit seinem Material, seinen Schätzen an Blut, Ehre und harten Instinkten versorgt. Die Geschichte beeinflusst ihrerseits die Ethnie, indem sie den Einheiten der höheren Geschichte sowohl einen rassischen als auch einen geistigen Stempel aufdrückt. Die Ethnie befindet sich auf einer niedrigeren Existenzebene, in dem Sinne, dass sie dem Kosmischen näher steht, mehr mit den primitiven Sehnsüchten und Bedürfnissen des Lebens im Allgemeinen in Berührung ist. Die Geschichte bildet die höhere Daseinsebene, auf der das spezifisch Menschliche, insbesondere die höhere Kultur, die Differenzierung der Lebensformen darstellt.

Die Methode zur Verwirklichung einer geschichtlichen Einheit, wie die westlichen Adelsgeschlechter rassifiziert wurden, besteht in der unvermeidlichen kosmischen Geburt eines idealen physischen Typs und des Instinkts der rassischen Schönheit in einer solchen Gruppe, die durch das Keimplasma und innerlich in jeder Seele zusammenwirken, um jeder Gruppe ihr eigenes Aussehen zu geben, das sie im Strom der Geschichte individualisiert. Sobald diese Schicksalsgemeinschaft durch Wechselfälle der Geschichte verschwindet, verschwindet auch die Ethnie und taucht nie wieder auf.

## IV

Unter diesem Gesichtspunkt wird der grundlegende Fehler der materialistischen Interpretation der Ethnie aus dem 19:

Ethnie ist keine Gruppenanatomie; Ethnie ist nicht unabhängig vom Boden;

Die Ethnie ist nicht unabhängig von Geist und Geschichte;

Ethnie ist nicht klassifizierbar, es sei denn, sie ist willkürlich;

Ethnie ist keine starre, dauerhafte, kollektive Charakterisierung von Menschen, die im Laufe der Geschichte unveränderlich bleibt.

Jahrhunderts, die sich auf Tatsachen und nicht auf vorgefasste Ideen der Physik und der Technologie stützt, besteht darin, die Ethnie als etwas Fließendes zu sehen, das mit der Geschichte über die feste, vom Boden bestimmte Skelettform gleitet. So wie die Geschichte kommt und geht, so geht auch die Ethnie mit ihr, die in einer Symbiose von Ereignissen gefangen ist. Die Bauern, die heute das Land in der Nähe von Persepolis bewirtschaften, gehören derselben Ethnie an wie diejenigen, die dort tausend Jahre vor Dareios säten oder umherzogen, ganz gleich, wie man sie damals nannte oder heute nennt, und in der Zwischenzeit verwirklichte sich in diesem Gebiet eine höhere Kultur, die Ethnien hervorbrachte, die heute für immer verschwunden sind.

Dieser letzte Fehler, Namen mit Einheiten der Geschichte oder der Ethnie zu verwechseln, war einer der zerstörerischsten des 19. Jahrhunderts. Die Namen gehören an die Oberfläche der Geschichte, nicht in ihren rhythmischen, kosmischen Teil. Wenn die heutigen Bewohner Griechenlands denselben kollektiven Menschen besitzen wie die Bevölkerung dieses Gebiets zu Aristoteles' Zeiten, macht man sich dann vor, dass es eine historische Kontinuität gibt? oder eine rassische Kontinuität? Namen, wie auch Sprachen, haben ihr eigenes Schicksal, und diese Schicksale sind voneinander unabhängig. Man sollte also nicht aus der normalen Sprache ableiten, dass die Einwohner von Haiti und die von Quebec einen gemeinsamen Ursprung haben, aber dieses Ergebnis würde sich zwangsläufig ergeben, wenn man die Methoden des 19. Jahrhunderts, die wir ebenso gut kennen wie die Interpretation der Vergangenheit mit dem, was von ihren Namen und Sprachen übrig geblieben ist, auf die Gegenwart anwendet. Die Bewohner Yucatans sind heute rassisch dieselben wie 100 Jahre vor Christus, auch wenn sie jetzt Spanisch sprechen, und damals sprachen sie eine Sprache, die heute völlig verschwunden ist, auch wenn ihr heutiger Name ein anderer ist als der von damals. In der Zwischenzeit gab es das Auftauchen, die Verwirklichung und die Zerstörung einer höheren Kultur, aber nach deren Ende kehrte die Ethnie zu der primitiven und einfachen Beziehung zwischen Volk und Landschaft zurück. Es gab keine höhere Geschichte, die sie beeinflussen konnte, und umgekehrt.

Zur Zeit der ägyptischen Kultur gab ein Volk, das sich Libyer nannte, einem Gebiet seinen Namen. Bedeutet das, dass alle, die es seither bewohnt haben, mit ihnen verwandt sind? Die Preußen waren im Jahr 1000 v. Chr. ein außereuropäisches Volk. Um 1700 bezeichnete der Name Preußen eine Nation westlichen Typs. Die westlichen Eroberer übernahmen einfach die Namen der Stämme, die sie verdrängten. All jene, die unter den verschiedenen Namen Ostgoten, Westgoten, Jüten, Varangier, Sachsen, Vandalen, Skandinavier, Dänen auftraten, stammten aus demselben rassischen Stamm, aber ihre Namen zeigten dies nicht. Manchmal gab eine Gruppe ihrem Gebiet ihren Namen, so dass der alte Name nach der Verdrängung an die erobernde Gruppe weitergegeben wurde; dies ist der Fall bei Preußen und Großbritannien. Manchmal übernimmt eine Gruppe ihren Namen von einem Gebiet, wie zum Beispiel die Amerikaner.

Was die Geschichte der Ethnie betrifft, so sind die Namen zufällig. Sie weisen an sich nicht auf eine innere Kontinuität hin. Das Gleiche gilt für die Sprache.

Wenn man einmal begriffen hat, dass das, was wir Geschichte nennen, in Wirklichkeit Höhere Geschichte bedeutet, dass es sich um die Geschichte von Höheren Kulturen handelt und dass diese Höheren Kulturen organische Einheiten sind, die ihre tiefsten Möglichkeiten durch die reichhaltigen Formen des Denkens und des Geschehens, die vor uns liegen, zum Ausdruck bringen, folgt ein tieferes Verständnis der Art und Weise, wie die Geschichte für ihre Verwirklichung alles menschliche Material verwendet, das ihr zur Verfügung steht. Sie drückt diesem Material ihren Stempel auf, indem sie aus bis dahin oft biologisch sehr unterschiedlichen Gruppen historische Einheiten schafft. Die geschichtliche Einheit, die in Harmonie mit den kosmischen Rhythmen steht, die alles Leben, von der Pflanze bis zur Kultur, regieren, erwirbt ihre eigene rassische Einheit, eine neue rassische Einheit, die von der früheren, primitiven und einfachen Beziehung zwischen Stamm und Boden durch ihren historisch-geistigen Inhalt getrennt ist. Aber mit dem Aufbruch der Höheren Geschichte, der Verwirklichung der Kultur, wird der historisch-geistige Inhalt für immer zurückgezogen, und die primitive Harmonie nimmt ihre beherrschende Stellung wieder ein.

Die frühere biologische Geschichte der Gruppen, die sich eine höhere Kultur angeeignet hat, spielt in diesem Prozess keine Rolle. Die früheren Namen der Eingeborenenstämme, die alten Nomaden, das sprachliche Material, all das bedeutet der Höheren Geschichte nichts mehr, wenn sie einmal ihren Weg eingeschlagen hat. Sie beginnt sozusagen von vorne. Aber sie bleibt es auch, denn sie ist in der Lage, alle Elemente aufzunehmen, die in ihren Geist eindringen. Die neuen Elemente können jedoch nichts zur Kultur beitragen, denn sie ist eine höhere Individualität und besitzt als solche ihre eigene Einheit, die von einem gleichrangigen Organismus nur oberflächlich beeinflusst werden kann und die erst recht von keiner menschlichen Gruppe in ihrer inneren Natur im Geringsten verändert werden kann. Daher befindet sich jede Gruppe entweder innerhalb des Geistes der Kultur oder außerhalb von ihm; eine dritte Alternative gibt es nicht.

Die organischen Veränderungen sind immer nur zwei: Leben oder Tod, Krankheit oder Gesundheit, fortschreitende Entwicklung oder Verzerrung. In dem Augenblick, in dem der Organismus durch äußere Einflüsse von seinem wahren Weg abgelenkt wird, kommt es mit Sicherheit zu einer Krise, einer Krise, die das gesamte Leben der Kultur betrifft und die oft das Schicksal von Millionen von Wesen durcheinanderbringt und in eine Katastrophe führt. Aber dies ist eine Vorwegnahme.

Die objektive Bedeutung der Ethnie hat aus der Sicht des 20. Wir haben gesehen, dass Ethnien, d.h. primitive Gruppen, einfache Beziehungen zwischen Boden und Menschen, unterschiedliche Talente für historische Zwecke besitzen. Wir haben gesehen, dass die Ethnie einen Einfluss auf die Geschichte ausübt und umgekehrt. Wir sind bei der Hierarchie der Ethnien angelangt.

## V

Natürlich konnten die Materialisten mit ihren Versuchen, eine anatomische Klassifizierung der Ethnien vorzunehmen, keinen Erfolg haben. Aber die Ethnien wurden nach ihren funktionellen Fähigkeiten klassifiziert, ausgehend von einer bestimmten Funktion. Eine Hierarchie der Ethnien könnte sich also auf die körperliche Kraft stützen, und es besteht kaum ein Zweifel, dass der Neger an der Spitze dieser Hierarchie stehen würde. Eine solche Hierarchie würde uns jedoch nichts nützen, denn die körperliche Kraft ist nicht das Wesen der menschlichen Natur im Allgemeinen und noch weniger des Kults im Besonderen.

Der Grundimpuls der menschlichen Natur - über den Gesprächs- und Sexualtrieb hinaus, den der Mensch mit anderen Lebensformen teilt - ist das Streben nach Macht. Sehr selten findet man einen Kampf zwischen Menschen um die Existenz. Solche Kämpfe, die oft vorkommen, sind fast immer Kämpfe um Kontrolle, um Macht. Letztere finden zwischen Paaren, Familien, Sippen, Stämmen und zwischen Völkern,

Nationen, Staaten statt. Die Hierarchie der Ethnien auf die Stärke des Machtstrebens zu gründen, hat also mit den historischen Realitäten zu tun.

Eine solche Hierarchie kann natürlich keine ewige Gültigkeit besitzen. Damit befand sich die Schule von Gobineau, Chamberlain, Osborn und Grant auf derselben Linie wie die Materialisten, die verkündeten, dass es so etwas wie Ethnie nicht gibt, weil sie sie mit ihren Methoden nicht feststellen konnten. Der Irrtum der ersteren bestand darin,, dass sie von der Dauerhaftigkeit der in der Zeit existierenden Ethnien ausgingen - rückwärts und vorwärts. It treated races as building blocks, as original material, ignoring the relationships between Race and history, Race and Spirit, Race and Fate. Aber zumindest erkannten sie die bestehenden rassischen Realitäten ihrer Zeit an; ihr einziger Fehler bestand darin, diese Realitäten als starr, existierend und nicht veränderbar zu betrachten. In ihrer Herangehensweise an die Frage gab es auch einen Rest genealogischen Denkens, aber diese Art des Denkens ist intellektuell und nicht historisch, denn die Geschichte verwendet das vorhandene menschliche Material, ohne nach seinen Vorläufern zu fragen, und im Prozess der Verwendung wird dieses menschliche Material in Beziehung zu der groben, mystischen Kraft des Schicksals gesetzt. Dieses Überbleibsel des genealogischen Denkens neigte dazu, bei den gebildeten Völkern Spaltungen im Denken zu schaffen, die eigentlich keiner Spaltung entsprechen. Die spätere materialistische Tendenz hat das Vererbungsprinzip, das Mendel für bestimmte Pflanzen entwickelt hatte, in Bezug auf die menschliche Ethnie bis zum Äußersten entwickelt. Eine solche Tendenz war dazu verdammt, keine Früchte zu tragen, und nach fast einem Jahrhundert unfruchtbarer Ergebnisse muss sie zugunsten der Sichtweise des zwanzigsten Jahrhunderts aufgegeben werden, die sich der Geschichte und ihren Auswirkungen im historischen Geist und nicht im wissenschaftlichen Geist der Mechanik oder Geologie nähert.

Gobineaus Schule geht jedoch von mindestens einer Tatsache aus, und das bringt sie der Realität viel näher als die gelehrten Schwachköpfe, die, beobachtet von ihren Regeln und Tabellen, das Ende des Rennens ankündigen.

Diese Tatsache war die Hierarchie der Ethnie für kulturelle Zwecke. Damals wurde das Wort Kultur verwendet, um Literatur und schöne Künste zu bezeichnen und sie von undankbaren oder brutalen Themen wie Wirtschaft, Technik, Krieg und Politik abzugrenzen. Der Schwerpunkt dieser Theorien lag also eher auf der Seite des Intellekts als auf der des Geistes. Mit dem Beginn des 20. Jahrhunderts und der Klärung aller romantisch-materialistischen Theorien wurde die Einheit der Kultur in all ihren verschiedenen Erscheinungsformen wie Kunst, Philosophie, Religion, Wissenschaft, Technologie, Politik, Staatsformen, Rassenformen und Krieg wahrgenommen. Daher beruht die Hierarchie der Ethnien in diesem Jahrhundert auf dem Streben nach Macht.

Auch diese Einteilung der Ethnien ist vom intellektuellen Standpunkt aus gesehen willkürlich, ebenso wie die Einteilung nach der körperlichen Stärke. Sie ist jedoch die einzige, die für uns in dieser Zeit angemessen ist.

Sie ist auch nicht starr, denn die Wechselfälle der Geschichte sind in diesem Bereich viel wichtiger als die Eigenschaften der Vererbung. Es gibt heute keine hinduistische Ethnie, obwohl es einmal eine gab. Dieser Name ist das Produkt einer abgeschlossenen Geschichte und entspricht keiner rassischen Gruppe. Es gibt auch keine baskische, bretonische, hessische, andalusische, bayerische oder österreichische Ethnie. Ebenso werden die Ethnien, die heute in unserer westlichen Zivilisation existieren, verschwinden, wenn die Geschichte über sie hinweggeht.

Die Geschichte ist die Quelle der Hierarchie der Ethnien, der Kräfte der Ereignisse. Wenn wir also sehen, wie ein europäisches Volk, das mit eigenen rassischen Merkmalen ausgestattet ist, wie die Engländer, mit nur einer Handvoll eigener Truppen eine Bevölkerung von Hunderten von Millionen Asiaten zwei Jahrhunderte lang unterdrückt, wie sie es in Indien taten, dann nennen wir das eine Ethnie mit großem Machthunger. Im 19. Jahrhundert hatte England eine winzige Garnison von 65.000 weißen Soldaten inmitten von 300.000.000 Asiaten.

Diese einfachen Zahlen würden uns zu falschen Schlussfolgerungen verleiten, wenn wir nicht wüssten, dass England die Nation im Dienste der Höheren Kultur war, und dass Indien nur ein Ort war, der von vielen Millionen primitiver Wesen bevölkert war, ein Ort, der einst der Sitz einer Höheren Kultur wie der unseren gewesen war, der aber seit langem zu seinem vorkulturellen Primitivismus zurückgekehrt war, inmitten der Ruinen und Monumente der Vergangenheit. Da wir dies wissen, wissen wir auch, dass der Ursprung dieser harten Machtgier zumindest teilweise in der Kraft des Schicksals der Kultur liegt, von der England ein Ausdruck war. Wenn wir sehen, wie eine Ethnie wie die Spanier zwei Gruppen wie die von Cortés und Pizarro aussendet und von ihren Erfolgen lesen, wissen wir, dass wir es mit einer Ethnie zu tun haben, die ein starkes Verlangen nach Macht hat. Mit nur hundert Mann gelang es Pizarro, ein Millionenreich zu besiegen. Cortés' Projekt war von ähnlicher Kühnheit. Und beide waren militärisch erfolgreich. So etwas kann eine Sklavenrasse nicht schaffen. The Aztecs and the Incas were not raceless peoples, but they were vehicles of another Superior Culture, a fact which makes these feats seem almost unbelievable.

Die französische Ethnie zur Zeit der Revolutionskriege stand im Dienst einer kulturellen Idee. Die Mission, die ganze Richtung von der Kultur zur Zivilisation zu ändern, das Zeitalter des Rationalismus zu eröffnen. Die enorme Kraft, die diese lebenswichtige Idee auf die französischen Armeen ausübte, zeigt sich in den zwanzig Jahren aufeinander folgender militärischer Siege über alle Armeen, die die wiederholten Koalitionen Europas gegen ihn aufzustellen vermochten,. Unter Napoleons eigenem Kommando errangen sie in mehr als 145 von insgesamt 150 Schlachten den Sieg. Eine Ethnie, die zu einer solchen Leistung fähig war, muss ein starkes Machtstreben gehabt haben.

In jedem dieser Fälle ist die Ethnie eine Schöpfung der Geschichte. In einer solchen Einheit enthält das Wort Ethnie die beiden Elemente: die Beziehung zwischen Abstammungslinie und Landschaft und die geistige Gemeinschaft der Geschichte und der kulturellen Idee. Sie sind gleichsam geschichtet: unten der starke, primitive Takt des kosmischen Rhythmus in einer bestimmten Abstammungslinie; oben der Former, Schöpfer, Schicksalsgeber einer bestimmten Abstammungslinie; oben der Former und Schöpfer, Schicksalsgeber einer höheren Kultur.

Als Karl von Anjou 1267 Konrad, den letzten Stauferkaiser, enthauptete, verschwand Deutschland für 500 Jahre als politisch bedeutsame Einheit aus der abendländischen Geschichte und tauchte erst im 18. Jahrhundert in der Doppelgestalt Österreichs und Preußens wieder auf. In diesen Jahrhunderten schrieben andere Mächte, meist mit ihrem eigenen Blut, die höhere Geschichte Europas. Das bedeutet, dass Deutschland - im Vergleich zu dem großen Blutvergießen über die Generationen der anderen - überflüssig war.

Um die Bedeutung dieser Tatsache zu verstehen, müssen wir auf den rein biologischen Ursprung der europäischen Ethnien zurückgehen.

## VI

Die primitiven Völkerströme aus dem Norden des eurasischen Raums von 2000 v. Chr. bis 1000 n. Chr. - und sogar noch später - gehörten wahrscheinlich zu einem verwandten Stamm. - und noch später - gehörten wahrscheinlich einem verwandten Stamm an. Barbaren, die Kassiten genannt wurden, eroberten die Überreste der babylonischen Kultur um 1700 v. Chr. Im nächsten Jahrhundert legten sich die Barbaren aus dem Norden, die die Ägypter Hyksos nannten, auf die Ruinen der ägyptischen Zivilisation und unterwarfen sie ihrem Joch. In Indien eroberten die Arier, ebenfalls eine barbarische nordische Horde, die indische Kultur. Die Völker, die in den anderthalb Jahrtausenden, die im Jahr 1000 n. Chr. endeten, unter den verschiedenen Namen Franken, Franken, Franken, Franken, Franken, Franken, Franken, Franken, Franken und Franken in Europa auftauchten, unter den verschiedenen Namen Franken, Angeln, Goten, Sachsen, Kelten, Westgoten, Ostgoten, Langobarden, Belgier, Dänen, Skandinavier, Wikinger, Varangianer, Deutsche, Deutsche, Es ist sehr wahrscheinlich, dass die Eroberer der antiken östlichen Zivilisationen einer ähnlichen Abstammungslinie angehörten wie die westlichen Barbaren, die Rom jahrhundertelang bedrohten und es schließlich plünderten. Das wichtigste Merkmal dieser Abstammung war ihre blonde Farbe. Wo man heute blonde Züge findet, bedeutet dies, dass sich irgendwann in der Vergangenheit nordische Elemente dieser Abstammung dort niedergelassen haben. Diese nordischen Barbaren eroberten die einheimische Bevölkerung in ganz Europa und etablierten sich als Oberschicht, die überall, wo sie hinkamen, ihre Führer, Krieger und Gesetze zur Verfügung stellte. So stellten sie die herrschende Schicht in den Gebieten dar, die heute als Spanien, Frankreich, Deutschland und England bekannt sind. Ihr zahlenmäßiger Anteil war an einigen Orten größer als an anderen, und es war der starke Wille dieser primitiven Schicht, der die Idee der Entstehung der westlichen Kultur um das Jahr 1000 n. Chr. Gestalt annehmen ließ. Nachdem sie bereits vollendete Zivilisationen erobert hatten, war dieser Stamm ausgewählt worden, um seinerseits das Schicksal einer höheren Kultur zu verwirklichen.

Was diesen Strom der biologisch primitiven Völker auszeichnet, ist ihr starker Wille. Es ist auch dieser starke Wille - und nicht nur die tiefe Idee der Kultur selbst -, der dazu dient, in der westlichen Geschichte die große Energie ihrer

Manifestationen in allen Richtungen des Denkens und Handelns zu steigern. Denken Sie an die Wikinger, die in der grauen Morgendämmerung unserer Geschichte mit ihren winzigen Schiffen von Europa nach Amerika kamen! Dies ist die Art von Menschenmaterial, die das Lebenselixier der westlichen Ethnien, Völker und Nationen bereichert. Diesem Schatz des Seins verdankt der Westen seine Tapferkeit auf dem Schlachtfeld, und diese Tatsache wird auf der ganzen Welt anerkannt, ob man sie nun theoretisch ablehnt oder nicht. Fragen Sie irgendeinen General in irgendeiner Armee, ob er lieber eine Division von in Pommern eingezogenen Soldaten oder eine Division von Negern unter seinem Kommando hätte.

Zum Leidwesen des Westens enthält auch die russische Bevölkerung einen großen Teil dieses nordischen Barbarenstamms. Sie steht nicht im Dienste einer höheren Kultur, sondern sie steht vor uns wie die Gallier vor dem republikanischen und kaiserlichen Rom. Die Ethnie ist das Material der Ereignisse und steht dem Willen zur Vernichtung ebenso frei zur Verfügung wie dem Willen zur Erschaffung. Russlands barbarische nordische Abstammung bleibt barbarisch, und seine negative Mission hat ihm ihren eigenen rassischen Stempel aufgedrückt. Die Geschichte hat eine russische Ethnie geschaffen, die ihre rassischen Grenzen gleichmäßig ausweitet, indem sie die verschiedenen Völkerströme ihres riesigen Territoriums absorbiert und mit ihrer historischen Mission der Zerstörung prägt.

In the hierarchy of races based on the desire for power, the new Russian race occupies an important place. Diese Ethnie braucht keine moralisierende Propaganda, um ihre Kämpfer zu begeistern. Ihre barbarischen Instinkte sind vorhanden, und ihre Führer können sich auf sie verlassen.

Because of the fluid nature of Race, even the hierarchy of races based on the desire for power cannot succeed in ordering all races existing today. Würden zum Beispiel die Sikhs über den Singhalesen stehen oder unter ihnen; die amerikanischen Schwarzen über oder unter den Aymara-Indianern? Aber der ganze Zweck des Verständnisses der unterschiedlichen Grade des Machtstrebens der verschiedenen Ethnien ist ein praktischer und betrifft in erster Linie unsere westliche Zivilisation. Kann dieses Wissen genutzt werden? Die Antwort lautet, dass dies nicht nur möglich ist, sondern auch sein muss, wenn der Westen seine Lebenszeit nicht unabhängig verbringen und nicht zum Sklaven der vernichtenden asiatischen Horden unter der Führung Russlands, Japans oder einer anderen eindringenden Ethnie werden soll. Bevor diese Informationen mit voller Einsicht und ohne Gefahr eines alten Missverständnisses angewandt werden können, müssen wir die subjektive Bedeutung der Ethnie zusätzlich zu den Ideen, die mit den Begriffen Volk, Nation und Staat verbunden sind, untersuchen.

## 6. Subjektive Bedeutung der Ethnie

I

Die Ethnie ist, wie wir gesehen haben, keine Einheit des Daseins, sondern ein Aspekt desselben. Genauer gesagt ist sie der Aspekt der Existenz, in dem sich die Beziehung zwischen dem Menschen und den großen kosmischen Rhythmen offenbart. Es handelt sich also um den nicht-individuellen Aspekt des Lebens, ob es sich nun um das Leben einer Pflanze, eines Tieres oder eines Menschen handelt.

Die Pflanze zeigt - zumindest scheint es uns so - kein Bewusstsein, d.h. keine Spannung mit ihrer Umwelt. Die Pflanze ist also sozusagen nur der Besitzer einer Ethnie, weil sie völlig in den kosmischen Strom eingetaucht ist. Das Tier zeigt Spannung, Bewusstsein, Individualität. Auch der Mensch besitzt sein eigenes Bewusstsein und die Fähigkeit und das Bedürfnis, ein höheres Leben im Reich der Symbole zu führen. Alle Menschen besitzen dies, aber der Unterschied zwischen einem primitiven und einem kultivierten Menschen ist in dieser Hinsicht so groß, dass er fast wie ein Unterschied in der Art selbst erscheint.

Es ist der rassische Rhythmus, der den primitiven Impulsen zugrunde liegt, der im Allgemeinen die Handlung vermittelt. Ihm gegenüber steht der leuchtende Teil des Geistes, die entwurzelte Vernunft, der Intellekt. Je enger dieser mit der rassischen Ebene verbunden ist, desto stärker ist der intellektuelle Stempel, den das Dasein anstelle des rassischen trägt. Jedes Individuum, wie jede höhere organische Einheit, besitzt diese beiden Aspekte. Er treibt es zur Selbsterhaltung, zum Fortbestand des Generationszyklus, zur Vermehrung der Macht. Der Intellekt entscheidet über den Sinn des Lebens und sein Ziel, und er kann aus verschiedenen Gründen einen oder alle grundlegenden Impulse ablehnen. Das Zölibat des Priesters und die Sterilität des Wüstlings entspringen gleichermaßen dem Intellekt, aber das eine ist Ausdruck einer höheren Kultur, das andere ist die Negation der Kultur, ein

Ausdruck völliger Degeneration. Der Intellekt muss also im Dienst der Kultur oder im Gegensatz zu ihr stehen.

Ethnie ist in erster Linie das, was ein Mensch subjektiv empfindet. Sie beeinflusst sowohl unmittelbar als auch letztendlich das, was er tut. Ein Mensch von Ethnie wird nicht als Sklave geboren. Wenn sein Verstand ihm rät, sich vorübergehend zu unterwerfen, anstatt in der Hoffnung auf eine bessere Zukunft heldenhaft zu sterben, so ist dies lediglich ein Aufschub seiner Flucht. Der Mensch ohne Ethnie wird sich dauerhaft jeder Demütigung, jeder Beleidigung, jeder Entehrung unterwerfen, solange er leben darf. Für den Menschen ohne Ethnie ist die Kontinuität von Atmung und Verdauung das Leben. Für den Menschen der Ethnie hat das Leben allein keinen Wert, den es nur unter den richtigen Bedingungen besitzt, das reiche, ausdrucksvolle, wachsende, bejahende Leben.

Der Märtyrer stirbt für die Wahrheit, die er kennt, der Krieger, der lieber mit der Waffe in der Hand stirbt, als sich seinen Feinden zu ergeben, stirbt für die Ehre, die er empfindet. Aber der Mann, der für etwas Höheres stirbt, beweist, dass er Ethnie besitzt, unabhängig von seinen intellektualisierten Motiven. Denn Ethnie steht für die Fähigkeit, sich selbst treu zu bleiben. Sie ist die Aufwertung der eigenen individuellen Seele durch einen höheren Wert.

In diesem subjektiven Sinne ist Ethnie nicht die Art und Weise, wie jemand spricht, aussieht, gestikuliert, geht, es ist keine Frage der Abstammung, der Farbe, der Anatomie, des Skelettbaus oder etwas anderem Objektiven. The men of Race are scattered through all the populations of the world, through all races, peoples, nations. In jeder Einheit bilden sie die Krieger, die Anführer der Aktion, die Schöpfer in der Sphäre der Politik und des Krieges.

Im subjektiven Sinne gibt es also auch eine Hierarchie der Ethnie. Oben: die Menschen der Ethnie, unten: die ohne Ethnie. Die einen werden durch den großen kosmischen Bewegungsrhythmus in die Handlung und das Geschehen hineingezogen, die anderen werden von der Geschichte überholt. Die ersteren bilden das Material der höheren Geschichte; die letzteren haben alle Kultur überlebt, und wenn nach dem Wirbelwind der Ereignisse wieder Ruhe auf der Erde einkehrt, bilden sie die große Masse. Chinesische Mütter raten ihren Kindern mit der alten Ermahnung: "Mache dein Herz klein. Dies ist die Weisheit des Menschen ohne Ethnie und der Ethnie ohne Willen. Die Menschen der Ethnie gehen durch die Völker, die sich im Lauf der Bewegung der höheren Kultur befinden, fast ohne sie zu berühren, und dieser Prozess setzt sich durch die Generationen der Geschichte auf den Gipfeln fort. Der Rest ist "fellaheen"[40].

Die Ethnie in ihrem subjektiven Sinn wird so zu einer Frage des Instinkts. Der mit starken Instinkten ausgestattete Mensch besitzt eine Ethnie, der Mensch mit schlechten oder schwachen Instinkten nicht. Die intellektuelle Stärke hat nichts mit der Existenz der Ethnie zu tun; sie kann lediglich in einigen Fällen, wie dem des zölibatären Mannes, den Ausdruck eines Teils der Ethnie beeinflussen. Intellektuelle Kraft und starke Instinkte können nebeneinander bestehen - man denke an die Bischöfe der Gotik, die ihre Gemeindemitglieder in den Krieg führten; sie sind einfach die entgegengesetzten Richtungen des Denkens und Handelns; aber es sind die Instinkte, die die treibende Kraft liefern, ebenso wie große intellektuelle Leistungen. Der Schwerpunkt des hohen Lebens liegt auf der Seite des Instinkts, des Willens, der Ethnie, des Blutes. Das Leben, das die rationalistischen Ideale des "Individualismus", des "Glücks", der "Freiheit" an die Stelle des der Aufrechterhaltung und Vermehrung der Macht setzt, ist dekadent. Dekadent bedeutet die Tendenz zu seiner eigenen Auslöschung, die Auslöschung vor allem des höheren Lebens, aber schließlich auch des Lebens, der ganzen Ethnie. Der Intellektuelle der großen Städte ist der Typus des Menschen, dem es an Ethnie fehlt. In jeder Zivilisation ist er der innere Verbündete der äußeren Barbaren gewesen.

Diese Eigenschaft, eine Ethnie zu besitzen, hat natürlich nichts damit zu tun, wie die Ethnie selbst über die Gemeinschaft denkt. Die Ethnie im objektiven Sinne ist eine Schöpfung der Geschichte. Das eigene Schicksal muss innerhalb eines bestimmten Rahmens zum Ausdruck kommen: dem Rahmen des Schicksals.

So gehört ein Mensch von Ethnie, der in Kirgisien geboren wurde, aufgrund seines Schicksals zur barbarischen Welt Asiens mit ihrer historischen Mission der Zerstörung der westlichen Zivilisation. Natürlich sind einige Ausnahmen möglich, denn das Leben lässt sich nicht völlig verallgemeinern. Einige Polen, Ukrainer oder sogar Russen mögen von ihrer Seele getrieben sein, den Geist des Westens zu teilen. Wenn das so ist, gehören sie zur westlichen Ethnie, und jede gesunde und aufsteigende Ethnie nimmt Rekruten auf, die sich ihr unter diesen Bedingungen

---

[40] "Fellaheen", Plural von "Fellah", bedeutet im Arabischen "Bauer".

anschließen und das richtige Gefühl besitzen. In gleicher Weise gibt es im Westen zahlreiche Intellektuelle, die sich der äußeren Idee des Asiatischen verbunden fühlen. Wie zahlreich sie sind, zeigen die Zeitungen, die Nachrichten und die Theaterstücke, die sie produzieren, und die damit ihren Lebensunterhalt verdienen. Aber das Gegenteil gilt nicht für Menschen ohne Ethnie, die nicht einmal für den Feind akzeptabel sind. Sie haben nichts zu einer organischen Gruppe beizutragen; sie sind die menschlichen Sandkörner, die Atome des Intellekts, ohne jeden Zusammenhalt nach oben oder unten.

Jede Ethnie, wie flüchtig sie auch vom Standpunkt der Geschichte aus betrachtet werden mag, drückt durch ihr Leben eine bestimmte Idee, eine bestimmte Ebene der Existenz aus, und ihre Idee muss sich an bestimmte Individuen außerhalb von ihr wenden. So ist uns im westlichen Leben der Mensch nicht unbekannt, der, nachdem er mit den Juden verkehrt, ihre Literatur gelesen und ihren Standpunkt eingenommen hat, tatsächlich ein Jude im vollen Sinne des Wortes wird. Es ist nicht notwendig, dass er "jüdisches Blut" besitzt. Wir wissen auch, dass das Gegenteil der Fall ist: Viele Juden haben westliche Gefühle und Rhythmen angenommen und sich so die westliche Ethnie angeeignet. Dieser Prozess, der von den jüdischen Führern verächtlich "Assimilation" genannt wird, bedrohte im 19. Jahrhundert die Existenz der jüdischen Ethnie durch die letztendliche Absorption ihres gesamten Rassekörpers durch die westlichen Völker.

Um dem Einhalt zu gebieten, entwickelten die jüdischen Führer das Programm des Zionismus, das lediglich dazu diente, die Einheit der jüdischen Ethnie zu bewahren und ihren Fortbestand als solche zu sichern. Aus diesem Grund erkannten sie auch den Wert des sozialen Antisemitismus. Er diente demselben Zweck, die rassische Einheit der Juden zu bewahren.

## II

Das Aussterben der rassischen Instinkte bedeutet für den Einzelnen dasselbe wie für eine Ethnie, ein Volk, eine Nation, einen Staat, eine Kultur: Fruchtlosigkeit, fehlender Wille zur Macht, fehlende Fähigkeit, an große Ziele zu glauben oder sie zu verfolgen, fehlende innere Disziplin, Wunsch nach einem Leben in Bequemlichkeit und Vergnügen.

Die Symptome dieser rassischen Dekadenz an verschiedenen Stellen der westlichen Zivilisation sind vielfältig. An erster Stelle steht die schreckliche Deformation des Sexuallebens, die aus der völligen Trennung von sexueller Liebe und Fortpflanzung resultiert. Das große Symbol dafür in der westlichen Zivilisation ist das, was der Name Hollywood suggeriert. Die Botschaft Hollywoods ist die totale Bedeutung der sexuellen Liebe als Selbstzweck, die Erotik ohne Konsequenzen. Die sexuelle Liebe von zwei Sandkörnern, von zwei wurzellosen Individuen, nicht die primitive sexuelle Liebe, die die Kontinuität des Lebens, die Familie mit vielen Kindern sucht. Ein Kind wird akzeptiert, als ein Spielzeug, das komplizierter ist als ein Hund, manchmal sogar zwei, ein Junge und ein Mädchen, aber die Familie mit vielen Kindern ist ein amüsantes Thema für diese dekadente Haltung.

Der Instinkt der Dekadenz nimmt in diesem Bereich verschiedene Formen an: Auflösung der Ehe durch Scheidungsgesetze, Versuche der Ablehnung durch Aufhebung oder Nichteinhaltung von Gesetzen gegen die Abtreibung; Predigt in Form von Romanen, Dramen oder Zeitungen, die Identifizierung des "Glücks" mit der sexuellen Liebe, die als der große Wert dargestellt wird, vor dem alle Ehre, Pflicht, Patriotismus, die Weihe des Lebens an ein höheres Ziel, weichen muss. Eine seltsame erotische Manie durchdringt unsere Zivilisation von einem Teil zum anderen, gewiss nicht wie die sexuelle Besessenheit des 18. Jahrhunderts, die zumindest ranzig positiv war, im Sinne der Vermehrung der westlichen Bevölkerung, aber immer mit einer Erotik ohne Konsequenzen, rein wurzellos. Diese geistige Krankheit ist der Selbstmord der Ethnie. Die Schwächung des Willens, Nietzsche nennt sie "Lähmung des Willens", ein weiteres Symptom des Erlöschens der rassischen Instinkte, führt zu einem totalen Verfall des öffentlichen Lebens der betroffenen Ethnien. Die Regierungschefs wagen es nicht, ihren sandkörnigen Menschenmassen ein strenges Programm anzubieten: Sie geben nach, bleiben aber als Privatpersonen im Amt. Die Regierung hört auf zu existieren; die einzigen Funktionen, die sie ausübt, sind die, die sich immer von selbst entwickelt haben; keine neuen Ziele, keine Opfer.

Sie behalten den alten Stand der Dinge bei: Glaube nicht, strebe nicht! Das wäre zu schwer. Sie halten den Zustand des Vergnügens aufrecht, das panem et circenses. Die Notwendigkeiten des Lebens sind uns egal, wir sind bereit, sie aufzugeben, solange wir ihr Vergnügen haben.

Diese Schwächung des Willens führt zum freiwilligen Verzicht auf Reiche, die mit dem Blut von Millionen über zehn Generationen hinweg erobert wurden. Sie führt zu einem tiefen Hass auf alles und jeden, der für Sparsamkeit, Schöpfung und Zukunft steht. Eines seiner Produkte ist der Pazifismus, und die einzige Möglichkeit, eine sich rassisch auflösende Bevölkerung in den Krieg zu treiben, ist die Wehrpflicht, verbunden mit der pazifistischen Propaganda: "Dies ist der letzte Krieg. In Wirklichkeit ist es ein Krieg gegen den Krieg". Nur ein Intellektueller kann auf eine solche völlige Realitätsferne hereinfallen. Der schwache Wille der Gesellschaft manifestiert sich im Bolschewismus der Oberschicht, in der Solidarität mit den Feinden der Gesellschaft. In Wirklichkeit gilt jeder, der einen intakten Willen besitzt, als Feind, selbst logisches Denken ist verhasst, so wenig wird von den Idealen verlangt.

Die Mittelmäßigkeit erhebt sich am Horizont einer sterbenden Ethnie als ihr letztes großes Ideal, eine vollkommene Mittelmäßigkeit, ein völliger Verzicht auf jede Größe und auf jede Art von Unterscheidung; so auch die Mittelmäßigkeit des rassischen Blutkreislaufs, in den nun jeder eintreten kann, nicht nur zu unseren Bedingungen, denn wir haben keine Bedingungen mehr, und es gibt keine rassischen Unterschiede; es ist alles eine Sache, langweilig, ereignislos, mittelmäßig.

Die Schwächung des Willens ist nicht schwer, angesichts einer Ideologie, die ihn als "Fortschritt", als alles Erstrebenswerte, als das Ziel der gesamten bisherigen Geschichte rationalisiert. Der Demokratie-Liberalismus-Komplex ist im Anmarsch und bekommt in solchen Momenten die Bedeutung des Todes von Ethnie, Nation und Kultur. Es gibt keine menschlichen Unterschiede; alle sind gleich, Männer sind Frauen, Frauen sind Männer, "das Individuum" ist alles, das Leben ist ein langer Urlaub, dessen Hauptproblem darin besteht, neue und noch dümmere Vergnügungen zu erfinden; es gibt keinen Gott, keinen Staat: Kopf ab für jeden, der es wagt zu sagen, dass wir eine Mission haben, oder der die Autorität wiederbeleben will.

Diese oder ähnliche Symptome finden wir beim Niedergang jeder Oberschicht, deren Wille schwächer wird: So beschreibt Tocqueville, wie die französische Oberschicht 1789 keinen Verdacht auf die bevorstehende Revolution hatte; wie der Adel von der "natürlichen Güte der Menschheit", dem "tugendhaften Volk", der "Unschuld des Menschen" schwärmte, während der Terror von 1793 vor meinen

Füßen lag, spectacle terrible et ridicule[41]. Hat sich der petrinische Adel Russlands nicht bis 1917 auf dieselbe Weise verhalten? Der Zar widersetzte sich den Aufforderungen, das Land zu verlassen, solange es noch Zeit war, mit den Worten: "Das Volk wird mir nichts antun". Seine Vorstellung vom russischen Bauern war die eines glücklichen, einfachen, im Grunde guten Mujik. Die Schwächung des westlichen Willens in einigen Ländern zeigt sich auch in der Flut der pro-russischen Propaganda, die in diesen Ländern zwischen 1920 und 1960, manchmal mit offizieller Billigung, betrieben wurde.

---

[41] Auf Französisch, im Text: "spectacle terrible et ridicule".

# IV - KULTURELLER VITALISMUS - KULTURPATHOLOGIE

## 1. Die Pathologie der Kultur

I

Alle Lebensformen - Pflanze, Tier, Mensch, Große Kultur - zeigen die organischen Gesetzmäßigkeiten von Geburt, Wachstum, Reife, Verwirklichung und Tod. Jede Form enthält in sich die Essenz der weniger ausgearbeiteten, weniger artikulierten Formen, und die neue Seele ist sozusagen ein Überbau auf der allgemeinen Basis. So weist die Pflanze eine enge Verbindung mit den kosmischen Rhythmen auf, das Tier hat eine geografische Verteilung über ein bestimmtes Gebiet, groß oder klein, und zeigt auch einen Instinkt, der von seiner engen Verbindung mit den kosmischen Rhythmen ausgeht, das Tier hat eine geografische Verteilung über ein bestimmtes Gebiet, groß oder klein, und zeigt auch einen Instinkt, der von seiner engen Verbindung mit den kosmischen Rhythmen ausgeht. Der Mensch ist sowohl geistig als auch materiell mit der Erde verbunden, besitzt die Instinkte eines Beutetiers und zeigt in seinem Schlaf- und Wachrhythmus die alternative Vorherrschaft des unbelasteten pflanzlichen Elements in ihm. Eine Große Kultur ist pflanzlich in ihrer Bindung an die ursprüngliche Erde, eine Bindung, die von Anfang an bis zu ihrer letzten Periode andauern wird; sie ist tierisch, wenn sie andere Lebensformen bösartig verschlingt; sie ist menschlich in ihrer Spiritualität und ursprünglich in ihrer Kraft, das menschliche Leben zu transformieren. Ihre große lebenswichtige Tragweite und der zwingende Charakter ihrer Bestimmung.

Zu allem Lebendigen gehört sowohl die Krankheit als auch die Gesundheit. In seiner Klassifikation der Wissenschaften reservierte Bacon einen Platz für die Wissenschaft der Abweichungen, und später nannte D'Alembert in seiner Klassifikation für die Encyclopédie "Wunder oder Abweichungen vom gewöhnlichen Lauf der Natur". Das Leben ist in seinen Erscheinungen regelmäßig, und wenn es abweicht, ist es in seinen Abweichungen regelmäßig. Jede Art von exopathischer oder autopathischer Krankheit gehört zur Pathologie. Die Pflanzen haben ihre

Pathologie, ebenso wie die Tiere und der Mensch. Auch die großen Kulturen haben ihre Pathologie, auch wenn erst die neue Epoche mit ihrer unbestechlichen Sicht der Tatsachen und ihrer Befreiung von den Vorurteilen des Materialismus sich ihrer Existenz zum ersten Mal bewusst geworden ist. Die Pathologie folgt dem Organismus, und so können Pflanzen nicht an Hepatitis und Hunde nicht an Psychosen leiden. Aber der Prozess verläuft aufwärts, wie die Ebenen des Lebens, die mit zunehmender Komplexität schichtweise übereinander liegen. So gibt es Parasitismus, eine Form der Pflanzenpathologie, auch für alle höheren Lebensformen. Das Wachstum einer Pflanze kann durch ungünstige Bedingungen behindert werden, ebenso wie die Entwicklung eines Tieres durch äußere Einflüsse behindert werden kann. Schwächere menschliche Organismen können durch die völlige Beherrschung ihrer Seelen durch andere Menschen mit stärkerem Willen geistig zurückgeblieben und verkümmert sein.

Die Humanpathologie ist eine Wissenschaft von dem, was geschieht, und nicht eine Wissenschaft von dem, was geschehen ist, wie die Physik. Ihr Programm, das Terrain der vitalen Abweichungen zu ordnen, kann niemals gelingen, denn das Leben entzieht sich jeder Art von Klassifizierung. Die unsichtbaren Komponenten dominieren die sichtbaren. Die Seele, der Wille, der Intellekt, die Emotionen sind geheimnisvoll in ihren Wirkungen und können nicht in der systematischen Weise behandelt werden, die den Daten der Physik oder der Geologie angemessen ist.

Die Pathologie der großen Kulturen war natürlich eine geheimnisvolle, für eine wissenschaftliche Methode, die an das grundlegende Dogma glaubte, dass das Leben mechanisch sei, dass der Mensch keine Seele habe und dass es eine chemische Formel geben müsse, um das Bewusstsein zu beschreiben. Für diese gott- und seelenleugnende Weltanschauung war die Große Kultur ein abstrakter Begriff, der die kollektiven Bemühungen einzelner Menschen beschrieb. Eine Nation war eine Ansammlung von Individuen, die nur mechanisch miteinander verbunden waren; Wirtschaft und Glück waren der gesamte Inhalt des Lebens; alles, was dem Leben einen geistigen Inhalt oder Sinn gab, war schädlich. Diese Sichtweise war einfach nicht in der Lage, das Leben zu verstehen. Sie brachte eine Psychologie hervor, die selbst für Tiere nicht komplex genug wäre, und nannte sie menschliche Psychologie. Sie stellte die sterile Intelligenz in den Mittelpunkt der inneren Welt und leugnete die mystische Natur der menschlichen Kreativität.

Diese Sichtweise war selbst ein Produkt einer bestimmten Epoche, der des Rationalismus, und mit dem Tod dieses Vorurteils stehen wir vor einer neuen Welt der geistigen Beziehungen, deren Eintritt in den letzten zwei Jahrhunderten verboten war. Wir haben uns von der Unterdrückung und Mittelmäßigkeit des Materialismus befreit und können wieder in das weltfarbige und unendlich vielfältige Reich der Seele eintreten. In seiner letzten Phase drehte das Zeitalter des Rationalismus das Messer gegen sich selbst, indem es sich weigerte, psychische Phänomene anzuerkennen, die durch seine eigenen Methoden bewiesen wurden, indem es seine eigene Natur als einen Glauben, eine Irrationalität, zur Schau stellte und sich in die Sammlung von Tempeln, Legenden und Memoiren der Geschichte begab. Der Materialismus betrachtet das Leben von seinem niederen Aspekt her. In Wirklichkeit benutzt die Seele die Materie als Vehikel für ihren Ausdruck. Der Materialismus, der nur die Ergebnisse sieht und nicht das unsichtbare Schicksal, das sie herbeigeführt hat, sagt, dass die Ergebnisse primär waren und die Seele eine Illusion. Unfähig, die unsichtbare Notwendigkeit zu erkennen, die das Organische und seine Beziehung zum Kosmos regiert, schließt er aus hundert verschiedenen Richtungen, dass das Leben Zufall ist. Um diese interessanten Gründe nicht zu katalogisieren, nehmen wir als Beispiel das Vorhandensein von Staub in der Luft. Laboranten entdeckten, dass alles Leben unmöglich wäre, wenn es keinen Staub in der Luft gäbe. Es kam ihnen nie in den Sinn, dass das Leben und alle anderen Phänomene durch eine mystische Notwendigkeit miteinander verbunden sind. Indem sie alles getrennt behandelten, indem sie immer feinere Analysen von immer kleineren Dingen durchführten, verloren sie jeden Bezug zur Wirklichkeit und waren erstaunt, als die Verbindungen zwischen den Dingen auftauchten. Das könne nur ein Zufall sein, sagten diese tiefsinnigen Denker.

## II

Die Bedingungen des Lebens sind für uns ein Ausgangspunkt. Nicht die Bedingungen des gesamten Lebens, sondern nur die der besonderen Form des Lebens, die wir Große Kultur nennen.

Jede Art von Lebensform hat ihre eigenen idealen Bedingungen. Manche Pflanzen brauchen viel Wasser, andere wenig. Einige gedeihen in Salzwasser, andere brauchen Süßwasser. Tiere haben ihren eigenen Lebensraum, jede Art hat ihr eigenes Gebiet oder ihre eigenen Gebiete, die die für ihre Gesundheit und ihr Überleben notwendigen Bedingungen erfüllen. Der Mensch als Ganzes hat bestimmte Gebiete und die verschiedenen Arten von Menschen haben ihre jeweiligen Zonen, die ihre lebenswichtigen Bedürfnisse unterstützen.

Entsprechend den idealen Lebensbedingungen der verschiedenen Lebensformen verfügt jede Lebensform und jeder Organismus über eine Anpassungsfähigkeit. Eine Pflanze kann mit einem geringeren Potenzial weiterleben, wenn sie weniger als die ideale Wassermenge erhält. Aber es wird ein Punkt erreicht, an dem die Wassermenge minimal ist, und wenn weniger gegeben wird, hört das Leben ganz auf. Dies ist die Grenze der Anpassung. Sowohl Tiere als auch Menschen haben eine Anpassungsfähigkeit und eine Grenze: Der Mensch kann in der dichten Luft der Täler und in der dünnen Luft des Hochgebirges leben. Der menschliche Körper passt sich an die Bedingungen im Gebirge an, indem er den Brustkorb und die Lungenoberfläche vergrößert. Diese Anpassungsfähigkeit ist jedoch nicht unbegrenzt, und es kommt ein Punkt der Luftknappheit, an den sich der Mensch aufgrund der ihm eigenen Grenzen nicht mehr anpassen kann.

Die Behandlung dieses Themas in diesem Werk soll nicht mehr sein als eine schnelle und minimale Darstellung der Grundlagen, die für das Verständnis der Natur kultureller Phänomene im Allgemeinen als Grundlage für das Handeln notwendig sind. Es handelt sich um Politik, nicht um Geschichtsphilosophie und auch nicht um Naturphilosophie der Organismen. Das gesamte Thema der Kulturpathologie ist vergleichsweise neu. Was im Jahr 2100 ein komplettes Fach sein wird, ist heute nur eine Skizze, und das ist noch weniger als eine Skizze. Aber die Politik kann nicht von der Kultur getrennt werden, und jeder Versuch, ihren notwendigen Schritt nach vorn an diesem kritischen Scheideweg der westlichen Kultur zu klären, ist kulturell und historisch gerechtfertigt.

Eine Große Kultur unterscheidet sich von anderen Organismen dadurch, dass sie ihre materiellen Manifestationen durch niedrigere Organismen, nämlich durch die Menschenkultur, verwirklicht. Ihr Körper ist eine riesige Ansammlung von vielen Millionen menschlicher Körper in einem bestimmten Gebiet. Ob das Ursymbol der Kultur geistig an das jeweilige Gebiet angepasst ist, liegt außerhalb unseres Rahmens.

Es ist klar, dass die Frage der physischen Anpassung für eine Kultur nicht existiert. Ihre einzige Anpassung ist geistig. Sie kann auch keine körperliche Krankheit haben wie der Mensch. Krankheit kann für eine Kultur nur ein geistiges Phänomen sein.

Das Leben selbst ist ein Mysterium, d.h. etwas, das nicht vollständig begreifbar ist. Vielleicht liegt die Ursache dafür darin, dass das Verstehensvermögen nur eine Manifestation einer Art von Leben ist, d.h. der Teil eines Teils, und daher nicht geeignet ist, das Ganze zu erfassen. Jede Manifestation des Lebens ist ein Mysterium, auch die Krankheit. Manche Menschen entwickeln, wenn sie mit bestimmten Mikroorganismen in Kontakt kommen, eine bestimmte Krankheit. Andere Menschen reagieren überhaupt nicht auf diese Mikroorganismen. Ein Serum, das für einen Menschen nützlich ist, kann einen anderen töten. Man kann solche Krankheitsphänomene unter dem Aspekt der Anpassung und der Unfähigkeit zur Anpassung diskutieren. Der letztendliche Grund, warum eine Spezies oder ein Individuum seine Grenzen der Anpassungsfähigkeit gerade hier und nicht an einem anderen Punkt findet, wird immer unbekannt bleiben.

Und so ist es auch mit den Kulturen. Der Grund, warum die Seele einer Kultur ihre Reinheit oder Individualität bewahrt, ist unbekannt. Dennoch folgt sie innerlich ihrem eigenen Lebensweg, und sie kann nicht dem Lebensweg folgen, den sie sich von einem fremden Lebensgefühl wünscht, das seine Motivation aus außerkulturellen Quellen bezieht.

Wie das Schicksal einen Organismus dazu bringt, seine Möglichkeiten zu verwirklichen, indem es einen kontinuierlichen Übergang von einer Phase zur nächsten erzwingt, ist ebenfalls ein Rätsel. Das materialistische 19. Jahrhundert, das in seiner Besessenheit von der infra-realen Welt des Materiellen den Bezug zur realen Welt des Geistes völlig verloren hatte, empfand folglich einen unerhörten Schrecken angesichts des Todes, und die rationalistische Medizin verkündete ihre Absicht, den Tod abzuschaffen. So etwas spricht für den intellektuellen Mut der Rationalisten, zeigt aber, dass ihre wurzellose Intelligenz gleichbedeutend mit Dummheit ist. Wir können das Schicksal nicht abschaffen, denn auch unser Protest gegen das Schicksal ist eine Phase der Entwicklung der Kultur.

Das gesamte Thema der Kulturpathologie ist zu umfangreich, um hier behandelt zu werden; es wird in den kommenden Jahrhunderten Gegenstand vieler Bände sein. Für die Handlungsperspektive des 20. Jahrhunderts genügt es, drei Phänomene zu verstehen, die in diesem weiten Feld der Kulturpathologie auftreten, nämlich Kulturparasitismus, Kulturverzögerung und Kulturverzerrung. Alle diese Kulturkrankheiten gibt es im Westen in der Mitte des 20. Jahrhunderts, und das schon seit geraumer Zeit. Erst dieser kranke Zustand der westlichen Zivilisation macht die heutige groteske Weltlage möglich. Wir verweisen auf die ersten beiden Weltkriege und ihre schreckliche Abfolge. Die Heimat der westlichen Zivilisation ist der Sitz der stärksten Gehirne und Charaktere, der intensivsten moralischen Kraft, der höchsten technischen Kreativität, der einzigen großen positiven Bestimmung in der Welt, aber trotz der Tatsache, dass all dies die größte Machtkonzentration hervorbringen sollte, ist die westliche Zivilisation heute einfach ein Objekt der Weltpolitik. Sie ist die Beute für ausländische Plünderungsmächte. Diese Situation ist nicht durch den Einsatz militärischer Mittel entstanden, sondern durch eine kritische Kulturkrankheit.

## 2. Kultureller Parasitismus

I

In dem Kapitel, in dem wir uns mit der politischen Einstellung befasst haben, haben wir gesagt, dass der Zustand, in dem Menschen, die privat denken, die öffentlichen Angelegenheiten beeinflussen. Wir zitieren das Beispiel von Pompadour, die Frankreich in einen Krieg gegen Friedrich den Großen stürzte, weil dieser sie vor ganz Europa mit einem ungalanten Spitznamen bezeichnet hatte. In diesem Krieg verlor Frankreich alles, sein Überseereich, das an England fiel, weil es in Europa kämpfte und sich weniger für den großen imperialen Krieg als für den lokalen europäischen Krieg einsetzte. Das ist das gewöhnliche Ergebnis einer parasitären Politik.

Eine Nation ist eine Idee, aber sie ist nur ein Teil der Idee, größer als die Kultur, die sie im Prozess ihrer eigenen Verwirklichung schafft. Aber gerade wenn eine Nation der Wirt von Gruppen und mächtigen Individuen sein kann, die in völliger Unabhängigkeit von der Verwirklichung der nationalen Idee denken, kann dies auch mit einer Kultur geschehen.

Jeder weiß, was parasitäre Politik in einer Nation ist, und jeder versteht es, wenn er es erkennt. Als der Grieche Kapodistria Außenminister in Russland war, erwartete niemand von ihm, dass er eine antigriechische Politik betreiben würde. Während des Boxeraufstandes in China dachte keine westliche Macht daran, einem chinesischen General einen Befehl zu erteilen. Im Krieg der USA gegen Japan (1941-1945) setzten die Amerikaner ihre japanischen Wehrpflichtigen nicht ein, so wie Europa in den ersten beiden Weltkriegen feststellen musste, dass es die böhmischen Slawen nicht gegen Russland einsetzen konnte. Die amerikanischen Generäle würden es nicht wagen, ihre Mexikaner gegen Mexiko oder ihre Schwarzen gegen Abessinien einzusetzen. Ebenso wenig könnte ein bekannter Russland-Sympathisant in einer Phase der Kriegsvorbereitung gegen Russland die öffentliche Macht in Amerika ausüben. Noch weniger würden die Amerikaner ihre gesamte Regierung in die Hände bekannter russischer Einwanderer legen.

Phänomene dieser Art spiegeln die allgemeine Tatsache wider, dass ein Mensch oder eine Gruppe das bleibt, was sie ist, auch wenn sie mit einer anderen Gruppe zusammenlebt, es sei denn, sie wird assimiliert. Assimilation ist der Tod einer Gruppe als solcher. Der Blutkreislauf der Individuen, aus denen sie besteht, geht weiter, aber die Gruppe ist verschwunden. Solange sie eine Gruppe war, war sie ein Fremder.

Bei unserer Untersuchung der Ethnie haben wir gesehen, dass körperliche Unterschiede kein Hindernis für die Assimilation darstellen, wohl aber kulturelle Unterschiede. Beispiele sind die Balten- und Wolgadeutschen, die im frühen Russland isoliert lebten, die Chinesen und Japaner in Amerika, die Schwarzen in Amerika und Südafrika, die Briten in Indien, die Parsis in Indien, die Juden in der westlichen Zivilisation und in Russland die Hindus in Natal.

Kultureller Parasitismus entsteht auf die gleiche Weise wie politischer Parasitismus. Ein Parasit ist einfach eine Lebensform, die im oder auf dem Körper einer anderen Lebensform und auf deren Kosten lebt. Es bedeutet also, dass ein Teil der Energie des Wirts in eine Richtung gelenkt wird, die seinen Interessen zuwiderläuft. Dies ist völlig unvermeidlich: Wenn die Energie eines Organismus für etwas aufgewendet wird, das nichts mit seiner eigenen Entwicklung zu tun hat, wird sie verschwendet. Parasitismus ist zwangsläufig schädlich für den Wirt, und zwar in dem Maße, wie der Parasit wächst und sich ausbreitet.

Jede Gruppe, die nicht am Gefühl der Kultur teilnimmt, aber innerhalb des

Kulturkörpers lebt, bedeutet notwendigerweise einen Verlust für die Kultur. Solche Gruppen bilden sozusagen Zonen des anästhetischen Gewebes im Kulturkörper. Indem sie außerhalb der historischen Notwendigkeit, des Schicksals der Kultur, bleiben, wirken sie unweigerlich gegen dieses Schicksal. Dieses Phänomen ist in keiner Weise vom menschlichen Willen abhängig. Der Parasit befindet sich außerhalb, aber physisch innerhalb. Die Auswirkungen auf den Wirtsorganismus sind schädlich, sowohl physisch als auch geistig.

Die erste physische Auswirkung von nicht teilnehmenden Gruppen im Körper einer Kultur besteht darin, dass die Bevölkerung der Kultur dadurch reduziert wird. Die Mitglieder der fremden Gruppe treten an die Stelle von Individuen, die der Kultur angehören und somit nie zustande kommen. Dadurch wird die Bevölkerung der Kultur künstlich im gleichen Verhältnis wie die zahlenmäßige Bedeutung der parasitären Gruppe reduziert. Bei tierischem und menschlichem Parasitismus ist eine der vielen Auswirkungen auf den Wirt der Verlust von Nahrung, und beim kulturellen Parasitismus verhält es sich ähnlich. Indem er die Zahl der Individuen in einer Kultur reduziert, beraubt ein Kulturparasit die kulturelle Idee der einzigen Art von physischer Nahrung, die sie braucht: eine konstante Versorgung mit menschlichem Material, das für ihre lebenswichtige Aufgabe geeignet ist.

Diese anti-reproduktive Wirkung von Einwanderergruppen wurde im Lichte der jüngsten Studien zur Bevölkerungsentwicklung festgestellt. So geht aus einer vergleichenden Untersuchung der amerikanischen Bevölkerung und ihrer Entwicklung hervor, dass die 40.000.000 Einwanderer, die seit 1790 nach Amerika kamen, nicht dazu dienten, die Bevölkerung Amerikas zu vergrößern, sondern lediglich die Qualität der Bevölkerung zu verändern. Eine überpersönliche Idee, gekleidet in die Kraft des Schicksals, muss ihre lebenswichtige Aufgabe erfüllen, und wenn es sich dabei um eine Bevölkerung einer bestimmten Größe handelt, die sich in einem bestimmten Verhältnis vermehrt, treten diese äußeren Umstände zutage.

Der Materialismus hatte zwar Daten zur Bevölkerungsentwicklung in der Hand, aber keine Erklärung dafür. Diese Daten zeigten einen allmählichen Anstieg in den Nationen des Westens, der schnell einen Höhepunkt erreichte, sich dann stabilisierte und dann langsam zu sinken begann. Die Kurve, die diese Bevölkerungsbewegung der Nationen beschreibt - es ist in jedem Fall annähernd dieselbe Kurve -, wird auch die Bevölkerungsbewegung einer großen Kultur beschreiben. In dem Stadium, das den Übergang einer großen Kultur zur Zivilisation kennzeichnet - das Stadium, das für uns durch Napoleon markiert wurde -, ist die Bevölkerungszunahme rasant und erreicht Zahlen, die alles Vorhergehende in den Schatten stellen. Derselbe Zeitgeist, der die ganze Energie der Kultur in der massiven Industrialisierung und Technologie, in den großen Revolutionen, den gigantischen Kriegen und dem unbegrenzten Imperialismus auf die Spitze getrieben hat, hat auch diese Bevölkerungszunahme bewirkt. Die lebenswichtige Aufgabe der westlichen Zivilisation ist die größte, die die Welt je gesehen hat, und sie braucht diese Bevölkerungen, um sie zu bewältigen.

Kulturell parasitäre Gruppen sind für die Idee nicht brauchbar. Sie verbrauchen die Energie der Kultur nach innen und nach unten. Solche Gruppen sind Schwachstellen im Körper der Kultur. Die Gefahr dieser inneren Schwäche wächst in direktem Verhältnis, wenn die Kultur von außen bedroht wird. Im 16. Jahrhundert, als der Westen von den Türken bedroht wurde, wäre es für jeden Westler vollkommen offensichtlich gewesen, dass große interne Gruppen von Türken, wenn es sie gab, eine ernsthafte Bedrohung darstellten.

Eine zweite Art und Weise, wie kultureller Parasitismus die Substanz einer Kultur verschwendet, ist die interne Reibung, die seine Anwesenheit notwendigerweise erzeugt. In der arabischen Kultur gab es zur Zeit Christi eine bedeutende Anzahl von Römern. Ihr kulturelles Stadium war das der späten Zivilisation, der vollständigen Externalisierung, und das kulturelle Stadium der dort ansässigen aramäischen Bevölkerung war das der frühen Kultur. Die sich daraus ergebenden Spannungen - rassisch, national und kulturell - gipfelten schließlich in der Ermordung von 80 000 Römern im Jahr 88 v. Chr. Dies war die Ursache für die Kriege mit Mithridates, bei denen in zweiundzwanzig Jahren Hunderttausende ums Leben kamen.

Ein anderes Phänomen, das unserer Zeit näher steht, ist das der Chinesen in Kalifornien. Die rassischen Spannungen zwischen der weißen und der chinesischen Bevölkerung waren im 19. und 20. Jahrhundert die Ursache für gegenseitige Verfolgung, Hass, Unruhen und blutige Ausschreitungen.

Die schwarze Bevölkerung hat sowohl in Amerika als auch in Südafrika zu ähnlichen Ausbrüchen von Gewalt und Hass auf beiden Seiten geführt.

All diese Vorfälle sind Ausdruck des kulturellen Parasitismus, d. h. der Anwesenheit einer kulturfremden Gruppe.

Diese Phänomene haben nichts mit Hass oder Böswilligkeit auf der einen oder anderen Seite zu tun, wie ein analytisch-rationalistischer Ansatz dachte. Der Rationalismus blickt immer nach unten: Er sieht einfach eine Gruppe von Individuen auf beiden Seiten. Wenn diese Individuen sich gegenseitig töteten, dann deshalb, weil sie in diesem Moment den Wunsch hatten, sich gegenseitig zu töten. Der Rationalismus verstand nicht einmal das einfache organische Phänomen eines Mobs, geschweige denn die höheren Formen von Volk, Ethnie, Nation, Kultur. Den Liberalen ist nie in den Sinn gekommen, dass es eine Notwendigkeit geben muss, da sich diese Spannungen in 5000 Jahren Geschichte immer wieder manifestiert haben. Die Liberalen konnten den Instinkt, den kosmischen Rhythmus, den rassischen Herzschlag nicht verstehen. Für sie war der Aufruhr der Rassen Ausdruck eines Mangels an "Bildung", an "Toleranz". Ein Vogel, der über einen Straßenaufruhr fliegt, würde ihn besser verstehen als die Materialisten, denn die Materialisten übernahmen bereitwillig den Standpunkt des Regenwurms und hielten mit Entschlossenheit daran fest.

Solche Exzesse sind nicht nur nicht das Ergebnis von Böswilligkeit oder Hass, sondern das Gegenteil ist der Fall: Manifestationen des guten Willens und der "Toleranz" verstärken in Wirklichkeit die Spannungen zwischen Gruppen, die nichts miteinander zu tun haben, und machen sie noch tödlicher. Indem die Aufmerksamkeit auf die Unterschiede zwischen völlig fremden Gruppen gelenkt wird, werden diese Unterschiede zu Gegensätzen und die Unruhen werden beschleunigt. Je enger der Kontakt zwischen den beiden Gruppen ist, desto heimtückischer und gefährlicher wird der gegenseitige Hass.

Theoretisch klingt es perfekt zu sagen, dass es keine rassischen oder kulturellen Spannungen geben kann, wenn jeder Einzelne in Toleranz "erzogen" wird. Aber... Individuen sind nicht das Subjekt dieser Art von Ereignissen; Individuen provozieren diese Dinge nicht; es sind organische Einheiten, die das tun, und sie provozieren bloße Individuen. Der Prozess hat in seinen Anfängen nichts mit Bewusstsein, Intellekt, Willen oder gar Gefühlen zu tun. All diese kommen nur als Ausdruck der Verteidigung der Kultur gegen die fremde Lebensform ins Spiel. Weder beginnt der Hass den Prozess, noch stoppt ihn die "Toleranz". Diese Art der Argumentation wendet die Logik des Billardtisches auf überpersönliche Organismen an. Aber die Logik ist hier fehl am Platz. Das Leben ist irrational, ebenso wie jede seiner Erscheinungsformen: Geburt, Wachstum, Krankheit, Widerstand, Selbstentfaltung,

Schicksal, Geschichte, Tod. Wenn wir das Wort Logik beibehalten wollen, müssen wir zwischen anorganischer Logik und organischer Logik unterscheiden. Die anorganische Logik ist der Gedanke des Zufalls, die organische Logik ist der Gedanke des Schicksals. Erstere ist erleuchtet, wissend, bewusst; letztere ist rhythmisch und unbewusst. Die erstere ist die Laborlogik der physikalischen Experimente, die letztere ist die lebendige Logik der Menschen, die diese Tätigkeit ausüben und die in ihrem Leben in keiner Weise mit der Logik, die sie in ihren Werkstätten anwenden, vergleichbar sind.

## II

Das tragischste Beispiel für kulturellen Parasitismus war im Westen die Präsenz eines Teils einer Nation der arabischen Kultur, die sich über ihr gesamtes Gebiet ausbreitete. Wir haben bereits den völlig anderen Inhalt der Idee der Nation in dieser anderen Kultur gesehen. Für sie war die Nation Staat, Kirche und Volk in einem. Die Idee einer territorialen Heimat war unbekannt. Heimat war dort, wo die Gläubigen waren. Angehöriger und Gläubiger waren austauschbare Begriffe. Diese Kultur hatte ihre späte Zivilisationsphase erreicht, während unser gotischer Westen gerade aus der primitiven Phase hervortrat.

In den kleinen Dörfern - es gab keine Städte - des erwachenden Westens bauten diese Kosmopoliten von Kopf bis Fuß ihre Ghettos. Finanzielles Denken, das dem tief religiösen Westen teuflisch erschien, war die Stärke dieser überzivilisierten Ausländer. Die Kirche verbot den Christen die Kreditvergabe gegen Zinsen, und so konnten die Ausländer das Geldmonopol erlangen. Die Judengasse[42] war ihren Nachbarn in der kulturellen Entwicklung um ein Jahrtausend voraus.

In dieser Zeit entstand die Legende vom wandernden Juden, die das Gefühl der Unsicherheit ausdrückt, das der Abendländer in der Gegenwart dieses landlosen Fremden empfand, der überall zu Hause war, auch wenn es dem Westen schien, dass er nirgendwo zu Hause war. Der Westen verstand von seiner Thora, Mischna, seinem Talmud, seiner Kabbala und seiner Yesirah ebenso wenig wie der Jude von

---

[42] Judengasse", auf Deutsch wörtlich "Straße der Juden". In diesem Fall und durch die Erweiterung jüdisches Viertel.

seinem Christentum und seiner scholastischen Philosophie. Diese gegenseitige Unfähigkeit, einander zu verstehen, erzeugte Gefühle der Fremdheit, der Angst und des Hasses.

Der Hass des Abendlandes auf den Juden war religiös, nicht rassisch motiviert. Der Jude war der Heide, und mit seinem zivilisierten, intellektuellen Leben erschien er dem Abendländer mephistophelisch, satanisch. Die Chroniken jener Zeit berichten von den Gräueln, die diese beiden radikal fremden Gruppen verursachten. Am Krönungstag von Richard I. im Jahr 1189 kam es in London zu einem Massaker an den Juden. Im folgenden Jahr wurden 500 Juden in der Burg von York vom Pöbel belagert, und um ihrem Zorn zu entgehen, beschlossen sie, sich gegenseitig die Kehle durchzuschneiden. König John sperrte die Juden ein, stach ihnen Augen oder Zähne aus und tötete 1204 Hunderte von ihnen. Als ein Londoner Jude einen Christen zwang, ihm mehr als zwei Schillinge pro Woche für ein Darlehen von zwanzig Schillingen zu zahlen[43], tobte der Mob und 700 Juden verloren ihr Leben. Die Kreuzfahrer töteten jahrhundertelang ganze Bevölkerungsgruppen von Juden, als sie auf ihrem Weg nach Palästina und Kleinasien Halt machten. Im Jahr 1278 wurden 267 Juden in London gehängt, weil sie beschuldigt wurden, Geld gefälscht zu haben. Die Epidemie des Schwarzen Todes im Jahr 1348[44] wurde den Juden angelastet, und die Folge waren Massaker an Juden in ganz Europa. 370 Jahre lang durften sich Juden nicht in England aufhalten, bis sie von Cromwell wieder zugelassen wurden.

Die Motivation für diese Exzesse war zwar nicht rassisch, aber rassisch. Was die Juden nicht vernichtete, machte sie stärker und entfremdete sie weiter von den Wirtsvölkern, sowohl physisch als auch geistig.

Mehrere Jahrhunderte lang berührten in unserer abendländischen Geschichte

---

[43] Das heißt, ein jährlicher Zinssatz von 590%.

[44] Die Pest wurde von den Genuesen (1347) nach Europa gebracht, die sich während der Belagerung von Feodosia (Krim) durch die Tataren von Kipchak Khan ansteckten. Es handelte sich um die Beulenpest, die von Rattenflöhen übertragen wird. Die Tataren katapultierten ihre an der Krankheit gestorbenen Männer über die Mauern von Genua. Nach Angaben des französischen Demographen Jean Froissant starben innerhalb von zwei Jahren zwischen der Hälfte und zwei Dritteln der europäischen Bevölkerung (Encyclopedia Britannica, S. 742). Erst zweihundert Jahre später erreichte Europa wieder das Bevölkerungsniveau von 1347/48. Die Juden wurden für die absichtliche Ausbreitung der Epidemie durch die Vergiftung der Brunnen verantwortlich gemacht. Encyclopedia Britannica, Vol. XVII, S. 1942).

die Probleme und Ereignisse, die zu einer grundlegenden Erregung im Westen führten, nicht den Juden, einen unbeschwerten Menschen, dessen inneres Leben mit der Vollendung der Kultur, die Kirche-Staat-Volk-Nation-Juden schuf, versteinert war. Die Konflikte des Kaiserreichs mit dem Papsttum, die Reformation, das Zeitalter der Entdeckungen waren für ihn leer. Er beschäftigte sich mit ihnen nur als Beobachter. Das Einzige, was ihn beschäftigte, war, wie sie sich auf ihn auswirken könnten. Der Gedanke, sich an ihnen zu beteiligen oder sich einer bestimmten Seite zu opfern, kam ihm nie in den Sinn. In den über ganz Europa verstreuten Ghettos war alles einheitlich: die Speisevorschriften, die dualistische talmudische Ethik, ein Teil für die Gojim und ein anderer Teil für die Juden, das Rechtssystem, die Geheimnisse, die Phylakterien, das Ritual, die Stimmung, ihre Sufi- und Chassidischen Sekten, ihr Kabbalismus, ihre religiösen Führer wie Baal Shem, ihr Zaddikismus, sind für den Westler völlig unverständlich. Und nicht nur unverständlich, sondern auch uninteressant. Der Westler war in die heftigen Konflikte seiner eigenen Kultur vertieft und nahm sie nur dort wahr, wo sie das Leben der in seinem Land lebenden Juden direkt betrafen.

Die westliche Kultur hat sich erst im 20. Jahrhundert mit dem Juden als kulturellem Phänomen auseinandergesetzt, extrovertiert und sensibel für die Fakten. In der Gotik,, bis zur Reformation sah sie in ihm einen Heiden und Wucherer; in der Gegenreformation einen gerissenen Geschäftsmann; in der Aufklärung einen zivilisierten Weltmann, im Zeitalter des Rationalismus einen Kämpfer an der Spitze der geistigen Befreiung gegen die Beschränkungen durch die Kultur und ihre Traditionen.

Das zwanzigste Jahrhundert erkannte zum ersten Mal, dass der Jude sein eigenes öffentliches Leben, seine eigene Welt bis ins kleinste Detail hatte. Es erkannte, dass die Weite der Perspektive der eigenen in Breite und Tiefe gleichkam und daher in einem totalen Sinne fremd war; etwas, das bis dahin nie vermutet worden war. In den vorangegangenen Jahrhunderten war die Sicht des Westens auf den Juden durch seinen jeweiligen Entwicklungsstand begrenzt gewesen, doch mit dem Beginn des zwanzigsten Jahrhunderts und seiner universellen Perspektive wird zum ersten Mal die Gesamtheit dessen gesehen, was "das jüdische Problem" genannt wurde. Es geht nicht um Ethnie, nicht um Religion, nicht um Ethik, nicht um Nationalität, nicht um politische Zugehörigkeit, sondern um etwas, das all dies umfasst, etwas, das den Juden vom Westen trennt: Kultur. Kultur umfasst die Gesamtheit der Weltanschauung: Wissenschaft, Kunst, Philosophie, Religion, Technik, Wirtschaft, Erotik, Recht, Gesellschaft, Politik.

In jedem Zweig der westlichen Kultur hat der Jude seinen eigenen Geschmack und seine eigenen Vorlieben entwickelt, und wenn er sich in das öffentliche Leben der westlichen Völker einmischt, verhält er sich anders, d.h. er handelt im Stil der Kirche-Nation-Staat-Volk-Raza-Juden. Dieses öffentliche Leben war bis zum 20. Jahrhundert für den Westen unsichtbar.

Wie alle Völker am Ende ihrer Zivilisation, z. B. die Hindus, Chinesen und Araber, hat auch das jüdische Volk das Kastensystem übernommen. Die Brahmanen in Indien, die Mandarine in China und das Rabbinat im Judentum sind drei entsprechende Erscheinungen. Die Rabbiner waren die Hüter des Schicksals der jüdischen Einheit. Wenn Freidenker unter den Juden auftauchten, war es die Aufgabe der örtlichen Rabbinate, das Entstehen einer Spaltung zu verhindern. Im Fall von Uriel da Costa, einem jüdischen Freidenker aus Amsterdam, sperrte ihn die örtliche Synagoge ein und folterte ihn so schwer, dass er schließlich Selbstmord beging. Spinoza wurde von derselben Synagoge exkommuniziert, und es wurden sogar Anschläge auf sein Leben verübt. Es wurde versucht, ihn zu bestechen, damit er zum Judentum zurückkehrt, und als er sich weigerte, wurde er verflucht und das Anathema gegen ihn ausgesprochen. 1799 wurde der Führer der Chassidim-Sekte im Ostjudentum, Salinan, vom Rabbinat an die romanische Regierung ausgeliefert, nachdem er von seinen eigenen Leuten verurteilt worden war, so wie die westliche Inquisition verurteilte Ketzer dem weltlichen Arm übergab, um sie zu beseitigen.

Der zeitgenössische Westen hat diese Phänomene nicht wahrgenommen und hätte sie ohnehin nicht verstanden. Er sah alles Jüdische mit seinen eigenen Vorurteilen, so wie die Juden den Westen aus ihrer fortschrittlichen Perspektive heraus sahen.

Die Parsen in Indien sind ein weiteres Fragment der arabischen Kultur, das sich unter einer fremden Gruppe verbreitet hat. Die Parsis besaßen im Verhältnis zu ihrer menschlichen Umgebung den gleichen überlegenen Geschäftssinn wie die Juden im frühen Westen. Ihr inneres Leben unterschied sich völlig von dem der sie umgebenden Völker. Ihre Interessen waren in jeder Hinsicht völlig verschieden. Bei den Unruhen und Revolten, die während der britischen Herrschaft stattfanden, waren die Parsis völlig gehemmt.

Auch der Dreißigjährige Krieg, die Erbfolgekriege, der Konflikt zwischen den Bourbonen und den Habsburgern hatten keinerlei Auswirkungen auf den Juden. Die Unterschiede in der Phase der Kulturen schaffen eine vollständige kulturelle Isolierung. Die Haltung des Juden gegenüber den westlichen Spannungen war identisch mit der des Pilatus im Prozess gegen Jesus. Für Pilatus war die religiöse Alternative, die dort vorgebracht wurde, völlig unverständlich... er gehörte einer Zivilisation an, die sich in ihrer letzten Phase befand und tausend Jahre von der religiösen Erregung seiner eigenen Kultur entfernt war.

Mit den Anfängen des Rationalismus im Westen kommt es jedoch zu einem Bruch im kollektiven Leben des in der westlichen Kultur verankerten Teils des Judentums.

III

Um 1750 begannen im Westen neue geistige Strömungen aufzutauchen. Die sensualistische Philosophie erlangt die Vorherrschaft über die europäische Seele. Vernunft, Empirie, Analyse, Induktion: das ist der neue Geist. Aber alles wird zum Wahnsinn, wenn man es im Licht der Vernunft, losgelöst von Glaube und Instinkt, betrachtet. Erasmus hatte in seinem schelmischen Buch Das Lob der Torheit gezeigt, dass alles Wahnsinn ist, und nicht nur Gier, Ehrgeiz, Stolz und Krieg, sondern auch Kirche, Staat, Ehe, Kinderkriegen und Philosophie. Die Vorherrschaft der Vernunft ist lebensfeindlich und löst in jedem Organismus, der ihr erliegt, eine Krise aus.

Die kulturelle Krise des Rationalismus war ein Aspekt des Schicksals des Westens. Alle vorangegangenen Kulturen hatten unter ihr gelitten. Sie markiert den Kulminationspunkt, der den Übergang vom Inneren der Kultur zum äußeren Leben der Seele der Zivilisation kennzeichnet. Die zentrale Idee des Rationalismus ist die Freiheit... das heißt die Freiheit von den Fesseln der Kultur. Napoleon befreite 1745 die Kriegsführung im Stil von Fontenoy, wo jede Seite die andere höflich aufforderte, den ersten Schuss abzugeben. Beethoven befreite die Musik von der Perfektion der Bachschen und Mozartschen Formen. Der Terror von 1793 befreite den Westen von der Idee der Heiligkeit der Dynastie. Die materialistische Philosophie befreite es vom Geist der Religion, und der Ultra-Rationalismus befreite die Wissenschaft von der

Philosophie. Die Wellen der Revolution befreiten die Zivilisation von der Würde des Staates und seiner hohen Traditionen gegenüber dem Schmutz der Parteipolitik. Der Klassenkampf steht für die Befreiung von sozialer Ordnung und Hierarchie. Die neue Idee der "Humanität" und der "Rechte des Menschen" befreit die Kultur von ihrem alten Stolz der Exklusivität und dem Gefühl der unbewussten Überlegenheit. Der Feminismus befreite die Frauen von der natürlichen Würde ihres Geschlechts und machte sie zu minderwertigen Männern.

Anarchais Cloots [45] organisierte eine Delegation von "Vertretern der menschlichen Ethnie", die dem revolutionären Terror in Frankreich ihre Aufwartung machten. Es waren schweineschwänzige Chinesen, schwarze Äthiopier, Türken, Juden, Griechen, Tataren, Mongolen, Inder, bärtige Chaldäer. In Wirklichkeit waren es aber nur verkleidete Pariser. Diese Parade hatte also zu Beginn des Rationalismus eine doppelte symbolische Bedeutung. Zum einen symbolisiert er die Idee des Westens, die sich die gesamte Menschheit zu eigen machen will, und zum anderen ist die Tatsache, dass es sich um verkleidete Westler handelt, ein genauer Hinweis auf den Erfolg, den dieser intellektuelle Enthusiasmus erzielen kann.

Der Inder hatte diese Dinge natürlich vorausgesehen. Verfolgung mindert nicht die Intelligenz oder die Wahrnehmung der eigenen Umgebung. Bereits 1723 hatten die Juden das Recht erworben, in England Land zu besitzen, und 1753 erhielten sie die britische Staatsbürgerschaft, die im folgenden Jahr auf Antrag aller Städte wieder aufgehoben wurde. 1791 wurden sie in Frankreich emanzipiert, und 1806 wurde der Große Sanhedrin von Kaiser Napoleon einberufen, der damit offiziell die Existenz des jüdischen Nationalstaatsvolkes im Westen anerkannte.

Nur eine Sache verhinderte, dass die neue Situation so idyllisch war, wie es sich die neue liberale Stimmung gewünscht hätte. Achthundert Jahre Raub, Hass, Gemetzel und Verfolgung auf beiden Seiten hatten bei den Juden Traditionen des Hasses gegen den Westen hervorgebracht, die noch stärker waren als der alte westliche Judenhass. In seinem neuen Ausbruch von Großzügigkeit und Großherzigkeit verzichtete der Westen auf seine alten Gefühle, aber der Jude war nicht in der Lage, eine entsprechende Haltung einzunehmen. Achthundert Jahre

---

[45] Sohn eines preußischen Adligen und einer Jüdin, Revolutionsfanatiker, eingebürgerter Franzose. Er stimmte für den Tod von Ludwig XVI. "im Namen der menschlichen Ethnie". Als guter Revolutionär starb er 1794 durch die Guillotine.

Ressentiments konnten nicht durch einen vom Westen formulierten Neujahrsvorsatz mit guten Wünschen vergessen oder beseitigt werden. Es standen sich überpersönliche organische Einheiten gegenüber, und diese höheren Einheiten haben mit dem Menschen so etwas wie Vernunft und Gefühl nicht gemeinsam. Ihre lebenswichtige Aufgabe ist hart und kolossal und schließt Gefühle der "Toleranz" aus, es sei denn als Symptom einer Krise. In einem solchen großen Kampf ist der Mensch letztlich nur Zuschauer, auch wenn er eine aktive Rolle spielt. Menschliche Bosheit und Rachegelüste spielen in solchen Konflikten die kleinste und oberflächlichste Rolle, und wenn sie auftauchen, sind sie im Individuum der einfache Ausdruck der tieferen und totaleren Unvereinbarkeit überpersönlicher Vorstellungen.

Die neuen Bewegungen - Kapitalismus, industrielle Revolution, Demokratie, Materialismus - waren für den Juden ungeheuer spannend. Bereits Mitte des 18. Jahrhunderts hatte er ihre Möglichkeiten erkannt und ihr Wachstum mit allen Mitteln gefördert. Seine Position als Außenseiter zwang ihn, im Verborgenen zu agieren, und die Geheimbünde der Illuminaten und ihrer Ableger waren seine Schöpfungen, wie seine kabbalistische Terminologie und sein rituelles Gepäck zeigen. Mehr als zwei Drittel der Mitglieder der Generalstände, die 1789 den Weg für die Französische Revolution ebneten, waren Mitglieder dieser Geheimbünde, deren Aufgabe es war, die Autorität des Staates zu untergraben und die Idee der Demokratie einzuführen. Der Jude nahm die Einladung des Westens an, an dessen öffentlichem Leben teilzunehmen, aber er konnte seine Identität nicht von heute auf morgen aufgeben, so dass er von nun an zwei öffentliche Leben führte, eines vor dem Westen und eines vor seiner eigenen Nation-Staat-Volk-Kirche-Rasse.

Während die alten westlichen Traditionen unter dem Ansturm der neuen Ideen zusammenbrachen, kam der Jude nur langsam voran. Die Rotschilds wurden 1822 zu Baronen des österreichischen Kaiserreichs, was ein Jahrhundert zuvor für beide Seiten einfach fantastisch gewesen wäre. Juden erhielten 1833 Zugang zu den englischen Höfen, und 1837 wurde ein Jude - der erste - von der Königin geadelt. Der Westen akzeptierte die Dualität des Juden, und ein im neunten Regierungsjahr Victorias erlassenes Gesetz ermöglichte es, Juden, die in kommunale Ämter gewählt wurden, von der Eidespflicht zu befreien. Ab den 1840er Jahren traten Juden häufig als Parlamentsmitglieder auf, und 1855 wurde ein Jude Oberbürgermeister[46] von London. Jedes Mal erhoben die traditionellen Elemente im Westen Einspruch, aber jedes Mal triumphierte der Jude. Das Experiment der "Toleranz" scheiterte sichtlich auf beiden Seiten.

Die Macht und Bedeutung, die der Jude erlangte, wurde durch den Fall des Mortara-Kindes deutlich demonstriert. Dieses Kind wurde 1858 vom Erzbischof von Bologna seinen jüdischen Eltern gewaltsam entzogen, weil es von einem Diener getauft worden war. Im selben Jahr forderte die französische Regierung offiziell die Rückgabe des Kindes an seine Eltern. Im darauffolgenden Jahr unterzeichneten der Erzbischof von Canterbury und verschiedene Bischöfe, Adlige und Gentlemen Englands eine von Lord Russell[47] eingereichte Petition, in der die Rückgabe des Sorgerechts für das Kind gefordert wurde.

Die Verfolgungen gingen weiter; 1866 gab es Unruhen in Bukarest, 1864 in Rom, 1880 in Berlin und in Russland das ganze 19. und sogar das 20. Die Verfolgungen in Russland waren bezeichnend für die Stärke der Juden in den westlichen Ländern. Proteste, Petitionen und Komitees mit dem Ziel, die Notlage der russischen Juden zu lindern, nahmen zu. Das Pogrom in der Ukraine nach dem Russisch-Japanischen Krieg im Jahr 1905 veranlasste die amerikanische Regierung, die diplomatischen Beziehungen zu Russland abzubrechen.

Hass oder Intoleranz erklären in keiner Weise die unglücklichen Ergebnisse, die durch die Zerstreuung der Juden unter den westlichen Nationen entstanden sind. Der Hass auf beiden Seiten war lediglich eine Folge davon. Je mehr von Toleranz sprach, desto mehr wurde die Aufmerksamkeit auf die Unterschiede gelenkt und diese zu Gegensätzen verschärft. Die Gegensätze führten auf beiden Seiten zu Widerstand und Aktion.

Es ist auch keine Erklärung, dem Juden vorzuwerfen, dass er sich nicht assimiliert hat. Das ist ein Vorwurf an den Menschen, weil er er selbst ist, und der Begriff der Ethik umfasst nicht das, was man ist, sondern das, was man tut. Das "jüdische Problem" kann nicht ethisch, rassisch, national, religiös, sozial, sondern nur kulturell erklärt werden. Konnte der Mensch des Westens früher in jeder Phase

---

[46] Bürgermeister. (n. des T.)

[47] Earl of Russell, englischer Premierminister von 1846 bis 1852. Er war mehrfach Außenminister, unter anderem zur Zeit des Mortara-Kinderprozesses.

seines kulturellen Lebens nur den Aspekt des jüdischen Problems sehen, den seine eigene Entwicklung ihm zu sehen erlaubte, so kann er jetzt die ganze Beziehung sehen, da seine eigene kulturelle Einheit im westlichen Menschen vorherrscht. In der Gotik sah er den Juden nur in der Religion anders, denn der Westen befand sich damals in einer religiösen Phase. In der Aufklärung mit ihren Ideen von "Humanität" wurde der Jude als ein sozial anderes Wesen gesehen. Im materialistischen 19. Jahrhundert mit seinem Rassismus von oben nach unten wurde der Jude als ein rassisch andersartiges Wesen betrachtet, und nichts weiter. In diesem Jahrhundert, in dem der Westen zu einer Einheit von Kultur, Nation, Ethnie, Gesellschaft, Wirtschaft und Staat wird, erscheint der Jude deutlich in seiner eigenen totalen Einheit, als ein innerer, totaler Fremder, als die Seele des Westens.

## IV

Der Materialist des neunzehnten Jahrhunderts sah dieses Phänomen des kulturellen Parasitismus nur als nationalen Parasitismus, und so wurde es in jeder Nation als eine rein lokale Bedingung missverstanden. Aus diesem Grund war das Phänomen, das in jedem Land Antisemitismus genannt wurde, nur eine partielle Reaktion gegen etwas, das eine kulturelle und nicht nur eine nationale Bedingung war.

Der Antisemitismus ist in der kulturellen Pathologie genau analog zur Bildung von Antikörpern im Blutkreislauf der menschlichen Pathologie. In beiden Fällen wehrt sich der Organismus gegen fremdes Leben. Beide sind Ausdruck des Schicksals, unvermeidlich, organisch notwendig. Indem das Schicksal das Eigene entwickelt, bekämpft es das Fremde, das Fremde. Man kann nicht oft genug wiederholen, dass Hass und Bosheit, Toleranz und Wohlwollen mit diesem grundlegenden Prozess nichts zu tun haben. Eine Kultur ist ein Organismus, ein Organismus anderer Art als der menschliche so wie der Mensch ein Organismus anderer Art als die Tiere ist. Aber die Grundlagen des organischen Lebens sind in allen Organismen vorhanden, egal ob Pflanze, Tier, Mensch oder Kultur. Diese Hierarchie der Organismen ist offensichtlich ein Teil des göttlichen Plans und kann nicht durch einen noch so kontinuierlichen und hämmernden, noch so "toleranten", sich selbst verkündenden oder sich selbst täuschenden Propagandaprozess verändert werden, wie vollständig er auch sein mag.

Eine Behandlung des Antisemitismus wirft Fragen auf, die eher zur kulturellen Verzerrung als zum Kulturparasitismus gehören, so dass es hier genügen muss, zu sagen, dass der Antisemitismus - wir wiederholen, genauso wie die menschlichen pathologischen Phänomene der Bildung von Antikörpern im Blut - der andere Aspekt der Existenz des Kulturparasitismus ist und nur als eine seiner Auswirkungen verstanden werden kann. Der Antisemitismus ist völlig organisch und irrational, genau wie die Reaktion gegen Krankheiten. Kulturparasitismus ist das Phänomen des völlig Fremden in Koexistenz mit einem Wirt und ist ebenfalls völlig irrational. Es gibt keinen Grund für Kulturparasitismus.

Im Gegenteil, die Vernunft scheint zu diktieren, dass die fremde Gruppe sich auflöst und unter dem Leben um sie herum zirkuliert. Dies würde all den bitteren Verfolgungen, dem sterilen Hass und dem sinnlosen Streit ein Ende setzen. Aber das Leben ist irrational, selbst im Zeitalter des Rationalismus. In der Tat kann der Rationalismus nur in Form einer Religion, eines Glaubens, einer Irrationalität auf der Bildfläche erscheinen.

Das Phänomen des kulturellen Parasitismus ist nicht auf eine große Kultur, auf das Heimatland der Kultur beschränkt. Das zeigt sich sehr deutlich in der Geschichte Amerikas.

Amerika ist als eine Kolonie der westlichen Kultur entstanden. Dieser Satz fasst das gesamte Schicksal Amerikas in sich zusammen. Er legt im Voraus die Grenzen seiner Möglichkeiten fest. Die Idee der Kolonie muss untersucht werden.

Was ist eine Kolonie? Sie ist eine Schöpfung einer Kultur, sie ist eine Aufgabe; allein durch ihre glückliche Einpflanzung ist sie etwas geistig Vollendetes. Dies ist eine andere Art zu sagen, dass sie kein inneres Bedürfnis, keine Aufgabe hat. Sie ist also für ihre geistige Nahrung von der Mutterkultur abhängig. Dies gilt für Amerika in der westlichen Kultur ebenso wie für Syrakus und Alexandria in der klassischen oder für Granada und Sevilla in der arabischen. Es stimmt zwar, dass fruchtbare Impulse, wenn auch selten, an der Peripherie des Kulturkörpers entstehen können, aber sie finden ihre Bedeutung und ihre Entwicklung im kulturellen Zentrum. Diese geistige Abhängigkeit von den Kolonien ist eine Schwäche. Diese Schwäche spiegelt sich im mangelnden Widerstand gegen den Kulturfremden wider, und es ist logisch, dass in einer Kolonie weniger organischer Widerstand gegen den Kulturfremden zu erwarten ist, weil der Sinn für die kulturelle Mission nicht allgemein vorhanden ist, sondern nur in einzelnen Individuen oder allenfalls in kleinen Gruppen existiert. Die Geschichte der Kolonien zeigt uns - Syrakus ist ein Beispiel dafür -, dass kulturelle Krisen, selbst autopathische wie das Aufkommen des Rationalismus, große Auswirkungen auf sie haben. Eine Kolonie kann sich leichter auflösen, weil ihr die Artikulation fehlt, die die Kultur hat. In einer Kolonie gibt es keine kulturtragende Schicht, kann es nicht geben. Diese Schicht ist ein Organ der Großen Kultur, das im Boden des Heimatlandes verwurzelt ist. Kultur kann nicht verpflanzt werden, auch wenn ihre Bevölkerungen wandern und in Kontakt mit dem Körper der Kultur bleiben. Kolonien sind das Produkt einer Kultur und repräsentieren das Leben auf einer weniger komplexen und artikulierten Ebene als die schöpferische Kultur.

Das Verständnis für diese elementare Tatsache war in Amerika schon immer, wenn auch unbewusst, vollständig, und im zwanzigsten Jahrhundert wurde es ebenso vehement bewusst verweigert. Die amerikanischen Schriftsteller des neunzehnten Jahrhunderts haben die westliche Kultur innerlich assimiliert und wurden von ihr assimiliert. Das Phänomen Edgar Poe hat immer wieder durch seine völlige Beherrschung des kulturellen Denkens und seine völlige Unabhängigkeit von seinem kolonialen Umfeld verblüfft. In ihren höheren Zweigen ist die amerikanische Literatur ein Teil der englischen Literatur, und das auch zu Recht. Die Armut und Unbedeutendheit der amerikanischen Literatur ist auf ihr koloniales Schicksal zurückzuführen, während ihre wenigen großen Namen Ausdruck der westlichen Kultur sind.

In den letzten zwei Jahrhunderten hatten Amerikaner aller Berufe, die bedeutende Männer waren oder sein wollten, ihren Lebensmittelpunkt in Europa: Irving, Hawthorne, Emerson, Whistler, Frank Harris, Henry James, die Finanzplutokratie, Wilson, Ezra Pound Es ist eine amerikanische Tradition, dass ein Besuch in Europa Teil der Bildung ist. Europa hat weiterhin amerikanische Elemente mit kulturellen Empfindungen oder kulturellen Ambitionen geistig in Besitz genommen.

Bei jeder Verallgemeinerung über eine organische Materie versucht man nur, die große Regelmäßigkeit zu behaupten. Abweichungen gibt es in der lebendigen Materie immer, aber sie finden ihren Platz nur im Verhältnis zu den größeren Rhythmen. Der rationalistische Gedanke versuchte, das organische Denken zu zersetzen, indem er sich auf die abweichenden Ereignisse konzentrierte, in seinem Versuch, den großen, schwärmerischen organischen Rhythmus zu zerstören. Es war nicht einmal tief genug, um die Weisheit zu verstehen, die in dem Sprichwort "die Ausnahme bestätigt die Regel" enthalten ist.

Obwohl es in Amerika nach seinem Aufstieg zur Weltmacht im Anschluss an den Spanischen Krieg in den Jahren 1898-1899 Mode wurde, seine geistige Abhängigkeit von Europa zu leugnen, blieb diese Tatsache bestehen. Heute sind wir nicht mehr überrascht, wenn ein kulturelles Faktum seine Geringschätzung für menschliche Wünsche, Absichten, Forderungen und Erklärungen zeigt. Amerika ist ein Thema, das gesondert behandelt werden muss, da die kulturelle Krankheit des Westens ihm eine neue Bedeutung in der Weltpolitik verliehen hat. An dieser Stelle ist das Vorhandensein des kulturellen Parasitismus in Amerika der einzige Aspekt, der berücksichtigt wird.

## V

Vom frühen 17. bis zum frühen 19. Jahrhundert brachte der Sklavenhandel Millionen von afrikanischen Ureinwohnern nach Amerika. Sie bildeten im 18. und in der ersten Hälfte des 19. Jahrhunderts ein großes, produktives und völlig fremdes Parasitenkorps. Dies ist ein gutes Beispiel für die kulturelle Bedeutung des Begriffs Parasit, der sich nicht auf Arbeit im wirtschaftlichen Sinne bezieht. So waren die Afrikaner in Amerika wirtschaftlich wichtig, und nachdem eine bestimmte Wirtschaft auf ihnen oder mit ihrer Beteiligung aufgebaut worden war, waren sie in einem praktischen Sinne notwendig. Der Klassenkampf machte es zur Mode, alle Menschen, die keine Arbeiter waren, als "Schmarotzer" zu bezeichnen. Das war ein polemischer Begriff und hat nichts mit dem Phänomen des Kulturschmarotzertums zu tun. Der Neger in Amerika war der Ausdruck des kulturellen Parasitismus, trotz seiner wirtschaftlichen Nützlichkeit.

Das erste Ergebnis der Anwesenheit eines solchen parasitären Kulturkörpers ist uns bekannt. Er nahm in Amerika den Platz der weißen Männer ein, die noch nicht geboren waren. Indem er einen Teil der lebenswichtigen Aufgabe erfüllte, machte er die Geburt von ungeborenen Millionen unnötig, und so reduzierte diese große Masse von Afrikanern die Bevölkerung Amerikas um zehn Prozent, denn zum gegenwärtigen Zeitpunkt, 1948, gibt es bereits 14.000.000 Afrikaner in einer Gesamtbevölkerung von 140.000.000. Die modische materialistische Art und Weise, diese Bevölkerungsverschiebung in Amerika zu erklären, besteht darin, zu sagen, dass die Weißen keine Kinder in die Welt setzen wollen, um wirtschaftlich mit den Schwarzen und ihrem niedrigeren Lebensstandard zu konkurrieren. Natürlich erklärt die ökonomische Obsession alles ökonomisch, aber die Fakten der Bevölkerungsentwicklung zeigen, dass die Bevölkerung einer organischen Einheit einem vitalen Pfad folgt, der sogar mathematisch beschrieben werden kann. Sie ist völlig unabhängig von der Zuwanderung, von den Wünschen der Einzelnen und von anorganischen Erklärungen für diese Tatsache. Die Verdrängung der ungeborenen Bevölkerung ist kulturell, d.h. total, und kann nicht vollständig durch die Wirtschaft erklärt werden.

Die koloniale Mentalität, die durch die Krise des Rationalismus noch weiter zerrüttet wurde, war nicht in der Lage, sich wirksam gegen die fortschreitende Verdrängung der weißen Bevölkerung, des Trägers von Amerikas Beitritt zum Westen, durch die Afrikaner zu wehren. Mit der gleichen Unfähigkeit, zu verstehen oder sich zu widersetzen, hat Amerika keinen Widerstand geleistet, als die Nachhut der arabischen Kultur, die schon in ihren kulturellen Ursprüngen über den gesamten Westen verbreitet war, zahlenmäßig größere Ausmaße annahm und eine viel größere Rolle spielte, als sie es jemals in Europa tat.

In den 1880er Jahren begannen die Juden, was Hilaire Belloc treffend als eine Invasion der Vereinigten Staaten bezeichnete. Die Zahlen reichen aus, um dies zu beweisen. Auch wenn sie nicht genau angegeben werden können, weil die amerikanischen Einwanderungsstatistiken nur die legale Herkunft widerspiegeln, d.h. die Nation der legalen Provenienz, können wir sie durch eine Studie der amerikanischen Bevölkerungszahlen sowie der durchschnittlichen jüdischen Geburtenrate annähern. Das ist typisch, in der totalen Inkongruenz zwischen zwei verschiedenen Kulturen kann eine Massenbewegung von Angehörigen der einen in die andere stattfinden, ohne statistische Spuren zu hinterlassen! Der Einwanderer wurde gefragt, wo er geboren wurde. Im materialistischen 19. Jahrhundert bestimmte dies alles. Dies sollte seine Sprache bestimmen, die wiederum seine Nationalität bestimmen sollte. Und schließlich sollte die Nationalität alles andere vorbestimmen. Versteinerte oder tote Kulturen - Indien, China, Islam, Judentum - galten als

"Nationen" im westlichen Sinne des Wortes. In seiner Form war der Rationalismus definitiv eine Religion, aber eine blutleere, materialistische Karikatur der wahren Religion. Religion richtet sich eigentlich an die höchste und größte Spiritualität des Menschen, aber der Rationalismus versuchte, Dinge wie die Wirtschaft, den Staat, die Gesellschaft, die Nation zum Gegenstand der eigentlichen religiösen Sorge zu machen.

Amerika begann seine unabhängige politische Existenz als ein Geschöpf des Rationalismus. Seine Politiker gaben nach außen hin ihre Zustimmung zu dem Satz, dass "alle Menschen gleich geschaffen sind", und sagten sogar, dies sei "selbstverständlich". Es als selbstverständlich zu bezeichnen und damit zu vermeiden, es beweisen zu müssen, war einfacher und vielleicht auch klüger, als es zu beweisen. Ein Beweis hätte das verdorben, was eigentlich ein Glaubensdogma war und somit über der Vernunft stand. Die Religion des Rationalismus beherrschte Amerika auf eine Weise, wie sie Europa nie beherrschen konnte. Europa hat sich immer gegen den Rationalismus gewehrt - auf der Grundlage der Tradition bis zur Mitte des neunzehnten Jahrhunderts und nach der Vorwegnahme des zukünftigen rationalistischen Geistes des zwanzigsten Jahrhunderts, wie er von Carlyle und Nietzsche vorgelebt wurde. Aber Amerika hatte keine Tradition, und auf der anderen Seite strahlen die kulturellen Impulse und treibenden Phänomene der Kultur nach außen, so wie Amerikas rationalistische Religion von England über Frankreich kam.

Amerika übernahm sogar seinen eigenen Teil des Judentums aus Europa, wo es seine materialistische Philosophie erhalten hatte und ihr erlegen war. Dies war kein Zufall. Unter der jüdischen Bevölkerung Europas verbreitete sich schnell die Nachricht, dass der Antisemitismus sie in Amerika nicht bedrohen könne und dass andere Möglichkeiten, z. B. wirtschaftlicher Art, dem gleichkämen, was Europa dem Juden bieten könne. Das war völlig richtig und ein Tribut an die Einsicht des kollektiven jüdischen Instinkts. Amerika stellte am Ende des 19. Jahrhunderts zweifellos die besten Möglichkeiten für den Juden dar. Von etwa 1880 bis 1950 - genaue Zahlen gibt es nicht - kamen fünf bis sieben Millionen Juden nach Amerika, die zum größten Teil aus dem östlichen oder aschkenasischen Teil des Judentums stammten.

Gegenwärtig dürfte die Zahl der Juden in Amerika zwischen acht und zwölf Millionen liegen. Eine genaue Zahl kann nicht angegeben werden, da sie in keiner

Statistik auftaucht und aus religiösen Statistiken und aus der Untersuchung der durchschnittlichen Geburtenzahl abgeleitet werden muss. Auf jeden Fall handelt es sich um eine beträchtliche Zahl, die die Zahl der Amerikaner selbst verdrängt. Der amerikanische Schriftsteller Madison Grant beschrieb 1916, wie der Vollblut-Amerikaner durch Horden von Juden von den Straßen New Yorks vertrieben wurde. Er nannte sie Juden "Polen", in Übereinstimmung mit dem alten Brauch, den Juden eine westliche Nationalität zuzuschreiben. So unterschieden die Menschen im Westen zwischen englischen Juden, deutschen Juden und so weiter. Es war unvermeidlich, dass die westliche Zivilisation in dieser Phase die Menschen außerhalb der Zivilisation nach ihrem eigenen Bild sah.

Amerika, das vom Rationalismus am stärksten zerrüttete Land, hat das Wesen des Juden am wenigsten verstanden, während es in Europa, selbst im zwanzigsten Jahrhundert des Rationalismus, immer Menschen gab, die sich der totalen Fremdheit des Juden bewusst waren; wir sagten total, nicht nur politisch. Aber in Amerika, mit seiner völligen Abwesenheit von Tradition, gab es keine Männer wie Carlyle, wie De Lagarde. So beschloss Amerika in der Mitte des 19. Jahrhunderts, dass ein in den Vereinigten Staaten geborener Chinese genau die gleiche amerikanische Staatsbürgerschaft erwarb wie ein weißer Europäer. Bezeichnenderweise wurde diese Entscheidung nicht verantwortungsbewusst getroffen, sondern war das Ergebnis eines Rechtsstreits. Dies war eine Fortsetzung des amerikanischen Brauchs, politische Fragen auf pseudo-juristische Weise zu entscheiden.

Es liegt auf der Hand, dass ein Regime, das keinen Unterschied zwischen Chinesen und amerikanischen Ureinwohnern machte, auch keine Barrieren gegen Juden errichten würde. Und so konnte der französische Schriftsteller André Siegfried, ein Spezialist für Geschichte und Weltpolitik, 1928 feststellen, dass New York City einen semitischen Charakter hat. In der Mitte des 20. Jahrhunderts war es sogar noch weiter gegangen, und New York, die größte Stadt Amerikas, vielleicht sogar der Welt, hatte eine fast halbjüdische Bevölkerung.

## VI

Amerika mit seinem völligen Mangel an geistiger Widerstandskraft, der auf die inhärente geistige Schwäche einer Kolonie zurückzuführen ist, wurde zum

Schauplatz anderer großer kulturell parasitärer Gruppen. Die Zeit der starken Einwanderung, die kurz vor der Wende zum 20. Jahrhundert einsetzte und in der die Juden zu kommen begannen, brachte auch viele Millionen Balkan-Slawen mit sich. Allein zwischen 1900 und 1915 kamen 15.000.000 Einwanderer aus Asien, Afrika und Europa nach Amerika. Sie kamen hauptsächlich aus Russland, der Levante und den Balkanländern. Eine große Zahl von Italienern kam aus der westlichen Zivilisation, aber der Rest des Menschenmaterials stammte nicht aus dem Westen. Diese Millionen von Menschen, gerade wegen ihrer zahlenmäßigen Bedeutung, schufen Phänomene des kulturellen Parasitismus. Individuell wurden einige Mitglieder dieser Gruppen in das amerikanische Lebensgefühl integriert, aber die Gruppen blieben als solche bestehen. Dies zeigte sich an der Existenz einer Tagespresse für jede Gruppe in ihrer eigenen Sprache, an der Einheit der Gruppen zu politischen Zwecken, an ihrer geografischen Zentralisierung und an der sozialen Exklusivität dieser Gruppen.

Als wir das Wesen der Ethnie untersuchten, sahen wir, dass die Slawen von den europäischen Kulturvölkern assimiliert werden konnten und dies auch getan haben. Zwei Merkmale kennzeichnen das Verhältnis der Amerikaner zu den Slawen und erklären, warum sie ihre Gruppenexistenz auch dann beibehalten haben, wenn sie von einer amerikanischen Bevölkerung unter dem Einfluss der westlichen Zivilisation umgeben waren: Erstens konnte Amerika den Gastvölkern aufgrund ihrer kolonialen Existenzform nicht die tiefe Prägung der Kulturidee aufdrücken, wie es die westlichen Nationen im Heimatland hätten tun können. Zweitens schuf die enorme Masse von mehreren Millionen Menschen allein schon durch ihre Masse einen pathologischen Zustand im amerikanischen Organismus. Selbst wenn diese Millionen Menschen einen westlichen Hintergrund gehabt hätten, wie z.B. Franzosen oder Spanier, hätten sie auch eine politisch parasitäre Gruppe geschaffen. Natürlich hätte sich eine solche Gruppe irgendwann aufgelöst, aber im Zuge ihrer Integration hätte sie eine verzerrende Wirkung auf die amerikanische Politik ausgeübt. Slawische Gruppen hingegen, in Millionenmassen, deren Führer die Möglichkeit haben, die Gruppe zu einer festen Einheit zusammenzuschweißen, werden sich in der Masse der amerikanischen Bevölkerung unter den gegenwärtigen Bedingungen nur sehr langsam auflösen, und selbst das kann nicht vollständig gewährleistet werden.

In Amerika gibt es noch weitere kleinere parasitäre Gruppen, die jeweils ungeborene Amerikaner verdrängen und zu dem bedauerlichen Auftreten von Hass und Ressentiments führen, die das überpersönliche Leben vergeuden und verdrehen. Es gibt eine japanische Gruppe, mehrere levantinische Gruppen und die russische Gruppe.

Oberflächlich betrachtet könnte man meinen, dass der Fall Amerika gegen die bereits dargelegte Sichtweise der Ethnie des zwanzigsten Jahrhunderts spricht, aber das ist nicht wirklich der Fall. Das amerikanische Beispiel kann nicht als Kriterium für Europa dienen, da es als Kolonie ein Gebiet mit geringer kultureller Sensibilität ist, und parallel dazu eine geringere kulturelle Stärke und Assimilationskraft aufweist. Mit anderen Worten, seine Anpassungsfähigkeit ist geringer als die des Heimatlandes.

Im Falle Amerikas geht es nicht um eine zu starke Assimilierung, sondern um eine zu geringe Assimilierung. Fremde Gruppen, ob sie nun politisch fremd sind, wie eine westliche Gruppe innerhalb einer westlichen Nation, oder völlig fremd, wie der Jude innerhalb eines westlichen Wirts, sind nur solange Parasiten, wie sie Gruppen bleiben. Wenn sie sich auflösen, hat die gesamte assimilierte Bevölkerung zugenommen. Die Tatsache, dass diese Zunahme durch Einwanderung und nicht durch einen Anstieg der durchschnittlichen Geburtenrate der einheimischen Bevölkerung zustande kommt, ist unerheblich. Allein die Tatsache, dass sie sich assimilieren konnten, zeigt, dass sie keine Fremden im parasitären Sinne waren.

Bei der Untersuchung des kulturellen Parasitismus in Amerika sollte auch nicht außer Acht gelassen werden, dass die amerikanische Bevölkerung viele Millionen Deutsche, Iren, Engländer und Skandinavier während des 19. Jahrhundert nicht in erster Linie aus diesen europäischen Ländern eingewandert sind, aber diejenigen, die aus diesen Ländern eingewandert sind, wurden vollständig integriert. Im Falle der deutschen und irischen Einwanderer können wir sagen, dass die Yankee-Armeen sie in großer Zahl und mit bemerkenswertem Erfolg im Bürgerkrieg eingesetzt haben... etwas, was man mit kulturell fremden Gruppen, wie z. B. Juden oder Slawen, niemals getan hätte.

Amerika wurde als Schmelztiegel bezeichnet. Das stimmt nicht, denn Massengruppen mit kulturell fremdem Hintergrund sind nicht "verschmolzen", sondern blieben eigenständig. Kulturell nicht-fremde Gruppen haben sich schnell, d.h. innerhalb einer Generation, assimiliert, und so trifft die Auffassung des 20.

Jahrhunderts von Ethnie auch auf die Fakten der amerikanischen Szene zu. Diese nicht assimilierten Gruppen machen zwischen einem Drittel und der Hälfte der Bevölkerung Amerikas aus. Die slawischen Gruppen scheinen sich langsam zu integrieren, aber selbst wenn sie vollständig verschwinden würden, würden die verbleibenden kulturell parasitären Gruppen immer noch einen pathologischen Zustand von größter Tragweite für Amerika darstellen.

Die altmodische Sichtweise des vertikalen Rassismus kann keine Schlussfolgerungen aus dem Fall Amerika ziehen, denn was wir dort sehen, ist nicht eine Vermischung der Ethnien, sondern ihre Nicht-Vermischung[48]. Alle parasitären Gruppen haben den Kontakt zu ihren alten Heimatländern verloren, aber keine neuen geistigen Verbindungen erworben. Nur der staatenlose Jude, der Nation, Kirche, Staat, Volk, Ethnie und Kultur in sich trägt, hat seine alten Wurzeln bewahrt.

Das Phänomen des Kulturparasitismus ist, auch wenn es von der Ethik abgekoppelt ist, nicht außerhalb des Bereichs der Politik angesiedelt. Es ist sinnlos, über kulturfremde Gruppen in Form von Lob oder Kritik, Hass oder "Toleranz" zu sprechen.

Kriege, Unruhen, Mord, Zerstörung, die ganze Verschwendung sinnloser innerstaatlicher Konflikte, alle Phänomene, die unweigerlich auftreten, wenn ein Wirt einen kulturellen Parasiten erträgt, bestehen so lange, wie der pathologische Zustand anhält.

Kultureller Parasitismus, der Widerstandsphänomene hervorruft, hat eine doppelt schädliche Wirkung auf den Körper der Kultur und ihrer Völker. Fieber ist ein Zeichen des Widerstands gegen die Krankheit, auch wenn es der rettende Teil ist. Widerstandsphänomene wie der Antinipponismus, der Antisemitismus und der amerikanische Fundamentalismus sind ebenso unerwünscht wie die Zustände, die sie bekämpfen. Parallel dazu hat der europäische Antisemitismus keinen positiven Wert und kann, wenn er übertrieben wird, leicht eine andere Art von kultureller Pathologie entwickeln, jenen verschlimmerten Zustand, der unter bestimmten Voraussetzungen auch aus kulturellem Parasitismus entstehen kann, nämlich

---

[48] Von den 204 Millionen Einwohnern sind nur 130 Millionen (d. h. 63 %) angelsächsischer Herkunft. Es gibt fast 40 Millionen Schwarze, Mexikaner, Mestizen, Syrer-Libanesen und Inder. Acht bis zehn Millionen Juden und etwa zwanzig Millionen Slawen und Süditaliener sind völlig unassimiliert, so der amerikanische Schriftsteller Wilmot Robertsson in seinem Werk "The Dispossessed Majority", S. 58-59.

kulturelle Verzerrung.

## 3. Kulturelle Verzerrung

I

Das mächtige Schicksal einer großen Kultur hat die gleiche Macht über den Organismus der Kultur wie das Schicksal der Pflanze über die Pflanze und das menschliche Schicksal über den Menschen. Diese gewaltige und innerlich unbestreitbare Macht ist jedoch nicht absolut. Sie ist organisch, und ein Organismus ist eine Beziehung von etwas Innerem zu etwas Äußerem, von einem Mikrokosmos zu einem Makrokosmos. Während sich keine innere Kraft gegen das Schicksal des Organismus durchsetzen kann, können äußere Kräfte, manchmal auf allen Ebenen des Lebens, Krankheit und Tod über den Organismus bringen. Mikroorganismen, die in den Körper eines Menschen eindringen, verursachen Krankheiten, weil ihre Lebensbedingungen völlig anders sind als die des Menschen. Das Wohlergehen des einen bedeutet den Untergang des anderen. Sie sind eine äußere Kraft, auch wenn sie aus dem Inneren des menschlichen Organismus heraus wirken. Äußerlich ist hier ein geistiger und kein räumlicher Begriff. Das Äußere ist das, was eine eigene Existenz hat, unabhängig davon, was es physisch sein mag. Was ein und dasselbe Schicksal hat, ist eines, was ein anderes Schicksal hat, ist ein anderes. Nicht die Geographie ist entscheidend, sondern die Geistigkeit. Im Krieg kann ein Verräter innerhalb der Festung für die angreifende Armee so wertvoll sein wie die Hälfte ihrer eigenen Soldaten. Der Verräter ist außen, auch wenn er innen ist.

Das Leben ist der Prozess der Verwirklichung des Möglichen. Aber das Leben ist vielgestaltig, und die Organismen zerstören bei der Verwirklichung ihrer eigenen Möglichkeiten andere Organismen. Tiere verschlingen Pflanzen, Pflanzen zerstören sich gegenseitig, Menschen vernichten ganze Arten und töten Millionen von Tieren. Große Kulturen lösen allein durch die Tatsache ihrer Existenz negative Impulse in der Außenwelt aus. Diejenigen, die dieses Gefühl der Kultur, das ihren Besitzern eine unbestrittene Überlegenheit verleiht, nicht teilen, wollen sie instinktiv auslöschen. Je stärker der Druck der großen Kultur auf die äußeren Bevölkerungen ist, desto nihilistischer ist die negative Stimmung, die sich in den Teilbevölkerungen herausbildet. Je mehr sich die Kulturexpansion geografisch ausbreitet, desto mehr breitet sich der extreme Vernichtungswille unter den außerkulturellen Völkern in der Welt aus. Die Lebensformen stehen sich feindlich gegenüber; die Verwirklichung der einen bedeutet den Tod von tausend anderen. Dies ist eine andere Art zu sagen, dass das Leben ein Kampf ist. Eine große Kultur ist keine Ausnahme von dieser großen Lebensregel. Ihre Existenz zerstört andere Formen, und auf der anderen Seite befindet sie sich während ihrer gesamten Existenz in einem Kampf um die Existenz gegen die Außenwelt. Von diesem erhabenen Standpunkt aus ist der Versuch, zwischen offensiv und defensiv, aggressiv und resistent zu unterscheiden, offensichtlich sinnlos. Es handelt sich um eine pseudojuristische Spitzfindigkeit rationalistischer Zauberer, die sich im Hyperintellektualismus verlieren und dem Leben feindlich gegenüberstehen. Verteidigung ist Aggression, Aggression ist Verteidigung. Die Frage, wer in einem Krieg zuerst zuschlägt, steht auf derselben Stufe wie die Frage, wer in einem Boxkampf zuerst zuschlägt. Das zwanzigste Jahrhundert lässt all diesen Jargon, die Dummheit, die Heuchelei und die legalistische Gaukelei beiseite, während es sich auf ein Jahrhundert des Krieges zubewegt, den gewaltigsten und unerbittlichsten aller bisherigen Kriege.

Aber in der entscheidenden Phase der Prüfung, in der jede Faser ihrer geistigen Reserven und jedes Atom ihrer physischen Ressourcen gefordert ist, ist sie schwer krank. Sie leidet an einer kulturellen Verzerrung.

Kulturelle Verzerrung ist der Zustand, in dem äußere Lebensformen die Kultur von ihrem wahren Lebensweg abbringen. So wie eine menschliche Krankheit einen Menschen "*hors de* combat" lassen kann[49], so kann eine kulturelle Krankheit dies auch in Bezug auf eine Kultur tun, und genau das ist es, was dem Westen zu Beginn des zwanzigsten Jahrhunderts widerfahren ist. Das Konzept der kulturellen Verzerrung muss von der westlichen Zivilisation klar verstanden werden.

Es wurde bereits festgestellt, dass das Wort "extern" keine geografische Bedeutung hat, wenn es im Bereich des Organischen verwendet wird. Das Phänomen der kulturellen Verzerrung ist das Ergebnis äußerer Kräfte, die im Körper der Kultur wirken, an ihrem Leben und ihrer öffentlichen Politik teilhaben, ihre Energien auf Probleme lenken, die nichts mit ihrer internen Aufgabe zu tun haben,

---

[49] Auf Französisch heißt es im Text "außer Gefecht".

und ihre physischen und geistigen Kräfte auf fremde Probleme ausrichten.

Wenn wir einen Moment innehalten und nachdenken, werden wir sehen, dass eine solche Kulturkrankheit im Zeitalter der strengen Kultur, vor dem Aufkommen der Zivilisation, unmöglich auftreten konnte. Damals waren die Formen der Kultur in allen Lebensrichtungen so hoch entwickelt, dass sie nicht nur hochbegabte Geister erforderten, um sie zu beherrschen, sondern diese Geister auch selbst beherrschten. Kein europäischer Denker, Künstler oder Handelnder hätte im siebzehnten Jahrhundert versuchen können, europäische Energie auf asiatisches Denken, Kunst oder Handlungsformen zu richten. So etwas mag als imaginäre Möglichkeit bestanden haben, aber es ist zweifelhaft, dass es in der Realität möglich gewesen wäre. Auf jeden Fall hat es 800 Jahre lang im Westen nicht stattgefunden, außer in seinen rudimentären Anfängen. Wir können uns nicht vorstellen, dass Cromwell, Oxenstierna[50] oder Oldenbarneveldt[51] mit der Wiederherstellung der Abbassiden-Dynastie in Kleinasien[52] oder mit der Vertreibung der mandschurischen Usurpatoren aus den Ruinen des versteinerten China befasst waren. Aber wenn es einem europäischen Staatsmann gelungen wäre, die Energie des Westens in ein derartig seltsames und unfruchtbares Unterfangen zu lenken, wäre das eine kulturelle Verzerrung gewesen. Wenn es einem Künstler gelungen wäre, den westlichen Stil der Ölmalerei in den Stil der ägyptischen Linienmalerei oder der klassischen Bildhauerei zu verwandeln, wäre dies ebenfalls eine kulturelle Verzerrung gewesen. Zukünftige Bände der Philosophie der westlichen Geschichte im 20. und 21. Jahrhundert werden die oberflächlich verzerrenden Auswirkungen der von Wincklemann im 18. Jahrhundert eingeführten Klassizismus-Manie in der Architektur, Literatur und Wirtschaftstheorie vollständig aufdecken.

Sie werden auch die zahllosen Verzerrungen erwähnen, die sich aus dem kulturellen Parasitismus während der rationalistischen Periode von 1750 bis 1950 in den verschiedenen Aspekten des abendländischen Lebens ergeben, in der Kunst,

---

[50] Graf Axel Oxenstierna, schwedischer Staatsmann (1583-1654), Berater von Gustav Adolf und Erzieher von Königin Christina von Schweden.

[51] Johann van Oldenvarneveldt, niederländischer Politiker (1547-1619), der Hauptbegründer der vereinigten Provinzen der Niederlande.

[52] Die Anspielung auf die westlichen Staatsmänner der Mitte des 20. Jahrhunderts, vor allem die Amerikaner, die von der Wiederherstellung des Staates Israel, der vor neunzehn Jahrhunderten untergegangen ist, besessen sind, ist eindeutig (N. des T.).

der Religion, der Philosophie, der Wissenschaft und im Bereich des Handelns. Dieses Werk befasst sich mit dem Handeln und richtet sich insbesondere an die Zukunft, d.h. an die nächsten hundert Jahre.

Bei der Darstellung der Gliederung einer Großen Kultur wurde festgestellt, dass nicht die gesamte Bevölkerung des Kulturraums für die Idee nutzbar ist. Das ist eine Besonderheit der parasitären Phänomene. Die höhere, psychisch empfindlichere Schicht, die die Idee der Kultur trägt und sie in eine fortschreitende Verwirklichung umsetzt, ist für die Idee vollkommen nützlich, aber diese Nützlichkeit nimmt in dem Maße ab, in dem man sich nach unten durch den Körper der Kultur bewegt. Abwärts bedeutet natürlich nicht wirtschaftlich oder sozial, sondern geistig. So kann sich ein Mensch aus der untersten geistigen Schicht in einer gehobenen Position wiederfinden, wie das Ungeheuer Marat[53]. Solche Individuen gehören keiner anderen Kultur an, nicht einmal einer toten Kultur der Vergangenheit, und sind scheinbar Mitglieder der Kultur, aber in ihrer Seele wollen sie alles gestaltende Leben zerstören. Ihre Beweggründe spielen keine Rolle, aber ihre Tendenz ist offensichtlich.

Diese Individuen, die in diesen Jahrhunderten eine große und vollständige Schicht bilden, befinden sich ganz einfach unterhalb der Kultur. Sie äußerten sich in England in den Revolten von Wat Tyler und Jack Cade, in den Bauernkriegen des 16. Jahrhunderts in Deutschland, im französischen Terror von 1793 und in der "Kommune" von 1871. Als Deutschland im 19. Jahrhundert als Nation existierte, war diese Schicht unterhalb der Kultur als der Deutsche Michael[54] bekannt. Phänomene dieser Art sollten nicht mit kulturellem Parasitismus verwechselt werden. Sie sind ein organischer Teil jeder Kultur, aber der Parasitismus entwickelt sich in ihnen nur zufällig und nicht notwendigerweise Das "Michel-Element" der Kultur ist keine Pathologie und stellt an sich keine Gefahr dar. Seine einzige Gefahr besteht darin, dass es durch den Vernichtungswillen nutzbar gemacht wird, ob dieser Wille nun automatisch entsteht, wie im Liberalismus, in der Demokratie, im Kommunismus,

---

[53] Jean Paul Marat, ein französisch-jüdischer Revolutionär (17431793), war einer der Anstifter des Terrors und wurde von Charlotte Corday ermordet. (N.)

[54] Der Deutsche Michel", wörtlich: "der deutsche Michel". Ein Name, der allgemein denjenigen gegeben wurde, die während der Bauernkriege des 16. Jahrhunderts verschwanden, und der später im weiteren Sinne als "Michel-Element" dem bürgerlichen Pöbel zugeschrieben wurde. (N. des T.)

oder explizit, wie im Fall der außereuropäischen Kräfte, die in der Epoche der Weltkriege den Tiefpunkt der westlichen Zivilisation herbeiführten.

In dieser Situation zeigte der europäische "Michel" sein zerstörerisches Potenzial. Die eine Seite verehrte den Primitivismus des russischen Hooliganismus, die andere die geistig korrumpierende Krankheit des Hollywoodismus. Nur dank dieser europäischen Michel-Schicht ist es den außereuropäischen Kräften gelungen, Europa physisch und geistig zu spalten. Dieser europäische Michel hat mit seinem Festhalten am Informellen die Niederlage Europas vor dem Barbaren und dem Fälscher herbeigeführt. In seinem unbändigen Hass auf Größe und Kreativität ließ er sich sogar dazu hinreißen, innerhalb Europas militärische Bewegungen zu schaffen, um es zu sabotieren und im Zweiten Weltkrieg auf den militärischen Sieg der Barbaren hinzuarbeiten.

Nach dem Krieg erkannte das Michel-Element, dass sein Schicksal mit den schöpferischen Kräften der Kultur verbunden war, denn es gehörte zum kollektiven Körper Europas, der durch den Sieg der Barbaren und Fälscher verfolgt, beraubt und ausgehungert wurde.

## II

Das Schicksal eines lebenden Organismus darf nicht mit der völlig entgegengesetzten Idee der Prädestination verwechselt werden. Letztere ist eine kausale Idee sowohl in ihrer religiösen Form des Calvinismus als auch in ihrer materialistischen Form des Mechanismus und Determinismus. Das Schicksal ist keine kausale Notwendigkeit, sondern eine organische Notwendigkeit. Kausalität ist eine Form des Denkens, aber das Schicksal ist die Form des Lebendigen. Die Kausalität beansprucht absolute Notwendigkeit, aber das Schicksal ist nur eine innere Notwendigkeit, und jedes Kind, das zufällig stirbt, ist ein Beweis dafür, dass das Schicksal äußeren Ereignissen unterworfen ist. Das Schicksal sagt einfach: Wenn es so sein soll, dann wird es so und nicht anders sein. Jeder Mensch ist dazu bestimmt, erwachsen zu werden, aber viele werden diese Bestimmung nicht verwirklichen. Niemand kann vorgeben, die Idee des Schicksals zu verstehen, wenn er es als eine Art verborgene Kausalität, als eine Form der Prädestination betrachtet.

Zu Beginn dieser Behandlung des Themas Kulturvitalismus wurde gesagt, dass, wenn es den außerkulturellen Kräften nach dem Zweiten Weltkrieg gelungen wäre, die gesamte kulturtragende Schicht Europas zu vernichten, diese Schicht innerhalb von dreißig bis sechzig Jahren wieder aufgetaucht wäre. Diese Aussage war natürlich hypothetisch, denn das ist nicht geschehen. Allein die Tatsache, dass jemand dies schreibt und jemand es liest, beweist, dass sie nicht erfolgreich waren.

Die Grundlage dieser Behauptung war die gewaltige und jugendliche Kraft einer großen Kultur. Der Westen hat eine Zukunft, und diese Zukunft muss innerlich verwirklicht werden. Intern unterscheidet sie sich von extrem, denn die Verwirklichung der externen Potenziale des Westens ist ebenso eine Frage des Zufalls wie des Schicksals.

Die innere Zukunft des Westens enthält viele notwendige Entwicklungen, wie die Renaissance der Religion, das Erreichen neuer Höhen in der Technik, der Chemie, die Vervollkommnung des lokalen und administrativen Denkens, und all dies könnte unter einer ständigen Besatzung von Barbaren aus anderen Kontinenten stattfinden. Der größte, der mächtigste Aspekt des Lebens, der des Handelns, des Krieges und der Politik, würde sich in einem solchen Regime in einer unerbittlichen, kontinuierlichen und erbitterten Revolte gegen die Barbaren äußern.

Anstatt das Banner des Westens in den Antipoden zu pflanzen, würde es lediglich versuchen, den heiligen Boden des Westens von den Hufen der Primitiven zu befreien. Es war also nicht der Gedanke einer kausalen Prädestination, wenn gesagt wurde, dass die Kulturschicht sich selbst dann neu konstituieren würde, wenn jedes ihrer zeitgenössischen Mitglieder legal ermordet würde.

Diese Aussage impliziert das Dilemma: Entweder der Westen verwirklicht sein gewaltiges Weltziel des unbegrenzten und absoluten Imperialismus, oder er wird seine ganze Energie in Kriegen auf europäischem Boden gegen den Fremden und die europäischen Elemente, die er in seinen Dienst zu stellen vermag, einsetzen. Wie bei allen Kriegen ist der Hass von der Notwendigkeit dieses Prozesses losgelöst. Kriege werden nicht durch Hass, sondern durch organische Rhythmen erzeugt. Es geht nicht um die Wahl zwischen Krieg und Frieden, sondern zwischen einem Krieg zur Förderung der Kultur und einem Krieg, der ihren natürlichen Verlauf stören oder verdrehen würde.

Wenn Europa unter fremden Mächten bleibt, werden sie seine Soldaten auf einen Friedhof schicken, denn die Größe des Westens kann weder durch einen Berg von

Propaganda, noch durch Massenheere von Besatzungssoldaten, noch durch Millionen von Verrätern aus der Michel-Schicht zunichte gemacht werden, denn zwei Jahrhunderte lang werden Ströme von Blut fließen, unabhängig von den Wünschen irgendeines Menschen. Es liegt in der Natur von überpersönlichen Organismen, ihre Möglichkeiten zum Ausdruck zu bringen. Was auf die eine Weise nicht möglich ist, wird auf eine andere Weise getan. Diese Idee rekrutiert die Menschen und verlässt sie erst, wenn sie sterben. Sie übt keinen Rechtsanspruch auf sie aus, keine förmliche Unterwerfung oder die Androhung eines Militärgerichts: ihr Anspruch auf sie ist total. Es ist eine selektive Rekrutierung: Je höher die Qualitäten eines Menschen, desto stärker ist das Band, das die Idee ihm auferlegt. Was können die Barbaren und Fälscher dem entgegensetzen? Seinen mörderischen russischen Sklaven, seinen wilden Schwarzen, seinen elenden "go home"-Rekruten aus Nordamerika setzt Europa seine unschlagbare überpersönliche Überlegenheit entgegen. Europa steht am Anfang eines weltgeschichtlichen Prozesses: Das Ende ist nicht in Sicht. Wann - wenn überhaupt - der vollständige Erfolg eintreten wird, ist nicht absehbar. Vielleicht werden vor dem Ende äußere Kräfte die wogenden Massen Chinas und Indiens gegen den Körper der westlichen Zivilisation mobilisiert haben. Das hat nichts mit der Fortsetzung des Konflikts zu tun, sondern nur mit seinem Ausmaß.

Für die Fortsetzung der Unterwerfung Europas ist es notwendig, dass die Fremden über eine große Zahl von Europäern verfügen, die für die Erfüllung ihrer Zwecke erreichbar sind: Geheimgesellschaften, Gruppen, Restschichten der sterbenden Nationen des neunzehnten Jahrhunderts. Gegen ein geeintes Europa hätten sie niemals gewinnen können, und nur gegen ein geteiltes Europa können sie sich behaupten. Geteilt! Gebrochen! Unterschieden!... das ist die Technik der Eroberung. Die Wiederbelebung alter Ideen, alter Slogans, die nun völlig tot sind, um die Europäer dazu zu bringen, sich gegenseitig zu bekämpfen. Aber immer mit der schwachen Schicht ohne Kultur gegen die starken Träger und Wertschätzer der Kultur. Diese müssen "verurteilt" und gehängt werden.

Die Verfügung über das Substrat der Kultur zugunsten äußerer Kräfte ist eine - die gefährlichste - Form der kulturellen Pathologie, die als kulturelle Verzerrung bezeichnet wird. Sie ist jedoch eng mit einer anderen Form verwandt, die als kulturelle Verzögerung bezeichnet wird.

## 4. Kulturelle Retardierung als eine Form der kulturellen Verzerrung

Bei der Untersuchung der Ausprägung einer Kultur zeigte sich der unaufhörliche Kampf zwischen Tradition und Innovation. Das ist normal und begleitet die Kultur von der Feudalunion bis zum Cäsarismus, von der gotischen Kathedrale bis zum Wolkenkratzer, von Anselm[55] bis zu den Philosophen unserer Zeit, von Schütz bis Wagner. Der nicht enden wollende Kampf findet in der Form der Kultur statt, und er ist nicht deshalb eine ungesunde Form, weil auch der Konflikt selbst jeweils streng in die Form der Kultur gegossen wurde. In der Zeit von 1000 bis 1800 kam es niemandem in den Sinn, im Kampf gegen eine andere abendländische Idee deren Verwirklichung zu verhindern, selbst um den Preis der Zerstörung der Kultur. Um genau zu sein, hätte keine europäische Macht und kein europäischer Staatsmann ganz Europa den Barbaren überlassen, nur um eine andere Macht oder einen anderen Staatsmann zu besiegen. Im Gegenteil, als der Barbar vor den Toren Europas auftauchte, stellte sich ihm ganz Europa entgegen, so wie sich schließlich alle seine Völker zusammenschlossen, um den Türken im Moment der größten Gefahr zu bekämpfen. Nach der Niederlage des europäischen Heeres bei Nikopolis zu Beginn des 15. Jahrhunderts schwor Sultan Osmanly Bauazid, dass er nicht eher ruhen würde, bis er den Petersdom in einen Pferdestall verwandelt hätte. In der damaligen Zeit der westlichen Geschichte konnte das nicht geschehen. Die totale Unterwerfung des Westens unter die fremden Vernichtungsmächte musste bis zur Mitte des 20. Jahrhunderts warten.

Diese Lösung kam nur zustande, weil bestimmte Elemente im Westen es vorzogen, ganz Europa zu ruinieren, anstatt Europa den Übergang zur nächsten kulturellen Etappe, dem Wiederaufleben der Autorität, zu ermöglichen.

Ein historisches Phänomen dieses Ausmaßes entsteht nicht von heute auf morgen. Die Anfänge dieser schrecklichen Spaltung des Abendlandes liegen in den Ursprüngen des Rationalismus. Schon in den österreichischen Erbfolgekriegen zeichnete sich eine neue Grausamkeit ab, die die kommende Teilung vorwegnahm. In jenem Krieg planten die Alliierten tatsächlich die vollständige Aufteilung des

---

[55] Der heilige Anselm, scholastischer Philosoph (1033-1109), Erzbischof von Canterbury, geboren in Aorta.

Territoriums der Nationenkultur Preußen. Schweden, Österreich, Frankreich und Russland sollten sich an dieser Teilung beteiligen. Es stimmt, dass Russland während des Romanow-Regimes vom 17. bis zum 20. Jahrhundert ein Staat und eine Nation nach westlichem Vorbild war. Allerdings gab es auf beiden Seiten offene Vorbehalte, denn es war ein Unterschied, ob man wie Polen ein Gebiet an der asiatischen Grenze aufteilte oder mit Russland einen Teil des europäischen Mutterlandes teilte.

Im Kampf der Dynastien und Traditionalisten gegen Napoleon ging der Trend noch weiter, und 1815, auf dem Wiener Kongress, konnte der Zar mit seinen Truppen, die halb Europa besetzten, die "Posse" des Retters des Westens übernehmen. Der Fürstenbund[56] und England befanden sich also am Rande des kulturell Pathologischen, als sie ihren Kampf gegen einen westlichen Herrscher, Napoleon, so weit trieben, dass sie russische Truppen in die europäischen Hauptstädte einließen. Es war jedoch ganz offensichtlich, dass der westliche Aspekt Russlands in dieser Angelegenheit ausschlaggebend war: Der Fürstenbund und Pitts England hätten ein nihilistisches Russland oder den Türken nicht in Europa aufgenommen, um Napoleon und dann sich selbst zu besiegen.

Doch damit nicht genug: Im Ersten Weltkrieg zwischen zwei europäischen Nationen, England und Deutschland im Stil des 19. Jahrhunderts, machte England Russland erneut zum Verbündeten und stellte die Romanow-Despotie in Europa und Amerika als "Demokratie" dar. Zum Glück für den Westen gab es eine Gegenreaktion, und als die Bolschewiki nach dem Krieg ihren Marsch gegen den Westen begannen, wurden sie 1920 von einer westlichen Koalition vor den Toren Warschaus zurückgeschlagen. In der antibolschewistischen Armee befanden sich Deutsche Franzosen, Engländer, Feinde von gestern, heute vereint gegen den Barbaren. Selbst die Amerikaner schickten zwei Expeditionen gegen die Bolschewiki, eine nach Arkangelsk, die andere nach Südsibirien.

In der Zeit der Vorbereitung des Zweiten Weltkriegs (1919-1939) sah es mehrfach so aus, als ob der kommende Krieg die Form eines Kampfes bestimmter Westmächte - denn der Westen war damals in eine Ansammlung von Kleinstaaten aufgeteilt - gegen Russland annehmen würde, während andere Kleinstaaten neutral

---

[56] Union Deutscher Staaten (N.)

bleiben und wirtschaftliche Hilfe leisten würden. Dies schien sich im Juni 1936[57] abzuzeichnen, als die Staatsmänner der vier großen Kleinstaaten ein Protokoll unterzeichneten, das ein allgemeines Abkommen zwischen ihnen vorsah. Dieses Protokoll wurde jedoch nie ratifiziert. Zwischen 1933 und 1939 unternahmen die Träger der Idee des 20. Jahrhunderts nicht weniger als zwanzig verschiedene Versuche, um mit den Führern der Kleinstaaten, die noch in der Todesstarre der Idee des 19. Natürlich waren die führenden Elemente der kulturtragenden Schicht in diesen kleinen Staaten mit der neuen Idee verbunden, aber bestimmte Elemente widersetzten sich ihr aufgrund ihrer geistigen Unempfindlichkeit, ihrer materialistischen Oberflächlichkeit, ihres negativen Neides, ihrer festen Verwurzelung in der Vergangenheit und - um den wichtigsten Grund zu nennen - aufgrund ihrer materiellen Interessen, denen die Aufrechterhaltung des internationalen und nationalen Wirtschaftsstils des neunzehnten Jahrhunderts, von dem nur sie profitierten und unter dem die gesamte westliche Zivilisation litt, diente.

Die letztgenannten Elemente beschlossen, die Teilung Europas in Asien und Amerika zuzulassen, anstatt die westliche Idee der Zukunft zu übernehmen.

Wenn der Kampf zwischen Tradition und Innovation, zwischen dem Alten und dem Neuen, der in jeder Kultur natürlich und normal ist, diesen Grad erreicht, handelt es sich um kulturelle Pathologie. Diese Form der Pathologie der Kultur lässt sich durch die Intensität des Hasses auf die Zukunft der Kultur definieren. Wenn die konservativen Elemente die kreativen Elemente so sehr hassen, dass sie zu allem fähig sind, um ihre militärische Niederlage herbeizuführen, sogar bis zur Selbstzerstörung, ist dies bereits ein Verrat an der Kultur und wird als akute Form der Kulturpathologie eingestuft.

Die Prägung durch diese kulturelle Krankheit ist nur eine Frage des Grades. Jede neue Idee in der Kultur hat eine Opposition überwinden müssen: in der Architektur, in der Musik, in der Literatur, in der Wirtschaft, im Krieg und in der Staatskunst. Aber bis zu diesem schrecklichen Ausbruch der Kulturkrankheit im 20. Jahrhundert hatte die Opposition gegen das Schöpferische nie eine Totalität erreicht, die man nur angemessen als wahnsinnig bezeichnen kann.

---

[57] Datumsfehler. Die Staatschefs von England, Frankreich, Italien und Deutschland trafen sich 1938 in München.

Es war auch ein Fall von Kulturpathologie, dass dieses subwestliche Element während des Zweiten Weltkriegs den parasitären und barbarischen Kräften, denen es sich in seinem Hass auf Europa und seine Zukunft bereitwillig unterworfen hatte, die heimtückische und unterwürfige Hilfe dieses subwestlichen Elements leistete. Mit unvergesslicher Schande übergab es Millionen von Soldaten des Westens an die russischen Wilden, um für immer in den anonymen Gräbern Sibiriens zu verschwinden. Dieses Element Michel arbeitete mit den Barbaren zusammen und half ihnen enthusiastisch; er deckte offen alle ihre Geheimnisse auf, aber eben dieser Barbar nahm all die Hilfe ohne Dank an und vergalt sie mit Misstrauen, Sabotage und Hass.

Das Michel-Element des Westens litt unter der Niederlage des Westens und seiner Unterwerfung unter den Barbaren und den Fälscher. Die Pathologie der kulturellen Verspätung hatte in diesem Fall sowohl für die Vertreter der Vergangenheit als auch für die der Zukunft tragische Konsequenzen. Für den Michel der Vergangenheit war sie sogar noch tragischer, denn im Kampf zwischen der Vergangenheit und der Zukunft ist die Vergangenheit dem Untergang geweiht. Letztendlich wird die Idee der Zukunft im Inneren triumphieren, auch wenn ihr äußeres Schicksal vereitelt wird. Der Mechanismus in der Politik wird der Zukunft Platz machen, so wie der Mechanismus in der Biologie schon lange verschwunden ist. Die Idee, dass Individuen die Macht über gigantische Ökonomien überpersönlicher Organismen innehaben, ist dem Tode geweiht, und das ist eines der Dinge, die die subwestlichen, zukunftsfeindlichen Elemente für sich selbst retten wollten. Der Materialismus, seine Weltanschauung, ist überall im Westen dem historischen Skeptizismus gewichen, der wiederum dem Mystizismus und dem Revival der Religion weichen wird. Vor dem allgemeinen Untergang haben sie höchstens eine Anhäufung von kleinen persönlichen Vorteilen für sich selbst retten können. Zum Dank haben der Barbar und der Fälscher sie zu ihren Beauftragten in Europa ernannt. Wie symbolisch war es doch, dass die Marionetten, die nach dem Zweiten Weltkrieg auf die einst wichtigen Posten in Europa gesetzt wurden, allesamt alte Männer waren! Biologisch gesehen waren sie alt, aber geistig waren sie zweihundert Jahre alt, verwurzelt in der toten parlamentarischen Vergangenheit. Dass es diesen Beamten im Ruhestand an Elan und Kreativität mangelte, war den neuen Chefs Europas egal: Sie wurden gerade deshalb ausgewählt. Jeder, der einen gewissen Elan an den Tag legte, wurde von den neuen Machthabern sorgfältig ausgegrenzt. Lethargie gepaart mit Redekunst wurde einer Leistungsbereitschaft ohne das patriotische Geschwätz des 19.

Dies ist das Ergebnis des kulturellen Aufschubs. Ohne sie wäre es den äußeren Kräften niemals gelungen, die Blüte der westlichen Kultur unter den Hufen ihres Primitivismus und ihrer Dummheit zu zertreten. Allerdings spielte sie nur eine untergeordnete Rolle. Das Studium der Pathologie anderer organischer Lebensformen, ob Pflanze, Tier oder Mensch, bietet zahlreiche Beispiele für die Gleichzeitigkeit von Krankheiten, bei denen die Schädigung durch die eine die Ausbreitung der anderen fördert. Die Gleichzeitigkeit von Lungenentzündung und Tuberkulose im menschlichen Organismus ist nur ein Fall unter vielen. Die schwerwiegendste Krankheit, die gleichzeitig mit der kulturellen Retardierung auftrat und von dieser gefördert wurde, war eine Verschlimmerung des kulturellen Parasitismus, der zu einem Störfaktor der Kultur wird, wenn der Parasit aktiv am Leben der Kultur teilnimmt.

## 5. Kulturelle Verzerrungen aufgrund parasitärer Aktivitäten

I

Die elementaren Auswirkungen des kulturellen Parasitismus auf den Körper der Kultur wurden bereits analysiert: Verringerung der Bevölkerung der Kultur durch Verdrängung; Verlust der kulturellen Energie durch Reibung. Diese Wirkungen entstehen als Folge der bloßen Existenz des Parasiten, wie passiv er auch sein mag. Viel gefährlicher für die gesunde Verwirklichung der Kultur ist die Vermischung von parasitären Elementen im kulturellen Leben sowie die Aktivität des Kulturparasiten, seine Beteiligung an der Schaffung von kulturellen Aufgaben, Ideen und Politik. Die Aktivität des Parasiten erzeugt in höherer Intensität die Wiederholung von Reibungsphänomenen, die mit der passiven Anwesenheit des Parasiten einhergehen. In Kalifornien führte jede Zunahme der wirtschaftlichen Stärke, jede öffentliche Zurschaustellung kollektiver Energie seitens der Chinesen zu antichinesischen Unruhen in der amerikanischen Bevölkerung. Dasselbe gilt für die japanische Gruppe. Die schlimmsten Unruhen wurden durch den fortschreitenden

Aufstieg des Negers im öffentlichen Leben der USA ausgelöst. Solange der Schwarze "passiv" blieb, hielten sich die Unruhen zwischen den beiden Ethnien in Grenzen. Das Jahr 1865 markiert den Beginn des Übergangs von der Passivität der Schwarzen zur Aktivität der Schwarzen. Natürlich geschah dies nicht spontan: Weiße Rationalisten, Liberale, "Toleranz"-Anhänger und Kommunisten schufen eine Bewegung, deren Ziel es war, die Unterschiede zwischen den Ethnien zu ignorieren, und unter ihrer Führung brachen Unruhen aus, die das öffentliche Leben in den größten Städten Amerikas zeitweise lahmlegten. Tulsa, Beaumont, Jersey City, Chicago, Detroit, New York sind nur einige Beispiele für Massenunruhen im letzten Vierteljahrhundert. Jedem Aufstand ging eine Flut von Propaganda über "Toleranz" mit viel Sentimentalität voraus, und später wurde in einer öffentlichen Untersuchung festgestellt, dass die Ursache für alles ein Mangel an "Toleranz" und "Erziehung" war. Während der amerikanischen Besatzung Englands (1942-1946) kam es zu mehreren großen Rassenkämpfen zwischen amerikanischen und schwarzen Truppen, obwohl beide in einer Mission gegen England und Europa eingesetzt waren. Die Kämpfe waren so heftig dass automatische Waffen eingesetzt wurden. Die begrenzte Nützlichkeit kulturell parasitärer Gruppen für militärische Aufgaben wird an diesem Beispiel deutlich. Diese schwarzen Truppen waren eigentlich Teil amerikanischer Einheiten, die sich der Zerstörung Europas verschrieben hatten, aber ein kleiner sozialer Zwischenfall in einer Bar reichte aus, um die Entzündung des Rassenhasses zu fördern, der von Parasit und Wirt, die dasselbe Leben teilen, entwickelt wurde. Truppen parasitärer Gruppen sind von geringem Wert, da sie sich regelmäßig in der Nähe von Rassenunruhen aufhalten, und Rationalisten und Liberale haben aus eigener Erfahrung herausgefunden, dass sie hätten vermieden werden können, wenn sie einfach die Chroniken der 5.000 Jahre alten Geschichte der großen Kulturen studiert hätten. Diese schwarzen Truppen waren der Beweis für ihren Wunsch, sowohl Amerika als auch Europa zu zerstören. Diese Beispiele für hohe Spannungen zwischen Wirt und Parasit sind nur die einfachste Form der Krankheit der kulturellen Verzerrung als Folge parasitärer Aktivitäten. Sie unterscheiden sich nur im Grad des Widerstands gegen den kulturellen Parasitismus.

Viel schwerwiegender ist die Art und Weise, in der der Parasit entscheidend am öffentlichen Leben der Kultur teilnimmt und die Politik dieser Kultur in seine Bahnen lenkt. Weder in Amerika noch in Südamerika hat der Neger diese Bedeutung erlangt.

Auch nicht die japanischen, chinesischen, levantinischen oder indianischen Gruppen in Nordamerika.

Eine Gruppe hat jedoch in der gesamten westlichen Zivilisation und ihren Kolonien auf allen Kontinenten eine große kulturelle Verzerrung verursacht, und diese Gruppe ist im Westen die Nachhut der bereits vollendeten arabischen Kultur: die Kirche-Staat-Nation-Volk-Rasse des Juden.

Von der arabischen Kultur, die sich bereits um 1100 innerlich verwirklicht hatte, übernahm der Jude sein Weltbild, seine Religion, seine Staatsform, seine Idee von Nation, sein Volksgefühl und seine Einheit. Aber aus dem Westen nahm er seine Ethnie[58] und seine Lebensaufgabe mit. Wir sehen die Entwicklung dieser Ethnie in ihrem Ghetto-Dasein bereits in den ersten achthundert Jahren unserer westlichen Kultur. Als sich ab 1750 der Rationalismus artikulierte und der Jude die breiteren Möglichkeiten erkannte, die ihm die neue Lebensphase des Westens bot, begann er, gegen das Ghetto zu agitieren, das er sich in der Urzeit als Symbol seiner geistigen und körperlichen Einheit geschaffen hatte. Diese Ethnie hatte einen anderen Idealtypus als die westliche, und das beeinflusste das menschliche Material, das in den kollektiven Blutkreislauf der Ghetto-Rasse gelangte. In der Mitte des 20. Jahrhunderts sieht man Juden mit nordischer Pigmentierung, aber die rassische Reinheit hat das neue Material an das alte rassische Aussehen angepasst. Für den vertikalen Rassismus des 19. Jahrhunderts waren diese Phänomene rätselhaft, aber das 20. Jahrhundert hat das Primat des Geistigen bei der Bildung der Ethnie gesehen. Wenn also gesagt wurde, dass der Jude seine Ethnie aus dem Westen übernommen hat, so war damit nicht gemeint, dass er sich in die Abstammungslinie der westlichen Völker eingräbt, um seine eigene zu rekrutieren - auch wenn er das bis zu einem gewissen Grad getan hat und weiterhin tut -, sondern dass der Westen, indem er durch seinen eigenen kulturellen Imperativ als völlig fremde Masse um den Juden herum diente, die Auflösung und das Verschwinden der jüdischen Einheit verhindert hat.

---

[58] Der Autor spielt auf die Feindseligkeiten der Völker des Westens gegen die Juden an, aus religiösen Gründen im Mittelalter, aus sozialen und wirtschaftlichen Gründen in der Neuzeit und "total", d.h. politisch, in der heutigen Zeit. Diese Feindseligkeit hat dazu beigetragen, die Ethnie der Kulturschmarotzer zu sentimentalisieren. Die Zionisten selbst haben einen gewissen Antisemitismus vertreten, wie aus den "Protokollen" von Serge Nilus hervorgeht (N. of T.).

Denn, das muss betont werden, während der Kontakt mit dem Fremden für einen Organismus schädlich ist, wenn der Fremde innerhalb des Organismus ist, ist es umgekehrt, wenn der Fremde außerhalb ist: Ein solcher Kontakt stärkt den Organismus. Die Kreuzzüge, das erste Geplätscher nach der Geburt des Abendlandes, gaben dem neuen Organismus Festigkeit, bewiesen seine Lebensfähigkeit. Die Kriege Kastiliens und Aragons gegen die Barbaren gaben Spanien die innere Stärke, die es brauchte, um seine große ultramontane Mission zu erfüllen. Die englischen Siege auf den kolonialen Schlachtfeldern rund um den Globus gaben England das obligatorische Gefühl, eine Mission zu haben. Die Kriege Roms in seinen nationalen Anfängen gaben ihm die innere Festigkeit, die es in die Lage versetzte, die Punischen Kriege zu führen, die ihm die Herrschaft über die klassische Zivilisation verliehen.

Es liegt also auf der Hand, dass der gegenseitige Kontakt des Westens mit dem Juden für die beiden Organismen eine entgegengesetzte Bedeutung hatte: Für den Juden war er eine Quelle der Kraft und der Information, für den Westen war er ein Verlust an Kraft und Deformation. Der Jude war im Westen, aber der Westen war nicht im Juden. Verfolgung stärkt, wenn sie nicht bis zur totalen Ausrottung andauert. Das Zitat am Anfang dieser Arbeit ist für den Westen heute genauso gültig wie für den Juden in seiner Anfangszeit.

Wenn man das Thema Verfolgung anspricht, nennt man die Quelle der Lebensaufgabe des Juden. Ein Jahrtausend des Abschlachtens, des Raubes, des Betrugs, der Brandstiftung, der Beleidigungen, der Misshandlungen, der Vertreibungen, der Ausbeutungen: Das ist das Geschenk des Westens an den Juden. Sie haben nicht nur seinen Sinn für Ethnie gestärkt und verhärtet, sondern ihm auch eine Mission gegeben, die Mission der Rache und der Zerstörung. Die westlichen Völker und Monarchen lagerten Sprengstoff im Geist des unter ihnen lebenden Fremden.

Die organische Regelmäßigkeit des Krieges beherrscht das Leben: Selbst die primitiven Stämme Afrikas führen Krieg, obwohl sie im Gegensatz zu den Völkern einer Kultur keinen Grund zum Kämpfen haben. Das Erscheinen einer großen Kultur auf der Erde und die Machtkonzentration, die ihr durch ihre hohe Organisation und Gliederung verliehen wird, ruft in der menschlichen Umgebung einen destruktiven Gegenwillen hervor, der dem schöpferischen Willen der großen Kultur entgegenwirkt.

Im Leben ist die Nicht-Zugehörigkeit gleichbedeutend mit Opposition. Die Opposition mag für einige Zeit oder für immer in einem latenten Zustand sein, weil es andere, stärkere Oppositionen gibt, aber sie existiert, latent und potentiell. Der Kontakt zwischen zwei überpersönlichen Organismen kann nur Opposition und Krieg hervorrufen. Der Westen und der jüdische Organismus befinden sich seit dem Jahrtausend ihres Kontakts in einem permanenten Krieg. Es war nicht der Krieg auf dem Schlachtfeld, der Krieg auf dem Schlachtschiff, sondern ein Krieg anderer Art.

Die völlige Fremdheit des Juden machte ihn für den Westen politisch unsichtbar. Der Westen betrachtete ihn nicht als Nation, denn er hatte keine Dynastie, kein Territorium. Er sprach die Sprache des Landes, in dem er lebte. Es hatte keinen sichtbaren Staat nach westlichem Vorbild. Es schien, als sei das Judentum lediglich eine Religion und als solche keine politische Einheit, denn selbst im Dreißigjährigen Krieg, 1618-1648[59], spielte die Religion eine untergeordnete Rolle gegenüber der dynastischen und frondialen Politik. Folglich konnte das Abendland, selbst wenn es dem Juden seine politische Mission der Rache und Zerstörung übertragen hatte, ihn nicht als politische Einheit betrachten.

So war der Krieg zwischen der westlichen Kultur und dem Juden ein unterirdischer Krieg. Der Jude konnte nicht in seiner Einheit auftreten und offen gegen den Westen kämpfen, weil er notorisch unterlegen war. Der Westen hätte sofort gegen einen erklärten jüdischen Angriff vereinigt und ihn völlig vernichtet. Der Jude war gezwungen, seine Politik nach der Methode der Infiltration durchzuführen, indem er sich in die Konflikte zwischen westlichen Kräften, Ideen und Staaten mischte und versuchte, das Endergebnis zu seinen Gunsten zu beeinflussen. Er bevorzugte stets die Seite, die auf den Materialismus, den Triumph der Wirtschaft, den Widerstand gegen den Absolutismus und die religiöse Einheit des Westens, die Freiheit des Handels und den Wucher abzielte.

Die Taktik dieses jüdischen Krieges bestand in der Manipulation von Geld. Seine Zersplitterung, sein Materialismus, sein völliger Kosmopolitismus hinderten ihn daran, an der heroischen Form des Kampfes auf dem Schlachtfeld teilzunehmen,

---

[59] Gattungsbezeichnung für eine Reihe von Kriegen in Deutschland, die formell mit dem Anspruch des Kurfürsten Friedrich von der Pfalz auf den böhmischen Thron begannen. Der Westfälische Friede beendete den Krieg, dessen unmittelbare Folge es war, dass die Protestanten in den vollen Genuss ihrer bürgerlichen und religiösen Rechte kamen.

und so beschränkte er sich auf das bloße Verleihen oder Verweigern von Krediten, auf Bestechung, auf die Erlangung von Macht durch Gesetze über wichtige Personen. Seit den Anfängen des Christentums hatten die Päpste den Christen verboten, Geld gegen Zinsen zu verleihen, und seit dieser Zeit wurde der Jude in eine bevorzugte wirtschaftliche Stellung erhoben. Cromwell ließ sie in England wieder zu, als er entschied, dass es "nicht genug Geld im Lande" gab. Sie waren im 17. Jahrhundert die größten Bankhäuser des Westens. Die Bank of England selbst wurde auf der Grundlage einer Konzession gegründet, die Cromwell Ali-ben-Israel erteilt hatte[60]. Diese Bank zahlte 41/21 % Zinsen auf ihre Einlagen und vergab Kredite an die Regierung zu 8 %.

Die scholastische Philosophie, die Gesetze der Kirche, der Zeitgeist, die Macht der Feudalherren, ihn auszurauben... all das wirkte gegen den Juden. So lehrte beispielsweise der heilige Thomas von Aquin im 13. Jahrhundert, dass der Handel zu verachten sei, da er eine Folge der Gier sei, die dazu neige, jedes Maß zu verlieren. Die Erhebung von Kreditzinsen sei eine Ungerechtigkeit, die Juden sollten um das Geld gebracht werden, das sie durch Wucher verdient hatten, und sie sollten gezwungen werden, zu arbeiten und ihren Ehrgeiz nach Gewinn zu verlieren. Mehrere Päpste erließen Bullen gegen wirtschaftliche Praktiken, Materialismus und den wachsenden Einfluss der Juden.

Die entscheidende Wende von 1789 wurde durch kleine Veränderungen im Laufe von Jahrhunderten vorbereitet. Die alte Innerlichkeit des Abendlandes, die den feudalen Jahrhunderten ihren selbstverständlichen geistigen Zusammenhalt verlieh, wurde allmählich von neuen Konflikten untergraben, vor allem von denen zwischen Stadt und Land, zwischen Handels- und Landadel, zwischen Materialismus und Religionsgeist. Die Reformation war eine Spaltung in der ganzen Seele des Abendlandes. In ihr erschien als Symbol für den künftigen Triumph des Materialismus das calvinistische System. Calvin predigte die Heiligkeit der wirtschaftlichen Tätigkeit; er billigte den Wucher; er deutete den Reichtum als Zeichen der Erwählung zur ewigen Erlösung. Dieser Geist verbreitete sich; Heinrich VIII. legalisierte 1545 den Wucher in England. Die alte abendländische Doktrin vom

---

[60] Der Grund für die Gründung dieser Bank im Jahr 1694 war ein Darlehen in Höhe von 1.200.000 Pfund, das Manasseh-ben-Israel, auch Ali ben Israel genannt, an Wilhelm III. von England gewährte.

Übel des Wuchers wurde aufgegeben.

All dies bedeutete für den Juden eine Befreiung und die Möglichkeit, Zugang zur Macht zu erlangen, auch wenn es sich um eine verdeckte, unsichtbare Macht handelte. Zur Zeit der Reformation war der Jude überall im Kampf gegen die Kirche zu sehen, und im Kampf zwischen Luther und Calvin unterstützte er letzteren, denn auch Luther lehnte den Wucher ab. Der Sieg des Puritanismus in England - eine lokale Adaption des Calvinismus - bot dem Juden günstige Bedingungen. Der puritanische Schriftsteller Baxter hielt es sogar für eine religiöse Pflicht, sich für die vorteilhaftere von zwei wirtschaftlichen Alternativen zu entscheiden. Sich für die weniger vorteilhafte zu entscheiden, käme einer Missachtung des Willens Gottes gleich. Diese Atmosphäre schützte das Vermögen des Juden und trug dazu bei, es zu vermehren, so dass sich die alten Raubüberfälle, denen Monarchen und Barone ihn zum Opfer fielen, nicht wiederholen konnten.

## II

Zu Beginn des 17. Jahrhunderts tauchte in der Geschichte des Westens eine Unterströmung, ein Zerrbild, eine Verzerrung auf. Viele der räuberischsten Aspekte des Einflusses von Wucher und Finanzkapitalismus waren gar nicht englisch, sondern dem wachsenden Einfluss des Juden zuzuschreiben. Auch diese Auswirkungen sollten nicht zu einer Kritik an den Juden führen. Die religiöse Seite der jüdischen Einheit erlaubte die Erhebung von Zinsen und schrieb im Verkehr zwischen Juden und Nichtjuden eine andere Ethik vor als im Verkehr zwischen Juden. Nach der Religion des Juden war es verdienstvoll, die Interessen des Nichtjuden zu verletzen. Diese religiöse Doktrin wäre in jedem anderen Fall unwirksam geworden, nicht aber im Fall der lebenswichtigen Mission des Juden, deren Entstehung in den Jahrhunderten der Verfolgung bereits gesehen wurde. Der Jude war einfach er selbst, aber sein Einfluss war nicht abendländisch, und so schuf er eine Verzerrung in der Kultur des Westens. Jahrhundert, nachdem die Heiligung des Ehrgeizes fest etabliert war, war Carlyle, einer der großen Vertreter der abendländischen Kultur, entsetzt über den Anblick des universellen Diebstahls durch gerissene wirtschaftlich-rechtliche Waffen und den unerhörten Mangel an sozialem Gewissen, der ganze Nationen der Plünderung und dem Elend opferte. Die verzerrenden Auswirkungen der jüdischen Präsenz im westlichen Wirtschaftsleben seit seinen Anfängen wurden von dem führenden europäischen Ökonomen und Denker Werner Sombart in seinem Werk Die Juden und der moderne Kapitalismus klar herausgestellt. Mit dem Aufkommen eines größeren Interesses an der materiellen Welt in der westlichen Seele fühlte sich der Jude sicherer, unentbehrlicher und mächtiger. Selbst wenn er andere Tätigkeiten als den Wucher hätte ausüben wollen, wäre dies unmöglich gewesen, denn die Zünfte des Westens ließen nur Christen zu. Seine ursprüngliche wirtschaftliche Überlegenheit blieb also erhalten, und bestimmte westliche Honoratioren wurden von ihm abhängig. Sie konnten ihn nicht mehr angreifen, denn neue Handelsgesetze, die den wachsenden Handelsgeist widerspiegelten, schützten ihn in seinem Eigentum, seinen Hypotheken und seinen Verträgen. Die Geschichte von Shylock zeigt uns das doppelte Bild des Juden: kriecherisch und gesellschaftlich kriechend im Rialto[61], aber wild wie ein Löwe im Gerichtssaal. Es war der Westen, der ihm diese beiden Rollen zuschrieb. Er erwartete von ihm eine rein untergeordnete Rolle, gab ihm aber gleichzeitig die Möglichkeit, eine führende Rolle zu spielen.

Je materialistischer die Kultur wurde, desto näher kam sie dem Juden, und desto größer war der Vorteil des Juden. Der Westen gab seinen Exklusivismus auf, aber er behielt seinen, für den Westen unsichtbaren.

In dieser Zeit entsteht der Rationalismus, die radikale Bejahung des Materialismus. Um 1750 setzen sich im Westen neue Ideen durch: "Freiheit", "Humanität", Deismus, Ablehnung von Religion und Absolutismus, "Demokratie", Begeisterung für das Volk, Glaube an die Güte der menschlichen Natur, Rückkehr zur Natur. Die Vernunft fordert die Tradition heraus, und langsam erliegen die alten und verfeinerten westlichen Strukturen des Denkens und der Staatskunst. Lessing macht zu dieser Zeit den Juden zum Protagonisten seines Stücks Nathan der Weise[62], was noch ein Jahrhundert zuvor lächerlich erschienen wäre. Die Intellektuellen schwärmen von dem Mann aus dem Ghetto mit seinem hochentwickelten Kastensystem und seiner Privatreligion, die mit seinem äußeren Materialismus koexistiert. Er war der Kosmopolit, und als solcher schien er den

---

[61] Berühmte Brücke in einem Stadtteil von Venedig, wo sich früher die besten Leute der Gesellschaft trafen.
[62] Auf Deutsch im Text: Nataniel der Weise (N. von T.)

Intellektuellen des Westens der Wegweiser in die Zukunft zu sein. Zum ersten und letzten Mal arbeiteten Westler und Juden in der Kulturarbeit zusammen, um die neuen Ideen zu verbreiten. Die kulturelle Verzerrung ging dann in das politische Leben über. Die Form, die die Französische Revolution annahm, war auf die kulturelle Verzerrung zurückzuführen. Die besondere Epoche, die diese große Episode markiert, ist natürlich eine westliche organische Entwicklung. Die Verzerrung manifestiert sich in diesen besonderen Ereignissen[63], die sich auf eine besondere Art und Weise und an einem besonderen Ort in Zeit und Raum ereignen. Mit anderen Worten: Die Verzerrung, die Verzerrung geschah nur an der Oberfläche der Geschichte, nicht in ihren Tiefen; denn dort kann es keine Verzerrung geben. Eine menschliche Analogie findet sich in der Gefangenschaft: Sie verzerrt die Oberfläche eines menschlichen Lebens, indem sie alle Fakten verändert, aber sie verändert nicht die innere, körperliche oder geistige Entwicklung. Verzerrung ist Verzerrung, Abweichung, Frustration; aber sie ist nicht der Tod, noch kann sie töten. Sie ist eine chronische Krankheit, eine ständige Wunde, ein Abfall, eine Unreinheit im Lebensstrom der Kultur.

Der Philosoph hat das bekannteste Beispiel für die kulturelle Verzerrung in der arabischen Kultur in vollem Umfang behandelt. Die alten zivilisierten Römer infiltrierten das wiederauflebende Leben der Welt, das Aramäische[64]. Diese neue Kultur musste sich ihren Weg durch die Gesamtheit der Lebensformen der römischen Welt bahnen, um sich auszudrücken. Ihre ersten Jahrhunderte stellen eine fortschreitende Emanzipation von der kulturellen Verzerrung dar, einen Kampf gegen diese Verzerrung. Die mithyridischen Kriege[65] sind der erste Ausbruch dieses Kampfes. Die Römer waren die "Juden" dieser Welt, d.h. die ökonomischen Denker,

---

[63] Anspielung auf revolutionäre Missbräuche. Es war ein Jude, Marat, der die Unterdrückung der so genannten Reaktionäre radikalisierte und den Psychopathen Robespierre hinter sich herschleppte, ebenfalls Juden, die jüdischen Ankläger und Henker des Revolutionsgerichts. Almereyde und Choderlos de Laclos sowie der Kerkermeister des Dauphins, Simon. Auch ein hebräischer Maler, David, war der Künstler der Revolution.

[64] Die Aramäer waren eine Konföderation von Stämmen, die eine semitische Sprache sprachen, zwischen dem 11. und 8. Jahrhundert v. Chr. in Aram (Nordsyrien). Nach der Genesis sind die Aramäer, vermischt mit anderen Wüstenvölkern Mesopotamiens, die Juden.

[65] Mithridates, König von Euxine Pontus (Anatolien), wollte die schwierige Lage, in der sich Rom befand, ausnutzen und ließ alle Römer, die sich in seinem Reich niedergelassen hatten, enthaupten, was zu einem Krieg mit dem römischen Volk führte, und wurde von Sulla in der Schlacht von Chaeronea besiegt (N. des T.).

mit einer vollständigen kulturellen Einheit, eingebettet in eine Zone von entstehenden Religionen. Die Verzerrung manifestierte sich in allen Bereichen des Lebens: Recht, Philosophie, politische Ökonomie, Literatur, Krieg. Sie zeigte sich in den Anfängen der Kultur, die sich langsam von der völlig fremden Welt der Römer löste. Aber das Innerste dieser neuen Kultur war von der Verzerrung nicht betroffen, sondern nur ihre Verwirklichung, ihre Oberfläche, ihr Ausdruck, ihre Taten.

Gleichzeitig wurden nur die Fakten der Zeit von 1775 bis 1815, der Französischen Revolution, verzerrt und verfälscht. Der große Übergang, der durch dieses schreckliche Ereignis symbolisiert wurde - der Richtungswechsel der westlichen Seele von der Kultur zur Zivilisation - hätte auf viele andere Arten stattfinden können.

Die Politik der Geldfälscher bestand darin, die französischen Staatsfinanzen von Schulden und Zinsen abhängig zu machen, so wie es ihnen lange zuvor in England gelungen war. Die absolute Monarchie mit ihrer Zentralisierung der Macht stand jedoch der Unterwerfung des Staates unter die Macht des Geldes entgegen. Die Idee war daher, in Frankreich eine konstitutionelle Monarchie einzuführen, und zu diesem Zweck setzten die Fälscher und ihr Instrument Necker die Einberufung der Generalstaaten durch. Deren Zusammensetzung wurde ebenfalls weitgehend von den Falseurs bestimmt, und so wurde eine konstitutionelle Monarchie eingeführt.

Necker versuchte sofort, zwei große Anleihen zu vergeben, ohne Erfolg. Als Lösung für die Finanzkrise schlug Talleyrand die Konfiszierung der Kirchengüter vor. Mirabeau unterstützt diese Idee und ergänzt sie durch den Vorschlag, Geld zu emittieren, das durch das konfiszierte Eigentum gedeckt ist. Necker lehnte dies mit der Begründung ab, dass ein solches Geld, das nicht verzinst werden musste und nicht von der Schuldenlast abhing, nicht für Zwecke der Fälscher geeignet war.

Auf dem Höhepunkt der Finanzkrise wurde Necker aus Frankreich verbannt und Mirabeau wurde Diktator. Das erste, was er tat, war die sofortige Ausgabe von Geld, gedeckt durch die Reichtümer der neu beschlagnahmten Ländereien, um das Land vor der Panik zu bewahren, die die Fälscher zu schüren versuchten.

Aber von außerhalb Frankreichs entfesselte Necker, der Vertreter der Geldmacht und der Fälscher, einen kontinentalen Krieg gegen Frankreich, unterstützt von Komplizen im Inneren des Landes.

Die treibende Idee des Zusammenschlusses war, dass ein Krieg die Aufnahme großer Kredite durch Frankreich im Ausland, in England, Spanien und anderswo, erforderlich machen würde, und dass Geld, das durch Grundbesitz gedeckt war, die berühmten Assignaten, von den Finanzmächten abgelehnt werden würde. Frankreich würde gezwungen sein, sich den Forderungen der Goldmonopolisten zu beugen. Von diesem Krieg bis zum Terror lässt sich eine gerade Linie ziehen.

In der Frühzeit der Zivilisation erleben wir denselben gigantischen Konflikt zwischen Autorität und Geld, der über Generationen hinweg andauern wird. Es ist der Kampf von Napoleon gegen sechs Koalitionen.

Napoleon wurde von einem verzerrten Geschichtsschreiber als bloßer Eroberer beschrieben; seine Staatsphilosophie wurde ignoriert. Doch seine wirtschaftlichen Vorstellungen wurden von ihm gegenüber Las Cases und Caulaincourt klar dargelegt. Für ihn bestand die Wirtschaft in der Produktion, nicht im Handel, und sollte sich zunächst auf die Landwirtschaft, dann auf die Industrie und schließlich auf den Außenhandel stützen. Außerdem war er gegen zinsbasiertes Geld.

Der Kampf der Fälscher gegen diese Ideen trägt wesentlich zur Gestaltung der Fakten der abendländischen Geschichte vom Aufstieg Napoleons zum Konsulat bis 1815 bei. Abgesehen davon, was diese Ereignisse gewesen sein könnten, war die Tatsache, dass ein Kulturparasit aktiv und entscheidend an der Ausprägung der abendländischen Seele beteiligt war, eine kulturelle Verzerrung. Im Kampf zwischen den westlichen Kräften, dessen Ausgang organisch von der fortschreitenden Entwicklung unserer kulturellen Seele geprägt ist, ist das Gewicht einer völlig fremden Macht in der Waagschale eine Entstellung und eine Frustration.

Wir wissen nicht, wie die westliche Geschichte ohne die Beteiligung dieser fremden Kräfte verlaufen wäre, aber es ist ganz offensichtlich, dass die Macht des Geldes im neunzehnten Jahrhundert niemals eine so absolute Vorherrschaft gehabt hätte, wenn es nicht die Krankheit der kulturellen Verzerrung gegeben hätte. In der Seele des Westens hätte es zwei Pole gegeben - bis hinunter zum Individuum -, den Pol des Denkens von Geld und den Pol der Autorität und Tradition. Der absolute Triumph des Geldes hat dem Leben und der Gesundheit des Westens einen furchtbaren Tribut auferlegt. Er opferte die bäuerlichen Klassen ganzer Länder dem egoistischen Interesse des Handels. Er entfesselte Kriege für private Interessen, die mit dem Blut von Patrioten geführt wurden. Es genügt, den Opiumkrieg zu erwähnen: ein Krieg, in dem englische Soldaten und Seeleute sterben mussten, um den Kaiser von China zu zwingen, das Opiummonopol anzuerkennen und zu schützen, das die in der westlichen Zivilisation ansässigen Fälscher innehatten.

Das Schuldgeldsystem wurde allen europäischen Staaten aufgezwungen. Preußen lieh sich 1818 Geld von Nathan Rotschild. Russland, Österreich, Spanien und Portugal folgten in dieser Reihenfolge. Aber der materialistische Vakuumgeist des Zeitalters, der dem tiefen Denken und der Forschung nach dem Oberflächlichen feindlich gesinnt war, blieb blind; die Philosophie, die Berkeley und Leibnitz hervorgebracht hatte, begnügte sich nun mit Mill und Spencer. Das wirtschaftliche Denken begnügte sich mit Adam Smith, der angesichts des Ruins und des Elends von Millionen von Menschen predigte, dass die Verfolgung der eigenen egoistischen wirtschaftlichen Interessen das kollektive Leben voranbringen würde. Wenn sich solche Thesen durchsetzen konnten, ist es kaum verwunderlich, dass sich nur wenige Westler der Verzerrung des westlichen Kulturlebens bewusst waren. Byron war einer dieser wenigen, wie "The Bronze Age" und Fragmente von "Don Juan" und anderen Gedichten zeigen. Auch Charles Lamb und Carlyle bemerkten dies, aber die meisten Abendländer waren damit beschäftigt, Louis Philippes Befehl auszuführen: *Enrichissez-vous!*.[66]

## III

Das Wirtschaftsleben ist, obwohl es in seinen Formen von der Kultur beeinflusst wird, in Wirklichkeit nur das Rohmaterial der Kultur, eine Vorbedingung des höheren Lebens. Die Rolle der Wirtschaft in einer großen Kultur ist genau analog zu ihrer Rolle im Leben eines schöpferischen Menschen, wie Cervantes, Dante oder Goethe. Für ist die Bindung eines solchen Menschen an eine wirtschaftliche Verpflichtung eine Verzerrung seines Lebens. Jede große Kultur ist schöpferisch: ihr ganzes Leben ist eine kontinuierliche überpersönliche Schöpfung. Das Wirtschaftsleben in den Mittelpunkt zu stellen und zu sagen, es sei das Leben und alles andere sei zweitrangig, ist also eine Verzerrung der Kultur.

Aber die Fälscher erzielten diesen Effekt von beiden Seiten. Die Geldmeister

---

[66] Louis-Philippe, Herzog von Orléans, Nutznießer der Revolution vom Juni 1830, die Karl X. entthronte und der Familie Capet und ihren Nachkommen die Rechte an der französischen Krone nahm. Dieser "revolutionäre" König wurde durch die Revolution von 1848, die die Zweite Republik begründete, entthront.

arbeiteten ausschließlich für die Ausbreitung der Geldsouveränität über die alten Traditionen des Westens. Auf der unteren Flanke leugnete die Verzerrung des Marxismus alles in der Welt außer der Ökonomie und sagte, dass das Proletariat die westliche Zivilisation zu seinem eigenen Nutzen ausbeuten müsse.

Die Untersuchung der Artikulation einer großen Kultur zeigt, dass die kulturelle Bedeutung des Proletariats, mit einem Wort, gleich Null ist. Dies ist eine schlichte Tatsache, nicht der Ausdruck einer Ideologie, und gerade weil es eine Tatsache ist, hat der Fälscher Marx mit seinem abgrundtiefen, wütenden Hass auf die westliche Zivilisation diese als Instrument der Zerstörung gewählt. Von oben und von unten setzten die Fälscher die einzigen Techniken ein, die sie kannten, die ökonomischen, um den Körper des verhassten Westens instinktiv zu zerstören. Das ist, man kann es nicht oft genug wiederholen, jenseits von Lob und Kritik: Die Fälscher handelten aus einem Zwang heraus; ihr Verhalten war irrational, unbewusst und entsprang einer organischen Notwendigkeit.

Die Idee des Geldes und die Idee des Klassenkampfes auf wirtschaftlicher Grundlage tauchten zu gegebener Zeit auch in anderen Kulturkreisen auf. Die Verzerrung unseres Lebens zeigte sich nicht in der bloßen Existenz dieser Phänomene, sondern in ihrer Universalität, ihrer absoluten Form und der Schärfe, mit der sie den gesamten Westen verwirrten und spalteten. Die Anwesenheit des Falsifikators, eine Art organischer Katalysator, ist mit all diesen zersetzenden und zerstörerischen Ideen und Entwicklungen verwoben.

Der Westen ist dieser kulturellen Verzerrung nur aufgrund seiner eigenen Externalisierung erlegen. Sobald der Westen begann, sich mit dem Materialismus zu befassen, verschärften die Fälscher die Situation noch. Das Verschwinden bestimmter Schranken ermöglichte es den Fälschern, auf die Vernichtung aller Unterschiede hinzuarbeiten. Er verwandelte den Deismus in Atheismus, behielt aber seine eigenen Runen und Phylakterien bei. Im Kampf des Rationalismus gegen die Tradition verschärfte er die Spaltung des Abendlandes durch immer absolutere Forderungen.

Die Situation des Fälschers selbst war die Ursache für bittere Zwietracht in den westlichen Nationen. In England wurde immer wieder die Frage nach dem jüdischen Status aufgeworfen. Diese Frage hatte nichts mit dem englischen Körper zu tun, aber Schlacht um Schlacht vergeudeten die Engländer ihre Energien im Kampf für oder gegen die jüdische Staatsbürgerschaft oder die Möglichkeit für Juden, Mitglieder des Parlaments oder der Gerichte zu sein oder zu den freien Berufen oder zu den Ämtern des Staates zugelassen zu werden. Ähnliche Auseinandersetzungen spalteten die westliche Gesellschaft überall. Das Ergebnis der festen Finanzierung des Wirtschaftslebens, die die Idee des Geldes durch die Idee der Ware ersetzte, war der Ruin des materiellen und geistigen Lebens der Arbeiter und Bauern in allen Ländern des Westens. Der Tod von Millionen von ihnen im 19. und 20. Jahrhundert aufgrund von Schmutz, Unterernährung und unmenschlichen Lebensbedingungen, Typhus, Hunger und Tuberkulose ist auf die Verwandlung der Wirtschaft in ein Schlachtfeld zurückzuführen, auf dem der Herr des Geldes gegen den Unternehmer und den Industriellen antritt. Es war der Geldherr, der den Siegeszug der Aktiengesellschaft als Form des Unternehmenseigentums herbeiführte, die jeden Unternehmer in die Knechtschaft der Interessen des Geldherrn zwang, denn der Geldherr kaufte die Aktien und beutete dann die Beschäftigten der Unternehmen aus, indem er alle industriellen Prozesse in Dividenden umwandelte. Die Senkung dieser "Kosten" bedeutete eine Erhöhung seiner eigenen Gewinne. Es spielte keine Rolle, dass das Ergebnis verkrüppelte Kinder, hungernde Familien, ein entwürdigtes nationales Leben waren; was zählte, war der Profit.

Nach dieser Ideologie konnte jeder Arbeiter, wenn er wollte, ein Geldherr werden. Wenn er es nicht schaffte, war es sein eigener Fehler. Die Geldherren fühlten sich niemandem verpflichtet, denn sie waren Selfmademan. Wurde hingegen ihr Eigentum im Ausland angegriffen, war es die patriotische Pflicht ihrer armen Mitbürger, den Geldherren zu Hilfe zu kommen.

Die schrecklichen Folgen des Geldzustroms, der ganze Bevölkerungsgruppen in die Arme des Hungertods trieb, hatten erwartungsgemäß eine Gegenwirkung. Die brodelnde Unzufriedenheit dieser Massen wurde auch als Instrument der Politik der Fälscher eingesetzt.

In der Mitte befand sich der Feind: der Körper der westlichen Zivilisation. Über befand sich die Finanztechnik der Herrschaft über diesen Körper. Unten die Technik des Gewerkschaftswesens. Die Millionen der Masse der Bevölkerung waren die Kriegsbeute an zwei Fronten. Die Rolle des Fälschers bestand darin, die Spaltung zu verstärken, sie zu frenetisieren, sie zu seinem Vorteil zu nutzen. Kein Historiker hat die Politik und die Ergebnisse der Aktion der Fälscher besser ausgedrückt als

Baruch Levy in seinem berühmten Brief an Marx:

*Das jüdische Volk wird in seiner Gesamtheit sein eigener Messias sein. Es wird die Weltherrschaft erlangen durch die Verschmelzung aller anderen menschlichen Ethnien, die Abschaffung der Grenzen und Monarchien, die die Hochburgen des Partikularismus sind, und die Errichtung einer Universellen Republik, in der die Juden überall universelle Rechte genießen werden.*

*"... In dieser neuen Organisation der Menschheit werden die Kinder Israels über die ganze bewohnte Welt verstreut sein, und da sie alle der gleichen Ethnie und kulturellen Tradition angehören, ohne gleichzeitig eine bestimmte Nationalität zu haben, werden sie das führende Element bilden, ohne auf Widerstand zu stoßen.*

*"Die Regierung der Nationen, die dieser universellen Republik anvertraut wird, wird mühelos in die Hände der Israeliten übergehen, und zwar durch den Sieg des Proletariats. Die jüdische Ethnie wird dann in der Lage sein, dem Privateigentum ein Ende zu setzen und in der ganzen Welt die öffentlichen Mittel zu verwalten. Dann werden sich die Verheißungen des Talmuds erfüllen. Wenn die Zeit des Messias gekommen ist, werden die Juden den Schlüssel zu den Reichtümern der Welt in Händen halten".*

Dies war der Ausdruck des Fremdkörpers im westlichen Organismus. Für den Fälscher hat das nichts Unheimliches: Für ihn ist der Westen ein brutales Ungeheuer aus Stolz, Egoismus und Grausamkeit. Die Lebensbedingungen der beiden Organismen oder eines anderen Paares gleichrangiger Organismen sind einfach unterschiedlich. Für den Falsifikator ist die Förderung der wirtschaftlichen Besessenheit im Westen, die seine Seele untergräbt und ihm den Weg ebnet, nichts anderes als der Gehorsam gegenüber dem Offensichtlichen. Es ist die ewige Beziehung zwischen Wirt und Parasit, die bereits in der Pflanzenwelt, in der Tierwelt und in der menschlichen Welt zu finden ist. Für den Westen bedeutet, sich selbst zu sein, den Ausdruck des Fälschers zu unterdrücken und die Seele des Fälschers einzuschränken; für den Fälscher, sich selbst zu sein, bedeutet, den Ausdruck der westlichen Seele zu vereiteln.

Es sollte ganz klar sein, dass die kulturelle Verzerrung den Wirt nicht töten kann, denn sie kann die Seele nicht erreichen, sondern nur die Ausdrucksformen dieser Seele beeinflussen, wenn sie das Stadium ihrer Verwirklichung erreichen. Wenn die Verzerrung die Seele erreichen könnte, würde sie nicht mehr als solche gehalten werden, denn die Seele würde sich verändern, aber die Seele bleibt in ihrer Reinheit und Intensität; und nur ihre Äußerung wird von ihrem Weg abgelenkt, verzerrt. Das ist die Quelle der Spannung: Die Diskrepanz zwischen dem, was möglich war, und dem, was wirklich geworden ist, wird sichtbar. Die Reaktion beginnt: Mit jedem Sieg der kulturellen Verzerrung wächst das Gefühl der Frustration, und umso entschlossener ist die Feindseligkeit der kulturtragenden Elemente. Propaganda kann diesen Prozess nicht beeinflussen, denn er ist organisch und muss stattfinden, solange es Leben gibt.

## IV

Kulturelle Verzerrungen wirken sich auf das Leben der Kultur auf allen Ebenen aus. Wenn die Kultur eine politisch nationalistische Phase durchläuft, wie es im Westen im 19. und in der ersten Hälfte des 20. Jahrhunderts der Fall war, kann nicht nur das Leben der einzelnen Nationen verzerrt werden, sondern auch die Beziehungen zwischen den Nationen selbst.

Die einfachste Veranschaulichung sollte hypothetisch sein. Die chinesische Schmarotzergruppe in Amerika hätte niemals die Ebene der kulturellen Verzerrung erreichen können, aber nehmen wir an, sie hätte es getan. Hätte sie die öffentliche Macht in Amerika zu einer Zeit besessen, als, sagen wir, England Einflusssphären in China für sich beanspruchte, hätte das chinesische Element in Amerika unweigerlich für einen Krieg Amerikas gegen England gearbeitet. Wäre der Grad seiner öffentlichen Macht ausreichend gewesen, hätte es Erfolg gehabt. Dies wäre eine Verzerrung des internationalen Lebens der westlichen Zivilisation gewesen. Es wäre ein innerwestlicher Krieg für chinesische Interessen gewesen. Ein solcher hypothetischer Fall hat sich im 19. Jahrhundert wiederholt mit anderen Teilnehmern ereignet. Das Land, das den Kulturfälscher in Europa verfolgte oder ihm zu langsam die Bürgerrechte, den Rechtsschutz und die finanziellen Möglichkeiten gewährte, die er brauchte, war sofort das Ziel der Politik des Kulturfälschers. Die Verzerrung war nie absolut, denn die öffentliche Macht des Fälschers ging nie so weit. Es handelte sich immer nur um eine Verdrehung, nicht um eine Verwandlung; um eine Beeinflussung, nicht um einen Befehl; um eine versteckte, nicht um eine sichtbare; um eine Abweichung, nicht um eine gerade Linie. Der Fälscher trat nie von sich aus in Erscheinung, denn das hätte seine Zerstörung bedeutet, als nichts weiter als ein winziger Parasit auf einem gigantischen Wirt. Die Verzerrung wurde immer mit westlichen Idealen maskiert: Freiheit, Demokratie und so weiter. Daran ist, wir wiederholen es, nichts Böses, denn es war eine lebenswichtige Notwendigkeit für die Verzerrer, ihre Politik auf diese Weise zu betreiben. Ihre geringe Zahl machte es unmöglich, den gesamten Westen auf dem Schlachtfeld herauszufordern.

Im 19. und zu Beginn des 20. Jahrhunderts gab es neben der oberflächlichen Geschichte der westlichen Politik und Wirtschaft noch eine andere Geschichte: die des Fortschreitens des Kulturparasiten durch seine eigene Geschichte und der daraus resultierenden Verzerrung der westlichen Politik und Wirtschaft. Das heutige Europa konnte nur einen Teil dieser zweiten Geschichte sehen. Aufgrund seines politischen Nationalismus konnte es sich keine politische Einheit ohne ein definiertes Territorium, eine gemeinsame Sprache, eine "Verfassung", eine Armee, eine Flotte, ein Kabinett und den Rest der westlichen politischen Ausrüstung vorstellen. Er war weder mit der Geschichte der arabischen Kultur und ihrer Idee der Nation vertraut, noch mit ihren Überresten, die im Westen verstreut waren.

In jeder Nation setzte er sich für die Verabschiedung von "Verfassungen" ein, für die Abschwächung der alten aristokratischen Formen, für die Ausweitung der "Demokratie", für Parteiregierungen, für die Ausweitung der politischen Rechte, für die Auflösung des alten westlichen Exklusivismus. All diese Transformationen sind quantitativ, sie sind die Negation von Qualität. Die Demokratisierung eines Landes war eine Voraussetzung für die Eroberung der Macht von innen. Wenn der innere Widerstand zu groß war, wurden andere Nationen, in denen die Macht bereits errungen war, gegen die widerspenstige Nation mobilisiert, und das Ergebnis all dessen war Krieg.

Im Laufe des gesamten 19. Jahrhunderts leisteten Russland - damals noch Mitglied des westlichen Staatensystems -, Österreich und Preußen Widerstand gegen die kulturelle Verzerrung. Auch die römische Kirche blieb standhaft und wurde zum Feindbild erklärt.

1858 war ein Punkt erreicht, an dem der Kulturfälscher im Fall des Mortara-Kindes die französische Regierung und die öffentliche Meinung in England mobilisieren konnte. Wenn ein internationaler Zwischenfall zwischen westlichen Nationen wegen eines privaten jüdischen Kindes ausgelöst werden konnte, kann es kaum überraschen, dass jüdische Angelegenheiten von weitaus größerer Bedeutung weitaus größere internationale Konsequenzen im westlichen politischen System nach sich ziehen würden.

Der größte Feind von allen war Russland, das Land der Pogrome. Wir haben bereits gesehen, wie anlässlich eines großen Pogroms in Kiew im Jahre 1906 die Roosevelt-Regierung[67] in Amerika die diplomatischen Beziehungen zur russischen Regierung abbrach. Kein Amerikaner war in irgendeiner Weise in dieses Pogrom verwickelt, so dass der vorliegende Fall die Stärke des Faker zeigt. Hätte es sich bei den Opfern des Pogroms um Lappen, Kosaken, Balten oder Ukrainer gehandelt, wäre niemand in Washington darauf angesprochen worden.

Der Erste Weltkrieg, sowohl in seiner ursprünglichen Form als auch in seiner Entwicklung, war in keiner Weise bezeichnend für die Probleme des Westens in dieser Zeit. Die Analyse dieses entscheidenden Moments gehört an eine andere Stelle, aber hier lässt sich bereits das Ergebnis für Russland, den großen Feind des Fälschers, erkennen. Die Verbindungen des Kulturfälschers zum Bolschewismus wurden in den ersten Tagen der Sowjetrevolution in der eigenen Presse großspurig bloßgestellt. Romanow-Russland zahlte tausendfach für die Pogrome aus drei Jahrhunderten. Der Zar und seine Familie wurden vor der Mauer von Jekaterinburg erschossen, und auf ihre Leichen wurde ein kabbalistisches Zeichen gekritzelt. Die gesamte Schicht, die das Vehikel der westlichen Zivilisation in gewesen war, wurde getötet oder vertrieben. Russland war für Europa verloren und wurde zur größten Bedrohung für den westlichen Körper. In den bolschewistischen Kriegen, Seuchen, Verfolgungen und Hungersnöten, die unmittelbar auf die Revolution folgten, kamen zehn bis zwanzig Millionen Menschen ums Leben. Neben anderen Veränderungen in Russland wurde der Antisemitismus kriminalisiert.

Dieses Beispiel zeigt, wie weit die kulturelle Verzerrung gehen kann. Die ungeheure Gestaltungskraft der westlichen Kultur hatte Russland in ihre geistige Umlaufbahn gezogen. Das Instrument für diese Entwicklung war Peter der Große. Die von ihm im 17. Jahrhundert gegründete Romanow-Dynastie war das große

---

[67] Theodor Roosevelt (1859-1919). Auf Seite 606 von Band 19 der Encyclopedia Britannica heißt es: "Roosevelts leidenschaftliche Vorliebe für öffentlichen Beifall in Verbindung mit dem korrupten Zustand des öffentlichen Lebens in New York veranlasste ihn, in die Politik zu gehen, und er trat in die Republikanische Partei ein. (N. des T.)

Symbol für den Einfluss des westlichen Geistes auf den riesigen Subkontinent, der sich Russland nennt, mit seinen fruchtbaren und primitiven Völkern. Die Umwandlung war natürlich nicht vollständig. Das war auch gar nicht möglich, denn eine große Kultur hat ihren eigenen Standort, der unbeweglich ist. Dennoch gab die Romanow-Dynastie, die westliche Schicht, die sie in Russland repräsentierte, Europa drei Jahrhunderte lang relative Sicherheit im Osten. Der Bolschewismus hat diese Sicherheit beendet.

Als die Truppen von Zar Alexander 1814 Paris besetzten, wurden sie durch die westliche Fassade ihrer Kommandeure gezwungen, sich wie westliche Truppen zu verhalten. Es war, als würden die Truppen einer westlichen Armee eine westliche ausländische Hauptstadt besetzen. Aber die bolschewistischen Truppen, die 1945 die rote Fahne im Herzen Europas hissten, hatten nichts mit dem Westen gemein. In ihrem Blut und in ihren primitiven Instinkten schlug der wortlose Imperativ: Zerstöre alles!

## V

Das Phänomen der kulturellen Verzerrung ist nicht auf den Bereich des Handelns beschränkt. Der Einfluss der klassischen Zivilisation auf die primitive arabische Kultur um das Jahr 300 führte zu einer vollständigen Verzerrung der Ausdrucksformen der neuen, aufkeimenden Kultur. Der Philosoph[68] hat die jahrhundertelange Situation als eine "Pseudometamorphose" beschrieben, eine "falsche Formung aller Erscheinungsformen der Seele der neuen Kultur".

Die hohe Verfeinerung unserer westlichen Künste und ihr esoterischer Charakter, der sie nur wenigen zugänglich machte, machten ihre Entstellung durch Kulturfremde unmöglich. Gelegentlich versuchten die Abendländer selbst - z. B. der Chippendale-Stil, die Klassiker der Literatur, der Philosophie und der bildenden Künste - außerkulturelle Motive in den Westen einzuführen, transformierten sie aber, indem sie sie benutzten und an unsere Gefühle anpassten. Aber es gibt keine kulturellen Fälscher in der großen westlichen Kunst in der Zeit ihrer wichtigsten Entwicklung.

---

[68] Anspielung auf Oswald Spengler, der dieses Thema in "*Der Untergang des Abendlandes*" behandelt. (N. des T.)

Calderon, Rembrandt, Meister Erwin von Steinbach, Gottfried von Strassburg, Shakespeare, Bach, Leonardo, Mozart haben keine Parallele in einem aussergewöhnlichen Kulturpanorama. Die Ölmalerei und die Musik blieben ganz und gar westlich, während sie sich in einem Prozess der Verwirklichung befanden. Als diese beiden großen Künste Ende des 19. Jahrhunderts in die Geschichte eingingen, traten die Fälscher mit Grausamkeiten im Bereich der Malerei und mit Unruhen in der Welt der Musik hervor.

Aufgrund ihrer öffentlichen Macht waren sie in der Lage, diese Schrecken als würdige Nachfolger von Rembrandt und Wagner zu präsentieren. Jeder weniger bedeutende Künstler, der weiterhin nach den alten Traditionen arbeitete, wurde durch das Gesetz des Schweigens zum Schweigen gebracht, während jeder Kulturverfälscher als großer Künstler gepriesen wurde. In der Mitte des zwanzigsten Jahrhunderts wurde es Mode, alte Werke einfach zu übernehmen und zu entstellen. Man übernahm eine der primitiven Kultur der afrikanischen Ureinwohner entlehnte Form der "Musik" und passte die Werke westlicher Meister an diese Form an. Der Anspruch auf Originalität wurde aufgegeben. Wenn ein kultureller Falschspieler ein Drama produzierte, war es einfach ein Shakespeare-Stück, verdreht, verzerrt, falsch dargestellt in einer Weise, die dazu diente, die Propaganda des Falschspielers zu verbreiten. Jede andere Art von Theaterarbeit wurde von der totalen Vorherrschaft des Kulturfremden mit seiner Kontrolle über die Werbekanäle übertönt.

In diesem Bereich wie auch im Bereich des Handelns war es der Exklusivismus, der die westliche Seele in ihren Ausdrucksformen rein hielt, und es war der Sieg der quantitativen Ideen, Methoden und Gefühle, der den Eintritt der falschen Kultur in das Leben des Westens ermöglichte.

Auf dem Gebiet des Handelns hatten Geld, Demokratie und Wirtschaft - allesamt quantitativ, keineswegs exklusiv - den Ausländer in die öffentliche Macht aufgenommen. Ohne den westlichen Materialismus, das westliche Finanzdenken und den westlichen Liberalismus wäre der Zugang des Ausländers zum öffentlichen Leben im Westen so unmöglich gewesen, wie das Verständnis der talmudischen Kasuistik für einen Westler unmöglich gewesen wäre.

Und damit sind wir bei der Zukunft angelangt.

Die nächsten Entwicklungen der westlichen Seele sind bekannt. Die Autorität taucht wieder auf; der alte Stolz und Exklusivismus des Westens ist zurückgekehrt.

Der Geist des Geldes weicht der Autorität; der Parlamentarismus unterliegt der Ordnung. An die Stelle der sozialen Zersplitterung treten Zusammenhalt und Hierarchie. Die Politik ist dazu bestimmt, ein neues Feld zu betreten: die westlichen Nationen sind tot, und die westliche Nation wird geboren. Das Bewusstsein der Einheit des Westens tritt an die Stelle des Kleinstaatertums des 19. Jahrhunderts.

Energie und Disziplin sind die Merkmale der westlichen Seele im 20. Jahrhundert. Der pathologische Individualismus und die Willensschwäche des Europas des 19. Jahrhunderts sind tot. An die Stelle des Materialismus des 19. Jahrhunderts tritt der Respekt vor dem Geheimnis des Lebens und vor der symbolischen Bedeutung der lebendigen Ideen von. Der Vitalismus hat über den Mechanismus, die Seele über den Rationalismus gesiegt.

Seit Calvin hat sich der Westen immer weiter in Richtung eines absoluten Materialismus entwickelt. Der Höhepunkt der Kurve wurde mit dem Ersten Weltkrieg erreicht, und in dieser gewaltigen Epoche, die eine neue Welt einleitete, kam auch die westliche Seele in ihrer unvergleichlichen Reinheit wieder zum Vorschein. Sie hatte die lange Kulturkrise des Rationalismus überstanden, und ihr immer noch junges Schicksal trug die Wiederauferstehung der Autorität und die Einigung Europas in einer so selbstverständlichen Weise vor, dass sich keine Kraft in Europa außer den Retardisten und den Falschmachern - beide pathologisch - dagegen wehrte.

Diese Hinwendung zum Materialismus war eine Hinwendung zum Kulturfälscher in dem Sinne, dass sie seine Einmischung in die westlichen Angelegenheiten ermöglichte. Als die Menschen gezählt wurden, war er natürlich auch dabei. Aber der Zählwahn ist vorbei und der alte Exklusivismus ist wieder da. Das Phänomen Disraeli, ein Kulturfälscher als Premierminister eines westlichen Staates, wäre vor einem Jahrhundert, zur Zeit von Pitt, undenkbar gewesen, und es ist auch heute in der Zukunft des Westens undenkbar.

Die Aufgabe des Materialismus ist ein Fortschritt bei der Aufgabe des Kulturfälschers. Im Bereich des Denkens kämpft der Materialismus ein verzweifeltes Nachhutgefecht. Er wird in allen Bereichen besiegt: Physik, Kosmogonie, Biologie, Psychologie, Philosophie, Belletristik. Diese unwiderstehliche Tendenz macht eine Verzerrung unmöglich, denn sie macht die Angelegenheiten des Westens für den Fälscher unzugänglich. Der Westen war immer esoterisch: Als Goethes Gesamtwerk

1790 erschien, wurden nur 600 Exemplare abonniert. Aber dieses Publikum reichte aus, um ihn in ganz Europa bekannt zu machen. Buxtehude, Orlando, Gibbons, Bach und Mozart arbeiteten für ein kleines Publikum, zu dem die Kulturfälscher nicht gehörten. Die Politik Napoleons wurde in ihren letzten Konsequenzen nur von wenigen Menschen im zeitgenössischen Europa verstanden. Die Fälscher konnten nur das sehen, was sie selbst betraf. Die kulturtragende Schicht des Westens erhebt sich über die rissigen Mauern des vertikalen Nationalismus. Der Westen streift die Haut des Materialismus ab und kehrt zur Reinheit seiner eigenen Seele zurück, um seine letzte große innere Aufgabe zu erfüllen: die Schaffung der Einheit von Kultur-Staat-Nation-Volk-Rasse-Imperium von dem Westen, als Grundlage für die Verwirklichung des inneren Imperativs des absoluten Imperialismus.

Das Problem der kulturellen Verzerrung hat sich damit grundlegend verändert. Die bloße Möglichkeit, dass ein Parasit in das öffentliche Leben des Westens aufgenommen werden könnte, wird immer unwahrscheinlicher. Mit seinem feinen Gespür hat der Fälscher Europa verlassen und sich mehr und mehr außerhalb Europas eingefügt.

Die alten Instrumente des Finanzkapitalismus und des Klassenkampfes haben angesichts des Wiederauflebens der Autorität ihre Wirksamkeit verloren, und jetzt zählen nur noch Armeen. Von außen führt der Fälscher seine erzwungene Rachemission aus. In einer westlichen Kolonie, Amerika, sind die Kulturkrankheiten noch immer in Kraft, und von dort aus haben sie Einfluss auf das Weltgeschehen ausgeübt und tun es weiterhin.

# V - AMERIKA

> *Die Schlacht um Amerika ist noch nicht geschlagen; und wir wünschen ihr bedauerlicherweise, aber zweifellos, viel Kraft. Neue geistige Pythons, viele von ihnen, riesige Megatherien, abscheulich wie alles, was je aus Lehm geboren wurde, erscheinen, riesig und faul vor Amerikas dämmernder Zukunft; und sie wird ihre eigene Qual und ihren eigenen Sieg haben, aber unter anderen Bedingungen als denen, an die sie glaubt.*
>
> CARLYLE

> *Werden die intellektuell primitiven Oberschichten, die vom Gedanken des Geldes besessen sind, angesichts dieser Gefahr sofort die latenten Kräfte offenbaren, die zum tatsächlichen Aufbau eines Staates und zur geistigen Bereitschaft führen, Besitz und Leben zu opfern, statt wie bisher den Krieg als Mittel zur Erlangung von Geld zu betrachten?"*
>
> SPENGLER

## 1. Einleitung

Wir sind an dem Punkt angelangt, an dem die organisch-historische Methode, die zuvor entwickelt wurde, auf die unmittelbare Zukunft angewendet werden muss. Die Denkmethode ist vervollkommnet worden, sie hat uns unsere historische Position, unsere Verwandtschaft, das, wovon wir für immer innerlich getrennt sein werden, unseren organisch notwendigen inneren Imperativ aufgezeigt. Sie wird nun auf das angewandt, was in der unmittelbaren Zukunft geschehen wird. Nachdem wir das Was beantwortet haben, bleibt noch das Wie. Der erste Schritt in der praktischen Politik ist die Behauptung von Tatsachen. Der nächste Schritt ist die Intuition von Möglichkeiten. Das gilt für die praktische Politik eines karrieristischen Parteiführers ebenso wie für die eines großen Staatsmannes wie Pitt, Napoleon oder Bismarck. Die Tatsachen und Möglichkeiten der westlichen Politik im Jahre 1948 können nicht verstanden werden, wenn man die Bedeutung und die Möglichkeiten Amerikas nicht kennt. Dieses Wissen hat es in Europa bisher nicht gegeben. Es ist die Zeit gekommen, in der sich alle Politiken, Ideen und Ansichten auf Fakten beziehen müssen. Vorurteile, Phantasien, Abstraktionen und Ideale sind unzeitgemäß, und selbst wenn sie nicht lächerlich wären, wären sie ein Luxus für ein enges, ausgeplündertes, besetztes Europa, das klar denken muss, wenn es sein Schicksal wieder selbst in die Hand nehmen will. Bis zum Zweiten Weltkrieg war der Irrtum und die Verwirrung über Amerika in Europa fast allgemein. Sie waren in einigen europäischen Ländern größer als in anderen, aber es ist nützlich, sie zu unterscheiden, denn Europa ist eine weltgeschichtliche Einheit, ob diese Tatsache nun allgemein anerkannt wird oder nicht. Europa leidet als Einheit, es verliert in den Weltkriegen als Einheit, und wenn es seine eigene Einheit verwirklicht, wird es auch in den Weltkriegen siegen und seinen inneren Imperativ in Form der Zukunft durchsetzen können. Es gibt nur einen Weg für diese Epoche, die Phänomene zu verstehen, und es gibt nur eine Methode für organische Einheiten, die Geheimnisse ihrer Vergangenheit und ihrer Zukunft zu entdecken: die historisch-organische Methode. Der Charakter und die Potentiale Amerikas sind in seiner Geschichte zu finden. Die Thesen des Cultural Vitalism liefern die Mittel, um die Bedeutung der Geschichte Amerikas sowohl für sich selbst als auch für die gesamte westliche Zivilisation zu verstehen.

## 2. Die Ursprünge Amerikas

Der amerikanische Kontinent wurde durch individuelle Einwanderung besiedelt. Die meisten Einwanderer kamen aus den nordischen Ethnien Europas. Die Einwanderung fand in der Zeit von 1500 bis 1890 statt. Während der frühen Kolonialzeit (1500-1789) waren die Lebensbedingungen, die die Siedler ertragen mussten, extrem. Das Landesinnere war von feindlichen Wilden bevölkert. Das sichere Gebiet war ein kleiner Küstenstreifen von etwa 1500 Meilen Länge. Dahinter erstreckte sich das weite, unerforschte und unbekannte "Grenzland". Dieses Wort, das für das Verständnis der nationalen Seelen der vorangegangenen europäischen Nationen wichtig war, hatte in Amerika eine völlig entgegengesetzte Bedeutung. Anstelle einer Grenze zwischen zwei Machteinheiten bezeichnete es ein weites, gefährliches und fast leeres Gebiet. Um es sich einzuverleiben, musste es nur erobert werden, und dabei war der größte Feind die Natur und nicht die Wilden, denn die Wilden waren in keinem Fall gut organisiert. So entwickelte Amerika in seinen ersten Jahrhunderten nicht das Bewusstsein für politische Spannungen, das von einer echten Grenze ausgeht.

Ob ein Mann ins Landesinnere vordrang, um sich Land anzueignen, hing allein von seinem persönlichen Willen ab. Diese Millionen von Quadratmeilen wurden nicht durch staatliche Maßnahmen, sondern durch individuellen Imperialismus erschlossen. Diese Tatsache ist für die spätere amerikanische Geschichte von größter Bedeutung. Erstens besaßen diese Einwanderer im Allgemeinen das gotische Merkmal der Entfernung und des Raums, das der westlichen Geschichte ihre besondere Intensität verliehen hatte. Ob sie nun Abenteurer oder Religionsflüchtlinge, Händler oder Soldaten waren, sie verließen ihre europäische Heimat, um in ein unbekanntes und gefährliches Land voller Entbehrungen und primitiver Bedingungen zu ziehen. Die Art und Weise, wie sie zu leben hatten, bewahrte und entwickelte die Instinkte, die sie dorthin gebracht hatten.

In kleinen Gruppen rodeten diese primitiven Amerikaner den Dschungel, bauten Forts und Häuser. Die Bauern pflügten die Felder mit über die Schultern gehangenen Gewehren. Frauen arbeiteten in ihren Häusern mit Waffen in Reichweite. Die menschlichen Eigenschaften, die dabei gefördert wurden, waren Selbstständigkeit, Einfallsreichtum, Mut und Unabhängigkeit.

Entlang der Küste entstanden Städte wie Boston, New York und Philadelphia, in denen sich im 18. Jahrhundert so etwas wie eine Gesellschaft und sogar eine Art amerikanische Enzyklopädie herausbildete.

Die frühen Kolonien, dreizehn an der Zahl, waren als unabhängige Teile des britischen Kolonialreichs organisiert. Die wichtigste Verbindung zu England war die Verteidigung gegen die Franzosen, deren Kolonialreich Kanada und einen Teil des Hinterlandes der Kolonien umfasste[69]. Mit der Niederlage und Vertreibung der französischen Truppen aus Kanada in den 1760er Jahren verstärkten sich die zentrifugalen Kräfte in den Kolonien, und die französische Politik trug mit allen Mitteln zur Trennung der amerikanischen Kolonien von England bei. Die Motivation für den

---

[69] Eine französische Expedition unter René Robert Cavelier nahm 1682 ein großes Gebiet um die Mündung des Mississippi in Besitz und benannte es nach seinem König Ludwig XIV. New Orleans wurde von den Franzosen ein halbes Jahrhundert vor der amerikanischen Unabhängigkeit gegründet.

Amerikanischen Revolutionskrieg 1775-1783 hatte kommerzielle und politische Gründe, aber was uns jetzt am meisten interessiert, ist die Ideologie, mit der die kolonialen Enzyklopädisten ihre Kriegsziele formulierten. Die meisten der kolonialen Propagandisten Samuel Adams, Patrick Henry, Thomas Payne, John Adams John Hancock, Thomas Jefferson und Benjamin Franklin hatten in England und Frankreich gelebt und die neue rationalistische Idee aufgesogen, die in der englischen Gesellschaft triumphiert hatte und nun den französischen Staat und die französische Kultur eroberte. Die Kolonialisten übernahmen die französische Form der rationalistischen Doktrinen und forderten die "Rechte des Menschen" und nicht die Rechte der Amerikaner.

Es waren nicht wie üblich die Ideologen, die den Krieg führten. Es waren die Soldaten, die ihn führten, und dieser Krieg war der schwierigste, den Amerika je geführt hatte. Die Gesamtbevölkerung der Kolonien betrug nur drei Millionen, die sich entlang der Atlantikküste verteilten. Das Einzige, was sie gemeinsam hatten, war ihr Widerstand gegen England und die Hoffnung auf gegenseitige Unabhängigkeit. Die Engländer waren zur See stärker als die Franzosen, die den Kolonialisten zur Seite standen, und die Engländer rekrutierten nicht nur Wilde in ihren Kampfverbänden, sondern warben auch Söldnertruppen vom europäischen Kontinent an. Vor allem dank der preußischen und französischen Hilfe[70] gelang es den Kolonialisten schließlich, den Krieg auf der Grundlage ihrer vollständigen Unabhängigkeit von England zu beenden.

Der Krieg war auch ein Bürgerkrieg, und die Führer der Revolution mussten mit Terror gegen Kolonialisten vorgehen, die England die Treue halten wollten. Nach dem Krieg wanderten die meisten von ihnen nach Kanada aus, das englisch blieb. Wäre die Revolution nicht erfolgreich gewesen, wären die Kolonialherren wegen Hochverrats gehängt worden, aber weil sie erfolgreich waren, gelten sie in Amerika als die Gründerväter.

Dank einer kleinen Gruppe kreativer Patrioten - Geschichte ist immer in der Hand einer Minderheit - wurden die dreizehn Kolonien zu einer föderalen Union zusammengeschlossen. Die führenden Köpfe, die diese Union zustande brachten,

---

[70] 1779 erklärte sich auch Spanien offiziell bereit, die amerikanischen Rebellen zu unterstützen. Sie baten auch Österreich und die Niederlande um Hilfe, jedoch vergeblich.

waren vor allem Washington, John Adams, Franklin, Pinckney, Rutledge und vor allem Alexander Hamilton, der größte Staatsmann, den Amerika je gekannt hat. Alexander Hamilton, der größte Staatsmann, den Amerika je gekannt hat. Hätte dieser große Geist nicht gehandelt, wäre die weitere Geschichte des amerikanischen Kontinents die Geschichte einer Reihe von Kriegen gewesen, die inzwischen den Punkt der Vernichtungskriege erreicht hätten und wahrscheinlich noch nicht zur Vereinigung des Kontinents geführt hätten.

Der Zusammenschluss erfolgte auf der Grundlage eines Bundesstaates, und die Aufteilung der Macht zwischen ihm und den einzelnen "Staaten" wurde in einem schriftlichen Dokument, einer "Verfassung", festgelegt. Die französischen politischen Theorien dieser Zeit hatten einen Gegensatz zwischen "Staat" und Individuum entwickelt, der nur in der Literatur existiert. Die amerikanische Verfassung und auch die verschiedenen Verfassungen, die von den einzelnen Kolonialstaaten verabschiedet wurden, versuchten, diesen Gegensatz zu kodifizieren und legten eine Reihe von Rechten des Einzelnen gegenüber dem Staat fest.

Es ist nie ausreichend beachtet worden, wie völlig anders diese Entwicklungen im Vergleich zu den zeitgenössischen Phänomenen im östlichen Kulturraum waren. In den Kolonien hatte es nie einen Staat gegeben, außer in Worten. Daher stellte die Verfassung einen Anfang und keine Degeneration der Tradition dar, mit dem Versuch, die alte Form des Staates durch ein Stück Papier zu ersetzen. In Amerika gab es keine Tradition. Hamilton wollte einen monarchischen Staat nach traditionellem europäischem Vorbild, aber die rationalistische Ideologie und die Propaganda waren zu stark, um sie zu überwinden, und sie forderten eine Republik.

Die "individuellen Rechte", die in verschiedenen Dokumenten proklamiert wurden, entsprachen nicht den europäischen Verhältnissen. Da es in Amerika weder einen Staat noch eine Grenze im europäischen Sinne gegeben hatte, gab es nur "Individuen". Land konnte man erwerben, indem man es beantragte oder sich darauf niederließ. Wer wollte, konnte jederzeit sein Gewehr in die Hand nehmen oder sich im Landesinneren niederlassen und dort als Farmer oder Trapper leben. Die Rede vom "Individuum" war also nichts Neues und hatte zudem keine Parallele zu europäischen Verhältnissen, da der Staat die Lebensgrundlage der Menschen in Europa war. Nur weil es in Europa einen Staat gab, konnte das "Individuum" leben und gedeihen. Hätte es den preußischen Staat nicht gegeben, wäre die Hälfte der europäischen Bevölkerung von den Slawen unterjocht worden.[71]

Es hatte in Amerika nie einen Staat gegeben - das, was einem Staat am nächsten kam, war die weit entfernte englische Regierung - und deshalb leugnete die amerikanische Anti-Staatsideologie keine wesentliche Tatsache, sondern behauptete lediglich die Tatsache des Individualismus, der aus dem weiten und leeren Land geboren worden war.. Der Staat ist eine Einheit der Opposition; es gab keine anderen Staaten auf dem nordamerikanischen Kontinent, und daher konnte kein amerikanischer Staat entstehen.

## 3. Amerikanische Ideologie

Dieser organische Individualismus wurde in Verfassungen formuliert, die in einer politisch-literarischen Literatur geschrieben wurden. Typisch für den Geist dieser Literatur ist die Unabhängigkeitserklärung. Als Fragmente der *Realpolitik*[72] ist dieses Manifest von 1776 meisterhaft: Es weist in die Zukunft und umfasst den Geist des Zeitalters des Rationalismus, der damals in der westlichen Kultur vorherrschend war. Aber im 20. Jahrhundert ist der ideologische Teil dieser Erklärung einfach fantastisch: "Wir erklären, dass diese Wahrheiten selbstverständlich sind: Dass alle Menschen gleich geschaffen sind, dass alle von ihrem Schöpfer mit angeborenen und unveräußerlichen Rechten ausgestattet sind, dass zu diesen Rechten das Leben, die Freiheit und das Streben nach Glück gehören, dass zur Sicherung dieser Rechte unter den Menschen Regierungen gebildet werden, die ihre gerechte Macht von der Zustimmung der Regierten ableiten; dass, wenn eine Regierungsform diesen Zielen zuwiderläuft, das Volk das Recht hat, sie zu ändern oder abzuschaffen, indem es eine neue Regierung einsetzt, die auf solchen Grundsätzen beruht und deren Befugnisse so geordnet sind, dass sie seine Sicherheit und sein Glück am wirksamsten gewährleistet. Und er verwies auf den damals laufenden Bürgerkrieg: "... wir sind in einen großen Bürgerkrieg verwickelt, um zu zeigen, dass diese Nation,

---

[71] Es kann natürlich hinzugefügt werden, dass ohne einen subdeutschen Staat (Österreich) die Türken oder davor die Mongolen mindestens bis nach Italien vorgedrungen wären. Und dass ohne die Staaten der iberischen Halbinsel vor der spanischen Einheit die Araber die Pyrenäen überquert hätten und es eines weiteren Karl Martel bedurft hätte, um sie zurückzuschlagen. (N. des T.)

[72] Auf Deutsch: "realistische Politik". (N. von T.)

oder jede Nation, die so konzipiert und so engagiert ist, überleben kann.

Diese Ideologie hielt sich bis zur Mitte des 20. Jahrhunderts, und selbst nach dem Ersten und Zweiten Weltkrieg, als eine völlig andere oder unvereinbare Sichtweise vorherrschte, wurde sie dem Heimatgebiet der westlichen Zivilisation als nachahmenswertes Modell angeboten. Nur der ganz und gar zufällige materielle Erfolg, der den amerikanischen Waffen beschieden war, ermöglichte das Überleben dieser Ideologie im Laufe eines Jahrhunderts, das sie überholt hatte, und nicht weil sie ein Instrument zur Spaltung und zum Zerfall Europas ist, soll diese archaische Ideologie hier untersucht werden.

Die Unabhängigkeitserklärung ist von den Gedanken Rousseaus und Montesquieus durchdrungen. Der Grundgedanke ist, wie im gesamten Rationalismus, die Gleichsetzung von dem, was sein sollte, mit dem, was sein wird. Der Rationalismus beginnt damit, das Rationale mit dem Realen zu verwechseln, und er endet damit, das Reale mit dem Rationalen zu verwechseln. Dieses Arsenal an Wahrheiten über Gleichheit, unveräußerliche und angeborene Rechte spiegelt den emanzipierten kritischen Geist wider, der keinen Respekt vor Fakten und Traditionen hat. Die Idee, dass Regierungen zu einem utilitaristischen Zweck "eingesetzt" werden, um eine Nachfrage von "gleichen" Menschen zu befriedigen, und dass diese gleichen Menschen ihre "Zustimmung" zu einer bestimmten Form der "Regierung" geben und sie dann abschaffen, wenn sie diesem Zweck nicht mehr dient, ist reine rationalistische Poesie und entspricht keiner Tatsache, die jemals irgendwo vorgekommen ist. Die Quelle der Regierung ist die Ungleichheit der Menschen, das ist eine Tatsache. Das Wesen der Regierung ist ein Spiegelbild der Kultur, der Nation und des Entwicklungsstandes beider. So kann jede Nation eine von zwei möglichen Regierungsformen haben: eine effiziente Regierung oder eine mangelhafte Regierung. Eine effiziente Regierung bringt die Idee der Nation voran und nicht den "Willen der Massen", denn letzteren gibt es nicht, wenn die Führung effizient ist. Die Führung bricht nicht zusammen, wenn "das Volk" vernünftigerweise beschließt, sie abzuschaffen, sondern wenn eine solche Führung einen Grad des Verfalls erreicht, der sie selbst untergräbt. Keine Regierung gründet sich auf "Prinzipien". Regierungen sind der Ausdruck politischer Instinkte, und die Unterschiedlichkeit der Instinkte zwischen verschiedenen Völkern ist die Quelle der Unterschiede in ihrer Regierungspraxis. Schriftlich niedergelegte "Grundsätze" haben nicht den geringsten Einfluss auf die Regierungspraxis und dienen lediglich dazu, das Vokabular politischer Auseinandersetzungen zu bereichern.

Das gilt für Amerika genauso wie für jede andere politische Einheit, die in den fünf Jahrtausenden der Geschichte der großen Kulturen existiert hat. Im Gegensatz zu einer gewissen messianischen Stimmung ist Amerika nicht völlig einzigartig. Seine Morphologie und sein Schicksal können in der Geschichte anderer Kolonien, in unserer Kultur und in anderen vor ihr gelesen werden.

Der Verweis in der Unabhängigkeitserklärung auf eine Regierung, deren Ziel es ist, die "Sicherheit" und das Glück der Bevölkerung zu gewährleisten, ist rationalistischer Unsinn. Regieren ist der Prozess, die Bevölkerung für die politische Aufgabe, den Ausdruck der Idee der Nation, fit zu machen.

Lincolns Zitat spiegelt noch das Zeitalter des Rationalismus wider, und Europa war eine solche Ideologie damals noch zu spüren und zu verstehen, denn auch wenn Staat, Nation und Tradition in Europa - wenn auch geschwächt - weiter bestanden, wurde rationalistischen Ideologien, ob von der Sorte Rousseau, Lincoln oder Marx, stets widerstanden. Keine Nation war jemals "einer These verpflichtet". Nationen sind Schöpfungen einer großen Kultur, und in ihrem letzten Wesen sind sie mystische Ideen. Ihr Entstehen, ihre Individualität, ihre Form, ihr Weg, all das ist ein Spiegelbild der hochkulturellen Entwicklungen. Zu sagen, eine Nation sei "einem Satz gewidmet", bedeutet, sie auf eine Abstraktion zu reduzieren, die man zur Demonstration in einer Logikstunde an die Tafel schreiben kann. Dies ist eine Karikatur der Idee-Nation. So von einer Nation zu sprechen, bedeutet, sie zu beleidigen und zu erniedrigen: Niemand würde jemals für einen logischen Satz sterben. Wenn ein solcher Satz, der nicht nur als "selbstverständlich" verkündet wird, nicht überzeugend ist, kann man ihn auch nicht mit Waffengewalt durchsetzen.

Das Wort "Freiheit" ist eines der wichtigsten Klischees der amerikanischen Ideologie. Das Wort kann nur negativ definiert werden, als Befreiung von irgendwelchen Zwängen. Selbst der wütendste amerikanische Ideologe plädiert nicht für die totale Freiheit von jeder Form der Ordnung, und gleichzeitig hat die strengste Tyrannei nie alles verbieten wollen. In einem Land, das sich der Freiheit "verschrieben" hat, wurden Männer unter Androhung von Gefängnis aus ihren Häusern geholt, zu Soldaten erklärt und an die Antipoden geschickt, als "Verteidigungsmaßnahme" einer Regierung, die nicht um die "Zustimmung" ihrer

Massen bat, wohl wissend, dass diese "Zustimmung" verweigert worden wäre. Im praktischen Sinne bedeutet die amerikanische Freiheit die Freiheit vom Staat, aber es ist offensichtlich, dass es sich dabei um bloße Literatur handelt, da es in Amerika nie einen Staat gab und auch nie ein Bedürfnis nach einem solchen bestand. Das Wort Freiheit ist also nur ein Begriff in einer materialistischen Religion und steht in der Welt der amerikanischen Tatsachen für nichts. In der amerikanischen Ideologie ist auch die schriftliche Verfassung, die 1789 als Ergebnis der Arbeit von Hamilton und Franklin angenommen wurde, von Bedeutung. Sie hatten ein praktisches Interesse daran, denn ihre Idee war es, die dreizehn Kolonien zu einer einzigen Einheit zu vereinen. Ein solcher Zusammenschluss hätte nicht als eine solche Regierung bezeichnet werden können, sondern eher als eine geregelte Anarchie. Die Ideen der Verfassung wurden hauptsächlich durch die Schriften von Montesquieu inspiriert. Vor allem die Idee der "Gewaltenteilung" geht auf diesen französischen Theoretiker zurück. Nach dieser Theorie hat die Regierung drei Gewalten: die gesetzgebende, die ausführende und die richterliche. Wie alles kristalline rationalistische Denken ist auch diese Theorie undurchsichtig und verwirrend, wenn sie auf das wirkliche Leben angewendet wird. Diese Gewalten können nur auf dem Papier getrennt werden, aber nicht im Leben. In Amerika waren sie nie wirklich getrennt, auch wenn die Theorie so tut, als wären sie es. Mit dem Ausbruch einer internen Krise im dritten Jahrzehnt des zwanzigsten Jahrhunderts wurde die gesamte Macht der Zentralregierung offen in der Exekutive konzentriert, und bald wurden Theorien gefunden, um diese Tatsache zu stützen, die weiterhin "Trennung" genannt wurde.

Die verschiedenen Kolonien behielten die meisten der Befugnisse, die für sie von Interesse waren: die Befugnis, ihre eigenen Gesetze zu erlassen, eine Miliz zu unterhalten und sich in der Staatlichkeit zu verhalten, ihre wirtschaftliche Unabhängigkeit von den anderen Kolonien. Das Wort "Staat" wurde gewählt, um die Bestandteile der Union zu bezeichnen, was zu neuen Verwirrungen im ideologischen Denken führte, da die europäischen Staatsformen, in denen der Staat eine Idee war, als Äquivalent zu den amerikanischen "states" angesehen wurden, die vor allem wirtschaftlich-rechtliche Gebietseinheiten waren, ohne Souveränität, Zweck, Bestimmung, Schicksal oder Ziel.

Es gab keine Souveränität in der Union, d.h. nicht einmal das rechtliche

Gegenstück des Ideenstaates. Die Zentralregierung war nicht souverän, ebenso wenig wie die Regierungen der Gliedstaaten. Die Souveränität wurde durch die Zustimmung von zwei Dritteln der Staaten und der zentralen Legislative repräsentiert, oder, mit anderen Worten, eine reine Abstraktion. Hätte es an den Grenzen Amerikas fünfzig oder hundert Millionen Slawen oder gar Indianer gegeben, hätte man eine andere Vorstellung von solchen Dingen gehabt. Die gesamte amerikanische Ideologie ging von der geopolitischen Lage Amerikas aus. Es gab keine benachbarten Mächte, keine feindlichen, starken, zahlreichen und organisierten Völker, keine politischen Gefahren... nur ein riesiges, halbleeres Gebiet, das kaum von Wilden bewohnt war.

Wichtig für die amerikanische Ideologie war auch das in Lincolns oben erwähnter Rede zum Ausdruck gebrachte Gefühl der Universalität. Obwohl der Bürgerkrieg nichts mit irgendeiner Art von Ideologie zu tun hatte und die begründete und legalistische Darstellung der Sudisten in jedem Fall konsequenter war als die Idee der Yankees, sah sich Lincoln gezwungen, diesem Krieg eine Ideologie zu geben. Der Gegner konnte nicht einfach ein politischer Rivale sein, der die gleichen Machtbefugnisse anstrebte wie die Yankees; er musste ein totaler Feind sein, der entschlossen war, die amerikanische Ideologie zu zerstören. Dieses Gefühl prägte alle folgenden amerikanischen Kriege: Jeder politische Feind wurde ipso facto als ideologischer Gegner betrachtet, selbst wenn der betreffende Feind kein Interesse an der amerikanischen Ideologie zeigte.

Zur Zeit der Weltkriege war diese Tendenz zur Verquickung von Ideologien und Politik weltweit verbreitet. Die Macht, die Amerika als Feind auserkoren hatte, war zwangsläufig auch der Feind von "Freiheit", "Demokratie" und all den anderen magischen, aber bedeutungslosen Begriffen aus derselben Kategorie. Dies führte zu seltsamen Ergebnissen: Jede Macht, die gegen die von Amerika grundlos als Feind auserkorene Macht kämpfte, wurde ipso facto zu einer "freiheitsliebenden" Macht. So waren Romanoff-Russland und das bolschewistische Russland "freiheitsliebende" Mächte.

Die amerikanische Ideologie führte dazu, dass Amerika Länder als Verbündete betrachtete, die dieses Kompliment nicht erwiderten, aber die amerikanische Begeisterung hat sich dadurch nicht abgekühlt. Diese Art von Politik kann in Europa nur als jugendlich betrachtet werden, und in der Tat ist jede Behauptung, dass die

Probleme und Wege des zwanzigsten Jahrhunderts mit einer rationalistischen Ideologie des neunzehnten Jahrhunderts beschrieben werden können, unreif oder, um es unverblümt zu sagen, töricht.

Im 20. Jahrhundert, als der rationalistische Ideologietypus von der fortgeschrittenen westlichen Zivilisation bereits verworfen worden war, wurde die amerikanische Universalisierung der Ideologie zum Messianismus: die Idee, dass Amerika die Welt retten muss. Das Vehikel der Rettung muss eine materialistische Religion sein, in der die "Demokratie" den Platz Gottes einnimmt, die "Verfassung" den der Kirche, die Regierungsprinzipien den der religiösen Dogmen und die Idee der wirtschaftlichen Freiheit den der Gnade Gottes. Die Technik der Erlösung besteht darin, sich dem Dollar zu unterwerfen oder sich in letzter Instanz den amerikanischen Bajonetten und Sprengsätzen zu unterwerfen.

Die amerikanische Ideologie ist eine Religion, genau wie der Rationalismus des französischen Terrors, des Jakobinismus und Napoleons. Die amerikanische Ideologie ist zeitgleich mit ihnen und sie sind tot. So tot wie die amerikanische Ideologie, so tot ist sie auch innerlich. Ihr Hauptzweck besteht heute (1948) darin, Europa zu spalten. Das europäische Michel-Element nutzt jede Ideologie aus, die "Glück" und ein Leben ohne Anstrengung und Energie verspricht. Die amerikanische Ideologie dient also nur einem negativen Zweck. Der Geist einer vergangenen Epoche kann einer nachfolgenden Epoche keine Botschaft vermitteln, aber er kann die neue Epoche verleugnen und versuchen, sie zu verzögern, zu verzerren und aus ihrem Lebensbereich zu entfernen. Die amerikanische Ideologie ist kein Instinkt, denn sie inspiriert keinen. Sie ist ein anorganisches System, und wenn eines ihrer Dogmen stört, wird es schnell wieder verworfen. So wurde die religiöse Doktrin der "Gewaltenteilung" 1933 von der Liste der heiligen Dogmen gestrichen. Zuvor war das heilige Dogma des Isolationismus 1917 aufgegeben worden, als Amerika in einen westlichen Krieg eingriff, der es überhaupt nicht betraf oder beeinträchtigte. Nach dem Ersten Weltkrieg wiederbelebt, wurde es im Zweiten Weltkrieg wieder verworfen. Eine politische Religion, die ihre übernatürlichen Lehren auf diese Weise ein- und ausschaltet, ist nicht überzeugend, weder aus politischer noch aus religiöser Sicht. Die "Monroe-Doktrin" zum Beispiel machte zu Beginn des 19. Jahrhunderts die gesamte westliche Hemisphäre zur imperialistischen Einflusssphäre der USA. Im 20. Jahrhundert erhielt dies den besonderen Status einer esoterischen Doktrin für den internen Gebrauch, während das externe Dogma als "Politik der guten Nachbarn" bezeichnet wurde.

Die Ideologie eines Volkes ist nichts weiter als ein geistiges Gewand. Sie kann - oder auch nicht - dem Instinkt dieses Volkes entsprechen. Eine Ideologie kann von einem Tag auf den anderen geändert werden, nicht aber der Charakter eines Volkes. Wenn er sich einmal gebildet hat, ist er endgültig und beeinflusst die Ereignisse mehr als sie ihn beeinflussen. Der Charakter des amerikanischen Volkes wurde im Bürgerkrieg geformt.

## 4. Der Bürgerkrieg, 1861-1865

In Amerika gab es keine Politik im europäischen Sinne des Wortes. Die amerikanische Union wurde gegründet, bevor sich die Innenpolitik im Stil des 19. Politische Parteien in ihrer heutigen Form waren den Verfassern der Verfassung unbekannt. Das Wort Partei hatte etwas Gefährliches an sich: Fraktionszwang, quasi Verrat. George Washington riet seinem Volk bei seinem Abschied aus dem öffentlichen Leben vom "Parteigeist" ab.

Aber ehrgeizige Männer werden immer versuchen, die Macht an sich zu reißen, auch die begrenzte und nicht rechenschaftspflichtige Macht, die innerhalb der Grenzen einer lockeren Föderation ausgeübt werden kann. Wenn die Amtszeit auf wenige Jahre begrenzt ist (vier Jahre in der amerikanischen Union), besteht das wichtigste innenpolitische Problem darin, an der Macht zu bleiben. Wenn die Macht durch Mehrheiten in Wahlen erlangt wurde, entwickelt sich die Wissenschaft der Wählerrekrutierung. Die Wähler müssen organisiert werden, damit sich die Führer an der Regierung halten können, und die Technik dieser Organisation ist die Partei. Die Organisation braucht Geldmittel und sie braucht Ideale. Die Ideale sind für die Wählermassen bestimmt, und die Mittel ermöglichen ihre Verbreitung. Die Mittel sind wichtiger, weil sie schwer zu beschaffen sind, während die Ideale im Überfluss vorhanden sind. Die Tatsache, dass die Parteiorganisation von der Bereitstellung von Mitteln abhing, führte dazu, dass reiche Männer die Parteiorganisationen und Parteiführer dazu bringen konnten, so zu handeln, wie es ihnen passte. Diese Art der Regierung wird Plutokratie genannt, die Herrschaft des Geldes. Dies war die amerikanische Regierungsform während des gesamten 19. Jahrhunderts und dauerte bis 1933.

Die Quellen des Reichtums der reichsten Männer Amerikas in der Zeit von 1789 bis 1861 waren Industrie und Handel. Die reichsten Männer waren in den Nordstaaten zu finden, dem Hauptsitz von Handel und Industrie. Die Vereinigten Staaten des Südens waren völlig unplutokratisch organisiert. Die Hälfte der Bevölkerung gehörte der afrikanischen Ethnie an und wurde von weißen Grundbesitzern und Pflanzern in Sklaverei gehalten. Aus kapitalistischer Sicht war die Sklaverei weniger effizient als die Industrialisierung, denn die Sklaven genossen völlige Sicherheit - Schutz vor Krankheit, Arbeitslosigkeit, Alter - während die Fabrikarbeiter des Nordens in dieser Hinsicht völlig ungeschützt waren. Dies verschaffte dem Industriellen des Nordens einen weiteren Vorteil gegenüber dem Humanismus der Sklavenhalter[73]. Die "Produktionskosten" des Industriellen waren billiger. Für Fabrikarbeiter, die durch Krankheit oder ein anderes Unglück ihre Arbeit verloren, waren die Industriellen nicht verantwortlich; sie hatten nur die Nachteile der Sklaverei zu tragen, während die Afrikaner in den Südstaaten auch deren Vorteile hatten.

Der Süden war daher wirtschaftlich weniger mobilisiert als der Norden und benötigte daher die billigsten verfügbaren Produkte, was zu dieser Zeit den Import englischer Waren bedeutete. Die Industrie des Nordens konnte mit den Einfuhren aus England nicht konkurrieren und forderte zu ihrem Schutz hohe Zölle. Die Zolltariffrage stand im Mittelpunkt eines politischen Kampfes, der bis zum Ausbruch des Krieges drei Jahrzehnte lang andauerte.

Wenn ein Konflikt, egal aus welchem Lebensbereich er kommt, so intensiv wird, dass er politisch wird, kommen ihm andere Motive zu Hilfe. So nutzten die Ideologen der Yankees die Idee der Sklaverei und machten sie zu einem Motiv für die Massen der Nordstaaten. Die finanzielle Ausbeutung der Arbeitskraft durch die Kapitalisten des Nordens wurde als Humanität dargestellt, während die patriarchalische

---

[73] Das Adjektiv "humanitär", das mit dem Begriff "Sklavenhalter" in Konflikt geraten kann, ist durchaus gerechtfertigt, wenn man die Umstände von Zeit und Ort berücksichtigt. Wer einen Sklaven kaufte, musste einen hohen Preis zahlen: Der Sklavenhändler musste den Sklaven (und in der Regel auch seine Frau) vom Stammeshäuptling kaufen und dann der britischen Marine "navycerts", "freight" und Nahrung für die menschliche Fracht zahlen.

In Amerika waren "Waren" einst teuer. Und niemand, es sei denn, er ist ein Psychopath, misshandelt eine teure Ware.

Behandlung der Pflanzer des Südens als Grausamkeit, Unmenschlichkeit und Unmoral bezeichnet wurde. Der ideologische Aspekt dieses Krieges war ein Vorbote künftiger amerikanischer Kriege.

Der Bürgerkrieg brach aus, als die Südstaaten, die eine Einheit bildeten, die auf einem aristokratischen und traditionellen Lebenskonzept basierte und deren Wirtschaft auf Muskelkraft beruhte, versuchten, sich von der Union zu lösen, die vom Yankee-Element erobert worden war. Das Yankee-Territorium war finanziell-industriell organisiert, und seine Wirtschaft basierte auf Maschinenkraft. Drei Jahrzehnte lang war der Hauptkonflikt in der Union das Gleichgewicht der Vertretung in der Zentralregierung zwischen den Nord- und Südstaaten gewesen. Der Süden befand sich in der Defensive, da der Norden ihn an Reichtum, Macht und Kontrolle über die Zentralregierung überholte.

Aufgrund seiner aristokratischen Tendenzen hatte der Süden jedoch unverhältnismäßig viele Offiziere in die Zentralarmee entsandt, und der größte Teil des Kriegsmaterials befand sich bei Kriegsausbruch im Süden. Die heroische antifinanzielle Haltung des Südens verschaffte ihm einen immensen Vorteil auf dem Schlachtfeld gegenüber den Yankee-Armeen, die mit einer Kriegspropaganda geimpft worden waren, die auf dem Neid auf die überlegene Lebensgrundlage des Südens beruhte. Der Krieg war ein Kampf - nicht der letzte in der westlichen Geschichte - zwischen Qualität und Quantität. Der Norden verfügte über die gesamte Kriegsindustrie, den größten Teil der Eisenbahnen und die vierfache kriegswichtige Bevölkerung.

Die materielle Schwäche des Südens war zu groß, um durch seine geistige Überlegenheit auf dem Schlachtfeld kompensiert zu werden, wo sein Heldengeist einen Sieg nach dem anderen gegen zahlenmäßig überlegene Kräfte errang. Andererseits konnte der Süden seine menschlichen Verluste nicht ersetzen, während es den Yankees gelang, vor allem deutsche und irische Einwanderer einzusetzen. Dieser Krieg war bis zum Ersten Weltkrieg der größte Krieg in der gesamten Zivilisation. Die Armeen zogen Millionen von Männern an, der Kriegsschauplatz erstreckte sich über eine Million Quadratkilometer. Eisenbahnen und Panzer hielten zum ersten Mal Einzug in die militärische Taktik.

Napoleon hatte aufgrund seiner Erfahrung in 150 Schlachten berechnet, dass im Krieg das Verhältnis von Geistigem zu Materiellem drei zu eins beträgt. Wenn dies stimmt, war die Niederlage der Südstaaten das Ergebnis einer mehr als dreifachen materiellen Überlegenheit der Yankees. Dieser Krieg bot Europa viele Lehren, die jedoch in den europäischen Hauptstädten im Allgemeinen ignoriert wurden, da sie sich noch in der Periode des kleinlichen Nationalismus befanden und nicht in der Lage waren, ihr Denken auf die großen Räume zu konzentrieren. Er zeigte das enorme Kriegspotential Amerikas; er zeigte den Yankee-Charakter, der fortan als amerikanischer Charakter angesehen wurde; er entdeckte den enormen Machtwillen der New Yorker Plutokratie: er zeigte, kurz gesagt, dass hier eine Grundlage für die Weltmacht gelegt worden war.

Die einzige europäische Macht, die sich dessen bewusst war, war die einzige, die zu dieser Zeit in der Lage war, an die großen Räume zu denken: England. Die Haltung Englands im Verlauf des Krieges war eine wohlwollende Neutralität gegenüber dem Süden, um nicht zu sagen, direkte Hilfe. Das einzige, was England davon abhielt, der Yankee-Regierung den Krieg zu erklären, war die Haltung Russlands.[74]

Dann wurden südafrikanische Freibeuter in englischen Häfen aufgetakelt, und die berüchtigte Alabama hatte sogar eine englische Besatzung. Die Stärke der Yankees auf den Meeren bedeutete, dass die militärische Aufgabe für England zu groß gewesen wäre. Dies zeigte, dass Amerika die Zeit, in der es die Einmischung einer europäischen Macht in amerikanische oder karibische Angelegenheiten fürchten musste, hinter sich hatte. Keine europäische Macht konnte es sich leisten, die russisch-europäische Situation zu ignorieren, so dass sie den transatlantischen Angelegenheiten sozusagen nur ihre "überschüssige Macht" widmen konnte. In Anbetracht der Lage der europäischen Mächte und ihrer gegenseitigen Beziehungen war die amerikanische Macht bereits größer als die "Überschussmacht" jedes möglichen europäischen Bündnisses oder Zusammenschlusses.

Dies war der Beginn der amerikanischen Isolation. Unabhängig von jeder Formulierung war Amerika in der Tat politisch von Europa isoliert und zudem die

---

[74] England hatte zahlreiche Reibungspunkte mit Russland: an der Grenze Kanadas zu Alaska (damals eine russische Kolonie), an den Grenzen Indiens, Pakistans und Afghanistans zu den von Moskau abhängigen asiatischen Gebieten, an Russlands Bestrebungen, in den Mittelmeerraum vorzudringen, was der eigentliche Grund für den Krimkrieg (1854-1856) war, und an Russlands panslawistischen Ambitionen, die das von England seit zwei Jahrhunderten aufrechterhaltene "Gleichgewicht der Kräfte" in Europa zu zerstören drohten.

einzige Macht in einer Hemisphäre. Diese Tatsache, zusammen mit dem riesigen Territorium im Landesinneren Amerikas, eröffnete die Möglichkeit, in großen Räumen zu denken, im Gegensatz zum europäischen Kleinstaatertum, das hundert Kilometer als große Entfernung ansah.

Es war natürlich die europäische Kleinstaaterei, die die Entwicklung Amerikas am Anfang und in jeder nachfolgenden Epoche ermöglichte. Dies wird in der Geschichte des amerikanischen Imperialismus ausführlicher behandelt.

## 5. Amerikanische Governance-Praxis

I

Die wirkliche Regierungsform in Amerika war eine Plutokratie, aber die Technik, mit der diese Regierung aufrechterhalten wurde, wurde von oberflächlichen Denkern allgemein als die wirkliche Regierung angesehen. Die große Epoche in der Geschichte der Regierungspraxis in Amerika war das Jahr 1828. In jenem Jahr wurde Andrew Jackson zum Präsidenten der Zentralregierung gewählt und verkündete sofort die neue Konzeption der öffentlichen Verwaltung als Privatwirtschaft. Mit seinem Slogan "Die Beute gehört den Siegern" entthronte er für immer die föderalistische Vorstellung von einer Tradition des Staatsdienstes. Von nun an war die Regierung mehr als nur eine "Beute" für glückliche Parteipolitiker. Bei den Wahlen von 1828 trat die Föderalistische Partei zum letzten Mal in einem Wahlkampf auf. Die Föderalistische Partei konnte jedoch bis Mitte des 19. Jahrhunderts die Kontrolle über den Justizapparat behalten. Die Wahl Jacksons beendete auch die "Caucus"-Methode[75], mit der die Präsidentschaftskandidaten ausgewählt wurden. Von nun an hielten die Parteien zu diesem Zweck so genannte Nominierungskongresse ab. Die Kräfte der Tradition, die sich immer in der Federalist Party konzentriert hatten, traten in der Innenpolitik nicht mehr als organisierte Gruppe auf. Sie hatte nur noch eine rein soziale Bedeutung. So gab es in Amerika während des gesamten 19. Jahrhunderts keinen Konflikt zwischen Partei und Tradition,

---

[75] Congressional Caucus", ein angelsächsischer Ausdruck, der sich auf die Zusammenkünfte von Politikern außerhalb des Kongresses bezieht, um auf aristokratische Weise die Kandidaten für die Präsidentschaft zu nominieren (N. des T.).

zwischen den Verfechtern der Verfassung und den aristokratischen Kräften der Monarchie, des Staates, der Armee und der Kirche im europäischen Sinne. Die Idee der Verfassung hatte in Amerika, in England und auf dem Kontinent drei verschiedene Bedeutungen. In Amerika war die Verfassung das Symbol für den Ursprung des Volkes. In England stellte die "ungeschriebene" Verfassung das organische Glied in der Geschichte der englischen Nationalseele dar, das die Vergangenheit mit der Zukunft verband. Auf dem Kontinent stellte die Verfassung den Sammelpunkt aller antitraditionellen Kräfte dar, den Bruch mit der organischen Vergangenheit und den Versuch, Staat und Gesellschaft zu zerstören. In Amerika gab es keine Tradition, sondern nur eine Verfassung; in England waren Verfassung und Tradition Synonyme; auf dem Kontinent waren Verfassung und Tradition Antithesen.

In Amerika wurde die Regierungspraxis durch die große Tatsache bestimmt, dass es in Amerika keinen Staat gab, sondern nur private Politik und Parteipolitik. In England entwickelte sich die Regierungspraxis langsam, über Jahrhunderte hinweg, und die englische Verfassung ist einfach die Aufzeichnung dieser Entwicklung. Auf dem Kontinent wurde die durch jahrhundertelange Tradition entwickelte Regierungspraxis an der Wurzel durch die rationalistische Idee in Frage gestellt, Qualität durch Quantität zu ersetzen, Geschichte und Tradition auszulöschen und an ihre Stelle die Vorherrschaft eines vernünftigen Stücks Papier zu setzen, das für immer die Herrschaft der Vernunft, Humanität, Gerechtigkeit und alles andere garantieren würde. Folglich gab es in Amerika keine Kräfte, die gegen die Verfassung als solche waren, und es gibt sie auch heute nicht, während in Europa die traditionellen Kräfte den Konstitutionalismus als solchen ablehnten, da er lediglich das Symbol der Anarchie sei.

Historisches Denken interessiert sich mehr für das, was mit einer geschriebenen Verfassung gemacht wird, als für das, was sie aussagt, und die Regierungspraxis in Amerika war in der Tat völlig unabhängig von der Verfassung, auch wenn dieses Dokument ständig von allen Parteipolitikern angeführt wurde. Erstens kannte die Verfassung keine Parteien, sondern nur Einzelpersonen. Sie sah nicht voraus, dass sich das politische Geschäft so entwickeln würde, dass die Massen mit Hilfe von Idealen, Versprechungen und Geld gezwungen würden. Auch das allgemeine Wahlrecht wurde in der Verfassung nicht anerkannt, da es als völlig unnötig erachtet wurde, etwas zu verbieten, was damals von allen als Synonym für Anarchie angesehen wurde. Würden die Gründerväter auf[76] zurückkehren, würden sie die Abschaffung der Parteien und deren Zwang auf den Einzelnen fordern; sie würden die Beteiligung von Gruppen an der Politik verbieten und die totale Emanzipation[77] nach erzieherischen, rassischen, sozialen und materiellen Kriterien stark einschränken, denn solche Einschränkungen waren die Realitäten, von deren Fortbestand die Verfasser der amerikanischen Verfassung ausgingen.

Die erste öffentliche Verwaltung, die es in Amerika gab, war die föderalistische Regierung von Washington und Hamilton. Hamilton stellte bereits 1791 die Doktrin der "impliziten Befugnisse" der Zentralregierung auf, um sie zu stärken. Dies stand natürlich in völligem Widerspruch zu Geist und Buchstaben der Verfassung, die der Zentralregierung bestimmte Befugnisse "übertrug" und alle anderen Befugnisse den Staaten vorbehielt. In der Folge spalteten sich zwei Ideen: die Idee einer starken Zentralregierung und die Idee der Rechte der Staaten. Dieser Konflikt stand im Mittelpunkt der Sezessionsbewegungen, zunächst in den nordischen Staaten, dann in den sudischen Staaten, und die theoretische Formulierung des Kriegszustands zwischen den Staaten von 1861 bis 1865 beruhte auf dem Recht eines Staates, sich von der Union abzuspalten.

Generalstaatsanwalt Marshall war der letzte Vertreter der föderalistischen Tradition in der Regierung. Er begründete die in Amerika einzigartige Idee, dass Gesetze von der Justiz aufgehoben werden können, die sie für "verfassungswidrig" erklären kann. Dieses Instrument sollte in der amerikanischen Innenpolitik des 19. und 20. Jahrhunderts eine wichtige Rolle spielen. Jahrhundert eine wichtige Rolle spielen. Die Entscheidungen dieses Ministers verstärkten mehr als alles andere die Entscheidungen der Zentralregierung. Aber die von ihm angewandte Technik war notwendigerweise begrenzt; ihre Wirksamkeit war rein negativ. Er konnte Gesetze blockieren, aber nicht schaffen, was ebenso gegen die Verfassung verstieß wie die Parteien, die Konvente, das allgemeine Wahlrecht, die "impliziten Gewalten" und die Herrschaft der Privatpersonen. Diese richterliche Usurpation war eine weitere

---

[76] Der Begriff "Gründerväter" wird in den Vereinigten Staaten für die Männer verwendet, die die Verfassung ausgearbeitet haben.

[77] Emanzipation im Text "Wahlrecht". Sie bezieht sich im Originaltext auf die Gleichberechtigung der Bürger. Als Beispiel können wir erwähnen, dass die meisten der Gründerväter Sklavenhalter waren.

Widerlegung der rationalistischen Theorien, wonach das Leben auf einem Stück Papier programmiert und dann in die Praxis umgesetzt werden kann, denn auf dem Papier war festgelegt, dass die Judikative von der Legislative getrennt sein sollte.

Wieder einmal war es nicht die Logik, sondern die Geschichte, die es Marshall ermöglichte, diese Funktion des richterlichen Vetos an sich zu reißen. Bereits in der Kolonialzeit war die Idee des "höheren Rechts" aufgekommen. Damals war sie lediglich Ausdruck der zentrifugalen politischen Tendenz in allen Kolonien, denn "höheres Recht" bedeutete lokales innerstaatliches Recht, im Gegensatz zum Recht des Königs von England, das als persönliches Recht galt. Die königlichen Gouverneure in den Kolonien kamen aus Europa, während die Richter in den Kolonien Einheimische waren. Daher der Ausdruck "höheres Recht" und die einzigartige Institution der "gerichtlichen Überprüfung".

Eine natürliche Folge dieser alten kolonialen Idee war der amerikanische Legalismus. Recht bedeutete in den Kolonien Widerstand gegen die Krone, und so wurde der Anwalt zu einer Art Pflichtverteidiger. Die Gründerväter waren fast alle Juristen; fast alle Mitglieder des Verfassungskonvents waren Juristen. Die Verfassung war das Dokument eines Juristen, mit juristischen Formulierungen und ohne jegliches politisches Urteilsvermögen. Das richterliche Veto gegen die Gesetzgebung erschien daher in Amerika völlig natürlich und erlangte eine vorherrschende Stellung für sich. Daher der seltsame Brauch, alle möglichen Probleme dem Rechtssystem zu überantworten, um sie nach den Grundsätzen des Gewohnheitsrechts zu lösen. behauptete, dass politische, soziale, wirtschaftliche, rassische und andere Probleme auf diese Weise unparteiisch und frei von jeglicher menschlichen Voreingenommenheit behandelt würden.

Das Recht ist jedoch eine Folge der Politik. Jede Justiz ist von einem politischen Regime geschaffen worden. Wenn die Justiz eine Macht an sich reißt, die sie mehr oder weniger unabhängig macht, ist sie selbst politisch geworden. Aber in jedem Fall sind ihre Entscheidungen das Ergebnis von Politik, getarnt in einer juristischen Form. Und so ist die Geschichte des Legalismus in Amerika in Form des Verfassungsrechts einfach ein Spiegelbild der politisch-ökonomischen Geschichte Amerikas. In der ersten Phase gab es eine Reihe von Entscheidungen, die die Zentralregierung als Ausdruck der föderalistischen Politik stärkten. In dieser Tradition stand auch die Dred-Scott-Entscheidung von 1857, die die sudistische Auffassung von der Sklaverei widerspiegelte, da die föderalistische Idee nicht abolitionistisch war. Nach dem totalen Sieg des Industrialismus und des Geldes im Jahr 1865 repräsentierten die Gerichtsentscheidungen den Triumph der industriellen und finanzkapitalistischen Sichtweise. Der wachsende Kapitalismus der Gewerkschaften wurde vom Obersten Gerichtshof immer wieder gebremst. Mehr als 300 Mal, zwischen 1870 und 1933, hat dieser Gerichtshof die von verschiedenen Bundesstaaten und der Zentralregierung erlassenen Gesetze, die den Interessen der Plutokratie abträglich waren, aufgehoben.

Die Institution der gerichtlichen Überprüfung hätte nicht eingeführt werden können, wenn es eine starke Zentralregierung oder einen echten Staat gegeben hätte. Sie hätte auch nirgendwo anders entstehen können als in einem Land, das von wirtschaftlicher Aktivität beherrscht wurde und in dem es keine wirklichen politischen Konflikte gab. Vor 1861 gab es nur einen einzigen kritischen politischen Konflikt, nämlich den um das Machtgleichgewicht zwischen Nord und Süd. Zwischen 1865 und 1933 gab es keinen wirklichen politischen Konflikt, sondern lediglich Gruppen- oder Privatgeschäfte in Form von Innenpolitik. Die Dred-Scott-Entscheidung wäre ohne den Ausbruch des Bürgerkriegs nicht durchgesetzt worden, da der Gruppenkonflikt die Kultur in Amerika verzerrte. Das neue Regime konnte die Justiz nicht sofort dominieren und legte gegen alle wichtigen internen Maßnahmen des neuen Regimes ein Veto ein, bis es 1937 mit der Drohung eingeschüchtert wurde, so viele neue Richter zu ernennen, wie nötig seien, um die Gegner des Regimes zu überstimmen. Grant[78] hatte bereits 1870 etwas Ähnliches getan, um einen feindlich gesinnten Obersten Gerichtshof zu zwingen, indem er demonstrierte, dass eine gerichtliche Überprüfung von den herrschenden Kräften in Amerika nur so lange geduldet wurde, wie sie ihren Interessen entgegenkam.

Nach 1936 geriet der Oberste Gerichtshof bald unter die Kontrolle der Revolution und das richterliche Veto gegen politische Maßnahmen wurde abgeschafft. Er mag als Slogan verwendet oder zu Propagandazwecken künstlich wiederbelebt werden, aber die Kräfte, die das zwanzigste Jahrhundert entfesselt hat, nehmen den Legalismus nicht ernst. Die Waffe der gerichtlichen Überprüfung besaß in Amerika

---

[78] Ulysses Grant, General der Armeen des Nordens während des Bürgerkriegs und Präsident der Vereinigten Staaten von 1868 bis 1876. Er war ein erbitterter Feind der Sudisten, sowohl im Frieden als auch im Krieg.

während der ersten Angriffe der Revolution von 1933 eine gewisse konservative Wirksamkeit, aber in einer negativen Verteidigung. Nur eine kreative Bewegung kann sich gegen eine bestimmte Revolution durchsetzen, nur die Politik kann die Politik besiegen.

Die Theorie der "Gewaltenteilung" hat in der Praxis dazu geführt, dass entweder alle Zweige der Regierung von denselben Interessen beherrscht werden oder dass diese Zweige in zwei entgegengesetzte Gruppen aufgeteilt werden. Der autoritäre Geist des zwanzigsten Jahrhunderts endet mit den Versuchen, die Staatsgewalten zu "trennen". Das leere Theoretisieren mag weitergehen, aber diese Methode der Politik ist in Amerika wie anderswo tot.

## II

Das ganze 19. Jahrhundert hindurch war Amerika - mit Ausnahme der politischen Konflikte, die zum Bürgerkrieg führten - ein Land ohne echte Politik. Innenpolitik war ein reines Geschäft, und jede Gruppe konnte sie zur Durchsetzung ihrer eigenen wirtschaftlichen oder ideologischen Interessen betreiben. Neben den Parteien begannen sich auch Lobbys zu etablieren. Lobbying ist das Mittel, um Druck auf die Abgeordneten auszuüben, sobald sie gewählt sind. Private Gruppen entsenden private Vertreter in die Parlamente und überzeugen dort die Abgeordneten durch Bestechung oder einfach durch Geld, bestimmte Gesetze zu unterstützen, für oder gegen sie zu stimmen. Agrar-, Rassen-, Wirtschaftsgruppen und Gesellschaften aller Art bedienen sich dieser Methode. Auf diese Weise gelang es den Abstinenzvereinen, das Verbot der Herstellung, des Verkaufs oder des Transports von alkoholischen Getränken durchzusetzen. Diese politische Technik ist immer noch in vollem Gange. Nach der Niederlage der föderalistischen Partei zu Beginn des 19. Jahrhunderts gab es eine stetige Tendenz zur Ausweitung des Wahlrechts, die von allen Parteien unterstützt und nur von den traditionellen gesellschaftlichen Kräften bekämpft wurde.

Die Partei will immer ein möglichst breites Wahlrecht, denn dadurch wird die Wählerschaft völlig entmachtet. Wenn zehn Männer eine Wahl entscheiden, haben sie alle zumindest eine gewisse Macht; wenn aber die Wählerschaft aus zehn Millionen besteht, entzieht die Masse den höheren Elementen jede Bedeutung. Die innere Entwicklung Amerikas ist dem unveränderlichen Muster der Demokratie gefolgt, das in allen Kulturen und in allen Staaten zu beobachten ist.

Die Parteipolitik ist mit Kommerz, Rationalismus, Materialismus und wirtschaftlicher Aktivität verbunden. Im Geist des Zeitalters des Wiederauflebens der Autorität weicht die Parteipolitik autoritären Formen, unabhängig von den verwendeten Theorien oder Techniken. Die Macht ist einfach da, um von einem ehrgeizigen Mann oder einer Gruppe ergriffen zu werden. Wie die amerikanische Revolution von 1933 beweist, kann diese Gruppe sogar kulturfremd sein. Die eigentliche Technik für die Einführung einer autoritären Regierung in Amerika war lehrreich: Die etablierten republikanischen und demokratischen Parteien hatten unter verschiedenen Namen ein Jahrhundert lang ein Monopol auf die Innenpolitik inne. Es war ein Leichtes für eine bestimmte Gruppe, die absolute Macht zu erobern und zu erhalten, diese alten Formationen zu unterwandern und so die absolute Kontrolle über alle innenpolitischen Ausdrucksmittel zu erlangen. Für die Präsidentschaftskandidatur konnten nur zwei - oder in Ausnahmefällen drei - Kandidaten nominiert werden. Wenn ein und dieselbe Gruppe alle Kandidaten aufstellte, war sie gegen alle Mittel der Vertreibung abgesichert, mit Ausnahme der revolutionären Gewaltanwendung. Dies wurde getan, und das Ergebnis war bei den Wahlen von 1936, 1940, 1944 und 1948 zu sehen.[79]

Jahrhunderts, dem Jahrhundert der wirtschaftlichen Besessenheit in Amerika, kam niemand auf die Idee, irgendeine Phase des öffentlichen politischen Lebens mit Effizienz zu erfüllen. So konnte sich eine Situation entwickeln, in der achtundvierzig theoretisch "souveräne" Verwaltungseinheiten ihre eigenen Gesetze zu allen Themen diktierten, ihre eigenen Steuern erhoben und ihr eigenes Bildungs-, Justiz- und Polizeisystem sowie ihre eigenen Wirtschaftsprogramme umsetzten. Im Jahr 1947 gab es in den Vereinigten Staaten 75.000 Steuererhebungsstellen. Jede Behörde kann eine öffentliche Verschuldung verursachen, und dies muss über die großen privaten Bankhäuser geschehen. Die gesamte Staatsverschuldung Amerikas war 1947 größer als die Summe aller steuerpflichtigen Werte des Landes. Diese

---

[79] Das Gleiche geschah bis 1976. Und wenn ein Präsident Lust hatte, auf eigene Faust zu handeln, wurde er nach der Pressekampagne rund um die so genannte "Watergate-Affäre" praktisch aus dem Amt geworfen, weil... dem Präsidenten nachgewiesen wurde, dass er gelogen hatte. Was hätte man mit jedem anderen Präsidenten machen sollen?

breite Streuung des öffentlichen Machtapparats hat dafür gesorgt, dass sich die Möglichkeiten der Korruption und der Verzerrung des Willens des Landes, die in der Zentralregierung auftreten, in Miniaturform tausendfach reproduzieren.

Die Amerikanische Revolution von 1933 hatte nicht zum Ziel, diesen Zustand zu korrigieren, sondern war in erster Linie auf die Außenpolitik ausgerichtet. Der Hintergrund für die Einmischung dieses Regimes in das Weltgeschehen ist die Geschichte der amerikanischen Außenbeziehungen, hinter der die Ziele des Regimes im Einzelnen dargelegt werden sollen.

## 6. Geschichte des amerikanischen Imperialismus

I

Amerika hat sein riesiges Imperium mit weniger Blutvergießen erworben als jede andere Eroberungsnation in der Geschichte des Planeten. Jede Macht, der es gelungen ist, andere Völker zu unterwerfen, musste sich diese Position mit langen und schweren Kriegen erkaufen. Ein Imperium kann nicht in Frieden leben. Frieden und Imperium schließen sich gegenseitig aus. Der härteste Krieg, den Amerika je zu führen hatte, war der erste, gegen England, von 1775 bis 1783. Von Lexington bis zum Vertrag von Paris war ein langer und blutiger Weg zurückzulegen, der jederzeit hätte umgeschlagen werden können. Das amerikanische Regime jener Tage war nicht das eines reichen Landes mit riesigen Ressourcen, das am Ende des Krieges auf der Seite des Siegers in eine Weltkoalition gegen eine einzige Macht eintrat. Es war nicht die beneidenswerte Position des Spielers, der seine Gewinne behalten kann, aber nicht zahlen muss, wenn er verliert. Ihre Führer haben in diesem Krieg wirklich ihr Leben riskiert, und wenn sie verloren hätten, wären sie an den Galgen gegangen.

Die Leute, die die Nachkommen dieser Ur-Amerikaner verdrängt haben, hätten sie in diesem Fall als "Kriegsverbrecher" bezeichnet, eine Bezeichnung, die sie für die besiegten Führer in einem Krieg erfunden haben. Denn waren sie nicht "Verschwörer gegen die Menschheit", "Organisatoren der Aggression" und all das andere? Könnte man diese kleine Schar von Generälen, Propagandisten, Staatsmännern, Ideologen und Finanziers nicht vor ein Gericht stellen, um sie ein

Jahr lang "vor Gericht zu stellen" und ein vorher bekanntes Urteil zu fällen? Die Anführer der amerikanischen Revolte hatten keinen Grund, so etwas zu befürchten, aber Tatsache ist, dass sie rechtlich gesehen Verräter an ihrem König waren, und ein Gericht mit echter Zuständigkeit hätte gegen sie eingesetzt werden können.

Die amerikanischen Kolonisten waren nur dank der französischen Hilfe und der Unterstützung von Freiwilligen mit großen militärischen Fähigkeiten, wie von Steuben, de Kalb, Lafayette, Pulaski, erfolgreich. Diese ausländische Hilfe war entscheidend. England hatte anderswo wichtigere Konflikte und konnte dem militärischen Aufstand nicht genügend militärische Aufmerksamkeit widmen. Ein weiterer Beitrag zu den amerikanischen Bemühungen war die interne britische Opposition, die die Kolonien begünstigte. Die absichtliche Untätigkeit von General Howe ist ein Ausdruck dieser Obstruktion.

Dieser lange und harte Krieg markierte den Beginn der politischen Unabhängigkeit Amerikas. Die dreizehn Kolonien erstreckten sich wie eine Schlange entlang der Atlantikküste. Das Hinterland wurde von zwei europäischen Mächten beansprucht, deren imperiale Tage in der westlichen Hemisphäre gezählt waren: Frankreich und Spanien. Spaniens politischer Niedergang spiegelte sich in den revolutionären Figuren von Hidalgo, Itúrbide und Bolívar wider, die die spanische Vorherrschaft in der westlichen Hemisphäre beendeten. Unter Napoleon war Frankreich gezwungen, die Idee eines französischen Kolonialreichs aufzugeben, das das ursprüngliche englische Reich ersetzen sollte, und stattdessen die Idee eines europäischen Imperiums zu übernehmen, das das Heilige Römische Reich wieder aufbauen sollte, wenn auch diesmal von Paris aus gesteuert. Zu diesem Zweck war der Hungerlohn von drei Millionen Dollar für Napoleon wertvoller als das riesige Territorium von Louisiana, dessen Kauf durch die amerikanische Union im Jahr 1803 eine Art beispiellose historische Lotteriefantasie darstellte. Friedrich der Große musste sieben gewaltige Kriege führen, um das kleine Schlesien zu gewinnen, und zwei weitere, um es zu behalten; Napoleon kämpfte zwanzig Jahre lang gegen sechs Koalitionen, um Westeuropa zu beherrschen; England musste für jede Quadratmeile seines Reiches einen Sohn bezahlen, und das Gleiche oder Ähnliches könnte man von jeder Seite der imperialen Geschichte sagen. Aber Amerika erwarb für den Preis von ein paar Schiffen ein Gebiet, das so groß war wie ganz Westeuropa. Der latente Calvinismus der Proto-Amerikaner betrachtete dies nicht als phantastisches Glück, sondern als ein Zeichen der Vorbestimmung, der Gnade Gottes.

Amerikanische Kühnheit und Instinkte wurden im Barbary War[80] unter Beweis gestellt. Dieser Krieg bewies auch, dass das menschliche Material der Kolonien den vom glücklichen Imperialismus geforderten Typus hervorbringen konnte: William Bainbridge, William Eaton, Edward Preble, Stephen Decatur.

Der Krieg von 1812 war ein weiterer unglaublicher Glücksfall. Wieder einmal kämpfte Napoleon im Namen des amerikanischen Imperiums. England, das im Krieg gegen den Koloss des Kontinents voll engagiert war, konnte nicht einmal seine überlegene militärische Position in Amerika ausnutzen, und trotz seiner Kriegsniederlage war Amerika mit dem Vertrag von Gent 1814[81] der politische Sieger. Die Annexion Floridas im Jahr 1819 war das Ergebnis von Verhandlungen, nicht von Krieg. Schon damals hätte der österreichische Aphorismus von Amerika paraphrasiert werden können: Bella gerant alii, tu, felix America, eme![82]

Der Große Hamilton hatte in den Anfängen der Union die Annexion Kubas befürwortet, und auch andere forderten sie in jenem Jahrzehnt, aber sie sollte erst im Jahr 1900 vollzogen werden. Doch zu dieser Zeit geschah etwas, das zu den großen Kühnheiten der Geschichte gehört: 1823 wurde das Manifest veröffentlicht, das als Monroe-Doktrin bekannt wurde. In diesem Manifest wurde verkündet, dass Amerika eine ganze Hälfte des Erdballs für sich selbst reserviert. Diese "Doktrin" wurde von der britischen Flotte propagiert, um das spanische Kolonialreich zu zerstören. Hätte England sich dieser Doktrin widersetzt, wäre sie gestorben, bevor sie geboren wurde, aber da sie für die britische Politik nützlich war, stellte sie Amerika tatsächlich in den Dienst Englands. Dies war natürlich in Amerika nicht bekannt, wo man glaubte, dass die kühne Ankündigung alle europäischen Mächte in Angst und Schrecken versetzt hatte, denn keine von ihnen widersprach ihr. Außerdem war Südamerika ein interessantes Feld für weitere imperialistische Abenteuer, und so kam es, dass sich in der amerikanischen Außenpolitik allmählich

---

[80] Krieg, den die US-Marine zwischen 1812 und 1820 gegen die Piraten in Libyen, Tripolitanien, Tunesien und Algerien führte.

[81] Der Vertrag von Gent von 1814 beendete den Krieg zwischen den Vereinigten Staaten und England in Kanada. Die Briten gingen sogar so weit, Washington zu besetzen, aber die Rückeroberung der Insel Elba durch Napoleon zwang London, sich voll und ganz den Angelegenheiten auf dem Kontinent zu widmen.

[82] Kriege herrschen für andere, aber du, glückliches Amerika, du kaufst. (N. des T.)

eine Tradition des Erfolgs etablierte. Das calvinistische Gefühl verbreitete sich, dass Amerika dazu prädestiniert sei, zu dominieren, wen immer es wolle. Es dauerte fast ein Jahrhundert, bis diese "Doktrin" in Frage gestellt wurde, und bis dahin verfügte Amerika über die für ihre Aufrechterhaltung erforderliche militärische Stärke. Parallel zu den äußeren Entwicklungen ging der "innere" Imperialismus sozusagen unvermindert weiter. Die Ureinwohner des Kontinents, deren Wille weder von den europäischen noch von den amerikanischen Mächten befragt wurde, leisteten heftigen Widerstand gegen den entschlossenen Vormarsch des amerikanischen Imperialismus nach Westen. Die amerikanische Antwort auf diesen Widerstand der Indianer war die Formel: "Der einzige gute Indianer ist der tote Indianer". Amerikanische Kaufleute versorgten die Indianer mit Gewehren und Schießpulver, und so dauerten die Indianerkriege bis ins frühe 20. Obwohl die europäischen Mächte riesige Gebiete gegen Geldzahlungen aufgegeben hatten, gaben die Indianer ihr Land nur gegen die amerikanische Gewalt auf. Zu dieser Zeit waren Praxis und Theorie der Amerikaner ein und dasselbe: Macht gibt Recht. Es wurden Verträge über Verträge mit den Indianern geschlossen, in denen die Grenzen festgelegt wurden, die die Amerikaner nicht überschreiten durften. Der amerikanische Imperiumstrieb brach jeden Vertrag. Diese Vertragsverletzungen führten zum Krieg der Schwarzen Axt, zu den Seminolenkriegen und zu einer Reihe von Kriegen, die ein Jahrhundert dauerten und mit der politischen Vernichtung der Indianer endeten. In den 1830er Jahren gelang es den Amerikanern, das mexikanische Reich zu unterwandern und durch einen glücklichen Aufstand das riesige Gebiet von Texas von Mexiko abzutrennen. Keine zehn Jahre später war das Gebiet bereits von der Union annektiert worden. Ein Gebiet, das größer war als jede westeuropäische Macht, war in einem kleinen Krieg erobert worden. Im Jahr 1848 wurde die Nordwestgrenze durch einen Vertrag mit England erweitert. Oregon wurde schließlich 1846 eingemeindet.

Aber in der Zwischenzeit war der kaiserliche Instinkt bereits dabei, von Texas aus über Mexiko bis zum Pazifik zu blicken. Man beschloss, Mexiko zwei Drittel seines Territoriums zu entziehen, und da dies kaum durch Kauf oder Vertrag zu bewerkstelligen war, wurde ein Krieg geplant. Mexiko verursachte den Krieg, indem es sich weigerte, die Forderungen des amerikanischen Imperialismus zu erfüllen. Ein kurzer Krieg endete mit dem Diktat von Guadalupe Hidalgo, das Mexiko zerstückelte.

Der Clayton-Bulwer-Vertrag von 1850 mit Großbritannien betraf insbesondere einen amerikanischen Kanal durch Mittelamerika und führte vor allem zur Fertigstellung einer amerikanischen Eisenbahn in diesem Gebiet im Jahr 1855. Japan wurde 1853, nach seinem schwachen militärischen Widerstand, für den kommerziellen Flügel des amerikanischen Imperialismus "geöffnet".

Nach dem Bürgerkrieg schlug die Amerikanische Union den französischen Versuch, Mexiko an ihr Reich anzugliedern, nieder und ließ Maximilian von einem Erschießungskommando aus Revolutionären erschießen. Kurz nach diesem Krieg wurde Alaska vom Yankee-Imperialismus erworben. Dieses fast eine Million Quadratkilometer große Gebiet erwarb Amerika von Russland für eine geringe Summe[83]. Im selben Jahrzehnt wurde die Grenze zu Mexiko erneut zu Amerikas Gunsten verändert, diesmal für eine kleine Summe anstelle eines Krieges, in der als Gadsden Purchase bekannten Transaktion.

Der amerikanische Imperialismus war in der zweiten Hälfte des 19. Jahrhunderts überall aktiv: Hawaii, Chile, Kolumbien, Kuba, China, Japan, Siam, Samoa. Die amerikanische Flotte bombardiert nach Belieben fremde Häfen in kolonialen Gebieten der Welt und schickt Landungsexpeditionen, wenn es nötig ist, um die Unterwerfung unter die amerikanischen kommerziellen, imperialistischen oder territorialen Forderungen sicherzustellen.

Im Jahr 1890 endete der letzte Sioux-Krieg, und von da an war der indianische Widerstand gegen den amerikanischen Imperialismus nur noch vereinzelt und lokal begrenzt. Hawaii war an der Reihe, und bald bereitete eine "Revolte" Hawaii auf den Anschluss an Amerika vor. Dies war lediglich die Vorbereitung für ein imperialistisches Abenteuer, das alles bisher Dagewesene übertraf. Im Jahr 1898 wurden die spanischen Besitzungen in der Karibik und Pazifik angegriffen. Als Ergebnis des Spanisch-Amerikanischen Krieges ging der größte Teil des spanischen Kolonialreichs in amerikanische Hände über, einschließlich der wertvollen Philippinen und Kuba[84]. Inzwischen waren die Pazifikinseln Tutuila, Guam, Wake, Midway und Samoa annektiert worden.

---

[83] Russland war damals in den Krimkrieg gegen Frankreich, die Türkei und England verwickelt und war praktisch gezwungen, Alaska für die lächerliche Summe von 7.200.000 Dollar an Amerika zu verkaufen.

[84] Der Autor lässt Puerto Rico unerwähnt.

## II

Zunächst einmal muss man sich eines vor Augen halten: Der amerikanische Imperialismus war rein instinktiv. Er war nicht intelligent oder intellektualisiert, wie der zeitgenössische europäische Imperialismus. Kein öffentlicher Mann hat jemals den Aufbau eines amerikanischen Imperiums befürwortet, und nur sehr wenige waren sich dessen bewusst, was geschah. In der Tat wäre es unwürdig gewesen, zu leugnen, dass Amerika eine imperialistische Macht war. Es stimmt, dass der Ausdruck "Manifest Destiny" als Rechtfertigung für den Imperialismus zu Beginn des 20. Jahrhunderts in Gebrauch kam, aber es gab keine definitive imperiale Politik oder ein Programm. Kolonien wurden rein instinktiv und ungeplant erworben, ohne Rücksicht auf die strategische Lage, die Bedeutung oder die wirtschaftliche Wichtigkeit. William Jennings Bryan warnte Amerika in seiner Rede über den Imperialismus am 8. August 1900 vor der Versuchung, in einen imperialistischen Wettlauf einzutreten, da dies die amerikanische Regierungsform zerstören könnte, und sagte: "Wir können das Prinzip der Selbstverwaltung auf den Philippinen nicht verwerfen, ohne dieses Prinzip hier zu schwächen.

Aber sie blieb unbeachtet, und die Tradition des Vertrauens, die sich in einem Jahrhundert glücklicher imperialistischer Abenteuer ohne einen einzigen Rückschlag gefestigt hatte, konnte nicht durch eine Drohrede untergraben werden. Auch der gegenteilige Aspekt von Bryans Warnung wurde nicht beachtet. Was er meinte, als er von "Selbstverwaltung" sprach, war die Gewohnheit des Klassenkampfes, des institutionalisierten Bürgerkriegs, die Freiheit für jeden, den anderen innerhalb der Grenzen des Strafrechts zu betrügen und auszubeuten. Seine Ermahnung bedeutete also: Eine imperiale Nation kann keine innere Unordnung und Formlosigkeit dulden.

Allerdings gab es in Amerika keine soziale Schicht, die an etwas anderem als an der eigenen Bereicherung interessiert war, so dass sich außer einigen Schriftstellern wie Homer Lea niemand mit solchen Fragen beschäftigte. Die imperialen Situationen ändern sich ständig, und man muss auf Rückschläge vorbereitet sein. In einem Land, in dem selbst das Wort Politik völlig missverstanden wurde und korrupte Wirtschaft bedeutete, konnte man nicht erwarten, dass politische Weisheit vorhanden war, um dem Kommando mitzuteilen, dass Reich Krieg bedeutete, und Krieg setzt innere Ordnung voraus. In der Tat gab es keinen solchen

Befehl zu informieren. Jedes Triennium oder Quadrienium wurde eine neue Gruppe von Vertretern privater Wirtschaftsinteressen in der Verwaltung der Regierung eingesetzt, und es gab keine traditionelle Politik, weder im Inneren noch im Äußeren. Es gab keine Einigung darüber, was die grundlegenden Interessen Amerikas waren, was ein casus belli wäre, welche Mächte natürliche Verbündete und welche natürliche Feinde waren. Die politischen Führer waren zu allen Zeiten besonders eigennützig und von dem grandiosen Problem besessen, ihre Amtszeit zu verlängern.

Aber das amerikanische Glück ging weiter. Obwohl Amerika in seiner Hemisphäre in dem Sinne isoliert war, dass es sich keine Weltmacht leisten konnte, es anzugreifen, war es nicht in dem Sinne isoliert, dass es seine Kriegsschiffe und Landungstruppen nicht überall in der kolonialen Welt zu imperialistischen Abenteuern schicken konnte. Außerdem konnte Amerika, wie der Krieg mit Spanien zeigte, jede europäische Macht in der westlichen Hemisphäre leicht besiegen.

Der Spanisch-Amerikanische Krieg markierte den Aufstieg Amerikas zur Weltmacht, so wie der Bürgerkrieg bereits den Aufstieg Amerikas zur Weltmacht markiert hatte. Damals gab es sieben Weltmächte, nämlich England, Frankreich, Deutschland, Österreich, Russland und Japan. Von ihnen konnten nur Russland, Deutschland und England als erstrangig angesehen werden. Amerika war allein aufgrund seiner geografischen Isolation ausgeschlossen. Es konnte gegen eine Weltmacht in der östlichen Hemisphäre nur mit Verbündeten und in einer untergeordneten Rolle agieren. Dies war die Situation zu Beginn des 20. Jahrhunderts, der Ära der Vernichtungskriege.

Ein ganzes Jahrhundert lang (1800-1900) hatte Amerika Imperialismus betrieben, in der Karibik, in Süd- und Mittelamerika, im gesamten Pazifik und im Fernen Osten. Die militärische Einflusssphäre Amerikas war um 1900 umfangreicher als die jeder anderen Macht außer England. Aufgrund des rein instinktiven Charakters des amerikanischen Imperialismus hatte es sein Imperium keineswegs verdichtet oder geformt. So war beispielsweise Kanada, obwohl es unverteidigt war und an die Machtbasis angrenzte, politisch nicht in das amerikanische Imperium eingegliedert worden. Ebenso wenig wie Mexiko. Der amerikanische Instinkt begnügte sich damit, in einem bestimmten Gebiet stärker als jede andere Macht zu sein, so dass seine wirtschaftliche Vorherrschaft dort gesichert war. Empire-Building im europäischen

Sinne war in Amerika unbekannt. Das amerikanische Imperium wuchs einfach deshalb, weil es dem amerikanischen imperialen Instinkt keinen Widerstand entgegensetzte.

Für sein Imperium hatte Amerika nur einen einzigen großen Krieg geführt. Der erste Krieg, der von 1775, war der Unabhängigkeitskrieg, und der Krieg von 1812 wird richtiger als zweiter Unabhängigkeitskrieg bezeichnet. Der Bürgerkrieg dehnte das Yankee-Imperium nach Süden aus und unterdrückte eine aufstrebende Macht auf dem nordamerikanischen Kontinent, und dies war der einzige imperiale Krieg, den das Yankee-Amerika in diesem Jahrhundert des imperialen Aufbaus zu führen hatte. Bei den Landungsexpeditionen in Mittelamerika, dem Krieg gegen Mexiko, den Kämpfen in Japan, China und auf den pazifischen Inseln sowie im Krieg gegen Spanien hatte Amerika nur sehr wenige Opfer zu beklagen. Noch nie hatte eine imperiale Macht so viel Territorium und Einfluss für einen so geringen Blutpreis erworben.

Aber das wurde nicht verstanden, weder in Europa noch in Amerika. Den Amerikanern war ihr Imperium entweder peinlich oder sie waren vorsichtig. Die Europäer wussten entweder nichts davon oder hielten es für die Folge eines klugen und reifen politischen Denkens. Weder Europäer noch Amerikaner schrieben oder dachten viel über die neue Weltmacht, ihr Potenzial, ihre Seele, ihre imperialen Fähigkeiten.

In anderen Teilen der Welt wurde der amerikanische Imperialismus besser verstanden, und insbesondere Japan schätzte den Mangel an politischem Denken in Amerika, der eine völlig negative Politik gegen seine eigenen Interessen ermöglichte.

Keine Macht in Europa, keine Regierung, keine Persönlichkeit hielt es im Jahr 1900 für möglich, dass im Laufe der nächsten zwei Jahrzehnte eine amerikanische Armee von zwei Millionen Soldaten über den Atlantik transportiert werden würde, um einen innereuropäischen Krieg zu führen.

Intelligentes politisches Denken in Amerika hätte erkannt, dass der amerikanische Imperialismus durch die gemeinsamen Interessen aller anderen Weltmächte in Bezug auf die Situation in der anderen Hemisphäre gefördert wurde. So konnte Amerika seinen Imperialismus in der westlichen Hemisphäre ohne die Einmischung einer anderen Weltmacht fortsetzen.

Alle anderen Mächte, einschließlich Großbritanniens, konnten nichts tun, um das amerikanische Vorgehen in der westlichen Hemisphäre zu verhindern. Aber es gab keine amerikanische Führungsschicht, keine Idee, keine Nation, keinen Staat. Der amerikanische Imperialismus war kein rationales und geplantes Unterfangen, sondern eine zufällige Anhäufung, das Ergebnis eines imperialistischen Instinkts, der gegen eine schwache Opposition und vor dem Hintergrund von Glück agierte.

Die Yankee-Finanziers waren weder an der Schaffung einer großen politischen Struktur interessiert, die sich von der Beringstraße bis zum Kap Hoorn erstreckte, noch an der Errichtung irgendeines amerikanischen Imperiums. Ihre persönlichen Interessen standen für sie an erster Stelle und waren exklusiv. Die politischen Führer Amerikas waren für ihren Verbleib im Amt von den Finanziers abhängig, denn im Jahr 1900 hatte das Finanzwesen die Herrschaft über die Industrie und das Transportwesen erlangt. Und die größten finanziellen Schläge waren nicht in mittel- oder südamerikanischen Angelegenheiten zu erwarten, sondern in denen Westeuropas.

## 7. Der amerikanische Imperialismus in der Ära der Vernichtungskriege

### I

Zu dieser Zeit stand die westliche Zivilisation vor der großen Krise des Ersten Weltkriegs. Diese große Epoche sollte das Ende einer historischen Phase und den Beginn einer anderen markieren. Das Zeitalter des Rationalismus, des Materialismus, der Wirtschaftskritik, der Demokratie und des Parlamentarismus, d.h. die erste Phase der Krise der Zivilisation, ging zu Ende, und die Krise sollte in die neue Epoche, die der absoluten Politik, der Autorität und des Historismus, übergehen. Neue Strömungen waren in allen Bereichen des westlichen Lebens aufgetaucht, die sich eher in der Dekadenz, dem Zusammenbruch der Formen der alten Epoche, als im Aufkommen neuer Formalitäten manifestierten. Nur ein Mann, der Philosoph der neuen Epoche, formulierte sie in ihrem ganzen Umfang.

Während er sein Werk über die kommende Epoche der Vernichtungskriege vorbereitete und die Gestalt der Zukunft in allen Lebensbereichen skizzierte, leugneten die Materialisten, die sich auf den einen oder anderen Standpunkt stützten, die Möglichkeit eines Krieges in großem Maßstab, und als sie am meisten darauf bestanden, brach im August 1914 der Erste Weltkrieg aus.[85]

Die alten spanischen Traditionen der Kabinettsdiplomatie traten zum letzten Mal bei den Verhandlungen Österreichs mit Serbien im Juni 1914 und im Jahr 1914 in Erscheinung und verschwanden dann für immer aus der westlichen Zivilisation.

Der Krieg war nur der politische Aspekt des Übergangs von einer Epoche zur nächsten, aber da das Handeln und nicht das Denken für das Leben entscheidend ist, nahm der Krieg die volle Bedeutung der Weltepoche auf sich. Der kulturelle Aspekt des Krieges war der Übergang vom neunzehnten zum zwanzigsten Jahrhundert dem Stadium der westlichen Zivilisation. Jahrhundert der westlichen Zivilisation. Dies bedeutete das Ende der englischen Weltidee und den Triumph der preußischen Weltidee, denn England war die Nation, die innerlich von der Idee der ersten Phase der westlichen Zivilisation durchdrungen war. Rationalismus, Materialismus, ökonomischer Geist, Parlamentarismus, Nationalismus, und Preußen war die Nation, die dem zwanzigsten Jahrhundert seine Form geben sollte. Dieser Konflikt auf der kulturellen Ebene war unabhängig von jedem anderen Konflikt auf der politischen Ebene. Nur eine dieser Ideen konnte triumphieren: Nur eine drückte den Geist der neuen Epoche aus. Die Alternative zur preußischen Idee war das Chaos. Die preußische Idee hätte auf der kulturellen Ebene triumphieren können, ohne dass es zu einem Krieg zwischen Preußen und England gekommen wäre; in der Tat hätten beide zu politischen Zwecken Verbündete sein und bleiben können. Die höhere Entwicklung ist rein geistig und konnte nur zu einem preußischen Sieg oder zu einem Chaos für die gesamte westliche Zivilisation führen.

Der Krieg wurde auf groteske Weise durch ein Attentat auf dem Balkan ausgelöst. Frühere Ereignisse wie Faschoda hätten den Ersten Weltkrieg auslösen können [86] und in diesem Fall wäre die Verteilung der Mächte, die auf beiden Seiten

---

[85] Spengler veröffentlichte den ersten Band von Der Untergang des Abendlandes im Juni 1918, begann aber bereits 1912 mit der Arbeit an seinem Werk.

[86] 1898 besetzte eine kleine französische Kolonne unter dem Kommando von Major J. B. Marchand aus dem französischen Kongo Fashoda am Weißen Nil mit der Absicht, sich mit einer anderen französisch-äthiopischen Kolonne zu verbinden und den Sudan Frankreich anzugliedern. Lord Kitchener tauchte mit einer unter

stehen, völlig anders gewesen und die Ergebnisse, sowohl geistig als auch politisch, wären anders gewesen. Die Form, die eine solche Verteilung annahm, obwohl es dafür keine Notwendigkeit gab, war die einer Koalition aller Weltmächte gegen Preußen-Deutschland und seinen einzigen Verbündeten, Österreich-Ungarn.

Aufgrund bestimmter Verbindungen, die vor dem Krieg geknüpft wurden, sind die amerikanischen Finanziers an einem britischen Sieg interessiert und stellen die eigentliche Kraft in der amerikanischen Plutokratie dar. Kein öffentlicher "Politiker" wusste überhaupt etwas über auswärtige Angelegenheiten, da diese nichts mit ihrem Verbleib im Amt zu tun hatten, was ihre einzige Sorge war. Es war eine Schande für Amerika, dass zu dieser Zeit ein Abenteurer an der Spitze der Regierung stand. Er versäumte es nicht nur, sich den Forderungen der Bankiers zu widersetzen, die die amerikanische Beteiligung am Krieg auf der Seite Englands unterstützten, sondern er hatte auch private Vorstellungen, den Krieg zur Förderung seines grenzenlosen Ehrgeizes zu nutzen. Er und sein Gefolge projizieren die Idee eines "Völkerbundes", dessen Präsident er sein soll. Die britische Regierung, die sich in einer verzweifelten militärischen Lage befand, stimmte dieser Idee zu.

Hier zeigt sich deutlich die Schwäche des amerikanischen Imperialismus. Als sich ganz Europa im Krieg befand, war dies offensichtlich die Gelegenheit für ein amerikanisches Vorgehen in der eigenen Hemisphäre. Es befand sich bereits im Krieg mit Mexiko und hätte diesen Krieg beenden können, ohne den Protest anderer Weltmächte hervorzurufen. Amerika hätte sogar eine Einstellung der Feindseligkeiten gegen den Willen der Kriegführenden durchsetzen können, denn es hätte England zwingen können, den Krieg aufzugeben.

Aber Amerika verfolgte weder sein eigenes Interesse noch das Interesse der westlichen Zivilisation. Jetzt sollte das amerikanische Volk die Früchte eines Jahrhunderts amerikanischer geistiger Isolation, amerikanischer historischer Isolation, der Energie, Härte, Grausamkeit und Bitterkeit der Geschichte ernten. Weil Amerika in seiner imperialen Geschichte nur einen einzigen wirklichen Krieg hatte führen müssen, weil es nie den Widerstand einer Großmacht erlebt hatte, weil es ein riesiges Reich erworben hatte, ohne einen Blutzoll zu zahlen, hatte es nie ein

---

ägyptischer Flagge fahrenden Flottille auf und zwang Marchand zum Rückzug. Zwei Jahre später wurde der Sudan als Anglo-Ägyptischer Sudan in das britische Empire eingegliedert. Fashodas diplomatische Ohrfeige hätte beinahe einen Krieg zwischen Frankreich und Großbritannien ausgelöst.

politisches Bewusstsein entwickelt. Das Wort Politik wurde nicht verstanden, ebenso wenig wie die Tatsache des Kampfes um die Macht. Es gab keinen Staat, den Brennpunkt der Macht. Es gab keine herrschende Klasse, die Hüterin des Staates. Es gab keine Tradition, das führende Bewusstsein der Nation. Es gab keinen Staat, den Brennpunkt der Macht. Es gab keine herrschende Klasse, die Hüterin des Staates. Es gab keine Tradition, das führende Bewusstsein der Nation. Es gab weder eine Nation, noch eine Idee, in deren Dienst der Bevölkerungsstrom des Kontinents stand. Es gab keinen Genius in der Politik, denn es gab keine Politik, sondern nur schmutzige persönliche Kämpfe, Ämter und Bestechung. Es gab nur die Gruppe der Bankiers und den erbärmlichen Opportunisten Wilson, der von der Weltherrschaft träumte.

Die wirkliche, geistige Bedeutung des Krieges war keiner öffentlichen Person bekannt. Selbst der oberflächliche, rein politische Aspekt des Krieges wurde nicht verstanden. Dem Realismus am nächsten kommt die öffentliche Forderung von Boise Penrose, in den Krieg einzutreten, weil Amerika der Gläubiger Englands sei und es daher in seinem Interesse liege, ihn zu gewinnen, was nicht wahrscheinlich erschien.

Hätte es eine herrschende Klasse gegeben, eine Schicht, die sich durch ihre Existenz der Verwirklichung und dem Dienst der nationalen Idee verschrieben hat, wäre Amerika entweder dem Krieg ferngeblieben oder hätte seine Beendigung erzwungen, um Europa zu retten. Die Propaganda über die Grausamkeiten[87], das englische Nachrichtenmonopol, die systematischen Bemühungen privater, finanzieller und gesellschaftlicher Gruppen, eine amerikanische Intervention zu erzwingen, nicht zugelassen worden. Eine herrschende Klasse duldet keine fremde Propaganda und keine fremden politischen Aktivitäten auf nationalem Territorium.

## II

Der rein politische Aspekt des Krieges war der Kampf zwischen zwei politischen Mächten, Deutschland und England. So sah die erste Phase des Krieges aus. Bis

---

[87] Die Propaganda über die deutschen Gräueltaten im Verlauf des europäischen Krieges wurde von zahlreichen amerikanischen revisionistischen Historikern wie Elmer Barnes, Michael Connors, Tansill, etc.... widerlegt.

1916 hatte sich die Art des Kampfes geändert, und ein Premierminister wie Pitt hätte dies erkannt. Zu diesem Zeitpunkt kämpfte Westeuropa gegen Asien und vor allem gegen Russland. In den ersten zwei Jahren dienten Russland und die vielen anderen Mächte gegen Deutschland der britischen Politik. Danach spielte England nur noch eine untergeordnete Rolle, seine Macht wurde von Asien und Amerika überholt. Jedes Schiff, das England verlor, verstärkte die Stärke Amerikas und Japans. Jeder verlorene englische Soldat verstärkte die Stärke Russlands, Indiens, Chinas und Japans. England hatte einen Punkt erreicht, an dem ein militärischer Sieg nicht mehr in einen politischen Sieg umgemünzt werden konnte. Die einzige Hoffnung, unbeschadet aus dem Krieg hervorzugehen, bestand darin, 1916 Frieden zu schließen.

Das Gleiche galt natürlich auch für Deutschland. Jedes deutsche Schiff, das versenkt wurde, stärkte Amerika und Japan, und jedes deutsche Opfer auf dem Schlachtfeld stärkte Russland und Asien gegenüber der westlichen Zivilisation.

Die weißen westlichen Nationen konnten die Verluste, die Asien und Russland leicht ersetzen konnten, nicht ausgleichen. Die westliche Zivilisation war den äußeren Mächten zahlenmäßig im Verhältnis fünf zu eins unterlegen. In einem internen Krieg - England gegen Deutschland - kämpfte Europa kollektiv für den Sieg Asiens, Russlands und Amerikas.

Nichts davon wurde von verantwortungsbewussten Menschen in Amerika beachtet. Einige wenige Denker und Schriftsteller, wie Frank Harris und John W. Burgess, interpretierten die wirklichen Alternativen gründlicher als jeder andere öffentliche Mann. Unter den Politikern gab es nur einen, William Jennings Bryan, der sich eine Zeit lang tatsächlich gegen eine Intervention aussprach.

Denn was hatte der europäische Krieg mit dem amerikanischen Imperialismus zu tun?

Was könnte Amerika aus einem solchen Krieg gewinnen? Europa war nicht der Feind Amerikas; sowohl die politischen Realitäten als auch die kulturellen Bindungen schlossen dies aus. Asien, Japan und Russland waren nicht Amerikas Verbündete, als dass Amerika an einem Sieg interessiert gewesen wäre. Aus amerikanischer Sicht war mit einer Beteiligung am europäischen Krieg auf beiden Seiten nichts zu gewinnen.

Diese Intervention erfolgte einfach deshalb, weil es kein Amerika gab, sondern nur private, wirtschaftlich interessierte Gruppen in der Verwaltung, eine lockere Regierung, die die stärksten Gruppen vertrat, und ein völliges Missverständnis der Welt der Politik und der Einheit und des Schicksals des Westens.

Das war die Schwäche des amerikanischen Imperialismus: kein Plan, keine Tradition, keine Politik, kein Ziel, keine Organisation.

Die britische Politik gegenüber Deutschland war die gleiche wie die gegenüber Napoleon: die Politik des "Gleichgewichts der Kräfte", durch die der Kontinent in einer ständigen Teilung in zwei gleich starke Mächtegruppen gehalten werden sollte, so dass in jedem Krieg die Stärke Großbritanniens entscheidend sein würde. Doch 1914 war eine solche Politik völlig dumm und überholt, denn der Aufstieg der russischen Macht hatte sie überholt. Diejenigen, die unter die dünne Fassade der westlichen Kultur, durch die Russland zum westlichen Staatensystem gehörte, vorgedrungen waren, und die scharfsinnig genug waren, um den heimtückischen asiatischen Militarismus, der sich unter dieser dünnen Kruste verbarg, richtig einzuschätzen, wussten, dass die langfristigen Interessen der westeuropäischen Nationen identisch waren und dass die Fortsetzung des Ministaatismus und der innereuropäischen Kriege für die Position der europäischen Monopolmacht in der Welt und für jeden einzelnen europäischen Staat fatal sein musste.

Das war im wirtschaftlich besessenen Amerika völlig unbekannt, unvermutet und ungeahnt. Als der Krieg kam, reagierte die Bevölkerung mit einer karnevalistischen Stimmung, als wäre es ein öffentliches Spiel oder ein Sport.

Amerika hat aus dem Krieg auch nichts über Politik gelernt. Seine Verluste waren zwar gering, aber angesichts der Breite der Front und der Zeit, in der es agierte, waren sie unverhältnismäßig größer als die jeder anderen europäischen Macht, und die Schlussfolgerung war, dass Amerika den Krieg gewonnen hatte. In Wirklichkeit war der Krieg natürlich eine Niederlage für Amerika, da es nicht in das Elend verwickelt war. Die amerikanische Situation war neutral, unabhängig von jeder politischen Intervention.

Nach dem Krieg arbeitete Amerika mit den europäischen Mächten, darunter auch Deutschland, im Kampf gegen den asiatischen Bolschewismus in Russland zusammen. Amerika schickte zwei Expeditionskorps nach Ostsibirien und Nordrussland, um den Bolschewismus zu bekämpfen, den der Europäische Krieg gegen Europa entfesselt hatte.

All das Material und all die Menschenleben, die Amerika in den Krieg gegeben hatte, waren aus amerikanischer Sicht ein völliger Verlust. Gewiss, Amerika war aus dem Krieg mit weit mehr Macht hervorgegangen, als es bei seinem Eintritt in den Krieg hatte, ebenso wie Russland und Japan. Aber es hat diese Macht auf der Versailler Konferenz und der Washingtoner Seekonferenz sofort wieder verspielt. Da Amerika das Wesen der Macht nicht verstanden hatte, war es sich der neuen Machtverteilung, die sich aus dem Krieg ergab, nicht bewusst. Es hat seine neue Macht aufgegeben, ohne sich dessen bewusst zu sein. Diese Ignoranz bestand auf nationaler Ebene, aber auch auf individueller Ebene. Der ehrgeizige Idealist Wilson, der die Weltkarte verändern wollte, hatte nur sehr vage Vorstellungen von der europäischen Geographie, Ethnographie und Geschichte. Das Gleichgewicht der europäischen Wirtschaft war ihm unbekannt, und er hatte keine Ahnung, was zur westlichen Zivilisation gehörte und was nicht. So betrachtete er beispielsweise Serbien und Polen als westliche "Nationen".

Amerika hat aus dem Krieg nichts gelernt, weil es glaubte, "siegreich" gewesen zu sein, und dieser pragmatische Test bewies die Richtigkeit seiner Politik. Aber indem es seine neue politische Macht vergeudete, bewies es, dass es die Logik nicht verstanden hatte, dass ein Krieg geführt wird, um seine Macht zu vergrößern. Hätte sich eine andere Macht so verhalten wie Amerika, d.h. gegen ihre eigenen nationalen Interessen in einem Weltkrieg gekämpft, wäre sie ruiniert und wahrscheinlich unter ihren Nachbarn aufgeteilt worden. Das konnte Amerika wegen seiner Isolation in seiner Hemisphäre nicht passieren.

Es ist zwar von untergeordneter Bedeutung, aber dennoch sollte darauf hingewiesen werden, dass die offizielle Propaganda in Amerika nichts weiter als den Slogan enthielt, dass die Welt für die Demokratie gemacht werden muss. Man hielt es nicht für notwendig, die amerikanische Politik mit amerikanischen Interessen zu verbinden. Dies ist Zeugnis genug, um zu zeigen, wie primitiv das amerikanische politische Denken ist. Nicht einmal die Krise der westlichen Zivilisation, die Gestaltung der Zukunft oder irgendeine andere politische Alternative wurde erwähnt. Nur Krieg um des Krieges willen. Es war derselbe Zwang, den Lincoln verspürt hatte: den Kriegen eine demokratische Alternative zu geben. Jeder Krieg musste in irgendeiner Weise mit "Demokratie" zu tun haben. Wenn es notwendig war, mussten das zaristische Russland oder das bolschewistische Russland als "Demokratien" auftreten. Die einzige Gruppe in Amerika, abgesehen von den wenigen unabhängig denkenden Köpfen, die Amerikas Hoffnung für die Zukunft sind, die diesen idealistischen Slogans und Plattitüden nicht unterworfen war, waren die Finanziers. Für sie sind Idealisten eine Ware, die man mit Geld kaufen kann. Oder etwa nicht? Amerika hätte den Ersten Weltkrieg militärisch verlieren können, genauso wie es ihn politisch nicht hätte gewinnen können. Mit einem Wort, die amerikanische Intervention im Ersten Weltkrieg war ein Abenteuer des politischen Unrealismus.

Die amerikanischen Delegierten auf der Versailler Konferenz wussten nicht, worum es sich bei dieser Versammlung handelte. Sie betrachteten sie als eine Art theologisch-richterliches Tribunal, in dem moralische Fragen entschieden wurden. Diese kollektive Halluzination, zu deren Beseitigung die europäischen Delegierten nichts beitrugen, führte zu der bizarren moralischen Terminologie des Versailler Diktats. Das Vokabular dieses Diktats war amerikanisch, die Bestimmungen waren englisch. Die Amerikaner schrieben, so dachten sie, einen Epilog zur Geschichte, eine Fortsetzung des letzten aller Kriege. Die Briten bereiten ihre Ausgangsposition für den nächsten Krieg vor.

### III

Das Ergebnis der Versailler Konferenz war ein völliger Fehlschlag für Europa. Die kleinen Staaten behielten ihre politische Souveränität übereinander; die Verlagerung der Macht nach außen in Europa wurde damit bestätigt. Die Weichen für einen Zweiten Weltkrieg nach dem Vorbild des Ersten waren gestellt. Um mehr Möglichkeiten für seinen Ausbruch zu schaffen, wurde ein Schwarm von mikroskopisch kleinen "Staaten" geschaffen. Das Denken in kleinen Dimensionen wurde zum Gebot der Stunde. Der altmodische Nationalismus, der den gesamten Westen in eine kolossale Niederlage geführt hatte, wurde erneut bekräftigt. Die dumme Ideologie von Wilson und seiner Clique wurde in die Dokumente der europäischen Politik aufgenommen. Fragen der "Schuld" wurden in die Politik eingeführt, zusammen mit der internationalen "Moral", der Unantastbarkeit von Verträgen und dergleichen.

Über all diesem Bild steht jedoch die große Tatsache, dass ganz Europa, und insbesondere England, den Krieg verloren hat.

In dem neuen Weltbild gab es vier Mächte: Russland. Amerika, Japan und England. Die stärkste von allen, wenn sie sich bewusst gewesen wäre, war Amerika, das jedoch, wie wir gesehen haben, den größten Teil seiner neuen Macht aufgab. Aber die bewiesene historische Tatsache - die Gewissheit des amerikanischen Übergewichts im anglo-amerikanischen Bündnis - sollte nicht verschwinden und blieb für die politische Bildung ganz Europas sichtbar.

Das Ergebnis des europäischen Debakels war eine starke negative Reaktion in der gesamten amerikanischen Bevölkerung. Die Seele des amerikanischen Volkes wendet sich mit Verachtung von dem europäischen Abenteuer ab, und kein kluger Politiker wagt es, den Beitritt Amerikas zum "Völkerbund" oder zu einem seiner Ableger zu befürworten. Die Bankiers hatten den Krieg gewonnen und hatten kein Interesse an Wilsons persönlichen Ambitionen auf die Weltherrschaft.

Diese Reaktion ist jedoch nicht als Aufgabe des amerikanischen Imperialismus zu verstehen. Er kann nicht aufgegeben werden, denn er entspringt dem Instinkt der Volksseele. Der Krieg wurde gerade deshalb verabscheut, weil er dem Imperialismus aus dem Weg ging.

Der imperiale Marsch der USA ging weiter. Die amerikanischen See- und Marinestreitkräfte operieren weiterhin entlang der Karibik- und Pazifikküste, bombardieren Häfen und landen Truppen an, so wie sie es bereits im vorigen Jahrhundert getan hatten. Chinesische Häfen wurden angegriffen, aber nicht mehr japanische Häfen, denn der Erste Weltkrieg hatte Japan zu einer Großmacht gemacht, auch wenn seine Kriegsanstrengungen gleich null waren.

Nicaragua wurde in den 1920er Jahren von amerikanischen Truppen angegriffen und jahrelang besetzt. Unmittelbar nachdem die Truppen ihre Ziele in Nicaragua erreicht hatten. 1927 griff Amerika, verbündet mit Japan, China an. Das Motiv für den Krieg war der chinesische Widerstand gegen den japanischen und amerikanischen Handelsimperialismus. Für die Bombardierung einer amerikanischen Ölraffinerie in Nanking wurde heftig Vergeltung geübt.

Während der imperialistischen Kämpfe unterstützte Amerika den Kellogg-Pakt. Dieser berühmte Vertrag sollte Kriege beenden. Allein die Tatsache, dass zahlreiche westliche Regierungen dieses komplizierte und absurde Dokument unterzeichneten, war ein ernstes Symptom für die Krankheit der westlichen Zivilisation. Neben der politischen Niederlage ganz Europas war im Ersten Weltkrieg auch ein oberflächlicher Sieg der Idee des 19. Jahrhunderts gegen die Idee des 20. Das Ergebnis war das Chaos in Westeuropa nach dem Ersten Weltkrieg: völlige Desorganisation, mangelndes öffentliches Verständnis für die neuen wirtschaftlichen, sozialen, geistigen und politischen Probleme, die durch die fortgeschrittene Entwicklung der Zivilisation entstanden waren, und als Folge des Debakels des Krieges.

Der amerikanische Handelsimperialismus war in dieser Zeit in Süd- und Mittelamerika sehr aktiv. 1931 kam es beispielsweise in Panama, Peru, Chile, Paraguay und El Salvador zu Revolutionen. Im darauf folgenden Jahr wurde in Chile eine weitere Revolution ausgelöst. 1931 übten private amerikanische Kräfte einen entscheidenden Einfluss auf die Situation in Spanien aus und trugen dazu bei, die Situation zu schaffen, die zum Bürgerkrieg von 1936-1939 führen sollte. Kuba war ein weiteres nominell unabhängiges Land, das die Auswirkungen des amerikanischen Imperialismus zu spüren bekam.

Der amerikanische Imperialismus folgte nach dem Ersten Weltkrieg demselben doppelten Muster wie zuvor: einerseits ein verdoppeltes Streben nach mehr Macht an fernen Horizonten, andererseits eine völlige Unfähigkeit, seine Eroberungen zu organisieren, zu planen oder intellektuell zu gestalten. Als Beispiel für die Verwirrung kann man die Ideologie der "Nichtanerkennung" anführen, der zufolge Amerika weiß Gott was nicht "anerkennen" würde! Die Aneignung eines Territoriums durch eine andere Macht mit Waffengewalt".

Und doch wurde das gesamte amerikanische Imperium, einschließlich seiner ursprünglichen Basis, durch amerikanische Waffengewalt erworben. Dazu gehören auch die Käufe von Gebieten, die allein aufgrund der amerikanischen Vorherrschaft in diesem Teil der Welt an Amerika verkauft wurden. Aber um sich mit diesem Thema zu befassen, muss man bis zur amerikanischen Revolution von 1933 zurückgehen.

## 8. Die amerikanische Revolution von 1933

I

Der Amerikanische Unabhängigkeitskrieg (1775-1783) wurde von zwei unterschiedlichen Gruppen von Teilnehmern unter zwei verschiedenen Aspekten betrachtet. Die schöpferischen Führungspersönlichkeiten wie Hamilton, Washington, Franklin und Rutledge betrachteten ihn als einen internationalen Krieg zwischen einer amerikanischen Nation, die sich in der Phase ihrer Entstehung befand, und England. Diese amerikanische Nation war für sie eine neue Idee, und die verschiedenen ideologischen Ideale und Slogans, die als Propagandamaterial verwendet wurden, waren nicht das Wesentliche, sondern das vorübergehende Gewand der neuen nationalen Idee. Für so unbedeutende Persönlichkeiten wie Samuel Adams, Thomas Paine und Thomas Jefferson hingegen war der Krieg ein Klassenkrieg, und die Unabhängigkeitsidee war nicht mehr als ein Instrument zur Verwirklichung der Gleichheitsideale der rationalistischen Literatur. Die Umsetzung dieser egalitären Ideale hat immer die Form von Neid, Hass und sozialer Zerstörung angenommen, sowohl in Amerika als auch in Europa. Die Klassenkämpfer betrachteten den Krieg als einen Kampf um Gleichheit, nicht als einen Kampf um die nationale Unabhängigkeit Amerikas. Sie hassten Monarchie, Hierarchie, Disziplin, Qualität, Aristokratie, alles Überlegene und Schöpferische.

Die Idea-Nation, die in den Köpfen der Schöpfer, angeführt von Hamilton, im Entstehen begriffen war, war der gesunde und natürliche organische Rang der Bevölkerung, von oben bis unten, mit einem Monarchen und einer Aristokratie an der Spitze, die von Geburt an zum Dienst an der nationalen Idee erzogen wurden. Schon in diesem frühen Stadium hatten sie die Idee eines geplanten amerikanischen Imperialismus im gesamten Hinterland des Kontinents und in der Karibik.

Diese beiden Ideen setzten sich in der Geschichte Amerikas fort. Der Klassenkampf ist eine Krankheit der Kultur, die zu Beginn der Krise der Zivilisation auftritt und erst mit dem Ende dieser Krise und dem Beginn der zweiten Phase der Zivilisation, Wiederaufleben der Autorität, endgültig beseitigt wird. Die gesamte bisherige Geschichte Amerikas hat sich innerhalb der ersten organischen Phase der Zivilisation entwickelt, die in der westlichen Kultur um 1750 auftrat, 1800 triumphierte und nun ihre innere Erfüllung erreicht hat.

So wurde der Klassenkampf in Amerika immer als natürlich und normal angesehen und nicht als Ausdruck einer großen Krise der Kultur, die einen Ursprung, eine Richtung und ein Ende hat.

Die Kräfte des Klassenkampfes, die bei der Gründung der Amerikanischen Union im Jahr 1789 von Jefferson angeführt wurden, befanden sich in der einzigartigen

Situation, dass sie keine andere gegnerische Ideologie vor sich hatten. Seit der Niederlage der föderalistischen Partei im Jahr 1828 hat es keinen wirtschaftlichen Widerstand mehr gegeben. Dieser Umstand, der in Amerika zu Katastrophen geführt hat, die er in Europa niemals hätte verursachen können, ist jedoch nicht allein auf diesen Faktor zurückzuführen, sondern auf die Präsenz außerwestlicher Kräfte. Diese Kräfte haben sich in das öffentliche Leben Amerikas eingemischt und dieses zwangsläufig verzerrt und von seinen westlichen Ursprüngen entfernt.

Der intime Charakter einer Kolonie erzeugt, wie bereits erwähnt, nicht nur zentrifugale politische Tendenzen, sondern schwächt auch die Bindungen an das Mutterland der Kultur, von dem sich das innere Leben der Kultur ableitet. Dies macht das koloniale Gebiet kulturell unempfindlich und schwach in seiner Widerstandskraft gegenüber außerkulturellen Kräften. Es ist diese geringe Widerstandskraft gegenüber außerkulturellen und subkulturellen Kräften, die die Besessenheit mit der Ökonomie hervorgerufen und den beispiellosen Einfluss von Außenstehenden auf die Kultur ermöglicht hat, der sich im Laufe des letzten halben Jahrhunderts entwickelt hat.

Auf dem Verfassungskonvent von 1787 versuchte Benjamin Franklin, in die geplante Verfassung eine Klausel aufzunehmen, die Juden für immer aus Amerika ausschließt. Die Ideologen der "Humanität" und "Gleichheit", die absolut nichts über Juden wussten, da es bis ein Jahrhundert später kaum Juden in Amerika gab, lehnten Franklins Rat ab. Ihre Warnung, dass ihre Nachkommen nach zwei Jahrhunderten für die Juden arbeiten würden, wenn sie seinen Vorschlag nicht annehmen würden, blieb ungehört. Diese Ideologen kannten nur "Menschlichkeit" und wollten den enormen Unterschied zwischen Menschen, die innerhalb einer bestimmten Weltanschauung leben, und anderen, die außerhalb dieser Weltanschauung leben, ignorieren.

Die Einwanderung nach Amerika im 19. Jahrhundert kam aus allen Teilen Westeuropas, vor allem aber aus England, Deutschland und Irland. Die jüdische Einwanderung begann gegen Ende des Jahrhunderts, kurz darauf folgte ein Zustrom von Slawen aus dem Balkan, Russen und Völkern aus dem östlichen Mittelmeerraum. Es wurden schwache Abwehrmaßnahmen ergriffen, wie das Einwanderungsgesetz von 1890, das für jedes europäische Land eine Quote festlegte, so dass nordeuropäische Einwanderer gegenüber Slawen und *Levantinern* bevorzugt wurden [88]. Der Jude war davon natürlich nicht betroffen, da er aus einer anderen Kultur stammt und seine Bewegungen für die westlichen Nationen statistisch gesehen unsichtbar sind. Er konnte im Rahmen der englischen Quote, der deutschen Quote, der irischen Quote und jeder anderen Quote einwandern.

Im Schema des kulturellen Parasitismus könnte man leicht die Auswirkungen der Anwesenheit einer beträchtlichen Anzahl von Schwarzen, Asiaten und Indern im amerikanischen Leben feststellen. Hinzu kommen die osteuropäischen Bevölkerungsgruppen, mit Ausnahme der Juden, die zwar assimilierbar sind, aber nicht assimiliert wurden. Die Weltanschauung des Rationalismus, der Materialismus, die Geldbesessenheit, die Dekadenz der Autoritäten und der politische Pluralismus wirkten der Assimilierung entgegen, und als die Verfälscher der Kultur an Macht und sozialer Bedeutung zunahmen, wurde die Assimilierung absichtlich aufgehalten, um Amerika geistig zerrissen, gespalten und in einem chaotischen Zustand zu halten. Die defensiven Bemühungen der nationalistisch gesinnten Amerikaner, die Einwanderung einzuschränken oder abzuschaffen, wurden durch die Kulturverzerrung vereitelt.

Zwischen 1900 und 1915 wanderten fünfzehn Millionen Ausländer nach Amerika ein Die wenigsten von ihnen kamen aus Westeuropa. Fast alle kamen aus Südosteuropa, Russland, Polen und Kleinasien. Darunter befanden sich auch mehrere Millionen Juden. Der Erste Weltkrieg unterbrach die Einwanderungswelle, aber sie setzte sich nach dem Krieg fort und wurde durch die Europäische Revolution von 1933 erheblich beschleunigt. Juden, die aus Europa flohen oder vertrieben wurden, gingen massenhaft nach Amerika. Es ist bemerkenswert, dass die geringe kulturelle Exklusivität der Kolonialgebiete dazu führte, dass die Juden zivilrechtlich genauso behandelt wurden wie die Europäer, die seit 1737 in den amerikanischen Kolonien lebten, während ein ganzes Jahrhundert vergehen musste, bis sich diese rationalistische Politik im Mutterland der westlichen Kultur vollständig durchsetzte. Der einzige Grund dafür lag natürlich darin, dass es in den Kolonien keine Juden als Gruppe gab, sondern nur einige wenige jüdische Individuen, die in der Bevölkerung verstreut waren und als Kuriositäten angesehen wurden. Im Laufe der nächsten fünfzig Jahre wuchs die Zahl der Juden in Amerika von einem vernachlässigbaren

---

[88] Der Autor bezieht sich auf Syrer, Libanesen, Türken und Palästinenser.

Anteil auf schätzungsweise acht bis zwölf Millionen Menschen. New York City wurde in dieser Zeit zu einer überwiegend jüdischen Hauptstadt. Ungefähr 80 % der jüdischen Einwanderer waren *aschkenasische* Juden[89]. Die amerikanische Reaktion auf die Phänomene, die durch die Einwanderung dieser Menschen mit ihrer eigenen Weltanschauung verursacht wurden, begann unweigerlich das amerikanische Leben auf allen Ebenen und in allen Bereichen zu beeinflussen. Die Antwort auf diese Reaktion war eine geschickte Propaganda, die die amerikanische Ideologie in den Dienst jüdischer Ziele stellte. Amerika wurde zu einem "Schmelztiegel", wie es der Jude Israel Zangwill formulierte, und die rein quantitative amerikanische Ideologie machte dieses Bild in einem Amerika, das noch in der Phase der Geldbesessenheit steckte, überzeugend.

Das Wort "Amerikaner" wurde durch dieselbe Propaganda dahingehend verändert, dass es einen Einwanderer bezeichnete, der seine persönlichen Lebensumstände durch seine Ankunft in Amerika verbessert hatte, und zwar unter Ausschluss des einheimischen Amerikaners, der durch den Einwanderer verdrängt wurde. Zeigte letzterer irgendwelche Ressentiments, wurde er als Anti-Amerikaner bezeichnet. So entstanden Bewegungen der amerikanischen Ureinwohner, wie der zweite Ku-Klux-Klan, der 1915 als Ausdruck der Reaktion des amerikanischen Organismus auf die Anwesenheit des Ausländers gegründet wurde. Wenn diese Bewegungen erfolgreich waren, wurden sie von den Propagandaorganen, die schon damals unter starken kulturellen Verzerrungseinflüssen standen, als antiamerikanisch bezeichnet.

Die Worte "Amerika" und "Amerikaner" verloren ihre gesamte geistig-nationale Bedeutung und erhielten eine rein ideologische Bedeutung. Jeder, der nach Amerika kam, war ipso facto ein Amerikaner, ungeachtet der Tatsache, dass er seine eigene Sprache behielt, in seiner eigenen nationalen Rassengruppe lebte, seine alten Verbindungen zu Russland, Osteuropa oder der mediterranen Levante pflegte und seine Beziehung zu Amerika rein wirtschaftlich war. Im Gegensatz dazu waren die Amerikaner, die von den Ureinwohnern abstammten, die Repräsentanten der neuen Einheit, die in der westlichen Zivilisation entstanden war und sich das amerikanische Volk nannte, nicht ipso facto Amerikaner.

---

[89] *Die aschkenasischen* Juden kamen aus Osteuropa, insbesondere aus Russland und Polen.

Wenn sie ein Gefühl der Exklusivität aufrechterhielten, waren sie "unamerikanisch". Dieser Wertewandel ist eine unveränderliche Begleiterscheinung der Verzerrung der Kultur und stellt ein außerpersönliches Lebensbedürfnis des kulturverfälschenden Elements dar. Die Werte der Wirtskultur sind dem Leben des Kulturverfälschers feindlich gesinnt, und für den Kulturverfälscher wäre die Übernahme solcher Werte gleichbedeutend mit dem Verschwinden als hohe Einheit. Die Assimilation der Juden würde bedeuten, dass es keine jüdische Idee, keine jüdische Kultur-Staat-Nation-Volk-Religion-Rasse mehr gibt.

Indem die jüdische Idee die nationalistischen Gefühle in Amerika, kämpft sie für den Fortbestand ihrer Existenz gegen die feindliche westliche Zivilisation. Es ist dem politischen Scharfsinn der Führer des Judentums zu danken, dass sie es im zwanzigsten Jahrhundert verstanden haben, ihre jüdische Idee mit Amerika zu identifizieren und den amerikanischen Nationalismus mit dem Begriff "antiamerikanisch" zu bezeichnen.

## II

Für die innere Geschichte Amerikas waren vier Epochen von großer Bedeutung: 1789, 1828, 1865, 1933. 1789 wurde die Union der Kolonien durch die Verabschiedung der Verfassung gegründet. 1828 kam es zur endgültigen Niederlage der Föderalistischen Partei, der einzigen autoritären Kraft in der Union. 1865 war der Beginn der vollständigen Unterwerfung des Kontinents unter die Finanzen, aber auch der Beginn der Herausbildung des spezifischen Charakters des amerikanischen Volkes. 1865 wurde jedoch die letzte Barriere gegen die wirtschaftliche Besessenheit niedergerissen und der Weg geebnet, der 1933 mit dem vollständigen Triumph des Kulturverderbers verwirklicht werden sollte. Die künftige westliche Geschichte wird dieses Datum als das Jahr der Amerikanischen Revolution oder genauer gesagt als die erste Phase der Amerikanischen Revolution bezeichnen, denn in diesem Jahr begann die Kulturverzerrung, die letzten Bereiche des amerikanischen Lebens, die Regierung, die Armee, die Verwaltung und die Justiz zu infiltrieren.

Doch diese Ära blieb unbemerkt, nicht nur von der großen Masse der Amerikaner - was kaum verwunderlich ist -, sondern auch von vielen Bewahrern des amerikanischen Nationalgefühls.

Oberflächlich betrachtet war die tiefere Bedeutung der Ereignisse nicht sofort ersichtlich. Für die Bevölkerung und die Außenwelt schien es so, als ob es lediglich einen Wechsel in der Verwaltung gegeben hätte, einen Austausch einer Partei von Geschäftsleuten durch eine andere. Eine gigantische Revolution, die in einem europäischen Land einen Krieg ausgelöst hätte, wurde in einem politisch unbewussten Land listig und unsichtbar durchgeführt.

Das neue Regime rief von Anfang an erheblichen Widerstand hervor, da es aufgrund seiner eigenen inneren Notwendigkeit ein Programm in Angriff nehmen musste, das den amerikanischen nationalen Gefühlen feindlich gegenüberstand und sie zerstörte.

Die scharfen politischen Instinkte der Kulturfremden hatten ihnen die Technik der amerikanischen Parteikämpfe voll und ganz zu eigen gemacht; so gingen sie dazu über, die gegnerische Partei zu monopolisieren, so dass die Wahlen in der Folgezeit zur reinen Augenwischerei wurden und nicht mehr die Möglichkeit eines wirklichen Regierungswechsels boten, sondern nur noch die Ersetzung einer kulturverzerrenden Partei durch eine andere.

Von Beginn der Revolution an wurden die Außenbeziehungen an die Politik des Prätendenten angepasst. Das bolschewistische Russland wurde 1934 diplomatisch anerkannt, und Litvinov-Finkeistein wurde von Russland entsandt, um dem glücklichen Regime in Washington zu gratulieren. Dies war der erste Schritt zur Bildung der amerikanisch-bolschewistischen Koalition gegen Europa. Das Regime war noch dabei, seine Machtergreifung zu konsolidieren, und musste vorsichtig agieren, da 1936 immer noch die Möglichkeit eines nationalen Aufstandes in der alten Wahlform bestand.

In Anlehnung an die Besorgnis der Bevölkerung über innenpolitische Probleme konzentrierten sich die Faker bei den "Wahlen" von 1936 auf innenpolitische Alternativen. Dies sollte die letzte Wahl in der amerikanischen Geschichte sein, bei der es zumindest eine entfernte Möglichkeit für eine nationale Revolution alte Wahltechnik gab. Seitdem werden die Wahlen so organisiert, dass sich das kulturverfälschende Regime auf diese Weise an der Macht halten kann.

## III

Die Verzerrung oder kulturelle Verzerrung in Amerika, wie auch anderswo in der westlichen Zivilisation, konnte die Seele des Wirts nur verdrehen, umlenken oder frustrieren, aber nicht töten oder transformieren. Die autopathischen Tendenzen der Amerikaner, die sich aus dem zersetzenden Einfluss von Rationalismus und Materialismus ergeben, sind die Quelle der Möglichkeiten, die der Kulturfälscher nutzt. Seine Technik bestand darin, sie mehr und mehr auf den Weg der Dekadenz zu treiben, aber gleichzeitig konnte er sich immer auf rationalistische Doktrinen berufen, die ihrerseits das Produkt der Krise der Zivilisation waren, als halbreligiöse Grundlage für seine zersetzende Aufgabe.

So wurden die "egalitäre" Rhetorik der Unabhängigkeitserklärung von 1775 und die frommen Plattitüden von Lincoln und anderen Parteipolitikern als Grundlage für die Propaganda der "Toleranz" verwendet, die die Amerikaner lehrt, dass sie in keiner Weise, auch nicht in Gedanken, den Juden diskriminieren dürfen. Diese Propaganda wird von den höchsten offiziellen Stellen bis hinunter auf die Ebene der Familienhäuser, der Schulen und der Kirchen verbreitet.

Die Bewegung der Schwarzen ist ein mächtiges Instrument der kulturellen Verzerrung und wurde schon bald nach der Machtübernahme 1933 als solches organisiert. In ähnlicher Weise werden die zahlreichen Gruppen ausländischer Herkunft künstlich daran gehindert, sich zu assimilieren und Amerikaner zu werden, da jede Gruppe, die in Amerika als fremd angesehen wird, für die kulturelle Verzerrung nützlich ist. So war zum Beispiel die polnische Gruppe sehr nützlich für die Kriegshetze im Zusammenbruch von 1939. Die Nützlichkeit dieser ausländischen Gruppen kann man sich leicht vorstellen, wenn man bedenkt, dass 1947 nur drei Viertel der Bevölkerung Amerikas aus in Amerika geborenen Weißen besteht, dass nur 55 Prozent der Bevölkerung in Amerika geborene Eltern haben, während mehr als 20 Prozent mindestens einen im Ausland geborenen Elternteil haben, und dass fast 15 Prozent der Bevölkerung aus im Ausland geborenen Personen besteht. In Amerika erscheinen mehr als tausend Zeitungen und Zeitschriften, die in achtundvierzig Fremdsprachen verfasst sind.

All dies hat dazu geführt, dass der einheimische Amerikaner völlig in die Defensive gedrängt wurde, dass der Kulturfälscher, der die Idee des Fremden in höchstem Maße verkörpert, eine privilegierte Stellung einnimmt und dass das amerikanische Nationalgefühl immer mehr zerfällt. Eine kulturelle Verzerrung in diesem Ausmaß wäre in Europa aufgrund seiner höheren kulturellen Sensibilität und seiner höheren Exklusivität auch unter demokratisch-materialistischen Bedingungen nicht möglich gewesen.

Es ist notwendig, die geistigen Produkte der kulturellen Verzerrung in Amerika in allen Lebensbereichen genau zu beobachten, denn das Amerika, das in Europa eingreift, ist nicht das wirkliche Amerika, das 1890 noch existierte, sondern ein Imperium, das aus einer dominierenden Schicht mit ihrer eigenen Kultur und einer großen Masse von Untertanen besteht, darunter die Amerikaner und die fast ebenso zahlreichen Gruppen, die sich als Ausländer fühlen. Die untere Schicht stellt die Soldaten, die in Europa einmarschieren, aber die Köpfe, die entscheiden, gehören den Nicht-Amerikanern.

## 9. Globale Perspektive

I

Die Technik, mit der der Widerstand der Amerikaner gegen die kulturelle Verzerrung ausgeschaltet werden soll, ist die Uniformität. Jeder Amerikaner wurde gezwungen, sich gleich zu kleiden, gleich zu leben, sich gleich zu verhalten, gleich zu reden und gleich zu denken. Das Prinzip der Uniformität betrachtet die Persönlichkeit als Gefahr und als Belastung. Dieses große Prinzip wurde auf alle Bereiche des Lebens angewandt. Die Werbung, die in einer Art und Weise und in einem Ausmaß betrieben wird, wie sie in Europa unbekannt ist, ist Teil der Methode zur Beseitigung des Individualismus, überall sieht man das gleiche Gesicht, leer und lächelnd. Das Prinzip wurde angewandt; vor allem die amerikanische Frau wurde in ihrer Kleidung, ihren Kosmetika und ihrem Auftreten jeglicher Persönlichkeit beraubt.

Es hat sich eine umfangreiche und umfassende Literatur zum Thema der Mechanisierung und Standardisierung aller Probleme und Situationen des Lebens entwickelt. Millionen von Büchern werden verkauft, die den Amerikanern erklären, "wie man Freunde findet". In anderen Büchern wird ihnen erklärt, wie man Briefe schreibt, wie man sich in der Öffentlichkeit verhält, wie man Liebe macht, wie man

Sport treibt, wie man spielt, wie man sein Innenleben standardisiert, wie viele Kinder man haben sollte, wie man sich kleiden sollte und sogar wie man denken sollte. Der letzte Grundsatz wurde auf die Hochschulbildung ausgedehnt, und es ist unbestritten, dass jeder amerikanische Junge und jedes amerikanische Mädchen ein Recht auf eine solche Bildung hat. Nur in Amerika konnte es passieren, dass ein Journalist kritisierte, dass die höhere Physik eine Art Aristokratie schaffe.

Vor kurzem wurde in Amerika ein Wettbewerb veranstaltet, um den "Mr. Average" zu finden. Anhand allgemeiner Statistiken wurden der Bevölkerungsschwerpunkt, die Verteilung der Ehepartner, die Familiengröße, die Verteilung auf dem Land und in der Stadt usw. ermittelt. Schließlich wurde ein Ehepaar mit zwei Kindern, das in einer mittelgroßen Stadt wohnte, ausgewählt und als "Durchschnittsfamilie" bezeichnet. Sie wurden mit einer Reise nach New York belohnt, von der Presse interviewt, gefeiert, gebeten, kommerzielle Produkte zu empfehlen, und zur Bewunderung all derer ausgestellt, denen auf die eine oder andere Weise etwas von der wünschenswerten Qualität des Durchschnitts fehlte. Ihre häuslichen Gewohnheiten, ihre Lebenseinstellung waren Gegenstand der Untersuchung und dann der Verallgemeinerung. Nachdem man den Durchschnittsmenschen gefunden hatte, wurden seine Ideen und Gefühle verallgemeinert, so wie die Ideen und Gefühle eines Durchschnittsmenschen verallgemeinert werden sollten.

An amerikanischen "Universitäten" besuchen Ehemänner und Ehefrauen Kurse zur Anpassung der Ehe. Individualismus sollte nicht erlaubt sein, nicht einmal bei etwas so Persönlichem wie der Ehe. In Amerika hat der Fälscher der Kultur eine Art und Weise vorgeschrieben, alles zu tun. Die Männer tauschen an einem bestimmten Tag im Jahr ihre Filzhüte gegen Strohhüte aus, und an einem anderen bestimmten Tag lassen sie die Strohhüte liegen. Die zivile Uniform ist so streng - für jede Art von Anlass - wie die strengste militärische oder liturgische Kleidung. Jede Abweichung von ihr ist Gegenstand von Verhören oder Verachtung. Auch die Künste wurden im Masterplan koordiniert. In Amerika mit seinen 140.000.000 Einwohnern gibt es keine einzige Operngesellschaft, die ohne Unterbrechung auftritt. Das Gleiche gilt für das Theater. Alles, was in den Theatern gezeigt wird, sind "Magazine" und journalistische Propagandawerke.

Für den Rest bleibt nur das Kino, das ja das stärkste Mittel der Vereinheitlichung des Amerikaners durch die Oberschicht der Kulturfälscher ist.

In einem Land, das West, Stuart und Copley hervorgebracht hat, gibt es heute keinen einzigen Maler von öffentlichem Ansehen, der in der westlichen Tradition verharrt. Abstraktionen, malerische Verrücktheiten und die Beschäftigung mit dem Hässlichen dominieren die Bildkunst.

Musik ist in Amerika kaum noch zu hören. Sie ist durch das unkultivierte Trommeln der Neger ersetzt worden. Wie ein amerikanischer "Musikwissenschaftler" sagt: "Der Rhythmus des Jazz, der von den wilden Stämmen entlehnt wurde, ist zugleich raffiniert und elementar und entspricht der Disposition unserer modernen Seele. Er stachelt uns ohne Pause an wie das primitive Trommeln des Zauberertänzers. Aber das ist noch nicht alles. Sie muss gleichzeitig Erregbarkeit der modernen Psyche Rechnung tragen: Wir sehnen uns nach schneller Erregung, nach ständiger Veränderung, nach Reizen. Die Musik verfügt über ein hervorragendes Mittel zur Erregung, und das ist die Synkope".

Die amerikanische Literatur, die Irving, Emerson, Hawthorne, Melville, Thoreau und Poe hervorbrachte, wird heute ausschließlich von Kulturfälschern vertreten, die in ihren Romanen und Theaterstücken freudianische und marxistische Argumente verwenden.

Das amerikanische Familienleben ist durch das Regime der "Counterfeit Culture" völlig zerrüttet worden. Im normalen amerikanischen Haushalt haben die Eltern sicherlich weniger Autorität als die Kinder. Schulen disziplinieren nicht, ebenso wenig wie die Kirchen. Die Aufgabe, den Verstand der jungen Menschen zu formen, wurde zugunsten des Kinos aufgegeben.

Die Ehe ist in Amerika durch die Scheidung ersetzt worden. Das ist kein Paradoxon. In den Großstädten wird statistisch gesehen von zwei Ehen eine geschieden. Auf das ganze Land bezogen, kommt auf drei Ehen eine Scheidung. Diese Situation kann nicht mehr als Ehe bezeichnet werden, denn das Wesen der Ehe ist ihre Dauerhaftigkeit. Das Scheidungsgeschäft ist ein großes Geschäft, von dem Anwälte, Privatdetektive und andere Scharlatane profitieren, während das geistige Niveau der Nation leidet, was sich in der emotional gleichgültigen Haltung der amerikanischen Kinder widerspiegelt.

Die abendländische Erotik, die auf dem Rittertum der Gotik und dem damit einhergehenden Gebot der Ehre aus den Jahrhunderten der abendländischen Geschichte beruht, ist untergraben worden. Das Ideal von Wedekind, dem

Kulturbanausen, der zu Beginn des 20. Jahrhunderts in Europa das obligatorische Bohème-Leben predigte, wurde vom Kulturbanausen-Regime in Amerika in die Praxis umgesetzt. Es hat sich ein umgekehrter Puritanismus entwickelt. In diesem neuen Gefühl wird der Puritanismus nur in seinem sexuellen Aspekt betrachtet und in Film und Literatur verspottet. Baudelaires These "Nur im Bösen liegt das Glück" wurde von den Fälschern übernommen, und das Ergebnis war der fortschreitende Zerfall der amerikanischen Moral in allen Bereichen. In diesem Bestreben ist die Jazzmusik ein nützliches Hilfsmittel, denn in ihrem primitiven Tamtam ist sie nichts anderes als der Ausdruck der Lust in der Welt des Klangs, einer Welt, die in der Lage ist, alle menschlichen Emotionen auszudrücken, sowohl die höchsten als auch die niedrigsten.

Ein Aspekt dieser allgemeinen Perversion ist die Manie der körperlichen Jugend, die in ganz Amerika verbreitet hat. Sowohl Männer als auch Frauen, vor allem aber Frauen, sind geradezu besessen von der Vorstellung, körperlich jung zu bleiben. Die Werbung spielt mit diesen Ängsten und vermarktet sie. Das "Mädchen", ein Mädchen, aber das Gegenteil ist nicht der Fall. Es hat sich ein Kult des "Mädchens" entwickelt, der zusammen mit Kino, Zeitschriften, Jazz, Scheidung, Familienzerfall und Uniformität dem großen Ziel dient, das Nationalgefühl der Amerikaner zu zerstören.

Neben der Gleichförmigkeit gibt es die Technik der Aufregung. Die Presse erregt jeden Tag neue Sensationen. Im Hinblick auf den allgemeinen Plan spielt es keine Rolle, ob es sich bei einer solchen Sensation um einen Mord, eine Entführung, einen Regierungsskandal oder ein Kriegsgerücht handelt. Aber für bestimmte politische Zwecke sind die letztgenannten Sensationen am wirksamsten, und in den Jahren der Vorbereitung des Zweiten Weltkriegs verabreichte der Fälscher jeden Tag eine neue "Krise". Das ging so lange, bis die Bevölkerung bereit war, die Ankunft des Krieges als Erleichterung von der ständig wachsenden nervlichen Anspannung zu begrüßen. Als der Krieg tatsächlich ausbrach, nannten die Faker ihn sofort "Weltkrieg", obwohl nur drei Mächte beteiligt waren und die stärksten Mächte noch nicht in den Krieg verwickelt waren. Die Absicht war natürlich, den Amerikanern die Möglichkeit einer Lokalisierung des Krieges auszureden und sie auf eine amerikanische Intervention vorzubereiten.

Die Spannung, die sich hinter der Aufregung, dem Vergnügen und der ständigen

Bewegung verbirgt, hat ein ausgedehntes Nachtleben, eine kriminelle Unterwelt, die die Vorstellungskraft der Europäer verdummt, und eine Eile von einer Sache zur anderen geschaffen, die die Möglichkeit der Reflexion und der individuellen Kultur ausschließt. Fast ein Prozent der Gesamtbevölkerung lebt von Berufsverbrechen. Die Kunst des Lesens ist den Amerikanern abhanden gekommen, weil es nur noch darum geht, "etwas zu tun". Unter diesen Bedingungen wird die individuelle Kultur im Allgemeinen unterdrückt, und die vorherrschenden Massenideale schränken die Form einer solchen persönlichen Kultur ein, wenn sie dennoch erreicht werden kann.

Alle Geschichte, alles Denken, alle Ereignisse, alle Beispiele werden benutzt, um die Güte des Massenideals des Lebens und der amerikanischen Ideologie zu beweisen.

## II

In der rationalistischen und materialistischen Atmosphäre des Amerikas des 19. Jahrhunderts gab es nur ein sehr schwaches Band der Verbindung mit den erhabenen westlichen gotischen Traditionen des vergeistigten Sinns des Lebens, aber unter dem verzerrenden Regime der Kultur, das seit 1933 etabliert wurde, hat Amerika jede Substanz verloren. Auf allen Ebenen ist die letzte Realität der Welt und des Lebens materialistisch. Der Zweck des Lebens ist Glück. Und so muss es auch sein, wenn das Leben nur ein physikalisch-chemischer Prozess ist, und es sind sogar Zeitungsartikel erschienen, die behaupten, dass die Entdeckung einer "Lebensformel" durch die Wissenschaftler unmittelbar bevorsteht.

Der vertragliche Aspekt der alten puritanischen Religion, die den Menschen und Gott als eine Art Privatabrechnung betrachtete, wurde bis zur letzten Konsequenz umgesetzt, und das ganze Leben ist nichts anderes als eine gesetzliche Verpflichtung gegenüber dem weltweiten Vorhaben namens Amerika, das mit der Aufgabe betraut wurde, die gesamte westliche Zivilisation durch den Prozess der "Erziehung" Europas zu verfälschen. Heldentum im westlichen Sinne des Wortes ist unbekannt, und der vom Volk bewunderte Held ist der große Kapitalist, der einen großen Teil des öffentlichen Reichtums in sein eigenes Vermögen verwandelt hat, oder, wenn überhaupt, ein lächelnder Filmschauspieler. Dinge wie eine große geistige Bewegung oder ein nationaler Aufstand werden in Amerika nicht verstanden:

erstens, weil sie in ihrer eigenen Geschichte nichts dergleichen gesehen haben, und zweitens, weil der Fälscher solche Dinge lächerlich hat. Dem Amerikaner wurde beigebracht, dass das Leben darin besteht, freundschaftliche Beziehungen zu jedermann zu pflegen, so vielen Klubs und Geheimgesellschaften wie möglich beizutreten und alle seine Gedanken und Bemühungen auf die persönliche Ebene zu beschränken.

Das "Happy End" ist das Ideal des Lebens und der Literatur. Man denkt nicht einmal daran, die bittersten Schicksalsschläge zu ertragen. Man glaubt, dass sie vermieden werden können, wenn man nicht an sie denkt. Der glückliche Mensch und nicht derjenige, der im Stillen gelitten hat und stark geworden ist, ist der Protagonist der Literatur des "glücklichen Endes".

Der Gegensatz zwischen der westlichen Idee von der Verwirklichung des Schicksals und der des Kulturfälschers, dem zersetzenden Ersatz namens "Happy End", ist in der Tat die zentrale Idee der Weltperspektive, die er der am Boden liegenden amerikanischen Nation und ihrer Verwandtschaft, der westlichen Zivilisation, aufzwingen will. Die Unvereinbarkeit zwischen diesen beiden Ideen erstreckt sich von der persönlichen Ebene über die Volkswirtschaft, die Gesellschaft, den Staat, die Religion und die Ethik..

Im großen westlichen Lebensgefühl ist das Bedürfnis, man selbst zu sein, das innere Selbst zu bewahren, das nicht kompromittiert oder verhandelt werden kann, das gleichbedeutend ist mit Seele, Schicksal, Ehre und Ethnie. Die Idee des Fakers vom "Happy End" ist opportunistisch, schwach, degeneriert und widerlich für das westliche Ehrgefühl. Der leere, lächelnde Ausdruck, der uniformierte Verstand, die geistlose Besessenheit von Lärm, Bewegung und Sensationen, die Besessenheit, Geld zu verdienen und auszugeben, die Ablehnung aller geistigen Verhaltensstandards: all dies spiegelt einfach die grundlegende Interpretation des Lebens als Streben nach dem glücklichen Ende wider. Um des Glücks willen wird man alles aufgeben, alles geben, alles verkaufen. Glück wird zum Synonym für das Streben nach wirtschaftlichen und sexuellen Motiven. Es schließt jeden unrentablen Kampf gegen überlegene Mächte völlig aus, einfach um man selbst zu sein. Das Verständnis und der Respekt für die Tragödie des Lebens, die Magie des Lebens, die Kraft der Idee, werden durch das Gefühl des Happy Ends ausgeschlossen.

Eine solche Vorstellung ist für die Europäer des zwanzigsten Jahrhunderts völlig unmöglich, selbst wenn sie die schreckliche Katastrophe des Zweiten Weltkriegs nicht miterlebt haben, in dem Europa der doppelten Invasion von Barbaren und Fälschern erlegen ist. Kein großer Künstler, kein religiöser Mensch, kein tiefsinniger Denker hat sich jemals der Vorstellung hingegeben, dass das Leben ein "Happy End" hat. In traurigen und schwierigen Zeiten stellt sich der Mensch des Westens den Schlägen, die das Schicksal für ihn bereithält, anstatt sie nur zu ertragen. Er spricht nicht von Glück oder Unglück und versucht nicht, den Tatsachen auszuweichen, indem er den Kopf in den Sand steckt. Den Kopf in den Sand zu stecken oder anderswo zu suchen, ist keine Lösung, sondern ein Aufschub und vielleicht die Schaffung eines noch größeren Problems. Das "Happy End" hat eine rein negative Bedeutung. Es ist eine Verleugnung des Lebens, eine Vermeidung des Lebens. Es ist also eine Falle und eine Lüge.

Das rassische Chaos in Amerika, das der Faker absichtlich herbeiführt, um die amerikanische Nation noch sicherer in seine Hände zu bringen, ist nur durch das Entnationalisierungsprogramm möglich, das für den Konsum der Amerikaner vorbereitet wird. Dieses Programm beginnt mit der Propaganda in den Schulen, die lehrt, dass Amerika nicht von Amerikanern kolonisiert, gesäubert, erobert oder aufgebaut wurde, sondern von einem großen Konglomerat von Ausländern. Es wird gelehrt, dass der Beitrag des Juden und des Negers die entscheidenden prägenden Einflüsse auf den "amerikanischen Traum" sind. Im Staat New York darf Shakespeares Der Kaufmann von Venedig in den Schulen weder gelehrt noch erwähnt werden. Die Förderung des krassen antinationalen "Happy Ends" mit seiner wirtschaftlichen und sexuellen Besessenheit und seinem sozialen Atomismus ist die Voraussetzung für die Fortsetzung des gesamten Degenerationsprogramms.

Ethnien und Nationen entfalten ihr höchstes Potenzial in starken Individuen, die die wichtigsten nationalen Merkmale verkörpern und eine immense symbolische historische Bedeutung erlangen. Folglich nehmen die Bemühungen der Kulturfälscher, den amerikanischen Nationalismus zu ersticken, nicht die Form einer Offensive gegen den Individualismus an, sondern gegen die einzige Art von Individualismus, die historisch wirksam ist: den Individualismus, der in sich eine höhere Idee konzentriert und sich ihrem Dienst widmet.

Der höchste Wert besteht also darin, "mit den Menschen auszukommen". Die robusten Eigenschaften der Unabhängigkeit oder der Stärke werden beiseite gelegt und das Ideal der Mittelmäßigkeit wird verherrlicht. Die universelle Spiritualität, die gleiche geistige Nahrung für alle Klassen, ersetzt die organische Schichtung der Gesellschaft. Diese Nahrung hat natürlich nur ein quantitatives Maß an Wert. So wie das beste Produkt dasjenige ist, das am meisten beworben wird, so ist das beste Buch dasjenige, das sich am meisten verkauft hat. Die beste Zeitung oder Zeitschrift ist diejenige mit der höchsten Auflage. Diese Gleichsetzung von Quantität mit Qualität ist der vollständige Ausdruck von Masse, die Negation von Individualität.

Eine natürliche Folge der Krankheit des Glücks ist der Pazifismus. Wir sprechen nur von intellektuellem Pazifismus, denn der Kulturstörer weiß die Kampfinstinkte des indianischen Typs zu nutzen. Intellektueller Pazifismus ist Kriegspropaganda. Der Feind wird mit der Idee des Krieges identifiziert, und gegen ihn zu kämpfen, bedeutet, gegen den Krieg zu kämpfen.

Natürlich ist der Hollywoodismus nicht in der Lage, ein Volk zu Heldentum, Energie, Opferbereitschaft und Verzicht zu bewegen. Folglich mussten die amerikanischen Armeen, die im Zweiten Weltkrieg auf Feldzug waren, mit einem endlosen Strom von Bilderbüchern, Schokolade, Bier, Getränken aller Art, Schallplatten, Jukeboxen, Kinos und Spielzeug aller Art versorgt werden.

Die Grundlagen lassen sich nicht vermeiden, und so kam es, dass trotz achtjähriger Vorbereitung durch das intensivste emotionale Artilleriebombardement, das die Welt je gesehen hat, mit Hilfe von Film, Presse, Theater und Radio, keine Kriegsbegeisterung in der amerikanischen Bevölkerung geweckt wurde, sondern eine negative Stimmung unter den Truppen herrschte, die im Zweiten Weltkrieg gegen Europa kämpfen sollten. Von den 16.000.000 Männern, die von Beginn bis zum Ende der kurzen militärischen Beteiligung Amerikas am Zweiten Weltkrieg zu den Streitkräften eingezogen wurden, gab es weniger als 600.000 Freiwillige. Im Ersten Weltkrieg meldeten sich in einem Jahr fast doppelt so viele Freiwillige in einer einzigen europäischen Nation. Dabei ist zu berücksichtigen, dass ein großer Teil der amerikanischen Freiwilligen über die bevorstehende Mobilisierung informiert war und sich nur freiwillig meldete, um den Schein zu wahren.

Die westliche Idee der Verwirklichung des Schicksals mit ihrem inneren Imperativ der Ehre und der Treue zu den Überzeugungen bedeutet, dass das Vulgäre das Gegenteil des Würdigen ist. Keine überlegene Idee ist "für alle". Alle Kreativität geht von einigen wenigen aus. Taten von hohem ethischen Gehalt können nicht von allen vollbracht werden, und wer dazu fähig ist, hat keinen Grund, sich zu schämen, auf geistige Werte zu verzichten und das lächelnde Gesicht, die innere Leere und das Ideal, mit den Menschen "auszukommen", um den Preis seiner Seele anzunehmen.

Selbst die Zerstörung und Verzerrung in dem Ausmaß, wie sie in Amerika betrieben wird, ist das Werk von Minderheiten. Die amerikanischen und ausländischen Massen sind lediglich das Objekt der Verzerrung. Die organische Einheit, die den Zerfall Amerikas als Teil ihrer eigenen lebenswichtigen Mission betrachtet, repräsentiert auf ihrer breitesten Basis nur zehn Prozent der Bevölkerung der amerikanischen Union. Und innerhalb dieser zehn Prozent gibt es nur eine vergleichsweise kleine Anzahl von Köpfen und eine Schicht von vertrauenswürdigen Führern, die die Politik der jüdischen Kultur-Staat-Nation-Religion-Volk-Rasse umsetzen. Für diese Führer ist die große Masse ihres eigenen Volkes nichts weiter als Kanonenfutter im nichtmilitärischen Krieg gegen die westliche Zivilisation in der ganzen Welt. Man muss diese Köpfe nicht als von bösartigen und teuflischen Motiven beseelt ansehen. Für sie ist die westliche Zivilisation der Hort des kollektiven Bösen und des Hasses in der Welt, die Quelle einer tausendjährigen Verfolgung, eine grausame und irrationale Monstrosität, eine finstere Macht, die gegen die jüdische messianische Idee arbeitet.

## 10. Der schwarze Mann in Amerika

Die demokratisch-materialistischen Bedingungen entstehen während der organisch notwendigen Krise der Zivilisation und sind somit autopathisch. Die kulturelle Verzerrung entsteht durch die Einmischung eines kulturellen Parasiten in das Leben des Wirts, der aber dennoch im Körper dieser Kultur lebt. Die beiden konkurrierenden Kulturen verstärken sich gegenseitig, und Amerika ist das deutlichste Beispiel für die vielfältigen Auswirkungen, die solche kulturellen Krankheiten auf ein Volk haben können, das sich zunächst nicht angemessen dagegen wehren konnte.

Die Bevölkerung Amerikas besteht gegenwärtig nur aus einer geringen und knappen Mehrheit, die unbestreitbar amerikanisch ist, und zwar in geringer Zahl, geistig und national. Der Rest, fast die Hälfte, besteht aus Schwarzen, Juden, nicht assimilierten Südosteuropäern, Mexikanern, Chinesen, Japanern, Siamesen, Syrern,

Libanesen, Slawen und Indianern. Die slawischen Gruppen sind für die amerikanische Ethnie assimilierbar, aber der Prozess ihrer Assimilation wurde absichtlich durch die Intervention des Kulturverderbers behindert. Die massierenden Ideale des Lärms, der Aufregung, der geistigen Uniformität und der ständigen Eile, die die Amerikaner mit diesen nicht assimilierten ausländischen Gruppen teilen, stellen keinerlei Assimilation dar, denn diese Eigenschaften sind antinational, demoralisierend, zerstörerisch für die Individualität, den Staat, das Volk, die Ethnie.

Das Negerproblem ist eines der vielen Rassenprobleme, die in Amerika dringend gelöst werden müssen. Als die Schwarzen infolge des Bürgerkriegs ihrer Sicherheit beraubt und der finanziellen Sklaverei in einer industriellen Zivilisation ausgeliefert wurden, deren Probleme sie in keiner Weise ertragen konnten, waren sie ein resigniertes und primitives Volk. Sie hatten keine Dynamik, keine zerstörerische Mission. Ihre Zahl belief sich damals auf etwa viereinhalb Millionen, und sie waren fast ausschließlich in den Südstaaten zu finden, wo das gesellschaftliche Leben an ihre Anwesenheit angepasst war und die weiße und die schwarze Ethnie in jeder Hinsicht auseinanderhielt. Auf keiner Seite gab es den Wunsch, diese natürlichen Verhältnisse zu ändern.

Für einen Finanzkapitalisten ist ein Neger jedoch lediglich eine "billige Arbeitskraft" oder die Aussicht auf einen kleinen Kredit. Der Money Master weiß nichts von Nation, Volk, Ethnie, Kultur. Er ist ein "Realist", was auf der primitiven intellektuellen Ebene bedeutet, dass er alles, was ist, als die Gesamtsumme der Realität betrachtet. Aber in Wirklichkeit repräsentiert er natürlich eine bereits vergangene Phase, eine bereits erfüllte Idee. Die wahre Realität ist die Zukunft in Aktion, denn das ist der Antrieb der Ereignisse. So kann kein Gelddenker zwei oder drei künftige Generationen vorstellen, denn er sieht die Zukunft als stabil an, auch wenn er durch sein Handeln Instabilität in den unmittelbaren Bedingungen schafft.

Nach dem Bürgerkrieg zogen nach und nach immer mehr Schwarze in die Nordstaaten. Diese Wanderungsbewegung wurde durch die beiden Weltkriege stark begünstigt, als Millionen von Schwarzen in den Norden zogen, um die weißen Arbeiter aus den Industriegebieten zu ersetzen, die mobilisiert worden waren. Um diesen Proletarisierungsprozess zu verstärken, verlegten die Unternehmen des Nordens sogar ihre Fabriken in den Süden, um schwarze Arbeitskräfte zu beschäftigen und so ihre Gewinne zu steigern.

Die Verwandlung des Negers in einen Lohnsklaven hat ihn völlig demoralisiert, ihn zu einem unzufriedenen Proletarier gemacht und in ihm eine tiefe rassische Verbitterung erzeugt. Die Seele des Negers bleibt primitiv und infantil, verglichen mit der nervösen und komplizierten Seele des westlichen Menschen, der es gewohnt ist, in Begriffen wie Geld und Zivilisation zu denken. Das Ergebnis ist, dass der Neger zu einer Last für die weiße Gesellschaft geworden ist.

Heiraten ist unter Schwarzen fast unbekannt, und Frauen führen große Familien. In den Großstädten ist die Kriminalitätsrate unter der schwarzen Bevölkerung zehnmal höher, als es ihrer Zahl nach sein müsste. Soziale Krankheiten[90] sind bei dieser Ethnie weit verbreitet, und sowohl in den Krankenhäusern als auch in den Strafvollzugsanstalten ist die Zahl der Schwarzen stark überproportional. Primitive Gewalttätigkeit ist für den Neger eine Selbstverständlichkeit, und es fehlt ihm das Gefühl der sozialen Unehre, wenn es um Kriminalität geht. Schwarze Viertel in den nördlichen Städten sind gefährlich für das Leben der Weißen.

Der Bolschewismus und die kulturelle Verzerrung haben die Möglichkeiten des Negers zum Zwecke der inneren Zersetzung und des Ethnienkriegs nicht vergessen. Die strafrechtliche Verfolgung von Schwarzen in den Südstaaten ist Gegenstand einer intensiven und lautstarken kommunistischen Propaganda, die sich an den alten Begriffen "Gleichheit" und "Toleranz" orientiert. Die Kommunistische Partei bietet Schwarzen, die wegen gewöhnlicher Straftaten angeklagt sind, Rechtsbeistand.

Wie alle primitiven Ethnien ist die schwarze Ethnie fruchtbar und verfügt über starke Instinkte. Ihre Bevölkerung, einschließlich der Mulatten, beträgt heute etwa 14.000.000[91]. Diese zehn Prozent der Gesamtbevölkerung Amerikas sind Hilfskräfte des Programms der Kulturfälscher. Politisch ist diese Masse als Einheit organisiert und hat das Roosevelt-Regime von der Machtergreifung 1933 an unterstützt. Der Neger stand im Mittelpunkt eines Großteils der revolutionären Aktivitäten des kulturverfälschenden Regimes. Von Zeit zu Zeit inszeniert der Fälscher öffentlich eine Rassenfrage, in der der weiße Südstaatler die Rolle des Staatsfeindes spielt und der Neger der Held der "Demokratie" ist. Das Ergebnis dieser Inszenierung ist eine Eskalation des ethnischen Krieges in den Städten des Nordens und des

---

[90] Aus dem Kontext des Originaltextes geht hervor, dass sich der Autor auf Geschlechtskrankheiten bezieht.

[91] Heute, 1976, beläuft sich die schwarze Bevölkerung, einschließlich der Mulatten, auf fast sechzehn Millionen, was etwa elf Prozent der gesamten amerikanischen Bevölkerung entspricht.

Südens.

Der Neger hat mehr als jeder andere gelitten, da er in die Sklaverei der finanziellen Ausbeutung geworfen wurde und dann in das Programm des Ethnienkriegs der Fälscher aufgenommen wurde. Einst ein glücklicher, tief und primitiv religiöser Baumwollsklave, der von der Dynamik des westlichen Industrialismus völlig abgeschirmt und isoliert war, ist er nun ein verärgerter und ungesunder Kämpfer im Klassen- und Ethnienkrieg geworden. Sein Leben ist zu einer Pilgerreise durch Fabriken, Krankenhäuser und öffentliche Wohlfahrtseinrichtungen geworden, und der Faker hat ihn mit einem Programm von Forderungen, einer eigenen Ideologie im bolschewistischen Rahmen und einer dynamischen Führung ausgestattet. Ein schwarzer Schriftsteller sagte kürzlich: "Euer Land? Wie ist es euer Land geworden? Wir waren schon hier, bevor die Pilger landeten. Hierher haben wir unsere drei Gaben gebracht und sie mit den euren vermischt: die Gabe der Poesie und des Gesangs, der Themen und lebendigen Melodien für ein Land, das unharmonisch und unmelodisch ist; die Gabe des Schweißes und der Muskelkraft, um die Grobheit zu überwinden und das Land dieses weiten und reichen Landes zu erobern, zweihundert Jahre bevor eure schwachen weißen Hände es tun konnten; die dritte Gabe, die Gabe der Seele. Sind diese Gaben nichts wert, ist es nicht so, diese Arbeit und Mühsal, hätte Amerika ohne das Negervolk Amerika werden können?". Dies ist nicht nur die Meinung eines Mulatten, denn solche Ideen sind in die Köpfe von Millionen städtischer Schwarzer eingetrommelt worden, ganz zu schweigen von den Weißen mit schwachen Instinkten, dem liberalen Element, das sich für den Ethnienkrieg einsetzt und ihn begünstigt.

Der Neger ist willensstark genug, die Erfüllung seiner Forderungen einzufordern, und heute gibt es Neger auf allen Ebenen des öffentlichen Lebens: Beamte, Richter, Verwaltungsangestellte, Gewerkschaftsführer, Rechtsanwälte, Ärzte, Lehrer. Das Negerproblem hat für Amerika zwei Aspekte, einen unmittelbaren und einen langfristigen. Unmittelbar steht die Negerbewegung ganz im Dienste der kulturellen Verzerrung, die alle Phasen des inneren Bolschewismus in Amerika beherrscht. Eine innere Krise, in der sich dem amerikanischen Volk in naher Zukunft viele Probleme des öffentlichen Lebens in ungeheurem Ausmaß und mit ungeheuren Anforderungen gleichzeitig stellen werden. Wann, kann niemand sagen, aber es ist unvermeidlich, denn Amerika wird in der fünf Jahrtausende währenden Geschichte der großen Kulturen und ihrer Kolonien keine Ausnahme bilden. Die Stellung des Negers in der organischen Existenz des amerikanischen Volkes ist sehr klar.

Der langfristige Aspekt des Problems zeigt sich in der sinkenden durchschnittlichen Geburtenrate der amerikanischen Ureinwohner und der steigenden durchschnittlichen Geburtenrate der Neger. Das alte weiße Element nimmt sogar in absoluten Zahlen ab, und dieser Prozess dauert nun schon seit zwei Jahrzehnten an. Die unmittelbarere Beziehung ist politisch-spirituell, das entferntere Problem ist ethnisch-spirituell.

## 11. Kulturelle Rückständigkeit in Amerika

### I

Wie wir gesehen haben, ist der kulturelle Aufschub im Grunde genommen eine bloße Verweigerung der Zukunft. Aber das Schicksal lässt sich nicht täuschen; nur die Köpfe, die versuchen, tote Situationen oder Ideologien aufrechtzuerhalten oder wiederherzustellen, täuschen sich selbst. Nur an der Oberfläche der Geschichte können die Kulturverzögerer einen Sieg erringen, und selbst dann nur durch ihre rein materielle Überlegenheit. Und wenn sie einen solchen Sieg erringen, oberflächlich und vorübergehend, dann bedeutet dies lediglich die Niederlage der Qualität gegenüber der Quantität.

Da Amerika eine Kolonie ist und daher eine geringere organische Widerstandskraft gegen kulturelle Krankheiten hat, ist es den bremsenden Einflüssen stärker erlegen als das Mutterland westlichen Kultur. In Amerika werden diese retardierenden Kräfte von der schwersten aller kulturellen Krankheiten, der kulturellen Verzerrung oder der kulturellen Fälschung, angetrieben und inspiriert, und sie werden am stärksten dabei unterstützt, die negativen Auswirkungen zu vermeiden, die sich aus dem offenen Auftreten des ausländischen Fälschers ergeben würden.

Das populäre Weltbild, das für den uniformierten Amerikaner für obligatorisch erklärt wurde, besteht einfach aus dem alten, materialistischen Bild, über das Europa bereits zur Zeit des Ersten Weltkriegs hinausgewachsen war. So werden an amerikanischen Universitäten Darwinismus und Mechanismus als das letzte Wort in der Biologie gelehrt.

In der Soziologie sind Mill und Spencer die angesagten Figuren. Man glaubt immer noch an das alte mittelalterlich-moderne Schema, und Buckle und Gibbon repräsentieren die Vollkommenheit der historischen Methode. Carlyle, Lamprecht Breysig, Meray, Eduard Meyer, Spengler, sind völlig unbekannt. In der Psychologie hat sich die Idee der Masse durchgesetzt, so dass Genie mit überlegener Intelligenz gleichgesetzt wird, und letztere mit der Bildung einer "guten Schule". Wie immer gibt es keinen qualitativen Unterschied zwischen den Menschen. Der Werbespruch lautet: "Man kann Gehirne kaufen". Ansonsten ist der Freudianismus das Evangelium. In Amerika ist es durchaus möglich, dass der Inhaber eines akademischen Grades keine Ahnung von der Geschichte der westlichen Kultur hat, von der Bedeutung von Carlyle, Nietzsche, Spengler oder der Rebellion der westlichen Zivilisation gegen Demokratie und Materialismus. Seine Vorstellung von den Ereignissen der letzten fünfundsiebzig Jahre in Europa wird durch einige journalistische Klischees umrissen. Die Breite und Tiefe des Weltkonzepts des 20. Jahrhunderts ist ihm völlig unbekannt und führt dazu, dass er auf der Grundlage eines Labormaterialismus die Existenz von unermesslichen Decken und Möglichkeiten leugnet.

Die kulturelle Rückständigkeit als groteske Realität wird durch die Tatsache veranschaulicht, dass Amerika heute in der Welt des Denkens 30 bis 50 Jahre hinter seinem Verwandten, der westlichen Zivilisation, zurückliegt. Keine amerikanische Universität hat jemals etwas von Geopolitik oder etwas Ähnlichem gehört. Mahans Theorien über die Seemacht sind das letzte Wort in der großen Strategie, und das Beispiel der beiden Weltkriege, die die Amerikaner als "Siege" zu betrachten gelernt haben, bestärkt diese Vorstellung von Seemacht, obwohl weltbewegende Ereignisse das Verhältnis zwischen Kontinental- und Seemacht grundlegend verändert haben. Dieser grundlegende amerikanische Irrtum wird im Dritten Weltkrieg Früchte tragen. In der Wirtschaftstheorie ist die Situation ähnlich. Adam Smith ist grundlegend. Abstraktionen wie "die Weltwirtschaft" werden als konkrete Realitäten betrachtet. List ist unbekannt, aber Marx gilt als Wirtschaftswissenschaftler. Sombart wurde nach der amerikanischen Revolution von 1933 ins Abseits gestellt. Das Währungsproblem wird auf der Grundlage der Goldstandardtheorie behandelt. Die Abkehr der Europäer von der Theorie einer goldbasierten Wirtschaft wurde als fataler Fehler angesehen. Die klassischen Wirtschaftstheorien der Manchester-Schule sind eher ein Glaubenspunkt als eine historische Kuriosität. Jeder Verstoß gegen sie wird als Übel oder zumindest als bedauerliche vorübergehende Notwendigkeit angesehen. Diese Doktrinen des 19. Jahrhunderts werden stets als die Gesetze der Wirtschaft bezeichnet.

Diese zurückgebliebene Mentalität hat natürlich zu gravierenden Auswirkungen im Bereich des Handelns, d.h. in Politik und Wirtschaft, geführt.

Da Amerika in einem Teil der Welt zur Weltmacht wurde, in dem es keine Opposition gab, konnte es weder einen Staat noch ein wirkliches politisches Bewusstsein entwickeln. Folglich genoss die Wirtschaft - als Ausnahme unter allen anderen westlichen Mächten - stets einen unbestrittenen Vorrang vor der Politik. Innenpolitik im eigentlichen Sinne gab es in Amerika nicht: Die Kämpfe zwischen den Parteien wurden von allen als ein bloßer geschäftlicher Wettbewerb zwischen den beiden Parteikonzernen angesehen. Echte politische Ereignisse in Amerika - die Trennung von gegnerischen Gruppen als Freund und Feind - hat es nur drei gegeben: den Unabhängigkeitskrieg von 1775-83, die Feindschaft zwischen Nord und Süd, die im Bürgerkrieg von 1861-65 gipfelte, und die Revolution von 1933, als die kulturelle Verzerrung die vollständige Kontrolle über Amerikas Schicksal erlangte.

Diese ausschließliche Beschäftigung mit der Wirtschaft auf allen Ebenen der Bevölkerung war die Ursache für die totale Herrschaft des Money Master über das amerikanische Leben, für das Scheitern der Entwicklung eines echten nationalen Bewusstseins und für den Aufstieg der kulturellen Verzerrung zur Macht.

Der weite Himmel finanzieller Schwankungen mit abwechselndem "Wohlstand" und "Krisen" hat Millionen von Menschen in den Ruin getrieben, und bis vor kurzem konnten diese Enteigneten noch neues Land im Westen beanspruchen und erwerben und ihr wirtschaftliches Leben neu beginnen. Der politische Klassenkampf war in Amerika bis vor kurzem nie von Bedeutung. Das vorherrschende puritanisch-calvinistische Gefühl der wirtschaftlichen Vorbestimmung stand einem politischen Klassenkampf grundsätzlich entgegen, da jeder Arbeiter glaubte, dass er eines Tages reich sein würde.

Mit dem Verschwinden der "Frontier" wurde jedoch die Masse der Industriearbeiter zum Organisationsmaterial für den professionellen Arbeiterführer.

Aus ihren schwachen Anfängen entwickelte sich die Arbeiterbewegung in Amerika zu einer mächtigen politischen Organisation, die die Wahl der Politiker in den Industriegebieten entscheiden konnte. Diese Situation wurde bereits in den achtziger Jahren des 19. Jahrhunderts erreicht. Diese Arbeiterbewegung umfasste Anarchisten, Kommunisten, Marxisten, Nihilisten und liberal-kapitalistische Führer. Politische Elemente haben diese Bewegung nie dominiert, auch nicht nach der Revolution von 1933, denn die amerikanische Arbeiterklasse denkt und fühlt wirtschaftlich und kapitalistisch, aber nicht politisch und sozialistisch. Sozialismus bedeutet in Amerika auch heute noch das, was er in Europa im 19. Jahrhundert bedeutete, nämlich Kapitalismus der unteren Klassen. Vom wahren Sozialismus weiß und versteht man in Amerika nichts, denn der Sozialismus ist nicht im Wesentlichen ein wirtschaftliches Organisationsprinzip, sondern eine ethisch-politische Idee, der Geist eines politischen Zeitalters, und Politik wird in Amerika noch nicht verstanden.

## II

Im Allgemeinen befindet sich die amerikanische Wirtschaft noch immer in den kapitalistischen Verhältnissen, die Europa vor fünfzig Jahren zu überwinden begann und die für Europa mit der europäischen Revolution von 1933 endgültig endeten.

Die Landwirtschaft zum Beispiel basiert in Amerika auf einer Bargeldbasis. Es gibt keine Politik, die sie von der städtischen Wirtschaft isoliert oder die Bauern vor finanzieller Ausbeutung schützt. So werden die Landwirte in dem Teil des Zyklus, in dem die Finanzkapitalisten die Geldmenge verringern, in den Ruin getrieben und ihre Betriebe werden geschlossen.

Es gibt kaum eine "Bauernschaft"[92] im europäischen Sinne des Wortes. Der Bauer hat eine geistige Beziehung zum Land, während der amerikanische Farmer nur eine finanzielle Beziehung zu ihm hat und ihn aufgibt, sobald sich eine bessere wirtschaftliche Gelegenheit bietet. Diese rein wirtschaftliche Einstellung hat zu einer rüden Ausbeutung des Bodens geführt, mit einem starken Rückgang seiner

---

[92] Im Kastilischen gibt es kein Äquivalent für den englischen Ausdruck "peasantry", vielleicht weil es in Kastilien keine wirkliche bäuerliche Gesellschaftsschicht von Landbesitzern gab. Das nächstliegende Äquivalent wäre "peasantry". Im Katalanischen würde es genau mit "pagesia" übersetzt. (N. des T.)

Produktivität und einem noch stärkeren Rückgang des Nährwerts seiner Produkte. Die Landwirtschaft wird nur extensiv betrieben, und die mangelnde Pflege des Bodens hat zu verheerenden Erosionsschäden geführt.

Die Ausbeutung von Bodenschätzen erfolgt ebenfalls auf rein finanzieller Basis, und ein Kohlebergwerk oder eine Ölquelle kann mit 80 % des zu fördernden Erzes aufgegeben werden. Die Eröffnung eines Schachts oder eines Stollens bedeutet die industrielle Nutzung eines ganzen Gebiets, da das Eigentum an der Oberfläche das Eigentum am Untergrund impliziert. Nach amerikanischem Recht. Das Ergebnis all dessen kann als eine Verschwendung der Schätze des Bodens bezeichnet werden, die im Gegensatz zu der Haltung des 20.

Die industrielle Produktion ist lediglich ein Schlachtfeld für Profite und Kontrolle zwischen Industrie- und Gewerkschaftsführern. Der soziale Schaden und die wirtschaftliche Vergeudung von Streiks werden in Amerika, wo die Idee des 20. Jahrhunderts keinen internen Kampf in einer politischen Einheit vorsieht, als nominell angesehen. Hinter dem Kampf zwischen den von ihm bezahlten Führungskräften und den von ihm gemieteten Arbeitern beherrscht der Finanzkapitalist die wirtschaftliche Szene. Der Ausgang des Streiks kann ihm nichts anhaben, da er die treibenden Kräfte der Finanzwirtschaft kontrolliert.

Damit sind wir bei der Frage des Geldes in Amerika angelangt. Seit dem Bürgerkrieg von 1865 ist das ganze Land in finanzieller Hinsicht ein Reich von unwissenden Untertanen, und die Besitzer der großen Banken in New York sind die Wirtschaftsmonarchen. Die Kodifizierung dieser Situation fand 1913 statt, als das Federal Reserve System durch einen Gesetzesakt geschaffen wurde. Es sah ein System von zwölf Zentralbanken vor, von denen die Zentralregierung finanziell abhängig sein sollte. Diese Banken sind in privatem Besitz und geben Geld gegen Staatsanleihen aus, die über diese Banken verkauft werden. Auf diese Weise haben die amerikanischen Kriegsanstrengungen im Zweiten Weltkrieg den Eigentümern dieses Systems einen Gewinn von 7.500.000.000.000 Dollar eingebracht. Das gesamte in Amerika existierende Geld wird privat von diesen Zentralbanken ausgegeben. Dieses Geld wird als "durch Staatsanleihen gedeckt" bezeichnet. Diese Anleihen sind jedoch nur in diesem Geld zahlbar. Das ganze System ist natürlich nur dazu da, die private Kontrolle über das Wirtschaftsleben des Landes zu verschleiern. Die Geldmenge kann nach Belieben der Finanzkapitalisten erhöht oder verringert werden, und in einem Land ohne Staat ist dies ein Instrument der Herrschaft.

Für die Seele der westlichen Zivilisation des 20. Jahrhunderts ist die Tatsache, dass die öffentliche Macht in privaten Händen liegt, unvorstellbar. Ebenso wie die Beherrschung des Wirtschaftslebens eines Nationalstaates durch das Gedankengeld. Dreifach abscheulich für das 20. Jahrhundert ist das Zugeständnis jeglicher Macht an die Mentalität des Bankiers, der den Menschen als "Produktionskosten" betrachtet, der die Politik als ein für private Machenschaften reserviertes Feld ansieht und der das Heldentum der Soldaten als nützlichen Vorwand benutzt, um neue Finanzdomänen über die Meere hinweg zu erobern.

Der Finanzkapitalismus gehört in ein vergangenes Zeitalter, das Zeitalter des Geldes. Selbst in Amerika ist er in den Hintergrund getreten und zu einer bloßen Technik für die absolute Herrschaft des Fälschers der Kultur geworden. Wichtiger als eine Technik ist die Kontrolle der Köpfe der Menschen, und ein Verständnis Amerikas und seiner Möglichkeiten für Europa erfordert eine genaue Kenntnis seiner Propagandasysteme.

## 12. Propaganda

I

Wenn man wirklich an die Ideologie der Gleichheit des 18. Jahrhunderts glauben würde, gäbe es keine Propaganda, denn jeder Mensch würde völlig unabhängig denken und wäre beleidigt über jeden Versuch, seinen Geist zu beeinflussen. Aber diese Ideologie wird gerade durch das Beispiel Amerikas aktualisiert, dem Land, in dem sie mit religiöser Inbrunst angenommen wurde, obwohl sie keiner Realität entsprach. Die geistige Gleichheit mag im 18. Jahrhundert in den Salons der Aristokraten und der geistigen Rationalisten in Frankreich, Deutschland, England oder Amerika mehr oder weniger in Mode gewesen sein, aber in der Mitte des 19. Jahrhunderts, als die Massen mobilisiert wurden, gab es überhaupt keine Möglichkeit der Gleichheit, denn die Massen verlangten aufgrund ihrer bloßen Existenz nach Herrschaft. Je radikaler die Lage der Massen wurde, desto stärker wurde das Gefühl der Notwendigkeit einer starken Führung, wie Nietzsche sagte: "Wenn die

Unsicherheit zu groß ist, kniet der Mensch vor einem starken Willen zur Macht".

Es gibt zwei Führungstechniken, und beide sind unerlässlich: Disziplin und Überzeugung. Die erste basiert auf Vertrauen, Glauben, Loyalität, Pflichtbewusstsein und guten Instinkten. Die zweite zielt auf den intellektuellen Aspekt ab und ist an die Eigenschaften der betreffenden Person oder Bevölkerung angepasst. Bei beiden Techniken werden Sanktionen eingesetzt, seien es strafrechtliche, moralische, wirtschaftliche oder soziale. In einer Zeit, in der die Reorganisation und Ausbildung großer Massen das Hauptproblem der Aktion ist, ist parallel dazu Überzeugungsarbeit oder Propaganda notwendig, denn nur eine Elite ist zu höchster Disziplin fähig, und die Massen müssen ständig überzeugt werden.

So ist in Amerika, dem Land, in dem das Massendenken, die Massenideale und das Massenleben das kollektive Leben beherrschen, die Propaganda die Hauptform der Informationsverbreitung. In Amerika gibt es keine Publikationen, die ausschließlich dem Intellekt gewidmet sind; ein verzerrendes Regime der Kultur beruht auf ihrer Unteilbarkeit, und das unabhängige Denken starker Individualitäten ist einem solchen Regime ipso facto feindlich gesinnt. Es gibt auch keine Publikationen, die nur über Fakten berichten. Alle Arten von Tatsachen und Standpunkten werden bei ihrer Präsentation in der Öffentlichkeit im Kreislauf des gewünschten propagandistischen Bildes koordiniert.

Die Technik der amerikanischen Propaganda umfasst alle Arten von Kommunikation. Die wichtigste davon ist das Kino. Jede Woche besuchen 80.000.000 Menschen die Kinos in Amerika, um die Propagandabotschaft [93] aufzunehmen. In der Zeit der Kriegsvorbereitung, 1933-1939, produzierte das Kino eine endlose Reihe von Hassfilmen, die sich gegen die europäische Revolution von 1933, ihre Perspektive auf das 20.

Am zweitwirksamsten ist das Radio. Jeder Amerikaner hat einen oder mehrere Radioempfänger zu Hause, durch die er immer wieder mit dem massierten Bild der Ereignisse gefüttert wird. Er hat dieselbe obligatorische Sichtweise bereits in der Presse gelesen, er hat sie im Kino gesehen, und jetzt hört er sie. Die Presse, sowohl die Tages- als auch die Wochenzeitschriften, steht an dritter Stelle der Effektivität.

---

[93] Heute würde der Autor das Fernsehen zweifellos an die Spitze der Propagandamedien stellen. Im amerikanischen Fernsehen sind alle führenden Positionen mit nicht angelsächsischen Personen besetzt.

Man muss dazu sagen, dass in Amerika die Wirksamkeit nur an der Zahl der erreichten Personen gemessen wird, da das Ideal des Massendenkens über die Individualität, die Qualität und die intellektuelle Schichtung der Bevölkerung gesiegt hat.

An vierter Stelle steht die Veröffentlichung von Büchern. Es werden nur Bücher veröffentlicht, die in den propagandistischen Rahmen passen. So wurde kürzlich in Amerika eine Kinderbuchausgabe von Tausendundeiner Nacht zurückgezogen, weil man glaubte, dass der Inhalt bei den Lesern Vorurteile gegen Juden hervorrufen könnte. Es handelte sich um eine Illustration, die in der Geschichte von Aladin und seiner Lampe einen skrupellosen Händler mit den Zügen eines Juden zeigt. In den Jahren 1933-1939 konnte der Politik des Fälschers in keiner Zeitung, keinem Buch und keiner Zeitschrift mit hoher Auflage widersprochen werden.

Dann kommen die Universitäten und Fachhochschulen. Das Konzept der Masse, angewandt auf die Bildung, bedeutet, dass die "höhere Bildung" so weit verbreitet ist, dass es unmöglich ist, die hohen Standards der höheren Bildung in Europa zu erreichen. In Amerika, wo die Bevölkerung weniger als halb so groß ist wie in Europa, gibt es zehnmal so viele Einrichtungen, an denen man einen Hochschulabschluss erwerben kann. Was in diesen Einrichtungen gelehrt wird, ist eine etwas esoterischere Version des ideologischen und propagandistischen Bildes, das vom Regime der Kulturfälscher aufgezwungen wird.

Und schließlich ist da noch die Bühne. Außerhalb von New York, der geistigen Hauptstadt des herrschenden Regimes, gibt es sie so gut wie nicht, aber in New York spielt das journalistische Theater eine wichtige Rolle in der propagandistischen Technik. Dies geschah in sehr ausgeprägter Form in der Zeit von 1933 bis 1939. Ein ununterbrochener Strom von tendenziösen Stücken gegen das Konzept des 20. Jahrhunderts und seine europäischen Vertreter. Jahrhunderts und die europäischen Vertreter. Viele dieser Stücke wurden in jiddischer Sprache aufgeführt, da die königlichen Führer Amerikas auch unter ihrem eigenen Volk Einheitlichkeit verlangen.

Das Propagandabild hat zwei Aspekte, einen inländischen und einen ausländischen. Die inländische Propaganda ist revolutionär und unterstützt die amerikanische Revolution von 1933. Alle ideologischen Revolutionen, von der Französischen Revolution von 1789 über die europäischen Revolutionen des 19.

Jahrhunderts in Europa bis hin zur bolschewistischen Revolution von 1918[94] haben die Tendenz, die Form eines Kultes anzunehmen. In Frankreich stand der Kult der Vernunft im Mittelpunkt des religiösen Wahns; in Russland war es der Kult der Maschine, wie Gott Marx sagte. Die amerikanische Revolution von 1933 bildet da keine Ausnahme. Das zentrale Motiv des neuen Kults ist die "Demokratie". In der propagandistischen Darstellung tritt dieses Konzept an die Stelle von Gott als Zentrum und letzter Realität. So sagte ein Richter des Obersten Gerichtshofs 1939 in einer Rede vor den Absolventen eines jüdischen Colleges: "Im weiteren Sinne gibt es etwas Wichtigeres als die Religion, und das ist die Verwirklichung der Ideale der Demokratie".

Das Wort wurde mit einer religiösen Kraft ausgestattet und hat in der Tat den Status einer Religion erlangt. Es ist zu einem Klischee geworden und kann keiner kritischen Betrachtung unterzogen werden. Auf Abtrünnigkeit oder Ketzerei wird sofort mit einer Anklage wegen Aufruhrs, Verrats, Steuerhinterziehung oder einem anderen Vorwand reagiert. Die Heiligen dieses Kults sind die "Gründerväter" des Revolutionskriegs, insbesondere Jefferson, obwohl sie die Idee der Demokratie verabscheuten und fast alle Sklavenhalter waren, und auch Lincoln, Wilson und Roosevelt.

Seine Propheten sind Journalisten, Propagandisten, Filmstars, Gewerkschaftsführer und Parteipolitiker. Die Tatsache, dass das Wort nicht definiert werden kann, ist der sicherste Beweis dafür, dass es aufgehört hat, beschreibend zu sein, und zum Gegenstand des Massenglaubens geworden ist. Alle Ideen und Dogmen des Propagandabildes berufen sich auf die Demokratie, um sich zu rechtfertigen.

Unmittelbar nach der Demokratie steht die "Toleranz" an erster Stelle. Diese ist natürlich für ein kulturfremdes Regime grundlegend. Toleranz bedeutet im Wesentlichen Toleranz gegenüber Juden und Schwarzen, aber sie kann auch die grausamste Verfolgung von Europäern oder anderen bedeuten, deren Ansichten sich grundlegend von der vorherrschenden Massenidee unterscheiden. Diese Verfolgung ist sozial, wirtschaftlich und, wenn nötig, auch juristisch.

Um die Atomisierung des Wirts fortzusetzen, ist der Klassenkampf ein

---

[94] Datumsfehler des Autors. Die bolschewistische Revolution begann im Oktober 1917.

wesentlicher Aspekt des Parasiten. Er wird gepredigt als "das Recht der Arbeiter, sich zu organisieren", das Recht zu streiken und andere ähnliche Slogans. Aber auch das "Kapital" hat seine Rechte, denn keine der beiden Seiten sollte einen entscheidenden Sieg erringen. Die Spaltung ist hier, wie immer und überall, eine Technik des Sieges.

Der Feminismus wird gepredigt und gefördert, indem eine massenhafte Vereinheitlichung der Geschlechter angestrebt wird. Anstelle der Polarität der Geschlechter wird das Ideal der Vermischung der Geschlechter gefördert. Den Frauen wird beigebracht, den Männern "gleichgestellt" zu sein, und die westliche Anerkennung der Geschlechterpolarität wird als Unterwürfigkeit und "Verfolgung der Frauen" angeprangert.

Der Pazifismus ist auch Teil der Propaganda, die gepredigt wird. Er ist natürlich kein echter Pazifismus, denn er entsteht, ohne dass jemand ihn predigt, oft ohne dass jemand davon weiß und immer ohne dass jemand etwas für oder gegen seine Existenz tun kann. In der Praxis ist der doktrinäre Pazifismus immer eine Form der Kriegspropaganda. So steht Europa in Amerika für Krieg und Amerika für Frieden. Der amerikanische Imperialismus ist immer ein Kreuzzug für den Frieden. Ein prominentes Mitglied des Regimes sprach kürzlich von "Amerikas Pflicht, den Frieden in der Welt durchzusetzen".

Religiöse Toleranz" ist ebenfalls Teil der Propaganda und wird als religiöse Gleichgültigkeit interpretiert. Religiöse Dogmen und Doktrinen werden völlig zweitrangig behandelt, als ob sie nichts bedeuten würden. Kirchen werden oft aus rein wirtschaftlichen Erwägungen zusammengelegt oder aufgespalten. Wenn Religion nicht nur eine obligatorische soziale Ablenkung ist, ist sie eine politische Kundgebung. Die Zusammenarbeit zwischen den Kirchen wird ständig gefördert, und zwar immer zu irgendeinem utilitaristischen Zweck, der nichts mit Religion zu tun hat. Und das bedeutet: die Unterwerfung der Religion unter die Agenda der kulturellen Verdrehung.

## II

Weitaus wichtiger als die Propaganda und ihre Auswirkungen auf die inneren Angelegenheiten der Amerikaner ist für Europa die Propaganda in den äußeren

Angelegenheiten.

Das Thema Demokratie wird auch in diesem Propagandabereich als das Wesen der Realität verwendet. Eine ausländische Veranstaltung, die man sich wünscht, wird als "demokratiefördernd" bezeichnet. Eine andere Art von Veranstaltung, die boykottiert werden soll, wird als "antidemokratisch bzw. faschistisch" dargestellt. "Faschismus" ist das entsprechende Klischee für das Böse in der Theologie, und in der Tat werden sie in Americana direkt gleichgesetzt.

Der primäre Feind im Propagandabild war immer Europa und insbesondere der preußisch-europäische Geist, der in der Europäischen Revolution von 1933 mit so offensichtlicher Kraft gegen die negative Lebensauffassung mit ihrem Materialismus, ihrer Geldbesessenheit und ihrer demokratischen Korruption auftrat. Je deutlicher wurde, dass es sich bei dieser Revolution nicht um ein oberflächliches politisches Phänomen, einen bloßen Wechsel des Parteiregimes, sondern um eine totale, zutiefst geistige Revolution eines neuen und lebendigen Geistes gegen einen toten Geist handelte, desto heftiger wurde die gegen Europa gerichtete Hasskampagne. Im Jahr 1938 hatte diese Propaganda eine solche Intensität und einen solchen Umfang erreicht, dass sie nicht mehr überwunden werden konnte. Der Amerikaner wurde unablässig mit der Botschaft bombardiert, dass Europa alles angreift, was in der Welt von Wert ist: "Gott", "Religion", "Demokratie", "Freiheit", "Frieden", "Amerika".

Dieser übermäßige Gebrauch von Abstraktionen war selbst ein Hinweis auf einen Mangel an konkreten Realitäten, auf die man sich beziehen konnte. Da die Öffentlichkeit trotz dieses Propagandabombardements nicht ausreichend erregt war, wurde die These verwendet, dass Europa eine Invasion der Vereinigten Staaten mit Flotten und Armeen plane. Ideen dieser Art eroberten zwar die intellektuelle Seite des amerikanischen Massenbewusstseins, drangen aber nicht auf die emotionale Ebene vor, die ausgereicht hätte, um echte Befürchtungen oder echten Hass hervorzurufen. Aggressor" war ein weiteres tendenziöses Wort, das im Rahmen des intellektuellen Angriffs verwendet wurde. Auch dieses Wort bezog sich nicht auf Tatsachen, sondern wurde als Schimpfwort verwendet. Die "internationale Moral" wurde erfunden und so formuliert, dass der Feind des Kulturfälschers ipso facto als unmoralisch definiert wurde. Wenn sich keine politischen Gründe für ihre Politik finden ließen, wurden moralische, ideologische, wirtschaftliche und ästhetische

Gründe erfunden. Die Nationen wurden in gute und schlechte eingeteilt. Europa als Ganzes war schlecht, wenn es vereint war, und wenn es Cultural Distortion gelang, einen Brückenkopf in einem europäischen Land zu errichten, wurde dieses Land danach gut. Die amerikanische Maschinerie reagierte mit bösem Hass auf die europäische Teilung Böhmens[95] im Jahr 1938. Alle europäischen Mächte, die an den Verhandlungen teilnahmen, wurden als böse Aggressoren, unmoralisch, undemokratisch und alles andere denunziert.

Grundlegend für dieses Politikbild war die These, dass Politik Angelegenheit von gegeneinander kämpfenden Staatsformen ist. Nicht Nationen oder Staaten, sondern Abstraktionen wie Demokratie und Faschismus waren der Inhalt des weltweiten Kampfes. Daraus ergab sich die Notwendigkeit, den Gegner der momentanen Situation als demokratisch oder "faschistisch" zu bezeichnen, was sich von Monat zu Monat, von Jahr zu Jahr änderte. Serbien, Polen, Japan, Russland, China, Ungarn, Rumänien und viele andere politische Einheiten waren "faschistisch" und "demokratisch", je nachdem, welche Art von Vertrag sie mit welcher Macht geschlossen hatten.

Die Einteilung in "demokratische" und "faschistische" Mächte entsprach genau der Einteilung in vertragstreue und vertragsbrüchige Mächte. Als Ergänzung zu all dem gab es die Dichotomie der friedliebenden Nationen und.... den anderen. Der Begriff "Völkerrecht" wurde populär und diente dazu, etwas zu beschreiben, das es nie gegeben hatte und nicht geben konnte. Er hatte nichts mit dem wirklichen Völkerrecht aus 500 Jahren westlicher Praxis zu tun. Er wurde populär gemacht, um zu bedeuten, dass jede Änderung des internationalen territorialen Status quo durch das "Völkerrecht" "verboten" sei.

Alle Wörter, die einen guten "Ruf" hatten, waren mit den Hauptthemen des Bildes verbunden. So war die westliche Zivilisation zu beeindruckend, um als feindlicher Begriff behandelt zu werden, und wurde verwendet, um Parlamentarismus, Klassenkampf, Plutokratie und schließlich das bolschewistische Russland zu beschreiben. Während der Schlacht von Stalingrad Ende 1942, als die Streitkräfte

---

[95] Der Autor bezieht sich zweifellos auf die in Versailles geschaffene Teilung des tschechoslowakischen Staates, der sich intern auflöste, wobei die Slowakei und Ruthenien unabhängig wurden und Deutschland, Polen und Ungarn das restliche Gebiet aufteilten, aber das eigentliche Böhmen wurde in das Reich eingegliedert. Das eigentliche Böhmen wurde jedoch in das Reich eingegliedert.

Europas und Asiens aufeinander trafen, bestand die Propagandamaschine darauf, dass die asiatischen Streitkräfte westliche Zivilisation. Die Tatsache, dass sibirische, turkestanische und kirgisische Regimenter vom bolschewistischen Regime eingesetzt wurden, wurde als Beweis dafür angeführt, dass Asien die westliche Zivilisation gerettet habe.

Für die Europäer zeugt so etwas von zwei großen Tatsachen: dem völligen Fehlen jeglichen kulturellen und politischen Bewusstseins in der Masse der amerikanischen Bevölkerung und der tiefen, totalen und unversöhnlichen Feindschaft des Regimes der Counterfeit Culture in Amerika gegenüber Europa. Japan wurde im Propagandabild ebenfalls als Feind behandelt, aber nicht als unversöhnlicher Feind wie Europa. Die Propaganda gegen Japan durfte niemals rassistische Züge annehmen, gerade um zu verhindern, dass die rassischen Instinkte der amerikanischen Bevölkerung aufgewühlt werden und den Fälscher hinwegfegen und seinen Einfluss beenden. Der im Allgemeinen milde Ton der antijapanischen Propaganda war darauf zurückzuführen, dass Japan so etwas wie die große europäische Revolution von 1933 nicht erlebt hatte und nie erleben konnte.

Aufgrund der primitiven Intellektualität eines Landes, dessen Bevölkerung geistig vereinheitlicht worden war, konnte diese Propaganda bis zu sehr groben Extremen gehen. So berichteten Presse, Kino und Rundfunk in der Vorbereitungszeit des Krieges zwischen 1933 und 1939 von Beleidigungen der amerikanischen Flagge im Ausland, von zufällig entdeckten Geheimdokumenten, von mit Tonbandgeräten aufgezeichneten Telefongesprächen, von der Entdeckung von Waffenlagern amerikanischer nationalistischer Gruppen und dergleichen mehr. Wochenschauen, die angeblich in Europa gedreht worden waren, wurden in vielen Fällen in Hollywood gedreht. Das Ganze ging so weit, dass ein Jahr vor dem Zweiten Weltkrieg eine Radiosendung, in der eine imaginäre Geschichte über eine Invasion der Erde durch Marsmenschen erzählt wurde, bei den propagandagetränkten Massen Symptome einer unkontrollierbaren Panik hervorrief.

Da Amerika nie unter dem Einfluss der Sitten der spanischen Kabinettspolitik stand, die sie mit dem europäischen Geist identifizierten, konnte der Culture Faker propagandistische Angriffe von äußerst abstoßender Niedertracht auf das Privatleben der europäischen Führer, die die europäische Weltanschauung des 20. Diese Führer wurden der Öffentlichkeit als homosexuelle, drogensüchtige, sadistische Rüpel präsentiert.

Die Propaganda hatte keinen Bezug zu irgendeiner kulturellen Grundlage und war völlig zynisch gegenüber den Fakten. So wie die Filmfabriken Hollywoods gefälschte "Dokumentarfilme" produzierten, so schufen die Propagandisten der Presse die "Fakten", die sie brauchten. Als die japanischen Luftstreitkräfte im Dezember 1941 den amerikanischen Marinestützpunkt in Peral Harbour angriffen, wussten die Kulturbetrüger nicht, dass Europa diese Gelegenheit nutzen würde, um Vergeltung für den unerklärten Krieg zu üben, den das in Washington ansässige Kulturverzerrer-Regime gegen Europa führte. Das Regime beschloss daher, den japanischen Angriff sofort auszunutzen, als ob es sich um eine europäische militärische Maßnahme handelte. Zu diesem Zweck verbreiteten die Propagandaorgane die "Nachricht", dass europäische Flugzeuge mit europäischen Piloten an dem Angriff beteiligt gewesen seien, während das Regime offiziell verkündete, dass nur leichter Schaden entstanden sei. Aber solche Propagandafälschungen wären nichts im Vergleich zu der massiven Nachkriegspropaganda über "Konzentrationslager", die von dem in Washington ansässigen Kulturfälscherregime betrieben wurde.

Diese Propaganda verkündete, dass 6.000.000 Angehörige der jüdischen Kultur-Nation-Staat-Kirche-Volks-Rasse in europäischen Konzentrationslagern ermordet worden waren, ebenso wie eine unbestimmte Zahl von Menschen anderer Ethnien. Diese Propaganda wurde weltweit organisiert und war von einer Verlogenheit, die vielleicht für eine uniformierte Masse geeignet war, aber für den denkenden Europäer war sie einfach nur widerlich. Technisch gesehen war die Propaganda vollständig. Fotografien" wurden millionenfach gezeigt. Tausende von Menschen, die getötet worden waren, veröffentlichten Berichte über ihre Erfahrungen in diesen Lagern. Hunderttausende machten nach dem Krieg ein Vermögen auf dem Schwarzmarkt. Gaskammern", die es nie gab, wurden fotografiert, und ein "Gasmotor" wurde erfunden, um Mechanikbegeisterte zu begeistern.

Nun kommen wir zum Zweck dieser Propaganda, die das Regime seinen geistig versklavten Massen aufzwang. Aus der Analyse der politischen Perspektive des 20. Jahrhunderts kann es nur einen einzigen Zweck geben: Es wurde alles getan, um einen totalen Krieg im geistigen Sinne, der die Grenzen der Politik überschreitet, gegen die westliche Zivilisation zu schaffen. Den amerikanischen Massen, sowohl den militärischen als auch den zivilen, wurde dieses geistige Gift verabreicht, um sie so weit zu entflammen, dass sie ohne zu zögern das Programm der Nachkriegsvernichtung durchführen würden. Konkret ging es darum, einen Krieg nach dem Zweiten Weltkrieg zu entfesseln, einen Krieg der Plünderung, des Mordes und gegen ein wehrloses Europa.

Propaganda ist nur eine Begleiterscheinung der Politik, und so kommen wir nun zum außenpolitischen Verhalten des amerikanischen Regimes seit seiner Machtergreifung 1933.

## 13. Das Verhalten der amerikanischen Außenpolitik seit 1933

I

Wie bereits in der Beschreibung der allgemeinen These von der kulturellen Verzerrung als einer Form der Kulturpathologie angedeutet, waren die antisemitischen Vorfälle in Russland nach dem Russisch-Japanischen Krieg von 1904-1905 der Grund für den Abbruch der diplomatischen Beziehungen zu den Vereinigten Staaten. Da kein anderer rassischer, kultureller, nationaler oder religiöser Vorfall der gleichen Art, der sich gegen nichtjüdische Elemente in Russland oder in irgendeinem anderen Land richtete, jemals ein Grund für die amerikanische Regierung war, die diplomatischen Beziehungen abzubrechen, kann dies nur als ein Beispiel für kulturelle Verzerrung oder kulturelle Fehldarstellung erklärt werden. Die eigentliche Inspiration für dieses internationale Gedankenspiel kam von bestimmten Elementen im Umfeld des damaligen Präsidenten Theodor Roosevelt, der derselben Kultur-Nation-Staat-Volk-Rasse angehörte wie die Opfer des Progroms. Historiker können das Aufkommen der kulturellen Pathologie in der amerikanischen Außenpolitik bis ins Jahr 1900 zurückverfolgen. Doch der unmittelbare Zeitraum, den es zu betrachten gilt, beginnt 1933, einem Schicksalsjahr sowohl für Amerika als auch für Europa.

Die erste positive Handlung nicht routinemäßiger Art, die das revolutionäre Regime nach seiner vorläufigen Konsolidierung der Macht vornahm, war die diplomatische Anerkennung des bolschewistischen Russlands. Sie wurde dem empörten amerikanischen Volk so erklärt, als handele es sich um einen rein routinemäßigen, ideologisch bedeutungslosen und politisch harmlosen Akt. In Wirklichkeit war es der Beginn einer Zusammenarbeit zwischen beiden Regimen, die mit einigen oberflächlichen Interpretationen fortgesetzt werden sollte, bis russische und amerikanische Truppen im Herzen der westlichen Zivilisation aufeinander trafen und London und Berlin nur noch ein Trümmerhaufen waren.

1936 trafen auf dem spanischen Schlachtfeld die bolschewistische Revolution und der westliche autoritäre Geist des 20. Die Führer des in Amerika installierten Regimes bekundeten insgeheim ihre Sympathie für das rote Spanien. Die eindeutige Opposition der katholischen Kirche gegen die amerikanische Hilfe für Rotspanien verhinderte eine Intervention. Die katholische Kirche in Amerika hat zwanzig Millionen Anhänger, und das Regime der Kulturfälscher hatte seine Macht noch nicht ausreichend gefestigt, um sich auf einen innenpolitischen Konflikt einzulassen, wie er sich aus einer solchen Intervention ergeben hätte. Es stand kurz vor seiner zweiten Wahl, und es gab immer noch stark organisierte regierungsfeindliche Gruppen. Ein außenpolitischer Fehler hätte sich zu diesem Zeitpunkt als fatal erweisen können.

Die Perfektionierung seiner Wahltechnik ermöglichte es dem Regime, sich an der Macht zu halten. Im Oktober 1937 beginnen die erklärten Vorbereitungen für einen Zweiten Weltkrieg. Offiziell wird verkündet, dass die amerikanische Regierung "die Aggressoren unter Quarantäne stellen" werde. Die Propagandaorgane hatten das Wort Aggressor bereits mit Europa und den Hütern der europäischen Zukunft gleichgesetzt. Um die nationalistischen Elemente zu befriedigen, wurde Japan in diesen Begriff einbezogen, aber das Regime fuhr fort, Japan mit wichtigen Rohstoffen für seine Kriegsindustrie zu versorgen, während es sich gleichzeitig weigerte, Rohstoffe an Europa zu verkaufen[96] und die Einfuhr von Waren aus europäischen Ländern, die nicht vom Regime der Fälscherkultur beherrscht wurden, nach Amerika boykottierte.

Ende 1938 war die Bühne für einen Weltkrieg bereitet. Die Propaganda von fast halb Europa war unter die Kontrolle Washingtons geraten, und die Regierungen von fast halb Europa waren seine Marionetten. Die Eingliederung Böhmens in Europa

---

[96] Während Roosevelts Entourage den Verkauf von Rohstoffen an Länder wie Deutschland, Italien, Bulgarien, Rumänien und Ungarn ablehnte, gelang es Finnland durch Manöver im Senat, die amerikanische Privatindustrie dazu zu bringen, Großbritannien alles auf Kredit zu verkaufen, was es verlangte.

war der Höhepunkt einer gegenseitigen Übereinkunft von vier europäischen Staatsmännern, die für sich selbst entschieden, und Washingtons Pläne waren trotz der sorgfältigen Vorbereitungen, die für den Erfolg getroffen wurden, völlig vereitelt. Die amerikanische Staatskasse war dem Regime als "Stabilisierungsfonds" zur Verfügung gestellt worden und konnte über Milliarden von Dollar verfügen, ohne jemandem Rechenschaft abzulegen. Die Subventionen für die Vertreter und Agenten des Washingtoner Regimes in Europa wurden in einem so unglaublichen Ausmaß erhöht, dass bald fast halb Europa über die Propaganda die Staatsmänner hasste, die einen innereuropäischen Krieg verhindert hatten.

Aber man brauchte einen Staat an der Ostgrenze für den nächsten Zwischenfall, da es in Westeuropa keine Möglichkeit eines Krieges gab, und so wurde Polen in die Pläne Washingtons eingepasst. Die polnische Regierung, die vorgeblich die nationalen Interessen Polens wahrte, führte einen aussichtslosen Krieg, und das, nachdem Russland der Teilung Polens öffentlich zugestimmt hatte. Die Regierung, die den Ausbruch des Krieges vorbereitet hatte, verschwand sofort von der Bildfläche und wurde nie wieder gesehen. Sie hatte ihr Werk vollbracht. Die amerikanische Inlandspropaganda tat damals so, als könne Polen noch jahrelang durchhalten.

1940 begann der Krieg ernsthaft. Frankreich und die Niederlande werden innerhalb weniger Wochen von Amerika getrennt. Das amerikanische Regime sah seine Kontrolle über Europa stark eingeschränkt, während die einheimische Bevölkerung, die sich noch vollständig in seiner Hand befand, nicht nur keine Kriegsbegeisterung zeigte, sondern auch jeder Art von Intervention in den Krieg, den Washingtons eigene Diktatur ausgelöst hatte, feindlich gegenüberstand.

Die anti-interventionistische Bewegung in Amerika wurde dann von den Culture Faker erobert, und es wurde ein neues Propagandathema in Gang gesetzt, wonach das Senden von Kriegsmaterial an einen der Kontrahenten die Methode war, sich aus dem Krieg herauszuhalten. Mit anderen Worten: Eine begrenzte Beteiligung bedeutete Nichteinmischung. Da die Amerikaner in einem Land ohne Tradition, ohne Staat und ohne große Geschichte politisch unbewusst sind, war dies überzeugend, und die starke Anti-Interventions-Stimmung wurde so in den Dienst von Washingtons Interventionsplänen gestellt.

Die begrenzte Beteiligung wurde immer weniger begrenzt. Ein Gesetz, das nationalistische Elemente lange vor dem Krieg durchgesetzt hatten und das eine solche Beteiligung an ausländischen Kriegen unmöglich machte, wurde auf zynische Weise außer Kraft gesetzt. Amerikanische Expeditionsstreitkräfte wurden nach Europa entsandt. Amerikanische Schiffe erhielten den Befehl, europäische Schiffe auf hoher See anzugreifen, europäische Handelsschiffe wurden beschlagnahmt... und das alles auf Befehl einer Regierung, die der Welt eine Predigt über das Völkerrecht gehalten hatte.

Die Ausweitung des Kriegsschauplatzes mit der Verwicklung des bolschewistischen Russlands gegen die westliche Zivilisation führte in weniger als zwei Wochen zum Abbruch der Beziehungen zu Europa. Die innenpolitische Lage hinderte Washington jedoch weiterhin daran, direkt einzugreifen, und Europa hatte auf den nicht erklärten Krieg der Amerikaner zur See nicht reagiert. Die einzige Bastion, die dem Washingtoner Regime in Europa noch blieb, war die Insel, und sie konnte nur mit politischen und finanziellen Mitteln aufrechterhalten werden, die sich jederzeit als unzureichend erweisen konnten. Ein direktes Eingreifen mit dem gesamten militärischen Potenzial Amerikas war unabdingbar, wenn verhindert werden sollte, dass der Krieg in einem Sieg des Westens über das asiatische Russland und in einer allgemeinen Lösung aller alten politischen Probleme Westeuropas endete, die zur Schaffung einer westlichen Kultur-Nation-Staat-Volk-Rasse-Einheit mit einer autoritären politischen Basis führen würde, die für kulturelle Verzerrungen unempfindlich ist und die als Ergebnis dieses Beispiels auch unweigerlich eine amerikanische nationalistische Revolution gegen das kulturverzerrende Regime ermöglichen würde.

Da die Bemühungen, Europa durch einen nicht erklärten Krieg zu bekämpfen, nicht die gewünschte Wirkung erzielt hatten, wurde ein Krieg im Fernen Osten angestrebt, in der Hoffnung, dass auf diese Weise der gewünschte Krieg gegen die westliche Zivilisation erreicht werden würde. Zu diesem Zweck stellte er der japanischen Regierung im November 1941 ein Ultimatum. Das Ultimatum verlangte die Evakuierung aller japanischen Eroberungen seit Juni 1936. Die Antwort Japans war die Versenkung der amerikanischen Flotte in Pearl Harbour im Dezember 1941. Öffentliche und offizielle Untersuchungen, die von nationalistischen Elementen nach dem Krieg durchgeführt wurden, bewiesen zweifelsfrei, dass das Regime in Washington wusste, dass ein solcher Angriff durchgeführt werden würde; sogar das Datum des Angriffs war bekannt, da es dem Geheimdienst gelungen war, japanische diplomatische Nachrichten zu lesen. Trotzdem wurden keine militärischen Vorkehrungen getroffen, was den Tod Tausender amerikanischer Soldaten und Matrosen zur Folge hatte, die durch diese zynische Unterlassung ums Leben kamen. Die Propagandamaschinerie war bereits in Gang gesetzt worden, um diesen japanischen Angriff der westlichen Zivilisation zuzuschreiben, aber die Kriegserklärung des Westens, die einige Tage später folgte, machte diese Propaganda nutzlos.

Von da an waren 80 % der amerikanischen Kriegsanstrengungen dem Krieg gegen die verhasste westliche Zivilisation gewidmet. Australien und Indien wurden ignoriert, abgesehen von einer geringfügigen Unterstützung zur Verhinderung eines zweiten japanischen Angriffs, der jedoch nicht stattfand. Wäre es dazu gekommen, wäre die weiße Bevölkerung des kolonialen Australiens in die japanische Umlaufbahn geraten, da die westliche Zivilisation eine pathologische Verzerrung aufwies. Die Europäer sollten die Bedeutung einer Aussage des Kommandierenden Generals der amerikanischen Truppen in genau diesem bedrohten Quadranten der weißen Welt im Sommer 1942 zur Kenntnis nehmen: "Die Zukunft der Zivilisation hängt von den tapferen Fahnen der russischen Armee ab". Aus diesem Satz geht hervor, dass die geistige Einheitlichkeit auch eine Voraussetzung für den militärischen Rang ist.

## II

Das Verhalten der Amerikaner im Verlauf des Krieges entsprach auf höchster Ebene voll und ganz den Prinzipien der Ehre, die seit jeher die Beziehungen zwischen den Nationen und den westlichen Führern bestimmen. Der erste Angriff auf Europa erfolgte durch Bombenflugzeuge, die die Insel, die seit 1942 von amerikanischen Truppen besetzt war, als Basis nutzten. Die Luftangriffe richteten sich fast ausschließlich gegen die Zivilbevölkerung Europas, obwohl man wusste, dass der Krieg auf diese Weise nicht zu gewinnen war. In der amerikanischen Presse war von "Block Busters" die Rede, eine Bezeichnung für eine Bombe, die einen ganzen Häuserblock mit zivilen Gebäuden auslöschen und mehrere hundert Menschen töten konnte. In der Zwischenzeit entwickelte sich die Propaganda, dass jeder, der sich den amerikanischen Armeen oder der amerikanischen Ideologie widersetzte, ein Verbrecher war und für seine Verbrechen "verurteilt" werden sollte. Europa wusste bereits, was die Propaganda der erfundenen Gräueltaten in Amerika war. Aufgrund des primitiven intellektuellen Niveaus, das die kulturelle Falschheit und die kulturelle Retardierung in Amerika durchdrungen haben, wurde diese Propaganda für bare Münze genommen, während die verantwortungsbewussten Menschen in Europa sie für das hielten, was sie wirklich war, nämlich Massenpropaganda, die für den Konsum von marginalen Gehirnen betrieben wurde. So veröffentlichte die amerikanische Presse während des Ersten Weltkriegs Berichte über Gräueltaten, die - natürlich! - die von den Gegnern der amerikanischen Armeen begangen wurden. Belgien wurde als Schauplatz für diese Geschichten gewählt, und belgische Zivilisten sollen von den Besatzungstruppen gekreuzigt worden sein. Viele andere schreckliche Dinge wurden geschrieben: Kinder mit abgetrennten Händen und andere solche Details. Dies wurde in Amerika sehr ernst genommen; so ernst, dass nach dem Ersten Weltkrieg eine Delegation amerikanischer Journalisten nach Belgien reiste, um die Geschichten zu untersuchen, und nach ihrer Rückkehr die amerikanische Öffentlichkeit darüber informierte, dass sie sich alle als falsch erwiesen hatten.

So wurde die These, dass jeder, der sich gegen Amerika stellte, ipso facto ein Verbrecher sei, in Europa nicht ernst genommen, sondern diente dazu, das amerikanische Bewusstsein auf die Schrecken der Nachkriegszeit vorzubereiten, die in Europa "begangen" werden sollten.

Eine Führung, die jahrelang von "Kriegsverbrechen" sprach, während sie ihren eigenen Krieg gegen Häuser und Familien führte, bewaffnete sich schließlich 1945 mit einem Geschoss, das nur gegen die Zivilbevölkerung eingesetzt werden konnte: der "Atombombe". Unter den damaligen taktischen Bedingungen konnte diese Bombe nicht gegen militärische Kräfte eingesetzt werden, sondern nur gegen Städte, die in Kriegszeiten keine Männer im wehrfähigen Alter beherbergen. Diese Bombe wurde ohne Vorwarnung eingesetzt und verursachte in wenigen Sekunden den Tod von Hunderttausenden von Zivilisten.

In der Zeit nach dem Zweiten Weltkrieg behielt die amerikanische Außenpolitik ihre Kontinuität bei. Das besetzte Europa wurde wie ein zu verwüstendes Gebiet behandelt; ganze Fabriken wurden demontiert und ihre Maschinen an Russland übergeben, und andere Anlagen wurden gezielt gesprengt, um die industrielle Macht

Europas zu zerstören. Die Bevölkerung wurde unmenschlich behandelt, und es wurde eine Politik des Aushungerns in großem Stil eingeleitet, die bis 1948 andauerte. Obwohl Amerika ohne jegliche ehrenhafte oder moralische Verpflichtung Lebensmittel in alle Teile der Welt exportierte, weigerte es sich, genügend Lebensmittel zu liefern, um das Leben der Menschen im besetzten Europa zu erhalten. Die menschlichen Rationen wurden weit unter dem für die Gesundheit erforderlichen qualitativen und quantitativen Minimum festgelegt, und schon bald starben Millionen von Menschen an Unterernährung, Hautkrankheiten, Infektionen und degenerativen Krankheiten. Im ersten Überschwang seines Sieges verbot das US-Militär seinem Personal sogar, mit der Bevölkerung zu sprechen. Dieses Verbot blieb in Kraft, bis die Kriegsgerichte zu zahlreich wurden und es als unpraktikabel abgeschafft und durch Hasspropaganda ersetzt wurde. Die europäische Bevölkerung wurde gegenüber den amerikanischen Eroberern als völlig und im Wesentlichen minderwertig behandelt. Sie wurde offiziell als "einheimische" Bevölkerung definiert. Für sie wurden spezielle sanitäre Einrichtungen in öffentlichen Gebäuden geschaffen, während die überlegenen amerikanischen Soldaten und Schwarzen ihre eigenen benutzten.

Hausbeschlagnahmungen wurden in großem Umfang organisiert: Amerikanische Soldaten und Zivilisten durften ihre Familien aus Amerika mitbringen und in unzerstörten Häusern unterbringen, in denen vielleicht fünfzehn oder zwanzig Angehörige der "einheimischen" Bevölkerung gelebt hatten. Die Besitzer dieser Häuser durften in der Regel nur ihre Kleidung und ihre Kleidung mitnehmen. Für die Unterbringung der Enteigneten waren keine Vorkehrungen getroffen worden, da sie als Untermenschen betrachtet wurden.

Dieser Bevölkerung wurde das Recht auf körperliche Verteidigung gegen die Amerikaner genommen. Europäer, die einen Amerikaner zurückschlugen, wurden von amerikanischen Gerichten zu Gefängnisstrafen verurteilt. Ein Europäer wurde zu zwei Jahren Gefängnis verurteilt, weil er einen jüdischen Angehörigen der amerikanischen Truppen als "dreckigen Juden" bezeichnet hatte.

Die schmutzige Schande, die der amerikanischen Besetzung Europas voranging, reicht aus, um das Vorhandensein kulturfremder Elemente zu beweisen, denn keine fremde Nation oder Kolonie könnte sich zu einem solchen Verhalten herablassen. Welche andere westliche Nation würde die Frauen einer anderen Nation auf den rechtlichen Status von Konkubinen reduzieren und die Ehe zwischen ihren Mitgliedern und denen einer anderen westlichen Nation verbieten? Sie erlaubte das Konkubinat und verbot die Ehe. Infolge dieser Politik nahmen die Geschlechtskrankheiten im besetzten Europa pestartige Ausmaße an.

Angesichts dieser hungernden und kränklichen Bevölkerung leben die amerikanischen Soldaten und ihre Familien, geschützt durch Maschinengewehre und Stacheldraht, in den Häusern, die ihre Bomben nicht zerstört haben, und essen ihre Mahlzeiten ohne jegliche Steuern. Die geistigen Voraussetzungen von für diese Situation sind nicht die besten. In der ersten Phase der Besatzung wurden Kleidungsstücke und Essensreste in Gegenwart der hungrigen und schlecht gekleideten "einheimischen Bevölkerung" verbrannt.

Als im Sommer 1947 ein Lebensmittelaufstand befürchtet wurde, verkündete einer der amerikanischen Gouverneure offiziell, dass das amerikanische Volk weder nach internationalem Recht noch nach der Moral verpflichtet sei, die unterjochte Zivilbevölkerung im besetzten Europa zu ernähren, und dass, sollte es zu einem Aufstand kommen, dieser mit Bajonetten und Maschinengewehren niedergeschlagen würde. Was hier beschrieben wird, ist nur ein Ausschnitt, aber das Muster dieser Ereignisse war im amerikanisch besetzten Europa allgegenwärtig. Es setzt sich bis heute fort[97] und hat einen weitreichenden und tiefgreifenden Einfluss auf das europäische Denken auf höherer Ebene.

## III

Wie die Analyse der Motivation der Politik deutlich gemacht hat, sind die Machtkämpfe unseres Jahrhunderts auf kulturelle Phänomene zurückzuführen. In den ersten Jahrhunderten des Abendlandes ging diese Motivation oft vom Kampf zwischen Kaiser und Papst um die Weltherrschaft aus; später von religiösen Differenzen; später von dynastischen Ambitionen; dann von nationaler Einheit und wirtschaftlich-kommerzieller Rivalität. Heute ist die wichtigste Tatsache in der Welt die geistige Einheit der westlichen Zivilisation, die sich ihrer selbst bewusst wird, und der Wille zur Zerstörung, der in der Welt außerhalb von ihr erwacht. Auf dem Gebiet

---

[97] Wir sollten nicht vergessen, dass "Imperium" erstmals 1948 veröffentlicht wurde.

des Handelns nimmt sie die Form eines politischen Kampfes zwischen der westlichen Zivilisation und ihren Kolonien auf der einen Seite und den nichtwestlichen Kräften auf der anderen Seite an. Die Feindschaft zwischen Amerika und Japan war daher natürlich, und alle Fälscher in Amerika haben diese Feindschaft nie als wichtig angesehen, da es in Japan keinen Antisemitismus gab. Dies wirft das notwendige Licht auf das Verständnis der amerikanischen Politik bei der Besetzung von Japan.

Zur Zeit der Eroberung Japans verfolgten die amerikanischen Streitkräfte eine Politik der größtmöglichen Freundlichkeit gegenüber der japanischen Bevölkerung. Die Armee richtete offiziell Bordelle mit japanischen Frauen für ihre Soldaten ein. Es wurden keine Häuser für die Besatzungstruppen beschlagnahmt, sondern Kasernen für diesen Zweck gebaut. Die Lebensmittelrationierung war angemessen, um die Gesundheit der Menschen zu erhalten. Der Kaiser behielt seinen Rang und seine Stellung, und seine göttliche Herkunft wurde vor dem Volk nicht lächerlich gemacht. Die Selbstachtung der Japaner wurde durch die würdevolle Behandlung der Zivilbevölkerung gewahrt. Die amerikanische Politik bestand darin, das industrielle Potential des Landes wiederherzustellen und den Japanern Autonomie zu gewähren.

Das japanische Regime, die Regierung und die Verwaltung wurden respektiert und bewahrt. Die politischen Führer Japans aus der Kriegszeit wurden in Kriegsverbrecherprozessen respektvoll angehört, denn eine solche Absurdität ist überall, wo amerikanische Truppen eindringen, zur Pflicht geworden. Das einzige, was der Bevölkerung angetan wurde, war die Einführung der amerikanischen Religion des Kults der "Demokratie".

Für eine Bevölkerung, deren Nationalreligion bereits aus Konfuzianismus, Buddhismus, Shintoismus und Kaiserkult bestand, war dies kein großes Opfer.

Die Führer, an denen das langwierige Ritual des Kriegsverbrecher-Exorzismus praktiziert wurde, wurden weder in der japanischen noch in der amerikanischen Presse diffamiert. Sie wurden nicht endlos fotografiert, Freudschen Inquisitionen unterworfen, gequält, gezwungen, die Zigarettenkippen amerikanischer Soldaten aufzusammeln, oder systematisch erniedrigt, wie es bei den Opfern amerikanischer Truppen in Europa der Fall war. Außerdem wurde die Strafverfolgung wegen "Kriegsverbrechen" nicht auf die gesamte Bevölkerung oder die gesamte Organisation des japanischen Lebens ausgedehnt, wie es in Europa geschah und auch 1948 noch geschieht.

Der tiefere Unterschied zwischen diesen beiden Besatzungen reicht aus, um den gesamten prägenden Einfluss der amerikanischen Außenpolitik zu erklären. Der Hauptimpuls der Besatzungspolitik im unterworfenen Europa ist die Rache. Aber wie die Analyse der Politik gezeigt hat, ist Rache nicht Teil der Politik, sondern geht über sie hinaus. Politik wird nicht mit dem Ziel betrieben, den Feind zu demütigen oder die Bevölkerung der feindlichen Einheit auszurotten, wenn der Feind besiegt ist. Politik dient dem Zweck der Machtausweitung, und das amerikanische Regime hat die Realitäten der Macht zu keinem Zeitpunkt berücksichtigt, als es versuchte, seine Politik im besetzten Europa zu formulieren und durchzuführen. In einem Gebiet mit enormem Kriegspotenzial, das Amerika kontrolliert und das für seine eigenen Machtzwecke nutzen könnte, zerstört es systematisch Fabriken und Maschinen. Gegenüber einer Bevölkerung, die ihnen Millionen der besten Soldaten der Welt zur Verfügung stellen könnte, verhalten sich die Amerikaner mit einer Grausamkeit und einer Überlegenheit, die darauf berechnet scheint, die Sympathien der "einheimischen Bevölkerung" für immer zu entfremden. Nachdem sie die besten militärischen Führer der westlichen Zivilisation gefangen genommen haben, die ihnen Lektionen erteilen könnten, lassen sie sie für das Verbrechen hängen, sich den amerikanischen Truppen auf dem Schlachtfeld widersetzt zu haben.

Kurz gesagt, anstatt die amerikanische Macht zu vergrößern, hat die Besatzungspolitik die amerikanische Macht in jeder Hinsicht verringert. Dies beweist eindeutig, dass die Motive für dieses Verhalten außerhalb der Politik liegen. Die Motivation ergibt sich aus der tiefgreifenden, totalen und vollständigen organischen Unvereinbarkeit, die zwischen einer großen Kultur und einem parasitären Organismus besteht, der auf ihre Kosten lebt. Diese Beziehung geht über die gewöhnliche internationale Politik hinaus. Sie ist vergleichbar mit der Beziehung, die zwischen den römischen Legionen und den Barbaren von Mithridates und Jugurta, zwischen Kreuzrittern und den Sarazenen oder zwischen Europa und den Türken im 16. Jahrhundert. Sie ist sogar noch tiefer als in all diesen Fällen, wegen des Netzes der Rache, das in die Seele des Parasiten durch jahrhundertelanges stilles Leiden eingeführt wurde, das die unerreichbare Überlegenheit des Wirts ertrug. Als das besiegte Europa und insbesondere sein vitalster Teil, der Träger der großen europäischen Idee des 20. Jahrhunderts, zu den Füßen dieses fremden Eroberers, eines Mitglieds einer Kultur der Vergangenheit, lag, hatte kein Gefühl von Großmut, Ritterlichkeit, Großzügigkeit, Mitgefühl, Platz in seiner jubelnden Seele. Es zählte nur die Galle, die der Parasit tausend Jahre lang geschluckt hatte, während er auf seinen Moment der Rache an der Arroganz der westlichen Völker wartete, fremder Völker, die er immer als Barbaren, Goyms[98] betrachtete und immer noch betrachtet. So gesehen, waren die amerikanischen Truppen genauso besiegt wie die Truppen des kulturellen Mutterlandes. Der eigentliche Sieger war der Kulturfremde, dessen Triumph über die gesamte westliche Zivilisation den höchsten Höhepunkt seines Schicksals darstellte.

## IV

Die grundsätzliche Bedeutung der amerikanischen Politik seit der amerikanischen Revolution von 1933 ist für Amerika negativ. Die natürlichen, geopolitischen und nationalen Interessen Amerikas liegen in Mittelamerika, Südamerika und im Fernen Osten. In einem weltweiten Wettbewerb um die Kontrolle des Globus zwischen der westlichen Zivilisation und äußeren Mächten ist die natürliche Politik Europas auf Afrika, den Nahen Osten und die weiten Räume des asiatischen Russlands gerichtet. Amerika als Kolonie der Zivilisation, aus der es seine ganze geistige Nahrung bezieht, ergänzt natürlich diese Interessen und steht ihnen in keiner Weise entgegen. Welches Interesse hat ein nationalistisches Amerika an Russland, Afrika oder dem Nahen Osten? Und welches Interesse hat Europa gleichzeitig an Mittel- oder Südamerika? Europa und Amerika haben keine natürlichen oder organischen Machtkonvergenzen. Amerika und Japan schon.

Die amerikanische Außenpolitik verstieß gegen jede Spur dieser natürlichen Veranlagung. Diese Politik verbündete Amerika mit Russland, aber nicht gegen Japan, was verständlich gewesen wäre, sondern gegen Europa, was für die wahren amerikanischen Interessen eine Torheit war. Sie kämpfte gegen Japan, um es nach seiner Eroberung zu rehabilitieren, anstatt es als ständigen Teil des amerikanischen Imperiums zu reorganisieren, und sie kämpfte gegen ihren wichtigsten Verbündeten,

---

[98] Hebräisches Wort, Plural von "goy", das "tierisches Saatbeet" bedeutet und mit dem sich Juden auf Christen und im weiteren Sinne auf Westler beziehen.

Europa, das kein bloßer politischer, sondern ein geistiger Verwandter und ein kultureller Verbündeter war, d.h. ein totaler Verbündeter.

Als das Kriegsglück den amerikanischen Waffen den militärischen Sieg bescherte, hätte es seine inneren Fehler ausgleichen können. Japan hätte in das amerikanische Überseeimperium eingegliedert werden können. Europa hätte rehabilitiert werden können. Doch das Gegenteil wurde getan. Europa wurde geplündert, beraubt und ins Elend gestürzt, während Japan, der natürliche Feind, für seinen nächsten Krieg gegen Amerika wieder aufgebaut wurde. Kurzum, Amerikas Außenpolitik war nicht amerikanisch. Das zeigt sich mit aller Deutlichkeit im Lichte ihrer Handlungen.

Kulturelle Verzerrung hat in Amerika seit 1933 die höchste Macht ausgeübt, um über den Ausgang von Krieg und Frieden für die Amerikaner zu entscheiden. Durch die siegreiche Verbreitung der amerikanischen Waffen hat Amerika keine Macht gewonnen. Japan war ein Kostenfaktor: Der größte Teil seiner Maschinen wurde an Russland übergeben, und die Anstrengung, sein Nahrungsmitteldefizit auszugleichen, wurde auf die Schultern des amerikanischen Volkes gelegt.. Während Russland aufgrund der Maschinen, die es aus Europa übernommen hat, und der Maschinen, die Amerika ihm aus seiner Besatzungszone überlassen hat, einen enormen Zuwachs an industrieller Stärke erzielt hat. Amerika hat nur noch mehr Kosten verursacht. Es hat das Gebiet, das es besetzt hat, so vollständig verwüstet, dass ein Großteil der für seine Armeen notwendigen Vorräte aus Amerika eingeführt werden musste.

Die amerikanischen Truppen haben China und Indien, Nordafrika und Persien geräumt und das größte Imperium der Weltgeschichte aufgegeben. Am Ende des Zweiten Weltkriegs war Washington die Hauptstadt eines Militärimperiums, das 18/20 der Erdoberfläche umfasste, einschließlich aller Meere, die unter amerikanischer Kontrolle standen.

Die Politik des Kulturfälschers zielte nicht, wie manche behaupten, auf die Weltherrschaft ab. Eine solch grandiose Idee konnte nur in einer westlichen Schicht entstehen. Ein fremder Organismus im Körper der westlichen Zivilisation kann das Leben des Westens nur verzerren und verfälschen. Der Parasit kann nicht westlich werden, und die Weltherrschaft ist eine westliche Idee. Sie ist auch keine Idee für alle, sondern schließt, wie alle prägenden westlichen Ideen, Menschen ohne Tiefe und Intensität aus. Das ist der Grund, warum Amerika das große Imperium, das es zu bilden vermochte, nicht bewahren konnte. Amerika hat noch nicht das politische Bewusstsein, um ein Imperium zu verwalten oder zu schaffen. Im massierten Bewusstsein des Amerikaners hatte der gesamte Zweite Weltkrieg nur einen negativen Zweck: die Zerstörung der europäischen Idee.

Die kulturelle Verzerrung in Amerika verfolgte also weder das nationale Interesse Amerikas, noch ging es ihr um die Eroberung der Welt, weder für sie selbst noch für Amerika. Infolgedessen führte sie Amerika zur politischen Niederlage im Zweiten Weltkrieg.

Diese Tatsache ist für Europa völlig klar. Was mehr zählt, ist die Frage, ob sie in Amerika verstanden wird. Dies betrifft die Probleme der Gestaltung von Amerikas Zukunft, des amerikanischen Nationalismus, der Aussichten für die Fortsetzung der kulturellen Pathologie und der geistigen Möglichkeiten Amerikas.

## 14. Die Zukunft Amerikas

I

Der Ursprung Amerikas beinhaltet seine Zukunft, wie Leibnitz sagte: "Die Gegenwart trägt die Last der Vergangenheit und ist schwanger für die Zukunft". Amerika entstand als eine Kolonie der westlichen Kultur. Die organische Einheit, die Große Kultur genannt wird, ist an ihren Geburtsort gebunden. Dort, wo sie geboren wurde, löst sie ihre letzten und größten Probleme. In ihrem gegenwärtigen Stadium dominiert die westliche Zivilisation die geistige Ausrichtung der ganzen Welt. Einheiten wie Japan und Russland existieren lediglich als aktive Revolte gegen die westliche Zivilisation, als Negation ihrer Weltanschauung[99]. Die westliche Zivilisation hat sich sogar ihre eigenen Gegner geschaffen; ihre Dynamik hat äußere Kräfte für ihre gegenwärtige Tätigkeit mobilisiert. Die Kolonien, die diese Kultur im Zeitraum von 1600 bis 1800 in der ganzen Welt gegründet hat, haben ihre geistigen Beziehungen zum Mutterorganismus aufrechterhalten. Die führenden Geister

---

[99] Die Ausdrücke "Weltanschauung" und "Weltperspektive", die wir mit "Weltperspektive" oder "Weltanschauung" übersetzen, entsprechen dem deutschen Begriff "Weltanschauung".

Argentiniens, Südafrikas, Australiens, Amerikas, Kanadas und der anderen kleineren Kolonien, die über die ganze Welt verstreut sind, haben ihren geistigen Wohnsitz in Europa, und aus den fruchtbaren und weitreichenden Schöpfungen ihrer Verwandten, der westlichen Zivilisation, beziehen sie ihr Weltkonzept, ihre Pläne, ihre Ideen und ihren inneren Imperativ. Diese Kolonien sind die geistigen Verbündeten der westlichen Zivilisation. Ihre politischen Interessen können denen des Westens keineswegs feindlich gesinnt sein, denn sie teilen mit ihm ein gemeinsames Schicksal. In dieser Epoche wird die Motivation der Politik von der Kultur abgeleitet. Die Welt ist geteilt in die westliche Zivilisation und die ihr fremde. Ein Sieg Europas über Russland oder Indien ist ein Sieg für Amerika, und ein Sieg Amerikas über Japan oder China ist auch ein Sieg für Europa. Amerika und Europa bilden zusammen eine geistige Einheit. Daher ist die Möglichkeit, dass Europa und Amerika wieder politisch vereint werden, real und organisch. Diejenigen, die ein gemeinsames Schicksal teilen, bilden in der Tat eine politische Einheit, und fortgesetzte politische Uneinigkeit ist künstlich und feindlich gegenüber den vitalen Interessen des Organismus. Das oberste Ziel des Lebens ist die Verwirklichung des Möglichen. Das ist das Leben. Aufgrund der gefährlichen Position der westlichen Zivilisation in der Welt - eine Position, die auch durch einen glücklichen Krieg nicht verschwinden wird - werden sich die organischen Tendenzen zur Union zwischen Europa und Amerika unweigerlich dadurch äußern, dass sie den besten Köpfen Amerikas und Europas die Notwendigkeit der Union einprägen. Die Zeitspanne, die für das Einsetzen dieser Tendenz notwendig ist, ist nicht länger als eine Generation. Es ist unmöglich vorherzusagen, ob diese Tendenz sich verwirklichen wird oder nicht, so wie das Schicksal von Karnak für die Ramasiden unvorhersehbar war.

Aber die lebenswichtige Notwendigkeit wird dazu führen, dass diese Tendenz in den Mittelpunkt des Handelns rückt.

Aber die organische Idee der Union kann nicht verwirklicht werden, solange der Westen an seinen inneren kulturellen Krankheiten leidet. Dies wirft die Frage nach der Reaktion gegen die kulturelle Pathologie in Amerika auf.

Die ursprünglichen Züge der Seele des amerikanischen Volkes manifestierten sich in den primitiven Typen des unabhängigen Siedlers, des Pioniers, des Milizionärs, des Entdeckers, des Grenzgängers. Die Merkmale dieses Menschentyps waren Erfindungsreichtum, Tapferkeit und technisches Geschick. Es war einfach wieder der alte gotische Instinkt für Ferne, große Räume und der Wille, sie zu erobern. Die frühen Amerikaner besaßen einen starken Instinkt der rassischen Überlegenheit, gepaart mit einem Geist der Selbstständigkeit. Dieses menschliche Material war die Grundlage für den Yankee-Typus, der durch den Bürgerkrieg geschaffen wurde. Dieser Krieg führte dazu, dass auf dieses menschliche Material die Form des Zeitalters der Wirtschaft, des Geldes und des Materialismus aufgepfropft wurde.

Das war die natürliche Folge, denn die gesamte westliche Zivilisation befand sich damals in der Krise der Zivilisation. Die Seele des amerikanischen Volkes wurde in diesem Kataklysmus geformt. Es ist ein spätes Volk, das heißt technisch, hart, nach außen gewandt, aber ohne Möglichkeiten auf dem Gebiet der Kultur im engsten Sinne des Wortes. Diese Härte und diese Äußerlichkeit, diese technische Kompetenz wird immer in der amerikanischen Seele bleiben, weil sie zu ihrem Wesen gehört. Das ideologische Drumherum war nicht mehr als ein Kleidungsstück und gehörte zum Geist der Zeit. Der Geist des neunzehnten Jahrhunderts ist völlig tot, und Amerika kann seine sepulkralen Ideen ebenso wenig verewigen, wie sich ein Organismus von der Reife zur Jugend zurückentwickeln kann.

Die amerikanische Ideologie und die amerikanische Weltanschauung haben keine Zukunft; aber die Seele des amerikanischen Volkes hat eine, denn dieses Volk ist ein Organismus. Die Formung dieses Volkes zu einem Konglomerat von Massenidealen, Massenverhalten, Massendenken und Massenexistenz war eine Verzerrung und Übertreibung der Tendenzen der amerikanischen Seele und der Möglichkeiten des Zeitalters des Materialismus. Diese Verzerrung und Falschdarstellung des amerikanischen Schicksals war nur aufgrund der Krankheiten der kulturellen Rückständigkeit und der kulturellen Falschheit möglich. Die kulturelle Verspätung in Amerika war ein Spiegelbild der gleichen Krankheit in Europa: Das Zeitalter des Materialismus hatte im Ersten Weltkrieg einen zufälligen Sieg auf der Oberfläche der Geschichte errungen, und die Verwirklichung der Idee des zwanzigsten Jahrhunderts verzögerte sich infolgedessen sowohl in Amerika als auch in Europa. Jahrhunderts sowohl in Amerika als auch in Europa verzögert. Die kulturelle Verzerrung in Amerika war das Ergebnis der massiven Präsenz einer kulturell fremden Gruppe. Die unmittelbare Zukunft Amerikas ist also mit der kulturellen Verzerrung und der amerikanischen Reaktion darauf verbunden. Die

Verteilung der geistigen und materiellen Kräfte, die ins Spiel kommen werden, muss berücksichtigt werden. Zunächst die kulturverfälschende Gruppe.

Die jüdische Kultur-Nation-Staats-Rasse in Amerika umfasst eine Bevölkerung von acht bis zwölf Millionen Menschen[100]. In jedem Fall sind die Zahlen nicht von überragender Bedeutung, denn diese organische Einheit hat starke rassische Instinkte und ein starkes Sendungsbewusstsein. Zahlen spielen natürlich eine Rolle, sowohl für das Ausmaß der kulturellen Verzerrung als auch für die Form und das Ausmaß der Reaktion dagegen, aber die öffentliche Macht der verzerrenden Gruppe beruht auf ihrer Kontrolle über entscheidende zentrale Organisationen.

In der Propaganda ist ihre Kontrolle absolut. Dazu gehören das Kino, der Rundfunk, die Presse, Zeitschriften, Zeitungen, Bücher, die Universitäten und das Theater. Der Rundfunk wird von einigen wenigen landesweiten Sendernetzen kontrolliert, die ihrerseits die Programme der angeschlossenen Sender kontrollieren, auch wenn diese privaten Gruppen gehören.

Die Presse wird vom Eigentum der wenigen, aber mächtigen Nachrichtenagenturen beherrscht, die die Präsentation von Nachrichten für die Mitgliedszeitungen kontrollieren, die von den Agenturen abhängig sind, selbst wenn letztere in Privatbesitz sind. Zeitschriften und Bücher werden meisten Fällen durch das bloße Eigentum der Zeitschriften, Verlage und sogar Druckereien kontrolliert, in den übrigen Fällen durch sozialen, wirtschaftlichen, moralischen und rechtlichen Druck. Die Bühne wird durch das Eigentum an den Theatern und andere Zwänge kontrolliert. Die Universitäten werden von einer unverhältnismäßig hohen Zahl von Mitgliedern der Gruppe der Kulturfälscher beherrscht, sowohl in Lehrerschaft als auch in der Studentenschaft, sowie durch ihre organisierte und aggressive Tätigkeit.

Beide politischen Parteien werden von der Gruppe der Kulturfälscher kontrolliert, die alle internen politischen Aktivitäten in Amerika in ihren Dienst stellt. Die Technik der politischen Kontrolle wird durch eine riesige, ab 1933 geschaffene Bürokratie

---

[100] Nach Angaben des amerikanischen Demographen Wilmot Robertson (in "The Dispossessed Majority", S. 149) belief sich die jüdische Bevölkerung in den Vereinigten Staaten 1969 auf 5.869.000, was 2,9 % der Gesamtbevölkerung entspricht. Diese Zahl deckt sich mit der des American Jewish Annual aus demselben Jahr. Es ist möglich, dass die jüdisch-amerikanische Bevölkerung zwischen 1948, als Imperium veröffentlicht wurde, und 1969 aufgrund der Auswanderung nach Israel etwas zurückgegangen ist, aber nicht in einem Ausmaß, das die oben erwähnte "décalage" rechtfertigen würde.

ausgeübt, die unverhältnismäßig stark von Mitgliedern der Gruppe beherrscht und besetzt wird. Diese administrative Kontrolle erstreckt sich auch auf die Streitkräfte.

In der Finanzwelt, die die industrielle Welt vollständig beherrscht und kontrolliert, steht die Macht dieser Gruppe in keinem Verhältnis zu ihrem Anteil an der Bevölkerung. Ihre Macht in diesem Bereich geht auf den Bürgerkrieg zurück, als einige Vorläufer der Invasion von 1890-1950 Waffengeschäfte zwischen den Armeen der Konföderierten und der Bundesregierung tätigten.

Das Ergebnis all dessen ist ein starker geistiger Einfluss auf die amerikanische Bevölkerung. Sie lesen die Bücher, die Ausländer für sie bestellen. Sie sehen die Theaterstücke und Filme, die sie sehen dürfen.

Er denkt nach den Ideen, die ihm in den Kopf gesetzt werden. Er wird in Kriege getrieben, die den amerikanischen Interessen zuwiderlaufen und aus denen er nur als Verlierer hervorgehen kann. Die Alternativen von Krieg und Frieden, von Leben und Tod werden für Amerika durch den kulturellen Fremden entschieden. Amerika hat einen semitischen Charakter bekommen. Amerikaner, die überhaupt Macht haben, üben sie zum Nutzen des Ausländers aus. Kein öffentlicher Mann wagt es, sich ihnen zu widersetzen. Den Amerikanern wurde gesagt, dass sie sich für arabische Interessen interessieren müssen, und es gab keinen Kanal, durch den ein echter Amerikaner das Weltbild, das eine solche Politik vertrat, grundsätzlich ablehnen konnte.

Doch wer das Wesen der Geschichte studiert hat, weiß, dass sich Fremde und Einheimische nicht vermischen können, sondern sich nur gegenseitig bekämpfen können. Die Simulation, der Terror, die Drohungen, die Tyrannei, der Druck, die Propaganda... nichts davon kann an das Wesen der Beziehung zwischen den beiden herankommen. Das amerikanische Volk - das noch keine Nation ist - hat eine eigene Seele, und nur der Mangel an historischer Erfahrung und der Entwicklungsstand der Kultur, die dieses Volk hervorgebracht hat, hat die weite und kritische Verbreitung der kulturellen Pathologie unter ihm ermöglicht.

Die Tatsache der kulturellen Verzerrung selbst setzt die Existenz der Seele des Wirtsvolkes in ihrer inneren Reinheit voraus. Die Verzerrung kann den Wirt nicht zerstören, sondern nur dessen Energie auf die falschen Probleme und die Interessen des Parasiten konzentrieren.

## II

Wie Europa heute weiß, war der Zweite Weltkrieg ein Phänomen der Kulturkrankheit. Er wurde in Amerika geschaffen, in den Jahren 1933-1939 raffiniert vorbereitet und geschickt in der oberflächlichen Form eines Kampfes zwischen zwei europäischen Mächten von gestern dargestellt, obwohl das wirkliche Weltproblem die Einigung des Westens gegen die Bedrohung seiner Existenz durch äußere Kräfte war: Russland, China, Indien, Islam, Afrika. Die wahre "Form" des Krieges wurde 1945 allen klar, als sich die Sieger als das Regime der Fälscherkultur in Amerika und die Mongolen im Kreml[101] herausstellten. Zum ersten Mal in der Weltgeschichte war die Welt zwischen zwei Mächten aufgeteilt. Europa hatte den Krieg verloren und in der Niederlage die Einheit gewonnen, die es in seinen Siegen nicht vollständig erreicht hatte. Europa nahm vorübergehend dieselbe Position ein, die zuvor China und Indien eingenommen hatten: die der Beute für fremde Mächte.

Das Ergebnis dieses Krieges war auch für Amerika eine Niederlage; erstens, weil die Ziele des Krieges falsch waren, und zweitens, weil die Ausnutzung der militärischen Erfolge ebenso falsch war.

Fakten dieser Größenordnung können nicht verborgen werden.

Die Kenntnis des organischen Charakters der Geschichte sagt uns, dass es in Amerika eine Reaktion gibt, die auch dann zu erkennen ist, wenn man die dahinter stehenden Fakten ignoriert. Die Fakten der amerikanischen nationalistischen Reaktion sind genau das, was man erwarten würde. Die Geschichte wirkt durch Minderheiten, und die Größe dieser Minderheiten ist ein direktes Spiegelbild der Notwendigkeit historischer Phänomene. Die nationalistische Minderheit in Amerika hat mindestens zehn Millionen Mitglieder. Diese Minderheit ist fast völlig unorganisiert. Es gibt etwa tausend Widerstandsorganisationen, aber sie sind politisch unwirksam, auch wenn sie in einem geistigen Sinne sehr symptomatisch sind.

1915 begann die nationalistische Reaktion gegen das Eindringen kulturell

---

[101] Der Autor spricht im übertragenen Sinne, denn seit der Zeit von Lenin, der teils Mongole, teils Jude war, gab es keine Mongolen mehr im Kreml. Der Autor bezieht sich zweifellos auf die asiatische Natur der von der revolutionären Elite für den Bolschewismus in Russland aufgestellten Truppen, deren Mitglieder in ihrer großen Mehrheit derselben ethnischen Gruppe angehörten wie die Führer in Washington.

fremder Elemente mit der Gründung des zweiten Ku-Klux-Klan. Dieses Jahr wird im Rückblick als die zweite Phase der amerikanischen Revolution bezeichnet werden. Die Zahl von zehn Millionen ist natürlich eine grobe Schätzung, aber sie bezieht sich auf Menschen, deren Seelen stark von der immanenten Nation-Idee in Amerika beeinflusst sind. Mit weniger Intensität ist dieses Gefühl in der amerikanischen Bevölkerung verbreitet.

So konnte leugnen, dass der überwältigende Wunsch der Bevölkerung darin bestand, sich aus dem Zweiten Weltkrieg herauszuhalten, den das kulturverfälschende Regime in Washington in Europa verursacht hatte. Und das trotz der größten Propagandakampagne, die in der Weltgeschichte gegen ein Volk geführt wurde.

Dies kann nicht auf einen echten Pazifismus zurückgeführt werden, da es diesen in Amerika nicht gibt. Es spiegelt einfach die Tatsache wider, dass die Seele dieses instinktiv misstrauischen Volkes das hasste, was die Propaganda ihm vorschlug. Im Jahr 1940 hatten sie keine Möglichkeit, ihre Gefühle bei den "Wahlen" zum Ausdruck zu bringen, da beide Präsidentschaftskandidaten heimlich Kompromisse mit den interventionistischen Kräften eingegangen waren. Die Manipulation von Wahlen hat bis heute verhindert, dass der wahre amerikanische Geist zum Ausdruck kommt.

Dieser Nationalismus wird immer radikaler, auch wenn er noch keine politischen Ausmaße angenommen hat[102]. Einige amerikanische Nationalisten wurden inhaftiert, weil sie 1941 gesagt hatten, dass eine militärische Niederlage für das Wohl Amerikas [103] wünschenswert sei, da eine solche Niederlage die Macht der Kulturfälscher zerstören würde. Das amerikanische nationalistische Element hoffte im Großen und Ganzen auf eine Niederlage der wehrpflichtigen Truppen, die unter der wenig enthusiastischen amerikanischen Jugend angeworben worden waren. Gleichzeitig unterstützt es voll und ganz den Krieg gegen Japan, den natürlichen geopolitischen Feind Amerikas.

Das Prinzip der Individualität, der Kontinuität der Seele und des Charakters gilt

---

[102] Heute - 1976 - steht der größte Teil des amerikanischen Nationalismus hinter Senator Henry Wallace, dessen Partei bei den letzten Wahlen trotz der gegen ihn geführten Hetzkampagne vierzehn Millionen Stimmen erhielt (N. of the T.).

[103] Andererseits wurden 1975 Dutzende von Berufspolitikern und Hunderte von Journalisten, die die gleiche These in Bezug auf die amerikanische Intervention in Vietnam vertraten, nicht verfolgt.

sowohl für Völker als auch für Einzelpersonen, und so ist der Geist, der in Männern wie Nathaniel Green, Mad Anthony Wayne, Ethan Allen, Nathan Alle, Richard Henry Lee, John Adams, Daniel Morgan, Davy Crockett, den Männern von Alamo und San Jacinto, Stonewall Jackson, Robert E. Lee, William Walker und Homer Lea wirksam war, bekanntlich von Dauer. Das Jahrhundert des Materialismus und der Geldbesessenheit hat natürlich nicht an das Heldentum appelliert, aber das zwanzigste Jahrhundert wird den geistigen Aspekt Amerikas so verändern, wie es Europa verändert hat. Das latente Heldentum des amerikanischen Volkes wird durch die energische Kreativität des Zeitalters der absoluten Politik wieder wachgerufen werden.

Trotz des Ausmaßes der kulturellen Verzerrung und ihrer Versuche, ein Volk dauerhaft in einer persönlichkeitslosen, uniformen Masse zu halten, gibt es Millionen von Amerikanern, die sich instinktiv vom Programm der kulturellen Verzerrer distanziert haben.

Diese Menschen werden im Mittelpunkt der großen historischen Kräfte stehen. Sie kämpfen gegen gewaltige Kräfte und müssen enorme Hindernisse überwinden.

Der amerikanische Nationalismus ist nicht mit einer großen Tradition des Lebens, Denkens und Handelns verbunden. Er ist mit der Last einer politisch revolutionären Mission belastet, aber das amerikanische Volk ist nicht revolutionär. Es reagiert auf eine kulturelle Krankheit, die eine grob rassische Form annimmt. Es steht vor einer kolossalen politischen Aufgabe, aber es ist sich der Notwendigkeiten des Denkens über Macht, d.h. des politischen Denkens, nicht bewusst. Ihr Intellekt hat sich nicht von der überholten Ideologie der "Gleichheit" von 1775 befreit, die das verzerrende Element immer noch zu ihrem eigenen Vorteil nutzt.

Die Gehirnwäsche, die Auferlegung der Massenmentalität auf das amerikanische Volk, war im Grunde eine einfache Sache der Technik, ein Kunstgriff. Eine starke Individualität wurde zwar unterdrückt, aber eine starke Individualität kann nicht ausgelöscht werden. Das Zeitalter der absoluten Politik wird das Große im amerikanischen Volk wieder zum Leben erwecken, und trotz des massiven Auftretens der amerikanischen Seele ist eine starke Reaktion in Form von einzelnen Führern zu erwarten, die mit absoluter Macht ausgestattet sein werden.

Amerika ist kein Land mit schöpferischen Möglichkeiten auf dem Gebiet der Philosophie, und sein höchstes Verständnis für die großen Realitäten unserer Zeit wird aus seiner tiefen und eindeutigen Verbindung mit dem Mutterland des Westens kommen.

Die Elemente, die an dem kommenden Kampf zwischen dem amerikanischen Nationalismus und dem pathologisch-kulturellen Element teilnehmen werden, werden zahlreich sein. Es ist wahrscheinlich nicht mehr möglich, dass die amerikanische Revolution eine konstitutionelle Form annimmt. Die elektoralparlamentarischen technischen Perfektionen dieser letzten demokratischen Epoche scheinen eine solche Möglichkeit auszuschließen. Alles, was bleibt, ist der Bürgerkrieg. In einem solchen Krieg werden der Rassenkampf zwischen Schwarzen und Weißen, der Klassenkampf der Gewerkschaften gegen die Industrieführer, der Finanzkrieg der Gelddiktatoren gegen den aufkommenden autoritären Nationalismus und der Krieg um das Überleben des Kulturfälschers gegen das amerikanische Volk gleichzeitig geführt werden.

Ob diese Krise akuter und kritischer Natur sein wird, wie der Sezessionskrieg, oder ob sie die Form einer ungewissen und langfristigen Entwicklung annehmen wird, wie der Dreißigjährige Krieg oder vielmehr der Kampf zwischen dem Geist Cromwells und der Restauration, lässt sich nicht vorhersagen. In jedem Fall wird es sich um einen Kampf handeln, der durch eine organische Notwendigkeit bedingt ist, und nur die Tatsache, dass er stattfinden wird, kann gesichert werden, nicht aber die Form, die er annehmen wird, oder der Zeitpunkt, an dem er ausbrechen wird.

Dies sind Unwägbarkeiten. Wenn die amerikanische Nationalrevolution politische Form annimmt, wird ihre Inspiration aus der gleichen ultimativen Quelle kommen wie die europäische Revolution von 1933. Was hier geschrieben steht, gilt für das wirkliche Amerika, auch wenn das tatsächliche Amerika der Gegenwart und der unmittelbaren Zukunft ein feindliches Amerika ist, ein Amerika der massenhaften Instrumente im Dienste des Fälschers der Kultur, des politischen und totalen Feindes der westlichen Zivilisation.

## VI - DIE LAGE IN DER WELT

> „Die Phantasie regiert die Welt".
>
> NAPOLEON

> „Für die Aufgaben des nächsten Jahrhunderts sind die Methoden der Volksvertretung die unzulänglichsten, die man sich vorstellen kann. Der Zustand Europas wird wieder den Ausbruch der männlichen Tugenden bewirken, denn die Menschen werden in ständiger Gefahr leben. Ich sehe über all diese nationalen Kriege hinaus neue Imperien und alles andere, was sich abzeichnet. Was mich interessiert, was sich schon langsam und zögernd andeutet, ist ein geeintes Europa. Die Nationen, die etwas geworden sind, haben ihren Status nie durch liberale Institutionen erreicht: die großen Gefahren haben aus ihnen etwas gemacht, das Ehrfurcht verdient; jene Gefahr, die allein uns dazu bringen kann, uns unserer Ressourcen, unserer Tugenden, unserer Verteidigungsmittel, unserer Waffen, unseres Genies bewusst zu werden... die uns antreibt, stark zu sein."
>
> NIETZSCHE

> Pacifism will always be an ideal; war will always be a fact; and if the white race chooses not to war any more, the coloured races will do so and become masters of the world.
>
> SPENGLER

### 1. Die politische Welt

Politik hat mit Krieg zu tun, und Krieg mit Strategie. Strategie impliziert unmittelbar die grundlegenden Realitäten der physischen und menschlichen Geographie. Und auch eine Untersuchung der Fakten und Möglichkeiten der Weltpolitik beginnt mit der Geographie.

In diesem Zeitalter der absoluten Politik ist der gesamte Globus das Objekt der Machtinstinkte, sowohl der westlichen Zivilisation als auch durch einen Prozess der äußeren Negation, der so vollständig ist wie die westlich-imperialistische Behauptung der außerwestlichen Kräfte. Daher ist das geografische Gesamtbild des Planeten der

Ausgangspunkt.

Wenn wir die Welt entlang des 20. Längengrades in zwei Hemisphären einteilen, sehen wir, dass die östliche Hemisphäre die große Landmasse ist, die Asien-Afrika, die abgelegenen Inseln Australiens und Ozeaniens und den größten Teil der Antarktis umfasst. Diese Gebiete sind insgesamt mehr als 100 Millionen Quadratkilometer groß. In der westlichen Hemisphäre liegen die beiden verwandten Inseln, das nördliche Südamerika und ein Teil der Antarktis. Diese Gebiete umfassen siebenundvierzig Millionen Quadratkilometer, weniger als die Hälfte der östlichen Hemisphäre. Wichtiger als die Fläche ist die Bevölkerung, denn Macht bedeutet Kontrolle über Menschen, und Menschen können nur dort politisch kontrolliert werden, wo sie sind. Die Bevölkerung der östlichen Hemisphäre beträgt etwa 1.700.000.000 Menschen, die der westlichen Hemisphäre dagegen nur 300.000.000.

Das bedeutet, dass sich die Welt politisch gesehen auf der östlichen Hemisphäre befindet. Der Planet kann auch in eine nördliche und eine südliche Hemisphäre entlang des Äquators unterteilt werden. Nach einer solchen Einteilung befinden sich mehr als 9/10 des Landes und der Bevölkerung in der nördlichen Hemisphäre. Unterteilt man den Planeten in Quadranten, so zeigt sich, dass sich mehr als die Hälfte der Bevölkerung der großen Landmasse Asien-Afrika oder etwa die Hälfte der Gesamtbevölkerung des Planeten im nordöstlichen Quadranten befindet. Dazu gehören Europa, der größte Teil Russlands, Indien, Kleinasien und der größte Teil Afrikas. Die gesamte Landmasse ist zusammenhängend, mit Ausnahme der Unterbrechungen durch die schmalen Meere, das Mittelmeer, den Arabischen Golf, den Persischen Golf und die Ostsee. Dieses gesamte Gebiet ist von einer Landmacht kontrollierbar, trotz der engen Meere, deren Eingänge vom Festland aus kontrolliert werden können.

Es ist daher völlig klar, dass die Weltkontrolle in erster Linie die Kontrolle über diesen nordöstlichen Quadranten bedeutet. In zweiter Linie bedeutet Weltkontrolle die Kontrolle über die Landmasse Asien-Afrika. Drittens setzt sie die Kontrolle über die nördliche Hemisphäre und schließlich die Kontrolle über alle Meere und Länder des Planeten voraus. Als wichtigstes Gebiet steht der nordöstliche Quadrant im Mittelpunkt des gesamten Imperialismus des 20. Jahrhunderts.

Diese grundlegenden geographischen Tatsachen sind die Basis allen politischen Denkens in großem Maßstab. Die Grundlage, aber nicht die Quelle, für den Ursprung großen Denkens jeglicher Art ist eine Große Kultur, die sich durch eine Schicht kulturtragender Menschen auswirkt. Die Wissenschaft der Geopolitik war ein Wissenssystem, das von einer Großen Kultur geschaffen wurde, die das Stadium des unbegrenzten Imperialismus, die Epoche der absoluten Politik, erreicht hatte. Sie trug jedoch die Last des materialistischen Denkens mit sich, das die Ursache für den Irrtum war, zu glauben, dass der Ursprung, die Bestimmung oder die Motivation der Politik auf physikalischen Tatsachen beruhte. Dies war ein absoluter Irrtum, denn jeder Materialismus als Beschreibung von Tatsachen ist ein absoluter Irrtum. Der Ursprung von Ideen, Impulsen, Erfahrungen ist die Seele.

Der Ursprung der Politik selbst ist die menschliche Seele. Der Ursprung der großen schöpferischen Politik ist die Seele einer großen Kultur. Der Ursprung der zerstörerischen Politik liegt in der Leugnung des politischen Imperativs einer Großen Kultur durch die Seelen der äußeren Völker.

In der gegenwärtigen Phase der westlichen Zivilisation liegt die Motivation der Politik in der Kultur und nicht mehr im Nationalismus oder in der Wirtschaft, wie es im neunzehnten Jahrhundert so oft der Fall war. Die geistige Einheit der westlichen Zivilisation und ihrer Kolonien ist eine Tatsache, und diese ursprüngliche Tatsache ist die Quelle des großen politischen Streits in diesem Jahrhundert. Der grenzenlose Imperialismus des Westens hat in den äußeren Völkern einen ebenso starken Willen zur Zerstörung des westlichen Imperialismus hervorgerufen. Der einzige Weg, dies zu erreichen, ist ihr eigener Imperialismus. So beherrscht die Idee des Imperiums die Form des Weltkampfes in diesem und im nächsten Jahrhundert. Ob man ihr dient oder sie bekämpft, spielt keine Rolle, denn sie wird durch ihre Universalität erzwungen.

Der Fehler der Geopolitik bestand darin, zu glauben, dass das Äußere das Innere bestimmen kann. Aber die Seele ist immer vorrangig, und die Nutzung des Materials oder die geografische Lage ist lediglich ein Spiegelbild der Art der Seele. Die amerikanischen Indianer besaßen weitaus mehr Ressourcen als die amerikanischen Kolonisten, aber ihr technischer Primitivismus machte sie wehrlos. Die totale technische Überlegenheit ist jedoch keine materielle Überlegenheit, sondern eine geistige Überlegenheit.

Die Geopolitik, die sich in einem früheren Stadium entwickelt hat, beruht nicht auf den Geschichts- und Politikauffassungen des 20. Jahrhunderts, sondern auf stillschweigend übernommenen materialistischen Vorstellungen aus dem 19. Die Untersuchungen dieser Wissenschaft haben jedoch einen bleibenden Wert, und ihre Behauptung des Denkens der großen Räume war historisch gesehen eine wesentliche Erkenntnis. Haushofers Mann wird einen Ehrenplatz behalten und im westlichen Denken geehrt werden. Die Zukunft der Geopolitik wird die Neuausrichtung des gesamten Gefüges auf die geistige Grundausrichtung der Welt sein: die Teilung zwischen dem Westen und seinen Kolonien einerseits und den äußeren Kräften andererseits.

## 2. Der Erste Weltkrieg

Nach der glücklichen Beendigung des Burenkrieges durch England im Jahre 1901 und der westlichen Niederschlagung des Boxeraufstandes in China stand die ganze Welt, mit Ausnahme einiger weniger Gebiete, unter der direkten Herrschaft des Westens und seiner Kolonien. Im Fernen Osten waren nur Japan und Siam ausgeschlossen, im Nahen Osten nur die Türkei, Persien und Afghanistan, in Afrika nur Abessinien und Liberia, in der anderen Hemisphäre nur Haiti und Mexiko. Die Türkei, Mexiko und Afghanistan wurden jedoch indirekt vom Westen kontrolliert. Im Islam und in China genossen die westlichen Staaten das Recht auf Extraterritorialität, wobei sie sich auf ihre eigenen Gerichte und nicht auf lokale Gerichte stützten. Die Haltung der fremden Völker gegenüber den Westlern war respektvoll und respektvoll. Mit einem Wort: Alle waren politisch passiv.

Nur diese Passivität ermöglichte das groteske Missverhältnis zwischen der Zahl der Soldaten und der Kontrolle des Territoriums. In Indien zum Beispiel beherrschte England 350.000.000 Untertanen mit einer Garnison von weniger als 100.000 Mann. Bei der indischen Meuterei von 1857 musste England feststellen, dass sich seine Kontrolle über Indien innerhalb weniger Tage auf die Küstenregionen und einige isolierte Punkte im Landesinneren beschränkte. Das zeigt, wie schnell die weiße Vorherrschaft über nicht-westliche Gebiete verschwinden kann, wenn die unterworfenen Völker politisch aktiv werden.

Neben der politischen Passivität der außenstehenden Subjekte muss auch die wichtige Tatsache des westlichen Machtmonopols vor 1914 berücksichtigt werden. Dieses Faktum war die Solidarität der westlichen Völker. Paul Kruger war ein Symbol für diese Solidarität. Im Burenkrieg verbot er, obwohl er gegen weit überlegene materielle Kräfte kämpfte, entschlossen den Einsatz von barbarischen schwarzen gegen weiße Engländer in seinen Armeen.

Das politische Genie, das er durch sein Verhalten bewiesen hat, wurde nicht gewürdigt.

Im Vorfeld des Ersten Weltkriegs vollzogen sich in der Welt zwei große historische Entwicklungen: die Entstehung der überpersönlichen Idee des ethischen Sozialismus als Form des nächsten westlichen Zeitalters in der westlichen Seele und das Anwachsen einer weltweiten Revolte gegen die Herrschaft des Westens durch die äußeren Kräfte.

Diese beiden Ereignisse waren die eigentlichen Probleme des Ersten Weltkriegs. Sie waren die weltgeschichtlichen Tendenzen, die den inneren Inhalt des nächsten Weltkrieges bilden sollten, dessen unaufhaltsames Herannahen von allen führenden Köpfen Europas erkannt wurde. Dieses große Ereignis wurde von vielen handelnden und denkenden Männern gesehen und beschrieben; unter ihnen Rudolf Kjellen, Werner Sombart, Paul Rohrbach, Bemhardi, Lord Kitchener, Homer Lea.

Das Zeitalter des Kapitalismus neigt sich dem Ende zu. England, dessen Macht durch diese Idee, die ihm zu Diensten stand, geschaffen worden war, hatte diese Phase der organischen Entwicklung der westlichen Seele vollständig verwirklicht. Preußen-Deutschland war die Macht, die die nächste Phase, die Verwirklichung des ethischen Sozialismus, verkörperte. Die innere Entwicklung des Westens hatte also die Tendenz, die Form eines Wettstreits zwischen diesen beiden Mächten anzunehmen.

Preußen-Deutschland war eine Nation im Stil des Zeitalters des Kapitalismus. Es war ebenfalls parlamentarisch-demokratisch und betrieb Handelsimperialismus. Der Unterschied zu England bestand darin, dass es in seiner Mitte die neue überpersönliche Idee des ethischen Sozialismus gab. England hatte mit seinem historisch großartigen Inneren Imperativ das bis größte Imperium der Geschichte erobert. Das Weltmachtmonopol des Westens beruhte vor allem auf dem britischen Empire. Für die äußeren Kräfte, die in Afrika, China, Japan, Ostindien und Russland zu antiwestlicher politischer Aktivität erwachten, gab es keinen Unterschied zwischen den westlichen Nationen. Die große Tatsache des westlichen Nationalismus war schon damals eine große Illusion, unter der allerdings nur die westlichen Völker litten. Die Außenwelt wusste besser als der Westen, dass der Westen historisch gesehen eine Einheit war und nicht eine Ansammlung von geistig souveränen "Nationen".

Vordergründig war der Erste Weltkrieg ein idealistischer Wettkampf zwischen zwei westlichen Nationen im Stil des 19. Jahrhunderts. Vordergründig war es England gegen Preußen-Deutschland, in Wirklichkeit war es Kapitalismus gegen Sozialismus. Vordergründig war es ein Krieg zwischen zwei nationalistischen Koalitionen; in Wirklichkeit war es ein Krieg äußerer Kräfte gegen die gesamte westliche Zivilisation.

1916 war völlig klar, dass der militärische Wettstreit zwischen Deutschland und Großbritannien eine Pattsituation darstellte und dass die Fortsetzung des Krieges zwischen den beiden Ländern nur zu einer Niederlage für beide führen würde. Je länger sich der Krieg hinzog, desto deutlicher wurde dies. Japans berühmte einundzwanzig Forderungen waren eine Bewährungsprobe für die Stärke des Westens im Fernen Osten, und der Westen unterlag mitten in seinem selbstmörderischen Krieg. Japan gewann den Krieg offensichtlich, indem es sich einfach heraushielt; Amerika gewann ebenso offensichtlich; die Revolution in Russland zeigte, dass der gesamte Westen verlor. Die Macht, die in Europa gelegen hatte, wurde im Laufe des Ersten Weltkriegs allmählich auf äußere Mächte übertragen: Japan, Russland, Amerika. Aus der altmodischen nationalistischen Sicht verlor England, und aus der neuen Sicht verlor der ganze Westen. Hätten nicht senile und negative Köpfe die Geschehnisse gelenkt, wäre 1916 ein europäischer Frieden geschlossen worden, um die Stellung Europas in der Welt zu retten. Aber es herrschten schwache Köpfe, finanzkapitalistisches Denken und geistige Starrheit vor. Der selbstmörderische Krieg wurde nicht nur bis zum bitteren Ende fortgesetzt, sondern es wurden auch fremde Kräfte mobilisiert, um sich an dem Kampf zu beteiligen.

England und Frankreich rekrutierten farbige Truppen aus ihren Kolonialreichen, um sie gegen die gesamte westliche Zivilisation einzusetzen - einschließlich ihrer selbst, denn die äußeren Mächte hatten den Westen stets als Einheit betrachtet. Paul Krugers Genialität war nicht verstanden worden. Wenn die einzige Möglichkeit, einen Gegner zu besiegen, der Selbstmord war, hatte der Krieg jeden Sinn verloren und musste beendet werden. Aber solche einfachen Sätze zu erkennen, ist nur dem

Genie zugänglich, und das Genie war auf dem Gipfel der europäischen Angelegenheiten nicht anwesend.

Mehr als ein Jahrhundert lang war England der Schiedsrichter Europas gewesen: Es hatte es geschafft, jede Macht zu verhindern, während es selbst eine ununterbrochene Kommunikation mit seinem überseeischen Reich aufrechterhalten hatte. Infolgedessen war seine wirtschaftliche Vormachtstellung in der Welt unbestritten, und es konnte jeden ausländischen Markt gewinnen, den es wollte oder brauchte.

1918, als Großbritannien im Ersten Weltkrieg "siegreich" war, erkannte es, dass es sich die Meere mit Amerika und Japan teilen musste. Seine kommerzielle Vormachtstellung war verschwunden, und seine militärische Macht hatte zugunsten der ausländischen Mächte rapide abgenommen. Deutschland hatte zwar militärisch verloren, aber es hatte dennoch weit weniger verloren als England, weil es weniger zu verlieren hatte. Die wirklichen Gewinner, die politischen Gewinner, waren Japan, Rußland und, rein äußerlich gesehen, Amerika.

Damit sind wir bei den großen politischen Folgen des Krieges angelangt. Die Weltprobleme des Jahres 1914 waren zweierlei: das innere Problem des aufkommenden ethischen Sozialismus und das äußere Problem der wachsenden Weltrevolte gegen den Westen.

Wie wurden sie gelöst? Das interne Problem wurde auf die einzige Art und Weise gelöst, wie ein solches organisches Ereignis gelöst werden kann: Der Sozialismus triumphierte über den Kapitalismus, was im Laufe der Zeit immer deutlicher zu erkennen war. Die kapitalistisch-materialistische Methode des parlamentarischen Denkens und Handelns konnte der neuen Weltlage und ihren organisatorischen Problemen nicht gerecht werden. Die Krankheit griff auf das Leben des Westens über: geistig, politisch, sozial und wirtschaftlich. Diese Krankheit konnte nur durch die neue Haltung des ethischen Sozialismus zu all diesen Problemen geheilt werden. Das schwerwiegende, äußere Problem des Krieges wurde gegen den Westen gelöst. Überall auf der Welt wurden die unterworfenen Völker bedrohlich aufgewühlt. Die Grundfesten der Imperien der westlichen Nationen der alten Schule wackelten und bekamen Risse.

Wo der Westler gestern noch kommandierte, musste er heute schmeicheln und versprechen. Wo er sich einst frei und stolz bewegen konnte, musste er jetzt vorsichtig sein und als Beamter die Revolte und als Einzelner den plötzlichen Tod fürchten. Der Einfall barbarisch gefärbter Besatzungstruppen in eine westliche Nation nach dem Ersten Weltkrieg bestätigte und verstärkte die äußere Revolte gegen den Westen. Den Barbaren wurde das Gefühl vermittelt, dass sie über den weißen Mann herrschen könnten. Überall auf der Welt kam es zu antiwestlichen Aktivitäten: in Südamerika, Mexiko, Ostindien, im Islam, in Japan, China, Russland. Was bedeutet das?

Die unverzichtbare Grundlage der westlichen Herrschaft über die gesamte äußere Welt war die politische Passivität der unterworfenen Völker. Nach dem Ersten Weltkrieg wurden die Untertanen in der afro-asiatischen Zone aktiv; sie begannen zu agitieren, rebellieren, opponieren, boykottieren, sabotieren, fordern, hoffen und hassen. Der Krieg hatte die Grundlagen des westlichen Weltsystems untergraben.

Das dritte Ergebnis des Ersten Weltkriegs manifestierte sich im gleichen Ausmaß: eine alte geistige Welt wurde hinweggefegt; alle geistigen Grundlagen des neunzehnten Jahrhunderts verschwanden. Der wirtschaftliche Individualismus, der Parlamentarismus, der Kapitalismus, der Materialismus, die Demokratie, das monetäre Denken, der Handelsimperialismus, der Nationalismus und der Ministaatismus. Das Ende des Kapitalismus und des Nationalismus wurde durch die Schöpfung und das Genie Benito Mussolinis symbolisiert, der angesichts des scheinbaren weltweiten Sieges der Ideen des 19. Jahrhunderts, des Organisationswillens und des inneren Imperativs des 20. Jahrhunderts, der Wiederauferstehung der Autorität und des ethischen Sozialismus. Gerade als die materialistischen Ideologen sich in logischen Übungen mit der internationalen Politik beschäftigten und einen dummen und nutzlosen "Völkerbund" schufen, trotzte dieser Herold der Zukunft der gescheiterten Absurdität von Genf, reinkarnierte den Willen zur Macht und das Heldentum des westlichen Menschen. Indem er seine Stimme über die Hymnen auf die "Demokratie" erhob, sprach Mussolini vom Leichnam der Demokratie.

Nach dem Ersten Weltkrieg veränderte das Wort Nationalismus seine Bedeutung. Hatte es zuvor Grenzstreitigkeiten und chauvinistischen Patriotismus bedeutet, so stand es fortan für die Idee der westlichen Einheit.

Die "Nationalisten" in jedem Land strebten das Wohlergehen ihrer Heimatländer in der westlichen Einheit an, indem sie die innerwestlichen Kriege aufgaben, die automatisch ein neues politisches Gebilde schaffen würden.

Der alte Ministaatismus des Westens wurde durch den Ersten Weltkrieg zerstört, auch wenn dies zu diesem Zeitpunkt historisch nicht sichtbar war. Keine der ehemaligen "Nationen" des Westens verfügte über eine ausreichende politische Stärke, um sich gegen äußere politische Kräfte zu behaupten. Mit anderen Worten, sie hatten aufgehört, eine politische Einheit zu sein, die für den großen Kampf in der Welt geeignet war, aber sie hatten ihre eigene Einheit noch nicht verwirklicht, und so konnte die Außenwelt die wachsende antiwestliche Aktivität, die der Krieg ausgelöst hatte, weiter entwickeln.

## 3. Der Zweite Weltkrieg

Der Erste Weltkrieg war ein Misserfolg bei der Lösung der beiden großen Probleme, die die realen und historischen Alternativen dieses Krieges darstellten. Er löste das Problem Kapitalismus versus Sozialismus, indem er dem Kapitalismus einen scheinbaren und materiellen Sieg bescherte, der die Vergangenheit repräsentierte und die Zukunft in keiner Weise gestalten konnte. Mit anderen Worten, das Ergebnis des Krieges war eine bloße politische Negation des kommenden Geistes des ethischen Sozialismus. Er löste das Problem der weltweiten Rebellion zugunsten äußerer Kräfte und gegen die westliche Zivilisation. Das Ergebnis war historisch gesehen völlig falsch, denn ein solches Ergebnis entsprach nicht den großen geistigen Realitäten. In Wirklichkeit befand sich der Geist des Westens damals erst in seinem größten imperialistischen Stadium und verfügte über die notwendige materielle Macht, um seinen inneren Imperativ des unbegrenzten, autoritären, politischen Imperialismus zu verwirklichen. Die historisch falsche Herangehensweise an den Krieg habe diesen großen geistigen Realitäten nicht entsprochen, sondern oberflächlich den Anschein erweckt, dass der Westen ermüdet sei und sich von seiner Weltposition zurückziehe und dass die äußere Welt genügend Kraft habe, um den westlichen Meister von gestern zu entthronen.

In seinem dritten großen Ergebnis - dem völligen Verschwinden der geistigen Grundlagen des neunzehnten Jahrhunderts - war der Krieg ebenfalls ein Fehlschlag, da er diese große Transformation nur in der Tiefe vollzog, aber an der Oberfläche der Geschichte waren die Ideale und Plattitüden der toten Vergangenheit immer noch Gegenstand der verbalen Verehrung der einheitlich dummen Führer, die der Krieg erhöht hatte. Diese Ideale wurden sogar bis an die Grenzen der Komik getrieben, die im neunzehnten Jahrhundert unmöglich gewesen wären. Denn abgesehen von seiner tragischen Bedeutung als Symbol für den Sieg der Barbaren über den Westen war der Völkerbund einfach ein monumentaler historischer Witz.

Aber das Schicksal ist unumkehrbar, und der Geist des Sozialismus mit seinem latenten Wiederaufleben der Autorität und seinem jugendlichen Machtwillen schreitet rasch voran. Der Zeitgeist erobert die alten Mächte Europas, eine nach der anderen. Nur das Eingreifen zweier außereuropäischer Regime, die ihren Sitz in Moskau und Washington hatten, verhinderte die vollständige innere Befriedung Europas. Diese innere Befriedung hätte, wie politische Analysen gezeigt haben, die autonome Schaffung einer neuen politischen Welteinheit Europa mit der Zivilisation des Westens als politisch-ökonomisch-geistig-kulturell-national-militärische Einheit bedeutet.

Die Mächte des 19. Jahrhunderts waren letztlich zu bloßen Zuschauern des Weltkampfes geworden. Russland, Amerika und Japan waren in den 1920er und 1930er Jahren die neuen Schiedsrichter der Weltlage. Dies war das Erbe des Ersten Weltkriegs und der darauf folgenden Blindheit, die dazu führte, dass die Verbündeten Englands über England und Preußen-Deutschland triumphierten.

Die Übernahme der absoluten Diktatur durch die Gruppe der Kulturverzerrer in Amerika ermöglichte es der amerikanischen Macht, die Befriedung Europas zu vereiteln, als Vorspiel für die Rückeroberung der verlorenen Position Europas in der Welt von 1900, d.h. den Zustand des Machtmonopols in der Welt. Mittels parlamentarisch-finanzieller Propaganda gelang es der Cultural Distortion, einen Teil Europas unter die Kontrolle Washingtons zu bringen und die Form des Zweiten Weltkriegs zu bestimmen.

Die Europäische Revolution von 1933 hat die gewaltigste geistige Kraft entfesselt, die die Geschichte kennt: das Schicksal, den Geist der Epoche im Vormarsch. Es war dieselbe Kraft, die den Armeen Frankreichs in den Kriegen von 1790 bis 1815 in Hunderten von Schlachten in ganz Europa zum Sieg verholfen hatte. Gegen dieses Schicksal konnten sich die inneren Kräfte der Kultur nicht durchsetzen. Um Napoleon zu besiegen, musste man an Russland appellieren, und selbst dann war der "Sieg" nur oberflächlich, denn Napoleon war das Symbol für die

Zerstörung der Grundlagen des achtzehnten Jahrhunderts, nicht wiederhergestellt werden konnten, auch wenn die Herren des Wiener Kongresses dies für möglich hielten.

Formal begann der Zweite Weltkrieg nach dem gleichen Muster wie der Erste. Oberflächlich betrachtet handelte es sich um einen Staatenkampf zwischen zwei europäischen Mächten von gestern. Doch bei genauerer Analyse war der Krieg nichts dergleichen. Auch der Kampf zwischen Sozialismus und Kapitalismus, der eines der scheinbaren Probleme des Krieges darstellte, war nicht real, denn dieses Problem war zugunsten des Sozialismus gelöst worden. Die Alternative zum Sozialismus war nicht der Kapitalismus, sondern das Chaos.

Damit sind wir bei den eigentlichen Problemen des Zweiten Weltkriegs angelangt. In den Jahren 1918-1939 hatte die Idee des zwanzigsten Jahrhunderts im Westen überall gesiegt, und nur das Eingreifen äußerer Kräfte mit Sitz in Moskau und Washington hatte die Gründung einer allgemeinen europäischen Einheit vereitelt. In der Außenwelt hatte die Revolte gegen den Westen erschreckende Ausmaße angenommen: Indien China, Japan, Islam, Afrika, Mexiko, Mittel- und Südamerika, Karibik, Ostindien und vor allem das bolschewistische Russland. Diese äußere Entwicklung war durch den Ersten Weltkrieg beschleunigt worden, anstatt unterdrückt zu werden, wie es die tatsächliche Verteilung der militärischen Gewalt getan hätte. Folglich beherrschte diese gigantische Auslandsrevolte das Weltbild. Die Umkehrung dieser äußeren Revolte und die Wiederbelebung der imperialistischen Kraft des Westens war das große Problem der Vollendung der Einheit des Westens durch die Vertreibung außereuropäischer Einflüsse aus dem westlichen Mutterland.

Aufgrund der amerikanischen Revolution von 1933 und der damit einhergehenden Eroberung der amerikanischen Macht durch die kulturelle Verzerrung begann der Krieg jedoch in einer verhängnisvollen Form: in Form eines Kampfes zwischen zwei ehemaligen europäischen Mächten. Die Gruppe der Kulturverzerrer wurde nicht nur von ihrer alten Mission angetrieben, sich am Westen für ein Jahrtausend der Beleidigungen und Verfolgungen zu rächen, sondern auch von dem beispiellosen Affront, den die Erneuerung der westlichen Exklusivität in der europäischen Revolution von 1933 für sie bedeutete. Zum ersten Mal kam dem Kulturfälscher ein rein sozialer Antisemitismus gelegen, denn er diente dazu, seine

Anhänger zu mobilisieren. Aber der kulturelle Antisemitismus bedeutete das Ende der Macht des Fälschers im Westen. Gegen diese Bedrohung bereitete der Kulturfälscher einen Krieg vor, den er notfalls bis zur physischen Auslöschung der westlichen Welt führen wollte. Er entwickelte eine unsinnige Formel, die in der europäischen Geschichte völlig neu ist: die "bedingungslose Kapitulation". Diese Formel geht über die Politik hinaus. Die Politik tendiert zur politischen Kapitulation, nicht zur persönlichen Demütigung, zum Entzug von Leben, Ehre, Rang, Menschlichkeit und Anstand.

So, wie er begann, war sein großes Problem zum Scheitern verurteilt. Der Aufstand der äußeren Kräfte gegen den Westen wurde vorübergehend von dem selbstmörderischen Kampf weißer westlicher Truppen gegen andere weiße westliche Truppen überschattet, die alle für die Niederlage des Westens und den Triumph der äußeren Kräfte starben.

Wer hat den Zweiten Weltkrieg gewonnen? Zunächst einmal in militärischer Hinsicht Amerika und Russland, denn am Ende des Krieges schien die Welt zwischen ihnen aufgeteilt. Russland beherrschte die Hälfte der politischen Welt: den größten Teil des nordöstlichen Quadranten des Globus, und Amerika beherrschte die andere Hälfte. Aber wie wir gesehen haben, hat Amerika den größten Teil seines militärischen Sieges vergeudet, weil die Macht, die die amerikanische Politik bestimmte, nicht amerikanisch war und daher keine westliche Politik des Imperiumsaufbaus betreiben konnte, sondern nur einen verzerrenden Einfluss auf die amerikanische Politik ausübte.

Zweitens, in politischer Hinsicht: Der Sieger war Russland und wahrscheinlich Japan. Man kann nicht sagen, dass Amerika ein politischer Sieger war, da es seit dem Ende des Krieges allmählich an Macht verloren hat. Ein Land, das unter der totalen, kulturellen Vormundschaft von Ausländern steht, kann keinen politischen Sieg erringen, denn alle militärischen Siege, die es erringt, werden nur zum Nutzen des Ausländers und nicht zum Nutzen der unterworfenen Nation verwendet. Das liegt in der Natur des parasitären Wirtsverhältnisses, und Amerika ist ein typisches Beispiel dafür. Russland hingegen hat durch seinen "Sieg", der von den amerikanischen Streitkräften errungen wurde, enorm an Stärke gewonnen. Die Macht Russlands ist dank des Krieges überall gewachsen, und es ist die einzige Macht, von der man sagen kann, dass sie den Krieg endgültig gewonnen hat. Wenn zwei Jahrzehnte verstrichen sind, ist es jedoch möglich, dass auch Japan als Sieger des Krieges angesehen wird, auch wenn dies natürlich unter Vorbehalt geschieht, der von anderen Ereignissen abhängt. Die wohlwollende und schützende Besetzung Japans durch amerikanische Truppen zum Wiederaufbau der Wirtschaft und der politischen Macht Japans kann jedoch zu einem bestimmten Punkt führen, an dem der Besatzer erkennt, dass ein neues Gleichgewicht der Kräfte besteht.

Drittens und in einem spirituellen Sinne: Der große kollektive Sieger ist die Weltrevolution gegen den Westen. Angeführt wird sie von dem Architekten des Krieges, dem Fälscher der Kultur. Von einem Berg westlicher Leichen aus kann er feststellen, dass seine Rachemission offenbar vollständig erfüllt ist. Hinter ihm steht der Geist des asiatischen Bolschewismus, der nun über den "faulen Westen" herrscht, wie die russischen Literaten des 19. Jahrhunderts das von ihnen so gehasste Europa nannten. Jahrhundert das von ihnen so gehasste Europa nannten. Überall erheben sich Kräfte von außen, die den Rückzug des Westens überall mit neuen Erfolgshoffnungen begleiten. In Indien, Ägypten, China, Ostindien sind sie auf dem Vormarsch, während sich der weiße Mann immer weiter zurückzieht.

Dies sind die Sieger, wer sind die Besiegten?

Zunächst einmal Europa, das Mutterland des Westens. Der Organismus der westlichen Zivilisation hat den Krieg so entscheidend verloren, wie Russland ihn gewonnen hat. Die Millionen von Männern, die im Kampf gefallen sind, die Hunderttausende, die in ihren Häusern durch den amerikanischen Krieg gegen die Zivilbevölkerung getötet wurden, die Millionen, die an Hunger und Kälte infolge der russisch-amerikanischen Besatzung gestorben sind... sie alle sind für den Sieg des asiatischen Russlands, die kulturelle Verzerrung und die weltweite Revolte gegen den Westen gestorben.

Die bittere Realität der Niederlage des Westens wirft einen weiteren Aspekt des Zweiten Weltkriegs auf - den wirtschaftlichen Aspekt.

Wie wir bereits gesehen haben, war die politische Grundlage des westlichen Machtmonopols in der Welt vor dem Ersten Weltkrieg im Jahr 1914 die politische Passivität der unterworfenen Völker. Seine wirtschaftliche Grundlage war das technisch-industrielle Monopol der westlichen Zivilisation. Die Hunderte von Millionen Menschen, die auf dem kleinen Gebiet Europas leben, sind hier, weil ihr Wirtschaftsmonopol es ihnen ermöglichte, von Lebensmittelimporten zu leben. Die

Nahrungsmittelimporte und der sagenhaft hohe westliche Lebensstandard wurden durch die Produktion von Industriegütern im Westen für ausländische Märkte aufrechterhalten. Die vielen hundert Millionen Afrikaner und Asiaten mussten ihre Industriegüter aus der westlichen Zivilisation beziehen.

Die ersten beiden Weltkriege haben diese Situation völlig untergraben. Überall in der Außenwelt sind riesige Industriegebiete entstanden; die Revolte gegen den Westen ist nicht nur politisch, sondern auch wirtschaftlich. Was bedeutet das?

Das bedeutet, dass nicht nur die Macht des Westens untergraben wurde, sondern dass das Überleben des Westens selbst in Frage gestellt ist. Das große Problem des Zweiten Weltkriegs, die Wiederherstellung der westlichen Weltmacht, hatte also auch einen wirtschaftlichen Aspekt. Es war ein Kampf um die biologische Existenz von mehr als hundert Millionen Menschen im Westen.[104]

Die gegenwärtige Weltsituation zeigt also nicht nur den Aspekt Kampfes um die Macht, der allgemein und universell ist, sondern auch den äußerst seltenen, schrecklichen und anti-heroischen Aspekt eines Kampfes um die Existenz physiologisch.

Nicht nur Europa, sondern auch das amerikanische Volk hat den Krieg verloren. Seit der Revolution von 1933 hat dieses Volk gearbeitet, produziert und exportiert. Es hat seine Schätze und das Leben Hunderttausender seiner Kinder geopfert; es hat kulturell fremden Führern, die es selbst gewählt hat, blind gehorcht[105], und in diesem Gehorsam hat es seinen Lebensstandard gesenkt und seine Seele geschieden... und hat im Gegenzug nichts erhalten, weder geistig noch materiell. Auch seine Zeit der Opfer ist nicht vorbei. Er wird weiterhin für den Zweiten Weltkrieg bezahlen, den er jahrelang verloren hat. Im Kelch des amerikanischen Sieges befand sich Gift für Amerikas Seele.

---

[104] Entweder bezieht sich der Autor in diesem Absatz ausschließlich auf Deutschland, oder er irrt sich, denn die Bevölkerung Westeuropas, ohne die Kulturkolonien, beträgt vierhundert Millionen.

[105] Selbst wenn man aus rein polemischen Gründen zugibt, dass das amerikanische Volk seine Präsidenten "gewählt" hat, kann kein Zweifel daran bestehen, dass die Männer, die die politischen Entscheidungen über die Präsidenten treffen, nicht vom Volk gewählt wurden, nicht einmal ihre Vollstrecker wie Baruch, Hopkins, Weinberg und heutzutage Kissinger.

## 4. Russland

### I

Die Beteiligung Russlands als politische Einheit an der westlichen Geschichte beginnt mit Peter dem Großen. Zuvor hatte Russland nur politische Konkurrenzen mit slawischen Staaten an den Grenzen des westlichen Kulturraums unterhalten. In den Jahrhunderten vor Peter dem Großen hatte es in Russland immer zwei Denkweisen gegeben: die eine war das Gefühl der großen Masse der Bauern und der Männer mit starken Instinkten; die andere war der eher intellektuelle Wunsch, westliche Denk- und Handlungsformen zu übernehmen und der slawischen Bevölkerung einzutrichtern. Ersteres beschränkte sich auf eine kleine Schicht, die aus den leiblichen Nachkommen der Varangianer bestand, die zur Zeit Karls des Großen aus Skandinavien nach Russland eingedrungen waren und von Zeit zu Zeit neues Blut aus Schweden und Deutschland assimilierten. Peter der Große stützte sich auf diese Schicht. Peter der Große überwand die "altrussische" Fraktion und zog ein unwilliges Russland in die Gemeinschaft der westlichen Nationen.

Weder ihm noch der nachfolgenden Romanow-Dynastie ist es gelungen, westliche Ideen unter der Oberfläche der russischen Seele zu verankern. Russland, das wahre, geistige Russland, ist primitiv und religiös. Es hasst die westliche Kultur, seine Zivilisation, seine Nationen, seine Künste, seine Staatsformen, seine Ideen, seine Religionen, seine Städte, seine Technologie. Dieser Hass ist natürlich und organisch, denn seine Bevölkerung wohnt außerhalb des westlichen Organismus, und alles, was westlich ist, ist in logischer Konsequenz feindlich und tödlich für die russische Seele.

Das wahre Russland ist das Russland, das der Petritismus zu erzwingen versuchte. Es ist das Russland von Ilja Muromyets, Minin, Iwan Grosny, Pozharsky, Theophylus von Pskov, Avakkum, Boris Godunov, Arakcheyev, Dostoevsky, den Stopskis und Vassili Shuiski. Es ist Moskau-Russland, das "dritte Rom", der mystische Nachfolger von Rom und Byzanz. Ein viertes kann es nicht geben", schrieb Theoopilus. Dieses Russland identifiziert sich mit der Menschheit und verachtet den "verrotteten Westen".

Da Russland ein primitives Land ist, liegt sein geistiger Schwerpunkt auf dem Instinkt, so dass es selbst im rationalistischen und egalitären 19. Der Russe spürte die völlige Fremdheit der Kultur-Staat-Nation-Kirche-Rasse des Juden, und das zaristische Regime richtete Reservate ein, in denen nur Juden leben durften.

Hochrussland, die verwestlichte Schicht, die mit der materialistischen Philosophie des Westens spielte, Deutsch und Französisch sprach, die Kurbäder Europas bereiste und europäische Kabinettspolitik betrieb, war das Objekt des erbitterten Hasses seitens der reinen Russen, der Nihilisten, die die wortlose Idee der vollständigen Zerstörung des Westens und der Russifizierung der Welt verkörperten. Ob sich diese große zerstörerische Idee nun in der religiösen Form der Ein-Wahrheit-Behauptung des östlich-orthodoxen Christentums oder in der späteren Form der Slawophilie und des Panslawismus oder in der gegenwärtigen Form des Marxismus-Leninismus ausdrückte, die Hauptsache ist, dass sie weiterhin den gleichen inneren Imperativ besitzt, alles Westliche zu zerstören, das sie in ihrer russischen Seele zu ersticken glaubt.

Die bolschewistische Revolution vom November 1917 war eine politische Epoche sowohl für Russland als auch für Europa. Die Möglichkeit einer solchen Revolution hatte schon immer bestanden, wie der Pugatschow-Aufstand während der Herrschaft Katharinas der Großen, die zahlreichen Attentate des 19. und 20. Jahrhunderts, die in Dostojewskis Werken beschriebenen Unterwelten und das gewaltige Netz von Geheimpolizei und Spionage belegen. Die eigentliche Form der Revolution, als sie ausbrach, war eine doppelte: Es gab eine Revolte der primitiven russischen Seele gegen das prowestliche Romanow-Regime und alles, wofür es stand, und es gab gleichzeitig eine Aneignung des Kommandos dieser Revolte durch die jüdische Kultur-Nation-Staat-Rasse. Die notwendige Finanzierung wurde in New York von Mitgliedern der Culture Faker-Gruppe in Amerika bereitgestellt.

Der Einfluss der Kulturellen Verzerrung auf die russische Politik ist nicht so groß wie in Amerika, zumindest in der Außenpolitik, denn Russlands globales Ziel ist das gleiche wie das der Kulturellen Verzerrung: die Vernichtung des westlichen Feindes. Aber dieser Einfluss ist auf jeden Fall vorhanden und ist weitgehend für die russische Politik verantwortlich. Er hält seine Macht in Russland sowohl mit List als auch mit brutalen Mitteln aufrecht.

Die Dualität der bolschewistischen Revolution machte den instinktiven, primitiven, asiatischen Aspekt der Revolution zum Scheitern. Das Ziel der russischen Seite der Revolution war es, alle westlichen Institutionen, Ideen, Formen und Realitäten zu beseitigen. Sie wollte also die westliche Technologie und die westlichen Wirtschaftsformen sowie die anderen Aspekte der Verwestlichung Russlands ausrotten. Dies gelang nicht, denn die bolschewistische Minderheit wollte Russland nach westlichen Maßstäben in höchstem Maße industrialisieren, um eine Reihe von Kriegen gegen das verhasste Europa vorzubereiten.

In der Zeit von 1918 bis 1939 wurde die russische Auslandspolitik durch die internationale Organisation "Komintern" betrieben, der alle kommunistischen Parteien der westlichen Zivilisation angehörten. Die Politik der Faker-Gruppe und des realen Russlands bestand darin, den Westen von innen heraus zu untergraben, indem sie die veraltetsten Reste der Ideen des 19. Jahrhunderts in ihren entartetsten Formen nutzten: Klassenkampf, Gewerkschaftswesen, Finanzmanipulation, Pazifismus, Parlamentarismus, Demokratie, Korruption der Künste und der Literatur, traditionelle soziale Dekadenz.

Natürlich sollte diese innere Unterwanderung der Auftakt zur vollständigen Herrschaft sein. Wenn nötig, sollte die letzte Stufe, die militärische, durchgeführt werden, wenn die innere Korruption einen solchen Grad erreicht hatte, dass Widerstand zwecklos wurde. Doch die Europäische Revolution von 1933 machte diese Pläne zunichte. Durch ihre positive und energische Bekräftigung der grundlegenden Instinkte des Westens sowie seiner Mission in der Welt machte sie alle Versuche, ihn zu untergraben, zunichte, da der Exklusivismus des Westens des 20. Jahrhunderts ihn organisch unzugänglich für alles macht, was kulturell fremd ist.

Der Ausbruch des Zweiten Weltkriegs im Jahr 1939 wurde durch die kulturelle Verzerrung innerhalb des Westens in Zusammenarbeit mit dem bolschewistischen Regime in Moskau verursacht. Die Bolschewiki kalkulierten, dass ein europäischer Krieg den Westen so weit ausbluten lassen würde, dass die russischen Armeen mit vergleichsweise geringem militärischem Aufwand den gesamten Westen besetzen und so die Weltherrschaft des Dritten Roms auf den Ruinen Europas errichten könnten.

Zunächst lief es nicht so gut, und das bolschewistische Regime befand sich zu einem Zeitpunkt des Zweiten Weltkriegs fast in New York[106]. Aber die totale Intervention Amerikas wurde schließlich von Culture Fake Group erreicht, und im Ergebnis wurde Russland nicht nur gerettet, sondern erhielt einen militärischen Sieg, der es zum Besitzer des größten zusammenhängenden Imperiums machte, das jemals in der Weltgeschichte existiert hat; ein Imperium, das sich zudem in einer beherrschenden Position im Zentrum der politischen Welt, dem nordöstlichen Quadranten des Globus, befindet.

## II

Es gibt also zwei Russen: das bolschewistische Regime und das wahre Russland darunter. Der Bolschewismus mit seinem Kult der westlichen Technologie und einer törichten ausländischen Theorie des Klassenkampfes ist nicht Ausdruck der Seele des wahren Russlands. Dies manifestierte sich im Aufstand der Strelzen gegen Peter den Großen und von Pugatschow gegen Katharina die Große. In ihrem Aufstand ermordeten Pugatschow und seine Bauern alle Offiziere, Beamten und Adligen, die ihnen in die Hände fielen. Alles, was mit dem Westen verbunden war, wurde verbrannt und zerstört. Ganze Stämme schlossen sich der Bewegung an. Drei Jahre lang, von 1772 bis 1775, wütete sie heftig, und selbst der Moskauer Hof war in Gefahr. Als er nach seiner Gefangennahme vor Gericht gestellt wurde, erklärte Pugatschow, es sei Gottes Wille, dass er Russland bestrafen solle. Dieser Geist lebt weiter, denn er ist organisch und kann nicht getötet werden, sondern muss sich selbst ausdrücken. Dies ist der Geist des asiatischen Bolschewismus, der gegenwärtig dem Bolschewismus des Moskauer Regimes mit seiner technisch-wirtschaftlichen Besessenheit auf den Leib geschrieben ist. Dies bringt uns zu der Rolle, die die bolschewistische Ideologie in der gegenwärtigen Weltlage spielt. Russland mit einer Theorie des Klassenkampfes zu identifizieren, wie es in der westlichen Zivilisation geschieht, ist an sich schon ein Triumph der russischen Propaganda. Theorien in der Politik sind Techniken, Werkzeuge. Politik ist Aktivität in Bezug auf die Macht, nicht Argumentation, Argumentation oder Beweisführung.

---

[106] Der Autor spielt auf die historische Tatsache an, dass mindestens zwei Drittel der ersten russischen Revolutionäre von 1917 aus dem Lower East Side Ghetto in New York stammten (N. des T.).

Wer im Westen glaubt, Russland vertrete irgendeinen Wunsch, die Gesellschaft oder die Wirtschaft zu reformieren, indem es diese oder jene Klasse begünstigt, zeigt, dass er oder sie völlig unfähig ist, politisch zu denken. Genauso wenig ist es richtig zu glauben, dass Russland die ganze Welt nach denselben sozioökonomisch-politischen Grundsätzen organisieren will, wie es Russland heute tut. Russlands Mission ist es, den Westen zu zerstören, und jede innere Unruhe innerhalb des Westens fördert diese Mission. Klassenkampf, Ethnie, soziale Degeneration, verrückte Kunst, dekadente Filme, wilde Theorien und Philosophien aller Art dienen diesem großen russischen Programm. Der Kommunismus ist nur ein Mittel, aber wenn sich morgen ein anderes wirksamer manifestieren würde, würde es ersetzt werden.

Das Ideal des Kommunismus als theoretisches Programm für die Umgestaltung der Gesellschaft gibt es in der realen Welt nicht, weder in Russland noch in Amerika. Der Kommunismus, den der Westen zu fürchten hat, besteht aus zwei Arten, die beide nicht im Geringsten theoretisch sind: erstens aus dem Klassenkampf und zweitens aus der kommunistischen Organisation. Ersterer ist etwas völlig Eigenes, das nur durch die Idee des ethischen Sozialismus des 20. Jahrhunderts beseitigt werden kann; solange er nicht beseitigt ist, dient er dem russischen Ziel, den Westen von innen heraus zu schwächen und zu zersetzen. Letztere ist einfach der direkte Agent, der im Westen sitzt und Moskaus politischen Mandaten gehorcht.

In diesem Augenblick, 1948, ist der einzige verbliebene Feind Russlands Amerika. Im Verhältnis zu Amerika ist es in jeder Hinsicht überlegen, außer in technischer Hinsicht. Seine beste Waffe gegen Amerika ist die innere Untergrabung durch Propaganda und soziale Degeneration. Diese Methoden sind gegen Amerika wirksam, weil in diesem Land eine große geistige Kluft zwischen der wahren Seele des amerikanischen Volkes und der hohen Schicht der Kulturfälscher besteht. Die kulturelle Rückständigkeit in Amerika macht die materialistische Propaganda des 19. Jahrhunderts und die ultramodernen sozialen Ideale in diesem Land wirksam.

Die Anwesenheit der Fälscher in Russland wird durch die Tatsache belegt, dass das Führungspersonal des Landes überproportional aus dieser Gruppe besteht, durch die Tatsache, dass Antisemitismus ein Verbrechen ist, und vor allem durch die russische Politik gegenüber Palästina. In den vier Jahren von 1944 bis 1948 war die russische Politik in allen Belangen das genaue Gegenteil der amerikanischen

Politik. Andererseits unterstützte das Moskauer Regime in der Frage der Teilung Palästinas, einem Teil der islamischen Welt, die Weltpolitik der jüdischen Cuture-State-Nation-Race, obwohl die imperialistischen Interessen Russlands darin bestanden, sich in dieser Frage gegen Amerika zu stellen.[107]

Aber das Wesen der kulturellen Verzerrung als Krankheit zeigt sich einmal mehr in der gegenwärtigen Situation. Trotz ihrer parallelen internen Situationen bewegen sich Russland und Amerika auf einen Krieg zu. Die gegenwärtige Zeit ist eine Zeit der Vorbereitung auf den Dritten Weltkrieg. Die Natur der Politik, die politische Seite der menschlichen Natur, treibt auf diesen Krieg zu, und die Anwesenheit ausländischer aktiver Gruppen in den beiden bestehenden politischen Mächten spielt bei dieser großen Tatsache nur eine untergeordnete Rolle. Die Rolle dieser Gruppen besteht darin, dafür zu sorgen, dass der Krieg so ausbricht, dass ihre eigene Position in der Welt durch seinen Ausgang nicht geschädigt wird. Die strategische Position Russlands gegenüber Amerika ist eindeutig überlegen. In erster Linie verschafft die große fundamentale Tatsache der Position Russlands auf dem Planeten ihm einen unschätzbaren Vorteil. Der nordöstliche Quadrant ist, wie wir gesehen haben, der primäre Fokus der Weltkontrolle im Zeitalter der absoluten Politik. Russland befindet sich in diesem Quadranten, während Amerika nicht einmal in der politischen Welt ist, die sich in der östlichen Hemisphäre befindet, der grundlegenden Quelle, die sechsmal so viel Macht repräsentiert wie die westliche Hemisphäre.

Der nordöstliche Quadrant wird im militärischen Sinne teilweise von russischen und teilweise von amerikanischen Waffen kontrolliert. Die russischen Stellungen sind zusammenhängend und integriert. Die russische diplomatische Methode ist die des Terrors, der militärischen Besetzung, der Entführung und der Ermordung. Die amerikanische Methode besteht aus degenerativer Propaganda, lokalen Marionettenregimen, die ihren eigenen Terrorismus ausüben, und finanzieller Eroberung. Von diesen beiden Methoden ist die russische Methode eindeutig überlegen. Kriege werden mit Soldaten geführt, nicht mit Geld, und Diplomatie ist

---

[107] Von 1948 bis heute ist Russland ein sehr bedingter Verbündeter der Araber gewesen. Im so genannten Sechs-Tage-Krieg versagten die berühmten russischen Radartechniker, die auf ägyptischem Boden stationiert waren, völlig. Im Krieg von 1974 wurde behauptet, die UdSSR habe Israel im letzten Moment vor dem von Ägypten und Syrien vorbereiteten Angriff gewarnt. Die russische Politik im Nahen Osten erweckt den Eindruck, Amerika diskreditieren zu müssen, ohne Israel zu schaden.

nichts anderes als Kriegsvorbereitung und Kriegsausbeutung. Die finanziellen Mittel sind also den militärischen Mitteln untergeordnet, sie sind lediglich deren Hilfsmittel. Die amerikanischen Positionen im nordöstlichen Quadranten sind zwar gekauft, können aber letztlich nie bezahlt werden. Diese Positionen hängen von der Aufrechterhaltung von Marionettenregimen ab, die von der am wenigsten wertvollen Schicht in Europa gebildet werden, den Parteipolitikern, die sich für Geld verkaufen. So würde ein Aufstand in der amerikanischen Sphäre in Europa, der von der stärksten und ehrenhaftesten Schicht getragen wird, automatisch die amerikanische Vorherrschaft beenden, während ein Aufstand in der russischen Sphäre in Europa unter den gegenwärtigen Bedingungen in Blut ertränkt werden würde. Natürlich wird die amerikanische Finanzdiplomatie letzten Endes von amerikanischen Bajonetten gestützt, aber das verhindert nicht, dass in den Köpfen der Amerikaner die gefährliche Illusion über den Wert der finanziellen Mittel fortbesteht. Die russische Diplomatie steigert das russische Prestige, während die amerikanische Diplomatie in den Zielgruppen Hoffnungen auf materiellen Gewinn weckt und dabei die niederen Instinkte der Gier und Faulheit befriedigt. Amerika veranstaltet ein gigantisches "Fest" von Hinrichtungen nach den Modulen alter semitischer Rachefeldzüge. Russland bewertet Menschen nach ihrem gegenwärtigen oder zukünftigen Nutzen für russische Pläne und interessiert sich nicht für ihre vergangenen Taten. Sollte Russland jedoch beschließen, einen Amoklauf wegen "Kriegsverbrechen" zu veranstalten, könnte es den Amerikanern in dieser Hinsicht Lektionen in Technik erteilen. Der Präzedenzfall des Florinsky-Prozesses während des Roten Terrors in Kiew im Sommer 1919 ist ein gutes Beispiel dafür. Professor Florinsky von der Kiewer Universität wurde des Antisemitismus verdächtigt. Irritiert über seinen Mangel an Bescheidenheit, zog eine seiner Richterinnen, Rosa Schwartz, einen Revolver und erschoss ihn mitten im Prozess.

Die Lage Russlands im nordöstlichen Quadranten gibt Russland die Möglichkeit, die strategischen Prinzipien der Konzentration und der Ökonomie der Kräfte in hohem Maße anzuwenden. Andererseits zwingt die Entfernung zu Amerika Russland dazu, einen riesigen Flottenverband zu unterhalten, der im Kriegsfall die Hauptlast der Operationen tragen müsste, bevor er einen einzigen Soldaten in den Kriegsschauplatz schicken könnte. Russland hat also den Vorteil der inneren Linie gegenüber Amerika.

Und nun können wir die letzten Bemerkungen über Russland, seine Aufgabe und sein Potenzial machen.

Russland steht außerhalb des Westens: Sein Imperialismus ist ein bloßes Negativ des unbegrenzten Organisationsimperialismus des Westens. Russlands Mission ist also rein destruktiv, was den Westen betrifft. Russland ist nicht der Träger utopischer Hoffnungen für den Westen, und wer das glaubt, ist ein Kulturbanause. Russland ist innerlich gespalten; das herrschende Regime repräsentiert nicht die authentische, asiatische, religiöse, primitive Seele, sondern eine technologische Karikatur des Petrinismus, und es ist durchaus möglich, dass das Regime eines Tages den gleichen Weg einschlägt wie die Romanows. Diese Spaltung kann gegen Russland eingesetzt werden, so wie es intern revolutionäre Taktiken gegen seine politischen Feinde anwendet. Eine solche Taktik wurde 1917 vom Westen erfolgreich gegen das Romanow-Regime eingesetzt. Aufgrund seiner physischen Lage an den Grenzen des Westens ist Russland der Feind des Westens und wird es immer bleiben, solange seine Völker als politische Einheit organisiert sind.

## 5. Japan

Die Entstehung der Weltmacht Japan war eines der Ergebnisse des amerikanischen Handelsimperialismus des 19. Jahrhunderts. Es wurde "eröffnet" - die heuchlerische Terminologie, die den Geist des Handels immer begleitet! - im Jahr 1853 durch Kanonenbeschuss der amerikanischen Flotte. Da der japanische Kaiser technologisch nicht gleichwertig war, kapitulierte er auf der Stelle. Danach war die Entwicklung Japans die Geschichte der japanischen Nachahmung westlicher Materialtechnik und der Methoden westlicher Diplomatie. Die Entwicklung Japans war ein Kurs mit hohen politischen Ergebnissen: Es studierte die Kunst des Möglichen und setzte sie mit unveränderlichem Erfolg in die Praxis um. Weniger als eine Generation nach der "Öffnung" gelang es Japan, sich einen Brückenkopf auf dem asiatischen Kontinent zu sichern, denn seine Führer wussten, dass sich die politische Weltmacht nicht auf überfüllte Inseln stützen konnte, sondern auf die Kontrolle der kontinentalen Gebiete und der dort lebenden Bevölkerung, so wie das britische Empire auf Indien basierte. Im letzten Jahrzehnt des 19. Jahrhunderts war es zum Krieg bereit. Im chinesisch-japanischen Krieg war es erfolgreich und vergrößerte seinen kontinentalen Brückenkopf. 1904 schätzte es die Lage für einen Krieg gegen die größte der westlichen Kontinentalmächte als günstig ein, denn zu dieser Zeit war Russland in der Welt ein Mitglied des westlichen Staatensystems. In diesem zweiten großen Krieg war Japan sowohl militärisch als auch politisch siegreich. Seine geschickte politische Tradition wusste einen militärischen Sieg zu nutzen. 1914 griff es geschickt die schwächste der nationalen Garnisonen im Fernen Osten an und gewann so fast ohne militärischen Aufwand das gesamte Deutsche Reich im Fernen Osten. Seine Position auf dem asiatischen Kontinent verbesserte sich stetig. Nach dem Ersten Weltkrieg erlitt er eine diplomatische Niederlage gegen England und Amerika und zog sich zurück, um zu warten.

In mehr als einem Dreivierteljahrhundert, von 1853 bis 1941, hat Japan keinen einzigen politischen Fehler begangen. Dies ist ein bemerkenswerter Erfolg in der Weltgeschichte, und es gelang ihm, eine starke Tradition des Vertrauens in die nationale Führung und Tradition aufzubauen. Diese Tradition wurde durch Japans frühe Religiosität gestärkt, die an die Menschlichkeit Gottes, die Göttlichkeit des Kaisers und die göttliche Mission von Dai Nippon glaubte.

Im Jahr 1941 sah sich die japanische Regierung mit einer neuen politischen Situation konfrontiert. Im Krieg zwischen dem Westen und Russland lag ihr rein politisches Interesse in einem westlichen Sieg. Dies hätte Japans kontinentale Positionen bis an die Grenzen Indiens, Tibets und Sinkiang ausgedehnt. Aber eine andere westliche Macht, Amerika, war im Besitz eines Teils des asiatischen Kontinents, von Tausenden von Inseln in Japans Expansionsgebiet, einer mächtigen Flotte im Pazifik und dem Willen, Japan zu vernichten. Es überließ Europa seinen Krieg gegen Russland und beschloss, seine gesamte militärische Energie dem Krieg gegen Amerika zu widmen. Dies kann nur bedingt als Fehler bezeichnet werden, denn es ist nicht sicher, dass Amerika es nicht angegriffen hätte, wenn Japan Russland angegriffen hätte, anstatt Amerika anzugreifen. Aber im Großen und Ganzen ist es besser, eine Macht anzugreifen, die bereits um ihr Leben kämpft, als eine, die von niemandem angegriffen wird. Jeder Angriff kann dann eingedämmt werden, während die Macht, die an zwei Fronten kämpft, liquidiert wird.

Auf jeden Fall endete der Zweite Weltkrieg mit einem ausgehandelten Frieden zwischen Japan und Amerika. Die japanische Nation, der japanische Staat, der japanische Kaiser und die japanischen Institutionen wurden respektiert, die japanische Armee wurde ehrenhaft entwaffnet,, und die amerikanischen Truppen durften Japan besetzen. Diese Entscheidung wurde mit religiöser Disziplin umgesetzt. Sie brachte weder den Führern des Landes noch der Nation oder einzelnen Personen Schande ein; niemand verlor sein Gesicht, denn die neuen Bedingungen wurden nur auf Befehl des Gottkaisers angenommen. Die technologische Überlegenheit der Amerikaner, die die Feindschaft innerhalb weniger Tage in eine Meister-Schüler-Situation diszipliniert hatte, brachte Japan in die geistige Situation von 1853 zurück. Eine Zeit der Lehre war erforderlich. Wieder einmal würde Amerika Japan die für die Weltmacht notwendige Technik lehren. Die amerikanischen Truppen wurden als Diener des Kaisers vorgestellt, um sein Volk zu unterrichten.

Kann ein Westler glauben, dass die Tradition der Samurai innerhalb einer Woche aufgelöst wurde, in einer Nation mit der Standhaftigkeit und geistigen Integration Japans, einer Nation, die eine endlose Reihe von Kamikaze-Piloten hervorbrachte, deren Generäle sich ergaben, um das Leben ihrer Soldaten zu retten, und dann Harakiri begingen? Wer so denkt, hat die Geschichte mit ihrer stillen und unwiderstehlichen Kraft, dem Schicksal, nicht verstanden. Die Seele des japanischen Volkes hat eine Bestimmung. Ihre Mission besteht wie die der Russen und der anderen nicht-westlichen Kräfte einfach darin, den Westen zu verneinen und zu zerstören.

Selbst eine gut koordinierte und intelligente amerikanische Politik in Japan könnte dessen Seele nicht zerstören; sie könnte höchstens versuchen, die politisch-militärischen Ausdrucksmittel zu monopolisieren. Aber die amerikanische Politik, die durch die kulturelle Verzerrung in Amerika inspiriert wurde, um die japanische Tradition wieder aufzubauen und ihr zu helfen, ihre Spiritualität zu stärken, lässt Japans Zukunft sehr hoffnungsvoll erscheinen. Wie diese Zukunft aussehen wird, kann niemand sagen. Eine amerikanische Revolution könnte das Blatt schlagartig wenden. Der Dritte Weltkrieg könnte sie auf die eine oder andere Weise beeinflussen. Wenn eine Macht so untergegangen ist wie Japan, zählt ihr eigener Wille wenig.

Japan ist und bleibt der Feind des Westens, weil es zu den äußeren Kräften gehört und die treibende Kraft der Weltpolitik in diesem Zeitalter der absoluten Politik in der Kultur liegt. In der großen geistigen Spaltung der Welt gehört Japan zu den nicht-westlichen Kräften. Japans Bedrohung für Europa wird durch die geographische Entfernung gemildert, aber seine Bedrohung für Australien macht die amerikanisch-japanische Feindschaft noch realer, denn Amerika hat die kulturelle Pflicht, Australien zu schützen, da die törichte westliche Diplomatie jeden europäischen Einfluss in diesem Gebiet verloren hat.

Japan kann nicht mit Indien und China gleichgesetzt werden, da es integriert ist. Politik ist ein Kampf des Willens gegen den Willen. Indien und China als solche haben keinen Willen. Sie sind keine organischen Einheiten, sondern bloße Ansammlungen von Ländern und Bevölkerungen, die der Einfachheit halber unter einem Namen zusammengefasst wurden. Ihr negativer Wille ist über alle Individuen verstreut, während Japans Wille in einer Schicht, die die Nation repräsentiert, konzentriert und artikuliert ist. Japan ist somit das Potenzial einer Zukunftsmacht, während Indien und China immer eine Beute für fremde Mächte sein werden.[108]

Für Europa und seine Zukunft ist Amerika wichtiger als äußere Kräfte. Amerikas außenpolitische Lage, Pläne und Möglichkeiten müssen untersucht werden.

## 6. Amerika

Die Streitkräfte unter dem Kommando des Washingtoner Regimes kontrollieren Nord- und Westeuropa, einen Teil Südosteuropas, den gesamten Mittelmeerraum, einen Teil des Nahen, Mittleren und Fernen Ostens sowie ganz Mittelamerika und den größten Teil Südamerikas[109]. Sie kontrollieren auch alle Weltmeere. Die Ausdehnung dieses Reiches wird durch seine Lässigkeit gemildert. Die physische Entfernung Amerikas von der politischen Welt ist die erste Schwäche dieses Imperiums. Die zweite ist der Mangel imperialem Denken bei seinen Führern. Die

---

[108] In einigen Pamphleten, die nach dem Erscheinen von Imperium veröffentlicht wurden, beharrt der Autor auf dieser Einschätzung Indiens und Chinas und räumt die Möglichkeit einer außergewöhnlichen Individualität ein, die diese amorphen Konglomerate oberflächlich und äußerlich durch Terror artikuliert. Eine solche Artikulation wird nur so lange Bestand haben, wie diese Persönlichkeit lebt. Maos China wird, so der Autor, nur eine zweite Version der Mongolei von Dschingis Khan sein.

[109] Die Kontrolle über den Nahen Osten ist fast vollständig verloren gegangen, und die jüngsten Rückschläge in Südostasien lassen vermuten, dass die Kontrolle auch dort verloren gehen wird. Hinzu kommt, dass in Afrika die Herrschsucht des Washingtoner Regimes - oder was auch immer - die Einrichtung mächtiger Brückenköpfe zulässt, die von Moskaus Kontrolle abhängig sind. (N. of T.)

dritte ist die altmodische Finanzdiplomatie, die das einzige Band ist, das große Teile eines Imperiums zusammenhält. Und die vierte ist die schreckliche innere Spannung, die durch die Dualität zwischen der wahren Seele des amerikanischen Volkes und dem kulturell fremden Regime entsteht.

Diese Schwäche des amerikanischen Imperiums wird in Amerika nicht gewürdigt, wo völlige Unkenntnis der gegenwärtigen Machtverhältnisse den Glauben des neunzehnten Jahrhunderts an die Vorherrschaft der Seemacht gegenüber der Landmacht aufrechterhält. Diese Schwäche des amerikanischen Imperiums wird in Amerika nicht gewürdigt, wo völlige Unkenntnis der gegenwärtigen Machtverhältnisse den Glauben des neunzehnten Jahrhunderts an die Vorherrschaft der Seemacht über die Landmacht aufrechterhält. Jahrhunderts an die Vorherrschaft der Seemacht über die Landmacht festhält. Vielleicht war dieser Glaube zulässig, als das gesamte asiatische Hinterland - die Welt - politisch passiv war und die Kontrolle über einige Brückenköpfe und Forts entlang der Küste automatisch den Zugang zum Hinterland und dessen Kontrolle ermöglichte. Aber unter den neuen Bedingungen der externen Revolte, die das Stadium in der Entwicklung der westlichen Zivilisation widerspiegelt, in dem die einst unterworfenen Völker der Welt politisch aktiv sind, erscheint die Landmacht als die einzige Macht, während die Seemacht lediglich ein Hilfsmittel ist. Sie ist nichts anderes als Kommunikation und Transport, aber es ist der Kampf, der Kriege entscheidet. Das setzt Armeen voraus, und so wie Russland seine ganze Kraft dem Kampf um die Landmacht widmen kann, muss Amerika eine gigantische Seemacht unterhalten, als bloße Voraussetzung für die Teilnahme am Kampf um die Kontrolle der Welt. Außerdem ist die Bevölkerung des militärisch wertvolleren Russischen Reiches fünfzig Prozent zahlreicher als die des Amerikanischen Reiches, und die durchschnittliche russische Geburtenrate ist primitiv hoch, während die der kämpfenden Elemente Amerikas stark rückläufig ist.

Ein weiterer Aspekt der Schwäche des amerikanischen Imperiums ist sein Vertrauen in die technische Überlegenheit. Dies ist eine weitere Form des Trugschlusses der Seemacht, da sie glaubt, dass Macht auch auf anderen Grundlagen als Armeen beruhen kann. Waffen sind nur Hilfsmittel in einem Kampf: das Wichtigste ist und war immer der Geist. Gegen diese grundlegende, lebenswichtige Tatsache kann sich keine Waffe durchsetzen. Technische Überlegenheit ist letztlich nutzlos, wenn sie nicht von der Überlegenheit des Willens zur Macht oder des Willens zur Eroberung begleitet wird. Dieselbe Waffe, die vielleicht einen militärischen Sieg errungen hat, kann später nutzlos sein gegen ein Land, das von Soldaten der "Siegermacht" besetzt ist und das sich als politisch besiegt betrachten kann.

Die zweite Schwäche des amerikanischen Imperiums ist die Tatsache, dass die kulturelle Krankheit der Rückständigkeit in Amerika das Aufkommen eines echten imperialen Denkens verhindert hat. Imperiales Denken kann sich nicht in einem Land entwickeln, das mit pazifistischer Propaganda, mit dem Wahnsinn des Lebensgenusses und mit intellektueller Mittelmäßigkeit als geistigem Ideal gesättigt ist. Imperiales Denken kann weder auf nutzlosen "Völkerbünden" noch auf geifernden Idealismen jeglicher Art aufbauen, geschweige denn auf blindem Hass als Eckpfeiler einer Außenpolitik. Und doch ist das politisch gesehen alles, was es in Amerika gibt. Es gibt keinen hohen Standard im Volk, keine einzigartig amerikanische Gruppe, die ein Bedürfnis über die Selbstbereicherung hinaus verspürt. Es gibt keine Samurais, keine Komintern, keine Black Dragon Society, keinen Adel, keine Idee, keine Nation, keinen Staat.

Imperiales Denken entsteht auch nicht, nur weil ein kulturfremder Insider die indolenten amerikanischen Bevölkerungen für seinen Racheimperativ gegen die westliche Zivilisation benutzen will. Der imperiale Gedanke muss spontan in den höheren Schichten entstehen. Gerade weil diese Schichten als herrschende Elite in Amerika fehlen, kann wahres imperiales Denken in Amerika in naher Zukunft nicht entstehen.

Die dritte Schwäche, die Abhängigkeit von Marionettenregimen, die sich in erster Linie auf finanzielle Mittel und erst in zweiter Linie auf militärische Mittel stützen, ist einfach eine weitere Auswirkung der kulturellen Verzögerung. Die finanzielle Methode der Eroberung ist veraltet. Wir befinden uns im Zeitalter der absoluten Politik, und Macht kann nicht als Mittel zur Bereicherung gekauft und gesichert werden. Diejenigen, die den Geist des Zeitalters nicht erkennen, werden plötzlich von gigantischen Ereignissen überrollt, die sie sich nicht hätten vorstellen können. Finanzdiplomatie ist in dieser Epoche eine absolute Dummheit.

Die vierte Schwäche ist die innere Spannung in Amerika selbst. Die Zukunft des amerikanischen Nationalismus ist geistig voll definiert: Er wird sich am Kampf um die amerikanische Kontrolle über das amerikanische Schicksal beteiligen. Dieser

Kampf ergibt sich aus der organischen Natur der Dinge. Wirt und Parasit sind einander feindlich gesinnt, und diese Feindschaft lässt sich nicht aufheben. Wie, durch welche Anfangserfolge? Das sind Unwägbarkeiten.

Auf jeden Fall: Europa muss wissen und zutiefst erkennen, dass beide Besatzungsmächte, Amerika und Russland, innerlich horizontal gespalten sind. In beiden ist die herrschende Schicht innerlich und geistig fremd gegenüber der großen Masse der unterworfenen Völker. Dies ist eine primäre, elementare Tatsache. Sie ist wesentlich für eine weitreichende Vision der Möglichkeiten der Welt, eine Vision, die Optimismus und Pessimismus, Feigheit und Angeberei, Jubel und Verzweiflung beiseite lässt. Diese beiden Mächte unterscheiden sich für europäische Zwecke dadurch, dass das wahre Amerika zur westlichen Zivilisation gehört, während das wahre Russland niemals zu ihr gehören kann. Aber auf kurze Sicht, im nächsten Vierteljahrhundert, ist eine von ihnen gefährlicher als die andere.

Die totale Fremdheit Russlands ist in ganz Europa zu spüren, sowohl horizontal als auch vertikal. Bei einer russischen Besetzung Europas würden sich sogar die europäischen Kommunisten an der großen und endlosen Revolte gegen den Barbaren beteiligen. Die geistig ärmeren Elemente Europas mit ihrer Vorliebe für parlamentarische Scharlatanerie und ihrer Liebe zum Geld sowie ihrem Hass auf den festen und starken preußisch-europäischen Machtwillen werden unter der Peitsche der Mongolen von ihrer geistigen Krankheit gereinigt werden. Dann werden sie wieder Europäer sein. Außerdem könnte eine russische Besatzung Europa nicht auf Dauer unterdrücken. Erstens sind der Wille und die Intelligenz der Europäer dem Willen und der Intelligenz der Barbaren überlegen. Zweitens verfügen die Barbaren nicht über ausreichende menschliche Ressourcen, um die westliche Zivilisation in diesem Stadium ihrer Entwicklung zu versklaven, in dem sich ihr innerer Imperativ in Form des Willens zur Macht und der Notwendigkeit eines unbegrenzten autoritären Imperialismus zeigt.

Amerika hingegen wird in Europa allgemein missverstanden. Selbst in der kulturtragenden Schicht des Westens ist es nicht klar, dass Amerika unter der Führung der kulturellen Verzerrung der totale Feind Europas ist. Erst die Entwicklung des kulturellen Denkens hat Europa in die Lage versetzt, die organische Natur der Kultur und der kulturellen Pathologie zu verstehen. Zum ersten Mal kann Europa nun in seiner Dualität sehen: darunter das Amerika von Alexander Hamilton, George

Washington, John Adams, der Grenzgänger, der Entdecker, der Männer von Alamo; darunter das Amerika der kulturellen Verzerrung mit seinem Monopol auf Kino, Presse, Radio, Geist und Seele und mit seinem Racheimperativ, der sich gegen den Körper und die Seele der westlichen Zivilisation richtet. Indem er die Rückständigkeit oder kulturelle Verlangsamung Europas ausnutzt, kann der in Amerika ansässige Fälscher die Menschen im Westen spalten und sie aus alten und überholten nationalistischen Motiven des 19. gegeneinander aufhetzen. Die geistige Spaltung und Balkanisierung Europas dient diesem Zweck. Denjenigen, die sich seinen Plänen widersetzen, demonstriert der Fälscher jetzt die Sanktionen, die er gegen sie anwenden wird, mit seinen legalen Tötungen wegen "Kriegsverbrechen".

Der Unterschied in der Haltung Russlands und Amerikas, auch wenn es versucht, Europa zu spalten, besteht einfach darin, dass Russland, auch wenn es versucht, Europa zu spalten, es nur vereinen kann. Die amerikanische Okkupation hingegen wirkt spaltend, weil sie an die Untereuropäer, die Rückständigen, die geistig minderwertigen Elemente, die Geldanbeter, die Faulen und Dummen und die schlimmsten Instinkte eines jeden Europäers appelliert. Die materielle Zerstörung, die eine russische Besetzung mit sich bringt, ist beträchtlich; aber das gilt auch für die Zerstörung durch die Amerikaner. Welchen Unterschied macht es für Europa, ob die Russen eine Industrie demontieren und nach Turkestan abtransportieren oder ob die Amerikaner sie in die Luft jagen? Der Unterschied zwischen den geistigen Auswirkungen der beiden Besetzungen macht die russische Besetzung weniger schädlich. Die russischen Praktiken der nächtlichen Verhaftungen, Ermordungen, Deportationen nach Sibirien überzeugen niemanden. Während die amerikanischen Praktiken der legalen Tötungen wegen "Kriegsverbrechen" eine weitere Technik zur Spaltung Europas darstellen, dienen sie andererseits der Verwirklichung des Racheimperativs der Kulturfälscher.

## 7. Terror

*Es ist eine Schwäche, ja eine Niedertracht des Herzens, nicht gut von seinen Feinden zu reden und ihnen nicht die Ehre zu geben, die sie verdienen.*

Friedrich der Große Vorwort zu seiner

*Geschichte des Siebenjährigen Krieges*, 1764

In jeder großen Kultur war das allgemein vorherrschende Gefühl dasselbe wie das von Friedrich II. zum Ausdruck gebrachte. Nicht einmal der Ausbruch der Zivilisationskrise hat dieses Gefühl der wortlosen Ehre völlig verschwinden lassen. Wie heftig die Schlachten auch gewesen sein mögen, wie langwierig die Kriege auch gewesen sein mögen, jeder Sieger über einen Gegner, der derselben Kultur angehörte, hat seinem besiegten Feind stets Großzügigkeit und Respekt entgegengebracht. Dieses Konzept ist in die Natur der Politik innerhalb derselben großen Kultur eingebettet, die nur durch Macht ausgeübt wird und nicht durch das Abschlachten von Individuen nach dem Krieg, sei es durch Hinrichtung oder durch künstlich herbeigeführten Hungertod. Wenn die Macht erst einmal gewonnen ist, ist das Ziel erreicht, und die Individuen des ehemaligen Feindes werden nicht mehr als Feinde, sondern einfach als Menschen betrachtet. In den tausend Jahren abendländischer Geschichte hat es natürlich einige Ausnahmen gegeben, Unehre hat es immer gegeben. Aber Ausübung von Bösartigkeit und Misshandlung des besiegten Gegners wurde nie in großem Umfang und über einen langen Zeitraum hinweg praktiziert, geschweige denn gefördert, sie wäre zwischen zwei Gruppen, die der westlichen Kultur angehören, schlicht unmöglich gewesen.

In jüngster Zeit wurde dieser organische Imperativ gut veranschaulicht. 1865, als Lee in Appomatox kapitulierte, erwies sich der wilde Krieger Grant, der auf dem Schlachtfeld so unerbittlich war, als großmütiger und gnädiger Sieger. Im Falle Napoleons zeigt sich derselbe organische Imperativ in der Tat auf Seiten seiner Entführer nach Leipzig und sogar nach Waterloo. Zuvor hatte die englische Regierung, die sich mit ihm im Krieg befand, ihn gewarnt, dass ein Komplott gegen sein Leben geschmiedet wurde. Und als Napoleon III. gefangen genommen wurde, hatte Bismarck ein persönliches Interesse an seiner Sicherheit und seiner ehrenvollen Behandlung.

Aber zwischen einer Macht, die einer großen Kultur angehört, und einer anderen, die einer anderen Kultur angehört, sind diese Ehrengebräuche nie verallgemeinert worden, weder in der Kriegsführung noch in der Behandlung des besiegten Feindes. So verbot die Kirche in der Gotik den Gebrauch der Armbrust gegen Angehörige der abendländischen Kultur, erlaubte aber ihren Gebrauch gegen die Barbaren. In solchen Fällen wurde die gegnerische Gruppe nicht als bloßer Gegner, sondern als echter Feind betrachtet, da das 20. Jahrhundert dieses Wort erneut zur Bezeichnung von Elementen außerhalb der westlichen Zivilisation verwendet. Das spanische Militärtribunal, das den letzten Inka "aburteilte" und zum Tode verurteilte, fühlte sich ihm gegenüber nicht durch dieselbe Ehrenpflicht gebunden, die es gegenüber einem westlichen Führer seines Ranges empfunden hätte. Erst recht erstreckt sich die Gemeinschaft der Ehre, die innerhalb einer Kultur entsteht, nicht auf den Fremden, der keiner Kultur angehört, d.h. den Barbaren. So wurden Jugurta, Mithridates, Sertorius, Vercingetorix von den Römern bis zu ihrem persönlichen Tod verfolgt. Der Barbar versteht die Dinge auf dieselbe Weise, wie die Morde und Massaker von Mithridates, Juba, den Goten, Arminius und Attila zeigen. Nicht das Volk, nicht die Ethnie, sondern die grandiose Tatsache der Zugehörigkeit oder Nichtzugehörigkeit zu einer großen Kultur ist in diesem Fall entscheidend, wie die Massaker der Mongolen unter Dschingis Khan und der heutigen Russen, die beide einer großen Kultur fremd sind, beweisen.

Als nach dem Zweiten Weltkrieg ein riesiges und umfassendes Programm der physischen Vernichtung und der politischen, rechtlichen, sozialen und wirtschaftlichen Verfolgung gegen den wehrlosen Körper Europas organisiert wurde, wurde sehr deutlich, dass dies kein innerkulturelles Phänomen war, sondern eine weitere, transparente und beispielhafte Manifestation der kulturellen Verzerrung. Verfälscht wurden vor allem die politisch-militärischen Ehrensitten vieler hehrer westlicher Traditionen. Diese Sitten wurden von Europa noch während des Zweiten Weltkriegs befolgt, und zahlreiche Politiker und Generäle kleiner Staaten überlebten die europäischen Gefängnisse während des gesamten Zweiten Weltkriegs, weil es keinem europäischen Geist in den Sinn kam, dass sie einem Scheinprozess unterzogen und gehängt werden könnten. Diese Gepflogenheiten erstreckten sich sogar auf Extremsituationen wie den Schutz des Lebens des Sohnes des barbarischen Führers Stalin, der während des Krieges in Europa gefangen gehalten wurde, und wurden in einigen Fällen sogar vom barbarischen Japan befolgt, das das Leben hochrangiger amerikanischer Soldaten rettete, obwohl es sie mit oder ohne Scheinprozesse hätte töten können. Aber die unbedingte Verpflichtung zur Kriegsehre, die in der westlichen Zivilisation bis dahin absolut war, wurde nach dem Zweiten Weltkrieg vom Fälscher der Kultur geändert.

Da die Kulturkrankheit niemals die Seele der Kultur in ihrem Innersten beeinflussen kann, kann sie diese Seele auch nicht dauerhaft verändern, sondern muss einen endlosen Kampf gegen sie führen. In diesem Kampf kann sie keinen Frieden und keinen Waffenstillstand schließen. Die kulturellen Instinkte werden sich immer gegen die Elemente der Krankheit wehren, seien sie parasitär, verzögernd oder entstellend. Aus diesem Grund hat die kulturelle Verzerrung nach dem Krieg von, als es in der westlichen Zivilisation keinen politischen Kampf mehr gab, den europäischen Terror entfesselt.

Die Geschichte des Programms "Kriegsverbrechen" zeigt seine Natur. Seine Grundlagen wurden in der antieuropäischen Propaganda gelegt, die Amerika ab 1933 überrollte. Dieselbe Propaganda zeigte, dass außereuropäische Kräfte am Werk waren, da sie die Gemeinschaft der Nationen und die politische Ehre ablehnte. Die europäischen Führer wurden als gemeine Verbrecher und sexuell Perverse dargestellt, und durch diese abscheuliche Propaganda wurde die Idee verbreitet, dass diese Führer getötet werden könnten und sollten. Nach und nach wurde die These ausgeweitet und die Idee des ethischen Sozialismus des 20. Jahrhunderts mit dem absolut Bösen gleichgesetzt, und die Bevölkerungen, die in dessen Dienst standen, wurden als von kollektivem Wahnsinn befallen dargestellt und bedurften einer "Umerziehung", die von Amerika durchgeführt werden sollte.

Kulturelle Verzerrung muss sich immer wirksamer Mittel bedienen und auf etablierte Ideen und Bräuche zurückgreifen, um wirksam zu sein. So appellierte sie in Amerika an den amerikanischen Patriotismus und Legalismus. Während des Zweiten Weltkriegs forderte die Propaganda ausdrücklich die "Strafverfolgung" der europäischen Führer und der kulturtragenden Schicht des Westens. Im Laufe des Krieges wurde in Amerika ein massiver "Hochverratsprozess" gegen amerikanische Elemente eingeleitet, die der kulturellen Verzerrung feindlich gegenüberstanden und das westliche Imperium unterstützten. Um zumindest vorübergehend die angeborenen westlichen Ehreninstinkte zu überwinden, wurde der Krieg als einzigartig dargestellt, als ein Krieg gegen die Menschlichkeit, gegen die "Moral", für den "Frieden", gegen den Krieg, ein Krieg, der daher im Falle eines Sieges mit einzigartigen Maßnahmen gegen den Feind geführt werden sollte; Ein Krieg, in dem der Feind nicht nur besiegt, sondern als "Strafe" für seine Verbrechen physisch vernichtet werden sollte, und wie üblich wurde das Gesetz zur Unterstützung der

Struktur herangezogen, und die Juristen wurden angewiesen, neue Verbrechen vorzubereiten, neue Gerichte, Verfahren, Gerichtsbarkeiten, Sanktionen zu entwerfen. Nicht nur Führer, sondern auch Armeen und sogar Zivilisten sollten für neue Verbrechen verurteilt werden.

Auf der untersten intellektuellen Ebene wurde diese Operation offen als Rache dargestellt, was jedoch die Schaffung neuer Tatsachen erforderte, dass es in den fünf Jahrtausenden der großen Kulturen nie etwas Vergleichbares gegeben hatte. Aus diesem Grund wurde die berüchtigte Propaganda der "Konzentrationslager" erfunden, um die Phantasie der Öffentlichkeit zu beflügeln.

Fantasie wurde zur Tatsache, Lügen wurden zur Wahrheit, Verdächtigungen wurden zu Beweisen, Verfolgungswahn wurde zu Blutrausch. Da Europa keine Schauprozesse zur Rechtfertigung von Racheakten durchgeführt hatte, behauptete die Propaganda, es hätte sie gegeben, wenn der Krieg gewonnen worden wäre, und diese nachweisbare Lüge wurde zur Tatsache.

Die natürliche Affinität der kranken Elemente in einer Kultur wurde durch die Tatsache bewiesen, dass die Führer der kulturellen Retardgruppen im Westen und insbesondere in Amerika das Programm unterstützten. Ohne die Cultural Retard-Kräfte in Amerika wäre die ganze Operation der "Prozesse und Verbrechen" unmöglich gewesen. Wie zu erwarten war, lehnten die besten Köpfe der westlichen Zivilisation, sowohl in Amerika als auch in Europa, das Programm vollständig ab, aber die Macht, es umzusetzen, lag in den Händen des exotischen Siegers.

Das Schema der Verbrechen hatte drei Hauptaspekte: erstens die massenhafte Verfolgung der höchsten europäischen Führer, der Urheber der europäischen Revolution von 1933; zweitens die ebenfalls massenhafte Verfolgung von Offizieren aller Dienstgrade, die sich im Krieg ausgezeichnet hatten, von Militärangehörigen, die in den Konzentrationslagern Wachdienst geleistet hatten, und von Zivilisten, die an der Verteidigung gegen Luftangriffe teilgenommen hatten; drittens die individuelle Verfolgung von Millionen von Mitgliedern politischer Massenorganisationen.

Obwohl diese Verfahren als "Prozesse" bezeichnet wurden, handelte es sich in Wirklichkeit nicht um Prozesse, da es kein Rechtssystem gab, das eine Bestrafung zuließ. Das westliche Völkerrecht schloss die Möglichkeit aus, dass die Führer eines feindlichen Staates vor Gericht gestellt und im Rahmen der Ausbeutung des Sieges gehängt werden konnten, da sein Grundprinzip die Souveränität der Staaten war.

Das Völkerrecht basierte also ausschließlich auf einer Gemeinschaft der Mitmenschlichkeit, nicht auf Gewalt. Ein echter Prozess setzt, rein rechtlich gesehen, eine bestehende Rechtsordnung, eine ebenfalls bestehende richterliche Gewalt zur Durchsetzung des Rechts, eine Gerichtsbarkeit über die zu verhandelnde Sache und eine Gerichtsbarkeit über die Person, deren Handlungen verhandelt werden sollen, voraus. Ohne ein vorher bestehendes Gesetz kann es kein Verbrechen, kein Gericht, keine Gerichtsbarkeit über Handlungen oder Personen geben. Der bloße Gewahrsam ist keine Gerichtsbarkeit, denn sonst könnte ein Entführer behaupten, er habe die Gerichtsbarkeit über sein Opfer.

Scheinprozesse sind nichts Neues in der Kulturgeschichte, aber wenn sie zwischen Angehörigen derselben Kultur stattfinden, sind sie einfach nur eine Schande, und die Schande fällt auf den Täter zurück, und zwar nur auf ihn, niemals auf das Opfer. Sie sind einfach deshalb unehrenhaft, weil sie Betrug und Täuschung sind; sie sind der Versuch, unter dem Deckmantel der Form und des Gesetzes zu tun, was Instinkt und Gewissen verbieten. So waren die Vorbereitungen zu den Hinrichtungen Ludwigs XVI. von Frankreich und Karls von England keine Prozesse, auch wenn diejenigen, die an ihnen teilnahmen, sie so nannten, denn nach dem Recht, das damals in Frankreich und England galt, war der Monarch souverän und konnte als solcher keinem Gericht unterworfen werden.

Abgesehen von rein juristischen Gründen und Überlegungen zur innerkulturellen Ehrengemeinschaft gibt es eine unabhängige Quelle von Gründen, warum "Kriegsverbrecher"-Prozesse nicht als Prozesse bezeichnet werden können: Es ist die Quelle der menschlichen Psychologie. Ein echter Prozess setzt die Unparteilichkeit des Gerichts voraus, eine echte geistige Unparteilichkeit, die über eine rein juristische Unschuldsvermutung für die Angeklagten hinausgeht. Aber die fraglichen Anklagen waren offen und ehrlich gegen Feinde formuliert. Die Opfer wurden rechtlich als "Feinde" bezeichnet, und der Krieg wurde rechtlich als andauernd erklärt. Feindschaft schließt Unparteilichkeit aus, und von Unparteilichkeit war in dem Programm "Verbrechen" nichts zu sehen. In früheren Zeiten waren die "Prozesse", mit denen Philipp der Schöne den Templerorden als politische Macht ausschaltete, die "Prozesse" gegen Jeanne d'Arc, Alice Lisle und den Herzog von Enghien wegen der Parteilichkeit des Gerichts keine echten Prozesse. Erst recht kann es keinen echten und unparteiischen Prozess geben, wenn die Prozesse das

Ergebnis des Zusammenwirkens zweier verschiedener Kulturen sind, wie der "Prozess" gegen Christus durch den römischen Staatsanwalt und der gegen Atahualpa durch ein spanisches Kriegsgericht zeigen. Das Spektakel von Nürnberg war ein weiteres und das schlüssigste Beispiel für die völlige Unversöhnlichkeit der Seelen zweier Kulturen und für die abgrundtiefen Tiefen, in die die Kulturkrankheit hinabsteigen kann. Noch während des Prozesses wiesen die Organisatoren ihre Presse an, die Öffentlichkeit zu befragen, welche Hinrichtungsmethoden gegen die Opfer angewandt werden sollten.

Natürlich ist es unmöglich, immer die gesamte Bevölkerung einer Kultur zu täuschen. Es gibt eine bestimmte Schicht, die die Realität durch Täuschung erkennt, und in dieser Schicht hatte die Propaganda von Verbrechen und "Prozessen" genau den gegenteiligen Effekt, als sie beabsichtigt war. Jeder, der zur historischen Orientierung fähig ist, weiß, dass der Beiname "Verbrecher" mit oberflächlichem und vorübergehendem Erfolg jedem Machthaber angehängt werden kann. Im Laufe des Jahrtausends der abendländischen Geschichte wurden Hunderte von schöpferischen Menschen und Namen, die wichtige Positionen innehatten, wegen Verbrechen angeklagt oder inhaftiert. Der Heilige Römische Kaiser Conradinus Hohenstaufen wurde enthauptet, obwohl er die ranghöchste weltliche Person in der gesamten Christenheit war. Weitere Personen, die eines Verbrechens beschuldigt oder inhaftiert wurden, waren: Richard Löwenherz, Roger Bacon, Arnold von Brescia, Giordano Bruno, Christoph Kolumbus, Savoranola, Jeanne d'Arc, Galileo, Cervantes, Karl von England, Shakespeare, Oldenbarneveldt, Ludwig XVI., Lavoisier, Voltaire, Napoleon, Kaiser Maximilian von Mexiko, Thoreau, Wagner, Karl III, Friedrich der Große, Edgar Poe, Napoleon III, Garibaldi. Die Zeit des Terrors während der Französischen Revolution begann im Jahr 1793 und dauerte etwas mehr als ein Jahr, obwohl sie als Ergebnis lang anhaltender und ununterbrochener innerer und äußerer politischer Aktivitäten entstand und sich entwickelte, die einen in Europa bis dahin unbekannten Grad an Intensität erreichten. Die Neue Französische Republik kämpft auf den Schlachtfeldern um ihr Überleben und steht gleichzeitig der Mehrheit ihrer eigenen Bevölkerung gegenüber. Unter diesen Bedingungen des Kampfes um die Macht lassen sich die Missbräuche des Terrors unter den gegebenen Umständen historisch verstehen. Die dramatischen Qualitäten des Terrors können nicht darüber hinwegtäuschen, dass allein er nach Schätzungen seiner Gegner zwischen zwei-

und viertausend Menschen guillotinierte.

Ganz anders der Terror, der auf den Zweiten Weltkrieg folgte. Seine ganze Motivation ging über die Politik hinaus, denn dieses Wort wird nur für Machtaktivitäten innerhalb einer Kultur verwendet. Es handelte sich nicht um eine Phase des Machtkampfes. Das besiegte Europa war vollständig von Armeen besetzt, die im Dienste der kulturellen Verzerrung standen. Es gab keinen physischen Widerstand. So wurde aus einem rein revanchistischen Imperativ heraus ein Programm von Verfolgungen und Massenhinrichtungen organisiert.

Die aufwendige Vortäuschung von Legalität ist ein weiteres Anzeichen für eine kulturelle Krankheit. Eine derartig langwierige Betrugsorgie, um eine so offensichtliche Schande zu verbergen, wäre für jede Gruppe, die einer großen Kultur angehört, gegenüber ihrem innerkulturellen Gegner unmöglich gewesen. Es genügt zu sagen, dass es in fünf Jahrtausenden der Hochgeschichte keinen Präzedenzfall für ein solches Vorgehen gibt. Die kulturelle Verzerrung zeigt sich auch darin, dass das Hinrichtungsprogramm auf unbestimmte Zeit ausgedehnt wurde. Die Organisatoren des Programms hatten keine Ehrengemeinschaft mit den Menschen, die sie zum Tode verurteilten, und hätten ihre Aufgabe unbegrenzt fortsetzen können. Drei Jahre nach seinem Beginn entwickelte sich das "Programm" in größerem Umfang als zu Beginn. Das Gefühl der eigenen Schande hat bei einem Kulturfremden keinen Platz, im Gegensatz zu den unnachgiebigen Jakobinern und der Pariser Canaille.

Das lächerliche legalistische Gewand, das nur pro forma getragen wurde und in keinem Fall "Urteile" und "Sätze" beeinflussen konnte, ist ein zusätzliches Zeichen außerkulturellen Ursprungs. Das westliche Rechtsdenken hat nie auf die Vernichtung der Ehre der Westler abgezielt, auch wenn es oft unter dem Deckmantel des reinen "Rechtsdenkens" in den Dienst politischer, wirtschaftlicher oder religiöser Ziele gestellt wurde. Aber dem kulturellen Fremden fehlt das feine Gespür für Zurückhaltung, und so setzt er seine Verkleidung fort, auch wenn er erkannt wurde.

Auch das Programm "Verbrechen" ist kein Ausdruck der Barbarei, denn die Barbarei ist den vielsilbigen Jonglierkünsten der Juristen weitaus feindlicher gesinnt als den ehrbaren Gefühlen der oberen Schichten einer großen Kultur. So haben die Russen bei ihrer Besetzung Europas keine "Prozesse" wegen "Kriegsverbrechen" geführt, sondern einfach nach Belieben getötet, ohne juristischen Vorwand.

Der Terror der Französischen Revolution hatte auch eine positive Idee für die Nation, und die Todesfälle und Zerstörungen, die er anrichtete, sollten ein neues Regime durch Einschüchterung und Zerstörung des alten durchsetzen. Als er sein politisches Ziel erreicht hatte, war der Terror vorbei. Der Terror nach dem Zweiten Weltkrieg hingegen begann mit einem bereits erreichten politischen Ziel und hatte somit keine politisch-kulturelle Daseinsberechtigung. Sein Motiv war existenzieller Hass, und sein Ziel war schlichtweg die totale, apokalyptische Rache... aber Rache mischt sich nicht in die Kulturpolitik ein.

Gruppen, die derselben Kultur angehören, haben sich in der Vergangenheit immer großzügig gegenüber einem besiegten Feind derselben Kultur gezeigt, selbst in der Phase der Vernichtungskriege. Es war der feindliche Staat, der zerstört werden sollte, nicht das Volk. Schon die Länge der "Prozesse" deutet auf eine Kulturkrankheit hin. Der französische Terror hat in nur zwei Tagen eine so wichtige Person wie die Königin von Frankreich zum Tode verurteilt, aber die berüchtigten juristischen Schein-"Konzentrationslager" dauerten Monate und die juristische Folter von Nürnberg wurde bis zu einem Jahr ausgedehnt.

Der grausamste Aspekt des breit angelegten Plans war zweifellos der, der sich gegen Menschen richtete, die kaum ins Gewicht fielen, da er Millionen von Menschen betraf. Vom amerikanischen Regime eingesetzte Marionettenregime richteten "Entnazifizierungs"-Tribunale ein, um dem grandiosen Programm der Massenverfolgung neuen Schwung zu verleihen. Die Opfer wurden ihres gesamten Eigentums beraubt. Berufstätige und Akademiker wurden gezwungen, als Arbeiter zu arbeiten, und Jungen aus bestimmten Familien wurden von der Universität ausgeschlossen. Man begann, sehr niedrige Lebensmittelrationen an die Bevölkerung zu verteilen; diese Technik war von Lenin in seinem Programm zur Ausrottung der "Bourgeoisie" in Russland angewandt worden. Die Gegner der kulturellen Verzerrung wurden für mehrere Jahre ins Gefängnis gesteckt. Die Familien der Opfer wurden auf die gleiche Weise behandelt, so dass sie ihnen keine Hilfe zukommen lassen konnten.

Dieses Programm stand in all seinen Aspekten im Widerspruch zu allen internationalen Konventionen, die alle westlichen Staaten an den gemeinsamen kulturell-internationalen Kodex der politisch-militärischen Ehre banden. Diese

Konventionen vertraten die westliche Gesinnung, sonst wären sie nicht in Kraft gesetzt worden, daher ihre völlige Vernachlässigung Amerika in seiner Nachkriegsbesetzung Europas, und stellen darüber hinaus den ultimativen Beweis für den pathologisch-kulturellen Charakter des umfassenden Terrorprogramms dar. Keine westliche Kraft konnte sich an dem langen und betrügerischen Versuch beteiligen, das westliche Völkerrecht als Strafgesetzbuch darzustellen, da es nie eine Sanktionsskala vorgesehen hat. Kulturell fremde Elemente können jedoch niemals die Gefühle durchdringen, die hinter den westlichen Ideen und Institutionen stehen, genauso wenig wie die Westler jemals die Feinheiten der Kabbala oder der maimonidischen Philosophie vollständig verstehen können. Schließlich, und das ist aus spiritueller Sicht am wichtigsten, gibt es den verzweifelten Versuch des Terrors, die Umwandlung aller westlichen Werte herbeizuführen. Das Leben und die Gesundheit des Wirts ist der Tod des Parasiten, und das Gedeihen des Parasiten ist die Krankheit und die Verzerrung des Wirts. Daher wird jeder normale und natürliche Versuch von kulturtragenden Elementen, sich den pathologisch-kulturellen Phänomenen innerhalb der westlichen Zivilisation entgegenzustellen, als kriminell und moralisch verwerflich dargestellt. Der Widerstand gegen die kulturelle Verzerrung und ihre Instrumente wurde zum "Verbrechen" erklärt, und die Unterstützung der Europäischen Revolution von 1933 konnte die Todesstrafe nach sich ziehen. Bei diesem Versuch, Werte umzuwandeln, ging ein Offizier der amerikanischen Streitkräfte, der kein Mitglied der westlichen Zivilisation war, so weit zu sagen, dass Bismarck, wenn er noch leben würde, von seinen Truppen als Verbrecher verurteilt würde. Schließlich definierte das berüchtigte "Legal Control Board No. 10" die Führer des politischen, militärischen, industriellen und finanziellen Lebens Europas und seiner osteuropäischen Partnerstaaten als "Kriminelle".

Dieser Terror zeigt die Bedeutung einer amerikanischen Besatzung in Europa. Die Natur Amerikas als Kolonie, die durch eine große Entfernung vom Mutterland der westlichen Kultur getrennt ist, erklärt deutlich, warum die Kulturkrankheit dort eine so entscheidende Rolle spielen konnte. Die Gepflogenheiten der westlichen Ehre, die es auch in Amerika gibt, haben in diesem Land nie so tiefe Wurzeln geschlagen, und so konnte der kulturelle Fremde seinen Racheimperativ auf den amerikanischen Organismus aufpfropfen. Ein solcher Prozess ist organisch und hat daher eine Richtung. Er kann nicht ewig weitergehen, ohne dass die nationalen

Instinkte Amerikas tief und mächtig herausgefordert werden, aber in dieser entscheidenden Epoche wird die Bedeutung Amerikas für Europa durch das Terrorprogramm der kulturellen Verzerrung symbolisiert, das es nach dem Zweiten Weltkrieg in den ehemaligen Staaten Europas, die nun zu seinen Kolonien geworden sind, entfesselt hat.

## 8. Der Abgrund

### I

Europa befindet sich in einem geistigen politischen Abgrund. Die Geschichte des Westens seit 1914 fordert nun ihren Preis der Schande und des Grauens. Die Grenzbesessenheit hat sich so weit entwickelt, dass es keine europäischen Grenzen mehr gibt und die Grenzen der außereuropäischen Mächte in Europa liegen. Armut für alle, Krankheiten, Hungersnöte, Plünderungen, Kälte und vorsätzliche Ermordung von Angehörigen der kulturtragenden Schicht des Westens: das ist das Erbe des Nationalismus und Patriotismus von gestern. Sie dachten an den Rhein und nicht an den Amur, den Obi, den Jangtsekiang, den Ganges, den Nil, den Niger. So ist Europa zur Beute geworden, und fremde Plünderungsmächte verfügen über ihr Leben und ihre Schätze, ja sogar über die Kunstwerke, die ihre innere Seele ausdrücken.

Haben wir in den letzten neun Jahren Ereignisse erlebt, die auf das Ende der westlichen Zivilisation hindeuten? Der heilige Boden unserer Kultur wird von Heeren von Barbaren und Verunstaltern unserer kulturellen Instinkte und unseres Erbes besetzt. In der Vergangenheit haben Rollo, Wilhelm von der Normandie, die Hohenstauffen, Löwenherz, Gottfried von Bouillon, die Deutschordensritter, Rainald van Dassel, Gustav Adolf, Waldstein, der Herzog von Alba, Cromwell, Richelieu, Turenne, der Herzog von Sachsen, Friedrich der Große, Pitt, Napoleon, Bismarck diesen Boden betreten. Heute, während ich schreibe, ist es von Kirgisen, Mongolen, Armeniern, Turkestanern, Indern, Senegalesen, Schwarzen, Amerikanern und Juden besetzt. Diese kulturfremden Armeen werden von verräterischen Regierungen regiert, deren Mitglieder aus den Ritzen der Straße hervorgegangen sind und die ihren Hass gegen den Geist der Zeit zum Ausdruck bringen.

Seit 1900 hat die Weltmacht Europa stetig abgenommen. Der Erste Weltkrieg beschleunigte die externe Revolte gegen den Westen drastisch, und der Zweite Weltkrieg eliminierte Europa vollständig aus den Kombinationen der Weltmacht. Die Europäische Revolution von 1933 war ein Hoffnungsschimmer für Europa. Es schien, als könnte auch Europa am Kampf um die Weltherrschaft teilnehmen und die Stellung in der Welt zurückerobern, die die Grundlage für das physische Leben von Millionen von Europäern ist, anstatt nur die Beute von Barbaren aus dem Ausland zu sein.

Welche Ressourcen kann Europa im Kampf um sein geistiges und physisches Überleben aufbringen? Das ist eine andere Art zu fragen: Welche Möglichkeiten hat Europa im Inneren?

## II

Die falsche und verzerrte Form, die der Zweite Weltkrieg angenommen hat, mag vielleicht einige zu der Annahme verleiten, dass die Kultur nicht die treibende Kraft der Politik in diesem Zeitalter der absoluten Politik ist. Aber der Zweite Weltkrieg ist der Beweis dafür. Tatsächlich fanden im Zuge des Phänomens, das als Zweiter Weltkrieg bezeichnet wird, drei verschiedene Kriege zur gleichen Zeit statt. Erstens gab es den Krieg der Gruppe der gefälschten Kultur gegen die westliche Zivilisation. Zweitens gab es den Krieg der westlichen Zivilisation gegen Russland. Und schließlich gab es den Krieg zwischen Amerika, einer Kolonie der westlichen Zivilisation, und Japan. Alle diese Kriege waren kulturell motiviert.

Die Konflikte, die sich derzeit in der Welt entwickeln, beruhen auf kulturellen Gegensätzen. Im gesamten Bereich der westlichen Kultur findet ein horizontaler Kampf statt: unten die kraftvolle und heroische Idee des ethischen Sozialismus des 20. Jahrhunderts, oben die ungesunden Phänomene des Parasitismus, der Rückständigkeit und der Verzerrung. Hinzu kommen der Kampf Japans gegen Amerika, der auch ein Kulturkampf ist, und der Konflikt zwischen Amerika und Russland.

Die gegenwärtige Situation in Europa ist davon geprägt, dass die Idee des 20. Jahrhunderts im Zweiten Weltkrieg einen großen Sieg errungen hat, während die Ideen des 19. Jahrhunderts, der Kapitalismus, der Materialismus, der Nationalismus und der Patriotismus von gestern, sich nur oberflächlich durchgesetzt haben. In ganz Europa, und nicht nur in Preußen-Deutschland, der Wiege der Idee des ethischen Sozialismus des 20. Jahrhunderts, ist der Zeitgeist präsent. Es wird versucht, ihn zu verwirren, zu entstellen, seine Energie in Sackgassen zu lenken. Vor allem wird versucht, den Nationalhass und den altmodischen Patriotismus des neunzehnten Jahrhunderts wiederzubeleben, um den Selbstmord Europas herbeizuführen. Jahrhunderts wieder aufleben zu lassen, um den Selbstmord Europas herbeizuführen. In der ersten Phase der Vernichtungsländer waren alle europäischen Nationen Opfer dieser Vernichtung, und die äußeren Kräfte waren die Sieger über die Zivilisation. Dieser Prozess ist nicht umkehrbar. Was zu einer Tatsache geworden ist, bleibt bestehen und muss angepasst werden.

Der Nationalismus im Stil des 19. Jahrhunderts ist also sowohl aus materiellen als auch aus geistigen Gründen tot. Geistig ist er deshalb tot, weil Europa in seiner kulturellen Entwicklung die Stufe des Imperiums erreicht hat. Dies würde auch dann gelten, wenn es keine so beängstigende äußere Bedrohung gäbe, wie es sie gibt. Aber darüber hinaus ist die Machtbasis jeder der alten westlichen Nationen zerstört worden. Keine von ihnen verfügt über ausreichende Ressourcen, weder geistig noch materiell, um in der Weltpolitik unabhängig zu handeln. Ihre einzige Alternative besteht darin, kollektive Vasallen zu sein oder eine Kultur-Staat-Nation-Rasse-Volk-Einheit zu bilden. Dies schafft automatisch eine wirtschaftlich-politisch-militärische Einheit.

Andererseits kann Europa der preußisch-deutschen Idee des 20. Jahrhunderts, der Idee des ethischen Sozialismus, widerstehen und im gegenwärtigen Chaos fortfahren. Das Ergebnis wird in diesem Fall die politische Eliminierung der westlichen Zivilisation sein, für immer aus dem Weltkampf. Russland, Japan oder andere Mächte, die heute noch gar nicht existieren, werden gegeneinander um die Eroberung der Ruinen des Westens kämpfen, so wie die Barbaren im Ausland endlose Kriege um die Herrschaft über die ägyptischen, babylonischen, chinesischen, römischen und islamischen Reiche geführt haben. Die rein geistigen und intellektuellen Aufgaben, die unsere Kultur noch zu erledigen hat, mögen unter der Herrschaft der Barbaren erfüllt werden, aber die größte aller inneren Aufgaben und der energischste Imperativ des stärksten Machtwillens, den die Geschichte je gekannt hat, wird unerfüllt bleiben: die Schaffung des westlichen Reiches.

In allen Schichten Europas muss verstanden werden, dass die Einheit des Westens nur auf einer Grundlage erreicht werden kann. Von 1940 bis 1944 war fast ganz Europa geeint, und die Ereignisse des Zweiten Weltkriegs haben der ganzen Welt die Einheit Europas gezeigt, denn ganz Europa wurde besiegt, trotz des trügerischen Versuchs, einigen Teilen des Westens das Gefühl des Sieges zu geben. Die Einheit Europas kann nur mit Gewalt herbeigeführt werden, denn dies ist die einzige Waffe, die die Geschichte kennt. Die Art und Weise, in der Europa durch äußere Kräfte besiegt wurde, ist die gleiche Art und Weise, in der es befreit und wiedervereinigt werden kann. Ob dies in Form von Bürgerkriegen oder internationalen Kriegen geschieht, ist unerheblich: Die beiden Fronten sind dieselben: Auf der einen Seite der Barbar und der Fälscher, das Chaos und der Tod, auf der anderen Seite der Geist der Zeit, die preußisch-europäische Idee.

Diese Idee ist nicht "national" im Sinne des neunzehnten Jahrhunderts - sie war nichts weiter als Propaganda parasitärer Elemente und überzeugte nur die Sub-Europäer. Diese Idee überwindet die alten "nationalen" Trennungen des Westens. Sie ist in sich selbst die Seele, die Mission, die ethische Form einer Nation, einer Nation, deren Bevölkerung und Großraumgebiet aus den alten "nationalen" Formationen des Westens stammen: Spanien, Frankreich, England, England, Italien und Deutschland. Es handelt sich nicht um eine Föderation, auch nicht um eine "Zollunion" irgendeines wirtschaftlichen Kunstgriffs, um Europa auf einem marginalen Existenzniveau zu halten, das ausreicht, um seine Revolte gegen den Fälscher und den Barbaren zu verhindern. Es geht um die geistige Einheit, und daraus folgend natürlich auch um die wirtschaftliche Einheit. Aber diese geistige Einheit muss auch dann zustande kommen, wenn sie wirtschaftlich unbequem ist, denn die Wirtschaft ist nicht mehr der Motor der Geschichte.

## 9. Imperium

I

Die Geschichte der Nationen in der westlichen Kultur folgt einer großen triadischen Entwicklung. Die These war die Einheit des Abendlandes, die Einheit der Kreuzzüge und der Zeit des Kaiser- und Papsttums. Sie setzte sich in der großen, wesentlichen Tatsache fort, diese Einheit gegenüber den Barbaren zu bewahren, bis zur Mitte des 18.Jahrhunderts. Der Gegenpol war die Zeit des politischen Nationalismus, der den Materialismus begleitete und einen so starken Einfluss ausübte, dass die Menschen glaubten, die Nationen würden die Kultur hervorbringen und das Gegenteil. Schließlich wurde die Beharrlichkeit des Nationalismus so groß, dass einige Führer es vorzogen, ihre Nationen zu verraten, indem sie sich mit außerwestlichen Kräften verbündeten, anstatt sich einer vereinigten westlichen Organisation anzuschließen. Die Synthese ist die Periode der Zukunft. Sie existiert in den Köpfen der Mitglieder der kulturtragenden Schicht des Westens und wurde während des Zweiten Weltkriegs für kurze Zeit in ihrer ersten, groben und provisorischen Form verwirklicht. Sie kehrt zur These zurück, behält aber die Kreationen der Antithese bei, denn diese große Synthese ist keine bloße Negation. Keine europäische "Nation" des alten Staates kann nach dieser neuen Idee mehr Gegenstand eines gewaltsamen Versuchs sein, ihre lokalen Merkmale zu verändern oder abzuschaffen. Als geistige Realität betrachtet, kann die Synthese nicht durch physische Gewalt verbreitet werden.

Nicht nur im Bereich der Nationen, sondern in der Gesamtheit der Lebensäußerungen der westlichen Zivilisation dringt die Synthese mit neuen Werten, ihrer höchsten Vorstellungskraft und ihren neuen schöpferischen Kräften ein.

Während der fortschreitenden radikalen Spaltung des Abendlandes artete der Antagonismus der verschiedenen Ideen gegeneinander in einen Wahn aus. Der Handel kämpfte gegen die Obrigkeit, der Dritte Stand gegen die Gesellschaft, die Protestanten gegen die Katholiken, der Norden gegen den Süden, England gegen Spanien, Frankreich gegen Spanien, England gegen Preußen, die Wissenschaft gegen die Religion, der Rationalismus gegen die Seele, der Klassenkampf gegen Obrigkeit und Eigentum. Das nationalistische Fieber, das schlimmste von allen, wurde von den französischen Armeen unter dem großen Napoleon weit und breit verbreitet. Der nationalistische Eifer seiner Truppen, der ihm auf 150 Schlachtfeldern zum Sieg verhalf, verbreitete sich selbst, denn er war der Inhalt des Zeitgeistes. Dieser Geist steckte den gesamten Westen an und beeinflusste den spanischen Widerstand und die preußische Reaktion, die ihn schließlich besiegten.

Es gab keine innere Notwendigkeit für das schreckliche Ergebnis der Epoche des Nationalismus, d.h. die Vernichtungskriege. Es war nicht dem Schicksal, sondern der kulturellen Pathologie geschuldet, dass der gesamte Westen unterging und dass fremde Mächte kamen, um seine Kriege auf seinem Territorium und mit seinem Blut zu führen. Dennoch ist es geschehen, und das schreckliche Ergebnis des Zweiten Weltkriegs zwingt die gesamte kulturtragende Schicht des Westens zu einer neuen Denkweise. Im Gegenteil, es besteht nun die innere Notwendigkeit, das Zeitalter des Nationalismus und der Vernichtungskriege endgültig zu beenden. Die große Synthese, das Imperium, tritt an seine Stelle. Die Synthese enthält in sich die alten Komponenten von Thesis und Antithesis. Die wesentlichen gotischen Instinkte der westlichen Kultur sind in der Imperium-Idee immer noch vorhanden. Es kann nicht anders sein. Ebenfalls vorhanden sind die verschiedenen Ideen, die diese Instinkte im Rahmen dieser Kultur für sie gebildet haben, die Religionen, die Nationen, die Philosophien, die Sprachen, die Künste und die Wissenschaften. Aber sie sind nicht mehr als Gegensätze vorhanden, sondern als bloße Unterschiede.

Tot - für immer tot - ist jede Vorstellung, dass eine dieser nationalen, sprachlichen, religiösen, sozialen Ideen die Aufgabe hat, eine andere Idee zu bestimmen. Die Anhänger des Imperiums unterscheiden sich nach wie vor von den Anhängern des Papsttums, aber diese Unterscheidung beherrscht nicht mehr ihr Denken, denn jetzt ist es die Idee des Imperiums, die Rückkehr zu überpersönlichen Ursprüngen, die vorherrscht, und diese beiden grandiosen Ideen entspringen derselben geistigen Quelle. Die Differenzen zwischen Protestanten und Katholiken, die einst einen casus belli darstellten, haben sich in die gleiche Richtung entwickelt. Sie bestehen weiterhin, aber es ist heute unvorstellbar, dass diese Unterschiede jemals wieder die westliche Zivilisation spalten könnten. Es gab auch die Rassen- und Temperamentsunterschiede zwischen Germanen und Lateinern, zwischen Nord und Süd. Einst trugen sie dazu bei, Motive für die Geschichte zu liefern; heute können sie das nicht mehr. Wiederum betonen wir alle, dass sie Teil des Westens sind, so unterschiedlich sie auch sein mögen, und die Idee des Imperiums monopolisiert die Motivation der Geschichte.

Die alten Nationen, die Religionen, die Ethnien, die Klassen: sie sind jetzt das Baumaterial des großen imperialen Gebildes, das sich selbst gründet. Die Idee des Imperiums braucht ihre Bestandteile, die kollektiven Produkte von tausend Jahren abendländischer Geschichte, nicht auszulöschen. Im Gegenteil, sie bekräftigt sie alle; in einem höheren Sinne verewigt sie sie alle, aber sie stellt sie in ihren Dienst, und sie werden nicht mehr im Mittelpunkt der Geschichte stehen.

Die Idee des Imperiums darf auch nicht mit irgendeiner dummen rationalistischen Doktrin oder einem verflixten Jahrtausend verwechselt werden. Sie ist kein Programm, kein Forderungskatalog, kein Gerechtigkeitsschema, keine juristische Spitzfindigkeit rund um das Konzept der rationalen Souveränität. So wie die Zukunft immer gegen die festgefahrenen Kräfte der Vergangenheit kämpfen musste, so muss auch diese mächtige, universelle Idee kämpfen. Ihre erste Phase besteht in der geistigen Eroberung der Köpfe und Seelen der Angehörigen der kulturtragenden Schicht des Westens. Dies ist völlig unvermeidlich. Die nächste Phase ist die äußere Verwirklichung der Idee in einer neuen Form des Staates und einer neuen Form der Nation. In dieser Phase kann es zu Bürgerkriegen kommen, vielleicht auch zu verzögerten "internationalen" Kriegen zwischen ehemaligen westlichen Nationen und möglicherweise zu Befreiungskriegen gegen äußere Kräfte.

Die erste Phase hat bereits begonnen, mit einem langsamen, aber unwiderstehlichen Rhythmus. Die anderen Phasen müssen folgen, unabhängig davon, ob die endgültige Vollendung der Idee in der Realität erreicht wird oder nicht. Der Vertrag von Fontanebleau von 1763, der vor seiner Geburt unterzeichnet wurde, hatte fatale Folgen für Napoleon, der vergeblich gegen ihn und seine Folgen kämpfte. Der Westen muss gegen das Erbe zweier Weltkriege kämpfen, die Europa entthront und zu einem Vasallen von Barbaren und Kolonialherren gemacht haben. Er muss sich die Weltherrschaft zurückerobern, die die neidischen und kleinlichen Gegner des Helden in den Wind geschlagen haben.

## II

Der Einsatz militärischer Gewalt dient der Bekämpfung des Externen, weil es sich nicht der Bestimmung des Westens unterwirft. Jeder nicht-westliche politische Organismus leugnet durch seine bloße Existenz den Westen, seine Bestimmung, seinen Imperativ und sein Recht auf physische Existenz. Dieser Machtkampf lässt sich nicht vermeiden.

Wie wir bereits gesehen haben, erzwingt die gegenwärtige Situation des Westens nicht nur einen Kampf um die Macht, einen Kampf, um zu verhindern, dass er in die Sklaverei der Barbaren gerät, sondern auch einen Kampf um den

Fortbestand der biologischen Existenz der europäischen Bevölkerung. Es gibt einen Überschuss von hundert Millionen Europäern auf dem europäischen Territorium. Diese hundert Millionen sind dazu da, die gewaltige Lebensaufgabe des westlichen Organismus zu erfüllen. Zuvor konnte ihr Leben durch das westliche Monopol von Industrie und Technologie aufrechterhalten werden. Zwei katastrophale und dumme Weltkriege haben dieses Monopol zerstört. Die Arbeit dieser Millionen ist nicht mehr notwendig. Vor ihnen liegt das Gespenst der Zerstreuung, der Arbeitslosigkeit, des Hungers und der Sklaverei. Wenn die gegenwärtige Situation anhält, kann dieses Ergebnis nicht verhindert werden. Das Persepolis von Europa hat begonnen, Gestalt anzunehmen.

In einem Jahrhundert könnten Berlin, London, Rom, Paris, Madrid neben Tenochtitlan, Luxor, Samarra und Tel-el-Amarna stehen, wenn die gegenwärtige Eroberung Europas aufrechterhalten werden kann. Wird dies geschehen?

Die spirituellen Voraussetzungen für den Kampf sind genannt worden. Diese ganze Arbeit war dem Vorschlag des einen Weltkonzepts und des einen inneren Imperativs gewidmet, die diesem Kampf für die Befreiung des Westens dienen können. Wie kann der befreite Westen diese große Aufgabe der Rettung von hundert Millionen westlicher Leben bewältigen? Es gibt nur eine Lösung, und das ist die naheliegendste. Das landwirtschaftliche Territorium Russlands bietet die Mittel zur Erhaltung der Bevölkerung des Westens und die notwendige Grundlage für die Weltherrschaft dieser Zivilisation, die allein den Westen vor drohenden Vernichtung durch äußere Kräfte retten kann. Es ist also eine militärische Lösung, und es gibt keine andere Lösung. Unser industriell-technisch-kommerzielles Monopol ist verschwunden. Unsere militärisch-technische Überlegenheit bleibt bestehen, ebenso wie unser überlegener Wille zur Macht, unser Organisationstalent und unsere Disziplin. Die glorreichen Tage der Jahre 1941 und 1942 haben gezeigt, wozu der Westen gegen den Barbaren fähig ist, egal wie groß seine zahlenmäßige Überlegenheit ist. Wie Russland befindet sich die westliche Zivilisation im nordöstlichen Quadranten. Russland hat daher gegenüber dem Westen keinen der militärischen Vorteile, die es gegenüber Amerika hat. Die gemeinsamen Landgrenzen erlauben es dem Westen, auf eine gigantische Seemacht als Voraussetzung für den Kampf zu Lande zu verzichten. Der Westen wird alle seine Kräfte in den Ebenen einsetzen können, in denen die Schlacht um die Zukunft des

Westens ausgetragen wird.

Diese militärische Lösung setzt eine befreite und geeinte westliche Kultur voraus. Ihre Voraussetzung ist die Befreiung der westlichen Seele von der Herrschaft der Verräter und Parasiten. Dies sind die beiden großen Aufgaben des Handelns, die den inneren Imperativ des Westens ausmachen.

Erstens, die Beseitigung der Tyrannei der Ideen des neunzehnten Jahrhunderts. Das bedeutet, dass die westliche Seele von allen Formen des Materialismus, des Rationalismus, der Gleichheit, des sozialen Chaos, des Kommunismus, des Bolschewismus, des Liberalismus, aller Spielarten des Linkismus, des Geldkults, der Demokratie, des Finanzkapitalismus, der Vorherrschaft des Kommerzes, des Nationalismus, des Parlamentarismus, des Feminismus, der rassischen Sterilität, der schwachen Ideale des "Glücks" und aller Formen des Klassenkampfes vollständig gereinigt werden muss. An die Stelle dieser Ideale tritt die starke und virile Idee der Epoche der absoluten Politik: Autorität, Disziplin, Glaube, Verantwortung, Pflicht, ethischer Sozialismus, Fruchtbarkeit, Ordnung, Staat, Hierarchie... die Schaffung des Imperiums des Westens. Zweitens, die Lösung des bevorstehenden vitalen Problems des Westens durch die Eroberung der östlichen Ebenen als Grundlage für die künftige Existenz und Erfüllung der Weltmission der westlichen Zivilisation.

### III

Erlaubt uns die Situation im Jahr 1948 zu träumen, dass dieser grandiose. Imperativ verwirklicht werden kann? Während ich schreibe, verhungern Millionen von Menschen in Europa, und niemand in der Außenwelt kümmert sich darum. Weitere Millionen leben unter unmenschlichen Bedingungen, in Gefängnissen, Konzentrationslagern oder als Kaste der Unberührbaren, denen alle Menschenrechte vorenthalten werden. Der Westen hat nicht nur keine Armee, sondern seine Führer, die noch nicht gehängt worden sind, sitzen im Gefängnis. Die Macht in Europa wird heute von zwei Klassen von Individuen wahrgenommen: Kulturfremde und Verräter. Kann eine Zivilisation so sterben? Können zwei formlose Mächte eine Kultur strangulieren, ihre Bevölkerung zerstreuen und vernichten? Dieses Werk ist Ausdruck meiner Überzeugung, dass dies nicht möglich ist, dass die unergründliche Kraft des Schicksals über die äußeren Mächte wie auch über das innere Hindernis der Vergangenheit siegen wird. Genau in dem Moment, in dem ihr Sieg reif und endgültig gesichert scheint, beginnt sich Europa zu regen. Gequält und bestraft von Tragödie, Niederlage und Katastrophe, erhebt sich der Westen aus den Ruinen, unzerstörbar in seinem Willen. Und reiner als zuvor in seiner geistigen Einheit. Der große Traum und das Streben von Leibnitz, die Vereinigung aller Staaten Europas, ist nun näher gerückt. Gerade durch ihre Niederlage, denn in dieser Niederlage wird sie sich ihrer Einheit bewusst. Die Aufgabe dieser Generation ist die schwierigste, die je eine westliche Generation zu bewältigen hatte. Sie muss den Terror brechen, der sie zum Schweigen bringt, sie muss nach vorne schauen, sie muss glauben, wenn es scheinbar keine Hoffnung mehr gibt, sie muss ihren inneren Impulsen gehorchen, auch wenn es den Tod bedeutet, sie muss bis zum Äußersten kämpfen, bevor sie sich unterwirft. Er muss sich mit dem Wissen stärken, dass gegen den Geist des Heldentums keine materialistische Kraft siegen kann. Wie die Männer von Aragon und Kastilien, die gegen die Mauren kämpften, wie der Deutsche Orden und die Preußen, die gegen die Slawen kämpften, müssen die Männer dieser Generation für die dauerhafte Existenz des Abendlandes kämpfen. Letztlich kann sie nichts besiegen als die innere Dekadenz.

Der Westen kann etwas in den Kampf einbringen, was der Barbar und der Parasit nicht haben: die Kraft des größten überpersönlichen Schicksals, das je in dieser Wolfserde erschienen ist. Diese überpersönliche Idee hat eine so gewaltige Kraft, dass Scheinprozesse, Massaker, Schädelpyramiden ihr nichts anhaben können.

Der Westen wird in den kommenden Jahrhunderten Dutzende Millionen von Menschenleben im Krieg gegen die Barbaren und Fälscher opfern müssen. Er verfügt über einen Willen, der nicht nur nach dem Zweiten Weltkrieg unversehrt geblieben ist, sondern jetzt in ganz Europa deutlicher zum Ausdruck kommt und mit jedem Jahr, mit jedem Jahrzehnt an Stärke gewinnt. Bloße materielle Überlegenheit wird in einem Krieg, dessen Dauer möglicherweise in Jahrhunderten gemessen werden wird, wenig bedeuten. Napoleon wusste, und der Westen weiß es noch immer, dass das Geistige im Krieg entscheidend ist. Der Boden Europas, der durch Ströme von Blut geweiht wurde, die ihn ein Jahrtausend lang geistig fruchtbar gemacht haben, wird erneut mit Blut getränkt werden, bis die Barbaren und die Fälscher vertrieben sind und die westliche Flagge auf ihrem Heimatboden von Gibraltar bis zum Nordkap und von den felsigen Landzungen Galliens bis zum Ural weht.

Dies wird uns nicht durch bloße menschliche Absichten versprochen, sondern durch eine erhabene Bestimmung, der es gleichgültig ist, ob wir uns im Jahr 1950, 2000 oder 2050 befinden. Dieses Schicksal ist unermüdlich, es kann nicht gebrochen werden, und sein Mantel der Stärke legt sich über diejenigen von uns, die sich in seinem Dienst befinden.

*Was mich nicht umbringt, macht mich*
(*Was mich nicht zerstört, macht mich stärker*)

FINIS

## Andere Bücher

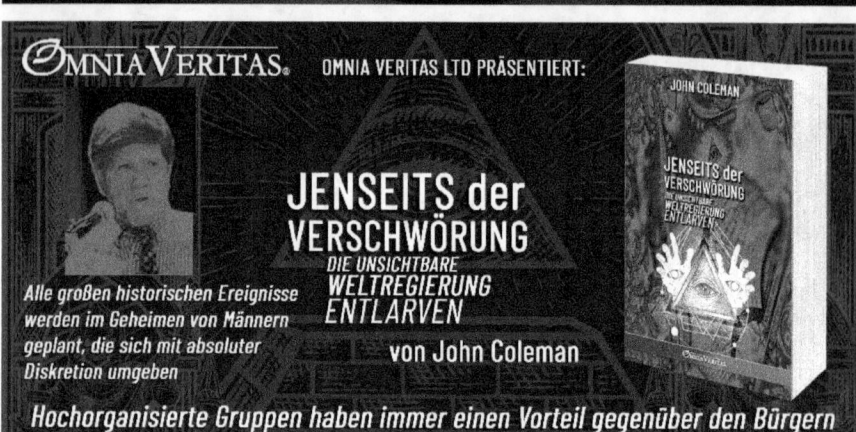

www.ingramcontent.com/pod-product-compliance
Lightning Source LLC
Chambersburg PA
CBHW060314230426
43663CB00009B/1700